Gerwald Mandl / Klaus Rabel

Unternehmensbewertung

Eine praxisorientierte Einführung

UEBERREUTER

Die Deutsche Bibliothek - CIP-Einheitsaufnahme

Mandl, Gerwald:
Unternehmensbewertung : eine praxisorientierte Einführung /
Gerwald Mandl/Klaus Rabel. - Wien : Ueberreuter, 1997
ISBN 3-7064-0163-0
NE: Rabel, Klaus:

M 0190

Umschlag: Kurt Rendl

Printed in Austria

Vorwort

Das vorliegende Buch entstand aus einer mehrjährigen Beschäftigung mit Problemen der Unternehmensbewertung in Forschung, Lehre und Praxis. Es richtet sich sowohl an Praktiker als auch an Studierende. Für den Praktiker soll es als theoretisch fundierter Leitfaden Hilfestellungen bei der Lösung von Bewertungsaufgaben bieten. Die Studierenden sollen umfassend in die Probleme der Unternehmensbewertung eingeführt werden.

Zu Dank verpflichtet sind wir Herrn Univ.-Prof. Dr. Peter *Swoboda*, Universität Graz, und Herrn Univ.-Prof. Dr. Edwin O. *Fischer*, Universität Wien, für wertvolle Hinweise sowie die stete Bereitschaft zur Diskussion. Besonders bedanken möchten wir uns bei Frau Univ.-Ass. Mag. Birgit *Ferch* für zahlreiche Anregungen und die tatkräftige Unterstützung.

Schließlich danken wir unseren Familien für Verständnis und überaus große Geduld.

Graz, im März 1997

Gerwald Mandl
Klaus Rabel

Inhaltsverzeichnis

2. Kapitel: **Ermittlung von Entscheidungswerten**

4. Kapitel: **Grundzüge der Schiedswertermittlung**

Verzeichnis der Abbildungen

Verzeichnis der Tabellen

Abkürzungsverzeichnis

ABGB	Allgemeines Bürgerliches Gesetzbuch
Abs	Absatz
aF	alte Fassung
AG	Die Aktiengesellschaft
AktG	Aktiengesetz
AKU	Arbeitskreis Unternehmensbewertung
APT	Arbitrage Pricing Theory
APV	Adjusted Present Value
BB	Der Betriebsberater (Zeitschrift)
BFuP	Betriebswirtschaftliche Forschung und Praxis (Zeitschrift)
BGB	Bürgerliches Gesetzbuch (D)
BGH	Bundesgerichtshof (D)
BuW	Betrieb und Wirtschaft (Zeitschrift)
BVerfG	Bundesverfassungsgericht (D)
CAPM	Capital Asset Pricing Model
CCA	Comparative Company Approach
CF	Cash-flow
dAktG	Deutsches Aktiengesetz
DCF	Discounted Cash-flow
DB	Der Betrieb (Zeitschrift)
DBW	Die Betriebswirtschaft (Zeitschrift)
dEStG	Deutsches Einkommensteuergesetz
DStR	Deutsches Steuerrecht (Zeitschrift)
DSWR	Datenverarbeitung Steuer Wirtschaft Recht (Zeitschrift)
DU	Die Unternehmung (Zeitschrift)
DVFA/SG	Deutsche Vereinigung für Finanzanalyse/Schmalenbach-Gesellschaft
EBT	Earnings before taxes
EBIT	Earnings before interest and taxes
EGT	Ergebnis der gewöhnlichen Geschäftstätigkeit
EheG	Ehegesetz
ErbSt	Erbschafts- und Schenkungssteuer
ESt	Einkommensteuer
EStG	Einkommensteuergesetz
EU-GesRÄG	EU-Gesellschaftsrechtsänderungsgesetz
EVHGB	Vierte Verordnung zur Einführung handelsrechtlicher Vorschriften im Lande Österreich vom 24.12.1938
EZÜ	Einzahlungsüberschuß
FamRZ	Zeitschrift für das gesamte Familienrecht
FAV	Finanzanlagevermögen
FS	Festschrift

FTE	Flow to Equity
GE	Geldeinheiten
GesRZ	Der Gesellschafter (Zeitschrift)
GesSt	Gesellschaftsteuer
GrESt	Grunderwerbsteuer
HBR	Harvard Business Review (Zeitschrift)
HdR	Handbuch der Rechnungslegung
HFA 2/1983	IDW: Stellungnahme HFA 2/1983: Grundsätze zur Durchführung von Unternehmensbewertungen, WPg 1983, S. 468-480
HGB	Handelsgesetzbuch
Hrsg	Herausgeber
HWB	Handwörterbuch der Betriebswirtschaft
HWR	Handwörterbuch des Rechnungswesens
IAV	Immaterielles Anlagevermögen
IDW	Institut der Wirtschaftsprüfer (D)
IE	Ingangsetzung und Erweiterung
IPO	Initial Public Offering
JfB	Journal für Betriebswirtschaft
KCV	Kurs-Cash-flow-Verhältnis
KESt	Kapitalertragsteuer
KFS/BW1	Fachgutachten des Fachsenats für Betriebswirtschaft und Organisation des Instituts für Betriebswirtschaft, Steuerrecht und Organisation der Kammer der Wirtschaftstreuhänder über die Unternehmensbewertung (v. 20.12.1989)
KFS/RL3	Fachgutachten des Fachsenats für Handelsrecht und Revision des Instituts für Betriebswirtschaft, Steuerrecht und Organisation der Kammer der Wirtschaftstreuhänder über Grundsätze ordnungsmäßiger Bilanzierung von Pensionsverpflichtungen nach den Vorschriften des Rechnungslegungsgesetzes (v. 15.4.1992)
KGV	Kurs-Gewinn-Verhältnis
KöSt	Körperschaftsteuer
KöStG	Körperschaftsteuergesetz
NCF	Netto Cash-flow
NJW	Neue Juristische Wochenschrift (Zeitschrift)
NOPAT	Net operating profit after taxes
NOPLAT	Net operating profit less adjusted taxes
ÖBA	Österreichische Bankarchiv (Zeitschrift)
OGH	Oberster Gerichtshof
ÖVFA	Österreichische Vereinigung für Finanzanalyse
PCF	Perpetuity Cash-flow
P/E-Ratio	Price-Earnings-Ratio
RAM	Recent Acquisitions Method
ROIC	Return on invested Capital
RV	Residual Value

RWZ	Österreichische Zeitschrift für Rechnungswesen
Rz	Randziffer
SAV	Sachanlagevermögen
SFAS	Statement of Financial Accounting Standard
SMR	Sekundärmarktrendite
SpaltG	Spaltungsgesetz
SPCM	Similar Public Company Method
ST	Der Schweizer Treuhänder (Zeitschrift)
StruktAnpG	Strukturanpassungsgesetz
SWK	Steuer- und Wirtschaftskartei (Zeitschrift)
SZ	Entscheidungen des österreichischen Obersten Gerichtshofes in Zivil- (und Justizverwaltungs-)sachen
TCF	Total Cash-flow
UmwG	Umwandlungsgesetz
UW	Unternehmenswert
VwGH	Verwaltungsgerichtshof
WACC	Weigthed average cost of capital
WiST	Wirtschaftswissenschaftliches Studium (Zeitschrift)
WISU	Das Wirtschaftsstudium (Zeitschrift)
WP-Handbuch	Wirtschaftsprüfer-Handbuch (D)
WPg	Wirtschaftsprüfung
WTBO	Wirtschaftstreuhänder-Berufsordnung
Z	Ziffer
ZfB	Zeitschrift für Betriebswirtschaft
ZfbF	Zeitschrift für betriebswirtschaftliche Forschung
ZfhF	Zeitschrift für handelswissenschaftliche Forschung
ZGR	Zeitschrift für Unternehmens- und Gesellschaftsrecht
ZIR	Zeitschrift für Interne Revision

Symbolverzeichnis

a	Anteil der Fremdfinanzierung
A	Anschaffungsauszahlung (zu t_0)
b	(nomineller) Basiszinsfuß
b_{real}	realer Basiszinsfuß
b^s	Basiszinsfuß nach Steuern
c	Gewogener Kapitalkostensatz (Mischzinsfuß)
c^{TCF}	Gewogener Kapitalkostensatz (TCF-Ansatz)
c^{wacc}	Gewogener Kapitalkostensatz (WACC-Ansatz)
CV_T	Continuing Value (Fortführungswert)
D_t	Zahlungsüberschuß eines Investitionsprojektes in t, der an die Anteilseigner fließt (bzw. falls negativ von Anteilseignern eingezahlt wird)
d_{NI}	Nettoinvestionsrate
E	konstanter (uniformer) Unternehmensertrag
E_t	Unternehmensertrag zu t
E_{norm}	Normalertrag
EK	Marktwert des Eigenkapitals
EK_{max}	Maximaler Eigenkapitaleinsatz für den potentiellen Käufer
EW	Ertragswert
F_t	Kapitalwert eines Investitionsprojektes für die Kreditgeber im Zeitpunkt t (Kapitalwert des Kredites zu t)
FK	Marktwert des Fremdkapitals
FK^*	Marktwert des verzinslichen Fremdkapitals
g	Inflationsrate
GK^*	Marktwert des Gesamtkapitals (im WACC und APV-Ansatz)
IC^*	Investiertes Kapital
i_r	risikoloser Zinsfuß
k	Kapitalkostensatz für das Fremdkapital
K_0	Kapitalwert zu t_0 (Barwert)
K_n	Kapitalwert zu t_n (Endwert)
L_n	Liquidationswert des Unternehmen zu t_n
MP_B	Potentieller Markpreis des zu bewertenden Unternehmens
MP_v	aktueller Marktpreis bzw. Börsenkurswert des Vergleichsunternehmens
M_0	Kapitalwert eines Investitionsprojektes zu t_0 (für Anteilseigner und Kreditgeber)
m	Multiplikator
m_u	Umsatzmultiplikator
N_0	Barwert der Liquidationserlöse des nicht betriebsnotwendigen Vermögens
NI	Nettoinvestionen ins Anlagevermögen und Working Capital
N^{AV}	Nettoinvestionen in das Anlagevermögen
N^{WC}	Nettoinvestionen in das Working Capital
n_{AV}	Nettoinvestitionsrate ins Anlagevermögen

n_{WC}	Nettoinvestitionsrate ins Working Capital
P_{max}	Entscheidungswert für den potentiellen Käufer
P_{min}	Entscheidungswert für den potentiellen Verkäufer
Q	konstanter (uniformer) Zahlungsüberschuß eines Investitionsprojektes
Q_t	Zahlungsüberschuß eines Investitionsprojektes zu t
RV	Residual Value
r	Rendite der Alternativinvestition bzw. Kalkulationszinsfuß
$r(EK)_u$	Renditeforderung der Eigenkapitalgeber für das unverschuldete Unternehmen
$r(EK)_v$	Renditeforderung der Eigenkapitalgeber für das verschuldete Unternehmen
$r(FK)$	Renditeforderung der Fremdkapitalgeber bzw. Kapitalkostensatz für das Fremdkapital
r_{IC}	Rendite (nach Steuern) auf das investierte Kapital
r_{NI}	Rendite (nach Steuern) der Nettoinvestionen
r_u	Umsatzrentabilität
S^{zAb}	Barwert der Steuersparnis aus zusätzlichen Abschreibungen
$S^{VÄG}$	Barwert des Steuerbelastung des Veräußerungsgewinns
SÄ(E)	Sicherheitsäquivalent der Wahrscheinlichkeitsverteilung von E
SW	Substanzwert
s	Ertragsteuersatz auf Unternehmensebene
$s^{Köst}$	Körperschaftsteuersatz
s^{KESt}	Kapitalertragsteuersatz
T	Planungshorizont
T^{PI}	Zeitraum, in dem profitable Investitionen verfügbar sein werden
t	Zeitpunkt bzw. Zeitpunkt-Index
tD	Steuerersparnis durch Verschuldung
U_t	Umsatz in der Periode t
UW	Unternehmenswert
V_B	Vergleichsgröße des zu bewertenden Unternehmens
V_V	Vergleichsgröße des Vergleichsunternehmen
w	Wachstumsrate
w_u	Wachstumsrate des Umsatzes
X_t	Kreditaufnahme zu t
Y_t	Kreditrückzahlung zu t
z	Risikozuschlag
z^s	Risikozuschlag nach Steuern
Z_t	Zinszahlung zu t

β_f	Beta-Faktor für das Fremdkapital
β_u	Beta-Faktor des unverschuldeten Unternehmens (Eigenkapital)
β_v	Beta-Faktor des verschuldeten Unternehmens (Eigenkapital)
$\mu(E)$	Erwartungswert von E
$\mu(r_j)$	Erwartete Rendite des riskanten Wertpapiers j
$\mu(r_m)$	Erwartete Rendite des Marktportefeuilles

1. Kapitel

Grundlagen

I. Einführung

Der Bewertung von Unternehmen kommt in der Betriebswirtschaftslehre seit jeher hoher Stellenwert zu. Die zahlreichen zu diesem Themenkomplex erschienenen Bücher und Beiträge beweisen dies eindrucksvoll. Kaum ein anderes Gebiet war zudem in der Vergangenheit von so vielen gegensätzlichen Auffassungen geprägt. In jüngerer Zeit schien es allerdings, daß mit der Lehre von der „funktionalen" Unternehmensbewertung die traditionellen Streitpunkte in der deutschsprachigen Literatur überwunden werden konnten. So konnten zentrale Fragen, wie etwa die Relevanz von Substanzwert und/oder Ertragswert, als geklärt betrachtet werden und nur mehr Detailprobleme, wie z.B. die Berücksichtigung der Besteuerung, des Risikos und der Geldentwertung, den Gegenstand näherer Untersuchungen bilden. Angeregt durch Einflüsse aus dem angloamerikanischen Raum hat die Diskussion zu Fragen der Unternehmensbewertung allerdings in jüngster Zeit eine neue Belebung erfahren. Sie geht zurück auf Bewertungsansätze und -verfahren, die in Verbindung mit Schlagwörtern wie „Shareholder Value", „Value-Based-Management" oder „Wertorientierte Unternehmenssteuerung" auftreten und unter dem Begriff „Discounted Cash-flow-Verfahren" (DCF-Verfahren) zusammengefaßt werden. DCF-Verfahren orientieren sich am Kapitalmarkt und scheinen damit im Gegensatz zu den im deutschen Sprachraum dominierenden Ertragswertverfahren zu stehen, die auf die Berücksichtigung der individuellen Gegebenheiten (Alternativen, Finanzierungsmöglichkeiten, Risikoeinstellung, Besteuerung) des konkreten Bewertungssubjektes (potentieller Käufer oder Verkäufer) ausgerichtet sind.

Vor diesem Hintergrund wird mit der vorliegenden Arbeit der Versuch einer geschlossenen und systematischen Darstellung der Unternehmensbewertung unter Betonung des methodischen Aspektes unternommen. Das Werk soll einerseits eine Hilfestellung für die mit der praktischen Umsetzung von Unternehmensbewertungen befaßten Personen, wie z.B. Wirtschaftstreuhänder, Unternehmensberater, Banker oder M&A-Berater, bieten, andererseits Studierende der Betriebs- und Volkswirtschaftslehre mit den Grundproblemen der Unternehmensbewertung vertraut machen.

Die Arbeit gliedert sich in vier Kapitel, in denen Grundlagen, die Ermittlung von Entscheidungswerten, die Ermittlung von Marktwerten und die Ermittlung von Schiedswerten behandelt werden. Das den Grundlagen gewidmete erste Kapitel bringt in Abschnitt II einen Abriß der historischen Entwicklung der Unternehmensbewertung im deutschsprachigen Raum und in den USA. Abschnitt III befaßt sich mit der heute als unbestritten geltenden Zweckabhängigkeit jedes Unternehmenswertes. Nach einer Systematisierung der zahlreichen praktischen Bewertungsanlässe werden als wesentlichste Bewertungszwecke die Ermittlung von Entscheidungswerten, Marktwerten und Schiedswerten herausgearbeitet. Darin schließt sich eine Analyse der Funktionen des mit Bewertungsaufgaben betrauten Gutachters, verbunden mit einer kritischen Betrachtung des in den Stellungnahmen der Bewertungspraxis (HFA 2/1983, KFS/BW1) hervorgehobenen „neutralen Gutachters". Da unterschiedliche Bewertungszwecke unterschiedliche Bewertungsmethoden erfordern, wird in Abschnitt IV ein Überblick über Bewertungsverfahren gegeben. Ein Exkurs geht der Frage nach, ob für Bewertungen bei strategisch motivierten Akquisitionen ein eigenständiges Bewertungsverfahren erforderlich ist. Abgerundet wird dieser Abschnitt durch Ergebnisse empirischer Untersuchungen über die Anwendungshäufigkeit der einzelnen Bewertungsverfahren in der Praxis.

Das zweite Kapitel ist Fragen der Unternehmensbewertung zur Ermittlung von Entscheidungswerten gewidmet. In einer Kauf-/Verkauf-Situation gibt der Entscheidungswert für den potentiellen Käufer dessen subjektive Preisobergrenze, der Entscheidungswert für den potentiellen Verkäufer dessen subjektive Preisuntergrenze an. Einleitend werden die Konzeption der Entscheidungswertermittlung als Alternativenvergleich vorgestellt und die dazu notwendigen Äquivalenzprinzipien erläutert. Da der Entscheidungswert als Kapitalwert interpretiert werden kann, wird anschließend auf die Ermittlung von Kapitalwerten für Investitionsprojekte eingegangen. Darauf aufbauend wird gezeigt, wie der Entscheidungswert für ein unverschuldetes bzw. ein verschuldetes Unternehmen bei endlicher und unendlicher Unternehmensdauer ermittelt werden kann. In der Folge wird die Bedeutung der Unternehmenssubstanz für die Entscheidungswertermittlung untersucht.

Den zentralen Inhalt des zweiten Kapitels bildet die Entscheidungswertermittlung durch Ertragswertverfahren (Abschnitt III). Bei Ertragswertverfahren wird der Unternehmenswert durch Diskontierung künftiger Unternehmenserträge ermittelt. Als aus theoretischer Sicht richtiger Unternehmensertrag wird der Netto-Cash-flow beim (potentiellen) Eigner herausgearbeitet. Das in der Bewertungspraxis zum Teil noch verbreitete Abstellen auf künftige Periodenerfolge wird vor dem Hintergrund der damit verbundenen vereinfachenden Annahmen umfassend kritisiert. Im Anschluß daran wird die Ableitung des Diskontierungssatzes aus der Rendite der Alternativveranlagung behandelt. Danach folgen Abschnitte über die generelle Vorgangsweise bei der Prognose der künftigen Unternehmenserträge, die Bedeutung der Besteuerung für den Entscheidungswert und die Einbeziehung von Geldwertänderungen durch die Nominal- oder Realrechnung. Ein weiterer Abschnitt ist der Berücksichtigung der Unsicherheit gewidmet. Dabei wird auf die Problematik der Verwendung subjektiver Risikozuschläge ausführlich eingegangen. Eine Behandlung von Fragen in Zusammenhang mit der Herstellung der Äquivalenz zwischen Unternehmens- und Alternativerträgen, der Ermittlung von Entscheidungswerten für Unternehmensanteile, die Diskussion der Kritik an den Ertragswertverfahren sowie ein zusammenfassendes Beispiel zur Ertragswertmethode runden diesen Bereich ab.

Abschnitt IV untersucht schließlich, inwieweit andere Bewertungsverfahren zur Ermittlung von Entscheidungswerten geeignet sind. Behandelt werden hier die Vergleichsverfahren, wie z.B. die Similar Public Company Method, die Recent Acquisitions Method oder die Multiplikatormethode, das Substanzwertverfahren auf Basis von Reproduktionswerten sowie Mischverfahren.

Das dritte Kapitel ist der Ermittlung von Marktwerten durch Discounted Cash-flow-Verfahren gewidmet. Bei Anwendung von DCF-Verfahren werden Marktwerte des Gesamtkapitals und des Eigenkapitals (Shareholder Value) durch Diskontierung künftiger Cash-flows ermittelt. Charakteristisch für diese Verfahren ist die Bestimmung der in den Diskontierungssatz einfließenden Renditeforderung der Eigenkapitalgeber auf Grundlage kapitalmarkttheoretischer Modelle, insbesondere des Capital-Asset-Pricing-Model (CAPM). An eine eingehende Untersuchung der damit verbundenen Fragen schließen sich die Darstellungen des Bruttoverfahrens (Entity Approach) auf Basis von Free Cash-flows sowie auf Basis von Total Cash-flows, des Nettoverfahrens (Equity Approach) und des Adjusted Present Value-Verfahrens. Gesondert beleuchtet werden dabei u.a. die Prognose von Free Cash-flows mit Hilfe von „Value Drivers“, der Einfluß der Kapitalstruktur sowie die Problematik der Zuordnung einzelner Fremdkapitalpositionen, wie insbesondere der in Österreich bedeutsamen Pensions- und Abfertigungsrückstellungen. Ein Exkurs befaßt sich mit dem Shareholder Value, dem Economic-Value-Added und dem Market-Value-Added als Instrumente der Managementbeurteilung. Abgeschlossen wird dieses Kapitel mit einer Beurteilung der DCF-Verfahren und einer Gegenüberstellung mit den Ertragswertverfahren.

Im vierten Kapitel wird die Ermittlung von Schiedswerten in Grundzügen dargestellt. Nach einer Erörterung von Konzeption und Bedeutung der Schiedswertermittlung und einer Beschreibung der dafür maßgeblichen Bewertungsanlässe wird auf Grundsätze der Schiedswertermittlung eingegangen. Im Anschluß daran wird ein Überblick über Einzelfragen der rechtsgeprägten Schiedswertermittlung, wie z.B. die Einbeziehung von Synergieeffekten, von persönlichen Steuerwirkungen oder die Bestimmung des Diskontierungssatzes, vor dem Hintergrund der im deutschsprachigen Raum ergangenen Judikatur gegeben.

II. Historische Entwicklung der Unternehmensbewertung

Literatur:
Schmalenbach, E.: Die Werte und Unternehmungen in der Schätzungstechnik, ZfhF 1917/18, S. 1-20; *Mellerowicz*, K.: Der Wert der Unternehmung als Ganzes, Essen 1952; *Busse v. Colbe*, W.: Der Zukunftserfolg, Wiesbaden 1957; *Engels*, W.: Betriebswirtschaftliche Bewertungslehre im Licht der Entscheidungstheorie, Köln-Opladen 1962; *Sieben*, G.: Der Substanzwert der Unternehmung, Wiesbaden 1963; *Jaensch*, G.: Wert und Preis der ganzen Unternehmung, Köln-Opladen 1966; *Schmalenbach*, E.: Die Beteiligungsfinanzierung, 9. Aufl, Köln-Opladen 1966; *Münstermann*, H.: Wert und Bewertung der Unternehmung, 3. Aufl, Wiesbaden 1970; *Matschke*, M.J.: Der Entscheidungswert der Unternehmung, Wiesbaden 1975; *Sieben*, G./*Schildbach*, T.: Zum Stand der Entwicklung der Lehre von der Bewertung ganzer Unternehmen, DStR 1979, S. 455-461; *Moxter*, A.: Grundsätze ordnungsmäßiger Unternehmensbewertung, 2. Aufl, Wiesbaden 1983; *Gerling*, C.: Unternehmensbewertung in den USA, Bergisch Gladbach-Köln 1985; *List*, S.: Die Bewertung der GmbH – Eine theoretische Analyse der körperschaftsteuerlichen Probleme, Frankfurt a.M. 1987; *Sanfleber-Decher*, M.: Unternehmensbewertung in den USA, WPg 1992, S. 597-603 und S. 1145-1152; *Matschke*, M.J.: Unternehmensbewertung, in: Lück (Hrsg): Lexikon der Betriebswirtschaft, 5. Aufl, Landsberg am Lech 1993, S. 1240-1241; *Peemöller*, V.H.: Stand und Entwicklung der Unternehmensbewertung – Eine kritische Bestandsaufnahme, DStR 1993, S. 409-415; *Sieben*, G.: Unternehmensbewertung, in: Wittmann u.a. (Hrsg): HWB, 5. Aufl, Stuttgart 1993, Sp. 4315-4331.

A. Allgemeines

Die Bewertung von Unternehmen und Unternehmensanteilen stellt ein in der betriebswirtschaftlichen Lehre und Praxis seit jeher vieldiskutiertes und heftig umstrittenes Problemgebiet dar. Kaum ein anderer Fragenkomplex ist durch eine vergleichbare Vielfalt von Literaturbeiträgen aus Theorie und Praxis gekennzeichnet. Die Gegensätzlichkeiten der im Zeitablauf vertretenen Lehrmeinungen und die Komplexität der behandelten Themenbereiche erschweren die Durchführung praktischer Bewertungsaufgaben und wecken vielfach Zweifel an der Zuverlässigkeit und Aussagekraft der ermittelten Ergebnisse. Vor diesem Hintergrund erscheint es besonders wichtig, die einzelnen Entwicklungsphasen der Bewertungslehre sowie die dafür maßgeblichen Strömungen zu erkennen. Der folgende Überblick kann dann als grober Raster für die Zuordnung der gedanklichen Wurzeln der unterschiedlichen Argumentationslinien herangezogen werden.

Die Entwicklung der Theorie der Unternehmensbewertung im deutschen Sprachraum läßt im Zeitablauf drei maßgebliche Phasen erkennen:

Phase 1: Objektive Unternehmensbewertung
Phase 2: Subjektive Unternehmensbewertung
Phase 3: Funktionale Unternehmensbewertung

Die einzelnen Entwicklungsphasen sind in Abb. 1 zusammenfassend dargestellt und werden in den folgenden Abschnitten näher beschrieben:

Kriterien \ Phasen	1. Phase	2. Phase	3. Phase
Zeitraum	bis 1959	1960 - 1970	ab 1971
Ansätze der Unternehmensbewertungslehre	Objektive Unternehmensbewertungslehre	Subjektive Unternehmensbewertungslehre	Funktionale Unternehmensbewertungslehre
Objektive Unternehmensbewertungslehre			
Subjektive Unternehmensbewertungslehre			
Funktionale Unternehmensbewertungslehre			
Relevante Bewertungskriterien	Substanzwert	Substanz- und Ertragswert	Ertragswert

Abb. 1: Drei-Phasen-Schema der Entwicklung der Unternehmensbewertung (in Anlehnung an *List*, 1987, 21)

B. Objektive Unternehmensbewertung

Bis in die 60er Jahre dominierte in der Literatur die objektive Unternehmensbewertung. Ihr lag die Vorstellung zugrunde, daß ein objektiver Unternehmenswert existiere, der für jedermann gültig sei. In diesem objektiven Wert sollte erfaßt werden, was in dem Unternehmen an Erfolgsmöglichkeiten für jedermann enthalten sei, sodaß etwa besondere Absichten, Fähigkeiten oder Beziehungen des potentiellen Käufers oder Verkäufers außer Betracht zu bleiben haben. Nur Tatsachen, die in dem zu bewertenden Unternehmen selbst liegen, dürften berücksichtigt werden. Zu unterstellen sei dabei ein „durchschnittlich befähigter" Unternehmensleiter. Der objektive Unternehmenswert bringe so einen unter „normalen“ Umständen erzielbaren Preis zum Ausdruck, der unabhängig von allen besonderen Eigenschaften, Interessen oder anderen subjektiven Faktoren der Bewertungssubjekte ist.

Im Rahmen der objektiven Unternehmensbewertung orientierte man sich primär an vergangenen und gegenwärtigen Verhältnissen, nicht an zukünftigen bzw. zu erwartenden Entwicklungen. Auf Grundlage dieser statischen Betrachtung kam dem Substanzwert eines Unternehmens wesentliche Bedeutung zu.

Die Lehre von der objektiven Unternehmensbewertung war jedoch Ende der 50er Jahre immer heftiger werdender Kritik ausgesetzt, die zum einen die Brauchbarkeit und zum anderen die Ermittlungsmöglichkeit objektiver Unternehmenswerte in Abrede stellte. Unter anderem wurde beanstandet, daß der objektive Unternehmenswert keine brauchbare Verhandlungsgrundlage für die Parteien darstellen könne, da er ja gerade von den besonderen Verhältnissen und Interessen der Parteien abstrahiere. Noch schwerer wog allerdings der Einwand, daß die Berechnung eines objektiven Unternehmenswertes generell unmöglich sei, da jede Wertvorstellung grundsätzlich subjektiv sei. Gerade einem Unternehmen könne nicht ein allgemeingültiger Wert zugeordnet werden, da der Unternehmenswert ganz entscheidend von subjektiven Erwartungen und Risikoeinschätzungen abhänge. Auf Grundlage dieser schwerwiegenden Vorwürfe verlor die Auffassung einer objektiven Unternehmensbewertung in der Theorie schnell an Bedeutung und vollzog sich die Hinwendung zur subjektiven Unternehmensbewertung. Die Bewertungspraxis hat jedoch diese Abkehr vom Gedankengut der objektiven Unternehmensbewertung bis heute nicht vollständig mitgetragen.

C. Subjektive Unternehmensbewertung

Die Lehre von der subjektiven Unternehmensbewertung wurde in den 60er Jahren entwickelt. Nach dieser Auffassung gilt der Unternehmenswert nicht mehr als allgemeingültiger Wert des Unternehmens an sich, sondern nur noch als Wert des Unternehmens für einen konkreten Käufer bzw. Verkäufer, d.h. für ein ganz bestimmtes Bewertungs*subjekt*. Im subjektiven Unternehmenswert soll erfaßt werden, was das Unternehmen dem konkreten Bewertungssubjekt unter umfassender Berücksichtigung seiner subjektiven Ziele, Möglichkeiten und Erwartungen wert ist. Die Kernaussage dieser Auffassung ist darin zu erblicken, daß der subjektive Unternehmenswert die *Grenze der Konzessionsbereitschaft* einer Verhandlungspartei repräsentiert, d.h. den maximal zahlbaren Preis aus der Sicht eines potentiellen Käufers oder den mindestens zu erzielenden

Preis aus der Sicht eines potentiellen Verkäufers bestimmt. Der Unternehmenswert ist daher subjektbezogen. Er hängt vom gesamten Entscheidungsfeld des betreffenden Bewertungssubjekts selbst, insbesondere auch von dessen jeweiligen alternativen Kapitalverwendungsmöglichkeiten ab. Der so ermittelte „Wert" eines Unternehmens ist streng zu trennen von dem Preis, der für das betreffende Unternehmen nach Abschluß der Verhandlungen tatsächlich bezahlt wird. Der subjektive Unternehmenswert repräsentiert die interne Entscheidungsgrundlage einer Verhandlungspartei, der tatsächlich vereinbarte Preis das Verhandlungsergebnis.

Das Konzept der subjektiven Unternehmensbewertung und das damit verbundene Abstellen auf die subjektiven Erwartungen und Einschätzungen des Bewertungssubjekts rückte das Erfordernis der Zukunftsbezogenheit der Unternehmensbewertung in den Vordergrund: „Für das Gewesene gibt der Kaufmann nichts!" (*Münstermann*, 1970, 21) Dies führte zu einer Abkehr von dem auf einer Einzelbewertung von Vermögen und Schulden basierenden Substanzwertverfahren und zur Hinwendung zum Ertragswertverfahren, das von den grundlegenden Bewertungsprinzipien Gesamtbewertung, Zukunftsbezogenheit und Subjektivität beherrscht wird. Der subjektive Unternehmenswert entspricht so dem Ertragswert des Unternehmens, der sich aus dem Wert der zukünftigen Unternehmenserträge („Zukunftserfolge") ergibt. Unter Zugrundelegung investitionstheoretischer Erkenntnisse werden die zukünftigen Unternehmenserträge als Zahlungsströme gemessen. Ihr Wert zum Bewertungsstichtag wird als Barwert durch Diskontierung bestimmt, wobei der Kalkulationszinsfuß aus der besten alternativen Kapitalverwendungsmöglichkeit abgeleitet wird.

Die subjektive Unternehmensbewertung wurde vor allem dahingehend kritisiert, daß sie durch ihre einseitige Betrachtung nicht das gesamte Aufgabenspektrum der Unternehmensbewertung ausfüllen könne. Sie würde demnach etwa in den für die Bewertungspraxis sehr bedeutsamen Fällen versagen, in denen zwischen konfligierenden Parteien mit durchaus unterschiedlichen Interessen und Einschätzungen in bezug auf das Bewertungsobjekt zu vermitteln ist. Hier soll die Bewertung nicht die Interessen bloß einer Partei berücksichtigen, sondern einen fairen Interessenausgleich zwischen allen betroffenen Parteien herbeiführen oder zumindest erleichtern.

D. Funktionale Unternehmensbewertung

Die Kontroverse zwischen objektiver und subjektiver Unternehmensbewertung wurde durch die in den 70er Jahren vor allem von der „Kölner Schule" entwickelte Funktionenlehre überwunden. Die Entwicklung der funktionalen Unternehmensbewertung geht u.a. auf maßgebliche Arbeiten von *Busse von Colbe*, *Engels*, *Jaensch*, *Münstermann*, *Sieben* und *Matschke* zurück und bildete die Grundlage für *Moxters* „Grundsätze ordnungsmäßiger Unternehmensbewertung" (1983).

Die funktionale Unternehmensbewertung verneint wie die subjektive Bewertungslehre die Existenz eines objektiven, allgemein und für jedermann gültigen Unternehmenswerts. Sie geht zunächst davon aus, daß Unternehmensbewertungen in der Realität zahlreichen Zwecken dienen und diese unterschiedlichen Bewertungszwecke maßgeblichen Einfluß auf die Anlage der Bewertung, die Verfahrenstechnik und damit auch auf das Bewertungsergebnis haben (*Zweckabhängigkeit des Unternehmenswerts*). Vor jeder Unternehmensbewertung ist daher der Zweck der Bewertung genau festzulegen. Unterschiedliche Bewertungszwecke führen dann in der Regel zu unterschiedlichen Unternehmenswerten: Eine Unternehmensbewertung zum Zweck der Ermittlung der Bemessungsgrundlage für die Erbschaftssteuer orientiert sich an völlig anderen Gesichtspunkten als eine Bewertung, deren Zweck beispielsweise in der Schaffung einer Entscheidungsgrundlage für einen potentiellen Käufer liegt.

Die funktionale Unternehmensbewertung geht von mehreren typischen Zwecksetzungen von Unternehmensbewertungen aus, denen jeweils eine „Funktion" der Unternehmensbewertung zugeordnet wird. Allgemein wird dabei zwischen Hauptfunktionen und Nebenfunktionen unterschieden. Als Hauptfunktionen der Unternehmensbewertung werden die Beratungsfunktion und die Vermittlungsfunktion (und zum Teil auch die Argumentationsfunktion) angeführt. Darüber hinaus werden in der Literatur noch eine Reihe von Nebenfunktionen wie z.B. die Steuerbemessungsfunktion oder die Kommunikationsfunktion genannt.

Elemente der objektiven Unternehmensbewertung erlangen dabei im Bereich der Nebenfunktionen und allenfalls in der Argumentationsfunktion Bedeutung. Sie kommen etwa in den im Rahmen der Steuerbemessungsfunktion angewandten Massenbewertungsverfahren zum Ausdruck. Die Beratungs- und Schiedsfunktion der Unternehmensbewertung sind demgegenüber nach Auffassung der betriebswirtschaftlichen Lehre vom Konzept der subjektiven Unternehmensbewertung geprägt. Für den Bereich der Vermittlungsfunktion wird dies u.a. durch das juristische Schrifttum kritisiert. Vielfach wird hier der Ansatz des in den Stellungnahmen der Bewertungspraxis (KFS/BW1, HFA 2/1983) vertretenen „objektivierten" Unternehmenswerts verlangt, der dem Konzept der objektiven Unternehmensbewertung entspringt.

Auf das Konzept der Funktionenlehre wird in Abschnitt III.B. näher eingegangen.

E. Entwicklung in den USA

In den USA wurde die Unternehmensbewertung bereits sehr früh als investitionstheoretisches Problem angesehen, auf das die allgemein anerkannten Grundsätze der Finanzierungs- und Investitionstheorie anzuwenden sind. Der Ansatz von Substanzwerten wurde seit jeher als nur in Ausnahmefällen relevant erachtet, sodaß in den USA ein Pendant zur breiten, jahrzehntelang andauernden und kontrovers geführten Diskussion im deutschen Sprachraum fehlt. Die Einordnung der Unternehmensbewertungsfragen in die Finanzierungs- und Investitionstheorie führte darüber hinaus zur Übernahme von Ansätzen der Kapitalmarkttheorie.

In den USA können drei grundlegende Ansätze für Unternehmensbewertungen unterschieden werden (vgl. z.B. *Sanfleber-Decher*, 1992, 598):

(1) market approach bzw. comparative company approach
(2) income approach
(3) cost approach bzw. net asset value approach

Im Rahmen des *market approach* wird der Unternehmenswert als „fair market value" aus einem Vergleich mit den Marktpreisen (Börsenwerten) vergleichbarer, öffentlich notierter Unternehmungen (Similar Public Company Method), aus Preisen für in der Vergangenheit abgeschlossene Transaktionen vergleichbarer Unternehmen (Recent Acquisitions Method) oder aus Preisen für erstmalige Börsenplazierungen vergleichbarer Unternehmen (Initial Public Offerings) abgeleitet. Neben diesen Vergleichsverfahren ist in den USA vor allem der *income approach* verbreitet, dessen häufigste Spielart die Discounted Cash-flow Method auf Basis von Free Cash-flows ist. Lediglich in Ausnahmefällen oder als Kontrollgröße für die Ergebnisse des market approach oder income approach werden in den USA Unternehmenswerte auf Basis des *cost approach* ermittelt, der konzeptionell dem Substanzwertverfahren entspricht.

Eine der Entwicklung im deutschen Sprachraum vergleichbare, explizit ausformulierte Funktionenlehre ist in den USA nicht zu erkennen. Nach *Gerling* (1985, 47) darf daraus aber nicht der Schluß gezogen werden, daß der amerikanischen Diskussion dieser Ansatz fremd ist. Es scheint vielmehr, daß die Zweckabhängigkeit der Bewertung in den USA „als Selbstverständlichkeit angesehen wird, deren Berechtigung nicht erst noch erörtert werden muß“ (*Gerling*, 1985, 47).

III. Zweckabhängigkeit des Unternehmenswerts

Literatur:

Sieben, G.: Bewertung von Erfolgseinheiten, Köln 1968; *Matschke*, M.J.: Der Entscheidungswert der Unternehmung, Wiesbaden 1975; *Sieben*, G.: Der Entscheidungswert in der Funktionenlehre der Unternehmensbewertung, BFuP 1976a, S. 491-504; *Matschke*, M.J.: Funktionale Unternehmungsbewertung, Bd. II: Der Arbitriumwert der Unternehmung, Wiesbaden 1979; *Sieben*, G./*Schildbach*, T.: Zum Stand der Entwicklung der Lehre von der Bewertung ganzer Unternehmen, DStR 1979, S. 455-461; *Börner*, D.: Unternehmensbewertung, in: Albers u.a. (Hrsg): Handwörterbuch der Wirtschaftswissenschaft, Bd. 8, Stuttgart-New York, 1980, S. 111-123; *Moxter*, A.: Grundsätze ordnungsmäßiger Unternehmensbewertung, 2. Aufl, Wiesbaden 1983; *Sieben*, G.: Funktionen der Bewertung ganzer Unternehmen und von Unternehmensanteilen, WIŠU 1983, 539-542; *Künnemann*, M.: Objektivierte Unternehmensbewertung, Frankfurt a.M. u.a. 1985; *Ballwieser*, W./*Leuthier*, R.: Grundprinzipien, Verfahren und Probleme der Unternehmensbewertung, DStR 1986, S. 545-551 und S. 604-610; *Rappaport*, A.: Creating Shareholder Value, New York u.a. 1986; *Coenenberg*, A.G./*Sautter*, M.T.: Strategische und finanzielle Bewertung von Unternehmensakquisitionen, DBW 1988, S. 691-710; *Wagenhofer*, A.: Die Bestimmung von Argumentationspreisen in der Unternehmensbewertung, ZfbF 1988; S. 340-359; *IDW* (Hrsg): WP-Handbuch 1992, Bd. II, Düsseldorf 1992; *Schildbach*, T.: Kölner versus phasenorientierte Funktionenlehre der Unternehmensbewertung, BFuP 1993b, S. 25-38; *Bender*, J./*Lorson*, P.: Grundlagen und Rahmenbedingungen der Unternehmensbewertung – Anmerkung zur Funktionsabhängigkeit von Unternehmenswerten, Betrieb und Wirtschaft 1994, S. 661-665; *Copeland*, T./*Koller*, T./*Murrin*, J.: Valuation – Measuring and Managing the Value of Companies, 2nd ed., New York u.a. 1994; *Franke*, G./*Hax*, H.: Finanzwirtschaft des Unternehmens und Kapitalmarkt, 3. Aufl, Berlin u.a. 1994; *Ballwieser*, W.: Aktuelle Aspekte der Unternehmensbewertung, WPg 1995a, S. 119-129; *Kraus-Gruenewald*, M.: Gibt es einen objektiven Unternehmenswert?, BB 1995, S. 1684-1690; *Schildbach*, T.: Der Verkäufer und das Unternehmen „wie es steht und liegt", ZfbF 1995, S. 620-632; *Scharlemann*, U.: Finanzwirtschaftliche Synergiepotentiale von Mergers und Acquisitions, Bern-Stuttgart-Wien 1996; *Spremann*, K.: Wirtschaft, Investition und Finanzierung, 5. Aufl, München-Wien 1996.

A. Bewertungsanlässe

Nach heute unumstrittener Auffassung ist der Unternehmenswert vom Bewertungszweck abhängig. Der Bewertungszweck wiederum ist eng verbunden mit dem jeweiligen konkreten Bewertungsanlaß. Eine Untersuchung der in der Realität vorkommenden Bewertungsanlässe soll daher den weiteren Ausführungen vorangestellt werden.

Die Anlässe für Unternehmensbewertungen sind zahlreich und vielfältig. Bewertungen können beispielsweise erforderlich sein in Zusammenhang mit dem Kauf bzw. Verkauf eines Unternehmens, zur Bestimmung des Abschichtungsguthabens eines ausscheidenden Gesellschafters, im Zuge einer Kreditwürdigkeitsprüfung, in Zusammenhang mit einer Umgründung des Unternehmens – etwa aus Anlaß des Eintrittes eines neuen Gesellschafters, einer Umwandlung, einer Verschmelzung, einer Einbringung, einer Spaltung etc. Große praktische Bedeutung kommt weiters den zum Zwecke der Verkehrsteuerbemessung (z.B. ErbSt, GesSt) erforderlichen Bewertungen zu. Die Frage nach einer Systematisierung der möglichen Bewertungsanlässe wurde in der Literatur bisher auf sehr unterschiedliche Weise gelöst. Für die weiteren Überlegungen soll von folgenden Unterscheidungen ausgegangen werden:

Die Bewertungsanlässe sollen zunächst in transaktionsbezogene und nicht transaktionsbezogene Anlässe unterteilt werden, je nachdem, ob mit dem Bewertungsanlaß eine (potentielle) Änderung der Eigentumsverhältnisse am Unternehmen verbunden ist oder nicht (ähnlich *Börner*, 1980, 112 ff). Transaktionsbezogene Bewertungsanlässe liegen daher grundsätzlich dann vor, wenn die Bewertung aufgrund einer tatsächlichen oder geplanten Änderung der Eigentumsverhältnisse am Bewertungsobjekt erfolgt. Beispiele hiefür sind etwa Bewertungen, die von einem potentiellen Käufer oder Verkäufer in Zusammenhang mit einem geplanten Kauf oder Verkauf eines Unternehmens(anteils) durchgeführt werden, oder Bewertungen in Zusammenhang mit einer geplanten Verschmelzung oder Einbringung eines Unternehmens. Daneben gibt es Bewertungsanlässe, bei denen eine Veränderung der Eigentumsverhältnisse nicht angestrebt wird. In diese Kategorie der nicht transaktionsbezogenen Anlässe fallen z.B. Bewertungen in Zusammenhang mit der Substanzbesteuerung, einer Kreditwürdigkeitsprüfung oder Sanierungsmaßnahmen. Auch Bewertungen, die vom Management im Rahmen einer „Wertsteigerungsanalyse“ zur Ermittlung der Auswirkungen einzelner Geschäftsstrategien auf den „Shareholder Value“ vorgenommen werden, sind hier einzureihen.

Innerhalb der transaktionsbezogenen Bewertungsanlässe können unter Bezugnahme auf die zugrundeliegende Konfliktsituation dominierte (beherrschte) und nicht dominierten (nicht beherrschte) Bewertungsanlässe unterschieden werden. In dominierten Konfliktsituationen kann eine Partei einseitig, d.h. auch gegen den erklärten Willen der anderen Partei, die Änderung der Eigentumsverhältnisse am Unternehmen(santeil) herbeiführen. Dies ist beispielsweise der Fall, wenn ein Gesellschafter einer OHG durch Kündigung aus der Gesellschaft ausscheidet und die übrigen Gesellschafter die Gesellschaft fortsetzen. Voraussetzung für das Entstehen einer dominierten Konfliktsituation ist daher, daß einer Partei ein einseitig ausübbares Recht zur Herbeiführung der Änderung der

Eigentumsverhältnisse zusteht. Dieses Recht kann der Partei entweder vertraglich eingeräumt sein oder von Gesetzes wegen zustehen. Von nicht dominierten Bewertungsanlässen (Konfliktsituationen) wird gesprochen, wenn keine der Parteien eine Veränderung der Eigentumsverhältnisse ohne Zustimmung der anderen Partei durchsetzen kann. Dies ist etwa in einer typischen Kauf-/Verkauf-Situation der Fall.

Die folgende Übersicht (Abb. 2) soll diese Systematik veranschaulichen:

Anlässe für Unternehmensbewertungen		
transaktionsbezogen		**nicht transaktions-bezogen**
nicht dominiert	**dominiert**	
z.B. • Kauf oder Verkauf eines Unternehmens oder Unternehmensanteils • Eintritt eines Gesellschafters in ein bestehendes Unternehmen ohne Ausscheiden der bisherigen Gesellschafter • Gesellschaftsgründung durch Einbringung eines Unternehmens • Spaltung • Verschmelzung • Realteilung • Festsetzung des Emissionskurses beim „Going Public“	z.B. • Recht auf Ausscheiden aus der Gesellschaft gegen Barabfindung • zwangsweises Ausscheiden aus der Gesellschaft gegen Barabfindung	z.B. • Substanzbesteuerung • Kreditwürdigkeitsprüfung • Sanierung • Wertsteigerungsanalyse

Abb. 2: Systematisierung von Bewertungsanlässen (in Anlehnung an *Künnemann*, 1985, 59)

In der Literatur wird innerhalb der transaktionsbezogenen Bewertungsanlässe ferner dahingehend unterschieden, ob die Bewertungsanlässe dem Typ Kauf/Verkauf oder dem Typ Fusion zugeordnet werden können (vgl. *Künnemann*, 1985, 59). Während bei einer Änderung der Eigentumsverhältnisse vom Typ Kauf/Verkauf die Gegenleistung für die Hingabe des Unternehmens(anteils) meist in einem Barpreis liegt, entsteht beim Typ der Fusion eine neue Ergebniseinheit durch Vereinigung der Leistungen der betroffenen Parteien, die ihrerseits zu Eigentümern der neuen Ergebniseinheit werden. Folgt man dieser Systematik, könnte sie noch um Bewertungsanlässe vom Typ der Spaltung ergänzt werden.

B. Bewertungszwecke

1. Überblick

Mit der Vielzahl und Heterogenität der Bewertungsanlässe sind unterschiedliche Zwekke der Unternehmensbewertung verbunden. Die Auffassung der Vertreter der objektiven Lehre, wonach der (einzige) Zweck der Wertermittlung in der Bestimmung eines „wahren objektiven Unternehmenswertes" liegt, ist daher unzutreffend. Auch die einseitige, allein auf die Ermittlung von Entscheidungsgrundlagen für ein einzelnes Bewertungssubjekt ausgerichtete Auffassung der „Subjektivisten" kann als überwunden gelten.

In der funktionalen Unternehmensbewertung werden aus der Gesamtheit der in der Realität vorkommenden Bewertungsanlässe praktisch bedeutsame Zwecksetzungen von Unternehmensbewertungen abgeleitet. Den einzelnen Zwecksetzungen wird dabei jeweils eine „Funktion" der Unternehmensbewertung zugeordnet. Konkret werden die in Abb. 3 dargestellten Funktionen bzw. Zwecke unterschieden.

Funktionale Unternehmensbewertung	
Funktion der Bewertung	**Bewertungszweck**
Beratungsfunktion	Ermittlung von Entscheidungswerten (Grenzpreisen)
Vermittlungsfunktion (Schiedsfunktion)	Ermittlung von Schiedswerten
Argumentationsfunktion	Ermittlung von Argumentationswerten
Bilanzfunktion (Kommunikationsfunktion)	Ermittlung von Buch- bzw. Bilanzwerten
Steuerbemessungsfunktion	Ermittlung von Steuerbemessungsgrundlagen

Abb. 3: Funktionale Unternehmensbewertung

In der Literatur werden die Beratungs- und die Vermittlungsfunktion (und zum Teil auch die Argumentationsfunktion) als „Hauptfunktionen“ und die übrigen Funktionen als „Nebenfunktionen“ der Unternehmensbewertung bezeichnet. Nach dem Konzept der funktionalen Unternehmensbewertung sollen die Funktion der Unternehmensbewertung und der ihr zugeordnete Bewertungszweck eine Einheit bilden. Die gesamte Vorgangsweise bei einer Unternehmensbewertung, vor allem die Auswahl des geeigneten Bewertungsverfahrens, richtet sich daher nach dem konkreten Bewertungszweck. Die Ermittlung eines zweckadäquaten Unternehmenswertes ist nur dann gewährleistet, wenn der Bewertungszweck eindeutig festgelegt wird. Für den Gutachter resultiert daraus die unabdingbare Notwendigkeit, den Zweck der Bewertung exakt darzulegen.

Wenngleich die Grundaussage der funktionalen Unternehmensbewertung, die in der Zweckabhängigkeit des Unternehmenswerts erblickt werden kann, nach wie vor überzeugt, erscheint der traditionelle Funktionenkatalog in mehrfacher Hinsicht problematisch. Zunächst scheint die Einordnung von Bewertungen fraglich, die ohne unmittelbare Bezugnahme auf eine (geplante) Transaktion zum Zweck der Gewinnung von Entscheidungsgrundlagen vorgenommen werden. Darunter fallen etwa die immer mehr an praktischer Bedeutung gewinnenden Bewertungen, die von der Unternehmensleitung im Rahmen des „Value-Based-Management“ zum Zweck der Abschätzung von Auswirkungen bestimmter Strategien auf den „Shareholder Value“ vorgenommen werden. Weiters gehören dazu Bewertungen, die Entscheidungsgrundlagen für eine Kreditvergabe oder die Sanierungsfähigkeit eines Unternehmens liefern sollen. Eine Zuordnung dieser Bewertungen z.B. zur traditionellen Beratungsfunktion ist schon aufgrund des in der Regel fehlenden Transaktionsbezuges nicht möglich. Da der Katalog der „Hauptfunktionen“ abschließend formuliert ist, jener der Nebenfunktionen aber nur exemplarisch zu verstehen ist (*Sieben*, 1983, 539), könnte diesen Bewertungen allenfalls eine Nebenfunktion zugeordnet werden. Es erscheint jedoch fragwürdig, ob ein „Funktionenkatalog“ überhaupt erforderlich ist. Wenn es ohnedies auf den mit der „Funktion“ verbundenen Bewertungszweck ankommt, muß ein Katalog von Bewertungszwecken genauso ausreichen, um die unterschiedlichen Aufgabenstellungen für Unternehmensbewertungen voneinander abzugrenzen. Darüber hinaus erscheinen auch die gewählten Bezeichnungen für die „Funktionen“ zum Teil mißverständlich. Sie orientieren sich teilweise am Bewertungszweck selbst, teilweise aber auch an der jeweiligen Funktion des Bewerters bzw. Gutachters („Berater“ oder „Vermittler“).

Aus den angeführten Gründen erscheint es adäquat, die Aufgabenstellungen für Unternehmensbewertungen allein nach dem mit der Bewertung verbundenen Zweck abzugrenzen. In Erweiterung der im Rahmen der funktionalen Unternehmensbewertung erarbeiteten Bewertungszwecke und unter Einbeziehung der mit den Shareholder Value-

Ansätzen verbundenen Ermittlung von „Marktwerten“ können insbesondere die folgenden Bewertungszwecke unterschieden werden:

- Ermittlung von Entscheidungswerten
- Ermittlung von Marktwerten
- Ermittlung von Schiedswerten
- Ermittlung von Argumentationswerten
- Ermittlung von Buch- bzw. Bilanzwerten
- Ermittlung von Steuerbemessungsgrundlagen

Der Katalog der Bewertungszwecke ist nicht abschließend formuliert, umfaßt aber die zur Zeit in der Praxis bedeutsamsten Bewertungszwecke. Die einzelnen Bewertungszwecke werden in den nachfolgenden Abschnitten näher beschrieben.

2. Ermittlung von Entscheidungswerten

Nach der Funktionenlehre sind Unternehmensbewertungen mit dem Zweck der Ermittlung von Entscheidungswerten der Beratungsfunktion zuzuordnen. Die Bewertung soll hier Aufschluß über die für einen potentiellen Käufer oder Verkäufer relevante „Grenze der Konzessionsbereitschaft“ geben. Für einen potentiellen Käufer gibt ein so ermittelter Unternehmenswert die *Preisobergrenze*, für einen potentiellen Verkäufer die *Preisuntergrenze* an. Bis zur Preisobergrenze ist es für den Käufer vorteilhaft, das Unternehmen zu kaufen. Die Preisuntergrenze zeigt dem Verkäufer jenen Preis an, ab dem es für ihn vorteilhaft ist, das Unternehmen zu verkaufen. Ein Verkauf zu einem unter seiner Preisuntergrenze liegenden Preis würde demgegenüber die wirtschaftliche Position des Verkäufers verschlechtern.

Die so ermittelten Unternehmenswerte sind daher als „*Grenzpreise*“ (Entscheidungswerte) zu verstehen. Sie geben nicht den Preis an, zu dem das Unternehmen tatsächlich gekauft oder verkauft werden soll, sondern eben nur die Grenze der Konzessionsbereitschaft einer Partei. Wird eine Transaktion genau zum Entscheidungswert einer Partei durchgeführt, bleibt die ökonomische Situation dieser Partei unverändert, d.h. die betroffene Partei zieht aus der Transaktion keinen Vorteil, aber auch keinen Nachteil. Vom Entscheidungswert bzw. Grenzpreis streng zu trennen ist der bei einer Transaktion tatsächlich realisierte Kaufpreis. Er ist das Ergebnis von Verhandlungen und nicht Gegenstand der Entscheidungswertermittlung. Die Verhandlungsparteien benötigen aber die Kenntnis ihrer individuellen Entscheidungswerte für die Festlegung des tatsächlichen Kaufpreises.

Der Anwendungsbereich der Entscheidungswertermittlung ist nicht auf die typische Kauf-/Verkauf-Situation beschränkt. Vielmehr sind ihr alle denkbaren transaktionsbezogenen Bewertungsanlässe zuzuordnen, wie beispielsweise auch Verschmelzungs-, Spaltungs- oder Einbringungsvorgänge, in denen der Zweck der Bewertung in der Ermittlung der Entscheidungsgrundlage einer Partei liegt. Das maßgebliche Merkmal für die Zuordnung eines Bewertungsanlasses liegt hier allein in der Zwecksetzung, die subjektive Grenze der Konzessionsbereitschaft einer Partei zu bestimmen. Die Bewertung dient dann als interne Entscheidungsgrundlage, die anderen gegenüber nicht offengelegt wird. Solche Bewertungen sind der Entscheidungswertermittlung unabhängig davon zuzurechnen, ob sie durch externe Gutachter bzw. Berater oder durch die betroffene Partei selbst erstellt werden. Ein „Berater" i.e.S. ist hiefür nicht Voraussetzung.

Ermitteln in einer typischen Kauf-/Verkauf-Situation beide Parteien ihre (internen) Entscheidungswerte und wird rationales Handeln vorausgesetzt, dann wird eine Transaktion nur dann zustande kommen, wenn der Entscheidungswert des Käufers über dem Entscheidungswert des Verkäufers liegt, d.h. wenn ein „Einigungsbereich" existiert. Die Ursachen solcher Entscheidungswertdifferenzen können vielfältiger Natur sein und beispielsweise auf eine unterschiedliche Einschätzung der Zukunftsaussichten des Unternehmens zurückzuführen sein.

3. Ermittlung von Marktwerten

Unter dem „Marktwert" einer Unternehmung ist der Unternehmenswert aus der Sicht des Kapitalmarktes, d.h. der auf dem Kapitalmarkt operierenden Eigen- und Fremdkapitalgeber, zu verstehen. Der Marktwert einer Unternehmung ist daher unter Zugrundelegung der von den Kapitalmärkten bekannten Bewertungsprinzipien zu ermitteln. Auf den Kapitalmärkten werden neben Unternehmensanteilen wie Aktien zahlreiche andere Finanzierungstitel wie z.B. Anleihen oder Optionen gehandelt. Ein Hauptprinzip besagt, daß der Marktwert eines Wertpapiers dem Barwert aller künftigen Zahlungen entspricht, die der Inhaber des Wertpapiers erwarten kann (*Spremann*, 1996, 463). Allgemein kann der Marktwert eines Wertpapiers daher als jener Preis definiert werden, zu dem man den mit diesem Wertpapier verbundenen Zahlungsstrom kaufen kann (*Franke/Hax*, 1994, 157).

Der Marktwert eines Unternehmens entspricht demnach dem Barwert aller zukünftigen Zahlungen, die die Kapitalgeber des Unternehmens (Eigen- und Fremdkapitalgeber) erwarten können. Marktwertbestimmende Größen sind demnach die erwarteten Zahlungsströme bzw. Cash-flows einerseits und die Renditeforderungen der am Kapitalmarkt operierenden Kapitalgeber andererseits. Der Marktwert eines Unternehmens (Marktwert des Gesamtkapitals) setzt sich aus dem Marktwert des Eigenkapitals und dem Marktwert des Fremdkapitals zusammen. Die Bestimmung der Renditeforderung der Eigenkapitalgeber baut auf kapitalmarkttheoretischen Modellen, i.a. dem Capital Asset Pricing Model (CAPM), auf. Dabei wird u.a. unterstellt, daß den am Kapitalmarkt operierenden Investoren nur das systematische Risiko (Marktrisiko) vergütet wird, da das unsystematische (wertpapierspezifische) Risiko durch Portefeuillebildung vermieden werden kann. Die Marktwertermittlung fußt somit auf der Vorstellung vollständig diversifizierter Investoren.

Die Ermittlung von Marktwerten für Unternehmungen hat in jüngerer Zeit vor allem in Zusammenhang mit dem „Value-Based-Management" hohe praktische Bedeutung erlangt. Im Rahmen einer „Wertsteigerungsanalyse" soll das Management jene Strategien und Maßnahmen erkennen, die zu einer Steigerung des Marktwertes des Eigenkapitals („Shareholder Value") führen. Die Marktwertermittlung wird damit als Instrument zur Beurteilung unternehmerischer Aktivitäten eingesetzt.

Daneben erlangen Marktwertermittlungen in Verbindung mit der Festlegung des Emissionspreises anläßlich einer Neuemission von Aktien (Going Public) Bedeutung. Der berechnete Marktwert des Eigenkapitals kann hier als Richtgröße dienen. Weiters kann versucht werden, mit Hilfe einer Marktwertermittlung die künftige Entwicklung des Börsenkurswertes einer Unternehmung abzuschätzen bzw. gegebenenfalls bestehende Unter- oder Überbewertungen aufzudecken. Der Börsenkurswert repräsentiert den jeweils aktuellen Marktpreis für das Eigenkapital. Er wird i.a. vom Marktwert des Eigenkapitals abweichen, da er nicht nur von Ertragserwartungen, sondern auch von anderen Faktoren, wie z.B. Spekulationen, unterschiedlichen Informationen, beeinflußt wird. Es kann jedoch erwartet werden, daß sich der Börsenkurswert zumindest langfristig am Marktwert des Eigenkapitals orientieren wird.

Im Vordergrund der Marktwertermittlung steht damit nicht die Entscheidung über eine Veränderung der Eigentumsverhältnisse an einem Unternehmen, sondern die Abschätzung der Auswirkungen bestimmter Maßnahmen oder Strategien auf den Shareholder Value. Das Management ist hier bestrebt, seine Geschäftspolitik an den von ihm erwarteten Implikationen auf den Marktwert (Shareholder Value) bzw. langfristig auf den Börsenkurs auszurichten. Den Bewertungsanlaß bildet die Beurteilung bzw. Festlegung von Unternehmensstrategien.

Die vom Management einer (Publikums-)Kapitalgesellschaft zu beurteilende Strategie kann nun z.B. im beabsichtigten Erwerb einer anderen Kapitalgesellschaft liegen. Zu fragen ist dann, ob der Marktwert (Shareholder Value) des zu erwerbenden Unternehmens auch den Entscheidungswert für das akquirierende Unternehmen angibt. Zur Prüfung dieser Frage wird zunächst unterstellt, daß der Marktwert des Eigenkapitals des Akquisitionsobjektes auf Grundlage der vom Management dieses Unternehmens verfolgten Unternehmenskonzeption und unter Berücksichtigung der Renditeforderungen der Kapitalgeber dieses Unternehmens berechnet wurde. Dieser Marktwert des Akquisitionsobjektes entspricht dem Entscheidungswert des akquirierenden Unternehmens nur unter der (restriktiven) Voraussetzung, daß das Management des erwerbenden Unternehmens in die Unternehmensführung des Akquisitionsobjektes nicht eingreift und weder Restrukturierungsmaßnahmen gesetzt noch Synergien lukriert werden. In diesem Fall werden durch den Erwerb keine zusätzlichen Werte geschaffen, da durch Risikomischung allein ein Wertzuwachs nicht erzielt werden kann. Der Marktwert des akquirierenden Unternehmens nach dem Erwerb entspricht der Summe der Marktwerte der Unternehmen vor dem Erwerb (vgl. *Coenenberg/Sautter*, 1988, 707; *Franke/Hax*, 1994, 328).

Kann aber das akquirierende Unternehmen durch den Erwerb z.B. Synergien lukrieren, wird es bereit sein, einen höheren Kaufpreis zu bezahlen als ein anderer Erwerber, dem die Möglichkeit zur Realisierung von Synergieeffekten nicht offensteht. Der Marktwert des Akquisitionsobjekts, der wie oben beschrieben aus Sicht der Anteilseigner dieses Unternehmens ermittelt wurde, gibt dann offenbar *nicht* den Entscheidungswert des akquirierenden Unternehmens an. Der Entscheidungswert aus der Sicht des Managements des akquirierenden Unternehmens entspricht aber unter den getroffenen Annahmen der aus dem Unternehmenserwerb erwarteten Erhöhung des Marktwertes des Eigenkapitals für das akquirierende Unternehmen und kann daher allgemein als Differenz zwischen dem Shareholder Value des erwerbenden Unternehmens nach dem Erwerb und jenem vor dem Erwerb berechnet werden (s. dazu auch *Scharlemann*, 1996, 212 ff). Zur Ermittlung des Shareholder Value nach dem Erwerb müssen aber u.a. der Erfolg der Restrukturierungsmaßnahmen berechnet werden, die erwarteten Synergieeffekte abgeschätzt werden und auch eine eventuell geänderte Risikostruktur, die zu einer Veränderung der Renditeforderung der Eigenkapitalgeber führen kann, berücksichtigt werden. Vereinfachend kann hier so vorgegangen werden, daß die vom akquirierenden Unternehmen erwarteten Cash-flows einschließlich Synergien unter Heranziehung der Renditeforderung der Eigenkapitalgeber für das zu erwerbende Unternehmen diskontiert werden.

Zum Verhältnis zwischen Marktwert und Entscheidungswert wird im folgenden noch der Fall betrachtet, daß als Käufer nicht wie oben beschrieben eine (Publikums-)Kapitalgesellschaft auftritt, sondern eine natürliche Person. Ist diese natürliche Person als diversifizierter Investor anzusehen, der ein effizientes Kapitalmarktportefeuille hält, und erwirbt sie alle Anteile an einem Unternehmen zu einem Preis, der dem unter obigen Annahmen berechneten Marktwert des Eigenkapitals entspricht, dann kann sie eine Rendite erwarten, die der Risikoklasse des erworbenen Unternehmens entspricht. Voraussetzung dafür ist, daß durch den Erwerb keine Veränderungen im Unternehmen (z.B. durch Restrukturierungsmaßnahmen) vorgenommen werden, und der Investor die Anteile am erworbenen Unternehmen hält, ohne in die Unternehmungsführung einzugreifen oder Synergien zu lukrieren. Für diesen Investor repräsentiert der Marktwert des Eigenkapitals damit auch den Entscheidungswert. Würde der beschriebene Investor demgegenüber das Unternehmen nach dem Erwerb restrukturieren und dadurch höhere Cash-flows und/oder eine Veränderung des systematischen Risikos bewirken, wäre der auf Grundlage des ursprünglichen Unternehmenskonzeptes bzw. der urprünglichen Risikoeinstufung ermittelte Marktwert nicht mehr als Entscheidungswert verwendbar. Gleiches gilt, wenn der Investor in der Lage wäre, durch den Unternehmenserwerb Synergien zu lukrieren.

Ist die als Käufer auftretende natürliche Person hingegen nicht als diversifizierter Investor anzusehen, weil sie nicht über ein effizientes Kapitalmarktportefeuille verfügt, kann der wie beschrieben berechnete Marktwert des Eigenkapitals ebenfalls kein Entscheidungswert sein. Die in die Marktwertermittlung einfließende Renditeforderung der Eigenkapitalgeber enthält eine Risikoprämie, die nur für die Übernahme des systematischen Risikos vergütet. Ein nicht diversifizierter Investor wird bei der Ermittlung des Entscheidungswertes aber auch das unsystematische Risiko berücksichtigen.

4. Ermittlung von Schiedswerten

Ein weiterer bedeutsamer Zweck von Unternehmensbewertungen besteht darin, zwischen den in ihren Interessen betreffend das zu bewertende Unternehmen divergierenden Parteien zu vermitteln, um eine Einigung über die Konditionen der Transaktion herbeizuführen oder zu erleichtern. Diese Zwecksetzung der Unternehmensbewertung wird in der Funktionenlehre der Vermittlungsfunktion (Schiedsfunktion, Konfliktlösungsfunktion) zugeordnet. Der im Rahmen dieser Zwecksetzung ermittelte Unternehmenswert kann als Schiedswert (Einigungspreis, Arbitriumwert) bezeichnet werden.

Im Mittelpunkt der Schiedswertermittlung steht die Herbeiführung eines fairen und angemessenen Interessenausgleichs zwischen den betroffenen Parteien. Dies ist wiederum nur dann möglich, wenn die besonderen Gegebenheiten der betroffenen Parteien bekannt sind und in die Bewertung einbezogen werden. Bei Schiedswertermittlungen hat der mit der Bewertung beauftragte Gutachter zu berücksichtigen, daß die Informationspolitik der Parteien in der Regel auf eine Verbesserung ihrer parteispezifischen Situation ausgerichtet sein wird. An die Qualität der einzubeziehenden Informationen sind daher besondere Anforderungen zu stellen.

Die Festlegung eines Schiedswertes gestaltet sich besonders schwierig, wenn dem Bewertungsanlaß eine dominierte Konfliktsituation zugrunde liegt. Denn in diesem Fall ist auch dann ein Schiedswert festzulegen, wenn zwischen gleichberechtigten Parteien gar keine Einigung zustande gekommen wäre, weil kein Einigungsbereich existiert. Gerade die Schiedswertermittlung für dominierte Konfliktsituationen bildet aber für die Bewertungspraxis einen bedeutsamen Anlaßfall für die Erstattung von Bewertungsgutachten. Besonderes Gewicht besitzen hier Aufgabenstellungen in Zusammenhang mit Konfliktlösungen vor Gerichten, etwa bei der Bestimmung von Abfindungsansprüchen ausgeschiedener Gesellschafter, in deren Rahmen nicht nur betriebswirtschaftliches Gedankengut, sondern auch rechtliche Vorgaben berücksichtigt werden müssen.

5. Sonstige Zwecke

Einer Unternehmensbewertung können noch andere als die dargestellten Zwecksetzungen zukommen. In der Literatur zur Funktionenlehre wird neben den bisher erörterten Aufgaben noch die Argumentationsfunktion, die Kommunikations- oder Bilanzfunktion, sowie die Steuerbemessungsfunktion genannt. Zu diesen Nebenfunktionen der Unternehmensbewertung wird zum Teil auch die Bestimmung von Entschädigungsbeträgen bei Zerstörung oder Enteignung von Unternehmen(santeilen) gezählt.

In der *Argumentationsfunktion* liegt die Zwecksetzung der Unternehmensbewertung in der Ermittlung von Argumentationswerten. Dadurch sollen einer betroffenen Partei geeignete Argumente für Verhandlungen, etwa über Kauf oder Verkauf von Unternehmungen oder in Zusammenhang mit gerichtlichen Auseinandersetzungen, verschafft werden. Es ist jener Unternehmenswert gesucht, der das Erreichen eines bestimmten Verhandlungsergebnisses bestmöglich unterstützt. Für die Bestimmung der Argumentationswerte lassen sich jedoch kaum allgemeine Regeln ableiten. Die Argumentationswertermittlung wird deshalb in der Literatur zur Unternehmensbewertung kaum behandelt.

In der *Kommunikations-* oder *Bilanzfunktion* liegt die Zwecksetzung der Unternehmensbewertung darin, unter Zugrundelegung von Wertkonventionen (z.B. handelsrechtliche Normen) Informationen über die Ertragskraft des Unternehmens zu erhalten (z.B. Bilanzwert der Unternehmung). Charakteristisch ist hier, daß bei der Wertermittlung von bekannten und akzeptierten Konventionen in bezug auf die Bewertungsgrundlagen ausgegangen wird.

Einem noch stärkeren Zwang zur Konventionalisierung des Bewertungsverfahrens unterliegen Bewertungsaufgaben im Rahmen der *Steuerbemessungsfunktion.* Die Unternehmensbewertung dient hier zur Ermittlung von Bemessungsgrundlagen für die Steuerfestsetzung (z.B. Ertragsteuern, Substanzsteuern oder Verkehrsteuern). Das Konventionalisierungs- bzw. Objektivierungserfordernis ergibt sich aus Gründen der Rechtssicherheit und der Steuergerechtigkeit. Objektivierung bedeutet dabei, das Ermessen des Bewerters einzuschränken bzw. völlig auszuschalten. Dies geschieht durch genaue Vorgaben und detaillierte Richtlinien darüber, welche Größen in die Bewertung einzubeziehen sind und wie die einzelnen Bewertungsschritte durchzuführen sind. Solcherart „standardisierte“ Bewertungen, die nach einem vorgegebenen Bewertungsschema erfolgen, sind etwa die steuerlichen Massenbewertungsverfahren, wie z.B. das Wiener Verfahren 1996 (bzw. in der BRD das Stuttgarter Verfahren), zur Bewertung von nicht notierten Anteilen an Kapitalgesellschaften, oder auch die Einheitswertermittlung für das Betriebsvermögen nach den Vorschriften des Bewertungsgesetzes.

Zu den sonstigen Zwecken der Unternehmensbewertung ist daneben auch die Ermittlung von Entscheidungsgrundlagen ohne Transaktionsbezug zu zählen, soweit sie nicht auf die (gesondert behandelte) Ermittlung von Marktwerten gerichtet ist. Hier sind beispielsweise Bewertungen zur Schaffung von Entscheidungsgrundlagen für die Beurteilung einer Kreditvergabe, der Überschuldung oder der Sanierungsfähigkeit eines Unternehmens einzureihen.

C. Zusammenhang zwischen Bewertungsanlässen und Bewertungszwecken

Mit ein und demselben Bewertungsanlaß können unterschiedliche Bewertungszwecke verbunden sein. So könnte etwa in Zusammenhang mit der Abfindung eines Gesellschafters der Bewertungszweck in der Ermittlung der subjektiven, internen Entscheidungsgrundlage des abzuschichtenden Gesellschafters (oder der verbleibenden Gesellschafter), in der Ermittlung von Argumentationswerten für die zu führenden Verhandlungen oder auch in der Ermittlung eines Schiedswertes zur Herbeiführung eines fairen und angemessenen Interessenausgleichs zwischen den betroffenen Parteien liegen. Im Rahmen des Verkaufs eines Unternehmens könnte ein Bewerter entweder mit der Ermittlung eines Entscheidungswertes für eine Partei oder aber mit der Erarbeitung eines Vorschlages für einen angemessenen Einigungspreis beauftragt sein.

Für die Vorgangsweise bei der Bewertung, insbesondere für die Auswahl des geeigneten Bewertungsverfahrens, ist – unabhängig vom dahinter stehenden Bewertungsanlaß – allein der jeweilige Bewertungszweck maßgeblich. Für die Gutachtenserstattung bedeutet dies, daß eine Dokumentation allein des Bewertungsanlasses unzureichend ist und auf eine exakte Darlegung des Bewertungszweckes nicht verzichtet werden darf. Eine fehlende Angabe des Bewertungszweckes kann auch nicht durch den Hinweis ersetzt werden, es werde auf den (objektiven oder objektivierten) Wert des Unternehmens an sich abgestellt. Eine solche Vorgangsweise läßt die dem Gutachter obliegende Sorgfalt vermissen (*Ballwieser/Leuthier*, 1986, 548).

D. Funktionen des Gutachters

1. Ableitung aus dem Bewertungszweck

Die Funktion des Gutachters kann unmittelbar aus dem Bewertungszweck abgeleitet werden. Liegt der Zweck der Bewertung in der Ermittlung von Entscheidungswerten, fungiert der Gutachter als Berater des (potentiellen) Käufers oder Verkäufers und unterstützt diesen bei seinen subjektiven Bewertungsüberlegungen. Auf Basis der Zielvorstellungen seines Auftraggebers hat hier der Gutachter die relevanten Entscheidungsgrundlagen zu ermitteln. Er ist in diesem Fall nur seinem Auftraggeber verpflichtet und hat dessen Interessen umfassend zu berücksichtigen. Auch bei Bewertungen zum Zweck der Marktwertermittlung wird der Gutachter in der Regel als Berater der Unternehmensleitung auftreten, der den Zielvorstellungen seines Auftraggebers umfassend Rechnung zu tragen hat und nur diesem verpflichtet ist. Gleiches muß gelten, wenn ein Gutachten zum Zwecke der Ermittlung von Argumentationswerten erstattet wird, die die Verhandlungsposition des Auftraggebers stärken soll. Vor allem hier hat aber der Gutachter zu prüfen, ob seine Tätigkeit nicht in Konflikt mit standesrechtlichen Normen (z.B. Grundsatz der Gewissenhaftigkeit gemäß § 26 WTBO) gerät.

Ist als Bewertungszweck hingegen eine Schiedswertermittlung vorgegeben und die Bewertung daher der Vermittlungsfunktion zuzuordnen, fungiert der Gutachter als unparteiischer Schiedsgutachter. Ihm kommt die Aufgabe zu, durch seine Wertermittlung einen fairen und angemessenen Interessenausgleich zwischen den divergierenden Parteien herbeizuführen oder zu erleichtern. Er hat als unparteiischer Gutachter die Interessen und subjektiven Wertvorstellungen der Parteien in angemessenem Umfang zu berücksichtigen. Er hat daher „neutral" und „objektiv" im Sinne von „unparteiisch" zu sein. Eine parteiische Ausnutzung des Bewerterermessens ist ihm untersagt.

Auch im Rahmen der übrigen Bewertungszwecke kann es in der Praxis zur Erstattung von Gutachten kommen. Die Funktion des Gutachters ist auch hier unmittelbar aus dem konkreten Bewertungszweck abzuleiten.

Der Zusammenhang zwischen einzelnen Bewertungszwecken und den Funktionen des Gutachters sowie dessen Stellung zur (zu den) betroffenen Partei(en) läßt sich daher zusammenfassend wie folgt veranschaulichen (vgl. Abb. 4):

Bewertungszweck	**Funktion des Gutachters**	**Stellung des Gutachters zu(r) Partei(en)**
Entscheidungswertermittlung	Berater	parteiisch
Marktwertermittlung	Berater	parteiisch
Schiedswertermittlung	Schiedsgutachter	unparteiisch (neutral)
Argumentationswertermittlung	Berater	parteiisch

Abb. 4: Funktionen des Gutachters

2. Neutraler Gutachter und „objektivierter" Wert

Die Ableitung der Funktionen des Gutachters unmittelbar aus den Bewertungszwecken spiegelt sich auch in den Stellungnahmen der Bewertungspraxis wider. Sowohl im Fachgutachten KFS/BW1 als auch in der Stellungnahme HFA 2/1983 wird aber neben der Funktion als Berater und als Schiedsgutachter noch eine Funktion als „neutraler Gutachter" angeführt. Nach dem Fachgutachten KFS/BW1 fungiert der „neutrale Gutachter" als „unparteiischer Sachverständiger" und soll einen „objektivierten Unternehmenswert" ermitteln. Nach dem Wortlaut der Stellungnahme drückt der objektivierte Unternehmenswert „ ... den Wert des im Rahmen des vorhandenen Unternehmenskonzeptes fortgeführten Unternehmens, gemessen an einer alternativen Investition am Kapitalmarkt, aus. Er wird mit Hilfe von Annahmen ermittelt, die für das Verhalten einer Mehrzahl potentieller Erwerber von Unternehmen im Sinne einer rationalen Kapitalanlageentscheidung als repräsentativ angesehen werden".

Die Konzeption eines objektivierten Unternehmenswertes findet sich auch in der Stellungnahme HFA 2/1983: „Der objektivierte Unternehmenswert drückt den Wert des im Rahmen des vorhandenen Unternehmenskonzeptes fortgeführten Unternehmens, bezogen auf eine Alternativinvestition am Kapitalmarkt, aus." Nach der in der Stellungnahme HFA 2/1983 zum Ausdruck gebrachten Auffassung reichen die „ ... verschiedenen Werte, die dem Unternehmen beigemessen werden, ... somit vom unverändert belassenen, objektivierten Wert des Unternehmens, 'so, wie es steht und liegt', bis zu einem unter Berücksichtigung der Vorstellungen des Erwerbers gänzlich umgestalteten Unternehmen 'in einem neuen Konzept'". Demnach können im Anschluß an die Ermittlung eines objektivierten Unternehmenswerts in einem zweiten Bewertungsschritt „im Rahmen eines gesonderten Auftrages ergänzende Wertfaktoren zu berücksichtigen sein, die aus der persönlichen Sphäre dessen stammen, für den die Bewertung durchgeführt wird". Nach dieser Auffassung, die auch im WP-Handbuch 1992 (Bd. II, 6) vertreten wird, ist die Ermittlung eines objektivierten Unternehmenswerts gleichsam als erster Bewertungsschritt auch im Rahmen der Beratungsfunktion bzw. der Entscheidungswertermittlung von Bedeutung.

Gemäß HFA 2/1983 hat der neutrale Gutachter die Aufgabe, eine „Ausgangsgrundlage für Preisverhandlungen" zu schaffen. Offen bleibt hier aber, wem eine solche Bewertung dienlich sein kann. Denn für einen potentiellen Käufer oder Verkäufer ist die Ermittlung eines „objektivierten" Unternehmenswerts überflüssig, da darin auf seine spezifischen Interessen und Bewertungsfaktoren nicht Bezug genommen wird. Die Bewertung bietet daher keine geeignete Entscheidungsgrundlage. Dies wird besonders augenscheinlich, wenn der Käufer die Weiterführung nach einem anderen Unternehmenskonzept betreiben möchte oder seine alternative Kapitalverwendung nicht der „einer Mehrzahl potentieller Erwerber" entspricht. Ebenso lassen sich keine sachlichen Gründe dafür vorbringen, daß die Entscheidungswertermittlung in der Beratungsfunktion auf Grundlage eines zuvor ermittelten „objektivierten" Unternehmenswerts erfolgen sollte.

Der vom „neutralen Gutachter" zu ermittelnde objektivierte Wert ist offenbar auch kein Marktwert. Ein Abstellen auf einen Unternehmenswert aus der Sicht des Kapitalmarktes wird in den Stellungnahmen der Bewertungspraxis nicht gefordert. Aus der Bezugnahme auf das „Verhalten einer Mehrzahl potentieller Erwerber von Unternehmen" im Fachgutachten KFS/BW1 kann dahingehend wenig gewonnen werden. Hier wird offensichtlich auf einen „typischen" Erwerber des (wohl gesamten) Unternehmens abgestellt und nicht auf einen am Kapitalmarkt operierenden, diversifizierten Investor.

Der objektivierte Wert ist schließlich auch als Schiedswert ungeeignet. Ohne Einbeziehung der Vorstellungen der betroffenen Parteien kann ein fairer und angemessener Interessenausgleich nicht bewirkt werden. In der Schiedswertermittlung wird vom Gutachter Objektivität im Sinne von Unparteilichkeit gefordert. Nicht gefordert wird allerdings eine Objektivierung, die zum Ansatz eines Phantasiewertes führt und in fragwürdiger Weise auf einen „fiktiven Erwerber" abstellt.

Fraglich erscheint weiters das Verhältnis zwischen dem in der Schiedsfunktion tätigen Schiedsgutachter und dem „neutralen Gutachter". Auch der Schiedsgutachter hat neutral im Sinne von unparteiisch zu sein. Für eine Bewertungstätigkeit als „unparteiischer Sachverständiger" außerhalb der Schiedsfunktion bleibt aber nach dem vorgestellten Konzept der funktionalen Unternehmensbewertung kein Raum. Daraus ergibt sich wohl, daß der dem „neutralen Gutachter" von der Bewertungspraxis zugedachte Tätigkeitsbereich ohnehin bereits in der Schiedswertermittlung enthalten und daher entbehrlich ist.

Sowohl die Konzeption eines „objektivierten" Unternehmenswerts als auch die Funktion des „neutralen Gutachters" gemäß KFS/BW1 und HFA 2/1983 werden aus den genannten Gründen in der Literatur heftig kritisiert und überwiegend abgelehnt (vgl. z.B. *Moxter*, 1983, 20 f; *Schildbach*, 1993b, 25 ff; *ders.*, 1995, 623 ff; *Ballwieser*, 1995a, 126 ff).

IV. Methoden der Unternehmensbewertung

Literatur:

Moxter, A.: Grundsätze ordnungsmäßiger Unternehmensbewertung, 2. Aufl, Wiesbaden 1983; *Ballwieser*, W., Unternehmensbewertung mit Hilfe von Multiplikatoren, in: Rückle (Hrsg): Aktuelle Fragen der Finanzwirtschaft und der Unternehmensbesteuerung, FS Erich Loitlsberger, Wien 1991, S. 47-66; *Bellinger*, B./*Vahl*, G.: Unternehmensbewertung in Theorie und Praxis, 2. Aufl, Wiesbaden 1992; *Knüsel*, D.: Unternehmensbewertung in der Schweiz, ST 1992, S. 309-314; *Sanfleber-Decher*, M.: Unternehmensbewertung in den USA, WPg 1992, S. 1145-1152; *Tichy*, G: Unternehmensbewertung: Grundlagen, Methoden, Praxis, 2. Aufl, Wien 1992; *Ballwieser*, W.: Methoden der Unternehmensbewertung, in: Gebhardt/Gerke/Steiner (Hrsg): Handbuch des Finanzmanagements, München 1993, S. 151-176; *Hafner*, R.: Unternehmensbewertungen als Instrument zur Durchsetzung von Verhandlungspositionen, BFuP 1993, S. 79-89; *Sieben*, G.: Unternehmensbewertung, in: Wittmann u.a. (Hrsg): HWB, 5. Aufl, Stuttgart 1993, Sp. 4315-4331; *Copeland*, T./*Koller*, T./*Murrin*, J.: Valuation – Measuring und Managing the Value of Companies, 2nd ed., New York u.a. 1994; *Barthel*, C.W.: Unternehmenswert: Die einzelwirtschaftsgüterorientierten Bewertungsverfahren, DStR 1995b, S. 1684-1691; *Bender*, J./*Lorson*, P.: Klassische Verfahren der Unternehmensbewertung (I) – Überblick und Einführung in das Substanzwertverfahren, Betrieb und Wirtschaft 1995, S. 109-113; *Buchner*, R.: Marktorientierte Unternehmensbewertung, in: Seicht (Hrsg): Jahrbuch für Controlling und Rechnungswesen 1995, Wien 1995, S. 401-427; *Drukarczyk*, J.: DCF-Methoden und Ertragswertmethode – Einige klärende Anmerkungen, WPg 1995, S. 329-334; *Hachmeister*, D.: Der Discounted Cash Flow als Maß der Unternehmenswertsteigerung, Frankfurt a.M. 1995; *Helbling*, C.: Unternehmensbewertung und Steuern, 8. Aufl, Düsseldorf 1995; *Serfling*, K./*Pape*, U.: Theoretische Grundlagen und traditionelle Verfahren der Unternehmensbewertung, WISU 1995a, S. 808-819; *Serfling*, K./*Pape*, U.: Das Ertragswertverfahren als entscheidungsorientiertes Verfahren der Unternehmensbewertung, WISU 1995b, S. 940-946; *Barthel*, C.W., Unternehmenswert: Die vergleichsorientierten Bewertungsverfahren, DB 1996a, S.149-163; *Bender*, J./*Lorson*, P.: Verfahren der Unternehmensbewertung (II): Das Ertragswertverfahren nach der HFA-Stellungnahme 2/1983, BuW 1996a, S. 1-6; *Drukarczyk*, J.: Unternehmensbewertung, München 1996; *Bender*, J./*Lorson*, P.: Verfahren der Unternehmensbewertung (IV): Discounted-Cash-flow Verfahren und Anmerkung zu Shareholder-Value-Konzepten, BuW 1997, S. 1-9.

A. Überblick

Der Bereich der Unternehmensbewertung ist durch eine breite Methodenvielfalt gekennzeichnet. Sowohl in der betriebswirtschaftlichen Literatur als auch in der Bewertungspraxis wird die Anwendung verschiedenster Verfahren und Verfahrenstypen vertreten. Die bestehende Methodenvielfalt hat mehrere Ursachen. Zunächst ist darauf zu verweisen, daß sich die Anforderungen an Unternehmensbewertungen im Laufe der letzten Jahrzehnte grundlegend geändert haben. Parallel dazu hat der Erkenntnisfortschritt in der Betriebswirtschaftslehre zur Entwicklung neuer Bewertungskonzeptionen und -verfahren geführt. Mit der funktionalen Unternehmensbewertung wurde deutlich, daß verschiedene Bewertungszwecke häufig den Einsatz konzeptionell unterschiedlicher Verfahren erfordern, die probate Bewertungsmethode damit vom jeweiligen Zweck der Bewertung abhängt. Ferner darf nicht übersehen werden, daß die heute verfügbaren Software-Unterstützungen, etwa Tabellenkalkulationsprogramme oder Pakete zur Unterstützung von Planungsrechnungen, auch die Anwendung von Verfahren mit komplexerer Rechentechnik wesentlich erleichtern. Schließlich bringt der heute mögliche Zugriff auf umfangreiche Datenbanken und Informationssysteme neuartige Möglichkeiten der Informationsbeschaffung auch für Unternehmensbewertungen, woraus sich wiederum neue Ansätze im methodischen Bereich ergeben.

Ziel der folgenden Ausführungen ist eine Systematisierung der bedeutsamsten Unternehmensbewertungsverfahren sowie eine kurze Beschreibung der wesentlichsten Merkmale der einzelnen Methoden. Auf die Eignung der Methoden zur Erfüllung konkreter Bewertungsaufgaben bzw. auf die spezifischen Vor- und Nachteile der einzelnen Methoden in Abhängigkeit vom jeweiligen Bewertungszweck soll vorerst noch nicht eingegangen werden. Derartige Überlegungen finden sich in den nachfolgenden Kapiteln zur Entscheidungswertermittlung (2. Kapitel), zur Marktwertermittlung (3. Kapitel) und zur Schiedswertermittlung (4. Kapitel).

Wie aus Abb. 5 hervorgeht, können zunächst drei Verfahrensgruppen unterschieden werden, die sich in bezug auf die ihnen zugrunde liegende Bewertungskonzeption unterscheiden: Gesamtbewertungsverfahren, Einzelbewertungsverfahren und Mischverfahren.

Gesamtbewertungsverfahren betrachten das Unternehmen als Bewertungseinheit. Der Unternehmenswert wird durch den Gesamtertrag bestimmt, der aus dem Unternehmen künftig erwartet wird. Im Gegensatz dazu wird bei den Einzelbewertungsverfahren der Unternehmenswert aus der Summe der Werte der einzelnen „Unternehmensbestandteile" (Vermögensgegenstände und Schulden) berechnet. Hier muß zunächst der individuelle Wert der einzelnen Vermögensgegenstände bestimmt werden, bevor diese Einzelwerte zum Unternehmenswert zusammengerechnet werden können. Eine Gesamtbewertung erfolgt demgegenüber losgelöst von den isolierten Einzelwerten der realen Bestandteile des Unternehmens und bezieht sich auf das Unternehmen als Gesamtkomplex.

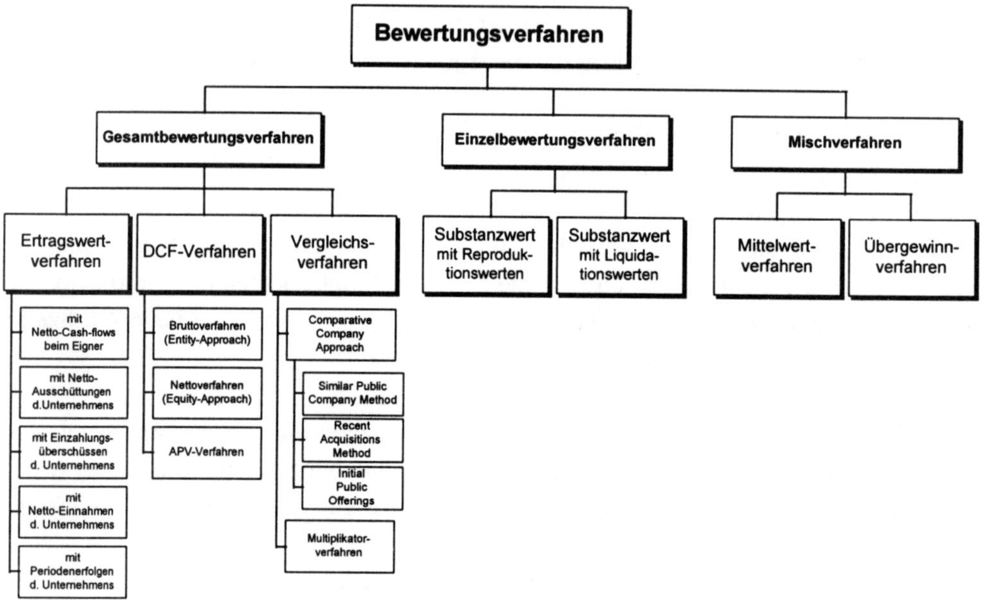

Abb. 5: Überblick über die Bewertungsverfahren

Einzel- und Gesamtbewertung führen in der Regel zu stark voneinander abweichenden Ergebnissen, da den Verfahren vollkommen unterschiedliche Konzepte zugrunde liegen. Bei der Einzelbewertung bleiben insbesondere Kombinationseffekte, die sich aus dem Zusammenwirken der einzelnen Unternehmensteile ergeben, unberücksichtigt. Solche Kombinationseffekte können positiv oder negativ sein und repräsentieren damit einen „Mehrwert“ oder „Minderwert“ gegenüber dem Ergebnis bei Einzelbewertung. Die für einen derartigen „Mehrwert“ ausschlaggebenden Faktoren werden häufig auch als Firmenwertkomponenten bezeichnet. Letztlich bezeichnen die Begriffe „Firmenwert“, „Geschäftswert“, „Goodwill“ oder – im Falle eines Minderwerts – „Badwill“ nichts anderes als die Differenz zwischen den Ergebnissen einer Gesamtbewertung und einer (nach bestimmten Maßstäben durchgeführten) Einzelbewertung.

Mischverfahren kombinieren Gesamtbewertungs- und Einzelbewertungsverfahren. Ihre Existenz ist einerseits wohl auf die oft erheblichen Abweichungen zwischen den Ergebnissen bei Einzel- und Gesamtbewertung zurückzuführen, andererseits auf ein Mißtrauen gegenüber einer isolierten Anwendung von Einzel- oder Gesamtbewertungsverfahren.

Innerhalb der genannten Verfahrensgruppen haben sich wiederum unterschiedliche Verfahrenstypen herausgebildet, denen schließlich die einzelnen Verfahren zugeordnet werden können. Konzeptionell gleichgerichtete Bewertungsverfahren unterscheiden sich dabei voneinander in der Regel im Grad der Vereinfachung, der bei der Ermittlung des Unternehmenswertes angelegt wird. Die Methodenvielfalt ist daher insoweit auch Ausdruck des Wunsches nach Komplexitätsreduktion.

B. Gesamtbewertungsverfahren

Innerhalb der Gesamtbewertungsverfahren kann zwischen den Verfahrenstypen „Ertragswertverfahren", „Discounted Cash-flow-Verfahren" und „Vergleichsverfahren" unterschieden werden. Allen hier zuzuordnenden Bewertungsverfahren ist gemeinsam, daß sie das Unternehmen als Gesamtheit betrachten und davon ausgehen, daß sich der zu bestimmende Unternehmenswert aus der künftigen Ertragskraft ableitet.

1. Ertragswertverfahren

1.1. Konzeption

Bei den Ertragswertverfahren wird der Unternehmenswert durch Diskontierung der in Zukunft aus dem Unternehmen erwarteten *„Erträge"* ermittelt. Der Unternehmenswert errechnet sich als Barwert der künftigen Erträge aus dem Unternehmen. Der Diskontierungssatz („Kalkulationszinsfuß", „Kapitalisierungszinssatz") wird dabei aus der besten alternativen Kapitalanlage („Alternativanlage", „Vergleichsinvestition") abgeleitet (zu den Implikationen der Barwertermittlung und zur Bestimmung des Kalkulationszinsfußes s. 2.Kap.III.B.).

Zur Ermittlung des Unternehmenswerts wird zum Barwert der künftigen Erträge des Unternehmens der Barwert der erwarteten Liquidationserlöse aus einer Veräußerung des nicht betriebsnotwendigen Vermögens addiert. Wird unendliche Unternehmensdauer (Behaltedauer) unterstellt und bezeichnet E_t den erwarteten Unternehmensertrag in der Periode t, r den (konstanten) Kalkulationszinsfuß und N_0 den Barwert der erwarteten Liquidationserlöse aus der Veräußerung des nicht betriebsnotwendigen Vermögens, dann bestimmt sich der Unternehmenswert UW nach dem Ertragswertverfahren nach dem folgenden Ausdruck.

(1.1) $$UW = \sum_{t=1}^{\infty} E_t \cdot v^t + N_0$$

mit dem Abzinsungsfaktor $v = \frac{1}{1+r}$

Wird vereinfachend unterstellt, daß kein nicht betriebsnotwendiges Vermögen vorhanden ist und daß die Unternehmenserträge aller künftigen Perioden konstant sind, und bezeichnet E diesen uniformen Unternehmensertrag, ermittelt sich der Unternehmenswert UW nach der Formel für den Barwert einer ewigen Rente („Rentenmodell“) als

(1.2) $$UW = \frac{E}{r}$$

Die Ertragswertermittlung für den einfachen Fall des Rentenmodells zeigt besonders deutlich, daß der Unternehmenswert dabei aus einem *Vergleich* abgeleitet wird: Verglichen werden die Unternehmenserträge mit der Rendite der alternativen Geldverwendung in Form des Kalkulationszinsfußes. Eine solche Vorgangsweise setzt aber voraus, daß Unternehmens- und Alternativerträge überhaupt miteinander vergleichbar sind. Vergleichbarkeit bzw. „Äquivalenz“ der zu vergleichenden Ertragsströme muß insbesondere gegeben sein hinsichtlich der Laufzeitstruktur, des Arbeitseinsatzes, der Verfügbarkeit, der Kaufkraft und der Unsicherheit. Die Herstellung einer nicht von vornherein gegebenen Vergleichbarkeit kann grundsätzlich durch geeignete Adaptierungen entweder der Unternehmenserträge oder der Alternativrendite erfolgen. In der Bewertungspraxis werden zu diesem Zweck häufig pauschale Zu- und Abschläge beim Kalkulationszinsfuß vorgenommen.

1.2. Ertragsbegriffe

Die erwarteten künftigen Erträge aus dem Unternehmen stehen allgemein als Synonym für den in Zukunft erwarteten Nutzen, den das Unternehmen seinem (potentiellen) Eigner insgesamt zu erbringen vermag. Diese Zukunftserträge werden u.a. auch als „Vorteilsströme“, „Zielbeiträge“ oder „Zukunftserfolge“ aus dem Unternehmen bezeichnet. Aus theoretischer Sicht umfassen sie sowohl finanzielle als auch nichtfinanzielle Elemente. Nichtfinanzielle Ertragskomponenten, wie beispielsweise Prestige, Macht, Selbständigkeit oder emotionale Bindungen, werden jedoch i.a. aus Vereinfachungsgründen nicht in den Bewertungskalkül einbezogen. Die weiteren Darlegungen beschränken sich daher auf die Ermittlung der finanziellen („monetären“) Zukunftserträge.

Es bestehen unterschiedliche Auffassungen darüber, wie die finanziellen Unternehmenserträge zu messen sind. In Literatur und Bewertungspraxis haben sich im Laufe der Zeit unterschiedliche Ertragsbegriffe herausgebildet. Je nach Definition des bewertungsrelevanten Zukunftsertrages ergeben sich dann unterschiedliche Ertragswertverfahren. Allgemein kann zwischen

⇒ zahlungsstromorientierten (cash-flow-orientierten) Ertragswertverfahren und

⇒ periodenerfolgsorientierten Ertragswertverfahren

unterschieden werden, je nachdem, ob künftige Zahlungsströme (Cash-flows) oder Periodenerfolge diskontiert werden.

Die Orientierung an künftigen Zahlungsströmen (Cash-flows) entspricht den Erkenntnissen der Investitionstheorie und wird in der jüngeren Literatur sowie in der Bewertungspraxis einhellig als die aus theoretischer Sicht zutreffende Vorgangsweise erachtet. Betrachtet man einzelne gebräuchliche Ertragsbegriffe näher, zeigen sich jedoch zum Teil erhebliche Abstufungen. Zur Messung der finanziellen Zukunftserträge aus dem Unternehmen werden im weiteren die folgenden Ertragsbegriffe unterschieden:

⇒ Netto-Cash-flows (NCF) beim (potentiellen) Eigner
⇒ Netto-Ausschüttungen aus dem Unternehmen
⇒ Einzahlungsüberschüsse des Unternehmens
⇒ Netto-Einnahmen des Unternehmens
⇒ Periodenerfolge des Unternehmens

Die Netto-Cash-flows (NCF) beim (potentiellen) Eigner repräsentieren den aus theoretischer Sicht richtigen Ertragsbegriff. Alle übrigen Ertragsdefinitionen beinhalten mehr oder weniger große Vereinfachungen gegenüber diesem theoretisch richtigen Ertragsbegriff. Welcher Ertragsbegriff einer Bewertung zugrunde gelegt wird, hängt daher vielfach vom gewünschten Grad der Vereinfachung der Bewertung ab.

Die *NCF beim Eigner* können für eine Kauf-/Verkauf-Situation als periodenspezifischer Saldo aller erwarteten finanziellen Zu- und Abflüsse beim (potentiellen) Eigner, die ihm durch eine Entscheidung für Erwerb bzw. Beibehalt des Unternehmens erwachsen würden, definiert werden. Von diesen Netto-Zuflüssen beim Eigner umfaßt sind daher nicht nur Zahlungsströme zwischen Unternehmen und Eigner, sondern auch solche Zahlungen zwischen Unternehmen und Dritten, die ursächlich mit dem zu bewertenden Unternehmen zusammenhängen, wie etwa persönliche Steuern oder Synergieeffekte bei anderen Unternehmen des Eigners („externe" Synergien). Bei einem Abstellen auf die *Netto-Aus-*

schüttungen aus dem Unternehmen werden grundsätzlich nur die Zahlungen zwischen Unternehmen und Eigner, allenfalls erweitert um persönliche Steuern des Eigners, als bewertungsrelevant erachtet. Im Unterschied zu den NCF beim Eigner bleiben daher externe Synergien und (in der Grundkonzeption) auch persönliche Steuerwirkungen vereinfachend außer Ansatz. Identität besteht jedoch hinsichtlich der Zahlungen zwischen Unternehmen und Eigner, die allgemein als Saldo zwischen Ausschüttungen (Dividenden), Kapitalrückzahlungen und Kapitaleinzahlungen definiert werden können.

Während ein Abstellen auf NCF beim Eigner oder auf Netto-Ausschüttungen aus dem Unternehmen eine konkrete Prognose des künftigen Ausschüttungsverhaltens erfordert, unterbleibt dies bei Heranziehung der *Einzahlungsüberschüsse des Unternehmens*. Hier wird vereinfachend unterstellt, daß in jeder künftigen Periode der gesamte, vom Unternehmen erwirtschaftete Einzahlungsüberschuß (nach Abzug aller Zahlungen an die Fremdkapitalgeber) auch tatsächlich an den Eigner ausgeschüttet bzw. ausbezahlt wird. Auf Grundlage dieser „Vollausschüttungsfiktion" wird der Bewertung in jeder Periode der für den Eigner *potentiell verfügbare Cash-flow* zugrunde gelegt. Externe Synergien und persönliche Steuerwirkungen beim Eigner bleiben vereinfachend unberücksichtigt. In Anlehnung an eine Kapitalflußrechnung nach SFAS No. 95 können die Einzahlungsüberschüsse des Unternehmens nach folgendem Schema prognostiziert werden:

	Jahresüberschuß (lt. Erfolgsprognose)
+/–	Aufwendungen/Erträge aus Anlagenabgängen
+/–	Abschreibungen/Zuschreibungen
+/–	Veränderungen langfristiger Rückstellungen
+/–	Veränderungen des Netto-Umlaufvermögens (ohne liquide Mittel und kurzfristige Bankverbindlichkeiten)
	Cash-flow aus der Betriebstätigkeit
+/–	Cash-flow aus der Investitionstätigkeit
+/–	Veränderungen von (kurz- und langfristigen) Finanzierungsschulden
	Einzahlungsüberschuß des Unternehmens

In ähnlicher Form wird bei Abstellen auf die *Netto-Einnahmen des Unternehmens* der Saldo aus den erwarteten Einnahmen und Ausgaben des Unternehmens, etwa in Form der „nachhaltig entziehbaren, verfügbaren Einnahmenüberschüsse" gemäß HFA 2/1983 als bewertungsrelevant erachtet. Im Unterschied zum Abstellen auf Einzahlungsüberschüsse ist zur Ermittlung der künftigen Einnahmenüberschüsse in der Regel nur eine Finanzplanung in eingeschränkter Form erforderlich.

Die Orientierung an Zahlungsströmen bzw. Cash-flows wird aufgegeben, wenn die künftigen *Periodenerfolge des Unternehmens* als bewertungsrelevant erachtet werden. Die Periodenerfolge entsprechen den aus Ertrags- und Aufwandsrechnungen für die künftigen Perioden abgeleiteten Gewinnen und Verlusten. Für ihre Ermittlung wird eine reine Erfolgsprognose als ausreichend erachtet. Die mit dem Abstellen auf Periodenerfolge verbundenen Vereinfachungen ergeben sich damit aus der impliziten Annahme, die künftigen Aufwendungen und Erträge würden den künftigen Zahlungen entsprechen.

Die dargestellten Ertragsbegriffe können daher in ihrer Grundkonzeption nach den Kriterien Cash-flow- oder Periodenerfolgsorientierung, Umfang der erforderlichen Finanzplanungsrechnung, Erfordernis der Prognose des künftigen Ausschüttungsverhaltens (direkte Prognose oder Vollausschüttungsfiktion [VAF]) und Einbeziehung von externen Synergien sowie von persönlichen Steuerwirkungen beim (potentiellen) Eigner wie in Abb. 6 dargestellt voneinander abgegrenzt werden.

	CF- oder PE-Orientierung	Finanzplanung erforderlich?	Prognose der Ausschüttung oder VAF	Berücksichtigung persönl. Steuern	Berücksichtigung externer Synergien
Netto-Cash-flows beim Eigner	CF	ja	Prognose	ja	ja
Netto-Ausschüttungen des Unternehmens	CF	ja	Prognose	nein	nein
Einzahlungsüberschüsse des Unternehmens	CF	ja	VAF	nein	nein
Netto-Einnahmen des Unternehmens	CF	eingeschr.	VAF	nein	nein
Periodenerfolge des Unternehmens	PE	nein	VAF	nein	nein

Abb. 6: Gegenüberstellung der Grundkonzeptionen unterschiedlicher Ertragsbegriffe

Die in Abb. 6 dargestellte Abgrenzung bezieht sich auf die Grundkonzeption der einbezogenen Ertragsbegriffe. Erweiterungen dieser Grundkonzeptionen im Rahmen der praktischen Umsetzung sind in mehrfacher Form denkbar. So könnten z.B. in einer auf Einzahlungsüberschüsse abstellenden Bewertung persönliche Steuerwirkungen beim (potentiellen) Eigner und externe Synergien im Rahmen zusätzlicher Bewertungsschritte berücksichtigt werden.

In ihrer Grundkonzeption implizieren die einzelnen Ertragsbegriffe ein unterschiedliches Ausmaß an Prognoseaufwand und damit auch an Komplexität des Bewertungskalküls, das bei Heranziehung der künftigen NCF beim (potentiellen) Eigner am höchsten und bei

Heranziehung der künftigen Periodenerfolge des Unternehmens am geringsten ist. Höherer Prognoseaufwand bedeutet dabei stets auch höhere Genauigkeit der Bewertung und vice versa. Komplexitätsreduktion erfolgt demgegenüber im allgemeinen durch Treffen vereinfachender Annahmen über künftige Entwicklungen, was zwar den Prognoseaufwand reduziert, andererseits aber das Bewertungsergebnis verzerrt und letztlich nur zu einer „Näherungslösung" führt.

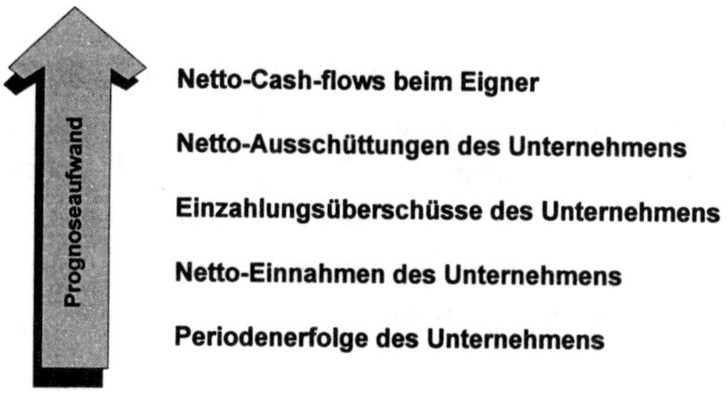

Abb. 7: Ertragsbegriffe und Bewertungsvereinfachung

Jede zusätzliche Bewertungsvereinfachung birgt damit die Gefahr eines immer weniger aussagekräftigen Bewertungsergebnisses in sich, das dann je nach Einzelfall mehr oder weniger stark vom zutreffenden Ergebnis abweicht. Die früheren Vorbehalte der Bewertungspraxis gegen komplexere und mit höherem Rechenaufwand verbundene (weil etwa auch eine Finanzrechnung und Ausschüttungsprognose einschließende) Bewertungsverfahren sind heute vor dem Hintergrund der verfügbaren Software zur Unterstützung von Prognoserechnungen nicht mehr überzeugend.

In Teilen der Bewertungspraxis und der Literatur wird das Ertragswertverfahren unzutreffenderweise gleichgesetzt mit einer Heranziehung von Periodenerfolgen, somit von künftigen Gewinnen oder Verlusten auf Basis einer Ertrags- und Aufwandsrechnung, zur Messung der Zukunftserträge. Die Schwächen der Meßgröße „Periodenerfolge", die auf die Fülle der damit verbundenen Bewertungsvereinfachungen zurückzuführen sind, dienen dann als Angelpunkt für eine Kritik am Ertragswertverfahren an sich. So wird etwa das Ertragswertverfahren mit dem Argument verworfen, nach den Erkenntnissen der modernen Betriebswirtschaftslehre sei auf Cash-flows bzw. Zahlungsströme und nicht auf „buchhalterische Größen" wie Periodenerfolge abzustellen. Die vorstehenden Ausführungen haben gezeigt, daß eine solche Kritik nicht das Ertragswertverfahren generell meint, sondern nur jene spezifische Ausprägungsform des Ertragswertverfahrens betrifft, die die künftigen Periodenerfolge des Unternehmens als bewertungsrelevante Zukunftserträge erachtet.

Auf die unterschiedlichen Ertragsbegriffe und ihre Eignung zur Ermittlung von Entscheidungswerten wird im 2.Kap.III.B. näher eingegangen. Dort werden auch Schemata zur Ermittlung der einzelnen Ertragsgrößen gezeigt.

1.3. Phasenmodell

Neben der Verwendung unterschiedlicher Ertragsbegriffe ergeben sich verschiedene Ausprägungen von Ertragswertverfahren aus der Form der Gliederung des Prognosezeitraumes. Von besonderer praktischer Bedeutung ist hier die sog. „Mehrphasenmethode" nach HFA 2/1983, die eine Zerlegung des Prognosezeitraumes in drei Phasen mit unterschiedlicher Schätzgenauigkeit vorsieht. Da damit lediglich eine Begrenzung der mit einer Prognose unweigerlich verbundenen Unsicherheiten angestrebt wird, wird ein eigenständiges Bewertungsverfahren dadurch nicht begründet. Begrifflich kann das „Phasenmodell" vom bereits oben beschriebenen „Rentenmodell" unterschieden werden.

2. Discounted Cash-flow-Verfahren

2.1. Konzeption

Bei den Discounted Cash-flow-Verfahren (DCF-Verfahren) wird der Unternehmenswert durch Diskontierung zukünftiger Cash-flows ermittelt. Dies entspricht grundsätzlich der Vorgangsweise beim Ertragswertverfahren. Im Gegensatz zum Ertragswertverfahren wird bei den DCF-Verfahren zur Bestimmung des Diskontierungssatzes auf kapitalmarkttheoretische Modelle, i.a. auf das Capital Asset Pricing Model (CAPM), zurückgegriffen. Als Ergebnis der Unternehmensbewertung wird der Marktwert des Gesamtkapitals bzw. der auch als „Shareholder Value" bezeichnete Marktwert des Eigenkapitals ermittelt. Die konzeptionelle Orientierung der DCF-Verfahren am Kapitalmarkt stellt den wesentlichsten Unterschied zum Ertragswertverfahren dar.

Die DCF-Verfahren bauen i.a. einheitlich auf der Ermittlung potentiell verfügbarer Cash-flows aus dem Unternehmen auf und gehen diesbezüglich von einer Vollausschüttungsfiktion aus. Erfolgt die Bewertung aus dem Blickwinkel eines akquirierenden Unternehmens, werden grundsätzlich auch realisierbare Synergien beim akquirierenden Unternehmen(sverband) einbezogen. Je nach Definition der bewertungsrelevanten Cash-flows und der anzuwendenden Diskontierungssätze können mehrere DCF-

Verfahren unterschieden werden. Nachstehend werden die folgenden drei Verfahrenstypen kurz erläutert:

⇒ Bruttoverfahren („Entity-Approach")
⇒ Nettoverfahren („Equity-Approach")
⇒ Adjusted Present Value-Verfahren

2.2. Bruttoverfahren („Entity-Approach")

Als bewertungsrelevanter Unternehmensertrag wird bei den Bruttoverfahren grundsätzlich die Summe der den Eigen- und Fremdkapitalgebern eines Unternehmens zur Verfügung stehenden Zahlungsüberschüsse herangezogen. Der Entity-Approach auf Basis von *„Free Cash-flows"* (FCF) stellt die am weitesten verbreitete Spielart der Bruttoverfahren dar. Nach *Copeland/Koller/Murrin* (1994, 136) ist der FCF nach folgendem Schema zu bestimmen:

	Earnings before interest and taxes (EBIT)
–	Cash taxes on EBIT
	Net operating profit less adjusted taxes (NOPLAT)
+	Depreciation
	Gross cash-flow
+/–	Change in working capital
–	Capital expenditures
–	Increase in net other assets
	Operating free cash-flow
+	Cash-flow from non-operating investments
	Free-cash flow

Für eine Anpassung an österreichische Gegebenheiten ist das Schema u.a. um die Korrektur der nicht zahlungswirksamen langfristigen Sozialkapitalrückstellungen zu erweitern. Die Trennung in einen operativen und nicht-operativen Unternehmensbereich hat prognosetechnische Gründe.

Anders als im Schema zur Ermittlung des Einzahlungsüberschusses des Unternehmens mindern bzw. erhöhen Fremdkapitalzinsen sowie Veränderungen von Finanzierungsschulden den FCF nicht. Um die angestrebte Finanzierungsneutralität des FCF zu erreichen, werden auch die Unternehmenssteuern ohne Berücksichtigung der steuerlichen Abzugsfähigkeit der Fremdkapitalzinsen ermittelt und cash-flow-mindernd berücksichtigt. Die Steuerersparnis aus den künftigen Fremdkapitalzinsen wird erst durch eine entsprechende Verminderung des Diskontierungssatzes berücksichtigt.

Die geschilderte Vorgangsweise soll sicherstellen, daß der FCF den vom Unternehmen erwirtschafteten Einzahlungsüberschuß *vor* Berücksichtigung von Außenfinanzierungsmaßnahmen (und der daraus resultierenden Unternehmenssteuerwirkungen) durch die Eigen- und Fremdkapitalgeber des Unternehmens repräsentiert. Damit wird faktisch eine Trennung des Unternehmens in einen Leistungsbereich, für den der FCF prognostiziert wird, und einen Finanzierungsbereich, der die Maßnahmen der Außenfinanzierung durch Eigen- und Fremdkapitalgeber umfaßt, vollzogen.

Da die prognostizierten FCF somit zur Bedienung der Eigen- und Fremdkapitalgeber des Unternehmens zur Verfügung stehen, werden sie mit einem Mischzinsfuß in Form des gewogenen Kapitalkostensatzes („WACC" = weighted average cost of capital) diskontiert. Dabei wird ein in Zukunft konstanter Verschuldungsgrad auf Marktwertbasis unterstellt, der in der Regel durch Festlegung einer Zielkapitalstruktur vorgegeben wird. Der gewogene Kapitalkostensatz soll den gewichteten Durchschnittskosten von Eigen- und Fremdkapital entsprechen. Für seine praktische Berechnung wird im allgemeinen die folgende Formel empfohlen:

(1.3) $$c^{WACC} = r(FK) \cdot (1-s) \cdot \frac{FK^*}{GK^*} + r(EK)_v \cdot \frac{EK}{GK^*}$$

c^{WACC}	=	gewogener Kapitalkostensatz (WACC)
FK*	=	Marktwert des verzinslichen Fremdkapitals
EK	=	Marktwert des Eigenkapitals
GK*	=	Marktwert des Gesamtkapitals (WACC-Ansatz)
s	=	Ertragsteuersatz auf Unternehmensebene
r(FK)	=	Kosten des Fremdkapitals bzw. Renditeforderung der Fremdkapitalgeber
$r(EK)_v$	=	Renditeforderung der Eigenkapitalgeber für das verschuldete Unternehmen

Die Summe aus dem durch Anwendung des WACC errechneten Barwert der FCF und dem (wie bei den traditionellen Ertragswertverfahren gesondert zu bestimmenden) Marktwert des nicht betriebsnotwendigen Vermögens ergibt den Marktwert des Gesamtkapitals (WACC-Ansatz). Wird davon der Marktwert des verzinslichen Fremdkapitals abgezogen, erhält man den Marktwert des Eigenkapitals (Shareholder Value). Beim Bruttoverfahren auf Basis von FCF wird der Shareholder Value daher nach folgendem Schema ermittelt:

	Barwert der Free Cash-flows
+	Marktwert des nicht betriebsnotwendigen Vermögens
	Marktwert des Gesamtkapitals (WACC-Ansatz)
–	Marktwert des verzinslichen Fremdkapitals
	Marktwert des Eigenkapitals (Shareholder Value)

Als besonderer Vorteil des Bruttoverfahrens auf Basis von FCF wird allgemein die angestrebte Finanzierungsneutralität der FCF und die nicht erforderliche periodenspezifische Prognose von Änderungen im Fremdkapitalbestand angesehen. Die zahlreichen Implikationen, die sich aus einer Anwendung dieses Verfahrens ergeben werden im 3. Kapitel näher erörtert.

Anstelle von FCF können im Rahmen eines Bruttoverfahrens auch die sog. „Total Cash-flows" (TCF) herangezogen werden. Bei diesem Verfahren wird die Steuerersparnis aus den Fremdkapitalzinsen bereits in den Cash-flows und nicht erst im gewogenen Kapitalkostensatz berücksichtigt.

2.3. Nettoverfahren („Equity-Approach")

Beim Nettoverfahren entsprechen die zu diskontierenden Cash-flows den vom Unternehmen erwirtschafteten Einzahlungsüberschüssen, die allein den Eigenkapitalgebern zur Verfügung stehen und als *„Flows to Equity"* (FTE) bezeichnet werden. Wird von externen Synergien (aus der Sicht eines akquirierenden Unternehmensverbandes) abgesehen, die im Einzahlungsüberschuß des Unternehmens nicht enthalten sind, wohl aber im FTE, besteht daher insoweit Identität zwischen dem Equity-Approach und dem Ertragswertverfahren auf Grundlage von Einzahlungsüberschüssen des Unternehmens.

Im Gegensatz zu den FCF sind bei der Prognose der FTE auch die künftigen Fremdkapitalzinsen (einschließlich der daraus resultierenden Steuerwirkung) sowie die Veränderungen des Fremdkapitalbestandes zu berücksichtigen. Wird von der aus prognosetechnischen Gründen vorgenommenen Trennung in einen operativen und einen nichtoperativen Unternehmensbereich abgesehen, besteht zwischen FCF und FTE folgender Zusammenhang:

	Free Cash-flow
–	Fremdkapitalzinsen
+	Unternehmenssteuerersparnis aus Fremdkapitalzinsen
+	Aufnahme von verzinslichem Fremdkapital
–	Tilgung von verzinslichem Fremdkapital
	Flow to Equity

Da die FTE allein den Eigenkapitalgebern des Unternehmens zustehen, werden sie nur mit der geforderten Eigenkapitalrendite für das verschuldete Unternehmen ($r(EK)_v$) diskontiert, die wiederum auf Grundlage kapitalmarkttheoretischer Modelle bestimmt wird. Im Gegensatz zum Bruttoverfahren kommt daher kein Mischzinsfuß bzw. gewogener Kapitalkostensatz zur Anwendung.

Die Summe aus dem so ermittelten Barwert der FTE und dem Marktwert des nicht betriebsnotwendigen Vermögens ergibt nunmehr bereits den Marktwert des Eigenkapitals (Shareholder Value). Bei Anwendung des Nettoverfahrens gilt daher:

	Barwert der Flows to Equity
+	Marktwert des nicht betriebsnotwendigen Vermögens
	Marktwert des Eigenkapitals (Shareholder Value)

Bruttoverfahren und Nettoverfahren führen zum selben Ergebnis, wenn identische Annahmen über das künftige Finanzierungsverhalten getroffen werden.

2.4. Adjusted Present Value-Verfahren

Beim Adjusted Present Value-Verfahren (APV-Verfahren) wird zunächst der Marktwert des Gesamtkapitals unter der Annahme der vollständigen Eigenfinanzierung des Unternehmens ermittelt. Zu diesem Zweck werden die prognostizierten FCF, die den Cash-flows bei vollständiger Eigenfinanzierung entsprechen, mit der Renditeforderung der Eigenkapitalgeber für das unverschuldete Unternehmen $r(EK)_u$ diskontiert. Ist nur die Renditeforderung für das verschuldete Unternehmen $r(EK)_v$ bekannt, muß $r(EK)_u$ daraus unter bestimmten Annahmen abgeleitet werden. Die Summe aus dem so ermittelten Barwert der FCF und dem Marktwert des nicht betriebsnotwendigen Vermögens wird als „Marktwert des unverschuldeten Unternehmens" bezeichnet.

Die Auswirkungen einer Fremdfinanzierung des Unternehmens werden erst in einem zweiten Schritt berücksichtigt. Dabei führt die steuerliche Abzugsfähigkeit der Fremdkapitalzinsen zu einer Erhöhung des Marktwertes des Gesamtkapitals in Form des sog. „Tax Shield“. Die Marktwerterhöhung errechnet sich als Barwert der Steuerersparnis aus den Fremdkapitalzinsen. Die Summe aus Marktwert des unverschuldeten Unternehmens und Marktwerterhöhung aus der Fremdfinanzierung ergibt nunmehr den Marktwert des Gesamtkapitals für das verschuldete Unternehmen. Wird davon der Marktwert des Fremdkapitals abgezogen, erhält man wiederum den Marktwert des Eigenkapitals (Shareholder Value).

Beim APV-Verfahren wird der Shareholder Value daher nach folgendem Schema errechnet:

	Barwert der Free Cash-flows bei Diskontierung mit $r(EK)_u$
+	Marktwert des nicht betriebsnotwendigen Vermögens
	Markwert des unverschuldeten Unternehmens
+	Marktwerterhöhung durch Fremdfinanzierung
	Marktwert des Gesamtkapitals des verschuldeten Unternehmens
–	Marktwert des verzinslichen Fremdkapitals
	Marktwert des Eigenkapitals (Shareholder Value)

Beim APV-Verfahren wirken sich Änderungen der Kapitalstruktur des zu bewertenden Unternehmens nicht auf die Höhe des Diskontierungssatzes $r(EK)_u$, sondern lediglich auf die Höhe des Tax Shield aus.

3. Vergleichsverfahren

3.1. Konzeption

Vergleichsverfahren leiten den Wert eines zu bewertenden Unternehmens aus Börsenkurswerten oder (anderen) realisierten Marktpreisen vergleichbarer Unternehmen ab. Zum Teil werden aus realisierten Marktpreisen branchenspezifische Erfahrungssätze bzw. „Daumenregeln“ gewonnen und zur Bewertung vergleichbarer Unternehmen herangezogen. Vergleichsverfahren werden daher als „marktorientierte“ Bewertungsverfahren bezeichnet. Sie sind vor allem in den USA verbreitet und werden dort unter den sog. „market approach“ subsumiert, der alternativ zum „income approach“ (entspricht der Konzeption der Ertragswert- und DCF-Verfahren) und zum „cost approach“ (entspricht konzeptionell dem Substanzwertverfahren) gesehen wird.

Die hohe praktische Bedeutung der Vergleichsverfahren in den USA hängt unmittelbar mit der großen Anzahl der dort stattfindenden Unternehmenstransaktionen und der Fülle des für den Bewerter zugänglichen Datenmaterials zusammen. Datenbanken und andere Informationsquellen beinhalten Daten über frühere Unternehmenstransaktionen und ermöglichen etwa die Erhebung verschiedenster Informationen über Unternehmen, die in derselben Branche tätig sind. Im Rahmen von Vergleichsverfahren wird das so verfügbare Datenmaterial umfassend ausgewertet und bildet die Grundlage der Wertfindung für das zu bewertende Unternehmen. Die Vergleichsverfahren sind damit Ausdruck eines hohen Vertrauens in das Funktionieren der Marktmechanismen.

Das Ergebnis einer Bewertung nach einem Vergleichsverfahren ist als potentieller Marktpreis zu verstehen, der bei einer Veräußerung des bewerteten Unternehmens auf einem bestimmten Markt erzielt werden kann. In der Regel handelt es sich dabei um Märkte, auf denen (auch) ganze Unternehmen gehandelt werden. Vergleichsverfahren sind daher konzeptionell nicht auf die Ermittlung eines „Marktwertes“ ausgerichtet, der sich an vollständig diversifizierten Anlegern am Kapitalmarkt orientiert. Der durch den Einsatz von Vergleichsverfahren ermittelte potentielle Marktpreis unterscheidet sich daher grundlegend vom hier verwendeten Begriff des Marktwertes.

Innerhalb der in der Praxis gebräuchlichen Vergleichsverfahren wird im folgenden

- ⇒ der Comparative Company Approach sowie
- ⇒ die Orientierung an „Market Multiples“ (Multiplikatormethode)

unterschieden. Für diese Ansätze haben sich wiederum unterschiedliche Verfahren bzw. Bewertungstechniken herausgebildet.

3.2. Comparative Company Approach

Beim Comparative Company Approach (CCA) orientiert sich die Bestimmung des Unternehmenswerts unmittelbar an konkreten, tatsächlich realisierten Marktpreisen für vergleichbare Unternehmen. Anhand der Marktpreise für die Vergleichsunternehmen wird sodann der potentielle Marktpreis für das Bewertungsobjekt geschätzt. Die Auswahl der Vergleichsunternehmen bildet den zentralen Ansatzpunkt der Verfahren, zugleich jedoch die in der Praxis am schwierigsten zu lösende Aufgabe. In zweiter Linie ist dann die Kenntnis von möglichst zeitnahen, tatsächlich realisierten Marktpreisen für die (Anteile an) Vergleichsunternehmen erforderlich. Sieht man von den Börsenkursen notierender Unternehmungen ab, sind derartige Daten im deutschen Sprachraum kaum verfügbar und allenfalls Insidern (z.B. Investmentbanken) zugänglich, während insbesondere in den USA auf mehrere Datenbanken und andere Informationsquellen zurückgegriffen werden kann.

Zum CCA werden die Similar Public Company Method (SPCM), die zur Bewertung von nicht an der Börse notierten Unternehmungen eingesetzt wird, sowie die Recent Acquisitions Method (RAM), bei der der Unternehmenswert aus realisierten Kaufpreisen für Vergleichsunternehmen abgeleitet wird, gezählt. Nach demselben Muster wird beim „Initial Public Offering"-Ansatz vorgegangen.

Zur Wertfindung werden die erhobenen Marktpreise der Vergleichsunternehmen mit bestimmten Performance-Daten (z.B. Periodengewinngrößen, Dividendenzahlungen, Cash-flows) in Relation gesetzt. Die daraus resultierenden Verhältniszahlen („Multiplikatoren") werden dann auf die für das zu bewertende Unternehmen errechneten Vergleichsgrößen (Bezugsgrößen) angewendet. Wird vereinfachend nur auf ein Vergleichsunternehmen abgestellt, folgt die Schätzung des potentiellen Marktpreises des zu bewertenden Unternehmens daher grundsätzlich folgendem Schema:

$$MP_B = V_B \cdot \frac{MP_V}{V_V} \qquad (1.4)$$

MP_B	=	Potentieller Marktpreis des zu bewertenden Unternehmens
V_B	=	Vergleichsgröße des zu bewertenden Unternehmens
MP_V	=	Börsenkurswert des Vergleichsunternehmens
V_V	=	Vergleichsgröße des Vergleichsunternehmens

Der Quotient aus MP_V und V_V repräsentiert dabei den Multiplikator, der für die jeweilige Vergleichsgröße aus dem Marktpreis eines Vergleichsunternehmens errechnet wurde. Von großer praktischer Bedeutung sind hier Multiplikatoren, denen als Vergleichsgröße eine Gewinn- oder Cash-flow-Größe zugrunde gelegt wird. Die so ermittelten Unternehmenswerte werden allerdings noch bestimmten Adaptierungen, u.a. in Form von pauschalen Abschlägen für geringere Fungibilität aufgrund fehlender Börsennotierung („discount for lack of marketability"), unterzogen, um den potentiellen Marktpreis des zu bewertenden Unternehmens zu erhalten.

3.3. Multiplikatormethode

Beim Comparative Company Approach werden die Multiplikatoren zur Unternehmenswertermittlung unmittelbar aus Börsenkurswerten oder anderen realisierten Marktpreisen konkreter Vergleichsunternehmen abgeleitet. Wegen der zu geringen Datenbasis können diese Verfahren im deutschen Sprachraum nur sehr eingeschränkt angewendet werden. Vor allem zur Bewertung von kleineren Unternehmen werden in den USA sog. „market multiples" verwendet, die Erfahrungssätze bzw. „Daumenregeln" („rules-of-thumb") darstellen. Sie geben i.a. Erfahrungssätze aus den in der Vergangenheit in einer bestimmten Branche realisierten Marktpreisen für Unternehmensverkäufe wieder und werden als Orientierungshilfe für eine Schätzung des Marktpreises von Unternehmungen der betreffenden Branche eingesetzt. Derartige Multiplikatoren sind auch im deutschen Sprachraum anzutreffen. Ihre Anwendung wird als Multiplikatormethode bezeichnet. Dabei wird der Unternehmenswert als potentieller Marktpreis durch Multiplikation einer bestimmten Kenngröße des zu bewertenden Unternehmens mit einem von der gewählten Basis abhängigen, branchenspezifischen Faktor, dem „Multiplikator", geschätzt. Im Gegensatz zum CCA ist der Bewerter nicht auf die Kenntnis tatsächlich realisierter Kaufpreise oder der Börsenwerte für konkrete Vergleichsunternehmen angewiesen. Ausschlaggebend für die Anwendung der market multiples ist die Zuordnung des Unternehmens (oder Teilen davon) zu einem bestimmten Geschäftszweig und die Kenntnis der in diesem Geschäftszweig üblichen Multiplikatoren.

Die Multiplikatoren können sich je nach Branche auf unterschiedliche Vergleichsgrößen beziehen. Gebräuchlich sind hier vor allem Gewinn-, Cash-flow- und Umsatzmultiplikatoren. Darüber hinaus muß dahingehend differenziert werden, ob die Anwendung des jeweiligen Multiplikators zum potentiellen Marktpreis des gesamten Unternehmens oder nur zum potentiellen Marktpreis des Goodwill führt. Im zuletzt genannten Fall ist zur Marktpreisschätzung für das gesamte Unternehmen zusätzlich eine Substanzbewertung erforderlich. Nicht betriebsnotwendiges Vermögen ist in beiden Fällen gesondert zu berücksichtigen. Weiters ist zu prüfen, ob die Anwendung des Multiplikators zum geschätzten Marktpreis des verschuldeten Unternehmens oder des fiktiv unverschuldeten Unternehmens führt. Letzteres wird der Fall sein, wenn auf kapitalstrukturunabhängige Größen wie etwa auf den (bereinigten) Gewinn oder Cash-flow vor Zinsen abgestellt wird.

Durch Umsatzmultiplikatoren wird häufig nur der potentielle Marktpreis des Goodwill abgeschätzt. Zur Ermittlung des potentiellen Marktpreises z.B. einer Apotheke kann dann wie folgt vorgegangen werden: Bezeichnet m_U den relevanten Umsatzmultiplikator zur Ermittlung des Goodwill der Apotheke, U den bewertungsrelevanten Umsatz, SW den Substanzwert des sonstigen Vermögens (z.B. Betriebsliegenschaft, Warenlager, Forderungen) nach Abzug der zum Bewertungsstichtag vorhandenen Schulden, kann der potentielle Marktpreis der Apotheke (MP_B) nach der Multiplikatormethode wie folgt ermittelt werden:

(1.5) $$MP_B = U \cdot m_U + SW$$

Im angloamerikanischen Raum nehmen Gewinn- und Cash-flow-Multiplikatoren eine dominierende Stellung ein.

C. Einzelbewertungsverfahren (Substanzwertverfahren)

1. Konzeption

Bei Einzelbewertungsverfahren wird der Unternehmenswert durch eine isolierte Bewertung der einzelnen Vermögensgegenstände und Schulden zu einem bestimmten Stichtag ermittelt. Der Substanzwert errechnet sich daher allgemein nach dem Schema:

	Wert der einzelnen Vermögensgegenstände
–	Wert der Schulden
	Substanzwert

Im Unterschied zu den Gesamtbewertungsverfahren reicht daher vordergründig eine statische, stichtagsbezogene Betrachtung aus. In die Bewertung der einzelnen Vermögenspositionen fließen jedoch in der Regel auch Prognoseelemente, etwa über künftig realisierbare Preise für einzelne Vermögenswerte, ein. Durch die isolierte Bewertung der einzelnen Vermögenspositionen bleiben aber Kombinationseffekte, die sich eben erst aus dem Zusammenwirken der eingesetzten Güter ergeben, bei der Substanzwertermittlung grundsätzlich unberücksichtigt. Dieses Faktum bildet den entscheidenden Nachteil gegenüber den Gesamtbewertungsverfahren.

Unterschiedliche Ausprägungen von Substanzwertverfahren können sich aus der Anwendung verschiedener Wertmaßstäbe zur Bewertung der einzelnen Vermögens- und Schuldpositionen des Unternehmens ergeben. Aus der Fülle der in Frage kommenden

Wertmaßstäbe wird im folgenden der Ansatz von Reproduktionswerten (= Wiederbeschaffungs(alt)werten) und Liquidationswerten näher behandelt. Traditionell wird unter dem Begriff „Substanzwertverfahren“ nur die Heranziehung von Reproduktionswerten verstanden. Die Ermittlung von Substanzwerten als Liquidationswerte wird häufig nicht unter die Unternehmensbewertungsverfahren eingereiht, weil dieser Vorgangsweise – im Gegensatz zu allen übrigen Verfahren – nicht die Annahme einer Unternehmensfortführung zugrunde liegt.

2. Substanzwertverfahren auf Basis von Reproduktionswerten

Im Rahmen dieses Bewertungsverfahrens wird von einer Fortführung des Unternehmens ausgegangen. Die betriebsnotwendigen Vermögensgegenstände werden zu Reproduktionswerten angesetzt. Dieser Bewertung liegt die Vorstellung einer „Unternehmensreproduktion“ und einer Orientierung an den dabei entstehenden Kosten zugrunde. Der Wertansatz richtet sich nach jenem Betrag, der notwendig wäre, um das Unternehmen „nachzubauen“. Die Reproduktionswerte entsprechen daher den „Wiederbeschaffungsaltwerten“ bzw. „Zeitwerten“. Die Substanzwertermittlung vollzieht sich damit nach folgendem Schema:

	Reproduktionswert des betriebsnotwendigen Vermögens
+	Liquidationswert des nicht betriebsnotwendigen Vermögens
–	Schulden (auf going concern-Basis)
	Substanzwert auf Basis von Reproduktionswerten

Die dieser Bewertung zugrundeliegende Vorstellung des „Unternehmensnachbaus“ impliziert, daß in die Substanzwertermittlung sämtliche Vermögenswerte des Unternehmens Eingang finden müssen, und zwar unabhängig davon, ob sie in der Handelsbilanz ausgewiesen werden oder nicht. Zum Reproduktionswert des betriebsnotwendigen Vermögens zählen daher insbesondere auch die mangels Anschaffungskosten nicht in der Bilanz aktivierten immateriellen Vermögenswerte wie etwa Mietrechte sowie selbstgeschaffene Marken- und Patentrechte oder Konzessionen. Strenggenommen sind hier aber auch die Reproduktionswerte aller sonstigen immateriellen Vermögenswerte, wie etwa der Organisation, des Standortes, der Kundenbeziehungen oder der Qualität der Mitarbeiter, einzubeziehen, wenn ein der Vorstellung des Unternehmensnachbaus entsprechender „Vollreproduktionswert“ ermittelt werden soll.

In der praktischen Anwendung sind jedoch vor allem die zuletzt genannten immateriellen Werte i.a. nicht vollständig erfaßbar bzw. kaum quantifizierbar. Man beschränkt sich daher unter Außerachtlassung dieser Vermögenswerte auf die Ermittlung von „Teilreproduktionswerten“. Dem schließt sich auch das Fachgutachten KFS/BW1 an, wenn es feststellt: „In die Substanzwertermittlung werden nur solche Vermögensgegenstände aufgenommen, die üblicherweise einzeln, d.h. losgelöst von einem Unternehmen, Betrieb oder Teilbetrieb, Gegenstand des wirtschaftlichen Verkehrs sind. Immaterielles Vermögen, welches keinen selbständigen Verkehrswert hat, geht somit nicht in den Substanzwert ein, sondern findet in der Regel im Zukunftserfolg seinen Niederschlag.“

3. Substanzwertverfahren auf Basis von Liquidationswerten

Während beim Substanzwertverfahren auf Basis von Reproduktionswerten die Unternehmensfortführung unterstellt wird, geht der Ansatz von Liquidationswerten von einer Zerschlagung (Liquidation) des Unternehmens aus. Die einzelnen Vermögensgegenstände werden hier mit den im Rahmen der Auflösung des Unternehmens erwarteten Verwertungserlösen bewertet. Bei länger andauernder Zerschlagung ist hier auf den Barwert der Verwertungserlöse abzustellen. Bei den Schulden müssen auch sämtliche durch die Liquidation bedingten, zusätzlichen Belastungen berücksichtigt werden, wie etwa Kosten aus der vorzeitigen Auflösung von Dauerschuldverhältnissen, Abfertigungen oder Kosten des Abwicklungsvorganges selbst.

Der Substanzwert als Liquidationswert des Unternehmens ermittelt sich daher nach folgendem Schema:

	Liquidationswert des gesamten betrieblichen Vermögens
–	Bei Unternehmensauflösung zu bedeckende Schulden
	Substanzwert auf Basis von Liquidationswerten (Liquidationswert)

Das Abstellen auf die im Rahmen einer „Liquidation“ bzw. „Auflösung“ des Unternehmens erzielbaren Verwertungserlöse erweist sich jedoch strenggenommen als Vorgabe für eine Wertbestimmung unzureichend. Dafür müssen zusätzlich Annahmen über die Form der Unternehmensauflösung getroffen werden. Grundsätzlich kann dabei entweder von einer Auflösung unter Zeitdruck (Zerschlagung) oder einer Auflösung „unter Normalbedingungen“ (Liquidation) ausgegangen werden. Die Höhe des erzielbaren Reinerlöses wird dabei durch die Definition der Verwertungsprämisse erheblich beeinflußt. Sie hängt maßgeblich von der unterstellten Auflösungsintensität (Einzelveräußerungsgrad) und der Auflösungsgeschwindigkeit ab. Je nach unterstellten Verwertungsaussichten ist daher ein in der Regel sehr breites Spektrum möglicher „Liquidationswerte" denkbar, das vom reinen Zerschlagungswert bis hin zu dem bei Gesamtveräußerung des Unternehmens ohne Zeitdruck realisierbaren Kaufpreis reicht. Im Rahmen von Unternehmensbewertungen wird mit dem Begriff „Liquidationswert" jedoch in der Regel der Zerschlagungswert („Break-up-value") gemeint.

D. Mischverfahren

1. Konzeption

Mischverfahren sind Kombinationsverfahren aus Gesamtbewertungs- und Einzelbewertungsverfahren. Ihr Anwender versucht, durch die Ermittlung eines „Mischwertes" sowohl Elemente der Gesamtbewertungskonzeption als auch der Einzelbewertungskonzeption in die Bewertung einfließen zu lassen. Mischverfahren treten als einfache Mittelwertverfahren oder in Form des Übergewinnverfahrens auf.

2. Mittelwertverfahren

Beim Mittelwertverfahren wird der Unternehmenswert (UW) im einfachsten Fall als arithmetisches Mittel des als Teilreproduktionswert bestimmten Substanzwertes (SW) und des (in der Regel auf Basis von Periodenerfolgen ermittelten) Ertragswertes (EW) des Unternehmens errechnet. Es gilt also:

(1.6) $$UW = \frac{SW + EW}{2}$$

Weitere Spielarten des Mittelwertverfahrens können sich aus unterschiedlichen Gewichtungen für die einzubeziehende Substanzwert- bzw. Ertragswertkomponente ergeben. So könnten etwa zur Verstärkung der Ertragswert- bzw. der Substanzwertkomponente folgende Berechnungsformeln angewendet werden:

(1.7) $$UW = \frac{SW + 2 \cdot EW}{3}$$

oder

(1.8) $$UW = \frac{2 \cdot SW + EW}{3}$$

Eine überzeugende Begründung für unterschiedliche Gewichtungsfaktoren läßt sich jedoch genauso wenig finden wie für gleich hohe Gewichtungsfaktoren.

3. Übergewinnverfahren

Ähnlich wie die Mittelwertverfahren geht das Übergewinnverfahren von der Überlegung aus, daß Unternehmen langfristig nur eine Normalverzinsung des eingesetzten Kapitals erwirtschaften können und darüber hinausgehende Mehrgewinne als Ausfluß überdurchschnittlicher Unternehmerleistung, guter Konjunkturlage oder etwa einer Monopolstellung zeitlich begrenzt sind (vgl. KFS/BW1).

Beim Übergewinnverfahren wird der Unternehmenswert aus der Summe von Substanzwert (als Teilreproduktionswert) und Barwert der „Übergewinne" errechnet. Dieser Barwert der Übergewinne wurde im Fachgutachten Nr. 45 aus 1972 der KWT, in dem das Übergewinnverfahren noch als maßgebliche Methode zur Ermittlung des Wertes von Einzelfirmen und Personengesellschaften vertreten worden war, als „Firmenwert" („Goodwill") bezeichnet. Beim Übergewinnverfahren gilt daher:

	Substanzwert (Teilreproduktionswert)
+	Barwert der Übergewinne („Firmenwert")
	Unternehmenswert

Als „Übergewinn" wird jener Teil des künftigen Periodengewinns bezeichnet, der über den sog. „Normalertrag" hinaus vom Unternehmen erwirtschaftet werden kann. Der Normalertrag entspricht dabei einer „angemessenen" Verzinsung des Substanzwertes, und zwar in Höhe des verwendeten Kalkulationszinsfußes. Bezeichnet E_t den erwarteten Periodenerfolg in der Periode t, i den Kalkulationszinsfuß, SW den Substanzwert (Teilreproduktionswert) und E_{norm} den (konstanten) Normalertrag, errechnet sich der Übergewinn ($ÜG_t$) in der Periode t wie folgt:

(1.9) $$ÜG_t = E_t - E_{norm} = E_t - i \cdot SW$$

Beim Übergewinnverfahren wird unterstellt, daß ein Übergewinn nur für eine begrenzte Zeitdauer („Übergewinndauer“ bzw. „Nachhaltigkeitsdauer“) erwirtschaftet werden kann. Nach Ablauf dieser im Einzelfall festzulegenden Nachhaltigkeitsdauer ist das Unternehmen dann annahmegemäß nur mehr in der Lage, den Normalertrag zu erzielen, der der Verzinsung des Substanzwertes am Bewertungsstichtag entspricht. Im Fachgutachten Nr. 45 aus 1972 der KWT wurde für den „objektbedingten“ Firmenwert eine Nachhaltigkeitsdauer von fünf bis acht Jahren, für den „subjektbedingten“ Firmenwert eine Nachhaltigkeitsdauer von lediglich drei bis fünf Jahren als angemessen erachtet. Bei einer Nachhaltigkeitsdauer von m Jahren kann der Unternehmenswert nach dem Übergewinnverfahren daher nach folgendem Ausdruck bestimmt werden:

$$UW = SW + \sum_{t=1}^{m} (E_1 - i \cdot SW) \cdot (1+i)^{-t} \qquad (1.10)$$

Voraussetzung für die Anwendung dieser Formel ist allerdings, daß über die Nachhaltigkeitsdauer Periodenerfolge erwartet werden können, die zumindest dem Normalertrag entsprechen, tatsächlich also Übergewinne erwartet werden können. Bei unzureichender Verzinsung des Substanzwerts über die Nachhaltigkeitsdauer soll der Unternehmenswert hingegen allein aus dem „nachhaltigen Zukunftserfolg“, somit als Ertragswert (auf Basis von Periodenerfolgen) bestimmt werden.

Das Fachgutachten KFS/BW1 aus 1989 sieht die Ertragswertmethode als maßgebliches Verfahren zur Unternehmensbewertung an, will aber die Anwendung des Übergewinnverfahrens als „Sonderform der Mehrphasenmethode“ zulassen.

E. *Exkurs*: Strategische Unternehmensbewertung

Literatur:

Laux, H.: Unternehmensbewertung bei Unsicherheit, ZfB 1971b, S. 525-540; *Rappaport*, A.: Creating Shareholder Value, New York u.a. 1986; *Coenenberg*, A.G./*Sautter*, M.T.: Strategische und finanzielle Bewertung von Unternehmensakquisitionen, DBW 1988, S. 691-710; *Leuthier*, R.: Das Interdependenzproblem bei der Unternehmensbewertung, Frankfurt a.M. u.a. 1988; *Schneider*, J.: Die Ermittlung strategischer Unternehmenswerte, BFuP 1988, S. 522-531; *Pümpin*, C.: Strategische Unternehmensbewertung, ST 1990, S. 553-556; *Ruhnke*, K.: Unternehmensbewertung: Ermittlung der Preisobergrenzen bei strategisch motivierten Akquisitionen, DB 1991, S. 1889-1893; *Valcárcel*, S.: Ermittlung und Beurteilung des „strategischen Zuschlags“ als Brücke zwischen Unternehmenswert und Marktpreis, DB 1992, S.589-595; *Ballwieser*, W.: Methoden der Unternehmensbewertung, in: Gebhardt/Gerke/Steiner (Hrsg): Handbuch des Finanzmangements, München 1993, S.151-176; *Laux*, C.: Handlungsspielräume im Leistungsbereich des Unternehmens: Eine Anwendung der Optionspreistheorie, ZfbF 1993, S. 933-

958; *Copeland*, T./*Koller*, T./*Murrin*, J.: Valuation: Measuring and Managing the Value of Companies, 2nd ed., New York u.a. 1994; *Dirrigl*, H.: Konzepte, Anwendungsbereiche und Grenzen einer strategischen Unternehmensbewertung, BFuP 1994, S. 409-432; *Barthel*, C.W.: Unternehmenswert: Die zuschlagsorientierten Bewertungsverfahren, DB 1996b, S. 1349-1358; *Fischer-Winkelmann*, W.F./*Beck*, P.: Zur Bedeutung der Ertragswertmethode für Unternehmenskäufe in der Praxis, in: Seicht (Hrsg): Jahrbuch für Controlling und Rechnungswesen '96, Wien 1996, S. 89-122; *Peemöller*, V.H./*Keller*, B./*Rödl*, M.: Verfahren strategischer Unternehmensbewertung, DStR 1996, S. 74-79; *Serfling*, K./*Pape*, U.: Strategische Unternehmensbewertung und Discounted Cash Flow-Methode, WISU 1996, S. 57-64; *Spremann*, K.: Wirtschaft, Investition und Finanzierung, 5. Aufl, München-Wien 1996.

1. Kritik am Ertragswertverfahren als Ausgangspunkt

Lange Zeit richtete sich die Kritik am Ertragswertverfahren überwiegend gegen das damit verbundene Prognoseproblem. Soweit diese Kritik als Ausdruck eines Mißtrauens gegenüber der Zuverlässigkeit von Schätzungen künftiger Erträge zu verstehen war, wollte man damit wohl auch der Gefahr von Überbewertungen durch Abstellen auf allzu optimistische Ertragserwartungen begegnen. In jüngerer Zeit wird jedoch von Teilen der Literatur eine „Krise des Ertragswertes" konstatiert, die ihre Ursache im Fehlen strategischer Aspekte bei der Unternehmensbewertung haben soll, sodaß eine „strategische Unternehmensbewertung" zu fordern sei.

In den Augen der Proponenten der strategischen Unternehmensbewertung gilt der Ertragswert als überholt und im strategischen Zusammenhang unbrauchbar. Den Ausgangspunkt der Kritik am Ertragswertverfahren bildet die These, daß Ertragswertverfahren bei strategisch motivierten Akquisitionen versagen. Ertragswertverfahren seien vor allem nicht in der Lage, die bei strategisch motivierten Akquisitionen tatsächlich bezahlten (hohen) Kaufpreise zu erklären. Im Gegensatz zur am Prognoseproblem orientierten Kritik wird hier also unterstellt, die nach einem Ertragswertverfahren ermittelten Unternehmenswerte seien (bei strategisch motivierten Akquisitionen) zu niedrig. Um hier einen zutreffenden, den realen Gegebenheiten entsprechenden Unternehmenswert ermitteln zu können, bedürfe es eben einer strategischen Unternehmensbewertung.

Soweit als Erklärung für die Nichteignung der Ertragswertmethode in den beschriebenen Bewertungsanlässen auf das mit ihrer Anwendung verbundene Abstellen auf „bilanzielle Gewinngrößen" verwiesen wird, wird allerdings verkannt, daß die Konzeption der Ertragswertmethode auf einer Diskontierung von Zahlungsströmen, konkret den Netto-Cash-flows beim (potentiellen) Eigner, fußt. In dieser Hinsicht bestehen auch keine konzeptionellen Unterschiede zu den DCF-Verfahren. Wenn nun von Teilen der

Bewertungspraxis bei Anwendung von Ertragswertverfahren aus Vereinfachungsgründen eine Orientierung an Periodenerfolgen erfolgt, berechtigt dies allenfalls zu einer Kritik an dieser Vereinfachung, nicht aber am Ertragswertkonzept an sich. Die von den Proponenten der strategischen Unternehmensbewertung kritisierten „Grenzen" des Ertragswertverfahrens beschränken sich damit aber auf das Ertragswertverfahren auf Grundlage von Periodenerfolgen.

Erkennt man dies, bleibt im gegebenen Zusammenhang zu untersuchen, ob Ertragswertverfahren, die künftige Cash-flows als bewertungsrelevante Unternehmenserträge diskontieren, Probleme einer „strategischen" Unternehmensbewertung lösen können.

2. Strategische Unternehmensbewertung – ein eigenständiges Bewertungsverfahren?

Die Frage, was konkret unter „strategischer Unternehmensbewertung" zu verstehen ist, kann auf Grundlage der vorliegenden Literatur nicht eindeutig geklärt werden. Nach *Dirrigl* (1994, 412 f) bestehen folgende Ansätze für eine Definition dieses Begriffes:

(1) Von strategischer Unternehmensbewertung könnte dann gesprochen werden, wenn im Rahmen der Prognose der Unternehmenserträge auf *Methoden der strategischen Planung* zurückgegriffen wird.

(2) Weiters könnte unter strategischer Unternehmensbewertung die Anwendung von Methoden der „wertorientierten Unternehmensführung" (u.a. Shareholder Value Analysis) zur Beurteilung von Strategiealternativen („*Strategieevaluation*") verstanden werden.

(3) Schließlich könnte der Begriff „strategische Unternehmensbewertung" die *Wertermittlung für strategisch motivierte Unternehmensakquisitionen* bezeichnen.

Unter der Annahme, daß unter strategischen Gesichtspunkten auch andere als finanzielle Gesichtspunkte für die Bewertung von Bedeutung sind, verweist *Ballwieser* (1993, 173) für den unter (1) gebrachten Ansatz auf Ansätze zur „Unternehmensbewertung bei Mehrfachzielsetzung". *Dirrigl* (1994, 422) kommt im Rahmen der Beurteilung des multikriteriellen Verfahrens allerdings zum Ergebnis, daß die Berücksichtigung qualitativer Komponenten zwar für eine Strategieevaluation erforderlich sein kann, diese Beurteilung aber getrennt von der finanziellen Wertbestimmung vorgenommen werden sollte. Folgt man dem, beschränkt sich die Anwendung des multikriteriellen Verfahrens auf die im Vorfeld des eigentlichen Bewertungskalküls notwendige Beurteilung möglicher bzw. sinnvoller Strategien. Die Ergebnisse daraus fließen dann in den „traditionellen" Bewertungskalkül nach einem cash-flow-orientierten Ertragswertverfahren ein. Ein eigenständiges Bewertungsverfahren ist damit nicht erforderlich.

Dasselbe gilt, wenn strategische Unternehmensbewertung im Sinne des Ansatzes (2) mit einer Strategieevalution auf Basis von Methoden der „wertorientierten Unternehmensführung" gleichgesetzt wird. Wertsteigerungskonzepte, wie etwa die Shareholder Value Analysis, bedienen sich der DCF-Verfahren und gehen dabei i.a. von der Bruttomethode (Entity Approach) aus. DCF-Verfahren sind kapitalmarktorientiert und ermitteln den Unternehmenswert als Marktwert. Die Aktionen der Geschäftsleitung sollen anhand ihrer Auswirkungen auf diesen Marktwert beurteilt werden, wobei die Zielsetzung in der Maximierung des Shareholder Value liegt. Die Kapitalmarktorientierung bei der Bestimmung des Diskontierungssatzes stellt dabei den wesentlichen Unterschied zu den cash-flow-orientierten Ertragswertverfahren dar, bei denen der Diskontierungssatz grundsätzlich individuell für das jeweilige Bewertungssubjekt und dessen alternativen Kapitalanlagemöglichkeiten zu bestimmen ist. Eine am Kapitalmarkt ausgerichtete Wertsteigerungsanalyse kann daher mit einem Ertragswertverfahren nicht erfolgen. Die Ertragswertverfahren wurden dafür aber auch nicht konzipiert. Zumal aber auch bei Wertsteigerungsanalysen Unternehmenswerte mit Hilfe von DCF-Verfahren ermittelt werden, ergibt sich daraus keine eigenständige Bewertungsmethode, die im Rahmen einer „strategischen" Unternehmensbewertung – und nur dort – anzuwenden wäre.

Zu klären bleibt damit noch, ob aus dem Ansatz (3) eigenständige Bewertungsmethoden abzuleiten sind. In Zusammenhang mit der Wertermittlung für strategisch motivierte Unternehmensakquisitionen wird häufig die Berücksichtigung eines „strategischen Zuschlags" verlangt. Den Ausgangspunkt hiefür bildet die Überlegung, daß der zu bestimmende „strategische Unternehmenswert" höher ist als der sog. „stand-alone-Wert" bzw. „Basiswert" des Akquisitionsobjekts, der dem zu bewertenden Unternehmen bei isolierter Weiterführung zukommen würde. Mit dem Erwerb des Akquisitionsobjekts kann das akquirierende Unternehmen verschiedene strategische Zielsetzungen verfolgen, wie etwa Wachstum, Markteintritt oder Sicherung von Rohstoffbezugsquellen, d.h. der Unternehmenserwerb ist strategisch motiviert. Die Bewertung des zu akquirierenden Unternehmens hat dann unter Berücksichtigung dieser Zielsetzungen und im Verbund mit dem akquirierenden Unternehmen zu erfolgen. Eine Werterhöhung gegenüber dem stand-alone-Wert kann dann auf Effekte aus der Umsetzung der Akquisitionsstrategie beim Akquisitionsobjekt und beim akquirierenden Unternehmen zurückzuführen sein. Derartige werterhöhende Effekte können sich durch Restrukturierungsmaßnahmen und durch Synergien ergeben (vgl. *Coenenberg/Sautter*, 1988, 694). Die Summe der werterhöhenden Effekte aus allen erzielbaren Nutzenpotentialen und ihrer Multiplikationsmöglichkeiten soll dann den „strategischen Zuschlag" ergeben, der zum „betriebswirtschaftlichen Unternehmenswert" hinzuaddiert werden muß (vgl. *Valcárcel*, 1992, 591). Geht man nun aber davon aus, daß diese Effekte quantifizierbar sind – und dies wird in der Literatur unterstellt – können sie sowohl im Ertragswertverfahren als auch in den DCF-Verfahren berücksichtigt werden. Eine eigenständige Bewertungsmethode ist dafür nicht erforderlich.

3. Strategische Zuschläge auf Basis von (Real)Optionen

Strategische Zuschläge werden daneben auch aus der Erhöhung der „strategischen Flexibilität" durch einen Unternehmenserwerb abgeleitet. Ausgangspunkt bildet hier die Überlegung, daß der Erwerb eines Unternehmens den Handlungsspielraum des akquirierenden Unternehmens für zukünftige Aktionen erhöhen kann. Wird etwa ein Unternehmen erworben, um in einen neuen Markt einzudringen, könnte sich daraus für die Zukunft etwa folgender zusätzlicher Handlungsspielraum ergeben: Bei positiver Marktentwicklung könnte die Produktion ausgeweitet und weitere Unternehmen erworben werden, bei schlechter Marktentwicklung würde ein Rückzug aus dem neuen Markt erfolgen. Ein Beispiel für den sich bei Erwerb eines Akquisitionsobjekts auftuenden Handlungsspielraum wird in Abb. 8 veranschaulicht.

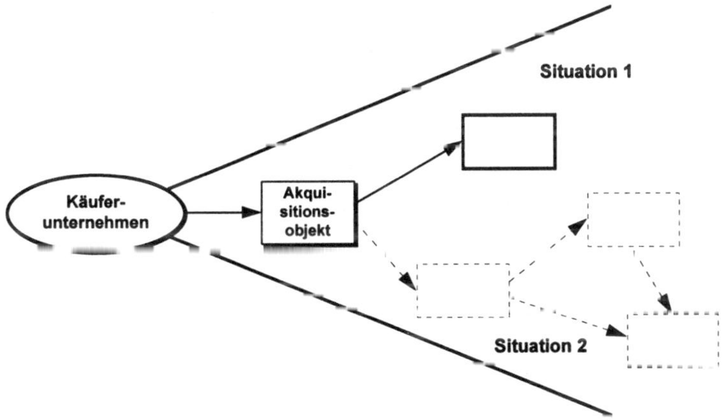

Abb. 8: Akquisitionen als Bestandteil der Unternehmensstrategie (entnommen aus *Sieben/Diedrich*, 1992, 219 ff)

Fraglich ist nun, in welcher Form die durch die Erhöhung des Handlungsspielraums bewirkte höhere strategische Flexibilität in die Bewertung einfließen soll. Eine Möglichkeit besteht nun darin, wie im Konzept der „*flexiblen Planung*" und dem dazugehörigen Entscheidungsbaumverfahren vorzugehen (vgl. *Laux*, 1971b; *Leuthier*, 1988, 114 ff). Zur Bewertung der Wahlmöglichkeiten werden hier allerdings Wahrscheinlichkeiten für das Eintreten von Umweltzuständen sowie der entsprechende Kalkulationszinsfuß benötigt.

Eine andere Möglichkeit wird in der Ableitung von Wertzuschlägen aufgrund *strategischer (Real-)Optionen* gesehen (vgl. *Laux*, 1993, 936 ff). Eine strategische Akquisition eröffnet dem akquirierenden Unternehmen in der Zukunft gewisse Wahlmöglichkeiten: Das Unternehmen kann künftig Aktionen durchführen oder unterlassen, eine Situation, die mit Optionen am Kapitalmarkt verglichen werden kann. Daher wurde versucht, die Theorie der Optionsbewertung, insbesondere die Theorie der Realoptionen, für Unternehmensbewertungen heranzuziehen (*Copeland/Koller/Murrin*, 1994, 446 ff; *Spremann*, 1996, 474). Dies soll anhand eines einfachen Beispiels erläutert werden:

Durch den Erwerb des Unternehmens T (Akquisitionsobjekt) würde dem Unternehmen X die Möglichkeit geschaffen, künftig auf einem bestimmten Markt zu expandieren. Nach dem Erwerb besteht die Möglichkeit, bei günstiger Marktentwicklung zu t_1 weiter zu investieren, wobei die Investitionsauszahlung 90 GE betragen und zu einem Rückfluß (Barwert zu t_1) in Höhe von 150 GE führen würde. Bei ungünstiger Marktentwicklung soll die Investition zu t_1 hingegen unterbleiben, da dann nur mit einem Rückfluß (Barwert zu t_1) von 50 GE zu rechnen wäre. Die Option auf Durchführung des Investitionsprojekts wird daher nur bei günstiger Marktentwicklung ausgeübt und verspricht einen Barwert der Einzahlungsüberschüsse zu t_1 von 60 GE. Zur Bestimmung des Wertes dieser (Real-)Option wird nun wie folgt vorgegangen: Auf dem Kapitalmarkt wird ein Wertpapier gesucht, dessen Werte exakt mit der vorgesehenen Investition korrelieren. Dies wäre z.B. eine Aktie, die bei günstiger Marktentwicklung zu t_1 einen Kurs von 6 GE je Stück, bei ungünstiger Marktentwicklung zu t_1 einen Kurs von 2 GE je Stück annehmen würde. Der Kurs der Aktie zu t_0 betrage 3,5 GE je Stück. Mit Hilfe dieser Aktie und einer fingierten Kreditaufnahme wird nun ein Portefeuille zusammengestellt, das bei günstiger Marktentwicklung zu t_1 einen Einzahlungsüberschuß von genau 60 GE und bei ungünstiger Marktentwicklung einen Einzahlungsüberschuß zu t_1 von genau Null ergibt. Bezeichnet A die Anzahl der Aktien, K den aufgenommenen Kreditbetrag zu t_0 und i_r den risikolosen Zinsfuß, zu dem Kapital aufgenommen und angelegt werden kann, müssen daher im Zeitpunkt t_1 folgende Bedingungen erfüllt sein:

im Fall günstiger Marktentwicklung: $A \cdot 6 - K \cdot (1 + i_r) = 60$

im Fall ungünstiger Marktentwicklung: $A \cdot 2 - K \cdot (1 + i_r) = 0$

Wird i_r mit 8% angenommen, erhält man daraus für A und K folgende Werte:

$$A = 15$$
$$K = 27{,}78$$

Ein Portefeuille, das aus 15 Aktien und einem Kredit in Höhe von 27,78 GE besteht, bringt daher zu t_1 unabhängig von der Marktentwicklung dasselbe Ergebnis wie das potentielle Investitionsprojekt:

im Fall günstiger Marktentwicklung: $15 \cdot 6 - 27{,}78 \cdot 1{,}08 = 60$
im Fall ungünstiger Marktentwicklung: $15 \cdot 2 - 27{,}78 \cdot 1{,}08 = 0$

Diese Portefeuille kopiert daher exakt die Option, die mit dem Unternehmenserwerb verbunden ist. Die Option muß daher genauso viel wert sein wie das Portefeuille auf dem Kapitalmarkt. Das beschriebene Portefeuille kostet derzeit 24,72 GE:

$$15 \cdot 3{,}5 - 27{,}78 = 24{,}72$$

Die mit dem Unternehmenserwerb verbundene Option hat daher für das Unternehmen X unter den getroffenen Annahmen einen Wert von 24,72 GE. Dieser Betrag repräsentiert damit die Obergrenze für einen aus der (Real-)Option abgeleiteten „strategischen Zuschlag" zum Kaufpreis für das Unternehmen T.

Der Vorteil des dargestellten Modells besteht vor allem darin, daß keine Eintrittswahrscheinlichkeiten für eine günstige bzw. ungünstige Marktentwicklung und auch kein risikoangepaßter Zinsfuß benötigt werden. Durch die Theorie der Optionsbewertung kann zwar die werterhöhende Wirkung der strategischen Flexibilität begründet werden, der Wert des Unternehmens selbst, etwa im Sinne eines Entscheidungswerts für den potentiellen Käufer, wird damit aber nicht ermittelt. Zur Berechnung der werterhöhenden Wirkung müssen allerdings Voraussetzungen gegeben sein, die in der Realität kaum erfüllt sind: Wie gezeigt wurde, muß u.a. auf dem Kapitalmarkt ein Portefeuille gefunden werden, das die Option durch den Unternehmenskauf perfekt kopiert. Damit wird die Kenntnis eines gleich korrelierten Wertpapiers sowie der Auswirkungen der jeweiligen Marktentwicklungen auf dessen Kurs vorausgesetzt. In bezug auf die aus diesem Grund nur sehr eingeschränkte praktische Anwendbarkeit ist daher der Kritik bei *Copeland/Koller/Murrin* (1994, 460) beizupflichten: „When we have observable price data about the underlying risky asset, option pricing is feasible. Without the priced comparable security, it is guesswork at best“

4. Beurteilung

Zusammenfassend ist daher zum Fragenkomplex „strategische Unternehmensbewertung“ in Übereinstimmung mit *Dirrigl* (1994, 427) festzustellen, daß die dargestellten Ansätze kein eigenständiges Bewertungsverfahren begründen, sondern höchstens als „Modifizierungen an der Bewertungsperipherie“ gelten können. Die Implikationen strategischer Zielsetzungen beim Unternehmenserwerb können in entsprechend ausgestaltete Ertragswertverfahren sowie DCF-Verfahren einbezogen werden. Eine eigenständige „strategische Unternehmensbewertung“ ist nicht erforderlich.

F. Anwendungshäufigkeit von Verfahren

Literatur:

Egger, A.: Stellungnahme zum Fachgutachten Unternehmensbewertung, JfB 1990, S. 111-117; *Knüsel*, D.: Unternehmensbewertung in der Schweiz, ST 1992, S. 309-314; *Suckut*, S.: Unternehmensbewertung für internationale Akquisitionen, Wiesbaden 1992; *Peemöller*, V.H./*Bömelburg*, P./*Denkmann*, A.: Unternehmensbewertung in Deutschland, WPg 1994, S. 741-749; *Helbling*, C.: Unternehmensbewertung und Steuern, 8. Aufl, Düsseldorf 1995; *Peemöller*, V.H./*Meyer-Pries*, L.: Unternehmensbewertung in Deutschland, DStR 1995, S. 1202-1208; *Prietze*, O./*Walker*, A.: Der Kapitalisierungszinsfuß im Rahmen der Unternehmensbewertung, DBW 1995, S. 199-211; *Fischer-Winkelmann*, W.F./*Beck*, P.: Zur Bedeutung der Ertragswertmethode für Unternehmenskäufe in der Praxis, in: Seicht (Hrsg): Jahrbuch für Controlling und Rechnungswesen ‘96, Wien 1996, S. 89-123.

Um abschätzen zu können, welche Bedeutung einzelnen Bewertungsverfahren in der Praxis zukommt bzw. in der Vergangenheit zukam, werden im folgenden die Ergebnisse von in Österreich und in der BRD durchgeführten empirischen Erhebungen zusammengefaßt wiedergegeben.

1. Empirische Erhebungen für Österreich

Für Österreich hat *Egger* (1990, 111 ff) in Zusammenhang mit der Neufassung des Fachgutachtens zur Unternehmensbewertung der Kammer der Wirtschaftstreuhänder (KFS/BW1 aus 1989) eine Umfrage zu Unternehmensbewertungsverfahren bei österreichischen Wirtschaftsprüfern durchgeführt. In der Untersuchung wurde zunächst erhoben, daß die antwortenden Kanzleien im Zeitraum 1975 bis 1987 in 179 Fällen als unparteiische Gutachter und in 352 Fällen als Berater bei der Feststellung des Unternehmenswertes tätig waren. In allen Fällen, in denen die Gutachter bei der Wahl der Methode frei waren, kamen bei Unternehmensbewertungen anläßlich des Erwerbes/Verkaufes von Unternehmungen die in Tab. 1 bezeichneten Verfahren zur Anwendung.

Bewertungsverfahren	*Häufigkeit*	
	absolut	*in Prozent*
Reines Substanzwertverfahren	18	6,8
Mittelwertverfahren	41	15,6
Übergewinnverfahren	121	46,0
Ertragswertverfahren	66	25,1
Mehrphasenmethode	11	4,2
Sonstige	6	2,3
Gesamt	263	100,0

Tab. 1: Bedeutung von Bewertungsverfahren in der Praxis (entnommen aus *Egger*, 1990, 112)

Die hohe Anwendungshäufigkeit des Übergewinnverfahrens kann auf die Empfehlung im früheren Fachgutachten Nr. 45 zur Unternehmensbewertung zurückgeführt werden, das 1989 durch das Fachgutachten KFS/BW1 abgelöst wurde. Das Fachgutachten KFS/BW1 empfiehlt das Ertragswertverfahren als maßgebliche Bewertungsmethode und läßt aber die Anwendung des Übergewinnverfahrens als „Sonderform der Mehrphasenmethode" zu.

In der zitierten Untersuchung hat *Egger* darüber hinaus erhoben, welche Auseinandersetzungsklauseln in den Jahren 1975 bis 1987 in Gesellschaftsverträgen aufgenommen wurden. In 343 Gesellschaftsverträgen wurden diese Klauseln entweder mit oder ohne Mitwirkung des Wirtschaftsprüfers unter Bezugnahme auf die in Tab. 2 bezeichneten Wertmaßstäbe bzw. Bewertungsverfahren festgesetzt.

Wertmaßstab bzw. Bewertungsverfahren	*Häufigkeit*	
	absolut	*in Prozent*
Buchwerte	35	10,5
Buchwerte zzgl. stille Reserven	109	31,8
Einheitswert	18	5,2
Substanzwert	60	17,5
Übergewinnverfahren	82	23,9
Mittelwertverfahren	17	5,0
Ertragswertverfahren	6	1,7
Sonstige Methoden	16	4,7
Gesamt	343	100,0

Tab. 2: Bedeutung von Bewertungsverfahren in der Praxis (entnommen aus *Egger*, 1990, 113)

Die Ergebnisse zeigen, daß im Untersuchungszeitraum in den Abfindungsklauseln weitaus überwiegend auf einzelbewertungsorientierte Ansätze abgestellt und Ertragswerten nur eine untergeordnete Bedeutung beigemessen wurde.

2. Empirische Erhebungen für die BRD

Peemöller/Bömelburg/Denkmann (1994, 741 ff) haben im Jahr 1993 eine Erhebung durchgeführt, in der Wirtschaftsprüfungsgesellschaften, M&A-Berater, Investmentbanken, Unternehmensberater, Banken, Beteiligungsunternehmen und Industrieunternehmen zur Unternehmensbewertung befragt wurden. Aus insgesamt 59 ausgewerteten Fragebögen konnte der in Tab. 3 dargestellte Überblick über die Bedeutung der einzelnen Bewertungsverfahren in der Praxis gewonnen werden.

Bei den angewendeten Verfahren dominieren Ertragswertverfahren und DCF-Verfahren. Allerdings zeigen sich auffällige Unterschiede in der Verwendung der Verfahren durch die einzelnen Bewertergruppen. So wenden etwa Wirtschaftsprüfer Ertragswertverfahren weitaus am häufigsten an. Bei Unternehmensberatern und Investmentbanken überwiegen demgegenüber DCF-Verfahren. *Peemöller/Bömelburg/Denkmann* verweisen darauf, daß ihre Studie keinen Anspruch auf Repräsentativität der Ergebnisse stellt. Ihrer Ansicht nach kann daraus allerdings ein relativ umfassender Einblick in die Bewertungspraxis in Deutschland gewonnen werden.

	WP	MA	UB	IB	BU	IU	BA	Gesamt
Reproduktionswert	0%	1%	0%	0%	0%	0%	4%	1%
Liquidationswert	8%	1%	2%	1%	0%	0%	1%	2%
Substanzwertverfahren	3%	3%	8%	3%	1%	4%	3%	4%
Ertragswertverfahren	80%	72%	15%	1%	45%	42%	40%	39%
Kombinationsverfahren	0%	6%	1%	0%	0%	1%	0%	1%
DCF-Methoden	4%	14%	57%	46%	34%	39%	23%	33%
„APV"-Ansatz	0%	0%	1%	1%	6%	0%	0%	1%
Börsenwert	1%	0%	3%	17%	4%	3%	12%	6%
Vergleichspreise	2%	3%	7%	24%	6%	3%	10%	8%
Umsatzverfahren	0%	0%	1%	0%	0%	0%	2%	0%
Vergleichszahlen	2%	0%	5%	7%	4%	8%	5%	5%
Gesamt	100%	100%	100%	100%	100%	100%	100%	100%
Anzahl der Fragebögen	8	7	12	9	7	6	10	59

Legende: WP = Wirtschaftsprüfungsgesellschaften
MA = M&A-Beratungen
UB = Unternehmensberatung
IB = Investmentbanken
BU = Beteiligungsunternehmen
IU = Industrieunternehmen
BA = Banken

Tab. 3: Bedeutung von Bewertungsverfahren in der Praxis (entnommen aus *Peemöller/Bömelburg/Denkmann*, 1994, 743)

Im Rahmen einer 1990 durchgeführten Befragung deutscher Unternehmen, die im Bereich des internationalen M&A tatsächlich aktiv tätig sind, hat *Suckut* (1992, 296) erhoben, daß bei Unternehmensbewertungen im Zusammenhang mit Akquisitionen die Anwendung von Ertragswertverfahren und DCF-Verfahren bei weitem überwiegt.

Prietze/Walker (1995, 205) haben bei einer für den Zeitraum 1988 bis 1992 durchgeführten empirischen Untersuchung unter den 500 größten deutschen Unternehmen bei 120 ausgewerteten Fragebögen erhoben, daß zwar 99% der befragten Unternehmen Ertragswertmethoden i.w.S. verwenden, von 65% der Unternehmen allerdings auch Substanzwertverfahren eingesetzt werden. Die Substanzwertverfahren werden dabei jedoch nur zusätzlich zu einem Ertragswert- oder DCF-Verfahren herangezogen, sodaß dem Substanzwert lediglich eine Korrekturfunktion zugebilligt wird (*Prietze/Walker*, 1995, 205).

Fischer-Winkelmann/Beck (1996, 99 ff) haben im Rahmen einer 1994 durchgeführten Erhebung 37 Fragebögen von Unternehmenskäufern und 18 Fragebögen von Beratern ausgewertet und damit insgesamt 800 Akquisitionen erfaßt. Neben einer wiederum deutlichen Dominanz von Gesamtbewertungsverfahren wurde erhoben, daß in 77% der Bewertungsfälle nicht nur ein Verfahren angewendet wurde, sondern mehrere Verfahren gleichzeitig eingesetzt wurden (*Fischer-Winkelmann/Beck*, 1996, 101).

Der Lehrstuhl für Prüfungswesen an der Universität Erlangen-Nürnberg hat in Zusammenarbeit mit der DATEV e.G., Nürnberg, Anfang 1995 eine Umfrage zur Unternehmensbewertung bei deutschen Steuerberatern durchgeführt (*Peemöller/Meyer-Pries*, 1995, 1202 ff). Aus einer Zufallsstichprobe von 1200 Steuerberatern konnte ein Rücklauf von 433 auswertbaren Fragebögen erzielt werden. Die Erhebung ergab, daß unabhängig von den Bewertungsanlässen die in Tab. 4 bezeichneten Bewertungsverfahren eingesetzt wurden.

Bewertungsverfahren	*relative Häufigkeit*
Liquidationswertermittlung	4,52 %
Substanzwertverfahren in isolierter Anwendung	3,91 %
Ertragswert in isolierter Anwendung	24,02 %
Kombination aus Ertrags- und Substanzwertverfahren	34,51 %
DCF-Verfahren	1,79 %
Stuttgarter Verfahren	21,98 %
Vergleichsverfahren	9,27 %
	100,00 %

Tab. 4: Bedeutung von Bewertungsverfahren in der Praxis (entnommen aus *Peemöller/Meyer-Pries*, 1995, 1204)

Es fällt auf, daß von den befragten Steuerberatern Mischverfahren, die Substanzwert- und Ertragswertverfahren kombinieren, weitaus am häufigsten angewendet werden. Zu den Mischverfahren ist dabei auch das Stuttgarter Verfahren zu zählen, das dem Wiener Verfahren in Österreich vergleichbar ist. Ein ähnliches Ergebnis haben *Helbling* (1995, 173 ff) bei einer 1989 bzw. *Knüsel* (1992, 309 ff) bei einer 1991 in der Schweiz durchgeführten Befragung unter Treuhändern erhoben: Die Praktikermethode „(2 x Ertragswert + 1 x Substanzwert) : 3“ wird weitaus am häufigsten angewendet. Diese Ergebnisse sind insofern bemerkenswert, als Kombinationsverfahren in der betriebswirtschaftlichen Literatur seit langem als problematisch und überholt angesehen werden (vgl. z.B. *Moxter*, 1983, 60 ff).

3. Ergebnis

Auf Grundlage der beschriebenen empirischen Untersuchungen lassen sich zusammenfassend folgende Aussagen zur Verwendung von Bewertungsverfahren in der Praxis ableiten:

- Hinsichtlich der verwendeten Verfahren bestehen erhebliche Unterschiede zwischen den einzelnen Bewertergruppen. Während von Steuerberatern noch zu einem hohen Prozentsatz Mischverfahren angewendet werden, wird von Wirtschaftsprüfungsgesellschaften und M&A-Beratern dem Ertragswertverfahren der Vorzug gegeben. Unternehmensberater und Investmentbanken verwenden überwiegend DCF-Verfahren.

- Zur Lösung eines praktischen Bewertungsfalles wird häufig nicht nur ein Bewertungsverfahren isoliert eingesetzt, sondern mehrere Verfahren gleichzeitig.

- Den Ertragswert- und DCF-Verfahren kommt innerhalb der in der Praxis eingesetzten Bewertungsverfahren eine dominierende Stellung zu. Dies gilt insbesondere in Zusammenhang mit Unternehmensakquisitionen. Beide Verfahrenstypen entsprechen dem „income approach“. DCF Verfahren gewinnen auch im deutschen Sprachraum zunehmend an Bedeutung.

- Substanzwertverfahren und Mischverfahren kommt trotz erheblicher theoretischer Bedenken nach wie vor praktische Bedeutung zu.

G. Bewertungsverfahren und Bewertungszwecke

Aus der Zweckabhängigkeit jeder Unternehmensbewertung folgt, daß sich die gesamte Vorgangsweise, insbesondere die Auswahl eines geeigneten Bewertungsverfahrens nach dem Zweck der Bewertung richtet. In einem konkreten Anlaßfall sind daher zunächst jene Methoden zu suchen, die überhaupt geeignet sind, den Bewertungszweck zu erfüllen. Dabei ist es möglich, daß es mehrere Methoden gibt, die einen bestimmten Bewertungszweck – wenn auch unterschiedlich gut – erfüllen. Bevor im speziellen Teil dieses Buches auf einzelne Zwecksetzungen der Unternehmensbewertung ausführlich eingegangen wird, soll ein kurzer Überblick über die unterschiedliche Eignung der Verfahren zur Erfüllung bestimmter Bewertungszwecke gegeben werden.

Ertragswertverfahren ermitteln den Unternehmenswert auf Grundlage eines Vergleiches mit der besten alternativen Mittelveranlagung eines potentiellen Käufers oder Verkäufers und sind daher auf die Ermittlung von *Entscheidungswerten* ausgerichtet. Mit Hilfe des Ertragswertverfahrens kann so ein Unternehmenswert errechnet werden, der die Grenze der Konzessionsbereitschaft eines potentiellen Käufers oder Verkäufers wiedergibt. DCF-Verfahren sind – zumindest von der ursprünglichen Intention her – nicht auf die Ermittlung von Entscheidungswerten ausgerichtet. Wie bereits unter III.B.3. dargelegt, sind allerdings bestimmte Konstellationen denkbar, in denen die mit Hilfe von DCF-Verfahren ermittelte Marktwertgröße (bzw. deren erwartete Veränderung) auch dem Entscheidungswert entspricht. Durch Anwendung von Vergleichsverfahren wird versucht, potentielle Marktpreise zu errechnen, d.h. Preise, die bei einer Veräußerung des Unternehmens auf einem bestimmten Markt erzielt werden könnten. Diese potentiellen Marktpreise stellen keine Entscheidungswerte dar. Das Substanzwertverfahren auf Basis von Reproduktionswerten ist aus konzeptioneller Sicht für die Entscheidungswertermittlung genauso ungeeignet wie die Mischverfahren. Auf die Bedeutung von Liquidationswerten und von Substanzwerten als „vorgeleistete Ausgaben" für die Entscheidungswertermittlung wird unter 2.Kap.II.C. eingegangen.

Liegt der Bewertungszweck in der Ermittlung des *Marktwertes*, kann den daraus resultierenden Anforderungen am besten durch die Heranziehung von DCF-Verfahren entsprochen werden. Mit Hilfe von DCF-Verfahren werden Unternehmenswerte aus der Sicht vollständig diversifizierter Investoren am Kapitalmarkt errechnet. Vergleichsverfahren wie etwa die Similar Public Company Method oder die Recent Acquisitions Method können Näherungswerte für den Marktwert liefern. Diese Näherungswerte werden aus aktuellen Marktpreisen für vergleichbare Unternehmen abgeleitet. Substanzwertverfahren auf Basis von Reproduktionswerten oder Mischverfahren sind aus konzeptioneller Sicht auch für die Marktwertermittlung ungeeignet.

Im Rahmen der *Schiedswertermittlung* können nicht nur betriebswirtschaftliche Überlegungen, sondern auch rechtliche Vorgaben, die sich z.B. aus dem Gesetz oder auch aus gesellschaftsvertraglichen Vereinbarungen ergeben, zu berücksichtigen sein. Da keine Einschränkungen hinsichtlich der in vertragliche Vereinbarungen aufzunehmenden Bewertungsverfahren bestehen, kommen hier grundsätzlich alle Verfahren in Frage. Wie noch zu zeigen sein wird, bedeutet dies aber nicht, daß die aus theoretischer Sicht bestehenden Anforderungen an die Ermittlung von Schiedswerten durch alle Bewertungsverfahren gleich gut erfüllt werden.

2. Kapitel

Ermittlung von Entscheidungswerten

In den nachfolgenden Abschnitten werden die Grundlagen einer Unternehmensbewertung zur Entscheidungswertermittlung mit der Zielsetzung dargestellt, die Basis für eine konsistente und methodisch richtige Ermittlung von Entscheidungsgrundlagen für geplante Transaktionen von Unternehmen(santeilen) zu erarbeiten. Nach der Beschreibung des Anwendungsbereichs werden in Abschnitt II die Grundlagen der Entscheidungswertermittlung als Alternativenvergleich dargestellt, die Implikationen der Barwertermittlung als dessen rechnerische Umsetzung behandelt und auf die Bedeutung der Unternehmenssubstanz eingegangen. Abschnitt III ist Fragen der Entscheidungswertermittlung durch das Ertragswertverfahren gewidmet. Inwieweit andere Bewertungsverfahren für die Entscheidungswertermittlung geeignet sind, wird in Abschnitt IV diskutiert. Die Behandlung der DCF-Verfahren bleibt dem Kapitel 3 vorbehalten.

I. Anwendungsbereich

Nach dem Konzept der Funktionenlehre soll die Unternehmensbewertung in der Beratungsfunktion Entscheidungsgrundlagen für geplante Transaktionen von Unternehmen(santeilen) liefern. Das Ergebnis der Unternehmensbewertung ist der Unternehmenswert als Entscheidungswert. Wird er in einer typischen Kauf-/Verkauf-Situation aus der Sicht des potentiellen Käufers ermittelt, gibt er dessen individuellen Maximalpreis an, bis zu dem ein Unternehmenserwerb vorteilhaft ist. Wird der Entscheidungswert aus dem Blickwinkel des potentiellen Verkäufers bestimmt, gibt er diesem den Minimalpreis an, ab dem ein Verkauf des Unternehmens seine wirtschaftliche Position verbessert. Die Entscheidungswerte von Käufer und Verkäufer weichen in der Regel voneinander ab. Dies kann auf unterschiedliche Einschätzungen der Zukunftsaussichten des Unternehmens, individuelle Synergieeffekte u.v.a.m. zurückzuführen sein. Voneinander abweichende, subjektive Entscheidungswerte bilden eine notwendige Voraussetzung für das Zustandekommen von Unternehmenstransaktionen. Wären die Entscheidungswerte der Verhandlungsparteien stets identisch, käme es zu keinen Transaktionen.

Der Anwendungsbereich der Entscheidungswertermittlung beschränkt sich aber nicht auf die typische Kauf-/Verkauf-Situation, sondern umfaßt jede transaktionsbezogene Unternehmensbewertung mit dem Zweck der Ermittlung von Entscheidungsgrundlagen. Außerhalb von Unternehmenskäufen i.e.S. können sich praktische Anwendungen vor allem in Zusammenhang mit Umgründungsvorgängen ergeben, wenn eine Partei Entscheidungsgrundlagen zur Beurteilung der Höhe der angebotenen bzw. zu verlangenden Gegenleistung benötigt: So kann etwa in Zusammenhang mit einer Einbringung eines Betriebes der Entscheidungswert für den Einbringenden zu ermitteln sein. Der Entscheidungswert gibt dann an, wie viele Gesellschaftsanteile der Einbringende mindestens bekommen müßte, damit der Einbringungsvorgang für ihn noch vorteilhaft ist. Analog gibt hier der aus der Sicht der aufnehmenden Gesellschaft ermittelte Entscheidungswert an, wie viele Gesellschaftsanteile höchstens für das einzubringende Unternehmen ausgegeben werden dürfen. Bei Verschmelzungsvorgängen signalisieren die Entscheidungswerte den Mindest- bzw. Höchstumfang der zu erhaltenden bzw. abzugebenden Gesellschaftsanteile an der aufnehmenden Gesellschaft. In ähnlicher Weise sind Entscheidungswertermittlungen für alle übrigen Umstrukturierungs- und Umgründungsvorgänge (z.B. Spaltungen, Zusammenschlüsse durch Eintritt neuer Gesellschafter) denkbar.

Die Ermittlung von Entscheidungswerten kann ferner in Zusammenhang mit dem Austritt von Gesellschaftern erforderlich sein, wenn die Verhandlungsparteien die Grenze ihrer Konzessionsbereitschaft in bezug auf das festzulegende Abschichtungsguthaben kennen wollen. Gelingt hier keine Einigung und muß der Abfindungsbetrag durch das Gericht – allenfalls unter Beiziehung eines unparteiischen Gutachters – festgelegt werden, liegt insoweit allerdings ein Anwendungsfall der Schiedspreisermittlung vor.

Aus dem bisher Gesagten folgt, daß in der Praxis zahlreiche und vielfältige Anlässe für eine Ermittlung von Entscheidungswerten vorstellbar sind. Charakteristisch für diese Bewertungsanlässe ist das Interesse einer konkreten Partei, in Zusammenhang mit einer geplanten Änderung der Eigentumsverhältnisse an Unternehmen(santeilen) ihre *individuelle und situationsspezifische Grenze der Konzessionsbereitschaft* für die zu führenden Verhandlungen zu kennen. Die konkrete Partei, aus deren Blickwinkel der Entscheidungswert zu bestimmen ist, wird hier als „Bewertungssubjekt“, „(potentieller) Eigner“ oder „Investor“ bezeichnet, das zu bewertende Unternehmen als „Bewertungsobjekt“.

Im folgenden wird angenommen, daß die konkrete Partei aus einem (einzelnen) potentiellen Käufer bzw. Verkäufer besteht. Auf Implikationen, die sich daraus ergeben, daß eine Entscheidungswertermittlung aus der Sicht einer Mehrzahl von Investoren vorzunehmen ist, wird in Abschnitt J. gesondert Bezug genommen.

II. Grundlagen der Entscheidungswertermittlung

A. Entscheidungswertermittlung als individueller Alternativenvergleich

Literatur:
Münstermann, H.: Wert und Bewertung der Unternehmung, Wiesbaden 1966; *Münstermann*, H.: Wert und Bewertung der Unternehmung, 3. Aufl, Wiesbaden 1970; *Moxter*, A.: Grundsätze ordnungsmäßiger Unternehmensbewertung, 2. Aufl, Wiesbaden 1983; *Ballwieser*, W./*Leuthier*, R.: Grundprinzipien, Verfahren und Probleme der Unternehmensbewertung, DStR 1986, S. 545-551 und S. 604-610; *Schwetzler*, B.: Zinsänderungsrisiko und Unternehmensbewertung: Das Basiszinsfußproblem bei der Ertragswertermittlung, ZfB 1996c, S.1081-1101.

1. Konzeption

Ausgangspunkt der folgenden Überlegungen ist die heute wohl unbestrittene These, daß der „Wert" keine objektive Eigenschaft eines Gutes ist. Jeder Wert ist subjektiv. Er hängt von den spezifischen Umständen des Einzelfalls sowie den subjektiven Einschätzungen, Präferenzen und Möglichkeiten des betreffenden Individuums ab. Der Wert eines Gutes ist damit Ausdruck einer spezifischen Subjekt-Objekt-Beziehung.

Für den Wert eines Gutes ist allgemein formuliert der Nutzen („Ertrag") ausschlaggebend, den sich ein bestimmtes Individuum von dem Gut künftig erwartet. Dementsprechend hängt der Unternehmenswert für gegenwärtige und potentielle Eigentümer von dem Nutzen ab, den sie aus dem Unternehmen zu ziehen erwarten. Eine Schätzung des aus einem bestimmten Unternehmen erwarteten Nutzens führt jedoch für sich allein noch zu keinem „Wert". Um ihn bestimmen zu können, ist ein „Vergleichsobjekt" notwendig, das als Bewertungsmaßstab dient: Es muß gefragt werden, was für ein „Vergleichsobjekt" aufgewendet werden müßte, das denselben Nutzen bzw. Ertrag wie das Unternehmen bringt. „Bewerten" bedeutet daher „vergleichen": Aus dem bekannten Preis für das Vergleichsobjekt wird auf den Wert des Bewertungsobjekts geschlossen (*Moxter*, 1983, 11). Für einen potentiellen Käufer darf das Unternehmen nicht teurer sein als ein „Vergleichsobjekt", das ihm denselben Ertrag bringt. Die Investition in das „Vergleichsobjekt" stellt die *Alternative* zum Unternehmenserwerb dar.

Da die Entscheidungswertermittlung individuelle Entscheidungsgrundlagen für ein konkretes Bewertungssubjekt liefern soll, muß das „Vergleichsobjekt“ als alternative Investitionsmöglichkeit aus dem spezifischen, individuellen Entscheidungsfeld des betreffenden Bewertungssubjekts abgeleitet werden. Der Entscheidungswert ist dann aus diesem individuellen Alternativenvergleich zu errechnen.

Entscheidend für die Vorteilhaftigkeit eines Unternehmenserwerbs zu einem bestimmten Kaufpreis ist demnach, um wieviel sich die wirtschaftliche Position des Käufers dadurch im Vergleich zu seiner besten alternativen Handlungsmöglichkeit verändern würde. Der potentielle Käufer kann die Vorteilhaftigkeit des Unternehmenserwerbs somit durch einen Vergleich zweier Vorteilsströme („Ertragsströme“) überprüfen: Entscheidet er sich für den Erwerb des Unternehmens, stehen ihm künftig die von ihm erwarteten Unternehmenserträge zu. Erwirbt er das Unternehmen nicht, könnte er den dadurch „ersparten“ Kaufpreis anderweitig verwenden und z.B. in eine Finanzanlage oder den Erwerb eines anderen Unternehmens investieren. Auch aus diesen alternativen Investitionsprojekten würden dann zukünftige Erträge („Alternativerträge“) resultieren. Zur Ermittlung des Entscheidungswerts sind daher die Vorteilsströme aus dem Unternehmen (Unternehmenserträge) mit jenen aus der Vergleichsinvestition (Alternativerträge) zu vergleichen.

Beispiel 1:
Dem potentiellen Käufer K wird ein Unternehmen zum Erwerb angeboten. Nach den Vorstellungen des potentiellen Verkäufers V soll der Kaufpreis 600 GE betragen. Nach Prüfung der Unterlagen und Analyse der spezifischen Situation des Unternehmens erwartet K einen jährlichen Unternehmensertrag in Höhe von 100 GE. Alternativ zum Unternehmenserwerb steht K die Veranlagung seines Kapitals in unbeschränkter Höhe zu einer erwarteten jährlichen Rendite in Höhe von 10 % offen. Sowohl für die Unternehmenserträge als auch für die Alternativerträge soll ein unendlicher Betrachtungshorizont unterstellt werden. Es wird von sicheren Erwartungen und einer gegebenen Vergleichbarkeit der Unternehmens- und Alternativerträge ausgegangen.

Unter den genannten Voraussetzungen ist der Unternehmenserwerb aus der Sicht von K vorteilhaft: Investiert er den Kaufpreis in Höhe von 600 GE in den Unternehmenserwerb, erhält er dafür jährliche Zahlungen in Höhe von 100 GE. Investiert er demgegenüber denselben Betrag in die Vergleichsinvestition, fließen ihm jährlich nur 10 % von 600 GE = 60 GE zu. Würde bei sonst unveränderten Annahmen der Kaufpreis für das Unternehmen allerdings 1.200 GE betragen, wäre der Unternehmenswert für K nicht mehr attraktiv: Bei Investition von 1.200 GE in die Alternativanlage erhält er jährlich einen Ertrag von 120 GE, während er aus dem Unternehmen nur mit 100 GE pro Jahr rechnen könnte.

Diese einfachen Überlegungen zeigen zwar das Prinzip des Alternativenvergleichs, beantworten zunächst aber noch nicht die Fragen nach der Quantifizierung des Vorteils und der Bestimmung des Entscheidungswertes. Aus dem Beispiel ergibt sich freilich, daß ein Unternehmenserwerb so lange vorteilhaft ist, als die Alternativrendite des einzusetzenden Kaufpreises niedriger als der jährlich erwartete Unternehmensertrag ist. Der Entscheidungswert als „kritischer Kaufpreis" („Grenzpreis") für K entspricht daher genau jenem Betrag, den K in die Alternative investieren müßte, um ebenfalls jährliche Alternativerträge in Höhe von 100 GE zu erwirtschaften. Dies ist bei einer Alternativinvestition im Ausmaß von 1.000 GE der Fall, wie leicht gezeigt werden kann:

Wird der konstante, über einen unendlichen Betrachtungshorizont anfallende jährliche Unternehmensertrag mit E und der ebenfalls konstante, über einen unendlichen Betrachtungshorizont anfallende jährliche Alternativertrag mit E_A bezeichnet, dann kann zur Bestimmung des Entscheidungswerts als Maximalpreis für den Käufer P_{max} von folgender Gleichsetzung ausgegangen werden:

(2.1) $$E = E_A$$

Der Alternativertrag E_A kann nunmehr durch das Produkt aus Entscheidungswert P_{max} und der Rendite der Alternativinvestition, die mit r bezeichnet wird, ersetzt werden:

(2.2) $$E = r \cdot P_{max}$$

Daraus ergibt sich, daß der Entscheidungswert unter den getroffenen Annahmen in Höhe des Quotienten aus jährlichem Unternehmensertrag und Alternativrendite bestimmt werden kann:

(2.3) $$P_{max} = \frac{E}{r}$$

Werden die Annahmen des obigen Beispiels eingesetzt, erhält man folgendes Ergebnis:

(2.4) $$P_{max} = \frac{100}{0,1} = 1.000$$

Damit ist die Frage nach der Grenze der Konzessionsbereitschaft für K beantwortet: Ein Unternehmenserwerb ist für ihn vorteilhaft, solange der Kaufpreis für das Unternehmen unter 1.000 GE liegt. Bei einem Kaufpreis von 1.000 GE sind der Unternehmenserwerb und die (beste) Alternativinvestition aus der Sicht von K gleichwertig, da beide Handlungsmöglichkeiten identische Zukunftserträge erwarten lassen. Bei einem über 1.000 GE liegenden Kaufpreis wäre ein Unternehmenserwerb für K von Nachteil.

Der Entscheidungswert markiert damit für einen potentiellen Käufer jenen Kaufpreis, bei dem aus seiner subjektiven Sicht die Handlungsalternativen „Unternehmenserwerb" und „beste alternative Geldverwendung" gleichwertig sind. Aus der Sicht eines potentiellen Verkäufers markiert der Entscheidungswert analog jenen Preis, bei dem die alternativen Handlungsmöglichkeiten „Unternehmensbeibehalt" und „beste alternative Geldverwendung" gleichwertig sind. Dabei ist die Alternative zum Unternehmensbeibehalt aus der besten offenstehenden Verwendungsmöglichkeit für den zu lukrierenden Kaufpreis abzuleiten. Allgemein gibt der Entscheidungswert in einer typischen Kauf-/Verkauf-Situation jenen „kritischen" Kaufpreis („Grenzpreis") an, bei dem aus der Sicht des jeweiligen Bewertungssubjekts Indifferenz zwischen Unternehmenserwerb (bzw. -beibehalt) und bester alternativer Geldverwendung eintritt.

Der Entscheidungswert ist daher ein subjektiver Wert, der grundsätzlich nur für ein konkretes Bewertungssubjekt gilt. Er ist darüber hinaus immer nur ein „relativer" Wert, da er vom bekannten, tatsächlichen Preis des „Vergleichsobjekts" abhängt. Ausschlaggebend für die Höhe des Entscheidungswertes ist das Verhältnis zwischen Alternativerträgen und Anschaffungskosten der Vergleichsinvestition, somit die Alternativrendite. Hohe Alternativrenditen führen daher zu tendenziell niedrigen Entscheidungswerten: Je attraktiver die Investition in die Alternative ist, desto niedriger ist der Entscheidungswert des Unternehmens: Steht dem potentiellen Käufer K in obigem Beispiel eine geeignete Alternativinvestition mit einer Rendite von 12% offen, sinkt sein Entscheidungswert für das Unternehmen auf 833 GE:

$$\text{(2.5)} \qquad \frac{100}{0{,}12} = 833$$

Kann er aber sein Kapital alternativ nur zu 8% anlegen, steigt der Entscheidungswert für das Unternehmen auf 1.250 GE:

$$\text{(2.6)} \qquad \frac{100}{0{,}08} = 1.250$$

Der geschilderte Alternativenvergleich stellt ein Partialmodell dar, da die zu beurteilende Handlungsmöglichkeit nur mit der „besten" Alternative (und nicht auch mit allen übrigen zur Verfügung stehenden Vergleichsinvestitionen) verglichen wird. Theoretisch denkbar wäre jedoch genauso eine Entscheidungswertermittlung auf Grundlage eines Totalmodells, das einen vollständigen Vorteilsvergleich aller zur Auswahl stehenden Handlungsalternativen umfaßt.

2. Grundsätze der Entscheidungswertermittlung

Im folgenden werden die aus der Konzeption der Entscheidungswertermittlung als Alternativenvergleich ableitbaren, tragenden Grundsätze dargestellt. Es handelt sich dabei um das Individualitätsprinzip (Subjektivitätsprinzip), das Zukunftsbezogenheitsprinzip, das Gesamtbewertungsprinzip sowie das Äquivalenzprinzip (Vergleichbarkeitsprinzip).

2.1. Individualitätsprinzip (Subjektivitätsprinzip)

Da jeder Wert subjektiv ist und von den individuellen Erwartungen, Präferenzen und Möglichkeiten des konkreten Bewertungssubjekts abhängt, kann die Entscheidungswertermittlung nur individuell für ein konkretes Bewertungssubjekt erfolgen (Subjektivitäts- bzw. Individualitätsprinzip). Verschiedene Individuen haben in der Regel unterschiedliche Erwartungen, Präferenzen und Möglichkeiten und daher auch unterschiedliche Entscheidungswerte für ein und dasselbe Unternehmen.

Ein Entscheidungswert kann daher immer nur für ein konkretes Bewertungssubjekt, z.B. für einen potentiellen Käufer, in bezug auf ein konkretes Unternehmen (Bewertungsobjekt) ermittelt werden und hat nur für die jeweilige, der Bewertung zugrundeliegende spezifische Subjekt-Objekt-Beziehung Gültigkeit. Der Entscheidungswert einer (Verhandlungs-)Partei ist individuell (subjektiv) und fallspezifisch und gilt ausschließlich für eine konkrete Entscheidungssituation. Er kann nicht auf andere Bewertungssituationen, andere Bewertungsobjekte oder -subjekte übertragen werden. Da er die individuelle Entscheidungsgrundlage einer Verhandlungspartei repräsentiert, wird er i.a. gegenüber der Gegenpartei nicht offengelegt.

Das Subjektivitätsprinzip erfordert eine umfassende Einbeziehung aller individuellen Bewertungsfaktoren in die Entscheidungswertermittlung. Dazu gehören etwa die Berücksichtigung der vom konkreten Bewertungssubjekt beabsichtigten Form und Konzeption der Unternehmensfortführung, die Berücksichtigung individueller Zielvorstellungen und Präferenzen, z.B. in bezug auf Ausschüttungen oder Entnahmen, die Berücksichtigung individueller Synergieeffekte, der individuellen Risikoeinschätzung, der individuellen Besteuerungswirkungen u.v.a.m. Nur wenn sämtliche Bewertungsfaktoren den individuellen Einschätzungen und Gegebenheiten des Bewertungssubjekts entsprechen, kann ein zutreffender Entscheidungswert ermittelt werden.

Der Entscheidungswert ergibt sich damit unmittelbar aus den individuellen Einschätzungen eines (potentiellen) Eigners. Die Bestimmung des Entscheidungswertes soll ihn aus seiner subjektiven Sicht vor Fehlentscheidungen schützen.

2.2. Zukunftsbezogenheitsprinzip

Nach dem Zukunftsbezogenheitsprinzip wird nur der künftige Nutzen, den ein Unternehmen dem (potentiellen) Eigner erwartungsgemäß stiften wird, als für dessen Wert ausschlaggebend erachtet. Es wird unterstellt, daß die Bewertungssubjekte nur an den in Zukunft aus dem Unternehmen ziehbaren Vorteilen („Zukunftserfolgen") interessiert sind. Demnach wird ein potentieller Käufer im Kaufpreis nur jenen Nutzen vergüten wollen, den er nach der Übernahme aus dem Unternehmen erwartet. Analog wird ein potentieller Verkäufer seinen Mindestpreis an jenem Nutzen orientieren, der ihm in Zukunft durch die Veräußerung des Unternehmens entgehen würde.

Welchen Nutzen das Unternehmen seinen Eignern in der Vergangenheit gestiftet hat, ist demnach für die Entscheidungswertermittlung grundsätzlich unerheblich: „Für das Gewesene gibt der Kaufmann nichts" (*Münstermann*, 1970, 21). Eine eingehende Analyse der Vergangenheitserfolge bildet jedoch i.a. eine wesentliche Grundlage für die Prognose der Zukunftserfolge. Nach dem Zukunftsbezogenheitsprinzip stellen aber die Vergangenheitserfolge lediglich Hilfs- oder Orientierungsgrößen für den in Zukunft aus dem Unternehmen zu erwartenden, wertbestimmenden Nutzen dar.

2.3. Gesamtbewertungsprinzip

Wie bereits gezeigt, können zur Bestimmung des Nutzens, den ein Unternehmen künftig zu erbringen vermag, grundsätzlich zwei verschiedene Vorgangsweisen gewählt werden: Einzelbewertung oder Gesamtbewertung. Bei einer Einzelbewertung wird zunächst für alle einzelnen Bestandteile des Unternehmens, d.h. für alle Vermögenswerte und Schulden, deren individueller Nutzen (Wert) bestimmt. Im Anschluß daran erfolgt eine Addition der so ermittelten Einzelwerte, deren Ergebnis der Unternehmenswert ist. Alternativ dazu steht die Gesamtbewertung, bei der auf die Vorteilserwartungen (Nutzenerwartungen) aus dem Unternehmen als einheitliches Ganzes abgestellt wird. Die Bewertung erfolgt hier losgelöst von den isolierten Einzelwerten der realen Unternehmensbestandteile und bezieht sich auf das Unternehmen als Gesamtkomplex.

Die Frage, ob im Rahmen einer Entscheidungswertermittlung nach der Einzel- oder Gesamtbewertungskonzeption vorgegangen werden soll, ist von erheblicher Bedeutung, da diese unterschiedlichen Bewertungskonzeptionen in der Regel zu stark voneinander abweichenden Ergebnissen führen. Die Antwort hängt grundsätzlich davon ab, ob das Unternehmen nach der geplanten Transaktion fortgeführt werden soll oder nicht. Ist von der Fortführung des Unternehmens auszugehen, ist zur Entscheidungswertermittlung nur eine Bewertungskonzeption geeignet, die auch die Kombinationseffekte der einzelnen Unternehmensteile berücksichtigt, somit eine Gesamtbewertung. Nur durch eine Gesamtbewertung kann der gesamte aus dem fortgeführten Unternehmen ziehbare Nutzen zutreffend bestimmt werden (Gesamtbewertungsprinzip). Einzelbewertungsverfahren können diese Aufgabe nur unzureichend erfüllen. Ihr Anwender unterliegt diesfalls dem „ ... Grundirrtum .., daß der Gesamtwert des fortbestehenden Betriebes durch Zusammenzählen dieser Einzelwerte ermittelt werden kann“ (*Münstermann*, 1966, 18).

Die Gesamtbewertung orientiert sich an dem aus dem Unternehmen „*Herausholbaren*“. Demgegenüber stellt die Einzelbewertung auf das in das Unternehmen „*Hineingesteckte*“ ab, zumal hier die im Unternehmen vorhandenen Vermögensgegenstände und Schulden jeweils für sich erfaßt und unter Rückgriff auf Marktpreise bewertet werden. Der Entscheidungswert für ein fortbestehendes Unternehmen kann aber auf dieser Grundlage nicht zutreffend bestimmt werden.

Ist jedoch von der Liquidation des Unternehmens auszugehen, bestimmt sich der Entscheidungswert für das Unternehmen nach den im Zuge der Unternehmensauflösung für die einzelnen Bestandteile erzielbaren Einzelveräußerungserlösen nach Abzug der bei Liquidation zu bedeckenden Schulden, somit auf Grundlage einer Einzelbewertung. Maßgeblich für die Bestimmung dieses Entscheidungswerts als Liquidationswert sind allerdings die vom Bewertungssubjekt erwarteten Einzelveräußerungspreise, und nicht etwa Wiederbeschaffungspreise, denen die Idee eines Unternehmensnachbaus zugrunde liegt.

Die unter der Annahme der Unternehmensfortführung durchzuführende Gesamtbewertung hat auf den aus dem Unternehmen ziehbaren („herausholbaren“) Nutzen abzustellen. Als Synonyme für diesen in Zukunft erwarteten Nutzen werden in der Literatur häufig auch die Begriffe „Vorteilsströme“, „Zielbeiträge“, „Zukunftserfolge“ oder „(Zukunfts-)Erträge“ verwendet. Theoretisch sind davon sowohl finanzielle als auch nicht finanzielle Nutzenkomponenten erfaßt. In der Praxis beschränkt man sich bei der Bestimmung der künftigen Erträge aus Vereinfachungsgründen jedoch i.a. auf die finanziellen Komponenten.

Das Gesamtbewertungsprinzip bezieht sich grundsätzlich auf jenen Vermögenskomplex, der zur Erwirtschaftung dieser künftigen Erträge im Rahmen der betrieblichen Tätigkeit des Unternehmens benötigt wird und der häufig als „betriebsnotwendiges Vermögen" bezeichnet wird. Oft verfügt ein Unternehmen aber darüber hinaus über weitere Vermögenswerte, die i.a. gesonderte Erträge abwerfen, wie z.B. vermietete Liegenschaften oder mit dem Betriebszweck nicht in Zusammenhang stehende Finanzanlagen. Da dieses nicht betriebsnotwendige Vermögen in der Regel aus isoliert bewertbaren Vermögensgegenständen besteht, kommt im Rahmen der Entscheidungswertermittlung insoweit i.a. eine Einzelbewertung zur Anwendung. Der dafür heranzuziehende Bewertungsmaßstab (z.B. erzielbarer Veräußerungspreis, Barwert der künftigen Erträge aus den einzelnen Vermögensgegenständen) hängt allerdings von den geplanten Dispositionen des Bewertungssubjekts ab.

2.4. Äquivalenzprinzip (Vergleichbarkeitsprinzip)

a) Allgemeines

Von entscheidender Bedeutung für die Konsistenz eines Alternativenvergleichs ist die Vergleichbarkeit (Äquivalenz) der einbezogenen Handlungsmöglichkeiten. Ein Vergleich von Unternehmenserträgen und Alternativerträgen zeitigt nur dann sinnvolle Ergebnisse, wenn diese Größen überhaupt miteinander vergleichbar sind. Im Rahmen der Entscheidungswertermittlung sind dabei v.a. folgende Teilgrundsätze des Äquivalenzprinzips zu beachten:

- ⇒ Laufzeitäquivalenz
- ⇒ Arbeitseinsatzäquivalenz
- ⇒ Verfügbarkeitsäquivalenz
- ⇒ Kaufkraftäquivalenz
- ⇒ Unsicherheitsäquivalenz

Im folgenden wird der Inhalt der genannten Äquivalenzgrundsätze kurz beschrieben.

b) Laufzeitäquivalenz

Nach dem Laufzeitäquivalenzprinzip müssen die Unternehmens- und Alternativerträge hinsichtlich ihrer Laufzeitstruktur vergleichbar sein. Zu fordern ist daher nicht nur, daß sich die in den Vergleich einzubeziehenden Ertragsströme auf den gleichen Zeitraum beziehen, sondern daß sie auch durch die gleiche zeitliche Struktur gekennzeichnet sind.

Strenggenommen ist daher Laufzeitäquivalenz nur dann gegeben, wenn mit der Alternativanlage ein mit den Unternehmenserträgen identischer Ertragsstrom ohne Berücksichtigung zukünftiger Wiederveranlagungen hergestellt wird (vgl. *Schwetzler*, 1996c, 1085 ff). Im Fall unendlicher Unternehmensdauer und bei Ableitung der Alternativrendite aus einer festverzinslichen Finanzanlage am Kapitalmarkt mit einer begrenzten Laufzeit müssen in der Praxis aber auch Annahmen über die Rendite aus Anschlußinvestitionen betrachtet werden (s. dazu III.C.).

c) Arbeitseinsatzäquivalenz

Arbeitseinsatzäquivalenz bedeutet, daß die Unternehmens- und Alternativerträge auch dieselbe Qualität in bezug auf den für das Bewertungsobjekt erforderlichen Arbeitseinsatz haben müssen. Ist die Vergleichbarkeit hinsichtlich des Arbeitseinsatzes nicht gegeben, muß sie durch entsprechende Korrekturen hergestellt werden. So können die erwarteten Unternehmenserträge aus dem Erwerb eines Einzelunternehmens, das künftig das persönliche Engagement des Eigners erfordert, nicht ohne weiteres mit den Alternativerträgen aus einer Finanzanlage am Kapitalmarkt verglichen werden. Zur Herstellung der Arbeitseinsatzäquivalenz zwischen diesen beiden Ertragsströmen bieten sich zwei Möglichkeiten an: Zum einen könnten die erwarteten Unternehmenserträge um einen angemessenen „Unternehmerlohn" gekürzt werden. Eine zweite Möglichkeit besteht darin, zu den Alternativerträgen aus der Kapitalanlage auch den Ertrag aus der dann zusätzlich möglichen alternativen Tätigkeit des Bewertungssubjekts hinzuzurechnen.

Beispiel 2:

Ein potentieller Käufer K erwartet aus einem Unternehmen, das er als Einzelunternehmer weiterführen würde, einen jährlichen Ertrag in Höhe von 4.000 GE (unendlicher Betrachtungshorizont). Seine beste Alternativinvestition besteht im Erwerb festverzinslicher Wertpapiere mit einer Rendite von 7 % p.a. Erwirbt er das Unternehmen nicht, könnte er künftig einer Tätigkeit nachgehen, die ihm jährlich einen „Ertrag" in Höhe von 500 GE bringt. Wird unterstellt, daß im übrigen die Äquivalenz der Ertragsströme gegeben ist, ermittelt sich der Entscheidungswert P_{max} für K nach folgender Maßgabe:

$$P_{\max} = \frac{4.000 - 500}{0{,}07} = 50.000$$

Erwirbt K das Unternehmen um 50.000 GE, dann erhält er daraus insgesamt einen jährlichen finanziellen Zufluß in Höhe von 4.000 GE. Legt er 50.000 GE alternativ in Form von Wertpapieren zu 7 % p.a. an, dann erhält er jährlich Zinsen in Höhe von 3.500 GE sowie zusätzlich 500 GE aus seiner alternativen Tätigkeit, insgesamt somit ebenfalls 4.000 GE.

d) Verfügbarkeitsäquivalenz

Die Forderung nach Verfügbarkeitsäquivalenz verlangt, daß in die Bewertung nur solche Unternehmens- und Alternativerträge einfließen, die für das Bewertungssubjekt auch tatsächlich und vollständig verfügbar sind. Bei der Entscheidungswertermittlung sind daher nicht die „möglichen" Erträge, sondern nur die tatsächlich zu erwartenden Erträge zu berücksichtigen.

Verfügbarkeitsäquivalenz bedeutet auch, daß die Unternehmens- und Alternativerträge dem Bewertungssubjekt zur freien Bedürfnisbefriedigungsmöglichkeit zur Verfügung stehen. Es müssen daher alle den Unternehmens- und Alternativerträgen zurechenbaren Belastungen, wie insbesondere Steuern jeglicher Art, bereits abgezogen sein. Unbedeutend ist dabei, ob es sich um Unternehmenssteuern (z.B. Körperschaftsteuer) oder persönliche Steuern (z.B. Einkommensteuer) handelt, da es nur darauf ankommt, ob die Unternehmens- bzw. Alternativerträge durch diese Steuern gemindert werden oder nicht.

e) Kaufkraftäquivalenz

Da in der Realität von ständigen Geldwertänderungen (Inflation bzw. Deflation) auszugehen ist, ist die Vergleichbarkeit zwischen Unternehmens- und Alternativerträgen weiters nur dann gegeben, wenn sie auch in bezug auf ihre Kaufkraft äquivalent prognostiziert werden. Zur Erfüllung dieser Forderung bieten sich zwei Lösungsmöglichkeiten: Realrechnung oder Nominalrechnung.

Bei der Realrechnung werden die Unternehmenserträge und die Alternativerträge *real* prognostiziert, d.h. das Kaufkraftniveau der prognostizierten Beträge entspricht stets jenem zum Bewertungsstichtag. Bei der Nominalrechnung werden die Unternehmenserträge und die Alternativerträge nominell prognostiziert, d.h. mit dem jeweiligen Kaufkraftniveau der künftigen Perioden. Für die künftigen Perioden werden dann jene Beträge angesetzt, die sich unter Berücksichtigung der erwarteten Geldwertänderungen errechnen. Nominalrechnung und Realrechnung müssen stets zum selben Ergebnis führen (vgl. dazu im Detail unter III. F.).

f) Unsicherheitsäquivalenz

Unternehmenserträge und Alternativerträge müssen weiters die gleiche Unsicherheitsdimension aufweisen. Da davon in der Realität i.a. nicht ausgegangen werden kann, sind auch hier entsprechende Korrekturen zur Herstellung der Äquivalenz erforderlich. Die Angleichung an die Unsicherheitsdimension der jeweils anderen Ertragskomponente kann wiederum entweder bei den Unternehmenserträgen oder bei den Alternativerträgen vorgenommen werden. Sind die Unternehmenserträge mit größerem Risiko behaftet als die Alternativerträge, kann entweder ein „angemessener" Abschlag von den Unternehmenserträgen vorgenommen oder ein „angemessener" Zuschlag bei den Alternativerträgen berücksichtigt werden. Die Quantifizierung „angemessener" Zu- und Abschläge wirft jedoch eine Reihe von Fragen auf und bereitet in der Praxis zumeist erhebliche Schwierigkeiten.

In die Unsicherheitsdimension der Unternehmenserträge ist gegebenenfalls auch der Umstand einzubeziehen, daß die erworbenen Unternehmensanteile künftig schwerer verkäuflich sein werden als z.B. eine als Vergleichsinvestition herangezogene, am Kapitalmarkt gehandelte Finanzanlage (sog. „Mobilitätsrisiko"). Weitere Aspekte können sich aus mit dem Unternehmenserwerb oder -beibehalt verbundenen Haftungsrisiken für das Bewertungssubjekt ergeben.

Die Herstellung der Unsicherheitsäquivalenz stellt eines der größten methodischen Probleme der Unternehmensbewertung dar. In der Praxis behilft man sich jedoch häufig mit pauschalen Zu- und Abschlägen, u.U. für einzelne gesondert betrachtete Risikokomponenten, die aber häufig zu nicht näher begründbaren oder gar zu inkonsistenten Auswirkungen auf das Bewertungsergebnis führen. Im Rahmen der DCF-Verfahren werden Risikozuschläge auf Grundlage von kapitalmarkttheoretischen Modellen bestimmt. Eine nähere Behandlung dieser Problematik wird unter III.G. und unter 3.Kap.II.B. geboten.

B. Alternativenvergleich durch Barwertermittlung

Literatur:

Hax, H.: Investitionstheorie, 5. Aufl, Würzburg-Wien 1985; *Busse von Colbe*, W./*Laßmann*, G.: Betriebswirtschaftstheorie, Bd. 3, Investitionstheorie, 2. Aufl, Berlin u.a. 1990; *Schneider*, D.: Investition, Finanzierung und Besteuerung, 7. Aufl, Wiesbaden 1992; *Ballwieser*, W.: Methoden der Unternehmensbewertung, in: Gebhart/Gerke/Steiner (Hrsg): Handbuch des Finanzmanagement, München 1993, S. 151-176; *Rolfes*, B.: Marktzinsorientierte Investitionsrechnung, ZfB 1993, S. 691-713; *Franke*, G./*Hax*, H.: Finanzwirtschaft des Unternehmens und Kapitalmarkt, 3. Aufl, Berlin u.a. 1994; *Blohm*, H./*Lüder*, K.: Investition, 8. Aufl, München-Wien 1995; *Kruschwitz*, L.: Investitionsrechnung, 6. Aufl, Berlin-New York 1995; *Perridon*, L./*Steiner*, M.: Finanzwirtschaft der Unternehmung, 8. Aufl, München 1995; *Seicht*, G.: Investition und Finanzierung, 8. Aufl, Wien 1995; *Drukarzcyk*, J.: Unternehmensbewertung,

München 1996; *Fischer*, E.: Finanzwirtschaft für Anfänger, München-Wien 1996a; *Fischer*, E.: Finanzwirtschaft für Fortgeschrittene, München-Wien 1996b; *Schmidt*, R.H./*Terberger*, E.: Grundzüge der Investitions- und Finanzierungstheorie, 3. Aufl, Wiesbaden 1996; *Spremann*, K.: Wirtschaft, Investition und Finanzierung, 5. Aufl, München-Wien 1996; *Swoboda*, P.: Investition und Finanzierung, 5. Aufl, Göttingen 1996.

Das Konzept der Entscheidungswertermittlung wurde anhand des sog. Rentenmodells demonstriert, das von jährlich konstanten, über einen unendlich langen Zeitraum anfallenden Unternehmenserträgen ausgeht. In der Realität sind diese Voraussetzungen i.a. nicht erfüllt. Zur Entscheidungswertermittlung bei im Zeitablauf schwankenden Unternehmenserträgen bedient man sich der Kapitalwertmethode. Im folgenden werden daher zunächst die Kapitalwertmethode zur Beurteilung von Investitionsprojekten sowie die mit ihrer Anwendung verbundenen Implikationen dargelegt und anschließend ihre Anwendung im Rahmen der Entscheidungswertermittlung gezeigt. Dabei wird vorerst von der Prämisse sicherer Erwartungen ausgegangen und eine Welt ohne Steuern unterstellt (zur Berücksichtigung der Besteuerung bzw. der Unsicherheit s. unter III.E. und III.G.).

1. Kapitalwert von Investitionsprojekten

1.1. Kapitalwert bei vollständiger Eigenfinanzierung

Unter dem Kapitalwert eines Investitionsprojekts versteht man allgemein die Summe der auf einen einheitlichen Zeitpunkt ab- bzw. aufgezinsten Aus- und Einzahlungen des Investitionsprojektes. Wird als einheitlicher Zeitpunkt der Anschaffungszeitpunkt t_0 gewählt, dann erhält man den Kapitalwert als Barwert der Aus- und Einzahlungen. Werden die Zahlungsströme einheitlich bis zum Ende der Nutzungsdauer (t_n) aufgezinst, erhält man den Endwert des Investitionsprojekts.

Wird unterstellt, daß alle an die Anteilseigner fließenden (bzw. von ihnen zu leistenden) Zahlungen D_t aus dem (für das) Investitionsprojekt genau zum jeweiligen Periodenende anfallen und bezeichnet A die Anschaffungsauszahlung im Zeitpunkt t_0, errechnet sich der Barwert K_0 unter der Annahme eines für alle Perioden konstanten Kalkulationszinsfußes r aus folgendem Ausdruck:

$$(2.7) \qquad K_0 = -A + \frac{D_1}{(1+r)^1} + \frac{D_2}{(1+r)^2} + \ldots\ldots + \frac{D_n}{(1+r)^n} = -A + \sum_{t=1}^{n} D_t \cdot (1+r)^{-t}$$

Die Diskontierung der Zahlungen erfolgt bei vollständiger Eigenfinanzierung mit dem von den Anteilseignern geforderten und zunächst als konstant angenommenen Kalkulationszinsfuß r, der vorerst als bekannt vorausgesetzt wird. Auf seine Bestimmung wird später näher eingegangen. Unter den getroffenen Annahmen kann der Endwert des Investitionsprojekts K_n wie folgt bestimmt werden:

$$(2.8) \qquad K_n = -A \cdot (1+r)^n + \sum_{t=1}^{n} D_t \cdot (1+r)^{n-t}$$

Zwischen Barwert K_0 und Endwert K_n des Investitionsprojekts besteht dann folgender Zusammenhang:

$$(2.9) \qquad K_n = K_0 \cdot (1+r)^n$$

Mit Hilfe des Kapitalwerts als Barwert kann die Vorteilhaftigkeit eines vollständig eigenfinanzierten Investitionsprojektes wie folgt beurteilt werden: Ist der Kapitalwert (Barwert) eines Investitionsprojektes positiv, dann erbringt die Realisation des Investitionsprojektes mehr als die Veranlagung des Anschaffungspreises zum Kalkulationszinsfuß. Das Investitionsprojekt ist daher nach dem Kapitalwertkriterium vorteilhaft. Von alternativen Projekten ist das mit dem größten (positiven) Kapitalwert zu wählen. Ist der Kapitalwert hingegen negativ, dann ist die Veranlagung der finanziellen Mittel zum Kalkulationszinsfuß günstiger als die Durchführung des Investitionsprojekts. Ist der Kapitalwert gleich Null, besteht Indifferenz zwischen diesen Alternativen.

Beispiel 3:

Die Anschaffungsauszahlung eines Investitionsprojektes mit einer Laufzeit von 3 Perioden beträgt 100.000 GE. Der Einzahlungsüberschuß am Ende der ersten Periode beläuft sich auf 60.000 GE, jener am Ende der zweiten Periode auf 46.000 GE, am Ende der dritten Periode auf 38.000 GE. Am Ende der dritten Periode kann kein Liquidationserlös lukriert werden. Der Kalkulationszinsfuß beträgt 10%.

$$K_0 = -100.000 + \frac{60.000}{1{,}1^1} + \frac{46.000}{1{,}1^2} + \frac{38.000}{1{,}1^3} = 21.112$$

Das Investitionsprojekt ist vorteilhaft, da der Kapitalwert zu t_0 (Barwert) positiv ist. Durch die Realisierung des Investitionsprojektes wird bezogen auf den Zeitpunkt t_0 um 21.112 GE mehr verdient als bei alternativer Veranlagung eines Betrages in Höhe der Anschaffungsauszahlung zum Kalkulationszinsfuß. Der Kapitalwert in Höhe von 21.112 GE gibt daher im Vergleich zur Alternativanlage den Vermögenszuwachs zum Zeitpunkt t_0 bei Durchführung des Investitionsprojekts an.

Im Rahmen der Kapitalwertermittlung kommt dem Kalkulationszinsfuß („Kapitalisierungszinsfuß“, „Diskontierungssatz“) zentrale Bedeutung zu (zur Wahl des Kalkulationszinsfußes vgl. u.a. *Busse von Colbe/Laßmann*, 1990, 52; 62; *Rolfes*, 1993, 692; *Franke/Hax*, 1994, 166; *Perridon/Steiner*, 1995, 84; *Fischer*, 1996a, 19; *Swoboda*, 1996). Unter der hier getroffenen Annahme vollständiger Eigenfinanzierung soll er im Kapitalwertmodell die optimale alternative Dispositionsmöglichkeit für die Anteilseigner repräsentieren. Er ist Ausdruck der Modellkonzeption als Alternativenvergleich in Form eines Partialmodells und gibt die Mindestrendite an, die der spezielle Investor von dem konkreten Investitionsprojekt fordert. Aus theoretischer Sicht bieten sich für die Ableitung der geforderten Mindestrendite zwei Möglichkeiten (vgl. *Swoboda*, 1996, 62 f): Zunächst kann unterstellt werden, daß die Anteilseigner Beträge, die ihnen aus der Unternehmung zufließen oder zufließen würden, veranlagen. Die zu fordernde Mindestrendite bestimmt sich dann aus der bei anderweitiger Veranlagung erzielbaren Rendite (Alternativrendite), wobei auf die Vergleichbarkeit (Äquivalenz) zwischen der anderweitigen Veranlagungsmöglichkeit und dem Investitionsprojekt, insbesondere hinsichtlich der Unsicherheitsdimension der zu erwartenden Erträgnisse, zu achten ist. Alternativ dazu könnte auch unterstellt werden, daß die Anteilseigner Beträge, die ihnen aus der Unternehmung zufließen oder zufließen würden, nicht veranlagen, sondern konsumieren. Die Mindestrenditeforderung der Anteilseigner ist dann aus deren Konsumpräferenz abzuleiten. Im folgenden wird stets von der Hypothese der Alternativveranlagung ausgegangen und die für die praktische Umsetzung wenig geeignete Ableitung der Mindestrenditeforderung aus Konsumpräferenzen nicht weiter verfolgt.

Im Kapitalwertmodell wird weiters implizit unterstellt, daß auch alle laufenden Einzahlungsüberschüsse aus dem Investitionsprojekt bis zum Ende der Laufzeit wieder zum Kalkulationszinsfuß veranlagt werden können bzw. die Finanzierungskosten für auftretende Auszahlungsüberschüsse ebenfalls dem Kalkulationszinsfuß entsprechen („Wiederanlageprämisse“; vgl. z.B. *Perridon/Steiner*, 1995, 86; *Fischer*, 1996a, 33 f).

Der Kalkulationszinsfuß repräsentiert daher einerseits die Verzinsung, die bei alternativer Veranlagung des eingesetzten Eigenkapitals erwirtschaftet werden könnte (Rendite der Alternativanlage), andererseits gibt er die Rendite aus der Wiederveranlagung der Einzahlungsüberschüsse bzw. die Refinanzierungskosten für die Auszahlungsüberschüsse in den einzelnen Perioden an. Die Verwendung des Kalkulationszinsfußes im Kapitalwertmodell ist daher grundsätzlich nur dann unproblematisch, wenn er alle genannten Aufgaben zugleich erfüllt. Werden sichere Erwartungen und ein vollkommener Kapitalmarkt unterstellt, auf dem zu einem einzigen Marktzinsfuß unbeschränkt Beträge angelegt oder aufgenommen werden können, stellt dieser Marktzinsfuß den bewertungsrelevanten Kalkulationszinsfuß dar. In der Realität ist man jedoch mit unsicheren Erwartungen und unvollkommenen Kapitalmärkten konfrontiert. Unter diesen Gegebenheiten kann der im Rahmen der Kapitalwertermittlung anzuwendende Kalkulationszinsfuß in der Praxis letztlich immer nur eine *vereinfachende Pauschalannahme* über die Alternativen und die Reinvestitionsmöglichkeiten des speziellen Investors sein (vgl. *Schneider*, 1992, 102).

1.2. Kapitalwert bei (teilweiser) Fremdfinanzierung

Bislang wurde die Kapitalwertermittlung unter der Annahme vollständiger Eigenfinanzierung beschrieben. Der Kapitalwert von (teilweise) fremdfinanzierten Investitionsprojekten kann nach der Nettomethode oder nach der Bruttomethode berechnet werden. Im Rahmen der nachfolgenden Darstellung dieser Methoden wird vorerst eine Welt ohne Steuern unterstellt.

a) Nettomethode

Bei der Nettomethode werden die mit der (teilweisen) Fremdfinanzierung verbundenen Zahlungen zwischen Unternehmen und Fremdkapitalgebern unmittelbar von den Zahlungsüberschüssen des Investitionsprojekts abgezogen bzw. zu diesen addiert. Kreditaufnahmen werden als Einzahlungen erfaßt, Zinsen und Tilgungen als Auszahlungen. Man erhält so diejenigen Zahlungsüberschüsse aus dem Investitionsprojekt, die den Anteilseignern (Eigenkapitalgebern) zur Verfügung stehen. Sie sind mit dem von den Anteilseignern angesetzten Kalkulationszinsfuß zu diskontieren.

Bezeichnet nunmehr Q_t die Zahlungsüberschüsse aus dem Investitionsprojekt vor Berücksichtigung von Zahlungen aus der (teilweisen) Fremdfinanzierung, X_0 die Kreditaufnahme zu t_0, Y_t die Kreditrückzahlungen zu t und Z_t die Zinszahlungen zu t, errechnen sich die den Anteilseignern verbleibenden Zahlungsüberschüsse D_t aus dem Investitionsprojekt für $t > 0$ wie folgt:

$$D_t = Q_t - Y_t - Z_t \qquad (2.10)$$

Der Kapitalwert eines teilweise fremdfinanzierten Investitionsprojekts ergibt sich daher aus folgendem Ausdruck:

$$K_0 = -A + X_0 + \sum_{t=1}^{n} (Q_t - Y_t - Z_t) \cdot (1+r)^{-t} \qquad (2.11)$$

Die Nettomethode wird angewendet, wenn die Fremdkapitalaufnahme dem Investitionsprojekt direkt zugerechnet werden kann.

Beispiel 4:

Für das in Beispiel 3 beschriebene Investitionsprojekt wird nunmehr unterstellt, daß zur Finanzierung der Anschaffungsauszahlung zu t_0 ein Kredit in Höhe von 75.000 GE mit jährlichen Fremdkapitalkosten von 8% aufgenommen wird. In den drei Folgejahren ist jeweils zum Periodenende eine Kredittilgung in Höhe von 25.000 GE zusätzlich zu den jeweiligen Zinsen der Periode zu bezahlen. Die den Anteilseignern verbleibenden Zahlungsüberschüsse aus dem Investitionsprojekt errechnen sich daher wie folgt:

	t_0	t_1	t_2	t_3
A (Anschaffungsauszahlung)	– 100.000			
X_0 (Kreditaufnahme)	+ 75.000			
Q_t (Überschüsse aus IP)		+ 60.000	+ 46.000	+ 38.000
Y_t (Kredittilgungen)		– 25.000	– 25.000	– 25.000
Z_t (Kreditzinsen)		– 6.000	– 4.000	– 2.000
D_t	– 25.000	+ 29.000	+ 17.000	+ 11.000

Den Kapitalwert des Investitionsprojekts erhält man nunmehr aus der Diskontierung der D_t mit dem Kalkulationszinsfuß r:

$$K_0 = -25.000 + \frac{29.000}{1{,}1^1} + \frac{17.000}{1{,}1^2} + \frac{11.000}{1{,}1^3} = 23.678$$

Der Kapitalwert ist damit um 2.566 GE höher als bei vollständiger Eigenfinanzierung. Die (teilweise) Fremdfinanzierung des Investitionsprojekts ist vorteilhaft, da die Fremdkapitalkosten kleiner sind als die Alternativrendite (Renditeforderung) der Eigenkapitalgeber. Dabei wurde vereinfachend unterstellt, daß die zunehmende Verschuldung keinen Einfluß auf die Höhe der Renditeforderung der Eigenkapitalgeber hat .

b) Bruttomethode

Die Bruttomethode wird angewendet, wenn dem Investitionsprojekt keine speziellen Kredite zugerechnet werden können, das Unternehmen aber bestrebt ist, eine bestimmte Kapitalstruktur, d.h. ein bestimmtes Verhältnis zwischen Eigen- und Fremdkapital bzw. einen bestimmten Verschuldungsgrad zu erreichen bzw. beizubehalten.

Bei der Bruttomethode werden die Auswirkungen der (teilweisen) Fremdfinanzierung nicht bei den zu diskontierenden Zahlungsströmen, sondern im Kalkulationszinsfuß berücksichtigt. Im Gegensatz zur Nettomethode werden daher die Zahlungen an bzw. von den Fremdkapitalgebern nicht als Ein- und Auszahlungen des Investitionsprojekts erfaßt. Diskontiert werden vielmehr jene Zahlungsüberschüsse (Q_t), die sich bei (fiktiver) vollständiger Eigenfinanzierung ergeben hätten. Da diese Zahlungsüberschüsse aufgrund der (teilweisen) Fremdfinanzierung des Investitionsprojekts nicht mehr allein den Anteilseignern zur Verfügung stehen, sondern daraus auch die Fremdkapitalgeber befriedigt werden müssen, können sie nicht mehr mit einem allein aus den Verhältnissen der Anteilseigner abgeleiteten Kalkulationszinsfuß abgezinst werden. Die Zahlungsüberschüsse werden daher mit einem *Mischzinsfuß* diskontiert, der anteilig auch die Fremdkapitalkosten beinhaltet.

Bezeichnet a den Anteil der Fremdfinanzierung (Anteil des Fremdkapitals am Gesamtkapital), k den Fremdkapitalkostensatz und r den für die Anteilseigner relevanten Diskontierungssatz, ergibt sich der Mischzinsfuß c aus folgendem Ausdruck:

(2.12) $$c = a \cdot k + (1 - a) \cdot r$$

Bei der Bruttomethode wird durch Diskontierung der Q_t mit dem Mischzinsfuß c zunächst ein Kapitalwert eines Investitionsprojekts für die Eigen- *und* Fremdkapitalgeber errechnet. Wird dieser Gesamtkapitalwert des Investitionsprojekts für alle Kapitalgeber mit M_0 bezeichnet, gilt:

(2.13) $$M_0 = -A + \sum_{t=1}^{n} Q_t \cdot (1 + c)^{-t}$$

Beispiel 5:

Das Investitionsprojekt nach Beispiel 3 soll nunmehr über die gesamte Laufzeit im Ausmaß von 50% fremdfinanziert werden. Die Fremdkapitalkosten betragen unverändert 8% p.a. Der Mischzinssatz c errechnet sich daher mit 9%:

$$c = 0{,}5 \cdot 0{,}08 + 0{,}5 \cdot 0{,}10 = 0{,}09$$

Unter Anwendung der Bruttomethode errechnet sich dann folgender Gesamtkapitalwert des Investitionsprojekts für alle Kapitalgeber (M_0):

$$M_0 = -100.000 + \frac{60.000}{1{,}09^1} + \frac{46.000}{1{,}09^2} + \frac{38.000}{1{,}09^3} = 23.106$$

Wird ein für alle Perioden gültiger, einheitlicher Mischzinssatz c angewendet, wird daher bei Anwendung der Bruttomethode ein *konstanter Verschuldungsgrad* bzw. ein konstanter Anteil der Fremdfinanzierung über die Nutzungsdauer des Investitionsprojekts unterstellt. Von besonderer Bedeutung ist dabei allerdings, daß dieser im Zeitablauf konstante Anteil der Fremdfinanzierung nicht etwa an Buchwerten, sondern an den *Barwerten* zu messen ist (vgl. dazu *Swoboda*, 1996, 60). Um dies näher zu präzisieren, ist zunächst die Kreditgewährung aus der Sicht der Gläubiger als Investitionsprojekt zu definieren. Für den Kapitalwert dieses Investitionsprojekts aus der Sicht der Gläubiger (F_0) gilt unter der Annahme, daß k den für die Kreditgeber relevanten Diskontierungssatz darstellt:

(2.14) $$F_0 = -X_0 + \sum_{t=1}^{n} (Y_t + Z_t) \cdot (1+k)^{-t}$$

Der Gesamtkapitalwert des Investitionsprojekts im Zeitpunkt t (M_t) entspricht der Summe aus dem Kapitalwert für die Anteilseigner (K_t) und dem Kapitalwert für die Fremdkapitalgeber (F_t). Es gilt daher:

(2.15) $$M_t = K_t + F_t$$

Im Zeitpunkt t = 0 ist der Kapitalwert für die Fremdkapitalgeber (F_0) gleich Null. M_0 entspricht in diesem Zeitpunkt daher K_0. Die Bruttomethode setzt nun aber voraus, daß dem Barwert des Kredits (F_t) zu den Zeitpunkten t = 0+, 1+, 2+, ... n-1 ein *konstanter Anteil am Gesamtkapitalwert* des Investitionsprojekts (M_t) zukommt. Es muß daher gelten:

(2.16) $$F_t = a \cdot M_t$$

Die Kapitalstruktur eines Investitionsprojekts im Zeitpunkt t entspricht daher dem Verhältnis von F_t und K_t. Sie kann auch durch den *Verschuldungsgrad* θ ausgedrückt werden, wobei gilt:

(2.17) $$\theta = \frac{F_t}{K_t}$$

Beispiel 6:

Für das Investitionsprojekt nach Beispiel 5 soll nun jener Bestand an Fremdkapital für die einzelnen Perioden bestimmt werden, der der vorgegebenen Zielkapitalstruktur (a = 50 %) entspricht. Zu diesem Zweck ist zunächst der Gesamtkapitalwert für die einzelnen relevanten Zeitpunkte zu ermitteln. Durch Diskontierung der jeweiligen Q_t mit dem Mischzinsfuß von 9 % auf die angeführten Zeitpunkte erhält man die nachstehenden Ergebnisse (bei Abstellen auf den Zeitpunkt t = 0+ werden alle *nach* t_0 liegenden Zahlungen erfaßt, also nicht mehr die zu t_0 anfallenden Zahlungen, usw.):

$$M_{0+} = \frac{60.000}{1{,}09^1} + \frac{46.000}{1{,}09^2} + \frac{38.000}{1{,}09^3} = 123.106$$

$$M_{1+} = \frac{46.000}{1{,}09^1} + \frac{38.000}{1{,}09^2} = 74.186$$

$$M_{2+} = \frac{38.000}{1{,}09^1} = 34.862$$

Soll nun ein konstantes Verhältnis zwischen F_t und M_t zu den Zeitpunkten t = 0+, 1+ und 2+ bei einem Fremdkapitalanteil von 50% bestehen, muß der Barwert des Kredits zu t = 0+ genau 61.553 GE (=50% von 123.106 GE), zu t = 1+ genau 37.093 GE und zu t = 2+ genau 17.431 GE betragen. Da der Barwert des Kredites jeweils den in den späteren Perioden noch vorzunehmenden Tilgungen entspricht, ergibt sich daraus folgender Kreditverlauf:

	t_0	t_1	t_2	t_3
Kreditaufnahme zu t_0	+ 61.553			
Kredittilgungen		– 24.460	– 19.662	– 17.431

Da $F_0 = 0$ entspricht der Gesamtkapitalwert M_0 wiederum dem nach der Bruttomethode errechneten Kapitalwert K_0 für die Anteilseigner. M_0 beträgt im Beispielsfall 23.106 GE und kann durch Abzug der Anschaffungsauszahlung von M_{0+} ermittelt werden.

Dieses nach der Bruttomethode ermittelte Ergebnis soll nun durch Anwendung der Nettomethode überprüft werden. Die nach der Nettomethode zu diskontierenden Zahlungen an die Anteilseigner (D_t) errechnen sich für das Beispiel wie folgt:

	t_0	t_1	t_2	t_3
A (Anschaffungsauszahlung)	– 100.000			
X_0 (Kreditaufnahme)	+ 61.553			
Q_t (Überschüsse aus IP)		+ 60.000	+ 46.000	+ 38.000
Y_t (Kredittilgungen)		– 24.460	– 19.662	– 17.431
Z_t (Kreditzinsen)		– 4.924	– 2.967	– 1.395
D_t	– 38.447	+ 30.616	+ 23.371	+ 19.174

Werden die ermittelten D_t nun mit dem Kalkulationszinsfuß für die Anteilseigner (r) in Höhe von 10% diskontiert, erhält man wiederum einen Kapitalwert von 23.106 GE. Nettomethode und Bruttomethode führen daher unter den getroffenen Annahmen zum selben Ergebnis.

Wie im Beispiel gezeigt wurde, bedeutet die Definition einer konstanten Zielkapitalstruktur mit einem Fremdkapitalanteil von 50% daher *nicht*, daß 50% der Anschaffungsauszahlung über Kredit zu finanzieren sind, sondern daß der Barwertanteil des Kredits am Gesamtkapitalwert konstant 50% beträgt. Wird die gesamte Anschaffungsauszahlung fremdfinanziert, liegt daher in diesem Sinne ebensowenig eine „vollständige" Fremdfinanzierung vor. Denn auch bei Fremdfinanzierung der gesamten Anschaffungsauszahlung kann sich ein positiver Kapitalwert für die Eigenkapitalgeber ergeben.

Beispiel 7:

Für das Investitionsprojekt nach Beispiel 6 soll nun bei sonst unveränderten Annahmen unterstellt werden, daß die gesamte Anschaffungsauszahlung durch einen in drei gleichmäßigen Raten zu tilgenden Kredit finanziert wird. Die nach der Nettomethode zu diskontierenden Zahlungen an die Anteilseigner (D_t) errechnen sich dann wie folgt:

	t_0	t_1	t_2	t_3
A (Anschaffungsauszahlung)	– 100.000			
X_0 (Kreditaufnahme)	+ 100.000			
Q_t (Überschüsse aus IP)		+ 60.000	+ 46.000	+ 38.000
Y_t (Kredittilgungen)		– 33.333	– 33.333	– 33.334
Z_t (Kreditzinsen)		– 8.000	– 5.333	– 2.667
D_t	0	+ 18.667	+ 7.334	+ 1.999

Trotz vollständiger Finanzierung der Anschaffungsauszahlung durch Kreditaufnahme ergeben sich ab t_1 positive Zahlungsüberschüsse für die Anteilseigner. Bei Diskontierung mit der Renditeforderung der Anteilseigner (r) in Höhe von 10% errechnet sich der Kapitalwert des Projekts für die Anteilseigner mit 24.533 GE. Eine „vollständige" Fremdfinanzierung im oben definierten Sinn liegt daher nicht vor.

In Beispiel 6 wurde weiters gezeigt, daß die Beibehaltung des konstanten Verschuldungsgrades in den Folgeperioden spezifische Anpassungen des Fremdkapitalbestandes voraussetzt, die vom Verlauf der Zahlungsüberschüsse Q_t aus dem Investitionsprojekt abhängen. Die Anwendung der Bruttomethode in der geschilderten Form führt daher nur dann zum richtigen Ergebnis, wenn diese Anpassungen des Fremdkapitalbestandes auch tatsächlich erfolgen. Dies soll anhand eines einfachen Beispiels veranschaulicht werden.

Beispiel 8:

In Beispiel 4 wurde zur Finanzierung der Anschaffungsauszahlung ein Kredit in Höhe von 75.000 GE aufgenommen, der bei Fremdkapitalkosten von 8% p.a. in drei Raten zu je 25.000 GE getilgt wird. Nach der *Nettomethode* wurde für diesen Fall ein Kapitalwert für die Anteilseigner in Höhe von 23.678 GE errechnet. Nach der Bruttomethode ergibt sich jedoch ein Kapitalwert für die Anteilseigner in Höhe von nur 23.106 GE, wenn eine konstante Zielkapitalstruktur mit einem Fremdkapitalanteil von 50% unterstellt wird (vgl. dazu Beispiel 5 und 6). Der in Beispiel 4 angenommene Kreditverlauf führt aber zu folgender Entwicklung des Barwertes des Kredites:

$$F_0 = -75.000 + \frac{25.000 + 6.000}{1{,}08^1} + \frac{25.000 + 4.000}{1{,}08^2} + \frac{25.000 + 2.000}{1{,}08^3} = 0$$

$$F_{0+} = \frac{25.000 + 6.000}{1{,}08^1} + \frac{25.000 + 4.000}{1{,}08^2} + \frac{25.000 + 2.000}{1{,}08^3} = 75.000$$

$$F_{1+} = \frac{25.000 + 4.000}{1{,}08^1} + \frac{25.000 + 2.000}{1{,}08^2} = 50.000$$

$$F_{2+} = \frac{25.000 + 2.000}{1{,}08^1} = 25.000$$

Da aufgrund des in Beispiel 4 unterstellten Kreditverlaufs der Verschuldungsgrad im Zeitablauf nicht konstant bleibt, muß die Anwendung der Bruttomethode mit einem einheitlichen, im Zeitablauf konstanten Mischzinsfuß zu einem unzutreffenden Ergebnis führen. Ein zutreffendes Ergebnis kann dann nach der Bruttomethode nur bei Diskontierung mit *periodenspezifischen* Mischzinssätzen, die in Abhängigkeit von der Entwicklung des Verschuldungsgrades für jede Periode neu zu bestimmen sind, ermittelt werden.

2. Kapitalwert als Entscheidungswert

2.1. Allgemeines

Vor dem Hintergrund der Überlegungen für Investitionsprojekte kann nunmehr die Bedeutung der Kapitalwertmethode für die Entscheidungswertermittlung untersucht werden. Zu diesem Zweck wird zunächst die Entscheidung über Kauf bzw. Verkauf eines Unternehmens als *Investitionsentscheidung* interpretiert. Für eine Barwertermittlung sind dann die aus dem Investitionsprojekt „Unternehmenserwerb" eines potentiellen Käufers bzw. „Unternehmensbeibehalt“ eines potentiellen Verkäufers zu erwartenden Zahlungen, die in der Folge allgemein als „Unternehmenserträge“ bezeichnet werden, sowie der aus den relevanten Alternativerträgen abgeleitete Kalkulationszinsfuß des potentiellen Käufers bzw. Verkäufers maßgeblich.

Der Entscheidungswert eines potentiellen Käufers wird als „Bruttokapitalwert“ des Investitionsprojekts „Unternehmenserwerb“ ermittelt, d.h. als Barwert der künftigen Unternehmenserträge *ohne* Einbeziehung der (noch unbekannten) Anschaffungsauszahlung.

Erwirbt nun der Käufer das Unternehmen exakt zu diesem Barwert, dann ist der Kapitalwert dieser Investition gleich Null. Mit einem Unternehmenserwerb zu diesem Preis erzielt er exakt die gleiche Rendite wie bei Veranlagung der finanziellen Mittel zum Kalkulationszinsfuß. Der Unternehmenserwerb ist daher unter den geschilderten Voraussetzungen für einen (potentiellen) Käufer nur so lange vorteilhaft, als der tatsächliche Kaufpreis unter seinem Entscheidungswert (Grenzpreis) liegt. Der Entscheidungswert als Kapitalwert vor Abzug der Anschaffungsauszahlung gibt daher dem (potentiellen) Käufer seine „Grenze der Konzessionsbereitschaft" an.

Analog ist der Entscheidungswert eines potentiellen Verkäufers als Barwert der künftigen Zahlungsüberschüsse aus dem Unternehmensbeibehalt (ohne Einbeziehung des unbekannten Veräußerungserlöses) zu ermitteln und gibt den vom Verkäufer mindestens zu erzielenden Veräußerungspreis an. Für einen (potentiellen) Verkäufer ist dann die Veräußerung des Unternehmens nur vorteilhaft, wenn der tatsächliche Kaufpreis über seinem Entscheidungswert (Grenzpreis) liegt.

Im folgenden werden methodische Fragen der Entscheidungswertermittlung sowie theoretische Grundlagen zur Problematik der Bestimmung des Kalkulationszinsfußes behandelt. Eine Konkretisierung der Begriffe „Unternehmensertrag" und „Alternativertrag" bleibt den späteren Abschnitten über die einzelnen Bewertungsverfahren vorbehalten. Im folgenden wird daher vereinfachend vorausgesetzt, daß die Äquivalenzerfordernisse zwischen den einbezogenen Unternehmens- und Alternativerträgen erfüllt sind.

2.2. Erwerb/Veräußerung eines unverschuldeten Unternehmens

Zunächst soll die Technik der Entscheidungswertermittlung für den Fall vollständiger Eigenfinanzierung aus der Sicht eines potentiellen Käufers dargestellt werden. Zu bestimmen ist daher der Entscheidungswert eines potentiellen Käufers für ein vollständig eigenfinanziertes Unternehmen. Auch die Finanzierung des Kaufpreises durch den potentiellen Käufer erfolgt annahmegemäß ausschließlich mit Eigenkapital.

Aus methodischer Sicht wird danach unterschieden, ob von einer endlichen (begrenzten) oder unendlichen Lebensdauer des Unternehmens auszugehen ist. Auf analoge Überlegungen aus der Perspektive eines potentiellen Verkäufers wird jeweils hingewiesen.

a) Endliche Unternehmensdauer

Der Entscheidungswert ist unter der Annahme einer endlichen Unternehmensdauer zu ermitteln, wenn für den potentiellen Käufer bzw. Verkäufer davon auszugehen ist, daß das Unternehmen nach einer bestimmten Anzahl von Jahren liquidiert wird.

Rechnet ein potentieller Käufer K mit einer Liquidation des Unternehmens nach n Jahren, sind für ihn die erwarteten Unternehmenserträge dieser n Perioden (E_1^K, E_2^K, ..., E_n^K) sowie der am Ende der n-ten Periode lukrierbare Liquidationswert des Unternehmens (L_n^K) bewertungsrelevant. Bezeichnet r^K die relevante Alternativrendite des Käufers, ermittelt sich der Entscheidungswert des Käufers (P_{max}) als Barwert sämtlicher finanzieller Vorteile aus dem Unternehmen nach folgendem Ausdruck:

$$P_{max} = E_1^K \cdot v + E_2^K \cdot v^2 + ... + E_n^K \cdot v^n + L_n^K \cdot v^n \tag{2.18}$$

mit Abzinsungsfaktor $v = \frac{1}{1+r^K}$

Gibt t die jeweilige Periode an, kann dafür auch geschrieben werden:

$$P_{max} = \sum_{t=1}^{n} E_t^K \cdot v^t + L_n^K \cdot v^n \tag{2.19}$$

Verfügt das betreffende Unternehmen über nicht betriebsnotwendige Vermögensteile, die vom potentiellen Käufer zur Erwirtschaftung der künftigen Unternehmenserträge E_t^K nicht benötigt werden, erhöht sich der Entscheidungswert des Käufers um den Barwert der erwarteten Liquidationserlöse aus dem nicht betriebsnotwendigen Vermögen (N_0^K):

$$P_{max} = \sum_{t=1}^{n} E_t^K \cdot v^t + L_n^K \cdot v^n + N_0^K \tag{2.20}$$

Welche Vermögensgegenstände betriebsnotwendig sind, kann nicht generell festgelegt werden, sondern hängt von den individuellen Zielen des Unternehmenseigners ab. Hat beispielsweise ein potentieller Käufer die Absicht, eine bestimmte Produktionslinie aufzulassen, stellen die nur für diese Produktionslinie erforderlichen Produktionsmittel (Betriebsgebäude, Maschinen etc.) für ihn künftig nicht betriebsnotwendiges Vermögen dar, das verwertet werden kann. Für einen anderen potentiellen Käufer oder auch den potentiellen Verkäufer des Unternehmens muß diese Zuordnung nicht gelten.

Eine gesonderte Erfassung des Barwerts der Liquidationserlöse des nicht betriebsnotwendigen Vermögens im Ertragswertkalkül ist nicht unbedingt erforderlich. Die erwarteten Veräußerungserlöse können genauso unmittelbar in die Unternehmenserträge einbezogen werden. Eine Trennung der beiden Ertragskomponenten empfiehlt sich jedoch häufig aus praktischen Gesichtspunkten, da in der Regel unterschiedliche Prognosemethoden zur Anwendung kommen werden.

Beispiel 9:

Der potentielle Käufer K erwartet aus einem Unternehmen in den folgenden vier Jahren die nachstehenden Unternehmenserträge: E_1 = 1.000 GE, E_2 = 1.500 GE, E_3 = 2.000 GE, E_4 = 1.200 GE. K nimmt weiters an, das Unternehmen am Ende der vierten Periode mit einem Liquidationserlös (nach Abzug aller Schulden und Kosten) von 6.000 GE liquidieren zu können. Zum Ende der ersten Periode erwartet K aus der Veräußerung eines nicht betriebsnotwendigen Grundstücks einen zusätzlichen Ertrag von 500 GE, der in den Unternehmenserträgen ebenfalls noch nicht berücksichtigt ist. Die Rendite seiner alternativen Kapitalanlage beträgt 8 % p.a. Sein Entscheidungswert für den Unternehmenserwerb ermittelt sich daher wie folgt:

$$P_{\max} = \frac{1.500}{1{,}08} + \frac{1.500}{1{,}08^2} + \frac{2.000}{1{,}08^3} + \frac{1.200}{1{,}08^4} + \frac{6.000}{1{,}08^4} = 9.555$$

Erwirbt K das Unternehmen genau zum Entscheidungswert von 9.555 GE, dann erzielt er daraus dieselbe Rendite wie bei Investition dieses Betrages in die alternative Kapitalanlage. Dies kann auch durch einen Vergleich des *Endvermögens* nach vier Jahren bewiesen werden: Bei einer Investition von 9.555 GE in die alternative Kapitalanlage mit einer Rendite von 8 % beläuft sich das Endvermögen nach vier Jahren auf

$$9.555 \cdot 1{,}08^4 = 13.000$$

Bei Erwerb des Unternehmens beläuft sich das Endvermögen nach vier Jahren ebenfalls auf 13.000 GE, wie sich aus folgender Rechnung ergibt:

$$1.500 \cdot 1{,}08^3 + 1.500 \cdot 1{,}08^2 + 2.000 \cdot 1{,}08 + 7.200 = 13.000$$

Bislang wurde nur die Sicht eines potentiellen Käufers betrachtet. Die Entscheidungswertermittlung für einen potentiellen Verkäufer vollzieht sich analog. Nach dem Individualitätsprinzip ist jedoch zu berücksichtigen, daß der Verkäufer in der Regel andere Erwartungen in bezug auf die Höhe der Unternehmenserträge, der erzielbaren Liquidationserlöse hat, und auch über andere alternative Kapitalanlagen verfügen kann. Der

Entscheidungswert eines potentiellen Verkäufers V (P_{min}) ermittelt sich unter sinngemäßer Adaptierung von Ausdruck (2.20) wie folgt:

$$(2.21) \qquad P_{min} = \sum_{t=1}^{n} E_t^V \cdot v^t + L_n^V \cdot v^n + N_0^V$$

mit Abzinsungsfaktor $v = \frac{1}{1 + r^V}$

b) Unendliche Unternehmensdauer

Geht der potentielle Käufer oder Verkäufer nicht von einer künftigen Liquidation des Unternehmens zu einem bestimmten Zeitpunkt aus, wird eine unendliche (unbegrenzte) Lebensdauer des Unternehmens unterstellt. Eine detaillierte Prognose der künftigen Unternehmenserträge kann hier aber in der Regel nur bis zu einem gewissen Zeitpunkt, dem sog. „Planungshorizont" („Prognosehorizont") durchgeführt werden. Fraglich ist dann aber, welcher Wertansatz zum Planungshorizont zu erfolgen hat. Im folgenden wird unterstellt, daß der Wertansatz zum Planungshorizont als „Continuing Value" (Fortführungswert) als Barwert der für die Zeit nach dem Planungshorizont erwarteten, gleichbleibenden Unternehmenserträge zu ermitteln ist (zur Berücksichtigung von Annahmen über das Wachstum der Erträge nach dem Planungshorizont s. III.F.).

Wird für die Zeit nach dem Planungshorizont T von gleichbleibenden Unternehmenserträgen in Höhe von E^K ausgegangen, kann der Continuing Value CV_T^K aus der Sicht eines potentiellen Käufers K als Barwert dieser Erträge zum Planungshorizont mit Hilfe der Formel für den Barwert einer ewigen Rente bestimmt werden:

$$(2.22) \qquad CV_T^K = \frac{E^K}{r^K}$$

Unter Abzinsung des Continuing Value auf den Bewertungsstichtag und unter Einbeziehung des Barwerts der Liquidationserlöse aus nicht betriebsnotwendigen Vermögensteilen in Höhe von N_0^K errechnet sich dann der Entscheidungswert eines potentiellen Käufers K nach folgendem Ausdruck:

$$(2.23) \qquad P_{max} = \sum_{t=1}^{T} E_t^K \cdot v^t + CV_T^K \cdot v^T + N_0^K$$

Wird nun vereinfachend unterstellt, daß die Unternehmenserträge aller künftigen Perioden konstant sind, sodaß gilt

(2.24) $$E_1^K = E_2^K = E_3^K = \ldots\ldots E_T^K = E^K$$

ermittelt sich der Entscheidungswert für den potentiellen Käufer K wiederum aus der Barwertformel für die unendliche Rente:

(2.25) $$P_{max} = \frac{E^K}{r^K} + N_0^K$$

Im Rahmen der Entscheidungswertermittlung für einen potentiellen Verkäufer ist wieder analog vorzugehen. Auf eine gesonderte Darstellung kann verzichtet werden.

Beispiel 10:

Wird für Beispiel 9 die Annahme der Unternehmensliquidation am Ende der vierten Periode aufgegeben und unterstellt, daß ab dem fünften Jahr mit uniformen Unternehmenserträgen in Höhe von 800 GE zu rechnen ist, ermittelt sich für den potentiellen Käufer K bei sonst unveränderten Annahmen folgender Entscheidungswert:

$$P_{max} = \frac{1.500}{1{,}08} + \frac{1.500}{1{,}08^2} + \frac{2.000}{1{,}08^3} + \frac{1.200}{1{,}08^4} + \frac{800}{0{,}08} \cdot 1{,}08^{-4} = 12.495$$

Der Entscheidungswert ist um 2.940 GE höher als unter der Annahme der Unternehmensliquidation, da – bezogen auf den Bewertungsstichtag – der Barwert der Unternehmenserträge nach dem Planungshorizont den Barwert der Erlöse aus der Unternehmensliquidation am Ende der vierten Periode um diesen Betrag übersteigt. Unter den getroffenen Annahmen ist daher die Unternehmensfortführung nach dem Planungshorizont sinnvoll.

c) Bekannte Gegenleistung (Anbotprüfung)

Ist aus der Sicht eines potentiellen Käufers der Kaufpreis, d.h. die Anschaffungsauszahlung für den Erwerb des Unternehmens, etwa aufgrund eines vorliegenden Anbots bekannt, kann der Kapitalwert des Investitionsvorhabens „Unternehmenserwerb“ unmittelbar berechnet werden. Ist dieser Kapitalwert positiv, ist analog zu den obigen Darlegungen der Erwerb des Unternehmens für den potentiellen Käufer günstiger als die alternative Veranlagung der finanziellen Mittel zum Kalkulationszinsfuß. Die Entscheidungsgrundlage des Käufers bildet in diesem Fall der Barwert sämtlicher mit dem Unternehmenserwerb verbundenen Zahlungsüberschüsse unter Einschluß der Anschaffungsauszahlung. Analog zur Investitionsentscheidung gilt, daß der Unternehmenserwerb bei positivem Kapitalwert vorteilhaft ist.

Gleichermaßen kann für einen potentiellen Verkäufer bei aufgrund eines Anbots bekanntem Veräußerungserlös ein Kapitalwert für das Investitionsprojekt „Unternehmensbeibehalt" ermittelt werden. Als „Anschaffungsauszahlung" ist der bei Unternehmensbeibehalt entgehende Veräußerungserlös für das Unternehmen anzusetzen. Als Vorteilsströme für die späteren Perioden sind die künftig aus dem Unternehmensbeibehalt lukrierbaren Zahlungsüberschüsse heranzuziehen. Ist der Kapitalwert dieses Investitionsprojekts positiv, ist der Unternehmensbeibehalt vorteilhaft.

Auch der geschilderte Fall der Prüfung der Vorteilhaftigkeit unterbreiteter Anbote für den Erwerb oder die Veräußerung von Unternehmungen ist dem Zweck der Ermittlung von Entscheidungswerten zuzuordnen. Dies gilt ungeachtet des Umstandes, daß hier eine Berechnung des Entscheidungswertes im Sinne eines kritischen Kaufpreises häufig unterbleiben wird.

2.3. Erwerb/Veräußerung eines verschuldeten Unternehmens

Im folgenden werden die Annahme vollständiger Eigenfinanzierung aufgegeben und die Auswirkungen einer bestehenden oder geplanten Fremdfinanzierung nach der Nettomethode und der Bruttomethode untersucht. In einem ersten Schritt wird jeweils die Fremdfinanzierung auf Unternehmensebene berücksichtigt. Anschließend wird auf eine geplante Fremdfinanzierung des Kaufpreises durch einen potentiellen Käufer eingegangen. Generell wird unendliche Unternehmensdauer unterstellt.

a) Nettomethode

Hat ein potentieller Käufer mit dem Unternehmenserwerb auch Fremdkapitalbestand zu übernehmen und/oder plant er künftig eine (teilweise) Fremdfinanzierung auf Ebene des zu bewertenden Unternehmens, hat er bei Anwendung der Nettomethode bei der Bestimmung der künftigen Unternehmenserträge auch sämtliche Ein- und Auszahlungen aus der auf Unternehmensebene weiterbestehenden oder geplanten Fremdfinanzierung zu berücksichtigen. Zu diskontieren sind dann nur die vom potentiellen Käufer erwarteten Unternehmenserträge *nach* Berücksichtigung von Zinsen, Kreditaufnahmen und Kredittilgungen auf Unternehmensebene. Da die so ermittelten Unternehmenserträge allein dem potentiellen Käufer zur Verfügung stehen, sind sie mit dessen Alternativrendite zu diskontieren.

Bezeichnet Q_t die vom Unternehmen erwirtschafteten Zahlungsüberschüsse vor Berücksichtigung der Fremdfinanzierung in der Periode t, X_t^U die erwarteten Erhöhungen des Fremdkapitalbestandes auf Unternehmensebene zu t, Y_t^U die erwarteten Verminderungen des Fremdkapitalbestandes auf Unternehmensebene zu t und Z_t^U die Zinszahlungen auf Unternehmensebene zu t, errechnen sich die dem potentiellen Käufer zukommenden Unternehmenserträge E_t für t > 0 wie folgt:

$$(2.26) \qquad E_t = Q_t + X_t^U - Y_t^U - Z_t^U$$

Wird für die Zeit nach dem Planungshorizont T von einem konstanten Fremdkapitalbestand ausgegangen und bezeichnet E den ab t = T+1 anfallenden uniformen Unternehmensertrag nach Abzug der (konstanten) Fremdkapitalzinsen, errechnet sich der Entscheidungswert des potentiellen Käufers bei einer relevanten Alternativrendite von r wie folgt:

$$(2.27) \qquad P_{max} = \sum_{t=1}^{T} (Q_t + X_t^U - Y_t^U \; Z_t^U) \cdot (1+r)^{-t} + \frac{E}{r} \cdot (1+r)^{-T}$$

Beispiel 11:

Der potentielle Käufer K erwartet aus dem zu bewertenden Unternehmen die folgenden Zahlungsüberschüsse vor Berücksichtigung der Fremdfinanzierung:

	t_1	t_2	t_3	t_4	t_5	ab t_6
erwartete Q_t	20.000	46.000	43.000	60.000	62.000	55.000

Das Unternehmen ist im Bewertungsstichtag durch einen Fremdkapitalbestand in Höhe von 100.000 GE gekennzeichnet, der vom Käufer übernommen werden soll. Die daraus resultierenden Rückzahlungserfordernisse sind in der nachfolgenden Übersicht dargestellt, die auch die vom Käufer geplanten Kreditaufnahmen und -tilgungen sowie die Entwicklung des gesamten Fremkapitalbestandes zeigt.

	t_1	t_2	t_3	t_4	t_5
FK-Bestand Periodenbeginn	100.000	112.000	121.000	123.000	119.000
Tilgung Altkredite	– 18.000	– 18.000	– 18.000	– 12.000	– 12.000
Aufnahme Neukredite	30.000	30.000	25.000	15.000	23.000
Tilgung Neukredite	0	– 3.000	– 5.000	– 7.000	– 10.000
FK-Bestand Periodenende	112.000	121.000	123.000	119.000	120.000

Ab t_6 soll ein konstanter Fremdkapitalbestand von 120.000 GE unterstellt werden. Geht K von konstanten Fremdkapitalkosten in Höhe von 8,0% p.a. aus, errechnen sich die folgenden bewertungsrelevanten Unternehmenserträge E_t:

	t_1	t_2	t_3	t_4	t_5	ab t_6
erwartete Q_t	20.000	46.000	43.000	60.000	62.000	55.000
– Tilgung Altkredite	– 18.000	– 18.000	– 18.000	– 12.000	– 12.000	
+ Aufnahme Neukredite	30.000	30.000	25.000	15.000	23.000	
– Tilgung Neukredite		– 3.000	– 5.000	– 7.000	– 10.000	
– FK-Zinsen	– 8.000	– 8.960	– 9.680	– 9.840	– 9.520	– 9.600
E_t	24.000	46.040	35.320	46.160	53.480	45.400

Beträgt die relevante Alternativrendite des potentiellen Käufers 12%, errechnet sich daraus der Entscheidungswert in Höhe von 357.629 GE.

$$P_{max} = \frac{24.000}{1{,}12} + \frac{46.040}{1{,}12^2} + \frac{35.320}{1{,}12^3} + \frac{46.140}{1{,}12^4} + \frac{53.480}{1{,}12^5} + \frac{45.400}{0{,}12} \cdot 1{,}12^{-5} = 357.629$$

Die Höhe des vom Käufer zu t_0 zu übernehmenden Fremdkapitalbestandes wirkt sich bei dieser Vorgangsweise nur indirekt über die Zinsen in den Folgeperioden bzw. die geplanten Anpassungen des Fremdkapitalbestandes auf die Höhe des Entscheidungswertes aus. Trifft man allerdings die (i.a. schon aufgrund der Besteuerungswirkungen nicht realitätsgerechte) Annahme, daß in Zukunft Fremdkapital genau zum Kalkulationszinsfuß r aufgenommen werden kann, ist der Barwert der Zahlungsströme aus der *künftigen* Fremdfinanzierung gleich Null. Die Berücksichtigung dieser Zahlungsströme im Barwertkalkül ist dann nicht erforderlich. Der Entscheidungswert kann dann auch als Differenz zwischen dem Barwert der Q_t und dem Barwert der vom Käufer übernommenen Kredite errechnet werden.

Bisher wurde davon ausgegangen, daß der Kaufpreis für den Unternehmenserwerb zur Gänze durch Eigenmittel des (potentiellen) Käufers finanziert wird. Ist dies nicht der Fall, gilt bei Anwendung der Nettomethode, daß auch die Ein- und Auszahlungen für Fremdkapital zur Kaufpreisfinanzierung im Rahmen der Ermittlung der künftigen, dem potentiellen Käufer verbleibenden Unternehmenserträge zu berücksichtigen sind. Aus dieser Vorgangsweise folgt, daß der unter Anwendung der Nettomethode errechnete Barwert den maximalen *Eigenkapitaleinsatz* (EK_{max}) eines potentiellen Käufers angibt. Der Entscheidungswert als kritischer Gesamtkaufpreis für den Käufer errechnet sich dann aus der Summe von maximalem Eigenkapitaleinsatz und unterstellter Kreditaufnahme zur Kaufpreisfinanzierung.

Bezeichnet X_0^P die Fremdkapitalaufnahme zur Kaufpreisfinanzierung zu t_0, Y_t^P die Tilgungen dieses Kredits zu t und Z_t^P die Zinszahlungen für diesen Kredit zu t, errechnen sich die dem potentiellen Käufer zukommenden Unternehmenserträge E_t für t > 0 wie folgt:

$$(2.28) \qquad E_t = Q_t + X_t^U - Y_t^U - Z_t^U - Y_t^P - Z_t^P$$

Wird wiederum für die Zeit nach dem Planungshorizont T von einem konstanten Fremdkapitalbestand unter Einbeziehung der noch offenen Kaufpreisfremdfinanzierung ausgegangen und bezeichnet E den ab t = T+1 anfallenden uniformen Unternehmensertrag nach Abzug der (konstanten) Fremdkapitalzinsen, errechnet sich der maximale Eigenkapitaleinsatz des potentiellen Käufers wie folgt:

$$(2.29) \qquad EK_{max} = \sum_{t=1}^{T} (Q_t + X_t^U - Y_t^U - Z_t^U - Y_t^P - Z_t^P) \cdot (1+r)^{-t} + \frac{E}{r} \cdot (1+r)^{-T}$$

Der Entscheidungswert als kritischer Gesamtkaufpreis P_{max} ergibt sich dann aus folgendem Ausdruck:

$$(2.30) \qquad P_{max} = EK_{max} + X_0^P$$

Beispiel 12:

In Erweiterung des Beispiels 11 sei bei ansonsten unveränderten Annahmen unterstellt, daß K einen Teilbetrag des Kaufpreises fremdfinanzieren wird. Er beabsichtigt, einen Kredit von 50.000 GE zu Kosten von 8,0% p.a. aufzunehmen und in fünf Annuitäten in Höhe von je 12.523 GE von t_1 bis t_5 zurückzuzahlen. Ausgehend von den oben unter der Annahme der Eigenfinanzierung des Kaufpreises ermittelten E_t errechnen sich nunmehr die folgenden bewertungsrelevanten Unternehmenserträge für K:

	t_1	t_2	t_3	t_4	t_5	ab t_6
erwartete Q_t	20.000	46.000	43.000	60.000	62.000	55.000
– Tilgung Altkredite	– 18.000	– 18.000	– 18.000	– 12.000	– 12.000	
+ Aufnahme Neukredite	30.000	30.000	25.000	15.000	23.000	
– Tilgung Neukredite		– 3.000	– 5.000	– 7.000	– 10.000	
– FK-Zinsen	– 8.000	– 8.960	– 9.680	– 9.840	– 9.520	– 9.600
vorl. E_t (lt. Bsp. 11)	24.000	46.040	35.320	46.160	53.480	45.400
– Annuitäten KP-Kredit	– 12.523	– 12.523	– 12.523	– 12.523	– 12.523	
E_t	11.477	33.517	22.797	33.637	40.957	45.400

Der Barwert der E_t errechnet sich daraus in Höhe von 312.487 GE und stellt unter den getroffenen Annahmen die Obergrenze für den Eigenkapitaleinsatz von K dar. Der kritische Gesamtkaufpreis ermittelt sich durch Addition der geplanten Kreditaufnahme zur Kaufpreisfinanzierung mit 362.487 GE und ist damit um 4.858 GE höher als der Entscheidungswert bei gänzlicher Eigenfinanzierung des Kaufpreises gemäß Beispiel 11. Die Erhöhung ist auf die im Vergleich zur Alternativrendite von K um 4% niedrigeren Fremdkapitalkosten für die Kaufpreisfremdfinanzierung zurückzuführen. Unter den getroffenen Annahmen (konstante Renditeforderung der Eigenkapitalgeber) ist die angestrebte teilweise Fremdfinanzierung des Kaufpreises daher sinnvoll.

Zusammenfassend ist festzuhalten, daß bei Anwendung der Nettomethode die Fremdfinanzierung sowohl auf Unternehmensebene als auch zur Kaufpreisfinanzierung explizit im Rahmen der Prognose der Unternehmenserträge zu berücksichtigen ist. Die Diskontierung der Unternehmenserträge erfolgt dann stets mit der Alternativerendite des Bewertungssubjekts.

b) Bruttomethode

Bei Anwendung der Bruttomethode wird zunächst ein Unternehmenswert aus der Sicht der Eigen- *und* Fremdkapitalgeber UW_{GK} ermittelt. Die Grundlage der Bestimmung dieses Gesamtunternehmenswertes bildet die Festlegung einer im Zeitablauf konstanten Zielkapitalstruktur auf Barwertbasis. Im Rahmen der Festlegung der Zielkapitalstruktur ist nicht nur das geplante Fremdkapital auf Unternehmensebene, sondern auch das Fremdkapital aus einer geplanten Kaufpreisfremdfinanzierung durch einen potentiellen Käufer zu berücksichtigen. Der Gesamtunternehmenswert UW_{GK} wird durch Diskontierung der vom Unternehmen ab $t = 1$ erwirtschafteten Zahlungsüberschüsse (Q_t) vor Berücksichtigung der Fremdfinanzierung mit dem Mischzinsfuß c ermittelt. Dieser Barwert repräsentiert die Obergrenze für die von Eigen- und Fremdkapitalgebern zu $t = 0$ zu leistenden Zahlungen. Bezeichnet Q die für den Zeitraum nach dem Planungshorizont T als konstant angenommenen Zahlungsüberschüsse vor Berücksichtigung der (dann konstanten) Fremdkapitalzinsen, gilt daher:

$$(2.31) \qquad UW_{GK} = \sum_{t=1}^{T} Q_t \cdot (1+c)^{-t} + \frac{Q}{c} \cdot (1+c)^{-T}$$

Eine Aufteilung dieses Gesamtunternehmenswertes auf Eigen- und Fremdkapitalgeber kann nun nach folgender Maßgabe vorgenommen werden. Aus der bereits eingangs festgelegten Zielkapitalstruktur folgt, daß zu $t = 0+$ ein Fremdkapitalbestand (FK_{0+}) vorhanden sein muß, der dem Fremdkapitalanteil (a) am Gesamtunternehmenswert entspricht:

(2.32) $$FK_{0+} = a \cdot UW_{GK}$$

Der maximale Eigenkapitaleinsatz (EK_{max}) für den (potentiellen) Anteilseigner kann daher wie folgt bestimmt werden:

(2.33) $$EK_{max} = (1 - a) \cdot UW_{GK} = UW_{GK} - FK_{0+}$$

Weicht der zu t = 0 zu übernehmende Fremdkapitalbestand (FK_0) von jenem laut festgelegter Zielkapitalstruktur ab, ist zu t = 0+ eine Anpassung des Fremdkapitalbestandes erforderlich. Der Entscheidungswert als kritischer Gesamtkaufpreis des potentiellen Käufers errechnet sich dann aus dem maximalen Eigenkapitaleinsatz und der zu t = 0+ erforderlichen Fremdkapitalanpassung:

(2.34) $$P_{max} = EK_{max} + FK_{0+} - FK_0$$

Die geschilderten Zusammenhänge werden im folgenden anhand eines einfachen, auf dem Rentenmodell basierenden Beispiels veranschaulicht.

Beispiel 13:

Ein potentieller Käufer K erwartet aus dem zu bewertenden Unternehmen uniforme Zahlungsüberschüsse vor Berücksichtigung der Fremdfinanzierung in Höhe von 10.000 GE p.a. Die Alternativrendite (r) für K beträgt 12%, die Fremdkapitalkosten (k) 8%. K legt die Zielkapitalstruktur in Form eines Fremdkapitalanteils von 50% fest. Bei Erwerb des Unternehmens ist vom Käufer Fremdkapital in Höhe von 30.000 GE zu übernehmen. Nach der Bruttomethode ist zunächst der Mischzinsfuß c nach Maßgabe der festgelegten konstanten Zielkapitalstruktur zu bestimmen:

$$c = 0{,}5 \cdot 0{,}08 + 0{,}5 \cdot 0{,}12 = 0{,}10$$

Daraus errechnet sich der Gesamtunternehmenswert mit 100.000 GE:

$$UW_{GK} = \frac{10.000}{0{,}10} = 100.000$$

Auf Basis der festgelegten Zielkapitalstruktur beträgt der maximale Eigenkapitaleinsatz für K daher 50% von 100.000 GE = 50.000 GE. Die angestrebte Zielkapitalstruktur impliziert einen ab t = 0+ konstanten Fremdkapitalbestand von 50.000 GE. Da nur Fremdkapital in Höhe von 30.000 GE zu übernehmen ist, hat zu t = 0+ eine Anpassung des Fremdkapitalbestandes in Form einer Fremdkapitalaufnahme in Höhe von 20.000 GE zu erfolgen. Der daraus resultierende Mittelzufluß steht K zur Verfügung. K kann daher für das nur mit 30.000 GE verschuldete Unternehmen maximal 70.000 GE bezahlen, damit sich sein Eigenkapitaleinsatz unter Berücksichtigung der geplanten Anpassung des Fremdkapitalbestandes auf maximal 50.000 GE (= 70.000 GE - 20.000 GE) beläuft.

Die oben definierten Bedingungen für eine Übereinstimmung von Brutto- und Nettomethode (vgl. Beispiel 6) haben auch für die Entscheidungswertermittlung Gültigkeit. Ein zutreffendes Ergebnis wird mit der Bruttomethode daher grundsätzlich nur dann ermittelt, wenn von einem konstanten Verschuldungsgrad auf Basis des Barwertverhältnisses ausgegangen werden kann. Im Fall schwankender Unternehmenserträge im Zeitablauf müssen periodenspezifische Anpassungen des Fremdkapitalbestandes zur Erreichung der determinierten Zielkapitalstruktur erfolgen.

c) Bedeutung für einzelne Bewertungsverfahren

Bei Unternehmensbewertungen auf Grundlage des *Ertragswertverfahrens* wird zur Berücksichtigung der (teilweisen) Fremdfinanzierung in der Regel die Nettomethode angewendet. Dem folgt auch der „*Equity Approach*" im Rahmen der DCF-Verfahren. Die Bruttomethode wird hingegen bei den DCF-Verfahren im Fall des „*Entity Approach*" (auf Basis von Free Cash-flows oder Total Cash-flows) eingesetzt.

Von der reinen Nettomethode wird bei Anwendung der Ertragswertmethode manchmal in der Form abgewichen, daß zwar die Auswirkungen der Fremdfinanzierung auf Unternehmensebene, nicht aber jene einer Kaufpreisfremdfinanzierung bei den Unternehmenserträgen erfaßt werden. Die Zahlungsströme aus der Kaufpreisfremdfinanzierung werden dann im Sinne der Bruttomethode im Kalkulationszinsfuß berücksichtigt. Der Kalkulationszinsfuß muß aber in diesem Fall nach den für die Bruttomethode erarbeiteten Regeln als *Mischzinsfuß* bestimmt werden, wobei die Zielkapitalstruktur den auf Dauer als konstant unterstellten Verschuldungsgrad *ohne* Einbeziehung des Fremdkapitals auf Unternehmensebene determiniert. Der Verschuldungsgrad ist auch hier nach Maßgabe des Barwertverhältnisses und nicht aus dem Verhältnis zwischen aushaftendem Kredit und bezahltem Kaufpreis zu bestimmen. Wird in einem solchen Fall der Kalkulationszinsfuß nur aus den Fremdkapitalkosten für die Kaufpreisfinanzierung abgeleitet, wird letztlich unterstellt, daß dieser Zinssatz auch der relevanten Alternativrendite der Eigenkapitalgeber entspricht, etwa weil sie mit den ihnen zukommenden Zahlungen andere Kredite mit gleichen Fremdkapitalkosten tilgen. In der Regel ist eine solche Annahme jedoch – schon aufgrund der Äquivalenzproblematik – nicht realitätsgerecht. Die beschriebene Vorgangsweise – Nettomethode in bezug auf das Fremdkapital auf Unternehmensebene, Bruttomethode in bezug auf das Fremdkapital zur Kaufpreisfinanzierung – ist schon allein aufgrund der damit verbundenen Probleme bei der Bestimmung des Kalkulationszinsfußes abzulehnen. Auf sie wird daher im folgenden nicht mehr eingegangen.

C. Entscheidungswert und Unternehmenssubstanz

1. Allgemeines

Wird der Entscheidungswert durch Diskontierung künftiger Unternehmenserträge bestimmt, findet die zum Bewertungsstichtag vorhandene Unternehmenssubstanz keinen unmittelbaren Eingang in den Bewertungskalkül. Daraus ist aber keinesfalls abzuleiten, daß Umfang, Struktur und Beschaffenheit der Unternehmenssubstanz völlig ohne Einfluß auf die Höhe des Entscheidungswertes blieben. Denn die Erwirtschaftung künftiger Erträge ist ohne die entsprechende Substanz nicht möglich. Umfang, Struktur und Beschaffenheit der vorhandenen Substanz bestimmen das *Potential* für die zu erwartenden Unternehmenserträge. So werden etwa die Ertragserwartungen für ein Unternehmen, das mit veralteten Anlagen und Technologien arbeitet und dem daher hohe Investitionen bevorstehen, völlig anders einzuschätzen sein als für ein vergleichbares Unternehmen, das einen entsprechenden Investitionsschub bereits hinter sich hat und daher in der Produktion moderne Technologien einsetzt. Der zum Bewertungsstichtag vorhandenen Unternehmenssubstanz kommt daher höchste Bedeutung für die Prognose der Unternehmenserträge und damit auch für die Entscheidungswertermittlung zu.

Ungeachtet dieses maßgeblichen Einflusses der Unternehmenssubstanz ist aber die Feststellung wesentlich, daß der Unternehmenswert als Entscheidungswert nicht von den zum Bewertungsstichtag vorhandenen Vermögenswerten selbst abhängt, sondern nur von den *mit diesen Vermögenswerten in Zukunft erzielbaren Erträgen*. Verfügt etwa ein Unternehmen zum Bewertungsstichtag über Liegenschaftsvermögen mit beträchtlichen Verkehrswerten, ist für die Unternehmensbewertung nur relevant, welche künftigen Erträge aus diesen Liegenschaften gezogen werden können. Gesondert zu entscheiden ist dabei, ob diese Erträge durch die betriebliche Nutzung der Liegenschaften oder durch deren Veräußerung zustande kommen sollen.

Ein Substanzwert auf Grundlage von Reproduktionswerten ist daher für die Entscheidungswertermittlung grundsätzlich unbeachtlich. Die seiner Ermittlung zugrundeliegende Orientierung an Wiederbeschaffungskosten zielt auf das in das Unternehmen „Hineingesteckte" ab und ist für eine Abschätzung der künftigen Erträge ungeeignet.

Besonderen Ausprägungsformen von „Substanzwerten", die sich vom traditionell als Reproduktionswert verstandenen Substanzwertbegriff erheblich unterscheiden, kann im Rahmen der Entscheidungswertermittlung Bedeutung zukommen. Dazu zählen das Konzept des Substanzwertes als „vorgeleistete Ausgaben“ sowie der Liquidationswert. Auf ihren Stellenwert im Rahmen der Entscheidungswertermittlung wird im folgenden näher eingegangen.

2. Substanzwert als „vorgeleistete Ausgaben“

Literatur:

Sieben, G.: Der Substanzwert der Unternehmung, Wiesbaden 1963; *Sieben*, G.: Wesen, Ermittlung und Funktionen des Substanzwertes als „vorgeleistete Ausgaben“, in: Busse von Colbe/Coenenberg (Hrsg): Unternehmensakquisition und Unternehmensbewertung, Stuttgart 1992, S. 67-88.

2.1. Konzeption

Das auf *Sieben* (1963, 79 ff) zurückgehende Konzept eines Substanzwertes als „vorgeleistete Ausgaben“ beruht auf der Überlegung, daß vorhandene Substanz künftige Ausgaben substituiert. Dies führt zur Schlußfolgerung, daß sich der Erwerber eines Unternehmens durch das Vorhandensein von Vermögensgegenständen im Unternehmen Ausgaben (bzw. Auszahlungen) erspart (oder Ausgaben hinauszögert), die im Falle einer Neuerrichtung eines Unternehmens mit vergleichbarem Ertragspotential sofort (oder zu einem früheren Zeitpunkt) anfallen würden. Verfügt beispielsweise ein zu bewertendes Unternehmen über neuwertige betriebsnotwendige Maschinen, erspart sich ein potentieller Käufer die Anschaffungsauszahlungen für diese Maschinen. Sind bereits in Nutzung stehende Maschinen vorhanden, wird die Anschaffungsauszahlung für entsprechende neue Maschinen hinausgezögert. Auf dieser Grundlage kann der Substanzwert als „vorgeleistete Ausgaben" nach *Sieben* definiert werden als Barwertdifferenz zwischen den Auszahlungen bei Erwerb und bei Neuerrichtung eines Unternehmens. Die Ermittlung dieser Barwertdifferenz soll anhand eines einfachen Beispiels veranschaulicht werden.

Beispiel 14:

Im Rahmen eines Unternehmenserwerbs könnte eine bereits seit 2 Jahren genutzte Maschine übernommen werden, deren Wiederbeschaffungsneuwert 50 GE beträgt. Die Nutzungsdauer der Maschine beträgt 5 Jahre. Nach Ablauf der Nutzungsdauer wird vereinfachend angenommen, daß eine identische Maschine um den Wiederbeschaffungsneuwert von 50 GE unendlich oft nachgeschafft wird. Es wird vereinfachend eine Welt ohne Geldwertänderungen unterstellt. Unter diesen Annahmen können folgende alternative Auszahlungsreihen in bezug auf die Anschaffungsausgaben für diese Maschine erstellt werden und errechnen sich unter Anwendung eines Kalkulationszinsfußes von 10% die folgenden Barwerte:

Auszahlungen bei Erwerb des Unternehmens:

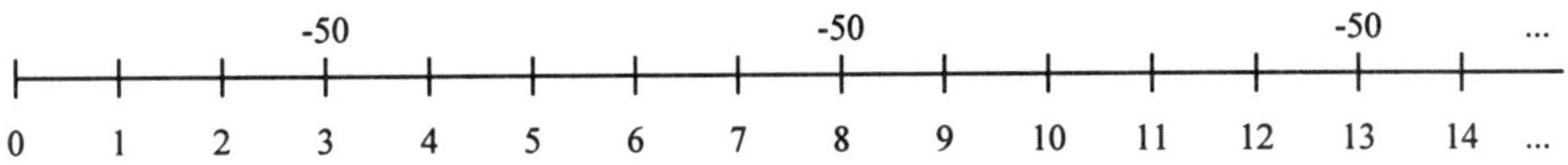

$$Barwert = -50 \cdot \frac{1{,}10^2}{1{,}10^5 - 1} = -99{,}1$$

Auszahlungen bei Neuerrichtung eines Unternehmens:

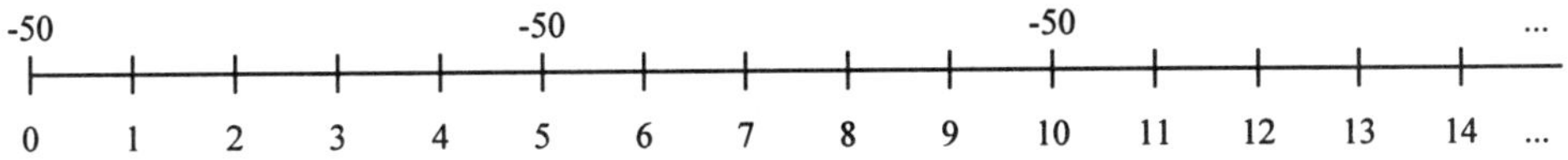

$$Barwert = -50 \cdot \frac{1{,}10^5}{1{,}10^5 - 1} = -131{,}9$$

Gemessen als Barwertdifferenz beträgt die Ersparnis des Käufers bei Erwerb des Unternehmens unter den getroffenen Annahmen 32,8 GE. Dieser Betrag entspricht daher dem oben definierten *Substanzwert der Maschine* nach dem Konzept der „vorgeleisteten Ausgaben“.

Eine Beschränkung der Betrachtung auf alternative substanzbezogene Auszahlungsreihen setzt voraus, daß die übrigen Nettoeinzahlungen der verglichenen Szenarien identisch sind. Kann davon nicht ausgegangen werden, muß die Barwertdifferenz der übrigen Nettoeinzahlungen zusätzlich berücksichtigt werden.

Die Bestimmung von „vorgeleisteten Ausgaben“ erweist sich in der Praxis in Zusammenhang mit Unternehmenserwerben jedoch zumeist als schwierig. Insbesondere dann, wenn vom Käufer Um- und Restrukturierungsmaßnahmen gesetzt werden müssen, die zu erheblichen zusätzlichen Auszahlungen führen, sind die „vorgeleisteten Ausgaben“ den einzelnen Vermögensgegenständen nicht mehr zuordenbar und stellen dann eine *globale, zukunftsbezogene Größe* dar. Anders als beim Substanzwertverfahren auf Basis von Reproduktionswerten kann daher in diesem Fall der Substanzwert als „vorgeleistete Ausgaben“ nicht mehr aus den Einzelwerten der Vermögensgegenstände und Schulden errechnet werden. Der Substanzwert als „vorgeleistete Ausgaben“ kann darüber hinaus nicht ohne eine Prognose der künftigen Unternehmenserträge bestimmt werden. Denn es muß auch geprüft werden, inwieweit die zu erwartenden übrigen Nettoeinzahlungen bei Neuerrichtung von jenen bei Erwerb des Unternehmens abweichen.

Der Substanzwert als „vorgeleistete Ausgaben“ unterscheidet sich daher in seiner Konzeption erheblich vom Substanzwert auf Basis von Reproduktionswerten (vgl. *Sieben*, 1992, 86 ff). Die ersparten Ausgaben können z.B. niedriger sein als der Reproduktionswert, wenn ein Teil der Vermögensgegenstände des zu bewertenden Unternehmens überhaupt nicht mehr oder nicht mehr in der gegebenen Kapazität benötigt werden und auch nicht zu den angesetzten Wiederbeschaffungskosten veräußert werden können.

2.2. „Vorgeleistete Ausgaben“ als Entscheidungswert

Wie gezeigt wurde, basiert das Konzept eines Substanzwertes als „vorgeleistete Ausgaben“ aus der Sicht eines potentiellen Käufers auf einem Vergleich der Alternativen „Unternehmenserwerb“ und „Unternehmensneuerrichtung“. Aus theoretischer Sicht entspricht daher der Substanzwert als „vorgeleistete Ausgaben“ genau dann dem Entscheidungswert, wenn die Unternehmensneuerrichtung auch die relevante – weil günstigste – Alternative zum Unternehmenserwerb darstellt. Der Substanzwert als „vorgeleistete Ausgaben“ markiert dann die Obergrenze für den Entscheidungswert eines potentiellen Käufers.

Beispiel 15:

Ein potentieller Käufer erwartet aus einem zu bewertenden Unternehmen einen uniformen Unternehmensertrag von 1.500 GE p.a. Zu t_0 sind jedoch Investitionen für verschiedene Restrukturierungsmaßnahmen in Höhe von 2.000 GE erforderlich. Auf dem Kapitalmarkt kann Kapital zu 8% veranlagt werden. Wird dieser Zinsfuß als relevante Alternativrendite erachtet, beträgt der Entscheidungswert des Käufers 16.750 GE:

$$P_{\max} = -2.000 + \frac{1.500}{0{,}08} = 16.750$$

Unterstellt wird nun, der potentielle Käufer wäre auch in der Lage, ein vergleichbares Unternehmen neu zu errichten, aus dem er ebenfalls uniforme Unternehmenserträge von 1.500 GE p.a. erwarten könnte. Die Neuerrichtungskosten werden auf 17.000 GE geschätzt.

Der Substanzwert als „vorgeleistete Ausgaben“ beläuft sich unter diesen Annahmen auf 15.000 GE und errechnet sich als Differenz zwischen den (zu t_0 anfallenden und daher den Barwerten entsprechenden) Kosten der Neuerrichtung in Höhe von 17.000 GE und den Restrukturierungskosten in Höhe von 2.000 GE. Es zeigt sich, daß der Substanzwert als „vorgeleistete Ausgaben“ niedriger ist als der oben errechnete Entscheidungswert. Daraus ist zu schließen, daß die Alternative „Unternehmensneuerrichtung“ eine höhere Rendite erbringt als die oben herangezogene Veranlagung am Kapitalmarkt. Die jährliche Rendite der Neuerrichtung errechnet sich wie folgt:

$$\frac{1.500}{17.000} = 8{,}8235\%$$

Unter den getroffenen Annahmen stellt daher die Neuerrichtung die günstigste Alternative zum Unternehmenserwerb dar. Der zutreffende Entscheidungswert des potentiellen Käufers entspricht somit dem Substanzwert als „vorgeleistete Ausgaben" und beträgt 15.000 GE. Der richtige Entscheidungswert kann bei Heranziehung eines Kalkulationszinsfußes von 8,8235% auch unter Anwendung der obigen Formel errechnet werden:

$$P_{\max} = -2.000 + \frac{1.500}{0{,}088235} = 15.000$$

Wird dagegen unterstellt, daß die Neuerrichtung 20.000 GE kostet, sinkt die Rendite daraus auf 7,5% und liegt damit unter der Rendite der Veranlagung auf dem Kapitalmarkt. Der Substanzwert als „vorgeleistete Ausgaben" beträgt dann 20.000 GE - 2.000 GE = 18.000 GE und ist nicht mehr entscheidungsrelevant, weil dem Investor eine bessere Alternative als die Neuerrichtung zur Verfügung steht. Der Entscheidungswert beträgt dann 16.750 GE.

Vorausgesetzt wird bei diesen Überlegungen, daß die Neuerrichtung eines Unternehmens mit vergleichbarem Ertragspotential überhaupt möglich ist. Das Beispiel hat gezeigt, daß der zutreffende Entscheidungswert stets durch Diskontierung der relevanten Zahlungsströme aus dem Bewertungsobjekt ermittelt werden kann. Das Szenario der Neuerrichtung eines vergleichbaren Unternehmens ist hier im Rahmen der Bestimmung der Alternativrendite zu beachten. Stellt die Neuerrichtung die günstigste Alternativdisposition dar, führen beide Methoden zum selben Ergebnis.

Praktische Anwendungsmöglichkeiten für eine Entscheidungswertermittlung auf Grundlage von Substanzwerten als „vorgeleistete Ausgaben" können sich z.B. bei der Bewertung von Unternehmungen in früheren Ostblockstaaten ergeben, da hier eine Orientierung an den künftigen Unternehmenserträgen oft an kaum abschätzbaren politischen und wirtschaftlichen Unsicherheitsfaktoren scheitert und die Bandbreite der möglichen künftigen Ergebnisse sehr groß ist (zur Unternehmensbewertung in Osteuropa einschließlich der ehemaligen DDR vgl. IDW, Stellungnahme HFA 2/1990; *Diedrich*, 1991, 155 ff; *Klein/Paarsch*, 1991, 11 ff; *Lanfermann*, 1991, 117 ff; *Sieben*, 1992, 85 ff; *Aigner/Barisitz/Fink*, 1993; *Peemöller/Bömelburg*, 1994, 73 ff; *Leyh*, 1996). Bei der Bestimmung der „vorgeleisteten Ausgaben" kann hier häufig unterstellt werden, daß die Alternativen „Unternehmenserwerb mit Neustrukturierung" und „Neuerrichtung" künftig zu näherungsweise übereinstimmenden (sonstigen) Nettoeinzahlungen führen, sodaß allein die substanzbezogenen Auszahlungsreihen betrachtet werden können. Leitet man in diesen Fällen den Entscheidungswert allein aus den „vorgeleisteten Ausgaben" ab, setzt man daher implizit voraus, daß die Neuerrichtung eines vergleichbaren Unternehmens in der betreffenden Region die günstigste alternative Geldverwendung darstellt. Unterstellt wird damit, daß diese Neuerrichtung rentabler ist als beispielsweise eine (äquivalente) Veranlagung am Kapitalmarkt.

Die „vorgeleisteten Ausgaben" sagen zwar für sich nichts über die Rentabilität des Unternehmenserwerbes aus. Zieht man sie als Entscheidungswert heran, geht man aber bereits von bestimmten Rentabilitätserwartungen aus. Unterstellt wird dann, daß es jedenfalls sinnvoll ist, entweder in den Unternehmenserwerb oder in die Neuerrichtung des vergleichbaren Unternehmens zu investieren. Ist diese Entscheidung bereits gefallen, kann das Konzept der „vorgeleisteten Ausgaben" zweckmäßig eingesetzt werden.

3. Substanzwert auf Basis von Liquidationswerten

Der Substanzwert auf Grundlage von Liquidationswerten (Liquidationswert des Unternehmens) markiert die Untergrenze für den Entscheidungswert eines potentiellen Käufers oder Verkäufers. Ausschlaggebend hiefür ist die Überlegung, daß es jedem Eigner offensteht, das Unternehmen in Zukunft fortzuführen oder zu zerschlagen. Wird rationales Handeln unterstellt, ist von einer Liquidation des Unternehmens dann auszugehen, wenn der Fortführungswert niedriger als der Liquidationswert ist. In diesem Fall kann der rational handelnde Eigner zumindest den Liquidationswert des Unternehmens lukrieren. Grund für die Annahme einer Liquidation des Unternehmens könnte z.B. eine schwache Ertragslage sein. Die Stellungnahme HFA 2/1983 führt dazu aus: „Bei schlechter Ertragslage können die abgezinsten Nettoeinnahmenüberschüsse aus der Liquidation des Unternehmens höher sein als der Ertragswert bei Fortführung."

Der Liquidationswert des Unternehmens kann als Barwert der im Rahmen der Liquidation zu erwartenden Zahlungsüberschüsse definiert werden. Seine Höhe hängt zunächst von der Auflösungsintensität (Einzelveräußerungsgrad) ab. Die Vermögensgegenstände des Unternehmens könnten einzeln, aber auch in Teilgesamtheiten (z.B. Filialen, Betriebsstätten) veräußert werden. Bei Unternehmensbewertungen wird als Liquidationswert meist der Einzelveräußerungswert (Zerschlagswert, Break-up-value) herangezogen. Der Liquidationswert wird daneben auch von der Auflösungsgeschwindigkeit beeinflußt. Je kurzfristiger versucht wird, ein Unternehmen zu liquidieren, umso geringer wird der erzielbare Liquidationserlös in der Regel ausfallen. Bei der Bestimmung des Liquidationswertes sind auch die bei einer Liquidation anfallenden Kosten zu berücksichtigen.

Dazu zählen auch die Kosten der Auflösung von Dienstverhältnissen, Bestandverträgen und anderen Dauerschuldverhältnissen.

Freilich ist hier zu bedenken, daß Zerschlagungswerte von Unternehmungen aufgrund des dabei anzuwendenden Wertmaßstabes oft negativ sein werden. Ihre praktische Bedeutung für die Entscheidungswertermittlung wird sich daher auf spezifische Fälle beschränken und etwa bei umfangreichem Liegenschaftsbesitz zum Tragen kommen. Der Liquidationswert repräsentiert weiters dann den Entscheidungswert, wenn ein potentieller Käufer ein Unternehmen erwirbt, um es zu liquidieren. Der Liquidationswert ist ferner entscheidungsrelevant, wenn von einer begrenzten Unternehmensdauer auszugehen ist. In diesem Fall ist der Liquidationswert zum Zeitpunkt der Beendigung der Unternehmenstätigkeit zu ermitteln und in die Entscheidungswertermittlung einzubeziehen.

III. Entscheidungswertermittlung durch Ertragswertverfahren

A. Ertragswertverfahren als Alternativenvergleich

Beim Ertragswertverfahren wird der Unternehmenswert durch Diskontierung der künftigen Unternehmenserträge ermittelt. Das Ertragswertverfahren folgt i.a. den Grundsätzen der Nettomethode, sodaß als Unternehmenserträge nur die dem Eigenkapitalgeber (Bewertungssubjekt) zukommenden Vorteilsströme anzusetzen sind. Analog repräsentiert der Kalkulationszinsfuß die aus den Erträgen der günstigsten alternativen Geldverwendung (Alternativerträge) abgeleitete Mindestrenditeforderung des Eigenkapitalgebers (Bewertungssubjekt). Die Konzeption des Ertragswertverfahrens als Alternativenvergleich aus der Sicht des Bewertungssubjekts entspricht exakt dem Ansatz der Entscheidungswertermittlung.

Den Anforderungen einer entscheidungsorientierten Unternehmensbewertung wird das Ertragswertverfahren insbesondere durch die Möglichkeit der Integration des subjektiven Entscheidungsumfeldes des Bewertungssubjekts in den Bewertungskalkül gerecht. Das subjektive Entscheidungsumfeld kommt im Kalkulationszinsfuß zum Ausdruck. Als Partialmodell erfordert das Ertragswertverfahren den Vergleich der Handlungsmöglichkeit „Unternehmenserwerb" oder „Unternehmensbeibehalt" mit der günstigsten Handlungsalternative, die dem konkreten Bewertungssubjekt offensteht. Die Ertragswertermittlung erfolgt unter der Prämisse, daß das Interesse des Bewertungssubjekts ausschließlich auf die in Zukunft erzielbaren finanziellen Vorteile gerichtet ist. Nicht finanzielle Zielsetzungen bleiben daher im Ertragswert unberücksichtigt.

Vor diesem Hintergrund ist im folgenden auf die konkrete Ausgestaltung des Ertragswertverfahrens im Rahmen der Ermittlung von Entscheidungswerten näher einzugehen. Soferne keine abweichenden Annahmen getroffen werden, wird im folgenden unterstellt, daß ein potentieller Käufer den Kaufpreis zur Gänze aus Eigenmitteln finanziert (zur Berücksichtigung einer (teilweisen) Fremdfinanzierung des Kaufpreises s. oben II.B.2.3.a.)).

B. Relevanter Unternehmensertrag

Literatur:

Moxter, A: Grundsätze ordnungsmäßiger Unternehmensbewertung, 2. Aufl, Wiesbaden 1983; *Ballwieser, W./Leuthier*, R.: Grundprinzipien, Verfahren und Probleme der Unternehmensbewertung, DStR 1986, S. 545-551 und S. 604-610; *Seicht*, G.: Cash-flow-Illusionen, in: Seicht (Hrsg): Jahrbuch für Controlling und Rechnungswesen '89, Wien 1989, S. 11-51; *Mandl*, G./*Rabel*, K.: Analyse der Finanzlage durch eine Kapitalflußrechnung, RWZ 1991a, S. 23-28; *Bellinger*, B./*Vahl*, G.: Unternehmensbewertung in Theorie und Praxis, 2. Aufl, Wiesbaden 1992; *Röhrenbacher*, H.: Unternehmensbewertung mit Gewinnen oder Cash-flows, RWZ 1992, S. 56-60; *Busse von Colbe*, W. Kapitalflußrechnung, in: Chmielewicz/Schweitzer (Hrsg): HWR, 3. Aufl, Stuttgart 1993, Sp. 1074-1085; *Lück*, W.: Ausgaben und Einnahmen, in: Chmielewicz/Schweitzer (Hrsg): HWR, 3. Aufl, Stuttgart 1993, Sp. 102-108; *Wöhe*, G.: Einführung in die Allgemeine Betriebswirtschaftslehre, 18. Aufl, München 1993; *Schneider*, D.: Betriebswirtschaftslehre, Bd. 2: Rechnungswesen, München-Wien 1994; *Helbling*, C.: Unternehmensbewertung und Steuern, 8. Aufl, Düsseldorf 1995; *Serfling*, K./*Pape*, U.: Das Ertragswertverfahren als entscheidungsorientiertes Verfahren der Unternehmensbewertung, WISU 1995, S. 940-946; *Drukarczyk*, J: Unternehmensbewertung, München 1996; *Egger*, A./*Samer*, H.: Der Jahresabschluß nach dem Handelsgesetzbuch, Bd. 1: Der Einzelabschluß, 5. Aufl, Wien 1996; *Königsmaier*, H.: Kapitalflußrechnungsstandards im Vergleich, in: Seicht (Hrsg): Jahrbuch für Controlling und Rechnungswesen '96, Wien 1996, S. 123-154.

Bereits im Rahmen des Überblicks über die Methoden der Unternehmensbewertung wurde gezeigt, daß unterschiedliche Auffassungen darüber bestehen, wie der aus einem Unternehmen künftig zu erwartende Vorteilsstrom zu messen ist. Im Rahmen des Ertragswertverfahrens werden unterschiedliche Ertragsbegriffe in Form der NCF beim Eigner, der Netto-Ausschüttungen des Unternehmens, der Einzahlungsüberschüsse des Unternehmens, der Nettoeinnahmen des Unternehmens und schließlich der Periodenerfolge des Unternehmens verwendet. Im folgenden wird untersucht, wie die unterschiedlichen Ertragsgrößen zu bestimmen sind und inwieweit ihre Verwendung den Anforderungen der Entscheidungswertermittlung genügt. Die Heranziehung von Periodenerfolgen wird gesondert von den zahlungsstrom- bzw. cash-flow-orientierten Ertragsbegriffen diskutiert.

1. Orientierung an Cash-flows

Als cash-flow-orientierte Ertragsbegriffe werden im folgenden die NCF beim Eigner, die Netto-Ausschüttungen des Unternehmens, die Einzahlungsüberschüsse des Unternehmens sowie die Netto-Einnahmen des Unternehmens dargestellt und auf ihre Eignung für die Entscheidungswertermittlung untersucht.

1.1. Netto-Cash-flows beim Eigner

Wie bereits dargelegt, repräsentiert das Ertragswertverfahren auf Grundlage von NCF beim Unternehmenseigner (Investor) das *aus theoretischer Sicht richtige Bewertungsverfahren.* Diese Feststellung ist gerade für den Bereich der Entscheidungswertermittlung zutreffend, da hier der beim Bewertungssubjekt entstehende künftige Nutzen aus dem Unternehmen gemessen werden soll. Maßgeblich ist daher nicht ein vom Unternehmen erwirtschafteter Vorteil, der im Unternehmen selbst z.B. zu Reinvestitionszwecken verbleibt, sondern letztlich nur das, was beim Bewertungssubjekt „ankommt" und diesem zur beliebigen Bedürfnisbefriedigung zur Verfügung steht, somit der NCF beim (potentiellen) Eigner.

Bei der Ermittlung der NCF beim Eigner steht nicht das Unternehmen selbst, sondern der (potentielle) Eigner als Bewertungssubjekt im Mittelpunkt der Betrachtungen. Für die Bewertung relevant sind hier in einer Kauf-/Verkauf-Situation alle erwarteten finanziellen Zu- und Abflüsse beim (potentiellen) Unternehmenseigner, die ihm durch eine Entscheidung für den Unternehmenserwerb (bzw. -beibehalt) erwachsen würden. Der Gesamtsaldo dieser Zahlungsströme repräsentiert den NCF beim (potentiellen) Eigner und ist für alle künftigen Perioden zu prognostizieren. Er kann grundsätzlich in die beiden folgenden Komponenten aufgesplittet werden:

	NCF aus dem Unternehmen (= Netto-Ausschüttungen vor pers. Steuern)
+	NCF aus Zahlungen zwischen Eigner und Dritten
	NCF beim Eigner

Der NCF beim Eigner ergibt sich aus der Summe der Zahlungsströme zwischen Eigner und Unternehmen einerseits und zwischen Eigner und Dritten andererseits, soweit diese Zahlungen ursächlich mit dem zu bewertenden Unternehmen zusammenhängen. Der NCF aus dem Unternehmen, der den Netto-Ausschüttungen vor Berücksichtigung persönlicher Steuern des Eigners entspricht, gibt den Saldo der Zahlungsströme zwischen dem Unternehmen und dem Eigner an und kann nach dem folgenden Schema bestimmt werden:

	Zahlungen aus dem Unternehmen an den Eigner
–	Zahlungen des Eigners an das Unternehmen
	NCF aus dem Unternehmen (= Netto-Ausschüttungen vor pers. Steuern)

Bei der Prognose des NCF aus dem Unternehmen sind sämtliche Zahlungsströme zwischen Unternehmen und Eigner zu berücksichtigen. Unerheblich ist dabei, aus welchem Titel die Zahlungen erfolgen. Je nach Rechtsform des zu bewertenden Unternehmens werden hier unterschiedliche Vorgänge zu erfassen sein. Als Zahlungen *aus* dem Unternehmen kommen bei Kapitalgesellschaften vor allem Gewinnausschüttungen (Dividenden) sowie Kapitalrückzahlungen in beliebiger Form (z.B. effektive Kapitalherabsetzung) in Betracht, bei Einzelunternehmen und Personengesellschaften die Entnahmen, und zwar auch dann, wenn sie über den betreffenden Gewinn(anteil) hinausgehen. Unter dem Begriff der Zahlungen des Eigners *an* das Unternehmen sind bei Kapitalgesellschaften alle Formen von Kapitalzuführungen, sei es im Wege von Kapitalerhöhungen oder etwa von Gesellschafterzuschüssen, zu verstehen. Bei Einzelunternehmen und Personengesellschaften werden diese Vorgänge vom Begriff der Einlagen umfaßt.

Bei einer zu bewertenden Kapitalgesellschaft bestimmt sich der NCF aus dem Unternehmen daher i.a. wie folgt:

	Gewinnausschüttungen (vor Abzug persönlicher Steuern)
+	Kapitalrückzahlungen (z.B. aus Kapitalherabsetzungen)
–	Kapitalzuführungen (z.B. aus Kapitalerhöhungen, Gesellschafterzuschüssen)
	NCF aus dem Unternehmen (= Netto-Ausschüttungen vor pers. Steuern)

Die Gewinnausschüttungen werden dabei generell mit ihrem Bruttobetrag vor Abzug einer Quellensteuer (in Österreich: KESt) für die Anteilseigner erfaßt, da die persönlichen Steuern der Anteilseigner der zweiten NCF-Komponente, d.h. den Zahlungen zwischen Eigner und Dritten, zugeordnet werden. Diese Zuordnung gilt auch dann, wenn die Abzugsteuer vom Unternehmen einbehalten und an die Finanzbehörde abgeführt wird.

Da der Eigner im Mittelpunkt der Betrachtungen steht, ist es unzureichend, bloß die erwarteten NCF zwischen ihm und dem Bewertungsobjekt zu erfassen. Bewertungsrelevant sind daher auch alle weiteren Ein- und Auszahlungen beim Eigner, die ursächlich mit dem zu bewertenden Unternehmen zusammenhängen. Im Rahmen dieser NCF aus Zahlungen zwischen Eigner und Dritten sind etwa Steuerzahlungen bzw. Steuergutschriften für persönliche Steuern des Eigners, wie etwa die KESt auf erwartete Ausschüttungen, zu berücksichtigen. Weiters fallen darunter auch (positive oder negative) Synergieeffekte, die bei anderen Unternehmungen des Eigners auftreten (sog. „externe“ Synergien) und so zu höheren oder niedrigeren Zahlungen dieser anderen Unternehmungen an den Eigner führen. Ferner sind z.B. auch bei einem Eigner von Kapitalgesellschaftsanteilen erwartete Zuflüsse aus der Veräußerung von Bezugsrechten dieser Gruppe zuzuordnen.

Wenn vereinfachend unterstellt wird, daß bewertungsrelevante Zahlungen an Dritte nur in Form persönlicher Steuern und externer Synergien zu berücksichtigen sind, gilt daher für den NCF beim Eigner folgender Zusammenhang:

	NCF aus dem Unternehmen (= Netto-Ausschüttungen vor pers. Steuern)
+/–	unternehmensbedingte persönliche Steuern
+/–	Zu-/Abflüsse aus externen Synergien
	NCF beim Eigner

Der NCF beim (potentiellen) Unternehmenseigner stellt zwar die theoretisch richtige Bewertungsgröße dar. Seine Bestimmung erfordert aber auch den höchsten Prognoseaufwand. Wird eine zu bewertende Kapitalgesellschaft unterstellt, benötigt man dazu insbesondere

auf Ebene des zu bewertenden Unternehmens

- ⇒ eine umfassende Erfolgs- und Finanzplanung,
- ⇒ Annahmen über die künftige Kapitalstruktur,
- ⇒ darauf aufbauend eine Planung der künftigen Ausschüttungen, Kapitalrückzahlungen sowie Kapitalzuführungen an bzw. durch die Eigner,

sowie auf Ebene des Eigners

- ⇒ eine Abschätzung der persönlichen Steuerwirkungen und
- ⇒ eine Planung der Zu-/Abflüsse aus externen Synergieeffekten.

Mit einer bloßen Erfolgsplanung für das zu bewertende Unternehmen können die künftigen NCF aus dem Unternehmen nicht mit ausreichender Genauigkeit abgeschätzt werden, zumal damit keine Informationen über die Liquiditäts- und Finanzierungssituation in den künftigen Perioden geliefert werden. Unbekannt ist dann u.a., welche Mittel in der jeweiligen Periode zur Bedienung der Eigen- und Fremdkapitalgeber zur Verfügung stehen, zur Finanzierung von Investitionsvorhaben verwendet werden sollen, durch Veränderungen des Working Capital gebunden oder freigesetzt werden, im Unternehmen zur Wiederveranlagung zur Verfügung stehen usw. Erst wenn diese

Faktoren in die Planungsrechnung einbezogen werden, ist strenggenommen überhaupt eine vollständige Erfolgsplanung möglich, zumal nur so auch alle Zins- und Zinseszinswirkungen zutreffend erfaßt werden können. Eine Prognose der NCF aus dem Unternehmen setzt somit unweigerlich auch eine Prognose der Cash-flows im Unternehmen selbst voraus. Dabei wird man sich des Instrumentariums für Finanzplanungen bedienen und die Prognose des künftigen Finanzbedarfs in der Regel anhand von Kapitalflußrechnungen für die Prognoseperioden ableiten (s. dazu unten, D.2.).

Abb. 9 zeigt schematisch die der Bestimmung der NCF beim Eigner zugrundeliegende Betrachtungsweise und die einzubeziehenden Cash-flows.

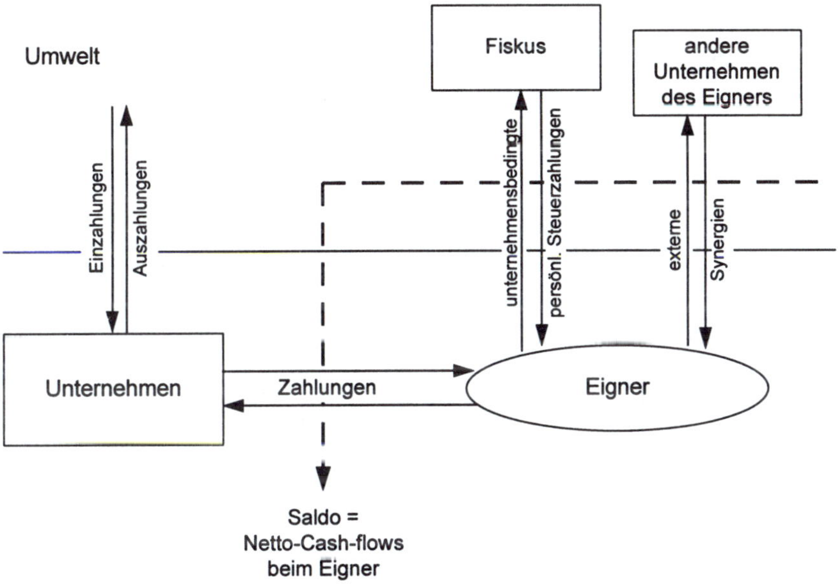

Abb. 9: Bestimmung von Netto-Cash-flows beim Eigner

1.2. Netto-Ausschüttungen des Unternehmens

Wird beim Ertragswertverfahren auf die Netto-Ausschüttungen des Unternehmens abgestellt, verlagert sich der Mittelpunkt der Betrachtungen vom Eigner auf das zu bewertende Unternehmen. Als bewertungsrelevant werden hier grundsätzlich nur die Zahlungsströme zwischen dem Unternehmen und dem (potentiellen) Unternehmenseigner erachtet, somit die NCF aus dem Unternehmen als Saldo aus Ausschüttungen (Entnahmen), Kapitalrückzahlungen und Kapitaleinzahlungen (Einlagen) in beliebiger Form. Das Verfahren ist in seiner Grundkonzeption durch eine isolierte Betrachtung des Unternehmens („*stand alone*"-Betrachtung) geprägt. Zahlungsströme zwischen Eigner und Dritten werden nur eventuell in Form der persönlichen Steuerwirkungen aus den Ausschüttungen berücksichtigt. Synergieeffekte, die bei anderen Unternehmungen des Eigners auftreten, bleiben gänzlich unberücksichtigt. Der Verzicht auf ihre Einbeziehung stellt eine Vereinfachung gegenüber dem Abstellen auf NCF beim Eigner.

Der Begriff der „Netto-Ausschüttungen" darf somit nicht auf die Dividendenzahlungen beschränkt interpretiert werden. Die Gewinnausschüttungen bilden nur eine von mehreren Komponenten der Netto-Ausschüttungen, wenngleich oft die bedeutsamste.

Abb. 10 zeigt schematisch die der Bestimmung der Netto-Ausschüttungen zugrundeliegende Betrachtungsweise und die einzubeziehenden Cash-flows.

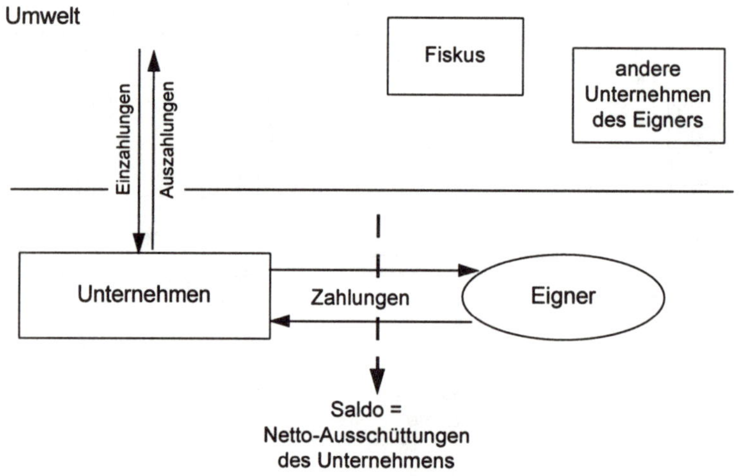

Abb. 10: Bestimmung von Netto-Ausschüttungen des Unternehmens

Da auch bei den Netto-Ausschüttungen auf Zahlungsströme abgestellt wird, bleibt der Prognoseaufwand auf Ebene des zu bewertenden Unternehmens unverändert. Voraussetzungen bilden wiederum eine umfassende Erfolgs- und Finanzplanung sowie Annahmen über die künftige Kapitalstruktur und die künftige Ausschüttungspolitik. Erfolgt auch eine Einbeziehung der persönlichen Steuern, besteht die einzige Vereinfachung gegenüber den NCF beim Eigner in der Außerachtlassung von Zu-/Abflüssen aus externen Synergieeffekten. Inwieweit dieser Mangel zu einem unzutreffenden Ergebnis im Rahmen einer Entscheidungswertermittlung führt, wird von den konkreten Umständen des Einzelfalls abhängen.

1.3. Einzahlungsüberschüsse des Unternehmens

a) Begriff

Werden einer Ertragswertermittlung die künftigen Einzahlungsüberschüsse des Unternehmens zugrunde gelegt, wird gegenüber den zuvor geschilderten Varianten eine entscheidende Vereinfachung in bezug auf die Bestimmung der künftigen Vorteilsströme zwischen Unternehmen und Eigner vollzogen: Es wird nun vereinfachend unterstellt, daß der *gesamte* für das Unternehmen prognostizierte Einzahlungsüberschuß einer Periode jeweils am Periodenende an den Eigner ausgeschüttet bzw. ausbezahlt wird. Diese Vereinfachung wird allgemein als „Vollausschüttungshypothese" bzw. „Vollausschüttungsfiktion" bezeichnet. Sie ersetzt eine gesonderte, periodenspezifische Prognose des künftigen Ausschüttungsverhaltens des Unternehmens und determiniert auch die künftigen Kapitaleinzahlungen und -rückzahlungen durch bzw. an die Eigner.

b) Vollausschüttungsfiktion

Der Begriff „Vollausschüttung" ist insoweit mißverständlich, als damit im gegebenen Zusammenhang nicht die vollständige Ausschüttung des in einer Periode erwirtschafteten, handelsrechtlichen Gewinns gemeint ist. „Vollausschüttung" meint hier vielmehr die *vollständige Auszahlung* des vom Unternehmen in einer Periode erwirtschafteten Einzahlungsüberschusses an die Eigner. Strenggenommen wäre daher eher von einer „Vollauszahlungsfiktion" zu sprechen. Eine ähnliche Kritik war bereits auch gegen den Begriff der „Netto-Ausschüttungen" des Unternehmens vorzubringen. Die durchwegs mißverständliche Verwendung des Terminus „Ausschüttung" ist wohl auf die früher dominierende Heranziehung von Periodenerfolgen zurückzuführen.

Im Rahmen der Vollausschüttungsfiktion tritt an die Stelle des direkt geplanten NCF der vom Unternehmen erwirtschaftete Einzahlungsüberschuß einer Periode. Er dient damit als Meßgröße für den *potentiellen, maximal möglichen NCF* aus dem Unternehmen in einer künftigen Periode. Er repräsentiert den unter den getroffenen Annahmen maximal entziehbaren Betrag für den Unternehmenseigner.

c) Ermittlung der Einzahlungsüberschüsse

Die Einzahlungsüberschüsse des Unternehmens werden pro Periode als Differenz zwischen den Ein- und Auszahlungen des Unternehmens prognostiziert. Dabei sind grundsätzlich alle zu erwartenden Zahlungsströme zwischen Unternehmen und Dritten einzubeziehen. Ausgeklammert bleiben die Zahlungen zwischen Unternehmen und Eigner, zumal gerade deren (maximale) Höhe aus dem Saldo der übrigen Ein- und Auszahlungen abgeleitet werden soll. Der Bewertung werden damit letztlich auch hier Zahlungsströme zwischen Unternehmen und Eigner zugrunde gelegt. Da aber eine direkte Prognose des periodenspezifischen Ausschüttungsverhaltens unterbleibt, wird im Rahmen der Entscheidungswertermittlung auf die *potentiell verfügbaren NCF* aus dem Unternehmen zurückgegriffen.

Die künftigen Einzahlungsüberschüsse des Unternehmens können in Anlehnung an eine Kapitalflußrechnung nach SFAS No. 95 (vgl. dazu im Detail *Seicht,* 1989, 11 f; *Mandl/Rabel,* 1991a, 23 ff; *Busse von Colbe,* 1993, Sp. 1074 ff; *Egger/Samer,* 1996, 582 ff; *Königsmaier, 1996, 123 ff*) nach dem im folgenden dargestellten Grundschema prognostiziert werden, wenn das Unternehmen in der Rechtsform einer Kapitalgesellschaft geführt wird.

	Jahresüberschuß (lt. Erfolgsplanung)
+/–	Aufwendungen/Erträge aus Anlagenabgängen
+/–	Abschreibungen/Zuschreibungen
+/–	Veränderungen langfristiger Rückstellungen
+/–	Veränderungen des Netto-Umlaufvermögens (ohne liquide Mittel und kurzfristige Bankverbindlichkeiten)
	Cash-flow aus der Betriebstätigkeit
+/–	Cash-flow aus der Investitionstätigkeit
+/–	Veränderungen von (kurz- und langfristigen) Finanzierungsschulden
	Einzahlungsüberschuß des Unternehmens

Ausgehend vom prognostizierten Jahresüberschuß (nach Zinsen und KöSt) wird zunächst die Erfolgstangente aus den Anlagenabgängen in den Cash-flow aus der Investitionstätigkeit umgegliedert. Nach Korrektur um die nicht zahlungswirksamen Aufwands- und Ertragspositionen, wie Abschreibungen, Zuschreibungen sowie Dotierung bzw. Auflösung von langfristigen Rückstellungen (insbes. Abfertigungs- und Pensionsrückstellungen), erhält man den Cash-flow aus dem Ergebnis. Zur Überleitung in den Cash-flow aus der Betriebstätigkeit (cash-flow from operating activities) sind die Mittelaufbringungen und Mittelverwendungen aus den Veränderungen bestimmter Positionen des Netto-Umlaufvermögens zu berücksichtigen. Anzusetzen sind hier die erwarteten Veränderungen des Bestandes an Vorräten, Lieferforderungen, sonstigen Forderungen, kurzfristigen Rückstellungen, erhaltenen Anzahlungen, Lieferverbindlichkeiten, sonstigen Verbindlichkeiten sowie aktiven und passiven Rechnungsabgrenzungen, soweit diese Veränderungen nicht dem Finanzierungsbereich oder dem Investitionsbereich zuzuordnen sind. Der Cash-flow aus der Investitionstätigkeit repräsentiert den erwarteten Zahlungssaldo aus Mittelabflüssen für Investitionen und Mittelzuflüssen aus Desinvestitionen im Bereich des Anlagevermögens. Im Rahmen der Veränderung der Finanzierungsschulden sind insbesondere die geplanten Aufnahmen und Tilgungen von (kurz- und langfristigen) Bankkrediten zu erfassen.

Bei der geschilderten Vorgangsweise wird implizit unterstellt, daß der Bestand an *liquiden Mitteln* im Unternehmen unverändert bleibt. Ergeben die Prognoserechnungen allerdings beispielsweise, daß künftig ein bestimmter Aufbau des Bestandes an liquiden Mitteln erforderlich oder ein teilweiser Abbau möglich sein wird, sind die Kapitalbindungs- oder Kapitalfreisetzungseffekte daraus ebenfalls zu berücksichtigen. Denkbar wäre etwa, daß zum Bewertungsstichtag ein Überbestand an liquiden Mitteln vorhanden ist, der in der ersten Prognoseperiode abgebaut werden wird. Der Abbau des Überbestandes an liquiden Mitteln erhöht dann den verfügbaren Einzahlungsüberschuß der ersten Periode.

d) Implikationen der Vollausschüttungsfiktion

Im Rahmen der Entscheidungswertermittlung ist nun zu fragen, wie hoch der mit dem Verzicht auf eine konkrete Planung des Ausschüttungsverhaltens verbundene Bewertungsfehler ist. Dabei ist zunächst zu beachten, daß eine Vollausschüttung bzw. Vollauszahlung der Einzahlungsüberschüsse des Unternehmens unabhängig davon unterstellt wird, ob der in einer Periode tatsächlich ausschüttbare, handelsrechtliche Bilanzgewinn größer oder kleiner als diese Saldogröße ist. Weiters wird von der Vollausschüttungsfiktion grundsätzlich unabhängig davon ausgegangen, ob die Saldogröße „Einzahlungsüberschuß des Unternehmens" in einer Periode einen positiven oder negativen Wert annimmt. Im Fall eines „Auszahlungsüberschusses" auf Unternehmensebene wird daher fingiert, daß der Eigner diesen Betrag dem Unternehmen zum Periodenende zuführt.

In Beispiel 16 wird gezeigt, daß bei Anwendung der Vollausschüttungsfiktion unter bestimmten Voraussetzungen ein zutreffendes Bewertungsergebnis ermittelt wird. Dies ist der Fall, wenn unterstellt werden kann, daß sich Veranlagungsrendite und Refinanzierungskosten im Unternehmen und beim Eigner entsprechen und mit dem angewandten Kalkulationszinsfuß übereinstimmen. Sind diese Bedingungen erfüllt, sind die tatsächliche Verwendung der vom Unternehmen erwirtschafteten Einzahlungsüberschüsse sowie die Form der Finanzierung von Auszahlungsüberschüssen des Unternehmens für die Bewertung irrelevant. Das Abstellen auf die Einzahlungsüberschüsse des Unternehmens führt dann zum selben Ergebnis wie eine Bewertung auf Grundlage der Netto-Ausschüttungen aus dem Unternehmen.

Weiters wird in Beispiel 16 auf die bei Anwendung der Vollausschüttungsfiktion häufig übersehene *Doppelzählungsproblematik* hingewiesen. Im Rahmen der Prognose der Einzahlungsüberschüsse muß berücksichtigt werden, daß für alle Vorperioden eine Vollausschüttung der erwirtschafteten Einzahlungsüberschüsse unterstellt wurde. Erträgnisse aus einer (teilweisen) Einbehaltung von erwirtschafteten Einzahlungsüberschüssen und deren Reinvestition im Unternehmen dürfen daher nicht angesetzt werden.

Beispiel 16:

Ein Investor erwartet für das Jahr 1 einen ausschüttbaren Jahresgewinn des zu bewertenden Unternehmens von 600, der im Ausmaß von 50 % ausgeschüttet werden soll. Der Einzahlungsüberschuß dieser Periode wird aufgrund eines erwarteten Lagerabbaus 1.000 GE betragen. Für das Jahr 2 wird ein ausschüttbarer Jahresgewinn von 1.400 GE erwartet, der zwecks Finanzierung geplanter Investitionen nur im Ausmaß von 10 % ausgeschüttet werden soll. Der Auszahlungsüberschuß für das Jahr 2 beträgt aufgrund der Investitionsvorhaben -200 GE. Ab dem Jahr 3 werden für einen unendlichen Betrachtungshorizont konstante ausschüttbare Jahresgewinne in Höhe von 800 GE erwartet, die den prognostizierten Einzahlungsüberschüssen entsprechen. Der Kalkulationszinsfuß beträgt 10 % und entspricht der Veranlagungsrendite sowie den Refinanzierungskosten sowohl im Unternehmen als auch beim Eigner. Es wird eine Welt ohne Steuern unterstellt.

Der Ertragswert auf Grundlage von Netto-Ausschüttungen (vor persönlichen Steuern) bestimmt sich aus folgender Rechnung:

	1	2	ab 3
Jahresgewinn	600	1.400	800
Ausschüttungsquote	50 %	10 %	100 %
Ausschüttung	300	140	800

Bei einem Kalkulationszinsfuß in Höhe von 10 % errechnet sich ein Barwert der Ausschüttungen in Höhe von 7.000 GE:

$$\frac{300}{1{,}10^1} + \frac{140}{1{,}10^2} + \frac{800}{0{,}10} \cdot 1{,}10^{-2} = 7.000$$

Soll eine direkte Planung der Ausschüttungen unterbleiben und vereinfachend eine Vollausschüttung der Einzahlungsüberschüsse jeder Periode unterstellt werden, sind folgende Überlegungen anzustellen: Die bislang prognostizierten Einzahlungsüberschüsse basieren auf der angegebenen, individuell festgelegten Gewinnverwendungspolitik und berücksichtigen daher bereits die Erträgnisse aus der Reinvestition der im Unternehmen einbehaltenen Mittel. Bei einer Vollausschüttung der Einzahlungsüberschüsse können derartige Erträge im Unternehmen jedoch *nicht* erwirtschaftet werden. Um eine *Doppelzählung* dieser Ertragsbestandteile zu vermeiden, sind diese Wiederveranlagungserträge von den Einzahlungsüberschüssen (EZÜ) bei direkt geplanter Ausschüttung abzuziehen. Die Höhe dieser Reinvestitionserträge ergibt sich aus dem Produkt der jeweils zum Periodenbeginn vorhandenen einbehaltenen Mittel mit der in Höhe von 10 % angegebenen unternehmensinternen Rendite.

	1	2	ab 3
EZÜ bei direkt geplanter Ausschüttung	1.000	– 200	800
– Ausschüttung lt. Planung	– 300	– 140	– 800
Mitteleinbehaltung der Periode	700	– 340	0
Mitteleinbehaltung kumuliert	700	360	360
Erträge aus Mitteleinbehaltung	0	70	36

Die bei Vollausschüttung der Diskontierung zugrunde zu legenden Einzahlungsüberschüsse errechnen sich dann wie folgt:

	1	2	ab 3
EZÜ bei direkt geplanter Ausschüttung	1.000	– 200	800
– Erträge aus Mitteleinbehaltung	0	– 70	– 36
EZÜ bei unterstellter Vollausschüttung	1.000	– 270	764

Bei einem Kalkulationszinsfuß von 10 % errechnet sich daraus wiederum ein Barwert in Höhe von 7.000 GE.

$$\frac{1.000}{1{,}10^1} - \frac{270}{1{,}10^2} + \frac{764}{0{,}10} \cdot 1{,}10^{-2} = 7.000$$

Die Ergebnisse sind identisch, weil die Verzinsung der im Unternehmen einbehaltenen Mittel exakt dem angenommenen Kalkulationszinsfuß entspricht. Da in Periode 1 bei Zugrundelegung der direkt geplanten Ausschüttungen Mittel in Höhe von 700 GE einbehalten werden, ist bei Annahme der Vollausschüttung der Einzahlungsüberschuß in Periode 2 um die Erträge darauf (10 % von 700 GE = 70 GE) geringer. Zum Ende der Periode 2 belaufen sich die bei Vornahme der geplanten Ausschüttungen einbehaltenen Geldmittel noch auf 360 GE und bleiben in der Folge konstant, da ab dem 3. Jahr der gesamte Einzahlungsüberschuß zur Ausschüttung gelangt. Werden daher nur die direkt geplanten Ausschüttungen vorgenommen, befinden sich im Vergleich zur Annahme der Vollausschüttung der Einzahlungsüberschüsse ab dem Ende des zweiten Jahres um 360 GE mehr Geldmittel im Unternehmen. Daraus resultieren jährliche Erträge von 36 GE, die in den geplanten Ausschüttungen in Höhe von 800 GE ab dem 3. Jahr bereits enthalten sind. Bei Fiktion der Vollausschüttung der Einzahlungsüberschüsse können diese Erträge jedoch nicht mehr im Unternehmen realisiert werden, da die entsprechenden Geldmittel annahmegemäß bereits an den Eigner ausgeschüttet wurden. Ab dem dritten Jahr stehen hier nur mehr ausschüttbare Einzahlungsüberschüsse in Höhe von 800 GE – 36 GE = 764 GE p.a. zur Verfügung.

Die Vollausschüttungsfiktion führt dann zu einem Bewertungsfehler, wenn die genannten Bedingungen nicht erfüllt sind. Das Ausmaß dieses Fehlers hängt wiederum von den konkreten Umständen des Einzelfalls ab. Dies wird anhand eines einfachen Beispiels demonstriert.

Beispiel 17:

Für ein zu bewertendes Unternehmen werden die folgenden Einzahlungsüberschüsse unter Anwendung der Vollausschüttungsfiktion prognostiziert:

	t_1	t_2	t_3	t_4	ab t_5
Einzahlungsüberschüsse	20.000	24.000	38.000	26.000	16.000

Der relevante Kalkulationszinsfuß des (potentiellen) Käufers K beträgt 12 %. Bei Einbehaltung von Mitteln im Unternehmen kann demgegenüber nur eine Rendite von 8 % erwartet werden. Es wird wiederum eine Welt ohne Steuern unterstellt.

Unter Heranziehung der Einzahlungsüberschüsse des Unternehmens errechnet sich folgender Entscheidungswert P_{max} für K:

$$P_{\max} = \frac{20.000}{1{,}12} + \frac{24.000}{1{,}12^2} + \frac{38.000}{1{,}12^3} + \frac{26.000}{1{,}12^4} + \frac{16.000}{0{,}12} \cdot 1{,}12^{-4} = 165.297$$

Abweichend davon soll nun angenommen werden, daß in den Perioden t_1 bis t_4 jährlich nur 50 % der erwirtschafteten Einzahlungsüberschüsse an K ausbezahlt und der Rest im Unternehmen einbehalten und wiederveranlagt wird. Eine Vollausschüttung der Einzahlungsüberschüsse wird erst ab t_5 vorgenommen. Die Nettoausschüttungen für die einzelnen Perioden können dann unter Berücksichtigung der unternehmensinternen Wiederveranlagungserträge in Höhe von 8 % p.a. aus der teilweisen Einbehaltung der Einzahlungsüberschüsse wie folgt bestimmt werden:

	t_1	t_2	t_3	t_4	ab t_5
Einzahlungsüberschüsse bei VA	20.000	24.000	38.000	26.000	16.000
+ Erträge aus Einbehaltung	0	800	1.792	3.384	4.559
Einzahlungsüberschüsse neu	20.000	24.800	39.792	29.384	20.559
– Ausschüttung	– 10.000	– 12.400	– 19.896	– 14.692	– 20.559
Mitteleinbehaltung der Periode	10.000	12.400	19.896	14.692	0
Mitteleinbehaltung kumuliert	10.000	22.400	42.296	56.988	56.988

Bei Diskontierung der Ausschüttungen mit dem Kalkulationszinsfuß von 12 % erhält man nunmehr folgendes Ergebnis:

$$P_{\max} = \frac{10.000}{1{,}12} + \frac{12.400}{1{,}12^2} + \frac{19.896}{1{,}12^3} + \frac{14.692}{1{,}12^4} + \frac{20.559}{0{,}12} \cdot 1{,}12^{-4} = 151.193$$

Der Entscheidungswert ist nunmehr um 14.104 GE niedriger als bei Zugrundelegung der Vollausschüttungsfiktion. Die Ursache dafür liegt allein in dem Umstand, daß die Einbehaltung von Mitteln in Anbetracht der deutlich unter dem Kalkulationszinsfuß liegenden Wiederveranlagungsrendite im Unternehmen suboptimal ist. Wird hingegen angenommen, daß auch die im Unternehmen einbehaltenen Beträge künftig eine Rendite von 12 % abwerfen, erhält man wiederum einen Entscheidungswert in Höhe von 165.297 GE. Die Vollausschüttungsfiktion führt hier zu einem zutreffenden Ergebnis, wenn unternehmensinterne Rendite und unternehmensexterne Rendite (in Form des Kalkulationszinsfußes) gleich groß sind.

Beschränkt sich der Bewerter auf die Heranziehung der Einzahlungsüberschüsse des Unternehmens, bezieht er in die Betrachtung nur mehr das zu bewertende Unternehmen mit seinen Beziehungen zur Außenwelt ein. Neben allfälligen externen Synergieeffekten bleiben in der Grundkonzeption auch die persönlichen Steuerwirkungen beim Eigner außer Ansatz. Abb. 11 veranschaulicht, daß in diesem Fall allein das Unternehmen im Zentrum der Betrachtungen steht.

Eine zusätzliche Berücksichtigung von persönlichen Steuern des Eigners und externen Synergieeffekten ist auch bei einem Ertragswertverfahren auf Grundlage von Einzahlungsüberschüssen des Unternehmens denkbar. Geschieht dies, besteht der Unterschied zu den NCF beim Eigner allein in der indirekten Bestimmung der Vorteilsströme aus dem Unternehmen.

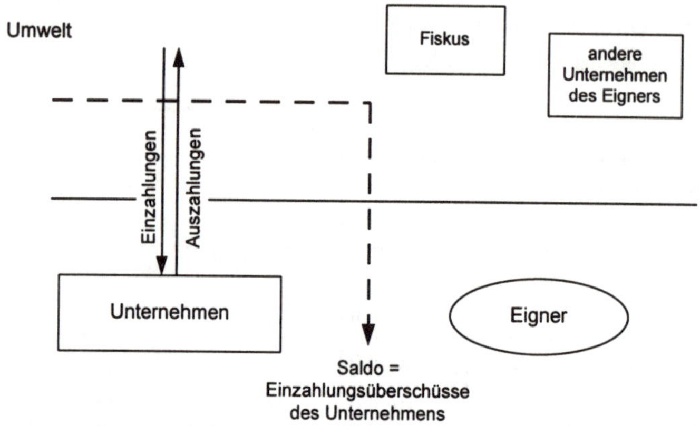

Abb. 11: Bestimmung von Einzahlungsüberschüssen des Unternehmens

1.4. Netto-Einnahmen des Unternehmens

Werden der Ertragswertermittlung die Netto-Einnahmen zugrunde gelegt, wird auf den Saldo zwischen erwarteten Einnahmen und Ausgaben des Unternehmens abgestellt. Wie bei den Einzahlungsüberschüssen wird grundsätzlich eine Vollausschüttung – nunmehr allerdings der Einnahmenüberschüsse der einzelnen Perioden – fingiert, sodaß eine Planung des künftigen Ausschüttungsverhaltens unterbleibt. Der Unterschied zum zuvor geschilderten Verfahren besteht lediglich im Abstellen auf die Differenz zwischen den „Einnahmen" und „Ausgaben" des Unternehmens. Diese Begriffe unterscheiden sich nach der traditionellen Definition dadurch von „Einzahlungen" und „Auszahlungen", daß sie auch bestimmte Forderungszunahmen und -abnahmen sowie Verbindlichkeitszunahmen und -abnahmen umfassen. Während eine Einzahlung/Auszahlung nach *Wöhe* (1993, 1006 ff) vorliegt, wenn sich der Bestand an Zahlungsmitteln verändert, ist eine Einnahme/Ausgabe gegeben, wenn der Bestand des Fonds „Geldvermögen" (= liquide Mittel + Forderungen – Verbindlichkeiten) durch einen Vorgang verändert wird. Wird etwa in Periode 1 Ware auf Ziel gekauft und in Periode 2 bezahlt, liegt in Periode 1 bedingt durch die Entstehung der Verbindlichkeit eine Ausgabe, mangels Zahlungsmittelabfluß jedoch keine Auszahlung vor. In Periode 2 führt die Begleichung der Verbindlichkeit zu einer Auszahlung, nicht jedoch zu einer Ausgabe, da der Fonds Geldvermögen durch den gleichzeitigen Wegfall der Verbindlichkeit insgesamt unverändert bleibt. Abweichungen zwischen Einnahmen/Ausgaben und Einzahlungen/Auszahlungen ergeben sich daher generell bei einem zeitlichen Auseinanderklaffen zwischen dem Entstehen von Forderungen und Verbindlichkeiten und dem korrespondierenden Zahlungsvorgang. Wird im Rahmen einer Finanzplanung vereinfachend auf Einnahmen und Ausgaben abgestellt, werden daher Zins- und Zinseszinswirkungen aus einem solchen zeitlichen Auseinanderklaffen vernachlässigt.

Nach der traditionellen Definition stellen Geldleihegeschäfte (z.B. Aufnahme und Tilgung von Bankkrediten) keine Einnahmen und Ausgaben dar, da sich dadurch der Gesamtbestand des Fonds Geldvermögen nicht verändert. In der jüngeren Literatur werden die Begriffe Ausgaben und Einnahmen allerdings um die Geldleihegeschäfte erweitert (vgl. *Lück*, 1993, Sp. 102). Nach dieser erweiterten Definition liegen Einnahmen/Ausgaben vor, wenn der Fonds „Geldvermögen – Kreditforderungen + Kreditschulden“ durch einen Vorgang verändert wird. Kreditaufnahmen bzw. Kredittilgungen führen dann zu Einnahmen bzw. Ausgaben. Folgt man dem, können die künftigen Einnahmenüberschüsse basierend auf einer Erfolgsplanung nach folgendem Schema prognostiziert werden, wenn das Unternehmen in der Rechtsform einer Kapitalgesellschaft geführt wird:

	Jahresüberschuß (lt. Erfolgsplanung)
+/–	Aufwendungen/Erträge aus Anlagenabgängen
+/–	Abschreibungen/Zuschreibungen
+/–	Veränderungen von Rückstellungen
+/–	Veränderungen von Vorräten und Rechnungsabgrenzungen
–/+	Investitionen/Desinvestitionen
+/–	Veränderungen von Kreditschulden/Kreditforderungen
	Einnahmenüberschuß des Unternehmens

Die Irrelevanz der Veränderungen von Forderungs- und Verbindlichkeitspositionen (ausgenommen solche aus Geldleihegeschäften) in bezug auf die Höhe der Einnahmenüberschüsse reduziert die zu erfassenden Veränderungen im Bereich des Netto-Umlaufvermögens auf die Vorräte, Rückstellungen und Rechnungsabgrenzungen. Auch im Investitionsbereich ist nunmehr auf Einnahmen und Ausgaben und nicht auf die korrespondierenden Zahlungsströme abzustellen.

Mit der Vernachlässigung des zeitlichen Auseinanderklaffens zwischen dem Entstehen von Forderungen und Verbindlichkeiten und den korrespondierenden Zahlungsvorgängen wird implizit unterstellt, daß der Bestand an Forderungen und Verbindlichkeiten, ausgenommen solche aus Geldleihegeschäften, zum jeweiligen Periodenende stets konstant bleibt. Auch in bezug auf die liquiden Mittel müßte von einem im Zeitablauf konstanten Bestand ausgegangen werden. Diese Annahmen werden allerdings in komplexeren Bewertungsfällen nicht realitätsgerecht sein. Sie erscheinen vor allem in jenen

Fällen problematisch, in denen wesentliche Änderungen im Bestand an Forderungen und/oder Verbindlichkeiten (ausgenommen Geldleihegeschäfte) zu erwarten sind, etwa weil sich der Geschäftsumfang künftig ausweiten oder verringern wird, bei Kunden oder Lieferanten andere Zahlungsziele bestehen werden, oder künftig eine verstärkte Finanzierung über Kundenanzahlungen erfolgen soll.

Die aufgezeigten Mängel führen zur Schlußfolgerung, daß eine Heranziehung von Einnahmen und Ausgaben für eine zuverlässige Prognose der künftigen liquiditätsmäßigen Entwicklung eines Unternehmens ungeeignet ist (vgl. *Schneider*, 1994, 54 f). Soll dieses Ziel erreicht werden, müssen die künftigen Zahlungsströme (Cash-flows) prognostiziert werden. Das Abstellen auf Einnahmenüberschüsse im Rahmen einer Entscheidungswertermittlung führt demnach stets nur zu einer mehr oder minder groben Näherungslösung. Das Ausmaß der Verzerrung des Bewertungsergebnisses hängt dabei wiederum von den konkreten Umständen des Einzelfalls ab.

In der Stellungnahme HFA 2/1983 des IDW werden die bewertungsrelevanten Zukunftserträge als *„nachhaltig entziehbare, verfügbare Einnahmenüberschüsse"* definiert. Den soeben aufgezeigten Mängeln einer Planung von Einnahmenüberschüssen versucht die Stellungnahme durch vielfältige Hinweise auf erforderliche Zusatzberechnungen, insbesondere in Form einer „Finanzbedarfsrechnung und Zinsprognose", entgegenzutreten. Im Rahmen dieser exakten „Zinsprognose" sollen u.a. die Zins- und Zinseszinswirkungen aus Investitionsausgaben, Fremdkapitalveränderungen, Veränderungen im Bereich der Pensionsrückstellungen und aus einem „ständig in Bewegung" befindlichen Finanzierungsvolumen eines Unternehmens berücksichtigt werden. Eine konsequente Befolgung dieser Maßnahmen führt jedoch letztlich zur Ermittlung von Einzahlungsüberschüssen zurück. Dies deutet darauf hin, daß trotz anderslautender Formulierung im Grunde auch eine Bewertung auf Basis von Einzahlungsüberschüssen gemeint ist. Ähnlich mißverständlich wird auch im Fachgutachten KFS/BW1 die Heranziehung von Einnahmenüberschüssen als zahlungsstromorientiertes Verfahren, das auf die künftigen „Geldüberschüsse" abstellt, bezeichnet. Die im Fachgutachten angesprochene Orientierung an Geldüberschüssen setzt jedoch eine Prognose von Ein- und Auszahlungen und nicht von Einnahmen und Ausgaben voraus.

In der Stellungnahme HFA 2/1983 wird aber auch die Auffassung vertreten, daß eine totale Einnahmenüberschußrechnung „in der Praxis im Normalfall nicht durchführbar" sei. An ihre Stelle müsse eine Aufwands- und Ertragsrechnung als „praktisch durchführbare Näherungslösung" in Form einer „modifizierten Ertragsüberschußrechnung" treten, in der ergänzend zur Erfolgsprognose „langfristige Finanzbedarfsrechnungen in den Sektoren" vorgenommen werden, „in denen Ausgaben und Aufwand bzw. Einnahmen und Ertrag zeitlich weit auseinanderfallen“. Nach Auffassung des IDW ist damit eine Erfolgsprognose in Form einer Aufwands- und Ertragsrechnung grundsätzlich ausreichend, wenn sie um eine „Zinsprognose“ ergänzt wird, und kann als Näherungslösung für eine Prognose der Einnahmenüberschüsse herangezogen werden. Welche Positionen diese „Zinsprognose“ im konkreten Einzelfall zu umfassen hat, welche Posten in die dafür notwendigen „Finanzbedarfsrechnungen“ einzubeziehen sind, und wie sich dieses Rechenwerk im Detail von einer Prognose der Einnahmen- oder Einzahlungsüberschüsse unterscheiden soll, bleibt allerdings unklar.

Die Einbeziehung von externen Synergieeffekten bei einem bereits bestehenden Unternehmen des Eigners wird in der Stellungnahme HFA 2/1983 befürwortet. Als „unüblich“ abgelehnt wird demgegenüber eine Berücksichtigung von Steuerwirkungen beim Eigner (persönliche Steuern des Eigners, zu denen in der BRD auch die anrechenbare KöSt gezählt wird). Ihre Einbeziehung kann gegebenenfalls in einem „zweiten Bewertungsschritt“ erfolgen.

Die Unternehmensertragsbestimmung auf Basis von Netto-Einnahmen des Unternehmens läßt sich wie folgt schematisch darstellen:

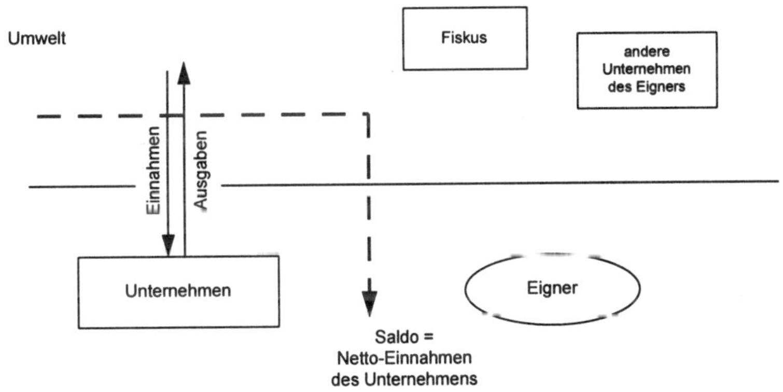

Abb. 12: Bestimmung von Netto-Einnahmen des Unternehmens

2. Orientierung an Periodenerfolgen

2.1. Argumente für das Abstellen auf Periodenerfolge

In der Praxis wird das Ertragswertverfahren häufig noch auf Basis künftiger Periodenerfolge (Gewinne bzw. Verluste) des Unternehmens angewandt. Als bewertungsrelevanter Zukunftsertrag einer Periode wird dabei die Differenz aus den prognostizierten Erträgen und Aufwendungen herangezogen. Es gilt allgemein:

Erträge des Unternehmens
– Aufwendungen des Unternehmens

Periodenerfolg des Unternehmens

Wenngleich keine einheitliche Abgrenzung der einzubeziehenden Ertrags- und Aufwandspositionen existiert, orientiert man sich hier häufig am Ergebnis der gewöhnlichen Geschäftstätigkeit (EGT) oder (unter Einbeziehung der KöSt) am Jahresüberschuß gemäß § 231 HGB.

Die Unternehmensertragsbestimmung auf Basis von Periodenerfolgen des Unternehmens läßt sich schematisch wie folgt darstellen:

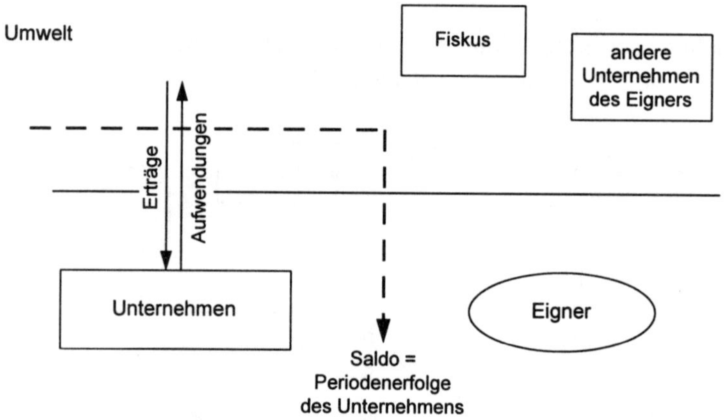

Abb. 13: Bestimmung von Periodenerfolgen des Unternehmens

Die Ursachen für die noch immer große Beliebtheit dieses Verfahrens in der Bewertungspraxis des deutschen Sprachraums liegen zum einen im Bestreben nach Minimierung des Prognoseaufwandes und zum anderen im Faktum, daß sich Vergleichsgrößen für die zu prognostizierenden Periodenerfolge aus den Jahresabschlüssen der vor dem Bewertungsstichtag liegenden Jahre verhältnismäßig einfach feststellen lassen. Daneben wird für ein Abstellen auf Periodenerfolgsgrößen häufig vorgebracht, die Rechnung mit Einzahlungs- oder Einnahmenüberschüssen des Unternehmens erweise sich vielfach als nicht praktikabel.

Nach dem Fachgutachten KFS/BW1 „bilden die aus den künftigen Erträgen und Aufwendungen abgeleiteten Periodenerfolge in der Regel eine geeignete Grundlage der Ertragswertermittlung", da sich aufgrund der „Vielzahl der auf die Zahlungsströme einwirkenden Einflußgrößen häufig kompensatorische Effekte ergeben, sodaß Periodenerfolge und Geldüberschüsse weitgehend übereinstimmen". Nach dieser Auffassung stellt die Heranziehung von Periodenerfolgen eine Vereinfachung des grundsätzlich anzuwendenden cash-flow-orientierten Bewertungsverfahrens dar. „Erkennbaren Unterschieden" zwischen periodenerfolgs- und zahlungsstromorientierten Verfahren kann nach KFS/BW1 auch durch eine Kombination dieser Verfahren Rechnung getragen werden, z.B. durch Ersatz von Abschreibungen durch Investitionsausgaben für Großanlagen. In ähnlicher Form argumentiert das IDW in der Stellungnahme HFA 2/1983, wonach sich bei zutreffender Erfassung der langfristigen Zinswirkungen aus dem Finanzbedarf oder -überschuß in einer Aufwands- und Ertragsrechnung theoretisch kein Unterschied zu einer Einnahmenüberschußrechnung ergäbe. Offen bleibt dabei allerdings, wie hier der Finanzbedarf bzw. -überschuß bestimmt werden soll, wenn eine vollständige Einnahmenüberschußrechnung „im Normalfall nicht durchführbar" ist.

2.2. Problematik

Im folgenden sollen die mit einem Abstellen auf Periodenerfolge verbundenen *Vereinfachungen* näher präzisiert werden. Wie bei der Bestimmung von Einzahlungsüberschüssen oder Nettoeinnahmen betrachtet der Bewerter auch bei der Prognose der Periodenerfolge zunächst nur das zu bewertende Unternehmen mit seinen Beziehungen zur Außenwelt und schließt daraus auf die Höhe der zu erwartenden Vorteilsströme für den Eigner. Die Diskontierung der künftigen Periodenerfolge wird wiederum ohne Rücksicht auf die tatsächlich zu erwartenden Ausschüttungsquoten vollzogen, sodaß insoweit wieder von einer *Vollausschüttungsfiktion* – nunmehr bezogen auf die vom Unternehmen erwirtschafteten Periodenerfolge – ausgegangen wird. Um eine Doppelzählung von Gewinnbestandteilen zu vermeiden, dürfen daher im Rahmen der Prognose der Periodenerfolge keine Erträge aus Gewinneinbehaltungen der Vorperioden berücksichtigt werden (vgl. dazu Beispiel 16). Um die Konsistenz des Bewertungskalküls zu wahren, müssen die Periodenerfolge daher unter der Annahme der Vollausschüttung prognostiziert werden. Dieses Problem ist vor allem dann von praktischer Bedeutung, wenn im Rahmen der Prognose von den in der Vergangenheit erzielten Gewinnen ausgegangen wird, zumal darin in der Regel auch Erträge aus früheren Gewinneinbehaltungen enthalten sind. Soll eine Doppelzählung derartiger Gewinnbestandteile vermieden werden, sind entsprechende Korrekturen erforderlich.

Aus der Heranziehung von Periodenerfolgen, die ohne eine parallel erstellte Finanzbedarfsrechnung geplant wurden, ergeben sich allerdings eine Fülle von weiteren Vereinfachungen. Eine Übereinstimmung mit den (ebenfalls auf der Vollausschüttungsfiktion beruhenden) Einzahlungsüberschüssen des Unternehmens ergibt sich nur, wenn folgende vereinfachende Annahmen zutreffen: Während beim Übergang von Einzahlungsüberschüssen auf Nettoeinnahmen vereinfachend in Zukunft konstante Bestände an liquiden Mitteln, Forderungen und Verbindlichkeiten, ausgenommen aus Geldleihegeschäften, unterstellt wurden, werden nunmehr *zusätzlich* und weiter vereinfachend auch in Zukunft konstante Bestände an Vorräten, Rückstellungen und Rechnungsabgrenzungen angenommen. Darüber hinaus wird vereinfachend unterstellt, daß der künftige Cash-flow aus der Investitionstätigkeit dem Saldo aus Abschreibungen, Buchwertabgängen und Zuschreibungen im Anlagevermögen entspricht, vereinfachend also in jeder Periode genau die Abschreibungsbeträge reinvestiert werden, sowie daß der Bestand an Finanzierungsschulden in Zukunft ebenfalls konstant bleibt und damit auf Dauer jenem am Bewertungsstichtag entspricht. Nur wenn alle genannten Bedingungen erfüllt sind, führt die Entscheidungswertermittlung auf Basis von Periodenerfolgen zum selben Ergebnis wie ein Abstellen auf die Einzahlungsüberschüsse des Unternehmens. In der Realität sind diese Bedingungen jedoch i.a. nicht erfüllt.

Zur Ermittlung der künftigen Periodenerfolge genügt unter den geschilderten Voraussetzungen allein eine Erfolgsplanung. Eine Finanzplanung ist genauso wenig erforderlich wie eine Planung der künftigen Ausschüttungspolitik. Auch das künftige Fremdkapitalvolumen ist bereits mit dem Bestand am Bewertungsstichtag präliminiert. Eine Berücksichtigung von persönlichen Steuern des Eigners unterbleibt in der Regel genauso wie eine Einbeziehung externer Synergieeffekte. Aus den erwarteten Gewinnen bzw. Verlusten des Unternehmens wird unmittelbar auf die Höhe der Zahlungen an den bzw. vom Eigner geschlossen. Es wird damit vereinfachend unterstellt, daß der Eigner künftig Zahlungen genau in Höhe der Periodengewinne aus dem Unternehmen erhält bzw. daß er Einzahlungen in das Unternehmen genau in Höhe der Periodenverluste leisten wird.

Die Vielzahl der mit einem Abstellen auf Periodenerfolge verbundenen Vereinfachungen kann je nach Einzelfall zu erheblichen Verzerrungen des Bewertungsergebnisses führen. Auf die Plausibilität der (explizit und implizit) getroffenen vereinfachenden Annahmen für den konkreten Einzelfall muß hier daher besonders geachtet werden. Im folgenden werden Beispiele für Konstellationen beschrieben, in denen die Orientierung an Periodenerfolgen zu offensichtlichen Bewertungsfehlern führt. Als Vergleichsmaßstab dient wiederum eine Bewertung auf Basis der Einzahlungsüberschüsse des Unternehmens als cash-flow-orientiertes Ertragswertverfahren, das ebenfalls auf der Vollausschüttungsfiktion beruht:

(1) *Probleme im Bereich des abnutzbaren Anlagevermögens*
Wie dargelegt wird bei Orientierung an Periodenerfolgen vereinfachend angenommen, daß die Abschreibungen den künftigen Investitionsauszahlungen entsprechen. Problematisch ist diese Annahme insbesondere dann, wenn das zu bewertende Unternehmen unmittelbar vor dem Bewertungsstichtag höhere Investitionen getätigt hat. Die aus diesen bereits getätigten Investitionen resultierenden Abschreibungsbeträge vermindern dann die künftigen Periodenerfolge und führen so zu einem niedrigeren Bewertungsergebnis. Tatsächlich führen die bereits vor dem Bewertungsstichtag getätigten Investitionsauszahlungen aber nicht mehr zu einer Minderung der künftigen Einzahlungsüberschüsse, sodaß das Abstellen auf Periodenerfolge zu einer Unterbewertung führt. Dies trifft jedenfalls auf eigenfinanzierte Investitionen vor dem Bewertungsstichtag zu.

(2) *Probleme im Bereich des nicht abnutzbaren Anlagevermögens und des Working Capital*
Das Abstellen auf Periodenerfolge ist weiters dann problematisch, wenn nach dem Bewertungsstichtag Investitionen ins nicht abnutzbare Anlagevermögen, z.B. Grund und Boden, geplant sind. Solche Investitionen mindern zwar den Einzahlungsüberschuß im Zeitpunkt der Anschaffung, entfalten aber mangels Abschreibungen grundsätzlich keine Auswirkungen auf die künftigen Periodenerfolge. Analog dazu wirken sich Investitionen bzw. generell Veränderungen im Bereich des Working Capital (z.B. Lageraufbau bzw. -abbau, Forderungszunahme bzw. -abnahme) zwar auf die Einzahlungsüberschüsse, nicht jedoch auf die Periodenerfolge aus.

(3) *Probleme bei langfristigen Rückstellungen*
Das Abstellen auf Periodenerfolge kann zu erheblichen Unterbewertungen führen, wenn der Bestand an langfristigen Rückstellungen, z.B. für Pensions- und Abfertigungsverpflichtungen oder für Rekultivierungskosten, in früheren Prognoseabschnitten aufgebaut wird und mit einem Wirksamwerden der entsprechenden Zahlungsverpflichtungen erst in fernerer Zukunft zu rechnen ist. In diesem Fall schmälern die Rückstellungsdotierungen künftige Periodenerfolge, obwohl Auszahlungen erst zu einem viel späteren Zeitpunkt erfolgen. Umgekehrt kann die Heranziehung von Periodenerfolgen zu Überbewertungen führen, wenn bereits vor dem Bewertungsstichtag aufgebaute, langfristige Rückstellungen im Prognosezeit-

raum zur Auszahlung gelangen, zumal diese Auszahlungen die künftigen Periodenerfolge unberührt lassen.

(4) *Probleme bei geplanten Veränderungen des Fremdkapitalbestandes*
Plant z.B. ein potentieller Käufer unmittelbar nach Übernahme des Unternehmens eine Rückzahlung von Fremdkapital und will er diesen Umstand im Rahmen seiner Zukunftsertragsprognose berücksichtigen, führt dies beim bloßen Abstellen auf Periodenerfolge lediglich zu verminderten Zinsen sowie zu höheren künftigen Periodenerfolgen und damit paradoxerweise zu einem höheren Entscheidungswert. Dieses offensichtlich falsche Ergebnis resultiert im Beispielsfall aus der Nichtberücksichtigung der Fremdkapitaltilgung, die den tatsächlich verfügbaren Einzahlungsüberschuß der betreffenden Periode sehr wohl vermindert.

Die zahlreichen Vereinfachungen und Fehlerquellen, die sich bei Heranziehung von Periodenerfolgen auftun, lassen dieses Verfahrens als für die Entscheidungswertermittlung in komplexeren Bewertungsfällen ungeeignet erscheinen. Auch die in den Stellungnahmen der Bewertungspraxis vorgeschlagenen Ergänzungsrechnungen, wie etwa die vom IDW empfohlene „Zinsprognose", vermögen diese Mängel nicht vollständig zu beseitigen bzw. führen bei konsequenter Umsetzung letztlich zu einem cash-flow-orientierten Ertragsbegriff.

3. Ergebnis

Als Zwischenergebnis kann daher festgehalten werden, daß im Rahmen der Entscheidungswertermittlung jedenfalls auf ein cash-flow-orientiertes Ertragswertverfahren abzustellen ist. Innerhalb der cash-flow-orientierten Verfahren erscheint die Heranziehung der künftigen Netto-Einnahmen des Unternehmens am wenigsten geeignet, da damit eine zuverlässige Prognose der künftigen Cash-flows nicht gewährleistet ist. Auf dieses Verfahren wird daher im folgenden nicht weiter eingegangen.

Die Anwendung des periodenerfolgsorientierten Ertragswertverfahrens zur Entscheidungswertermittlung ist äußerst problematisch und daher abzulehnen. Dieses Verfahren beruht auf einer Fülle von vereinfachenden und i.a. nicht realitätsgerechten Annahmen und führt daher nur unter sehr einschränkenden Bedingungen zu einem zutreffenden Ergebnis. Obwohl KFS/BW1 und HFA 2/1983 das periodenerfolgsorientierte Ertragswertverfahren präferieren, ist seine Anwendung aus „Praktikabilitätsgründen" durch die mittlerweile erzielten Fortschritte im Bereich der EDV-unterstützten Unternehmensplanung nicht mehr gerechtfertigt. Eine Entscheidungswertermittlung ohne die Grundlage einer integrierten Erfolgs- und Finanzplanung, aus der die künftigen Cash-flows abgeleitet werden können, entspricht nicht den Grundsätzen einer ordnungsmäßigen Unternehmensbewertung.

Dagegen spricht nicht, daß auch im Rahmen der Entscheidungswertermittlung für die Zeit nach dem Planungshorizont ein Abstellen auf Periodenerfolge praktikabel sein kann, zumal für diesen Zeitraum i.a. ohnehin nur stark vereinfachende Annahmen getroffen werden können.

C. Relevante Alternativrendite

Literatur:

Jaensch, G.: Ein einfaches Modell der Unternehmensbewertung ohne Kalkulationszinsfuß, ZfbF 1966a, S. 660-679; *Laux*, H.: Unternehmensbewertung bei Unsicherheit, ZfB 1971b, S. 525-540; *Ballwieser*, W.: Die Wahl des Kalkulationszinsfußes bei der Unternehmensbewertung unter Berücksichtigung von Risiko und Geldentwertung, BFuP 1981, S. 97-114; *Moxter*, A.: Grundsätze ordnungsmäßiger Unternehmensbewertung, 2. Aufl, Wiesbaden 1983; *Ballwieser*, W./*Leuthier*, R.: Grundprinzipien, Verfahren und Probleme der Unternehmensbewertung, DStR 1986, S. 604-610; *Matschke*, M.J.: Geldentwertung und Unternehmensbewertung, WPg 1986, S. 549-555; *Hetzel*, H.: Stichtagszins oder zukünftiger Zins zur Ertragswertermittlung im Rahmen der modernen Unternehmensbewertung, BB 1988, S. 725-728; *Brealey*, R.A./*Myers*, S.C.: Principles of Corporate Finance, 4th ed., New York u.a. 1991; *Schneider*, D.: Investition, Finanzierung und Besteuerung, 7. Aufl, Wiesbaden 1992; *Rolfes*, B.: Marktzinsorientierte Investitionsrechnung, ZfB 1993, S. 691-713; *Baetge*, J./*Krause*, C.: Die Berücksichtigung des Risikos bei der Unternehmensbewertung, BFuP 1994, S. 433-456; *Pichler*, S.: Ermittlung der Zinsstruktur, Wiesbaden 1995; *Wilkens*, M.: Ermittlung und Verwendung marktzinsorientierter und laufzeitkongruenter Kalkulationszinssätze in der Kapitalwertmethode, WiSt 1995, S. 461-466; *Drukarczyk*, J.: Unternehmensbewertung, München 1996; *Schwetzler*, B.: Zinsänderungsrisiko und Unternehmensbewertung: Das Basiszinsfuß-Problem bei der Ertragswertermittlung, ZfB 1996c, S.1081-1101; *Vogel*, J.: Marktwertermittlung bei Beteiligungsgesellschaften, RWZ 1997, S. 74-80; *Koth*, A.: Der Kalkulationszinsfuß zur Berechnung von Ertragswerten, RWZ 1997, S. 21-26.

1. Grundlagen und Vorgangsweise

Wie dargelegt beruht die Entscheidungswertermittlung mit Hilfe des Ertragswertverfahrens auf einem Alternativenvergleich auf Basis eines Partialmodells. Die Erträge aus dem Unternehmenserwerb bzw. -beibehalt sind mit den Erträgen der „günstigsten" alternativen Handlungsmöglichkeit zu vergleichen. Beim Ertragswertverfahren kommen die Alternativerträge in dem aus der Alternativrendite abgeleiteten Kalkulationszinsfuß zum Ausdruck. Der Kalkulationszinsfuß gibt die Mindestrendite an, die der spezielle Investor vom Investitionsprojekt „Unternehmenserwerb“ oder „Unternehmensbeibehalt“ fordert.

Zur Bestimmung der relevanten Alternativrendite ist aus theoretischer Sicht zunächst die heranzuziehende Vergleichsinvestition zu bestimmen. Zu diesem Zweck ist zu prüfen, welche alternativen Handlungsmöglichkeiten dem konkreten Bewertungssubjekt überhaupt offenstehen. Die relevante Vergleichsinvestition ist daher stets vom individuellen Entscheidungsfeld des Bewertungssubjekts abhängig. So können sich etwa für einen potentiellen Verkäufer eines Unternehmens die folgenden Alternativen zum Beibehalt des Unternehmens auftun: Er könnte den erzielten Veräußerungserlös entweder zum Erwerb anderer Kapitalanlagen (z.B. Finanzanlagen am Kapitalmarkt, andere Unternehmungen), zur Tilgung von Krediten, für Konsumzwecke oder für eine Kombination dieser Möglichkeiten verwenden. Wird der (theoretische) Sonderfall des Konsums ausgeklammert, da die daraus resultierenden künftigen Vorteile nicht unmittelbar finanzieller Natur sind, verbleiben der Erwerb anderer Kapitalanlagen oder die Tilgung von Krediten als mögliche Vergleichsinvestitionen. Jede dieser Geldverwendungsmöglichkeiten führt zu einem alternativen Ertragsstrom, der in der Alternativrendite auszudrücken ist. Während die Alternativerträge im Fall des Erwerbs anderer Kapitalanlagen unmittelbar aus den Rückflüssen bestimmt werden können, resultieren sie im Fall der Tilgung von Krediten aus den ersparten künftigen Zins- und Kreditrückzahlungen. Die Alternativrendite errechnet sich hier als interne Verzinsung der betreffenden Kapitalanlage bzw. als Effektivverzinsung des zu tilgenden Kredites. Einem potentiellen Käufer eines Unternehmens stehen für die Verwendung der sonst in den Unternehmenserwerb investierten Eigenmittel grundsätzlich dieselben Alternativen offen.

Aus der Fülle der in der Regel offenstehenden Alternativen ist die beste bzw. günstigste auszuwählen. Dabei muß jedoch nicht nur auf die Vergleichbarkeit der Alternativen untereinander, sondern in weiterer Folge auch auf ihre Vergleichbarkeit (Äquivalenz) mit den Unternehmenserträgen geachtet werden. Besondere Bedeutung erlangt dabei vor allem die Forderung nach der gleichen Unsicherheitsdimension der verglichenen Ertragströme.

Die mit der praktischen Bestimmung des Kalkulationszinsfußes verbundenen Probleme haben dazu geführt, Modelle zu entwickeln, die ohne Kalkulationszinsfuß auskommen. Diese Modelle weisen jedoch entweder sehr starke Vereinfachungen auf (s. dazu etwa *Jaensch*, 1966a) oder sind als Totalmodell, in das alle Finanzierungs- und Investitionsalternativen des Bewertungssubjekts einbezogen werden, derart komplex, daß sie praktisch nicht einsetzbar sind (s. dazu etwa *Laux*, 1971b). Im Rahmen der Entscheidungswertermittlung als Alternativenvergleich wird daher trotz der geschilderten Probleme die Kapitalwertmethode angewendet.

Im Rahmen der praktischen Umsetzung des Ertragswertverfahrens wird der Kalkulationszinsfuß als Mindestrenditeforderung des Bewertungssubjekts i.a. durch ein mehrstufiges Vorgehen ermittelt. Dabei wird in einem ersten Schritt ein „*Basiszinsfuß*" festgelegt, der die Rendite einer quasi-sicheren Alternativveranlagung am Kapitalmarkt wiedergeben soll. Anschließend wird der Basiszinsfuß auf seine Äquivalenz mit den einbezogenen Unternehmenserträgen geprüft und erforderlichenfalls entsprechend adaptiert. Im Ergebnis soll derart ein den Unternehmenserträgen äquivalenter und den oben geschilderten theoretischen Anforderungen möglichst nahekommender Kalkulationszinsfuß errechnet werden.

Der folgende Abschnitt befaßt sich mit Fragen in Zusammenhang mit der Bestimmung des Basiszinsfußes. Auf die Herstellung der Äquivalenz mit den Unternehmenserträgen in bezug auf Verfügbarkeit, Kaufkraft und Unsicherheit wird in den nachfolgenden Abschnitten näher eingegangen.

2. Bestimmung des Basiszinsfußes

Bereits für die Bestimmung des Basiszinsfußes finden sich eine Reihe unterschiedlicher Vorschläge: Nach dem Fachgutachten KFS/BW1 soll zur Bestimmung des Basiszinsfußes die Rendite einer Veranlagung „in festverzinsliche Anleihen von Schuldnern erster Bonität" herangezogen werden. Diese Rendite könne durch die von der Österreichischen Nationalbank veröffentlichte Sekundärmarktrendite gemessen werden, wobei allerdings die Auswirkungen von „Sondereinflüssen" wie etwa von Kreditrestriktionen oder vorübergehenden Kapitalüberschüssen zu bereinigen seien. Nach HFA 2/1983 kann zur Bestimmung des Basiszinsfußes typisierenderweise auf eine „langfristige Anlage am Kapitalmarkt" zurückgegriffen werden. In der Literatur wird darauf verwiesen, daß sich die Bewertungspraxis am sog. „*landesüblichen Zinsfuß*" als Basiszinsfuß orientiert (vgl. etwa *Moxter*, 1983, 147; *Ballwieser/Leuthier*, 1986, 607). Was unter dem „landesüblichen Zinsfuß" genau zu verstehen ist bzw. wie er konkret zu ermitteln ist, ist allerdings ebenfalls nicht eindeutig. Einigkeit besteht darüber, daß dieser Zinsfuß der Rendite einer langfristigen, quasi-sicheren Anlage am Kapitalmarkt zu entsprechen hat. Im WP-Handbuch 1992 (Bd. II, Rz 201), wird es als „sehr gebräuchlich" bezeichnet, als landesüblichen Zinsfuß die von der Deutschen Bundesbank veröffentlichte „Umlaufrendite" (Rendite der im Umlauf befindlichen tarifbesteuerten festverzinslichen Wertpapiere) anzusetzen. Als Durchschnittsrendite von Anleihen mit unterschiedlicher Restlaufzeit kann die Umlaufrendite allerdings nicht ohne weiteres mit der vom HFA empfohlenen Rendite einer langfristige Anlage am Kapitalmarkt gleichgesetzt werden. Strittig ist weiters, ob als landesüblicher Zinsfuß der sog. „Stichtagszins", d.i. der am jeweiligen Bewertungsstichtag gültige Zinsfuß (so z.B. *Ballwieser*, 1981, 113; *Moxter*, 1983, 172; *Matschke*, 1986, 554; *Schwetzler*, 1996c, 1088 ff), oder der künftig zu erwartende Zinssatz heranzuziehen ist (so z.B. *Hetzel*, 1988, 725). Ein anderer Vorschlag geht dahin, den langfristigen Durchschnittszins heranzuziehen, wenn der Stichtagszins deutlich davon abweicht (vgl. *Baetge/Krause*, 1994, 450).

Unseres Erachtens ist der Basiszins aus einer ausschließlich *stichtagsbezogenen* Betrachtung abzuleiten. Dies folgt zunächst aus dem oben erörterten Laufzeitäquivalenzprinzip, wonach die Überschüsse aus der Alternativanlage durch dieselbe Laufzeitstruktur wie die aus dem Unternehmen erwarteten NCF gekennzeichnet sein müssen. Äquivalente Laufzeitstruktur bedeutet aber, daß mit der Alternativanlage ein mit den Überschüssen aus dem Unternehmen identischer Zahlungsstrom ohne Berücksichtigung zukünftiger Wiederanlagen bzw. künftiger Wertpapierverkäufe hergestellt werden muß (vgl. dazu ausführlich *Schwetzler*, 1996c, 1085 ff). Die „Herstellung" dieser „Zahlungsstrom-Kopie" muß auch bei der Alternativanlage zum Bewertungsstichtag erfolgen, sodaß hiefür nur die stichtagsbezogenen Verhältnisse maßgeblich sein können. Das Stichtagsprinzip ist damit Teil des Laufzeitäquivalenzprinzips. Es steht mit dem Zukunftsbezogenheitsprinzip der Entscheidungswertermittlung nicht in Widerspruch, da es stets um die (stichtagsbezogenen) Möglichkeiten der „Herstellung" *künftiger* Zahlungsströme aus dem Unternehmen bzw. der Alternativanlage geht. Daneben ist zu beachten, daß der Stichtagszins einer langfristigen Anlage am Kapitalmarkt bereits die aggregierten Erwartungen aller Marktteilnehmer über die künftige Zinsentwicklung enthält. Gegen das Stichtagszinsprinzip spricht auch nicht, daß in Ermangelung von Anleihen mit unendlicher Laufzeit eine Schätzung des künftigen, zum Tilgungs- bzw. Wiederanlagezeitpunkt geltenden Marktzinssatzes erforderlich ist. Denn dies resultiert nur aus der Notwendigkeit, die Laufzeitäquivalenz bei fehlenden Anleihen näherungsweise herzustellen (vgl. *Schwetzler*, 1996c, 1091).

Der Basiszinsfuß sollte daher die Rendite einer sicheren Veranlagung am Kapitalmarkt wiedergeben, die das Kriterium der Laufzeitäquivalenz hinsichtlich der in die Bewertung einbezogenen Unternehmenserträge erfüllt. Erwartet nun ein potentieller Käufer oder Verkäufer über einen langfristigen Zeitraum jährlich schwankende Unternehmenserträge, könnte nun auf dem Kapitalmarkt eine (quasi-)sichere Veranlagung gesucht werden, die

die gleiche Zahlungs- bzw. Laufzeitstruktur aufweist. Die Rendite dieser Veranlagung könnte dann als Basiszinsfuß herangezogen werden. Auf dem Kapitalmarkt werden jedoch in der Regel keine einzelnen Anlagen existieren, die den erwarteten Zahlungsstrom aus dem Unternehmen exakt kopieren. Denkbar ist jedoch, diesen Zahlungsstrom durch eine Kombination mehrerer Veranlagungen, z.B. mit Hilfe von Nullkuponanleihen (Zero-Bonds), herzustellen. Dieses Konzept führt im Ergebnis zur Bestimmung von laufzeitabhängigen, marktzinsorientierten Basiszinssätzen in Form der „Spot Rates" (vgl. dazu *Rolfes*, 1993, 691 ff; *Wilkens*, 1995, 461-466; *Schwetzler*, 1996c, 1093 ff).

Als „Spot Rate" wird der periodenbezogene Zinssatz für die Anlage bzw. Aufnahme von Mitteln über eine bestimmte Laufzeit ohne zwischenzeitliche Zinszahlungen bezeichnet. Die Spot Rate entspricht damit der Rendite einer Nullkuponanleihe mit einer entsprechenden Laufzeit. Durch die am Markt gültigen Spot Rates wird die sog. „Zinsstruktur" charakterisiert, die graphisch in Form der Zinskurve dargestellt werden kann. Je nachdem, ob für Zero-Bonds mit längerer Laufzeit gleiche, höhere oder niedrigere Spot Rates gelten als für Zero-Bonds mit kürzerer Laufzeit, spricht man von einer flachen, steigenden oder fallenden (inversen) Zinskurve. Die Ableitung von Basiszinssätzen aus den Spot Rates soll anhand eines einfachen Beispiels demonstriert werden:

Beispiel 18:

Ein potentieller Käufer ermittelt für ein zu erwerbendes Unternehmen die folgenden NCF für die Perioden 1 bis 5. Vereinfachend wird von sicheren Erwartungen ausgegangen.

	t_1	t_2	t_3	t_4	t_5
NCF	3.000	6.500	4.200	3.700	8.000

Im Bewertungsstichtag existiere eine steigende Zinsstruktur, die durch die folgenden Spot Rates von gehandelten Nullkuponanleihen über die entsprechenden Laufzeiten gekennzeichnet sei:

	t_1	t_2	t_3	t_4	t_5
Spot Rate	3,9 %	4,4 %	4,8 %	5,2 %	5,6 %

Für eine einjährige Nullkuponanleihe mit einem Auszahlungsbetrag von 100 GE muß im Bewertungsstichtag daher ein Betrag von

$$\frac{100}{1{,}039} = 96{,}246$$

bezahlt werden. Eine zweijährige Nullkuponanleihe mit einem Auszahlungsbetrag von ebenfalls 100 GE kostet im Bewertungsstichtag

$$\frac{100}{1{,}044^2} = 91{,}749 \text{, usw.}$$

Werden nun 30 einjährige Nullkuponanleihen mit einem Auszahlungsbetrag von jeweils 100 GE zu Anschaffungskosten von $30 \cdot 96{,}246$ GE = 2.887,4 GE erworben, kann dadurch der NCF aus dem Unternehmen in der Periode 1 kopiert werden. Wird für die Perioden 2 bis 5 analog vorgegangen, errechnet sich der zu t_0 in Zerobonds zu veranlagende Betrag, der den Zahlungsstrom aus dem Unternehmen genau kopiert, wie folgt:

	Anlagebetrag zu t_0
Zero-Bonds mit Laufzeit bis t_1	$3.000 \text{ GE} \cdot 1{,}039^{-1} = 2.887{,}4 \text{ GE}$
Zero-Bonds mit Laufzeit bis t_2	$6.500 \text{ GE} \cdot 1{,}044^{-2} = 5.963{,}7 \text{ GE}$
Zero-Bonds mit Laufzeit bis t_3	$4.200 \text{ GE} \cdot 1{,}048^{-3} = 3.648{,}9 \text{ GE}$
Zero-Bonds mit Laufzeit bis t_4	$3.700 \text{ GE} \cdot 1{,}052^{-4} = 3.020{,}9 \text{ GE}$
Zero-Bonds mit Laufzeit bis t_5	$8.000 \text{ GE} \cdot 1{,}056^{-5} = 6.092{,}1 \text{ GE}$
Gesamter Anlagebetrag:	21.613,0 GE

Der zur Kopie des Zahlungsstroms aus dem Unternehmen erforderliche Veranlagungsbetrag zu t_0 in Höhe von 21.613 GE kann daher durch Diskontierung der NCF mit den laufzeitabhängigen Spot Rates errechnet werden.

Die Problematik dieses Konzepts liegt nun darin, daß insbesondere auf dem österreichischen Kapitalmarkt Zero-Bonds in der erforderlichen Vielfalt nicht angeboten werden. Angeboten werden jedoch *Kuponanleihen* mit regelmäßiger, meist jährlicher Zinszahlung und unterschiedlichen Restlaufzeiten. Der aus dem Unternehmen erwartete Zahlungsstrom könnte daher ersatzweise auch durch eine Kombination von Kuponanleihen mit unterschiedlichen Restlaufzeiten nachgebildet werden. Analog zur Zinsstruktur kann aus den laufzeitabhängigen Renditen der Kuponanleihen eine *Renditestruktur* ermittelt werden, die als Näherung für die (theoretisch richtigen) Spot Rates herangezogen werden kann (vgl. *Schwetzler*, 1996c, 1095). Die Abweichungen werden i.a. vernachlässigbar sein (vgl. die Berechnungen bei *Wilkens*, 1995, 464 f).

Zur Schätzung der Renditestruktur von Kuponanleihen werden in der Praxis unterschiedliche Verfahren eingesetzt (für den österreichischen Rentenmarkt vgl. ausführlich *Pichler*, 1995). Für Österreich werden entsprechende Berechnungen von der Österreichischen Kontrollbank (veröffentlicht im Statistischen Monatsheft der Österreichischen Nationalbank, vgl. Abb. 14) sowie von privaten Anbietern (z.B. Datastream) durchgeführt. Bei der Ableitung von Basiszinssätzen aus der Renditestruktur ist zu beachten, daß am österreichischen Rentenmarkt keine Anleihen mit einer Laufzeit von mehr als 15 Jahren gehandelt werden. Die nach diesem Zeitraum erwarteten NCF aus dem Unternehmen können daher nicht durch eine am Bewertungsstichtag erhältliche risikolose Alternativanlage nachgebildet werden. Als Lösung wird vorgeschlagen, bei der Diskontierung dieser NCF als Basiszins die Rendite der risikolosen Anleihe mit der längsten erhältlichen Laufzeit heranzuziehen (vgl. *Schwetzler*, 1996c, 1095).

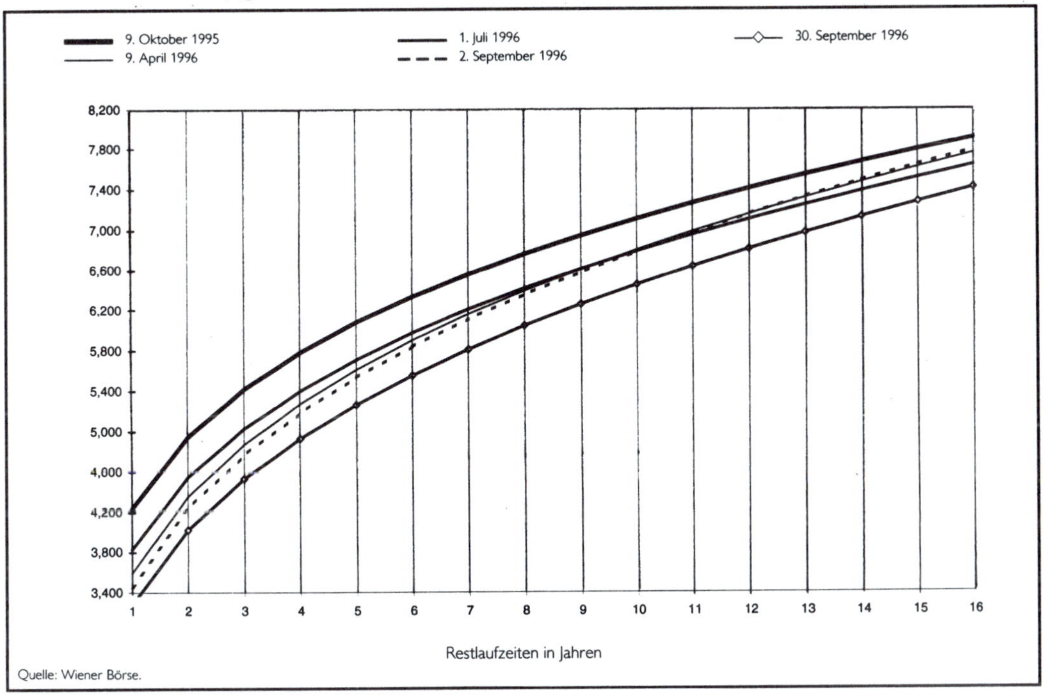

Abb. 14: Sekundärmarktrenditen für Bundesanleihen nach Restlaufzeiten in % p.a. (Renditestruktur-Kurve berechnet nach ÖKB-Verfahren, entnommen aus Statistisches Monatsheft 9/1996 der Österreichischen Nationalbank)

Anstelle der (theoretisch richtigen) Heranziehung laufzeitabhängiger Spot Rates bzw. Renditen als Basiszinssätze wird im Fachgutachten KFS/BW1 vorgeschlagen, von einem einheitlichen, im Zeitablauf *konstanten* Basiszinssatz in Höhe der Sekundärmarktrendite (SMR) auszugehen. Bei der von der Österreichischen Nationalbank veröffentlichten SMR für Bundesanleihen handelt es sich jedoch um eine gewogene Durchschnittsrendite, in der am Markt gehandelte Anleihen mit verschiedenen (Rest-)Laufzeiten in wechselnder Zusammensetzung zusammengefaßt werden. *Schwetzler* (1996c, 1094) kritisiert daher zu Recht, daß ein auf diese Weise gewonnener Durchschnittszinssatz nur allenfalls zufällig die Rendite der den NCF aus dem Unternehmen laufzeitäquivalenten Alternativveranlagung wiedergibt. Bei verhältnismäßig *flacher Zins- bzw. Renditestruktur* und damit nur geringfügigen Unterschieden in der Rendite kurzfristiger und langfristiger Veranlagungen erscheint die Heranziehung der SMR am Bewertungsstichtag als einheitlichen, laufzeitunabhängigen Basiszinsfuß unproblematisch. Bei *nicht-flacher Zins- bzw. Renditekurve* hängt das Ausmaß des damit bewirkten Bewertungsfehlers einerseits von der Laufzeitstruktur der NCF aus dem zu bewertenden Unternehmen und andererseits von der Zusammensetzung des für die Errechnung der SMR herangezogenen Portefeuilles ab.

Ein einheitlicher, laufzeitunabhängiger Basiszins könnte weiters in Höhe der Rendite der risikolosen Anleihe mit der längsten Restlaufzeit festgelegt werden. Bei verhältnismäßig *flacher Zins- bzw. Renditestruktur* erscheint diese Vorgangsweise wiederum unproblematisch. Bei *steigender Zins- bzw. Renditekurve* wird dadurch der Unternehmenswert – positive NCF vorausgesetzt – unterschätzt, bei einer fallenden (inversen) Zins- bzw. Renditekurve überschätzt. Der Fehler wird umso kleiner sein, je stärkeres Gewicht den nach Tilgung der langfristigsten Anleihe anfallenden NCF zukommt, da für deren Diskontierung ohnedies die Rendite der langfristigsten Anleihe als Basiszinssatz heranzuziehen wäre.

In Österreich kann daher für die Bestimmung von Basiszinsfüßen folgende praktische Vorgangsweise empfohlen werden: Generell ist nur die am Bewertungsstichtag gültige Zins- bzw. Renditestruktur maßgeblich. Bei *flacher Zins- bzw. Renditestruktur* und damit nur geringen Unterschieden in der Rendite kurzfristiger und langfristiger Veranlagungen kann vereinfachend ein einheitlicher, laufzeitunabhängiger Basiszinsfuß in Höhe der SMR für Bundesanleihen (gemäß Tabelle 5.4 des Statistischen Monatshefts der Österreichischen Nationalbank) festgelegt werden. Bei *nicht-flacher* Zinsstruktur sind als Basiszinssätze grundsätzlich die laufzeitabhängigen Renditen der am Kapitalmarkt gehandelten Anleihen mit den entsprechenden Restlaufzeiten heranzuziehen. Für die Zeit nach Tilgung der Anleihe mit der längsten erhältlichen Restlaufzeit kann vereinfachend die Rendite dieser Anleihe als Basiszinsfuß festgelegt werden. Die Heranziehung von einheitlichen, laufzeitunabhängigen Basiszinssätzen in Höhe der SMR für Bundesanleihen oder der Rendite der langfristigsten gehandelten Anleihe führt demgegenüber grundsätzlich nur zu Näherungslösungen. Das Ausmaß des dadurch bewirkten Bewertungsfehlers hängt von mehreren Faktoren ab und ist im Einzelfall abzuwägen.

3. Hurdle Rate (Cut-Off-Rate)

In der Praxis wird die geforderte Mindestverzinsung für die Eigenkapitalgeber zum Teil in Form einer „Hurdle Rate" („Cut-Off-Rate") vorgegeben. Eine derartige Vorgangsweise ist vor allem im Rahmen von Konzernen durch entsprechende Vorgaben an Tochtergesellschaften üblich. So verwenden z.B. Daimler 12 % vor Steuern auf eingesetztes Kapital, Metallgesellschaft 14 % vor Steuern auf eingesetztes Kapital, Bayer 20 % vor Steuern auf Eigenkapital, Veba 15 % nach Steuern auf Eigenkapital (vgl. *Vogel*, 1997,

80, Fußnote 31, unter Verweis auf *Bühner*, Shareholder-Value-Handelsblatt-Kongreß 1996).

Da die Hurdle Rate die geforderte Mindestverzinsung für ein Investitionsprojekt angibt (vgl. *Brealey/Myers*, 1991, 13), kann für ihre Bestimmung aus theoretischer Sicht grundsätzlich nichts anderes gelten als für die Ermittlung der Renditeforderung der Eigenkapitalgeber. Insbesondere muß die Hurdle Rate auch die Äquivalenzkriterien erfüllen. Die Hurdle Rate enthält daher in der Regel bereits eine (pauschale) Risikoprämie. Anpassungen in bezug auf eine Erfüllung der Äquivalenzkriterien sind i.a. nicht mehr erforderlich, da gleichzeitig vorgegeben werden muß, welche Größen mit der Hurdle Rate zu diskontieren sind.

In der Regel wird die Hurdle Rate generell – und nicht projektspezifisch – vorgegeben. Sie ist damit Ausdruck einer pauschalen Einschätzung der alternativen Dispositionsmöglichkeiten und insbesondere auch der Risikoaspekte.

4. Empirische Erhebungen zum Kalkulationszinsfuß

Literatur:

Prietze, O./*Walker*, A.: Der Kapitalisierungszinsfuß im Rahmen der Unternehmensbewertung, DBW 1995, S. 199-211.

Prietze/Walker haben im Rahmen ihrer bereits beschriebenen Untersuchung auch erhoben, welche Methoden zur Bestimmung des Kalkulationszinsfußes bei Unternehmensbewertungen angewendet werden. Aus den 120 ausgewerteten Fragebögen der befragten deutschen Unternehmungen konnte das in Tab. 5 dargestellte Ergebnis gewonnen werden.

Die Prozentsätze geben den Anteil der Grundgesamtheit an, der die betreffende Methode anwendet (Mehrfachnennungen möglich). Bei der Interpretation der Ergebnisse muß zunächst beachtet werden, daß der verwendete Zinsfuß von der gewählten Bewertungsmethode abhängig ist. Da beim Ertragswertverfahren in der Regel Unternehmenserträge diskontiert werden, die allein den Eigenkapitalgebern zustehen („Nettoverfahren"), kann aus theoretischer Sicht nur die Renditeforderung der Eigenkapitalgeber in den Diskontierungssatz einfließen. Demgegenüber werden z.B. beim Entity Approach im Rahmen der DCF-Verfahren Cash-flows diskontiert, die sowohl Eigen- als auch Fremdkapitalgebern zufließen. Hier muß daher ein Mischzinsfuß zur Anwendung kommen, der den gewichteten Eigen- und Fremdkapitalkosten („gewogener Kapitalkostensatz") entspricht. Weiters ist zu beachten, daß die Berücksichtigung eines „Geldentwertungsabschlages“ nicht die Heranziehung eines spezifischen Diskontierungssatzes bedeutet, sondern lediglich die pauschale Berücksichtigung künftiger Geldwertänderungen durch Anwendung der vereinfachten Realrechnung gemäß Abschnitt III. F. zum Ausdruck bringt.

Methoden zur Bestimmung des Kapitalisierungszinsfußes	verwendet von
Eigenkapitalkosten des eigenen Unternehmens	5 %
Eigenkapitalkosten des Zielunternehmens	5 %
Fremdkapitalkosten des eigenen Unternehmens	8 %
Fremdkapitalkosten des eigenen Unternehmens + Risikozuschlag	26 %
Fremdkapitalkosten des eigenen Unternehmens + Risikozuschlag – Geldentwertungsabschlag	12 %
Fremdkapitalkosten des Zielunternehmens	3 %
Fremdkapitalkosten des Zielunternehmens + Risikozuschlag	4 %
Fremdkapitalkosten des Zielunternehmens + Risikozuschlag - Geldentwertungsabschlag	6 %
Durchschnittliche Kapitalkosten des eigenen Unternehmens	32 %
Durchschnittliche Kapitalkosten des Zielunternehmens	16 %
Branchenübliche Eigenkapitalrendite der Zielbranche	20 %
Interner Zinsfuß zurückliegender Akquisitionen	9 %
Interner Zinsfuß der besten Alternativakquisitionen	17 %
Generell festgelegter interner Zinsfuß („Cut-Off-Rate“)	44 %

Tab. 5: Anwendung verschiedener Methoden zur Bestimmung des Kapitalisierungszinsfußes (entnommen aus *Prietze/Walker*, 1995, 205)

Bei näherer Betrachtung der Ergebnisse fällt die häufige Verwendung einer vorgegebenen Mindestverzinsung („Cut-Off-Rate“, „Hurdle Rate“) auf. Sofern damit eine von den Eigenkapitalgebern geforderte Mindestverzinsung vorgegeben wird, kann die Vorgangsweise konzeptionell dem Ertragswertmodell zugeordnet werden. Die Erhebung zeigt auch, daß ein Teil der Unternehmen den Kalkulationszinsfuß aus Fremdkapitalkostensätzen ableitet. Sie orientieren sich damit möglicherweise an einer Kreditrückzahlung als relevante Alternativdisposition oder versuchen, aus den Fremdkapitalkosten Anhaltspunkte für einen risikoangepaßten Zinsfuß zu gewinnen (zu einer derartigen Vorgangsweise s. auch HFA 2/1983).

D. Prognose der Unternehmenserträge

Literatur:
Coenenberg, A.: Unternehmensbewertung mit Hilfe der Monte-Carlo-Simulation, ZfB 1970, S. 793-804; *Laux*, H.: Flexible Investitionsplanung, Köln-Opladen 1971a; *Moxter*, A.: Grundsätze ordnungsmäßiger Unternehmensbewertung, 2. Aufl, Wiesbaden 1983; *Arbeitskreis „Unternehmensbewertung"* (AKU) des IDW: Erhebung wesentlicher Grundlagen und qualifizierter Daten für eine Unternehmensbewertung, Düsseldorf 1987; *Alvano*, W.: Unternehmensbewertung auf Grundlage der Unternehmensplanung, 2. Aufl, Köln 1989; *Janschek*, O.: Unternehmensbewertung und Risiko, in: Seicht, G. (Hrsg): Jahrbuch für Controlling und Rechnungswesen '89, Wien 1989, 97-126; *Ballwieser*, W.: Unternehmensbewertung und Komplexitätsreduktion, 3. Aufl, Wiesbaden 1990; *Buchmann*, R./*Chmielewicz*, K. (Hrsg): Finanzierungsrechnung. Empfehlungen des Arbeitskreises „Finanzierungsrechnung" der Schmalenbach-Gesellschaft, ZfbF-Sonderheft 26, Düsseldorf 1990; *Born*, K.: Arbeitsmappe Unternehmensanalyse und Unternehmensbewertung – Fragebogen zur Sammlung von Informationen und Daten, Stuttgart 1991; *Mandl*, G./*Rabel*, K.: Analyse der Finanzlage durch eine Kapitalflußrechnung, RWZ 1991a, S. 23-28; *Bellinger*, G./*Vahl*, B.: Unternehmensbewertung in Theorie und Praxis, 2. Aufl, Wiesbaden 1992; *Hinterhuber*, H.H.: Strategische Unternehmensplanung, 5. Aufl, Berlin 1992; *IDW* (Hrsg): WP-Handbuch 1992, Bd. II, Düesseldorf 1992; *Welge*, K.M./*Al-Laham*, A.: Planung, Wiesbaden 1992; *Busse von Colbe*, W.: Kapitalflußrechnung, in: Chmielewicz/Schweitzer (Hrsg): HWR, 3. Aufl, Stuttgart 1993, Sp. 1074-1085; *Coenenberg*, A.G.: Jahresabschluß und Jahresabschlußanalyse, 14. Aufl, Landsberg am Lech 1993; *Mag*, W.: Planung, in: Bitz u.a. (Hrsg): Vahlens Kompendium der Betriebswirtschaftslehre, Bd. 2, 3. Aufl, München 1993, S. 1-58; *Copeland*, T./*Koller*, T./*Murrin*, J.: Valuation – Measuring und Managing the Value of Companies, 2nd ed., New York u.a. 1994; *Franke*, G./*Hax*, H: Finanzwirtschaft des Unternehmens und Kapitalmarkt, 3. Aufl, Berlin u.a. 1994; *Friedl*, P.J.: Kapitalflußrechnung und Liquiditätsanalyse, Wien 1995; *Hammer*, R.M.: Unternehmensplanung, 6. Aufl, München 1995; *Helbling*, C.: Unternehmensbewertung und Steuern, 8. Aufl, Düsseldorf 1995; *Egger*, A./*Samer*, H.: Der Jahresabschluß nach dem Handelsgesetzbuch, Bd. 1: Der Einzelabschluß, 5. Aufl, Wien 1996; *Egger*, A./*Winterheller*, M.: Kurzfristige Unternehmensplanung, 9. Aufl, Wien 1996; *Frühwirt*, W.: Operative Unternehmensplanung auf Excel, Wien 1996; *Hahn*, D.: Planung und Kontrolle, 5. Aufl, Wiesbaden 1996; *Königsmaier*, H.: Kapitalflußrechnungsstandards im Vergleich, in: Seicht (Hrsg): Jahrbuch für Controlling und Rechnungswesen '96, Wien 1996, S. 123-154; *Swoboda*, P.: Investition und Finanzierung, 5. Aufl, Göttingen 1996.

1. Allgemeines

Die Prognose der künftigen Unternehmenserträge stellt das zentrale Probleme jeder Entscheidungswertermittlung dar. Nach der theoretisch richtigen Vorgangsweise sind hier die zu erwartenden künftigen NCF beim (potentiellen) Eigner zu eruieren. Wie bereits dargestellt, können die für eine künftige Periode erwarteten NCF beim Eigner in die nachfolgenden Komponenten aufgespalten werden.

	NCF aus dem Unternehmen
+/–	unternehmensbedingte persönliche Steuern
+/–	Zu-/Abflüsse aus externen Synergien
	Netto-Cash-flows beim Eigner

Die folgenden Ausführungen zur Prognoseproblematik orientieren sich insoweit an dieser Gliederung, als Fragen in Zusammenhang mit der Prognose der NCF aus dem Unternehmen gesondert von der Problematik der Bestimmung von externen Synergien nachgegangen wird. Die Berücksichtigung persönlicher Steuerwirkungen beim Bewertungssubjekt wird – soweit es die Prognosetechnik anbelangt – im Rahmen der Behandlung der NCF aus dem Unternehmen diskutiert. Darüber hinaus ist der Berücksichtigung von Besteuerungswirkungen der Abschnitt E. gewidmet.

Maßgeblich für die Höhe der in den künftigen Perioden anzusetzenden, bewertungsrelevanten Cash-flows sind grundsätzlich die subjektiven Erwartungen und Einschätzungen des Bewertungssubjekts. Die künftigen Cash-flows sind unter Berücksichtigung sämtlicher vom Bewertungssubjekt geplanten Maßnahmen zu prognostizieren. Einzubeziehen sind daher insbesondere auch die Auswirkungen von geplanten Änderungen der Unternehmenstätigkeit, der Rechtsform oder des Unternehmensverbundes, und zwar in Form der damit verbundenen Ein- und Auszahlungen. Die Notwendigkeit der Berücksichtigung persönlicher Steuerwirkungen beim Bewertungssubjekt und (externer und interner) Synergien ergibt sich klar aus dem Konzept der Entscheidungswertermittlung, wonach sämtliche mit dem Unternehmenserwerb bzw. -beibehalt verbundenen und daher entscheidungsrelevanten Auswirkungen in die Bewertung einzufließen haben.

Im Fachgutachten KFS/BW1 wird zu diesem Fragenkreis festgestellt, daß bei der Ermittlung der Zukunftserträge „das Imparitätsprinzip nicht anzuwenden“ ist, „d.h. es sind nicht nur Risiken, sondern auch Chancen zu berücksichtigen“. Die Zukunftserträge sind nach KFS/BW1 grundsätzlich „unter der Annahme der Aufrechterhaltung der Leistungsfähigkeit“ des Unternehmens zu schätzen. Der materielle Gehalt dieser Forderung ist jedoch unklar. Sie scheint zudem im Fall der Entscheidungswertermittlung verzichtbar, da ausschließlich die vom (potentiellen) Eigner zu definierende Unternehmensstrategie maßgeblich ist. Die Forderung wird darüber hinaus in der Form eingeschränkt, daß die Berücksichtigung von Änderungen der Unternehmenstätigkeit, der Rechtsform oder des Unternehmensverbundes unter der Auflage zulässig seien, daß in dem über die Bewertung erstatteten Bericht eine Begründung für die angenommenen Änderungen gegeben wird. Auch das ist wenig überzeugend. Da die Entscheidungswertermittlung zukunftsbezogen ist, wird umso höherer Begründungsbedarf bestehen, wenn keine Änderungen berücksichtigt wurden.

Die Zulässigkeit der Berücksichtigung von Synergieeffekten hängt nach KFS/BW1 von der mit der Bewertung verbundenen „Aufgabenstellung und der Funktion des Gutachters“ ab, ohne daß weiter präzisiert wird, in welchen Fällen (welche) Synergieeffekte (nicht) zu berücksichtigen sein sollen. Auch die Orientierung an den subjektiven Erwartungen des Bewertungssubjekts wird nach KFS/BW1 – wenngleich ohne konkrete Bezugnahme auf die Entscheidungswertermittlung – grundsätzlich für zulässig erachtet. Sofern jedoch die subjektiven Erwartungen hinsichtlich der Zukunftserfolge vom Gutachter nicht zumindest auf Plausibilität geprüft werden können, soll der Gutachter nach KFS/BW1 jedenfalls verpflichtet sein, diesen Umstand in seinem Bericht ausführlich darzustellen. Ein Ansatz von „nicht auf Plausibilität überprüfbaren“ Erwartungen entspricht jedoch u.E. nicht den Grundsätzen einer ordnungsmäßigen Unternehmensbewertung.

2. Prognose der Cash-flows aus dem Unternehmen

2.1. Cash-flows als Zielgröße

Wie bereits dargelegt, setzt eine zutreffende Ermittlung des Entscheidungswertes eine Orientierung an Zahlungsströmen bzw. Cash-flows voraus. Betrachtet man nur die NCF aus dem Unternehmen und bleiben vorerst die damit verbundenen persönlichen Steuerwirkungen beim Eigner außer Betracht, bestehen für die zu prognostizierende Cash-flow-Größe grundsätzlich zwei Möglichkeiten, je nachdem, ob dabei die *Vollausschüttungsfiktion* zur Anwendung kommt (Variante 1) oder ob die Ausschüttungen sowie Kapitalrückzahlungen und -zuführungen an bzw. vom Eigner *periodenspezifisch* festgelegt werden (Variante 2).

Variante 1 führt zur Prognose des gesamten, für den Eigner potentiell verfügbaren NCF aus dem Unternehmen und entspricht daher der Prognose der Einzahlungsüberschüsse des Unternehmens. Im Unterschied dazu muß bei der Planung der periodenspezifischen Netto-Ausschüttungen gemäß Variante 2 zusätzlich für jede Periode festgelegt werden, inwieweit es zu einer Einbehaltung der vom Unternehmen erwirtschafteten Cash-flows kommt (etwa weil handelsrechtliche Ausschüttungsschranken eine tatsächliche Weiterleitung der gesamten erwirtschafteten Mittel an den Eigner nicht im vollen Umfang erlauben oder einfach weil die Eigenkapitalausstattung des Unternehmens verbessert werden soll) und zu welchen zusätzlichen Erträgen die solcherart einbehaltenen Mittel im Unternehmen in den Folgeperioden führen. Damit sind auch Annahmen über die konkrete Verwendung der einbehaltenen Mittel erforderlich. Während im Rahmen der Vollausschüttungsfiktion gemäß Variante 1 daher pauschal eine Wiederveranlagung der Einzahlungsüberschüsse zum Kalkulationszinssatz unterstellt wird (vgl. dazu oben Beispiel 16), werden beim Abstellen auf periodenspezifische Netto-Ausschüttungen gemäß Variante 2 die jeweilige Verwendung der einbehaltenen Mittel sowie die daraus resultierenden Erträge explizit im Prognosemodell berücksichtigt. Die Planung der periodenspezifischen Netto-Ausschüttungen stellt damit die exakte, aber auch die aufwendigere Vorgangsweise dar. Sie erfordert insbesondere konkrete Annahmen über die künftige Gewinnverwendungs- und Kapitalstrukturpolitik. Annahmen über die künftige Kapitalstrukturpolitik sind jedoch auch bei Anwendung der Vollausschüttungsfiktion erforderlich, da sich die in Zukunft für die Eigner potentiell verfügbaren Einzahlungsüberschüsse des Unternehmens erst nach Festlegung der künftigen Entwicklung des Fremdkapitalbestandes bestimmen lassen.

Die mit Variante 1 verbundene Vereinfachung beschränkt sich daher auf die dann nicht erforderliche Planung der Ausschüttungspolitik (einschließlich allfälliger Kapitalrückzahlungen bzw. -einzahlungen an bzw. durch den Eigner) einerseits sowie die ebenfalls nicht erforderliche Planung der Wiederveranlagungsrendite einbehaltener Mittel andererseits. Beide Varianten führen unter bestimmten Voraussetzungen zum selben Ergebnis (s. dazu – allerdings für eine Welt ohne Steuern – oben unter B.1.). Problematisch erscheint die Vollausschüttungsfiktion in der praktischen Anwendung vor allem dann, wenn Auszahlungsüberschüsse prognostiziert werden, weil dann eine prompte Abdeckung durch den (sich zum Kalkulationszinsfuß refinanzierenden) Eigner zum Periodenende unterstellt wird.

Im Rahmen der praktischen Umsetzung wird davon auszugehen sein, daß bei beiden Varianten in einem ersten Arbeitsschritt eine Abschätzung der künftigen Einzahlungsüberschüsse als für die Eigner verfügbares Entnahmepotential erfolgt, die dann gegebenenfalls um eine periodenspezifische Festlegung des Ausschüttungsverhaltens und der Verwendung der einbehaltenen Mittel erweitert wird. Die folgenden Abschnitte befassen sich daher mit Fragen der Prognose der künftigen Einzahlungsüberschüsse des Unternehmens.

2.2. Datengewinnung

a) Zu erhebendes Datenmaterial

Nach KFS/BW1 können die mit der Prognose der Unternehmenserträge verbundenen Unsicherheiten durch eine „möglichst vollständige Informationsbeschaffung, die eine Bewertung und Gewichtung der Chancen und Risiken ermöglicht", vermindert werden. Welche Informationen konkret zu beschaffen sind, wird allerdings nicht näher präzisiert. Im Rahmen der hier behandelten Entscheidungswertermittlung muß jedoch gelten, daß grundsätzlich all jene Informationen zu erheben sind, die die Möglichkeiten zur Schätzung der künftigen Einzahlungsüberschüsse des Unternehmens verbessern. Dazu gehören nicht nur Daten des zu bewertenden Unternehmens selbst, wie etwa eine Analyse der Stärken und Schwächen des Unternehmens und der von ihm vertriebenen Produkte, sondern v.a. auch Daten, aus denen auf die künftige Entwicklung der Branche, der Konkurrenzsituation und der bearbeiteten Absatzmärkte geschlossen werden kann. Relevant sind damit u.a. auch langfristige gesamtwirtschaftliche sowie länder- und branchenspezifische Trendprognosen, die z.B. von öffentlichen Institutionen oder Interessenvereinigungen publiziert werden.

In der Literatur wurden zum Teil umfangreiche Check-lists für Datenerhebungen in Zusammenhang mit Unternehmensbewertungen veröffentlicht. So hat etwa der Arbeitskreis Unternehmensbewertung (AKU) des IDW einen Erhebungsbogen zur Unternehmensbewertung („Erhebung wesentlicher Grundlagen und qualifizierter Daten für eine Unternehmensbewertung") entwickelt. Weiters ist hier auf die von *Born* (1991) zusammengestellte „Arbeitsmappe Unternehmensanalyse und Unternehmensbewertung – Fragebogen zur Sammlung von Informationen und Daten" zu verweisen.

Eine wesentliche Grundlage für die Prognose der Unternehmenserträge bildet regelmäßig die „Vergangenheitsanalyse". Darauf wird im folgenden näher eingegangen.

b) Vergangenheitsanalyse

aa) Erfordernis und Stellenwert

Die Vergangenheitsanalyse umfaßt die Analyse der Entwicklung des Unternehmens sowie der Unternehmensumwelt (z.B. Branche, Konkurrenz) in der (jüngeren) Vergangenheit. Hoher Stellenwert ist dabei der Analyse der Jahresabschlüsse des zu bewertenden Unternehmens beizumessen. Nach KFS/BW1 „dienen die Erfolgsdaten der jüngeren Vergangenheit dem Gutachter als Mittel der Kontrolle der Verläßlichkeit und

Brauchbarkeit der Plandaten". Ähnlich wird die Bedeutung der Vergangenheitsanalyse in der Stellungnahme HFA 2/1983 hervorgehoben: „Ohne Kenntnis der Lage in der Vergangenheit und Gegenwart ist eine Planung der Zukunftserfolge grundsätzlich nicht durchzuführen."

Trotz der unbestrittenen Bedeutung der Vergangenheitsdaten und deren Analyse darf die Zukunftsbezogenheit der Entscheidungswertermittlung nicht übersehen werden. Den Vergangenheitsdaten kommt hier stets nur die Funktion einer Orientierungs- und Kontrollgröße zu. Unmittelbar bewertungsrelevant sind sie nicht. Unzulässig wäre es daher, die künftigen Unternehmenserträge direkt und ohne Einbeziehung künftiger Entwicklungen aus den Vergangenheitserfolgen abzuleiten, etwa indem die künftigen Unternehmenserträge in Höhe eines bereinigten Durchschnittswerts der Vergangenheitserfolge angesetzt werden. Für eine Entscheidungswertermittlung abzulehnen ist daher auch die Aussage im Fachgutachten KFS/BW1, wonach „die Zukunftserfolge unmittelbar aus den Ergebnissen der jüngeren Vergangenheit abgeleitet werden" müssen, wenn „keine geeigneten Plandaten" vorliegen. Zutreffend ist vielmehr, daß eine Entscheidungswertermittlung ohne Plandaten bzw. Prognosedaten nicht durchführbar ist und Vergangenheitsdaten fehlende Plandaten nicht ersetzen können.

bb) Analyse der Jahresabschlüsse

Jahresabschlußanalysen zum Zwecke der Schaffung von Grundlagen für eine Unternehmensbewertung beziehen sich zumeist auf die Jahresabschlüsse der letzten drei bis fünf Jahre vor dem Bewertungsstichtag. Da die Analyse zunächst ein möglichst umfassendes Bild der Unternehmensentwicklung geben soll, hat sie grundsätzlich sowohl eine *erfolgswirtschaftliche* Analyse (Rentabilitäts-, Erfolgsstruktur- und Wertschöpfungsanalyse) als auch eine *finanzwirtschaftliche* Analyse (Investitions-, Finanzierungs- und Liquiditätsanalyse) zu umfassen. Aussagen über die Qualität der wirtschaftlichen Entwicklung des Unternehmens im Beobachtungszeitraum können dann auf Basis eines Vergleichs der ermittelten Kennzahlen im Zeitablauf sowie gegebenenfalls auch mit Kennzahlen von Vergleichsunternehmen oder bekannten Branchendurchschnittswerten getroffen werden.

Neben allgemeinen Aussagen über die wirtschaftliche Entwicklung in der Vergangenheit soll die Analyse der Jahresabschlüsse jedoch auch konkrete Anhaltspunkte für die Prognose der künftigen Unternehmenserträge liefern. Zu fragen ist daher, ob bzw. in welcher Form solche Informationen aus den Abschlüssen zu entnehmen sind. In der Praxis konzentriert man sich hier häufig auf eine Analyse des Erfolgsbereiches und versucht, aus den Gewinn- und Verlustrechnungen für die abgelaufenen Jahre *„bereinigte" Periodenerfolge* zu ermitteln.

Die Zielrichtungen der in der Literatur vorgeschlagenen Bereinigungen der Vergangenheitserfolge sind jedoch nicht einheitlich. In einer ersten Stoßrichtung soll durch die Bereinigungen der Gewinn- und Verlustrechnungen ein zutreffender Erfolgsausweis für die abgelaufenen Jahre erreicht werden, indem Ergebnisschwankungen, die sich aus der Ausnutzung von Bewertungsspielräumen oder aus spezifischen handelsrechtlichen Rechnungslegungsvorschriften ergeben haben, eliminiert werden. Dieser beabsichtigten „Normalisierung" der Periodenerfolgsgrößen sind etwa die nach dem WP-Handbuch 1992 zur Abbildung der tatsächlichen Verhältnisse im Referenzzeitraum erforderlichen Maßnahmen zur „Bereinigung eines nicht periodengerechten Erfolgsausweises" zuzuordnen (*IDW*, 1992, 64 f). Darunter wird zunächst die „Bereinigung handelsrechtlich bedingter Abweichungen vom Entstehungsprinzip der Erfolge" subsumiert. Hier sollen im wesentlichen solche Adaptierungen der Gewinn- und Verlustrechnungen erfolgen, die abweichend von den handelsrechtlichen Rechnungslegungsvorschriften eine Teilgewinnrealisierung bei unfertigen Aufträgen, eine periodengerechte Zuordnung aperiodischer Aufwendungen und Erträge und eine korrigierte Rückstellungsdotierung beinhalten. Daneben wird die „Bereinigung der aufwands- und ertragsmäßigen Auswirkungen langfristiger Investitionsprozesse" verlangt, womit u.a. der Ansatz von Abschreibungen auf Wiederbeschaffungspreisbasis oder die Verteilung von Aufwendungen für Großreparaturen oder Forschungs- und Entwicklungskosten auf mehrere Perioden gemeint ist. Weiters wird im WP-Handbuch 1992 eine Bereinigung der Vergangenheitserfolge „aufgrund der Ausübung von Bilanzierungs- und Bewertungswahlrechten" verlangt, worunter beispielsweise die Bereinigung um Erfolgswirkungen einer Änderung von Bewertungsmethoden, z.B. bei Vorräten oder Rückstellungen, der Nichtausübung von Ansatzwahlrechten, z.B. für Ingangsetzungskosten, verstanden wird (*IDW*, 1992, 66).

Die Umsetzung der geschilderten Bereinigungsmaßnahmen erscheint nicht nur aufwendig, sie eröffnet auch zahlreiche Ermessensspielräume und erhöht die Fehleranfälligkeit der Berechnungen. Da nur eine Bezugnahme auf Erfolgsgrößen stattfindet, vermag sie auch keine ausreichenden Grundlagen für eine Prognose der künftigen Einzahlungsüberschüsse des Unternehmens zu liefern. Die bisher geschilderten Bereinigungsmaßnahmen sind allein auf eine Normalisierung der Vergangenheitserfolge hinsichtlich der in den Jahresabschlüssen vorgenommenen *Periodisierungen* gerichtet. Sie sind dann aber nur deshalb erforderlich, weil der Vergangenheitsanalyse zunächst periodisierte Zahlungen in Form der Erträge und Aufwendungen bzw. der Erfolge der abgelaufenen Perioden zugrunde gelegt wurden. Ihre Bedeutung nimmt ab, wenn im

Rahmen der Vergangenheitsanalyse auch die in den abgelaufenen Perioden aufgetretenen Zahlungsströme bzw. Cash-flows untersucht werden. Die Cash-flows der Vergangenheit sind i.a. genau meßbar und v.a. frei von Einflüssen aus bilanzpolitischen Gestaltungen. Außerdem scheint es nur naheliegend, die Vergangenheitsanalyse auch auf Höhe und Zusammensetzung der in der Vergangenheit erwirtschafteten Cash-flows sowie auf die darauf wirkenden Einflußgrößen zu beziehen, wenn sie als Grundlage für eine Prognose künftiger Cash-flows dienen soll.

Die in den abgelaufenen Perioden erwirtschafteten Cash-flows und deren Zusammensetzung kann zweckmäßigerweise durch die Erstellung entsprechend strukturierter *Kapitalflußrechnungen* für den Beobachtungszeitraum eruiert werden. Im folgenden wird nur die derivative, d.h. von bereits erstellten Jahres- oder Zwischenabschlüssen ausgehende Erstellung von Kapitalflußrechnungen im Sinne von Geldflußrechnungen, behandelt. Entscheidend für die Aussagekraft der Kapitalflußrechnung und ihre Eignung als Prognosegrundlage ist die Strukturierung der „Ursachenrechnung". Zweckmäßig erscheint die Erstellung von Kapitalflußrechnungen nach SFAS No. 95, die durch Verwendung einer engen Fondsdefinition („cash and cash equivalents") zur Ausklammerung von Bewertungsfragen und durch eine Strukturierung der Ursachenrechnung nach dem Aktivitätsformat gekennzeichnet ist (ein übersichtlicher Vergleich unterschiedlicher Kapitalflußrechnungen findet sich bei *Königsmaier*, 1996; zum in Ausarbeitung befindlichen Fachgutachten der KWT s. *Wirth*, 1997). Nach SFAS No.95 werden insgesamt drei Cash-flow-Bereiche unterschieden: Cash-flow aus der Betriebstätigkeit, Cash-flow aus der Investitionstätigkeit und Cash-flow aus der Finanzierungstätigkeit. In vereinfachter Form kann eine Kapitalflußrechnung nach SFAS No. 95 wie folgt dargestellt werden:

	Jahresüberschuß/-fehlbetrag
+/–	Aufwendungen/Erträge aus Anlagenabgängen
+/–	Abschreibungen/Zuschreibungen
+/–	Veränderungen langfristiger Rückstellungen
+/–	Veränderungen des Netto-Umlaufvermögens (ohne liquide Mittel und kurzfristige Bankverbindlichkeiten)
	Cash-flow aus der Betriebstätigkeit
	Mittelzuflüsse aus Desinvestitionen im Anlagevermögen
–	Mittelabflüsse für Investitionen ins Anlagevermögen
+/–	Veränderung von Finanzforderungen
	Cash-flow aus der Investitionstätigkeit

Kapitaleinzahlungen durch Eigenkapitalgeber
– Kapitalrückzahlungen an Eigenkapitalgeber
– Gewinnausschüttungen
+/– Veränderungen von (kurz- und langfristigen) Finanzierungsschulden

Cash-flow aus der Finanzierungstätigkeit

Cash-flow aus der Betriebstätigkeit
+/– Cash-flow aus der Investitionstätigkeit
+/– Cash-flow aus der Finanzierungstätigkeit

= Veränderung des Fonds „cash and cash equivalents"

In einem weiteren Schritt können dann die ermittelten Cash-flow-Größen weiter aufbereitet werden. Denkbar ist hier etwa die Ermittlung der in den abgelaufenen Perioden erwirtschafteten Einzahlungsüberschüsse des Unternehmens, die pro Periode der Summe aus der Fondsveränderung und dem Zahlungssaldo aus der Eigenfinanzierung entsprechen:

Cash-flow aus der Betriebstätigkeit
+/– Cash-flow aus der Investitionstätigkeit
+/– Cash-flow aus der Fremdfinanzierungstätigkeit

= Einzahlungsüberschuß des Unternehmens (= Fondsveränderung + Netto-Ausschüttungen der Periode)

Faktisch werden hier lediglich die Zahlungsströme zwischen Unternehmen und Eigner in den (nunmehr erweiterten) Fonds umgegliedert. Zu beachten ist allerdings, daß die Höhe der so ermittelten Einzahlungsüberschüsse der vergangenen Perioden von der historischen Dividenden- und Kapitalstrukturpolitik des Unternehmens abhängt. Der Einfluß der Kapitalstrukturpolitik kann durch eine Umgliederung der Zahlungen zwischen Unternehmen und Fremdkapitalgeber in den (abermals erweiterten Fonds) eliminiert werden.

Bei Orientierung an den dargestellten Cash-flow-Größen sind Bereinigungen zur Normalisierung der in den Jahresabschlüssen vorgenommenen *Periodisierungen* grundsätzlich nicht erforderlich, da durch das Abstellen auf Zahlungsströme Periodisierungsprobleme ohnehin eliminiert wurden. Ob in der Vergangenheit in über- oder unterdurchschnittlichem Ausmaß investiert wurde, ist unmittelbar aus der Entwicklung des Cash-flows aus der Investitionstätigkeit ersichtlich und im Rahmen der Prognose des künftigen Investitionsbedarfs zu berücksichtigen. Dies führt unseres Erachtens zu einer wesentlich transparenteren Einbindung der Annahmen über das künftige Investitionsverhalten als die im WP-Handbuch 1992 vorgeschlagene Adaptierung der Abschreibungsbeträge. Gleiches gilt für die in der Vergangenheit im F&E-Bereich geleisteten Auszahlungen. Der Bewerter wird zu prüfen haben, in welcher Höhe dafür künftig Auszahlungen anfallen werden. Eine Periodisierung früherer Auszahlungen ist hiefür nicht erforderlich.

Über die bisher geschilderten Bereinigungen zum Zwecke der Normalisierung von Vergangenheitserfolgen hinausgehend werden im Fachgutachten KFS/BW1 „Berichtigungen" der Vergangenheitserfolge um besondere wirtschaftliche Einflußfaktoren der vergangenen Jahre und um zu erwartende Veränderungen in den Folgejahren verlangt. Die Vergangenheitserfolge sollen demnach „um außerordentliche Komponenten und einmalige Einflüsse, die sich in Zukunft voraussichtlich nicht wiederholen werden, und um die im Zeitpunkt der Unternehmensbewertung bereits eingetretenen oder erkennbaren Veränderungen der in der Vergangenheit wirksam gewesenen Erfolgsfaktoren" berichtigt werden. Als Beispiele werden u.a. erfolgte oder erwartete erhebliche Änderungen des Leistungsprogramms oder der Kapazität des Unternehmens, erfolgte oder erwartete Veränderungen der Wettbewerbsverhältnisse auf den Beschaffungs- und Absatzmärkten oder zu erwartende Veränderungen der Kapitalstruktur genannt. Die vorgeschlagenen Maßnahmen gehen aber weit über eine bloße „Bereinigung" der Vergangenheitserfolge hinaus. Sie zielen auf eine Vermengung von Vergangenheitsanalyse und Prognose der Unternehmenserträge ab: Eine erweiterte „Vergangenheitsanalyse" unter Berücksichtigung absehbarer künftiger Entwicklungen soll eine gesonderte Prognose der Unternehmenserträge ersetzen. Dementsprechend soll diese Vorgangsweise nach dem Fachgutachten KFS/BW1 dann gewählt werden, wenn „keine geeigneten Plandaten" für die Unternehmensbewertung vorliegen.

In ähnlicher Form findet sich diese Vermengung von Vergangenheitsanalyse und Prognose auch im WP-Handbuch 1992 (*IDW*,1992, 66 ff). Hier wird zunächst die „Bereinigung der nicht in den Erfolgsrechnungen erfaßten bzw. nicht dem Unternehmen innewohnenden Ertragsfaktoren" verlangt. Damit sollen etwa die Einflüsse persönlicher Qualifikationen des Unternehmers, fehlende Unternehmerlöhne oder die bei einer Übertragung des Unternehmens wegfallenden Verbundeffekte eliminiert werden. Es handelt sich dabei wiederum um Maßnahmen, die keine bloße „Normalisierung" der Vergangenheitserfolge bewirken sollen. Im Sinne der Ermittlung eines „objektivierten Unternehmenswerts" soll hier ein Teil der zu erwartenden Auswirkungen aus der Unternehmensübertragung berücksichtigt werden. Darüber hinaus werden ebenfalls Bereinigungen „im Hinblick auf zukünftige Verhältnisse" gefordert, die v.a. bereits eingetretenen bzw. absehbaren Veränderungen der gegebenen Ergebnisstruktur Rechnung tragen sollen.

Für eine Entscheidungswertermittlung ist eine solche Vorgangsweise jedoch strikt abzulehnen. Zu fordern ist eine klare und nachvollziehbare Trennung zwischen der Vergangenheitsanalyse und der gesondert zu erstellenden Prognose der künftigen Einzahlungsüberschüsse. Da die Vergangenheitsanalyse nur Grundlagen für diese Prognose liefern soll, ist es nicht erforderlich, das Datenmaterial aus der Vergangenheit um die Auswirkungen künftiger Entwicklungen „anzureichern". Derartige Überlegungen bleiben der Prognoserechnung vorbehalten. Andernfalls besteht die Gefahr, daß eine Prognose der künftigen Cash-flows überhaupt unterbleibt und der Bewertung nur ein um vielfältige „Bereinigungen" und Durchschnittsbildungen modifizierter und „normalisierter" Vergangenheitserfolg zugrunde gelegt wird.

Wir empfehlen daher, von einer „Bereinigung" von Vergangenheitsgrößen zum Zweck einer „Umformung" in Prognosegrößen abzusehen. Sinnvoll erscheint es vielmehr, die für die Vergangenheit ermittelten Cash-flows einer umfassenden Analyse zur Bestimmung der in der Vergangenheit relevanten *Einflußgrößen* zu unterziehen. Aus den Ergebnissen dieser Untersuchung können dann entsprechende Schlußfolgerungen für die – gesondert zu erstellende – Prognoserechnung gezogen werden. Ohne Zweifel wird man im Rahmen der Untersuchung der Cash-flows der Vergangenheit besonders darauf zu achten haben, inwieweit sie durch besondere Faktoren, z.B. außerordentliche bzw. einmalige und voraussichtlich nicht wiederkehrende Ereignisse oder Rahmenbedingungen, beeinflußt waren, sodaß sie insoweit nicht als Indikator für die künftigen Entwicklungen herangezogen werden können. Einleuchtend ist aber auch, daß in Anbetracht der Vielzahl denkbarer „Sondereinflüsse" auf die Vergangenheitsdaten eine vollständige Aufzählung unmöglich ist (s. dazu etwa die ebenfalls nur beispielhafte Aufzählung im Fachgutachten KFS/BW1). Weiters hängt die Abgrenzung solcher Sondereinflüsse entscheidend von den Einschätzungen und Vorstellungen des Bewertungssubjekts hinsichtlich der künftigen Unternehmenstätigkeit ab. Als allgemeine Richtschnur kann daher nur folgendes gelten: Soweit im Rahmen der Prognose der künftigen Cash-flows eine Orientierung an einzelnen Vergangenheitsgrößen erfolgt, ist zu prüfen, inwieweit diese Größen auch als für die künftigen Perioden als repräsentativ angesehen werden können.

Im Rahmen der Untersuchung der Vergangenheitsdaten ist weiters zu eruieren, welche Cash-flow-Tangenten aus nicht betriebsnotwendigen Vermögenswerten stammen, die einer gesonderten (Einzel-)Bewertung unterzogen werden. Dies kann etwa auf vermietete Liegenschaften oder bestimmte Finanzanlagen zutreffen.

Um eine Vergleichbarkeit der Cash-flows der abgelaufenen Perioden zu erreichen, ist ferner eine Bereinigung um Einflüsse aus den *Kaufkraftänderungen* erforderlich. Dies erfolgt in der Regel durch eine Hochrechnung der Cash-flows der vergangenen Perioden auf das (allgemeine) Kaufkraftniveau zum Bewertungsstichtag.

cc) Analyse sonstiger Unternehmensdaten

Im Rahmen der Vergangenheitsanalyse ist in weiterer Folge zu untersuchen, in welchem Ausmaß die einzelnen Unternehmensbereiche bzw. Sparten oder Produktgruppen zur Erwirtschaftung der ermittelten Cash-flows beigetragen haben. Dazu sind in der Regel über die Jahresabschlüsse hinausgehende Informationen aus dem internen Rechnungswesen (Kostenrechnung, Betriebsstatistik) des zu bewertenden Unternehmens erforderlich, etwa in Form einer stufenweisen Fixkostendeckungsrechnung, die z.B. auch die Abschätzung der Folgen eines Auflassens bestimmter Produktbereiche erlaubt. Oft werden jedoch solche Informationen einem potentiellen Käufer nicht bzw. nicht vollständig zugänglich sein oder wurden vom Unternehmen keine entsprechenden Aufzeichnungen geführt.

Die Informationen aus dem externen und internen Rechnungswesen sind im Rahmen der Vergangenheitsanalyse um weitere Informationen zu den einzelnen Unternehmensbereichen, zu den vom Unternehmen vertriebenen Produkten und bearbeiteten Märkten sowie zur Branchen- und Konkurrenzsituation zu ergänzen. Hier bietet sich u.a. an, die im Rahmen der strategischen Unternehmensplanung entwickelten Konzepte einzusetzen. *Ballwieser* hat die Anwendungsmöglichkeiten der Portfolio-Analyse, des Lebenszyklus-Konzepts sowie des Erfahrungskurven-Konzepts als Grundlage einer Planung und Prognose der künftigen Einzahlungsüberschüsse einer umfassenden Analyse unterzogen (s. dazu *Ballwieser*, 1990).

dd) Kontrollfunktion der Letztjahresbedingungen

Einleuchtend ist, daß den Vergangenheitsdaten i.a. umso höherer Stellenwert beigemessen wird, je näher die betreffende Periode zum Bewertungsstichtag liegt. Aus diesem Grund wird in der Regel das letzte vor dem Bewertungsstichtag liegende Jahr einer besonders genauen Analyse unterzogen. Darauf aufbauend wird zum Teil versucht, den Unternehmenswert unter der Fiktion zu bestimmen, daß sich die diesem Zahlenmaterial zugrundeliegenden „Letztjahresbedingungen“ (z.B. Umweltbedingungen, Geschäftspolitik) künftig ständig wiederholen. Im Rahmen der Entscheidungswertermittlung kann aber den für das letzte Jahr vor dem Bewertungsstichtag liegenden Einzahlungsüberschüssen lediglich eine Kontroll- bzw. Orientierungsfunktion zukommen. Sie können keinesfalls pauschal als für alle künftigen Perioden maßgeblich erachtet werden. Gerade die Annahme von auf Dauer konstanten Bedingungen muß heute in Anbetracht der sich rasch ändernden Märkte als unrealistisch bezeichnet werden. Darüber hinaus sind die historischen Einzahlungsüberschüsse möglicherweise durch überdurchschnittlich hohe oder niedrige Investitionsauszahlungen oder andere Faktoren verzerrt bzw. nicht repräsentativ. Auch im Rahmen der Kontrollfunktion sind derartige Einflüsse zu korrigieren.

2.3. Prognose der (potentiellen) Cash-flows

a) Zerlegung des Prognosezeitraums

Die mit der Prognose der künftigen Cash-flows unweigerlich verbundene Unsicherheit versucht man durch eine Gliederung des Prognosezeitraums in mehrere Abschnitte zu vermindern. Nach KFS/BW1 kann den Schwierigkeiten der Prognose u.a. „durch die Unterteilung des Planungszeitraumes in Phasen mit unterschiedlicher Genauigkeit und Verläßlichkeit der Schätzung" Rechnung getragen werden. Analog wird in der Stellungnahme HFA 2/1983 die „Zerlegung des Planungszeitraumes in Phasen unterschiedlicher Schätzgenauigkeit" zur Begrenzung der mit der Prognose verbundenen Unsicherheit vorgeschlagen. Ausgehend von der Annahme unendlicher Unternehmensdauer wird eine Zerlegung in die nachstehenden Phasen mit je nach Einzelfall unterschiedlicher Länge empfohlen („Mehrphasenmodell" bzw. „Phasenmodell"):

1. *Phase:* nächstliegende, noch detailliert planbare Zukunft mit Einzelplanansätzen (z.B. 3 Jahre),
2. *Phase:* Trenderwartungen und Ableitungen aus den Plänen der 1. Phase bis zum Planungshorizont (z.B. weitere 5 Jahre),
3. *Phase:* fernstliegende Phase, für die i.d.R. eine Entwicklung des Erfolges auf konstantem Niveau angenommen (weitere Zukunft) wird.

Nach HFA 2/1983 kann aber daneben „im Einzelfall die Möglichkeit bestehen, den Zukunftserfolg eines jährlich gleichbleibenden Durchschnittertrages zu schätzen, ausgehend von der Ertragssituation am Bewertungsstichtag".

Zum Phasenmodell ist festzustellen, daß damit ein durchaus zweckmäßiges Vorgehen beschrieben wird, das im Grunde bei jeder Planung angewendet wird bzw. angewendet werden sollte. Es steht in Einklang mit der auch im Rahmen der DCF-Methoden gebräuchlichen Vorgangsweise, den gesamten Prognosezeitraum durch Festlegung eines

Planungshorizonts einzuteilen in einen (davor liegenden) *Detailprognosezeitraum*, für den eine periodenspezifische Prognose der Cash-flows vorgenommen wird, und einen Zeitraum nach dem Planungshorizont, für den z.B. Cash-flows auf konstantem Niveau in Verbindung mit einer zu definierenden Wachstumsrate unterstellt werden. Das Phasenmodell ist dem Rentenmodell vorzuziehen: Die mit dem Rentenmodell verbundene Heranziehung eines gleichbleibenden Durchschnittswertes für den künftigen Unternehmensertrag führt zum Verzicht auf eine periodenspezifische Prognose der bewertungsrelevanten Cash-flows auch für die unmittelbare Zukunft und kann im Rahmen der Entscheidungswertermittlung zu großen Ungenauigkeiten führen. Eine solche Vereinfachung erscheint nur für den Zeitraum nach dem Planungshorizont gerechtfertigt.

Geht man von unendlicher Unternehmensdauer aus, ist daher im Rahmen der Entscheidungswertermittlung i.a. ein *Planungshorizont* festzulegen. Damit erhebt sich die Frage nach der erforderlichen Länge des Detailprognosezeitraums einerseits und der Vorgangsweise bei der Bestimmung des Werts der relevanten Cash-flows nach dem Planungshorizont andererseits. Der Unternehmenswert zum Planungshorizont verliert mit zunehmender Länge des Detailprognosezeitraums aufgrund des damit ansteigenden Diskontierungseffekts an Bedeutung. Umgekehrt können sich Rückwirkungen auf eine sinnvolle Länge des Detailprognosezeitraums aus der Form der Wertfindung zum Planungshorizont ergeben. Es erscheint daher zweckmäßig, in einem ersten Schritt die Form der Wertfindung zum Planungshorizont festzulegen.

Zur Lösung dieses Problems werden von Literatur und Bewertungspraxis unterschiedliche Vorschläge unterbreitet, die ihren Niederschlag u.a. auch in den zahlreichen Bezeichnungen für den Wert des Unternehmens zum Planungshorizont (z.B. „unendlicher Fortführungswert", „Endwert", „Restwert", „Continuing Value", „Residual Value", „Terminal Value") finden. Nach dem Fachgutachten KFS/BW1 sollen für alle nach dem Planungshorizont liegenden Perioden „gleichbleibende Erträge" angesetzt werden, die als ewige Rente kapitalisiert und auf den Bewertungsstichtag abgezinst werden. Analog sieht auch die Stellungnahme HFA 2/1983 vor, nach dem Planungshorizont einen gleichbleibenden „nachhaltigen" Ertrag anzusetzen. Dieses Vorgehen wird als Ansatz eines „unendlichen Fortführungswerts" bezeichnet.

Alternativ dazu werden Ansätze zur Wertfindung zum Planungshorizont vorgeschlagen, bei deren Anwendung die Prognose der danach anfallenden Cash-flows nicht erforderlich sein soll. Das Spektrum reicht hier vom Ansatz eines erwarteten Veräußerungserlöses oder Börsenwerts des Unternehmens über einzelbewertungsorientierte Ansätze wie z.B. Liquidationswert oder Reproduktionswert bis hin zur Heranziehung eines mit Hilfe von Multiplikatoren ermittelten Unternehmenswertes zum Planungshorizont.

Die unterschiedlichen Wertkategorien führen jedoch in der Regel zu stark voneinander abweichenden Ergebnissen. Im konkreten Einzelfall muß daher sehr genau geprüft werden, inwieweit ihre Verwendung als konsistent zu beurteilen ist. Der Ansatz eines Liquidationswertes zum Planungshorizont führt letztlich zur Annahme einer endlichen Unternehmensdauer. Bei Abstellen auf den Substanzwert auf Basis von Teilreproduktionskosten wird strenggenommen unterstellt, daß der Barwert der Erträge nach dem Planungshorizont genau den Unternehmensnachbaukosten (insbes. ohne immaterielle Werte) entspricht (zur Problematik dieses Bewertungsverfahrens s. unten IV. B.). Die Prognose eines Veräußerungserlöses, eines Börsenwertes sowie auch die Verwendung von Multiplikatoren zur Wertbestimmung setzen strenggenommen wieder Annahmen über die Höhe der Cash-flows nach dem Planungshorizont voraus. Denn nur diese Cash-flows können für die Höhe dieser Werte ausschlaggebend sein. Die nachfolgenden Ausführungen befassen sich daher mit der Bestimmung eines aus den bewertungsrelevanten Cash-flows nach dem Planungshorizont abzuleitenden unendlichen Fortführungswerts (Continuing Value).

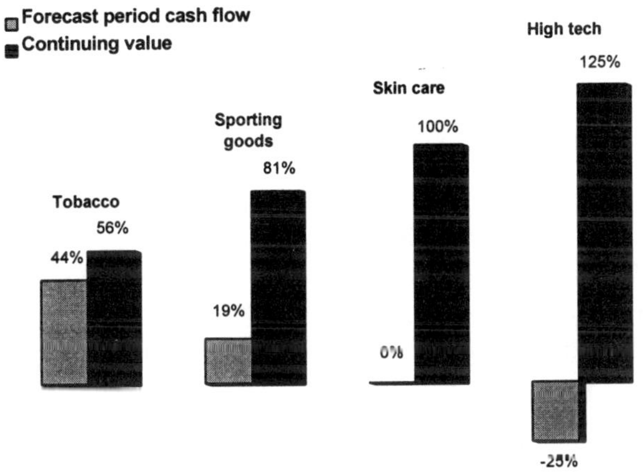

Abb. 15: Continuing Value als Prozentsatz des Gesamtwerts bei einem Detailprognosezeitraum von 8 Jahren (entnommen aus *Copeland/Koller/Murrin*, 1994, 275)

Der Bestimmung des Continuing Value kommt schon deshalb hohe praktische Bedeutung zu, weil sein Barwert häufig einen sehr hohen Prozentsatz des gesamten Entscheidungswerts repräsentiert. *Copeland/Koller/Murrin* (1994, 275) haben für einzelne Unternehmen aus verschiedenen Branchen Barwertanteile der Cash-flows vor und nach dem Planungshorizont am Gesamtwert ermittelt. Dabei schwankt der Barwertanteil des Continuing Value zwischen 56 % (Tobacco) und 125 % (High tech). Höhere Barwertanteile des Continuing Value sind nach *Copeland/Koller/Murrin* vor allem auf Investitionen während des Detailprognosezeitraumes zurückzuführen, die zu entsprechend höheren Rückflüssen nach dem Planungshorizont führen.

Dem Fortführungswert kommt ein um so niedrigerer Anteil am Gesamtwert zu, je früher es dem Unternehmen gelingt, hohe bewertungsrelevante Cash-flows zu generieren. Entscheidend ist dabei, welcher Anteil der Cash-flows aus der Betriebstätigkeit wieder in Anlage- und Umlaufvermögen investiert werden muß (zur Bedeutung der Nettoinvestitionen ins Anlage- und Umlaufvermögen s. auch die „Value-Driver-Modelle" zur Prognose von Free Cash-flows unter 3.Kap.II.C.4.).

Soll der Continuing Value auf Basis von Annahmen über einen durchschnittlichen, nach dem Planungshorizont anfallenden NCF beim Eigner bestimmt werden, kann er mit Hilfe der Barwertformel für eine unendliche Rente bestimmt werden. Wird eine Nominalrechnung angewendet und bezeichnet NCF_{T+1} den nominellen NCF der ersten Periode nach dem Planungshorizont, r den konstanten nominellen Diskontierungssatz bei unendlicher Unternehmensdauer und wird unterstellt, daß die NCF ab dem Planungshorizont mit der konstanten Wachstumsrate w wachsen, kann der Continuing Value CV_T als auf den Zeitpunkt T bezogener Barwert der NCF nach dem Planungshorizont nach folgender Formel ermittelt werden:[1]

$$CV_T = \frac{NCF_{T+1}}{r - w} \tag{2.35}$$

Wird für die Zeit nach dem Planungshorizont von einer konstanten Unternehmensgröße ausgegangen, sind für die Höhe der Wachstumsrate primär Überlegungen betreffend die Fähigkeit des Unternehmens zur Inflationsüberwälzung ausschlaggebend. Unter der Annahme eines inflationsproportionalen Wachstums und somit vollständiger Inflationsüberwälzung entspricht *w* genau der langfristig erwarteten Inflationsrate (s. dazu auch unten F.2.4.).

Annahmen über die Höhe und die Entwicklung der Cash-flows nach dem Planungshorizont haben in der Regel wesentlichen Einfluß auf das Bewertungsergebnis. Der Prüfung der damit zusammenhängenden Fragen muß daher besonderes Gewicht beigemessen werden. Die Abschätzung von NCF_{T+1} setzt voraus, daß sich das Unternehmen zum Planungshorizont bereits in einer Phase befindet, für die die Annahme einer kontinuierlichen Weiterentwicklung plausibel erscheint. Voraussetzung dafür ist wiederum die Wahl eines *ausreichend langen Detailprognosezeitraums*, der zumindest alle erforder-

[1] Die Formel kann aus der Summenformel für unendliche geometrische Reihen entwickelt werden.

lichen Investitionsschübe, Markterschließungen und anderen bedeutsamen Maßnahmen umfaßt, die zur Erreichung des geplanten Geschäftsumfanges notwendig sind. Wenngleich für die Bestimmung des Planungshorizonts keine allgemein gültigen Regeln bestehen, bildet die Untergrenze für den Detailprognosezeitraum daher jene Zeitspanne, für die aufgrund der vorliegenden Informationen und Erwartungen noch eine „unstetige" Entwicklung des Unternehmens anzunehmen ist und die Annahme gleichbleibender Wachstumsraten der Cash-flows unplausibel wäre. Im allgemeinen werden Detailprognosezeiträume von fünf bis zwanzig Jahren verwendet. In Anlehnung an *Copeland/Koller/Murrin* (1994, 292) empfehlen wir einen Detailprognosezeitraum von zumindest 7 Jahren.

Für die Zeit nach dem Planungshorizont wird dann eine kontinuierliche Unternehmensentwicklung unterstellt. Wird vereinfachend von einer konstanten Unternehmensgröße ausgegangen, können Investitionen ins Anlagevermögen in Höhe der Abschreibungen, konstante Bestände im Bereich des Nettoumlaufvermögens sowie eine konstante Kapitalstruktur unterstellt werden. Für das Wachstum der NCF sind dann die Annahmen über die Fähigkeit des Unternehmens zur Inflationsüberwälzung maßgeblich. Wird für die Zeit nach dem Planungshorizont ein kontinuierlich wachsendes Unternehmen unterstellt, das laufend Investitionen in eine Erweiterung des Geschäftsumfanges tätigt, sind Annahmen über die Rendite des neu investierten Kapitals zu treffen (s. dazu näher unter 3.Kap.II.4.2. sowie *Copeland/Koller/Murrin*, 1994, 137 ff und 276 ff).

Abschließend sei festgehalten, daß die Festlegung des Planungshorizonts als rein prognosetechnisches Problem strenggenommen keine Auswirkungen auf die Höhe des Bewertungsergebnisses zeitigen dürfte. Ein derartiger Einfluß ergibt sich in der Praxis allerdings insbesondere dann, wenn für die Zeit nach dem Planungshorizont von – im Vergleich zum Detailprognosezeitraum – extrem vorsichtigen Ansätzen ausgegangen wird. Eine Vorverlegung des Planungshorizonts führt dann zu einer Verminderung des Bewertungsergebnisses. Ein derartiger Effekt ist aber nicht von vornherein plausibel. Es muß daher geprüft werden, ob ein ausreichend langer Detailprognosezeitraum gewählt wurde. Ein Rückgang der Ertragskraft in späteren Perioden wird aber insbesondere dann plausibel sein, wenn davon auszugehen ist, daß sich der Wettbewerbsdruck im Laufe der Jahre verstärken wird und die Renditen auf den vom Unternehmen bearbeiteten Märkten sinken werden (s. dazu auch die dem Value-Driver-Modell von *Stewart* zugrundeliegenden Annahmen, 3.Kap.II.4.2.).

b) Integrierte Erfolgs- und Finanzplanung

Die Prognose der Einzahlungsüberschüsse hat i.a. auf Grundlage einer umfassenden *Unternehmensplanung* zu erfolgen. Im Rahmen dieser Unternehmensplanung sind ausgehend von einer Festlegung der Unternehmensziele und -strategien verschiedenste Teilpläne, wie etwa Absatzplan, Beschaffungsplan, Produktionsplan, Investitions- und Finanzierungsplan, zu erarbeiten, aufeinander abzustimmen und in einer integrierten Planungsrechnung, die die entsprechenden *Erfolgspläne, Finanzpläne und Planbilanzen* umfaßt, zusammenzufassen. Zu Fragen der Unternehmensplanung existiert umfangreiche betriebswirtschaftliche Literatur, in der unterschiedliche Planungsansätze und -konzepte vertreten werden (s. u.a. *Hinterhuber*, 1992, *Welge/Al-Laham*, 1992; *Mag*, 1993; *Hammer*, 1995; *Egger/Winterheller*, 1996; *Hahn*, 1996). Da hier primär Fragen der Bewertungsmethodik interessieren, wird auf eine nähere Diskussion der einzelnen Ansätze verzichtet. Zur Unterstützung und praktischen Durchführung der Unternehmensplanung stehen weiters zahlreiche Software-Pakete zur Verfügung (in Österreich z.B. *Frühwirt*, 1996).

Die Unternehmensplanung kann grundsätzlich auf Basis nomineller oder realer Werte erfolgen. Wir empfehlen die Anwendung einer Nominalrechnung, da sie mit dem Erfordernis der Erstellung von Finanzplänen und der Ermittlung von Ertragsteuerbemessungsgrundlagen kompatibel und daher i.a. weniger aufwendig als eine Realrechnung ist.

	Erfolgsplan	*Planperioden*						
		1	*2*	*3*	*4*	*5*	*6*	....
	Umsatzerlöse							
+/-	Bestandsveränderungen, akt. Eigenleistungen							
+	Sonstige Erträge							
	Gesamtleistung							
-	Materialaufwand							
-	Personalaufwand							
-	Abschreibungen auf SAV, IAV, IE							
-	Sonstige betriebliche Aufwendungen							
	Betriebserfolg							
+/-	Erträge/Aufwendungen aus Beteiligungen							
+	Zinserträge							
-	Zinsaufwand							
	Ergebnis der gewöhnlichen Geschäftstätigkeit							
+/-	a.o. Ergebnis							
+/-	Körperschaftsteuer (lt. Steuerplanung)							
	Jahresüberschuß							

	Finanzplan	*Planperioden*						
		1	*2*	*3*	*4*	*5*	*6*	....
	Jahresüberschuß (lt. Erfolgsplan)							
+	Abschreibungen auf SAV, IAV, IE, FAV							
-	Zuschreibungen							
+/-	Aufwendungen/Erträge aus Abgang von Anlagevermögen							
+/-	Veränderung langfristiger Rückstellungen							
+/-	Veränderung des Nettoumlaufvermögens *)							
	Cash-flow aus der Betriebstätigkeit							
	Zuflüsse aus dem Abgang von Anlagevermögen							
-	Mittelabflüsse für Investitionen							
+/-	Veränderungen von Finanzforderungen							
	Cash-flow aus der Investitionstätigkeit							
	Veränderung von Verbindlichkeiten aus Anleihen							
+/-	Veränderung von langfristigen Bankverbindlichkeiten							
+/-	Veränderung von kurzfristigen Bankverbindlichkeiten							
+/-	Veränderung von sonst. Schulden							
	Cash-flow aus der Fremdfinanzierung							
	Cash-flow aus der Betriebstätigkeit							
+/-	Cash-flow aus der Investitionstätigkeit							
+/-	Cash-flow aus der Fremdfinanzierung							
+/-	Veränderung des Bestandes an liquiden Mitteln							
	Einzahlungsüberschuß des Unternehmens							
	*) ohne liquide Mittel und kurzfristige Bankverbindlichkeiten							

Abb. 16. Schema zur Erfolgs- und Finanzplanung

Abb. 16 zeigt ein einfaches Schema zur Strukturierung der Erfolgs- und Finanzplanung zur Abschätzung der künftigen Einzahlungsüberschüsse einer zu bewertenden Kapitalgesellschaft, das sich im Erfolgsbereich an der Gewinn- und Verlustrechnung gemäß § 231 HGB (nach dem Gesamtkostenverfahren) und im Finanzplanungsbereich an einer Kapitalflußrechnung nach SFAS No. 95 orientiert.

Die Erfolgsplanung dient als erster Indikator für die Höhe der zu erwartenden Cash-flows sowie als Grundlage der daran anknüpfenden Finanzplanung. Bei zu bewertenden Kapitalgesellschaften kann sie weiters zur Abschätzung des künftigen Ausschüttungspotentials nach Maßgabe der dafür relevanten handelsrechtlichen Vorschriften dienen, wenn eine periodenspezifische Festlegung des Ausschüttungsverhaltens erfolgen soll. Da das Ziel der Planung in der Prognose künftiger Cash-flows liegt, erscheint es zweckmäßig, der Erfolgsplanung pagatorische Aufwands- und Ertragsgrößen zugrunde zu legen und sie in Übereinstimmung mit den Rechnungslegungsvorschriften aufzubauen. Ein Ansatz kalkulatorischer Größen, wie etwa Abschreibungen auf Wiederbeschaffungspreisbasis oder kalkulatorische Zinsen auf das Eigenkapital, erscheint grundsätzlich nicht sinnvoll. Der Ansatz kalkulatorischer Größen kann nur in Ausnahmefällen zur Herstellung der Äquivalenz mit den Alternativverträgen geboten sein (z.B. Ansatz eines kalkulatorischen Unternehmerlohns bei einem zu bewertenden Einzelunternehmen).

In einem zweiten Schritt ist ausgehend von den Ergebnissen der Erfolgsplanung eine Finanzplanung zu erstellen, um die potentiell verfügbaren Cash-flows in den jeweiligen Perioden abschätzen zu können. Ausschlaggebend hiefür sind vor allem Annahmen über die zu erwartenden Investitionen in das Anlagevermögen und das Netto-Umlaufvermögen sowie die geplante Entwicklung des lang- und kurzfristigen Fremdkapitals. Da sich zwischen Erfolgs- und Finanzplanung Wechselwirkungen ergeben, sind gegebenenfalls Iterationen erforderlich. Tiefe und Genauigkeitsgrad der Planungsrechnungen werden schon aus pragmatischen Gründen mit steigender Entfernung vom Bewertungsstichtag abnehmen.

Die derart prognostizierten Einzahlungsüberschüsse stellen bei Zugrundelegung der Vollausschüttungsfiktion die bewertungsrelevanten Unternehmenserträge dar, wenn auf eine Berücksichtigung persönlicher Steuerwirkungen beim (potentiellen) Eigner (z.B. KESt auf Ausschüttungen) und externer Synergien verzichtet wird. Eine zutreffende Erfassung der persönlichen Steuerwirkungen beim (potentiellen) Eigner setzt strenggenommen die Aufgabe der Vollausschüttungsfiktion voraus, da hiefür konkrete Annahmen darüber erforderlich sind, aus welchem Titel die Einzahlungsüberschüsse des Unternehmens an den Eigner ausbezahlt werden. Dividendenzahlungen entfalten hier grundsätzlich andere Steuerwirkungen als Kapitalherabsetzungen, usw.

c) Annahmen über die künftige Kapitalstruktur

Literatur:

Schmidt, R.H./*Terberger*, E.: Grundzüge der Investitions- und Finanzierungstheorie, 3. Aufl, Wiesbaden 1996; *Spremann*, K.: Wirtschaft, Investition und Finanzierung, 5. Aufl, München-Wien 1996; *Swoboda*, P.: Investition und Finanzierung, 5. Aufl, Göttingen 1996.

Maßgeblich für die Höhe der in den künftigen Perioden anzusetzenden, bewertungsrelevanten Cash-flows sind grundsätzlich die subjektiven Erwartungen und Einschätzungen des Bewertungssubjekts. Dies gilt im Rahmen der Entscheidungswertermittlung auch für die künftige Ausschüttungs- und Kapitalstrukturpolitik. Bestehen daher konkrete Vorgaben des Bewertungssubjekts betreffend die künftige Ausschüttungs- und Finanzierungspolitik, sind sie der Entscheidungswertermittlung zugrunde zu legen. Bestehen keine derartigen Vorgaben, wird der Bewerter bestrebt sein, sich an einem optimalen, d.h. den Entscheidungswert des potentiellen Eigners maximierenden Szenario zu orientieren. Ausgehend von dem unter sehr restriktiven Prämissen gültigen Theorem über die Irrelevanz der Kapitalstruktur von *Modigliani* und *Miller* muß allerdings nach dem derzeitigen Stand der betriebswirtschaftlichen Lehre offen bleiben, ob überhaupt eine in diesem Sinn optimale Kapitalstruktur von Unternehmungen existiert bzw. von welchen konkreten Faktoren sie in welcher Form beeinflußt wird (vgl. dazu etwa *Swoboda*, 1996, 161 ff).

Als einer der Einflußfaktoren, die in der Realität gegen eine Irrelevanz der Kapitalstruktur sprechen können, wird die Besteuerung angesehen. Hier leuchtet zunächst ein, daß ein Besteuerungssystem, das Unternehmensgewinne in gleicher Weise erfaßt wie Zinseinkommen, ohne Einfluß auf die Kapitalstruktur bleibt. Auf das österreichische Steuersystem trifft diese Irrelevanzbedingung jedoch nicht zu. Vielmehr ist nach der Konzeption des österreichischen Steuersystems i.a. maximale Fremdfinanzierung optimal, da die Zinseinkommen privater Anleger aufgrund der Endbesteuerung mit KESt in der Regel einer deutlich niedrigeren Steuerbelastung unterliegen als die (nach Abzug der steuerlich absetzbaren Fremdkapitalzinsen verbleibenden und an die Anteilseigner weitergeleiteten) Unternehmensgewinne. Die Unternehmensgewinne unterliegen bei Personenunternehmen der (vollen) ESt- bzw. bei Kapitalgesellschaften der (kombinierten) KöSt- und KESt-Belastung.

Im allgemeinen ist daher der den Eigen- und Fremdkapitalgebern insgesamt zukommende Vorteilsstrom nach Steuern umso höher, je höher der Fremdkapitalanteil ist. Dieser Besteuerungsvorteil bei höherem Verschuldungsgrad kann aber keineswegs als einziger Effekt angesehen werden, der bei einer Verschiebung der Kapitalstruktur zugunsten des Fremdkapitalanteils auftritt. Gegenläufige Tendenzen können sich z.B. aus einem steigenden Kapitalstrukturrisiko bzw. einer höheren Insolvenzgefahr ergeben.

Im Ergebnis kommt der Bewerter daher nicht umhin, im Rahmen der Entscheidungswertermittlung geeignete – und aus der Sicht des Bewertungssubjekts sinnvolle – Annahmen über die künftige Entwicklung der Kapitalstruktur des zu bewertenden Unternehmens zu treffen. In Anbetracht des aufgezeigten Besteuerungsvorteils erscheint allerdings die in der Bewertungspraxis zum Teil anzutreffende Annahme eines in Zukunft stetig abnehmenden Fremdkapitalbestandes wenig realitätsgerecht. Bei der praktischen Umsetzung sind hier weiters die Wechselwirkungen zu beachten, die sich zwischen Ausschüttungs- und Kapitalstrukturpolitik aus den Annahmen über die Verwendung der künftigen Einzahlungsüberschüsse ergeben, da auch Thesaurierungen Einfluß auf die Kapitalstruktur haben. Weiters können sich aus der künftigen Entwicklung der Kapitalstruktur Rückwirkungen auf die Höhe der Renditeforderung der Eigenkapitalgeber und damit auf den Kalkulationszinsfuß beim Ertragswertverfahren ergeben.

d) Planungstechniken bei Unsicherheit

Die Höhe der in Zukunft aus dem Unternehmen ziehbaren NCF ist in der Regel unsicher. Soll diese Unsicherheit im Bewertungskalkül berücksichtigt werden, darf sie nicht schon im Prognosestadium vernachlässigt werden (vgl. *Franke/Hax*, 1994, 245). Erforderlich ist dann eine Prognose, die nicht auf eine einzige Zustandsfolge beschränkt ist, sondern – im (theoretischen) Idealfall – den gesamten Zustandsbaum, d.h. alle möglichen künftigen Zustandsfolgen, unter Angabe der zugeordneten Wahrscheinlichkeiten beschreibt. Für die praktische Umsetzung erscheint eine Prognose denkbar, die zumindest die wichtigsten Äste eines vereinfachten Zustandsbaums erfaßt. Erst eine solche „mehrwertige" Prognose ermöglicht es dem Entscheidenden, die Risiken und Chancen der zu treffenden Kauf- oder Verkaufsentscheidung abzuschätzen.

Zur Beurteilung der Unsicherheit der künftigen Cash-flows stehen verschiedene Verfahren der Risikoanalyse zur Verfügung. Dazu zählen etwa die Sensitivitätsanalyse, Simulationsverfahren oder die Definition von Risikomaßen (z.B. Erwartungswert, Standardabweichung). Den Anforderungen einer Entscheidungswertermittlung wird das Konzept der flexiblen Planung gerecht. Dabei werden von vornherein verschiedene mögliche Entwicklungen bei der Planung berücksichtigt und in Abhängigkeit von der eintretenden Entwicklung unterschiedliche Maßnahmen eingeplant. Die künftigen Maßnahmen hängen daher davon ab, wie sich die Lage bis zum Zeitpunkt ihrer Ausführung entwickelt. Die flexible Planung umfaßt somit ein System bedingter Teilpläne für verschiedene mögliche Zukunftslagen (vgl. *Franke/Hax*, 1994, 273).

Eine Vertiefung der genannten Planungstechniken bei Unsicherheit würde den Rahmen dieser Abhandlung sprengen. Es muß daher auf die Literatur verwiesen werden (s. z.B. *Coenenberg*, 1970, 793 ff; *Laux*, 1971a; *Janschek*, 1989, 103 ff; *Franke/Hax*, 1994, 238 ff; *Swoboda*, 1996, 132 ff).

3. Besonderheiten bei Unternehmensakquisitionen

Literatur:

Coenenberg, A.G./*Sautter*, M.T.: Strategische und finanzielle Bewertung von Unternehmensakquisitionen, DBW 1988, S. 691-710; *Leuthier*, R.: Das Interdependenzproblem bei der Unternehmensbewertung. Frankfurt a.M. u.a. 1988; *Gomez*, P.: Wertsteigerung durch Akquisition, DU 1989, S. 441-452; *Gomez*, P./*Weber*, B.: Akquisitionsstrategie: Wertsteigerung durch Übernahme von Unternehmungen, Stuttgart 1989; *Blex*, W./*Marchel*, G.: Risiken im Akquisitionsprozeß – Ein Überblick, BFuP 1990, 85-103; *Pümpin*, C.: Strategische Unternehmensbewertung, ST 1990, S. 553-556; *Sieben*, G./*Diedrich*, R.: Aspekte der Wertfindung bei strategisch motivierten Unternehmensakquisitionen, ZfbF 1990, S. 794-808; *Baetge*, J. (Hrsg): Akquisition und Unternehmensbewertung, Düsseldorf 1991; *Suckut*, S.: Unternehmensbewertung für internationale Akquisitionen, Wiesbaden 1992; *Valcarcel*, S.: Ermittlung und Beurteilung des „strategischen Zuschlags" als Brücke zwischen Unternehmenswert und Marktpreis, DB 1992, S. 589-595; *Ballwieser*, W.: Methoden der Unternehmensbewertung, in: Gebhart/Gerke/Steiner (Hrsg): Handbuch des Finanzmanagements, München 1993, S. 151-176; *Dirrigl*, H.: Konzepte, Anwendungsbereiche und Grenzen einer strategischen Unternehmensbewertung, BFuP 1994, S. 409-432; *Nadvornik*, W.: Finanzwirtschaftliche Unternehmensbewertung, RWZ 1995, S. 374-379; *Scharlemann*, U.: Finanzwirtschaftliche Synergiepotentiale von Mergers und Acquisitions, Bern-Stuttgart-Wien 1996.

In den bisherigen Überlegungen zur Prognose der künftigen Unternehmenserträge blieben Spezifika bei Unternehmensakquisitionen unberücksichtigt. In der Folge wird daher auf die Auswirkungen einer vom potentiellen Käufer verfolgten Akquisitionsstrategie eingegangen. Steuerliche Aspekte des Unternehmenserwerbs bleiben dabei vorerst ausgeklammert.

Nach *Coenenberg/Sautter* (1988, 698) können sich Werterhöhungen durch die Akquisitionsstrategie vor allem aus Restrukturierungsmaßnahmen und der Erschließung von Synergiepotentialen ergeben. Restrukturierungsmaßnahmen können sich dabei auf eine Optimierung des Managements des vorhandenen Betriebsvermögens beim erworbenen Unternehmen sowie auf eine Überprüfung der Frage beziehen, ob die vorhandenen Vermögenswerte und Schulden im erworbenen Unternehmen verbleiben sollen (vgl. Abb. 17).

Hohe Kaufpreise für Unternehmen werden häufig mit der Erschließung von Synergiepotentialen gerechtfertigt. Synergie- oder Verbundeffekte entstehen aus der Zusammenführung von Unternehmen (zum Synergiebegriff s. *Scharlemann*, 1996, 23 ff). Positive Synergien führen dabei zu einer Erhöhung der künftigen Erträge bzw. Cash-flows, die über die Summe der Unternehmenserträge der betroffenen Unternehmungen bei isolierter

Weiterführung hinausgehen („1+ 1 = 3“). Synergien können in allen betrieblichen Funktionsbereichen entstehen, z.B. in der Produktion durch die Möglichkeit der Massenproduktion, im Absatz durch die Einrichtung eines gemeinsamen Vertriebes usw. Allgemein kann zwischen güterwirtschaftlichen und finanzwirtschaftlichen Synergiepotentialen unterschieden werden. Abb. 18 bringt einen Überblick über mögliche Synergiepotentiale.

Abb. 17: Restrukturierungsmaßnahmen nach Unternehmensakquisitionen (entnommen aus *Coenenberg/Sautter*, 1988, 699)

Die exakte Quantifizierung der Synergieeffekte kann nur über eine gemeinsame Unternehmensplanung, in die beide Unternehmen einbezogen sind, erfolgen (vgl. dazu auch *Suckut*, 1992, 95 ff). Dabei sind interne, d.h. im Akquisitionsobjekt selbst auftretende Synergien gleichermaßen zu berücksichtigen wie externe Synergien, die an anderer Stelle innerhalb des akquirierenden Unternehmensverbandes auftreten. Zur Abschätzung dieser Verbundeffekte benötigt der Bewerter daher Informationen über die absatz- und produktionspolitischen Möglichkeiten aller Unternehmen, zwischen denen Verbundeffekte erwartet werden (vgl. *Leuthier*, 1988, 183). Die Betrachtung darf sich nicht allein auf das Akquisitionsobjekt beschränken.

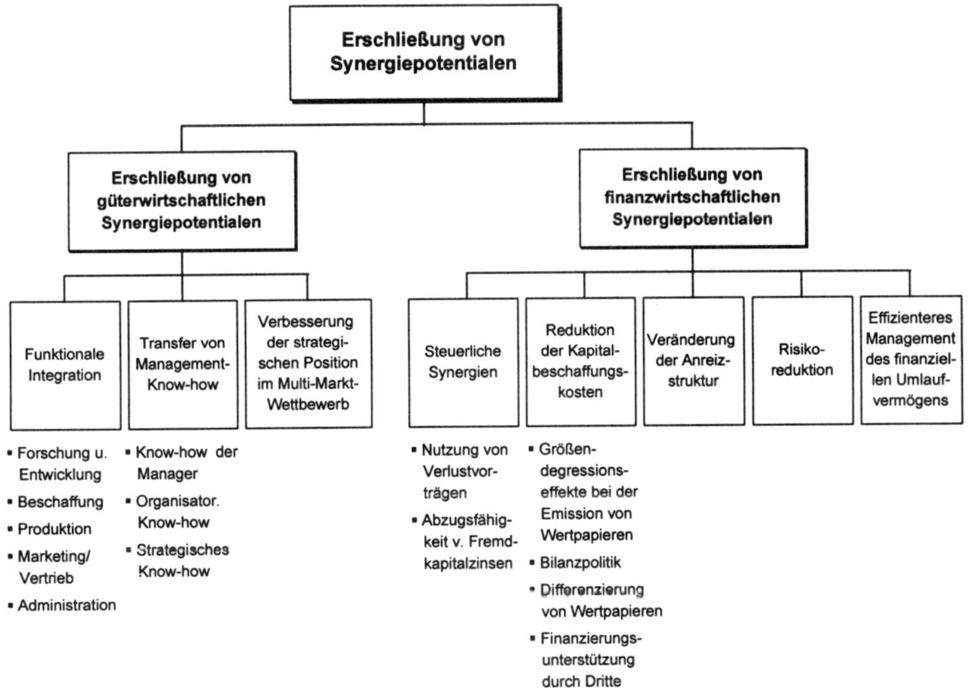

Abb. 18: Analyse von Synergiepotentialen durch den Geschäftssystem-Ansatz (entnommen aus *Coenenberg/Sautter*, 1988, 700)

Untersuchungen von Unternehmenskäufen in der Praxis haben ergeben, daß Synergiepotentiale häufig überschätzt werden (vgl. *Coenenberg/Sautter*, 1988, 692). Einer realistischen und konsistenten Quantifizierung der zu erwartenden Verbundeffekte kommt daher höchste Bedeutung zu. Hier ist vor allem auf die Gefahr von Doppelzählungen (vgl. *Valcarcel*, 1992, 595) sowie auf mögliche „negative" Synergien hinzuweisen.

Abb. 18 führt im Rahmen der finanzwirtschaftlichen Synergiepotentiale auch die Möglichkeit einer mit der Akquisition verbundenen Risikoreduktion an. Zu untersuchen ist hier, inwieweit sich Auswirkungen auf das systematische bzw. das unsystematische Risiko ergeben (s. dazu ausführlich *Scharlemann*, 1996, 37 ff).

Neben den Auswirkungen von Restrukturierungsmaßnahmen und zu erschließenden Synergiepotentialen kann auch die mit einer Akquisition verbundene Erhöhung des künftigen Handlungsspielraumes Einfluß auf den Entscheidungswert des potentiellen Käufers entfalten. So könnte der Unternehmenserwerb z.B. die Voraussetzung für die Erschließung eines neuen Marktes bilden und bei positiver Entwicklung die Möglichkeit eröffnen, die Produktion auszuweiten und weitere Unternehmen zu erwerben. Die Entscheidungswertermittlung darf sich in einem solchen Fall nicht auf die unmittelbar aus dem Akquisitionsobjekt zu erwartenden Unternehmenserträge, gegebenenfalls bereits unter Einbeziehung interner und externer Synergien, beschränken. Zu berücksichtigen sind vielmehr auch die im Rahmen der verfolgten Strategie indirekt über den Unternehmenserwerb realisierbaren Cash-flows, z.B. solche aus dann möglichen weiteren Akquisitionen (vgl. *Sieben/Diedrich*, 1990, 795). Der Entscheidungswert für das Akquisitionsobjekt ist im Lichte der verfolgten Gesamtstrategie zu ermitteln. Zur Beurteilung der damit verbundenen Unsicherheit sind entsprechende Wahrscheinlichkeiten für die Realisierung der zusätzlichen Cash-flows festzulegen. Entscheidungsrelevant können hier auch beim akquirierenden Unternehmen befürchtete Ertragseinbrüche sein, soweit sie durch die Umsetzung der Akquisitionsstrategie vermeidbar erscheinen.

E. Berücksichtigung der Besteuerung

Literatur:

Wagner, F.W.: Der Einfluß der Einkommensteuer auf die Entscheidung über den Verkauf einer Unternehmung, DB 1972, S. 1637-1642; *Wagner*, F.W.: Das Grundmodell der Ertragsteuerwirkungen auf die Investitionsentscheidung, WiSt 1979, S. 67-72; *Wagner*, F.W./*Dirrigl*, H.: Die Steuerplanung der Unternehmung, Stuttgart-New York 1980; *Gratz*, K.: Unternehmensbewertung bei progressiver Einkommensbesteuerung, ZfbF 1981, S. 981-991; *Wagner*, F.W./*Dirrigl*, H.: Der Einfluß der Körperschaftsteuer auf den Unternehmenswert, BFuP 1981, S. 130-145; *Wagner*, F.W./*Nonnenmacher*, R.: Die Abfindung bei der Ausschließung aus einer Personengesellschaft, ZGR 1981, S. 674-683; *Moxter*, A.: Grundsätze ordnungsmäßiger Unternehmensbewertung, 2. Aufl, Wiesbaden 1983; *Haase*, K.D.: Einfluß der Besteuerung auf die Bewertung ertragsschwacher Unternehmungen, BFuP 1984, S. 518-531; *Ballwieser*, W./*Leuthier*, R.: Grundprinzipien, Verfahren und Probleme der Unternehmensbewertung, DStR 1986, S. 545-551 und 604-610; *Egger*, A.: Die Auswirkungen der Steuerbelastung auf den Wert eines Unternehmens unter besonderer Berücksichtigung der Kapitalgesellschaft, in: Doralt u.a. (Hrsg): Die Besteuerung der Kapitalgesellschaft, FS Egon Bauer, Wien 1986, S. 9-24; *Georgi*, A.: Steuern in der Investitionsplanung, Hamburg 1986; *List*, S.: Die Bewertung der GmbH – Eine theoretische Analyse der körperschaftsteuerlichen Probleme, Frankfurt a.M. u.a. 1987; *Dirrigl*, H.: Die Bewertung von Beteiligungen an Kapitalgesellschaften, Hamburg 1988; *Leuthier*, R.: Das Interdependenzproblem bei der Unternehmensbewertung, Frankfurt a.M. u.a. 1988; *Mandl*, G.: Der Einfluß der Steuerreform auf den Unternehmenswert von Kapitalgesellschaften, in: Bertl/Mandl/ Mandl/Ruppe (Hrsg): Die Kapitalgesellschaft nach der Steuerreform 1988, Wien 1989, S. 99-112; *Bertl*, R.: Der steueroptimale Kauf von Anteilen an Kapitalgesellschaften, SWK 1990, S. A I 136-140; *Herzig*, N.: Steuerorientierte Grundmodelle des Unternehmenskaufs, DB 1990, S. 133-138; *Bruckner*, K. E.: Optimale steuerliche Strategien bei M&A-Transaktionen, SWK 1991, S. A I 402-420; *Wundsam*,

W./*Zöchling*, H.: Steuerliche Aspekte des M+A-Geschäftes, GesRZ 1992, S. 1-12; *Bertl*, R.: Endbesteuerung und Unternehmensbewertung, RWZ 1993, S. 84-89; *Lutz*, H.: Zum Wert körperschaftsteuerlicher Verlustvorträge bei der Ertragswertermittlung, BFuP 1993, S. 67-77; *Doralt*, W./*Ruppe*, H.-G.: Grundriß des österreichischen Steuerrechts, Band I, 5. Aufl, Wien 1994; *Großfeld*, B.: Unternehmens- und Anteilsbewertung im Gesellschaftsrecht, 3. Aufl, Köln 1994; *Heidinger*, G. u.a.: Rechtsformgestaltung II, Wien 1994; *Bachl*, R.: Unternehmenskauf: Kombinationsmodell noch zeitgemäß?, ecolex 1995, S. 289-293; *Ballwieser*, W.: Aktuelle Aspekte der Unternehmensbewertung, WPg 1995a, S. 119-129; *Ballwieser*, W.: Unternehmensbewertung und Steuern, in: Elschen/Siegel/Wagner (Hrsg): Unternehmenstheorie und Besteuerung, FS Dieter Schneider, Wiesbaden 1995c, S. 15-37; *Helbling*, C.: Unternehmensbewertung und Steuern, 8. Aufl, Düsseldorf 1995; *Lang*, M.: Fremdkapitalzinsen zur Finanzierung der Anschaffung von Beteiligungen abzugsfähig?, ecolex 1995, S. 507-509; *Mandl*, G.: Steuersystem und Unternehmensbewertung, in: Bertl (Hrsg): Praxis und Zukunft der Unternehmensbesteuerung, Wien 1995, S. 295-306; *Rief*, R.: Unternehmens(ver)kauf: Neue steuerliche Rahmenbedingungen, ecolex 1995, S. 285-289; *Ullrich*, A.: Die Rechtsformgestaltung gewinnstarker Unternehmen unter der Prämisse der Personenbezogenheit, Wien 1995; *Wagner*, F.W./*Rümmele*, P.: Ertragsteuern in der Unternehmensbewertung: Zum Einfluß von Steuerrechtsänderungen, WPg 1995, S. 433-441; *Drukarczyk*, J.: Unternehmensbewertung, München 1996; *Gröhs*, B./*Bitzyk*, P.: Das Strukturanpassungsgesetz und die entgeltliche Unternehmensübertragung, ecolex 1996, S. 399-405; *Rabel*, K.: Rechtsformentscheidung und Umgründungsstrategie, in: Bertl/Mandl/Mandl/Ruppe (Hrsg): Steuerplanung, Wien 1997 (in Druck).

1. Notwendigkeit der Berücksichtigung von Steuerwirkungen

1.1. Allgemeines

Das Erfordernis der Berücksichtigung von Besteuerungswirkungen bei der Entscheidungswertermittlung kann heute in der betriebswirtschaftlichen Lehre als unumstritten gelten. Wird im Rahmen der Bewertung auf die künftigen NCF beim Eigner abgestellt, sind auch die erwarteten Steuerzahlungen (Steuerauszahlungen und Steuereinzahlungen bzw. -gutschriften), die durch das zu bewertende Unternehmen verursacht werden, einzubeziehen. Die Steuerzahlungen vermindern bzw. erhöhen die NCF beim (potentiellen) Eigner und damit auch dessen Entscheidungswert. Dem (potentiellen) Eigner steht für seine Konsumausgabendeckung nur ein Zahlungsstrom *nach* Berücksichtigung dieser mit dem Unternehmen verbundenen Steuerzahlungen zu. Die durch die Besteuerung hervorgerufenen Zahlungsmittelabflüsse stellen daher – wie alle anderen Auszahlungen auch – negative Zielbeiträge dar, die im Rahmen der Bewertung zu berücksichtigen sind. Die Steuerauszahlungen unterscheidet insofern nichts von anderen Auszahlungen, wie etwa jenen für den Materialeinkauf oder das Personal. Analog stellen Steuergutschriften genauso bewertungsrelevante Einzahlungen dar wie etwa jene aus den geplanten Umsatzerlösen.

Diese Einschätzung muß grundsätzlich unabhängig davon gelten, um welche konkreten Steuerarten es sich handelt, sodaß Ertragsteuern gleichermaßen zu berücksichtigen sind wie etwa Vermögensteuern, Verkehrsteuern (soweit es sich dabei nicht um bloße Durchlaufposten handelt wie bei der Umsatzsteuer mit Vorsteuerabzugsberechtigung) oder Verbrauchsteuern. Der Grundsatz der Verfügbarkeitsäquivalenz verlangt weiters die Berücksichtigung der Besteuerung sowohl bei den Unternehmenserträgen als auch bei den Alternativerträgen. Es ist daher jeweils für den konkreten Bewertungsanlaß zu klären, welcher Steuerbelastung die Unternehmens- und Alternativerträge ausgesetzt sein werden. Im Bereich der Ertragsbesteuerung ist dafür die (künftige) Rechtsform des zu bewertenden Unternehmens, die steuerliche Einbettung der relevanten Alternativdisposition (z.B. endbesteuerte oder nicht endbesteuerte Finanzanlage) sowie gegebenenfalls auch die Rechtsform des (potentiellen) Eigners von maßgeblicher Bedeutung.

Nach dem Prinzip der Zukunftsbezogenheit der Entscheidungswertermittlung ist weiters generell auf die künftigen Verhältnisse nach Maßgabe der subjektiven Erwartungen des jeweiligen Bewertungssubjekts abzustellen, sodaß etwa geplante Rechtsformänderungen (Umgründungen) mit ihren steuerlichen Implikationen vollständig zu erfassen sind. Grundsätzlich wären auch erwartete Steuerrechtsänderungen im Rahmen der Bewertung zu berücksichtigen. Aus pragmatischer Sicht wird hier aber der Auffassung im Fachgutachten KFS/BW1 zu folgen sein, wonach prinzipiell der Stand der Gesetzgebung im Bewertungszeitpunkt maßgeblich ist, und nur eindeutig absehbare Änderungen im Steuerrecht zu berücksichtigen sind.

Der Einfluß der Steuerzahlungen auf die Höhe der NCF beim Eigner ist jedoch nicht der einzige Grund für das Erfordernis der Einbeziehung der Steuerwirkungen in die Entscheidungswertermittlung. Denn ohne Beachtung der steuerlichen Auswirkungen läßt sich die optimale Unternehmenspolitik, die zum maximalen Entscheidungswert führt, gar nicht bestimmen (vgl. *Leuthier*, 1988, 158). Bei Kapitalgesellschaften besitzen die Steuerwirkungen vor allem maßgeblichen Einfluß auf die künftige Ausschüttungs- und Finanzierungspolitik. In Abhängigkeit vom jeweiligen Steuersystem können hier verschiedene Strategien optimal sein.

Die Notwendigkeit der Berücksichtigung von Ertragsteuerwirkungen bei der Unternehmensbewertung wird auch im Fachgutachten KFS/BW1 betont. Dort wird gefordert, die Äquivalenz zwischen der steuerlichen Belastung der Zukunftserfolge des zu bewertenden Unternehmens und der Vergleichsinvestition herzustellen. Es wird darauf hingewiesen, daß Belastungsunterschiede in den Steuerarten, den steuerlichen Bemessungsgrundlagen und den Steuersätzen liegen können. Ausdrücklich festgestellt wird weiters, daß die zu berücksichtigende Steuerbelastung für die entnommenen bzw. ausgeschütteten Unternehmenserfolge von der Rechtsform des Unternehmens und des potentiellen Eigners, vom Vorliegen beschränkter oder unbeschränkter Steuerpflicht und bei natürlichen Personen von der Höhe der anderen Einkünfte abhängt.

1.2. Ertragsteuern

Während die Notwendigkeit der Berücksichtigung von Vermögen-, Verbrauch- und Verkehrsteuern (mit Kostencharakter) allgemein bejaht wird, bestehen vor allem in der juristischen Literatur und zum Teil in der Bewertungspraxis Vorbehalte gegen eine generelle Berücksichtigung von Ertragsteuern, wie sie von der Betriebswirtschaftslehre gefordert wird. Bevor darauf näher eingegangen wird, wird ein kurzer Überblick über die in Österreich erhobenen Ertragsteuern gegeben.

Nach österreichischem Recht werden in Abhängigkeit von der Rechtsform Ertragsteuern in Form der Körperschaftsteuer (KöSt) und der Einkommensteuer (ESt) erhoben. Die Gewerbesteuer wurde (gemeinsam mit der Vermögensteuer) in Österreich mit Wirkung ab 1.1.1994 abgeschafft und ist daher für Planungsüberlegungen nicht mehr relevant. Im Rahmen von Vergangenheitsanalysen sind ihre Auswirkungen gegebenenfalls zu neutralisieren.

Als besondere Erhebungsform der ESt ist in Österreich die Einbehaltung der Kapitalertragsteuer (KESt) in Höhe von nunmehr 25 % (seit StruktAnpG 1996) von bestimmten Kapitalerträgen vorgesehen, womit eine vollständige Steuerabgeltung im Bereich der ESt (und teilweise im Bereich der Erbschaftssteuer) verbunden ist („Endbesteuerung"). Steuerpflichtige, deren Tarifsteuer unter dem KESt-Satz liegt, können allerdings nach § 97 Abs 4 EStG eine KESt-Erstattung beantragen. Endbesteuert sind nach § 97 EStG u.a. Kapitalerträge aus Geldeinlagen bei inländischen Banken, aus Forderungswertpapieren mit kuponauszahlender Stelle im Inland sowie Gewinnanteile aus Aktien und GmbH-Anteilen. Die Endbesteuerung gilt im Bereich der ESt unabhängig davon, ob sich die Kapitalanlagen im Privatvermögen oder im Betriebsvermögen befinden.

Die KöSt ist in Österreich als reine „*Unternehmenssteuer*" mit einem Einheitssteuersatz von derzeit 34 % ausgestaltet, und wird unabhängig von der Gewinnverwendung der Körperschaft und der Besteuerung der Gesellschafter erhoben. Gewinnausschüttungen von Körperschaften unterliegen zusätzlich der KESt in Höhe von 25 %, sodaß die kombinierte Gesamtbelastung des ausgeschütteten Gewinns bei 50,5 % (= 34 % + 25 % · 0,66) liegt. Im Gegensatz dazu ist in der BRD aufgrund des Anrechnungsverfahrens die KöSt auf ausgeschüttete Gewinne vereinfachend als eine Vorauszahlung auf die Einkommensteuer des anrechnungsberechtigten Anteilseigners anzusehen.

In der Literatur zur Unternehmensbewertung ist nun umstritten, ob auch *„persönliche"* Ertragsteuern bei der Bewertung berücksichtigt werden sollen. Während als „Unternehmenssteuern" ausgestaltete Ertragsteuern (wie etwa die in der BRD noch erhobene Gewerbesteuer) sehr wohl zu berücksichtigen sein sollen, soll nach einem Teil der Literatur die Einbeziehung der ESt in die Bewertung unterbleiben, da es sich hier um eine „persönliche Steuer" handle, deren Höhe von einer Vielzahl von Einflußfaktoren abhänge, die auch außerhalb des zu bewertenden Unternehmens liegen (z.B. Progressionsstufe, persönliche Absetzbeträge). Diese Auffassung führt in der BRD letztlich auch zur Nichtberücksichtigung jenes Teils der KöSt, der als ESt-Vorauszahlung des Anteilseigners zu werten ist. Zu berücksichtigen sei demnach nur jene KöSt, die bei der Gesellschaft auf nicht ausschüttungsfähige Gewinne und auf nicht abzugsfähige Ausgaben entfällt und somit keinen Anrechnungsanspruch des Anteilseigners begründet (vgl. z.B. *Großfeld*, 1994, 53). Dem folgt im Grundsatz auch die Stellungnahme HFA2/1983, die eine Unternehmenswertermittlung nach Berücksichtigung der persönlichen Einkommensteuer als „unüblich" bezeichnet und lediglich einräumt, daß die individuellen steuerlichen Verhältnisse in einem „zweiten Bewertungsschritt" berücksichtigt werden können. Weiters würde sich laut HFA 2/1983 der Unternehmenswert vor und nach ESt bzw. KöSt kaum unterscheiden, zumal eine Einbeziehung der persönlichen Steuern auf die Unternehmenserträge auch zu einer analogen Berücksichtigung bei den Alternativerträgen führen müßte.

Nach dem österreichischen Steuersystem ist die KöSt als reine Unternehmenssteuer jedenfalls zu berücksichtigen. Im folgenden wird weiters dargelegt, daß auch die ESt bzw. KESt als „persönliche" Steuern in die Entscheidungswertermittlung einzubeziehen sind. Denn der Charakter einer „persönlichen" Steuer ändert nichts daran, daß die mit der Entscheidung über den Unternehmenserwerb oder -beibehalt verbundenen Steuerzahlungen Einfluß auf die Vermögensposition des Bewertungssubjekts und damit auf die Vorteilhaftigkeit der zu vergleichenden Handlungsalternativen haben.

Die Argumente, die gegen eine Berücksichtigung persönlicher Steuern vorgebracht werden, vermögen im Bereich der Entscheidungswertermittlung nicht zu überzeugen. Sie stützen sich im wesentlichen auf rechtliche Erwägungen, Ermittlungs- bzw. Prognoseprobleme sowie eine vermutete Irrelevanz der ESt-Wirkungen auf das Bewertungsergebnis. Vor allem das juristische Schrifttum steht der Einbeziehung der ESt aufgrund rechtlicher Erwägungen überwiegend ablehnend gegenüber, bezieht sich jedoch ausschließlich auf Bewertungsanlässe im Rahmen der Schiedswertermittlung (s. dazu unten 4.Kap.IV.A.). Für die Entscheidungswertermittlung sind die rechtlichen Überlegungen aber ohne Belang (so auch *Großfeld*, 1994, 50). Auch der Verweis auf die mit einer Einbeziehung der ESt verbundenen Ermittlungs- und Prognoseprobleme sowie auf die Vielzahl der zu berücksichtigenden Einflußfaktoren geht im Rahmen der Entscheidungswertermittlung ins Leere, da sich das Prognoseproblem von anderen Ein- oder Auszahlungskategorien grundsätzlich nicht unterscheidet und sich häufig auf die Schätzung des relevanten Grenzsteuersatzes reduziert. Wenn schließlich vermutet wird, die Einbeziehung der ESt in den Bewertungskalkül habe auf das Ergebnis faktisch keinen Einfluß, da sie sowohl bei den Unternehmenserträgen als auch bei den Alternativerträgen berücksichtigt werden müsse, wird übersehen, daß die Bedingungen, unter denen eine Ertragsbesteuerung tatsächlich keinen Einfluß auf die Höhe des Entscheidungswertes hat, realitätsfern sind (vgl. *Ballwieser*, 1995c, 19 ff): Bei sicheren Erwartungen, unendlicher Unternehmensdauer und uniformen Periodenerträgen aus dem Unternehmen, die demselben Steuerbelastungsfaktor unterliegen wie die (ebenfalls uniformen) Alternativerträge, kann der Steuerbelastungsfaktor s im Zähler und im Nenner der Ertragswertformel gekürzt werden. Bezeichnet E den uniformen Unternehmensertrag, r die im Zeitablauf konstante Alternativrendite und s den konstanten Ertragsteuersatz, der auf die Unternehmens- und Alternativerträge anzuwenden ist, kann bei unendlichem Betrachtungshorizont daher geschrieben werden:

(2.36) $$\frac{E \cdot (1-s)}{r \cdot (1-s)} = \frac{E}{r}$$

Ausdruck (2.36) setzt u.a. voraus, daß die im Zeitablauf konstanten Unternehmens- und Alternativerträge stets auch der jeweiligen Steuerbemessungsgrundlage entsprechen. Im Bereich der ESt müßte weiters unterstellt werden können, daß der relevante Grenzsteuersatz für die Unternehmenserträge konstant ist und dem auf die Alternativerträge anzuwendenden Belastungsfaktor entspricht. Bei der Bewertung von Personenunternehmen (Einzelunternehmen und Personengesellschaften) ist aber gerade das nicht der Fall: Die vom Eigner erwarteten NCF vor Steuern entsprechen in der Regel nicht den steuerpflichtigen betrieblichen Einkünften. Sie sind darüber hinaus dem vollen ESt-Tarif mit einem Spitzensteuersatz von 50 % zu unterziehen, während die Alternativrendite (in Form des Basiszinsfußes) i.a. aus den Erträgen einer endbesteuerten Finanzanlage abgeleitet wird, die nur der 25%igen KESt unterliegen.

Beispiel 19:

Erwartet ein potentieller Käufer K mit einem relevanten Grenzsteuersatz bei der ESt von 50 % uniforme Unternehmenserträge aus einem zu erwerbenden Unternehmen in Höhe von 1.000 GE p.a., die zudem exakt den steuerpflichtigen Einkünften aus Gewerbebetrieb entsprechen, und beträgt der aus einer KESt-pflichtigen Finanzanlage abgeleitete Basiszinsfuß (vor Steuern) 6,5%, dann gilt unter der Annahme sicherer Erwartungen: Der Entscheidungswert ohne Berücksichtigung von Ertragsteuern beläuft sich auf 15.385 GE und ergibt sich aus folgender Rechnung:

$$P_{\max} = \frac{1.000}{0{,}065} = 15.385$$

Der unter Berücksichtigung der persönlichen Ertragsteuerwirkungen ermittelte, *zutreffende* Entscheidungswert beträgt demgegenüber nur 10.256 GE:

$$P_{\max} = \frac{1.000 \cdot (1 - 0{,}5)}{0{,}065 \cdot (1 - 0{,}25)} = \frac{500}{0{,}04875} = 10.256$$

Da die Alternativerträge nur halb so hoch besteuert werden wie die Unternehmenserträge, ist der zutreffende Entscheidungswert um ein Drittel (!) niedriger als bei Außerachtlassung der persönlichen Ertragsteuerwirkungen. Eine Nichtberücksichtigung der persönlichen Steuern würde daher einen drastischen Bewertungsfehler nach sich ziehen.

Die geschilderten restriktiven Bedingungen für eine Irrelevanz der ESt bzw. KESt sind jedoch auch bei der Entscheidungswertermittlung für Kapitalgesellschaftsanteile in der Regel nicht erfüllt: Ist das Bewertungssubjekt eine natürliche Person, unterliegen zwar sowohl die Dividendenzahlungen aus dem Unternehmen als auch die (aus der SMR für Bundesanleihen am Bewertungsstichtag abgeleitete) Alternativrendite der KESt (Endbesteuerung). Ein Weglassen der diese beiden Komponenten betreffenden KESt führt aber nur dann zu einem zutreffenden Ergebnis, wenn gleichzeitig von im Zeitablauf konstanten Unternehmenserträgen in Form KESt-pflichtiger Dividendenzahlungen über einen unendlichen Zeitraum ausgegangen werden kann (Rentenmodell) und sichere Erwartungen bestehen. Wird vom Rentenmodell abgegangen und werden im Zeitablauf schwankende Unternehmenserträge unterstellt, ist Irrelevanz der Besteuerung für den Unternehmenswert selbst bei identischen Steuerbelastungssätzen für Unternehmens- und Alternativerträge nicht mehr gegeben (vgl. *Ballwieser*, 1995c, 20).

Beispiel 20:

Ein potentieller Käufer K erwartet aus einer zu erwerbenden Kapitalgesellschaft (ausschließlich) uniforme Dividendenzahlungen (vor KESt) in Höhe von 1.000 GE p.a. über einen unendlichen Betrachtungshorizont. Seine Alternativdisposition zum Erwerb der Anteile besteht in einer KESt-pflichtigen Finanzanlage mit einer Rendite (vor Steuern) von 6,5 %. Es bestehen sichere Erwartungen. Unter den getroffenen Annahmen bleibt die KESt ohne Einfluß auf den Entscheidungswert. Es gilt:

$$P_{\max} = \frac{1.000 \cdot (1 - 0{,}25)}{0{,}065 \cdot (1 - 0{,}25)} = \frac{1.000}{0{,}065} = 15.385$$

Wird aber z.B. unterstellt, daß die Dividendenzahlungen zu t_1 1.650 GE, zu t_2 bis t_4 je 1.500 GE und ab t_5 (bis unendlich) 1.000 GE p.a. betragen, ist die KESt für die Entscheidungswertermittlung nicht mehr irrelevant. Der Entscheidungswert ohne Berücksichtigung der KESt beläuft sich auf 17.238 GE:

$$P_{\max} = \frac{1.650}{1,065} + \frac{1.500}{1,065^2} + \frac{1.500}{1,065^3} + \frac{1.500}{1,065^4} + \frac{1.000}{0,065} \cdot 1,065^{-4} = 17.238$$

Der unter Berücksichtigung der KESt ermittelte, *zutreffende* Entscheidungswert beträgt demgegenüber nur 16.826 GE und ergibt sich aus folgender Rechnung:

$$P_{\max} = \frac{1.238}{1,04875} + \frac{1.125}{1,04875^2} + \frac{1.125}{1,04875^3} + \frac{1.125}{1,04875^4} + \frac{750}{0,04875} \cdot 1,04875^{-4} = 16.826$$

Obwohl Ausschüttungen und Alternativerträge demselben Steuersatz unterliegen, führt allein der nichtuniforme Verlauf der Unternehmenserträge zu einer Verminderung des Entscheidungswertes bei Einbeziehung der KESt um 412 GE.

Wird weiters die der Realität nicht entsprechende Annahme sicherer Erwartungen aufgegeben, sind noch restriktivere Irrelevanzbedingungen erforderlich (vgl. *Leuthier*, 1988, 168 ff). Darüber hinaus bleiben bei der geschilderten Betrachtung einmalige ESt-Belastungen, die sich auf Verkäuferseite aus der Veräußerung des Unternehmens (der Anteile) ergeben können, völlig außer Betracht. Daß derartige ESt-Wirkungen aber erheblichen Einfluß auf den Entscheidungswert des Verkäufers haben können, ist aber offenkundig (s. dazu unten 2.2.b) bzw. 2.3.b)).

Als Zwischenergebnis ist daher festzuhalten, daß im Rahmen der Entscheidungswertermittlung keine sachlichen Gründe ersichtlich sind, die eine Außerachtlassung der Auswirkungen von persönlichen Steuern (ESt/KESt) rechtfertigen würden. Einer vermuteten Irrelevanz derartiger Steuerwirkungen sind die äußerst restriktiven und in der Praxis nicht erfüllbaren Bedingungen entgegenzuhalten, unter denen tatsächlich eine Einflußlosigkeit der Besteuerungswirkungen angenommen werden könnte. Vielmehr ist davon auszugehen, daß die ESt-Wirkungen mitunter erheblichen Einfluß auf die Höhe des Entscheidungswertes haben und auch die steuerlichen Auswirkungen des Erwerbsvorganges selbst (z.B. Veräußerungsgewinnbesteuerung beim Verkäufer, Abschreibbarkeit von im Kaufpreis abgegoltenen stillen Reserven und Firmenwert beim Käufer) von hoher Bedeutung sind. Diesem Umstand wird auch in der Praxis Rechnung getragen, zumal bei Erwerb oder Veräußerung von Unternehmungen in der Regel detaillierte Analysen der steuerlichen Auswirkungen auf Käufer- und Verkäuferseite erstellt werden. In Abhängigkeit von den jeweiligen Rahmenbedingungen haben sich hier bestimmte, primär steuerlich motivierte Akquisitionsmodelle herausgebildet, die die steuerlichen Implikationen des Unternehmenserwerbs optimieren sollen. Auch im Fachgutachten KFS/BW1 wird das Erfordernis der Berücksichtigung der persönlichen Einkommensteuer bzw. der individuellen steuerlichen Verhältnisse des Bewertungssubjekts im Rahmen der Ermittlung eines „subjektiven“ Unternehmenswerts (Entscheidungswertes) ausdrücklich bejaht.

Aus dem dargestellten einfachen Modell zur Ableitung der Irrelevanzbedingungen für die Ertragsbesteuerung können ferner Rückschlüsse auf den Einfluß von Steuersatzänderungen auf den Entscheidungswert gezogen werden: Wären vereinfachend alle weiteren geschilderten Voraussetzungen erfüllt, würde eine Erhöhung oder Verminderung des für Unternehmens- und Alternativerträge gültigen einheitlichen Steuersatzes für sich allein noch keine Veränderung des Entscheidungswertes herbeiführen. Auswirkungen auf den Entscheidungswert ergeben sich nur, wenn sich die Belastungssätze für Unternehmens- und Alternativerträge in unterschiedlichem Ausmaß verändern. Steuerreformen, die unterschiedliche Auswirkungen auf die Belastung von Unternehmens- und Alternativerträgen mit sich bringen, haben daher unmittelbaren Einfluß auf die von den Investoren maximal zahlbaren Kaufpreise für Unternehmungen (vgl. *Mandl*, 1995, 299 ff). Unter der Annahme, daß die relevante Alternativdisposition im Erwerb festverzinslicher Finanzanlagen besteht, führte etwa die Einführung der Endbesteuerung dieser Erträge mit einer nur 22 %igen KESt ab 1.1.1993 (nunmehr 25 %) anstelle der zuvor gültigen vollen ESt-Pflicht zu einer erheblichen Verminderung der Entscheidungswerte für Unternehmungen, da die gleichzeitigen steuerlichen Entlastungen auf Unternehmensebene diesen Effekt nicht kompensieren konnten (vgl. z.B. *Bertl*, 1993, 88 f). Dies galt strenggenommen jedoch nur für den steuerehrlichen Investor.

In welcher Form Besteuerungswirkungen in die Entscheidungswertermittlung Eingang finden, wird in den folgenden Abschnitten näher dargelegt. Die Ausführungen können sich dabei auf die Ertragsteuern beschränken, da nach geltender österreichischer Rechtslage keine Substanzsteuern erhoben werden, deren Höhe von der Kapitalstruktur des Unternehmens abhängt. Für alle übrigen Vermögen-, Verbrauch- und Verkehrsteuern wird unterstellt, daß sie im Rahmen der Prognose der Unternehmenserträge bereits berücksichtigt wurden. Die Besteuerung der Unternehmenserträge und der Alternativerträge wird gesondert behandelt. Unterstellt werden sichere Erwartungen, die Anwendung einer Nominalrechnung sowie ein im Zeitablauf konstanter Basiszinsfuß (flache Zinskurve). Auf Fragen in Zusammenhang mit einer gleichzeitigen Berücksichtigung von Besteuerung und Unsicherheit sowie auf die Anwendung einer Realrechnung wird in Abschnitt H. eingegangen.

2. Besteuerung der Unternehmenserträge

2.1. Rechtsformabhängigkeit der Besteuerung

Welche Ertragsteuerwirkungen in Zusammenhang mit den Unternehmenserträgen auftreten, hängt von der Art der Unternehmenserträge, der Rechtsform des zu bewertenden Unternehmens (Bewertungsobjekts) und der Rechtsform des (potentiellen) Eigners (Bewertungssubjekts) ab. Tab. 6 gibt einen Überblick über relevante Ertragsteuern und Bemessungsgrundlagen für verschiedene Rechtsformkombinationen. Generell wird unterstellt, daß für alle einbezogenen natürlichen und juristischen Personen unbeschränkte Steuerpflicht in Österreich gegeben ist.

	Rechtsform des Bewertungsobjektes				
	Personenuntern.		**Kapitalgesellschaft**		
	Eigner ist eine		***Eigner ist eine***		
	nat. Pers.	**KapG**	**nat. Person mit Anteilen im Priv.Verm.**	**nat. Person mit Anteilen im Betr.Verm.**	**KapG**
Steuerlicher Unternehmenserfolg	ESt	KöSt	KöSt	KöSt	KöSt
Dividenden/Entnahme Gewinnanteile	–	–	KESt[1]	KESt[1]	–
sonst. Entnahmen/Kapitalrückzahlung[2]	–	–	–	–	–
Steuerlicher Veräußerungsgewinn[3]	ESt	KöSt	– / $^1/_2$ ESt[4]	$^1/_2$ ESt[5]	KöSt

Tab. 6: Ertragsteuern bei verschiedenen Rechtsformkombinationen

Den ersten Ansatzpunkt für die Ertragsbesteuerung bildet jeweils der steuerliche Unternehmenserfolg (betriebliche Einkünfte gemäß §§ 21 - 23 EStG), der die (Veränderung der) ESt- bzw. KöSt-Bemessungsgrundlage für (durch) das zu bewertende Unternehmen repräsentiert. Der steuerliche Unternehmenserfolg ist nach den Grundsätzen und Normen für die steuerrechtliche Gewinnermittlung (insbes. §§ 4 - 14 EStG) zu bestimmen und unterscheidet sich mitunter erheblich vom handelsrechtlichen Erfolg (vor Steuern). Hier sei nur exemplarisch auf Abweichungen hingewiesen, die sich aus unter-

[1] Mit Erstattungsmöglichkeit gemäß § 97 Abs 4 EStG
[2] Steuerfrei nach Maßgabe von § 4 Abs 12 bzw. 15 Abs 4 EStG
[3] Nach Ablauf der Spekulationsfrist (1 Jahr)
[4] Steuerfrei oder halber Durchschnittssteuersatz gemäß § 37 EStG
[5] Halber Durchschnittssteuersatz gemäß § 37 EStG

schiedlichen Bewertungsansätzen, Abschreibungszeiträumen, Schachtelerträgen oder steuerlich nicht abzugsfähigen Aufwendungen ergeben.

Der steuerliche Unternehmenserfolg einer Periode weicht in der Regel auch erheblich vom relevanten Unternehmensertrag vor Steuern ab. Dies ist insbesondere dann der Fall, wenn die Unternehmenserträge als Cash-flow-Größen gemessen werden. Eine zutreffende Berücksichtigung der Ertragsteuerwirkungen setzt daher eine Ermittlung der zu erwartenden steuerlichen Bemessungsgrundlagen in Form einer gesonderten Steuerplanung voraus. Dies erfordert mitunter umfangreiche Nebenrechnungen, die jedoch standardisiert und daher EDV-gestützt geführt werden können.

In die Planung der steuerlichen Bemessungsgrundlagen sind die Auswirkungen verwertbarer steuerlicher Verlustvorträge genauso einzubeziehen wie etwa (auf Käuferseite) zusätzliche steuerliche Abschreibungspotentiale aus mit dem Erwerb aufgedeckten stillen Reserven und einem Firmenwert. Letzteres führt allerdings zu einem Zirkularitätsproblem, da das zusätzliche Abschreibungspotential vom effektiven Kaufpreis abhängt, für dessen Bestimmung im Rahmen der Entscheidungswertermittlung erst Entscheidungsgrundlagen geschaffen werden sollen.

Ist das Bewertungsobjekt ein *Personenunternehmen* (Einzelunternehmen oder Mitunternehmerschaft), und erfolgt damit die Ertragsbesteuerung nach dem Durchgriffsprinzip", ergeben sich neben der Besteuerung des steuerlichen Unternehmenserfolges keine weiteren laufenden Ertragsteuerwirkungen. In Abhängigkeit von der Rechtsform des Eigners wird der (anteilige) steuerliche Unternehmenserfolg bei diesem der ESt oder der KöSt unterzogen. Die tatsächliche Höhe der Zahlungsströme zwischen Unternehmen und Eigner ist dabei für die Ertragsbesteuerung ohne Belang. Unerheblich ist insbesondere, ob ein Gewinnanteil tatsächlich entnommen wird, ob darüber hinausgehende Entnahmen oder Kapitalrückzahlungen geleistet werden oder ob Einlagen in das Unternehmen erfolgt sind. Die Ertragsbesteuerung erfolgt damit formal völlig unabhängig von der Höhe der NCF vor Ertragsteuern. Die Ertragsteuerzahlungen/-gutschriften haben jedoch unmittelbare Auswirkung auf die Höhe der den Eignern letztlich zukommenden NCF.

Veräußerungsgewinne gemäß § 24 EStG unterliegen bei natürlichen Personen als Eigner von (Anteilen an) Personenunternehmen der (vollen) ESt, wobei nach § 37 EStG unter bestimmten Voraussetzungen eine Verteilung des Gewinnes über drei Jahre beantragt werden kann.

Die Gruppe der *Kapitalgesellschaften* steht hier stellvertretend für jene Rechtsformen, deren Ertragsbesteuerung durch das „Trennungsprinzip" geprägt ist. Im Gegensatz zu den Personenunternehmen repräsentiert die Kapitalgesellschaft selbst ein eigenes Steuersubjekt. Ihre Ertragsbesteuerung erfolgt getrennt von jener der Eigner (sofern vom Fall der Organschaft gemäß § 9 KStG abgesehen wird). Bei den Eignern werden grundsätzlich nur bestimmte Zuflüsse aus dem Unternehmen der Ertragsbesteuerung unterzogen.

Ist der Eigner eine natürliche Person, unterliegen Gewinnanteile (Dividenden) der Endbesteuerung mit KESt, und zwar unabhängig davon, ob die Anteile im Privatvermögen oder in einem Betriebsvermögen gehalten werden. Kapitalrückzahlungen sind demgegenüber nach Maßgabe der §§ 4 Abs 12 EStG und 15 Abs 4 EStG steuerneutral. Gewinne aus der Veräußerung der Beteiligung selbst unterliegen nach Ablauf der Spekulationsfrist der halben durchschnittlichen ESt oder sind bei im Privatvermögen gehaltenen Beteiligungen bis 10 % nach Maßgabe des § 31 EStG steuerfrei.

Ist der Eigner eine Kapitalgesellschaft, sind Gewinnausschüttungen als Schachtelerträge gemäß § 10 KStG steuerfrei. Für Kapitalrückzahlungen gilt wiederum die Steuerneutralität nach Maßgabe des § 4 Abs 12 EStG. Liegt ein Organschaftsverhältnis gemäß § 9 KStG vor, wird das Trennungsprinzip aufgehoben und das steuerliche Ergebnis der Organtochter unmittelbar bei der Muttergesellschaft besteuert.

2.2. Bewertung von Personenunternehmen

a) Laufende Ertragsbesteuerung

Während der KöSt-Satz in Österreich derzeit einheitlich 34 % beträgt, ist die ESt nach einem progressiven Staffeltarif mit einem Spitzensteuersatz von 50 % zu berechnen. Für eine natürliche Person als Eigner und ein zu bewertendes Personenunternehmen muß daher geprüft werden, mit welchem ESt-Satz die jeweiligen steuerlichen Unternehmenserfolge der künftigen Perioden belastet sein werden. Zu bestimmen ist daher zunächst der für die Besteuerung der Unternehmenserfolge relevante Grenzsteuersatz. Zu diesem Zweck sind Annahmen über die Höhe des übrigen ESt-pflichtigen Einkommens des Bewertungssubjekts erforderlich. Auf dieser Grundlage ist dann die zusätzliche ESt-Belastung/-Ersparnis durch den Unternehmenserwerb/-beibehalt zu bestimmen. Da nur die Grenzbelastung zu ermitteln ist, können all jene steuerrelevanten Faktoren (z.B. Freibeträge, Steuerabsetzbeträge), die in gleicher Höhe auch bei einer isolierten Versteuerung des Basiseinkommens zu berücksichtigen wären, außer acht bleiben.

Beispiel 21:

Der potentielle Verkäufer V erwartet für die Planperiode 1 einen steuerlichen Unternehmenserfolg aus seinem Einzelunternehmen in Höhe von S 500.000- und aus anderen Tätigkeiten (z.B. Vermietung und Verpachtung) ein zu versteuerndes Einkommen in Höhe von a) S 400.000, b) S 800.000.

Die ESt-Belastung des erwarteten steuerlichen Unternehmenserfolgs in der Planperiode 1 ermittelt sich im Fall a) wie folgt: Durch die Berücksichtigung der Unternehmenserträge entsteht eine zusätzliche Steuerbelastung in Höhe von 42 %, bis das Einkommen insgesamt S 700.000 beträgt (sohin für S 300.000), und in Höhe von 50 % für den darüber hinausgehenden Unternehmenserfolg von S 200.000. Die zusätzliche ESt-Belastung (= Grenzbelastung des steuerlichen Unternehmenserfolgs) beträgt demnach insgesamt S 226.000-. Sie erhöht sich allerdings noch um den aufgrund der Einschleifregelung des § 33 Abs 3 EStG entfallenden Teil des allgemeinen Absetzbetrages in Höhe von S 2.947 und gegebenenfalls um die ESt-Belastung aus entfallenden Sonderausgaben nach der Einschleifregelung des § 18 Abs 3 Z 3 EStG.

Im Fall b) sind die steuerlichen Unternehmenserfolge zur Gänze mit dem Grenzsteuersatz von 50 % belastet, sodaß die Grenzbelastung mit ESt S 250.000 beträgt. Bereits für das Basiseinkommen standen ein allgemeiner Absetzbetrag bzw. Sonderausgaben nicht mehr zu, sodaß dem Unternehmenserfolg daraus kein Steuernachteil zuzurechnen ist.

Zur Herstellung der Arbeitseinsatzäquivalenz sind bei der Bestimmung der künftigen Unternehmenserträge von Personenunternehmen häufig kalkulatorische Unternehmerlöhne zu berücksichtigen. Im Rahmen der Prognose der künftigen ESt-Bemessungsgrundlagen kommt diesen (fiktiven) Beträgen kein Betriebsausgabencharakter zu. Die Unternehmenserträge sind aber von vornherein nur um einen Unternehmerlohn *nach* Steuern zu kürzen, da es im Rahmen der Entscheidungswertermittlung darauf ankommt, welchen Ertrag *nach* Steuern der zur Erzielung der Unternehmenserträge erforderliche zusätzliche Arbeitseinsatz anderweitig erbracht hätte.

Beispiel 22:

Ein potentieller Käufer K erwartet aus einem Einzelunternehmen für die Planperioden 1 bis 3 die dargestellten steuerlichen Unternehmenserfolge (Einkünfte aus Gewerbebetrieb) und beabsichtigt, aus dem Unternehmen die angeführten Entnahmen zu tätigen:

	t_1	t_2	t_3
Einkünfte aus Gewerbebetrieb	– 500.000	300.000	800.000
Erwartete Entnahmen	300.000	500.000	600.000

Sein übriges ESt-pflichtiges Einkommen beläuft sich jährlich auf rd. S 2,0 Mio. Unternehmensbedingte Ertragsteuerzahlungen, die vereinfachend zum jeweiligen Periodenende anfallen sollen, wird K aus seinem Privatvermögen leisten, Ertragsteuergutschriften fließen ihm ebenfalls im Privatvermögen zu. Zur Herstellung der Arbeitseinsatzäquivalenz ist ein kalkulatorischer Unternehmerlohn in Höhe von S 500.000 p.a. (vor ESt) zu berücksichtigen.

Die erwarteten Entnahmen stehen offensichtlich in keiner Korrelation zu den steuerpflichtigen Einkünften. Obwohl für Planperiode 1 ein steuerlicher Verlust erwartet wird, geht K aufgrund seiner Finanzplanung von einem Entnahmepotential in Höhe von S 300.000 aus. Im Gegensatz dazu sind die für Planperiode 3 erwarteten Entnahmen deutlich geringer als die steuerpflichtigen Einkünfte. Zur Bestimmung der NCF ist zunächst die Grenzbelastung der Unternehmenserfolge mit ESt zu errechnen. Wird unterstellt, daß der steuerliche Verlust in Planperiode 1 steuerwirksam mit den anderen Einkünften verrechnet werden kann, lukriert K daraus eine ESt-Ersparnis in Höhe von 50 % von S 500.000 = S 250.000 (Grenzsteuersatz 50 %). In den Perioden 2 und 3 kommt es dagegen durch das Unternehmen zu einer zusätzlichen ESt-Belastung in Höhe von S 150.000 bzw. S 400.000 (Grenzsteuersatz jeweils 50 %). Für den kalkulatorischen Unternehmerlohn ist ebenfalls von einem relevanten Grenzsteuersatz von 50% auszugehen.

Die NCF für K können nun wie folgt ermittelt werden:

	t_1	t_2	t_3
Erwartete Entnahmen	300.000	500.000	600.000
–/+ Grenzbelastung/-entlastung mit ESt	+ 250.000	– 150.000	– 400.000
– Kalk. Unternehmerlohn (nach ESt)	– 250.000	– 250.000	– 250.000
= NCF für K	+ 300.000	+ 100.000	– 50.000

Aufgrund unterschiedlicher ertragsteuerlicher Folgen aus dem Erwerbsvorgang wird die laufende Ertragsteuerbelastung eines potentiellen Käufers von jener eines potentiellen Verkäufers auch dann abweichen, wenn beide über ein gleich hohes Basiseinkommen und gleiche steuerliche Rahmenbedingungen verfügen. Während sich hier für den Verkäufer die Frage nach der Höhe der ESt-Belastung eines Veräußerungsgewinnes stellt, ist für den Käufer die Höhe der künftigen steuerwirksamen Abschreibung von im Kaufpreis abgegoltenen stillen Reserven und eines Firmenwerts von Bedeutung. Im folgenden werden diese Aspekte näher behandelt.

b) Besteuerung des Veräußerungsgewinns

Gewinne aus der Veräußerung eines Einzelunternehmens oder eines Anteils an einer Mitunternehmerschaft sind nach Maßgabe des § 24 EStG steuerpflichtig. Während diese Gewinne nach früherer Rechtslage unter bestimmten Voraussetzungen nur dem halben Durchschnittssteuersatz unterlagen, sind sie seit dem StruktAnpG 1996 grundsätzlich mit dem vollen ESt-Satz belastet.[1] Gemäß der Neufassung des § 37 EStG kann bei Erfüllung der 7-Jahres-Frist lediglich eine lineare Verteilung der Besteuerung des Veräußerungsgewinns über drei Jahre beantragt werden („ermäßigte Progression"), die jedoch mit dem Verlust des (anteiligen) Freibetrages gemäß § 24 EStG (max. S 100.000) verbunden ist. Ist der Gesellschafter einer Mitunternehmerschaft KöSt-pflichtig, unterliegt auch ein Veräußerungsgewinn nach § 24 EStG der KöSt, wobei eine Verteilungsmöglichkeit nicht zusteht.

Der Barwert der aus der Veräußerung zu erwartenden ESt- oder KöSt-Belastung mindert das Wiederveranlagungspotential des Verkäufers und erhöht daher seinen Entscheidungswert. Der Entscheidungswert des Verkäufers kann dann gedanklich zerlegt werden in den Barwert der Steuerbelastung des Veräußerungsgewinns ($S^{VÄG}$) und den Barwert aller übrigen NCF, die bei Veräußerung des Unternehmens künftig entgehen (NCF'). Bezeichnet b^S den relevanten Basiszinsfuß nach Steuern, gilt unter den eingangs dieses Abschnitts getroffenen vereinfachenden Annahmen:

$$P_{\min} = \sum_{t=1}^{\infty} \frac{NCF_t'}{(1+b^S)^t} + S^{VÄG} \tag{2.37}$$

Die rechnerische Bestimmung des Entscheidungswertes ist hier aber mit dem Problem konfrontiert, daß die Höhe der Steuerbelastung des Veräußerungsgewinnes von der Höhe des Entscheidungswertes selbst abhängt. Diese Problematik ist entweder durch Iteration oder durch Integration des Steuerberechnungskalküls in den Entscheidungswertkalkül zu lösen.

Beispiel 23:

Der aus der Sicht eines potentiellen Verkäufers V ohne Berücksichtigung der Veräußerungsgewinnsteuer ermittelte Barwert der künftigen NCF' beträgt 10.000 GE, der steuerliche Buchwert des zu veräußernden Betriebsvermögens (nach Auflösung von Rücklagen und Veräußerungskosten) 4.000 GE. Die Besteuerung des Veräußerungsgewinns soll gemäß § 37 EStG auf drei Jahre verteilt werden, wobei jeweils ein Grenzsteuersatz bei der ESt in Höhe von 50% relevant ist. Es wird erwartet, daß die Steuerlast in drei gleichen Tranchen zu t_1, t_2 und t_3 zu bezahlen ist. Der relevante Basiszinsfuß nach Steuern beträgt 6%. Durch Iteration erhält man schließlich einen Entscheidungswert in Höhe von 14.822 GE. Bei diesem Entscheidungswert beläuft sich die gesamte (nominelle) Steuerbelastung des Veräußerungsgewinnes auf 5.411 GE, ein Drittel davon beträgt rd. 1.804 GE. Unter Heranziehung des

[1] § 37 Abs 5 EStG sieht unter bestimmten Voraussetzungen Ausnahmen für Veräußerungen in Zusammenhang mit einer alters-, krankheits- oder todfallsbedingten Einstellung der Erwerbstätigkeit vor.

Rentenbarwertfaktors in Höhe von 2,673012 für einen Zinssatz von 6% und eine Laufzeit von 3 Jahren gilt:

$$S^{VÄG} = (14.822 - 4.000) \cdot 0{,}5 = 5.411$$
$$P_{\min} = 10.000 + 1.804 \cdot 2{,}673012 = 14.822$$

Die Aussagen gelten analog für den Fall eines steuerlichen Veräußerungsverlustes, der mit anderen Einkünften ausgeglichen werden kann und in Höhe der dadurch bewirkten Steuererspanis zu einer Minderung des Entscheidungswerts des Verkäufers führt.

c) Abschreibbarkeit des Kaufpreises

Bei der Entscheidungswertermittlung für einen potentiellen Käufer treten steuerliche Einmalbelastungen in Zusammenhang mit dem Erwerbsvorgang i.a. nur in Form von Verkehrsteuern (z.B. GrESt) auf. Bedeutsame ertragsteuerliche Wirkungen ergeben sich beim Käufer jedoch aus dem durch den Erwerbsvorgang generierten steuerlichen Abschreibungspotential.

Beim Erwerb von Betrieben oder Anteilen von Personenunternehmen steht dem Käufer aufgrund des Durchgriffsprinzips stets eine steuerwirksame Abschreibung der im Kaufpreis abgegoltenen stillen Reserven und eines Firmenwerts zu. Während die abgegoltenen stillen Reserven nach Maßgabe der Restnutzungsdauer der Wirtschaftsgüter, auf die sie entfallen, abzuschreiben sind, ist der Abschreibung eines Firmenwerts nach § 8 Abs 3 EStG bei Gewerbebetrieben eine 15jährige Nutzungsdauer zugrunde zu legen. Bei einem den Buchwert übersteigenden Kaufpreis kommt der Käufer damit – im Vergleich zu den Buchwerten des Verkäufers – in den Genuß eines zusätzlichen steuerlichen Abschreibungspotentials, das künftig die laufende Steuerbelastung reduziert. Der Barwert dieser Steuerersparnis erhöht den Entscheidungswert des Käufers. Der Entscheidungswert des Käufers kann dann wiederum gedanklich zerlegt werden in den Barwert der NCF beim Eigner vor Berücksichtigung der Steuerwirkungen aus dem Erwerbsvorgang (NCF'') und den Barwert der Steuerersparnis aus der zusätzlichen Abschreibungsmasse (S^{zAb}). Unter den getroffenen Annahmen gilt:

$$P_{\max} = \sum_{t=1}^{\infty} \frac{NCF_t''}{(1+b^S)^t} + S^{zAb} \qquad (2.38)$$

Abermals resultiert daraus ein Zirkularitätsproblem, da der Barwert der Steuerersparnis aus den zusätzlichen Abschreibungen von der Höhe des effektiven Kaufpreises abhängt. Das Problem ist durch Iteration oder durch Integration des Steuerberechnungskalküls in den Entscheidungswertkalkül zu lösen. Eine Integration in den Entscheidungswertkalkül führt jedoch in der Regel zu einer erheblichen Komplexitätserhöhung. Bei der Ermittlung der Steuerersparnis aus der zusätzlichen Abschreibungsmasse für jede Periode ist zu prüfen, in welchem Ausmaß tatsächlich eine Steuerentlastung eintritt, welche Grenzsteuersätze dabei relevant sind, in welchem Ausmaß sich daraus vortragsfähige Verluste ergeben usw.

Beispiel 24:

Für ein zu erwerbendes Einzelunternehmen beträgt der Barwert der erwarteten NCF'' vor Berücksichtigung einer Steuerersparnis aus der Abschreibung aufgedeckter stiller Reserven und eines Firmenwerts aus der Sicht eines potentiellen Käufers K 10.000 GE. Der steuerliche Buchwert des zu erwerbenden Betriebsvermögens beläuft sich auf 4.000 GE, die vorhandenen stillen Reserven (Restnutzungsdauer 10 Jahre) auf 3.000 GE. Es kann davon ausgegangen werden, daß die zusätzlichen steuerwirksamen Abschreibungen bei K stets zu einer ESt-Ersparnis in Höhe von 50% führen werden. Der relevante Kalkulationszinsfuß (nach Steuern) beträgt 6%. Durch Iteration kann daraus der Entscheidungswert mit 13.069 GE errechnet werden. Der darin abgegoltene Firmenwert beläuft sich auf 6.069 GE (= 13.069 GE - 4.000 GE - 3.000 GE). Aus der Abschreibung des Firmenwerts (405 GE p.a. über 15 Jahre) resultiert eine ESt-Ersparnis mit einem Barwert von 1.965 GE. Der Barwert der ESt-Ersparnis aus der Abschreibung der aufgedeckten stillen Reserven (300 GE p.a. über 10 Jahre) beträgt 1.104 GE. Unter Verwendung der Rentenbarwertfaktoren für einen Zinssatz von 6% und eine Laufzeit von 10 bzw. 15 Jahren zur Ermittlung der Barwerte der ESt-Ersparnis kann die Rechnung wie folgt dargestellt werden:

$$S^{zAb} = 405 \cdot 0{,}5 \cdot 9{,}712249 + 300 \cdot 0{,}5 \cdot 7{,}360087 = 1.965 + 1.104 = 3.069$$
$$P_{\max} = 10.000 + 3.069 = 13.069$$

2.3. Bewertung von Kapitalgesellschaften

a) Laufende Ertragsbesteuerung

Bei Kapitalgesellschaften unterliegt das steuerpflichtige Einkommen derzeit einem einheitlichen KöSt-Satz von 34%. Die Besteuerung erfolgt unabhängig von der Gewinnverwendung (Ausschüttung oder Thesaurierung). Mit dem StruktAnpG 1996 wurde die von Kapitalgesellschaften jedenfalls zu entrichtende „Mindest-KöSt" auf S 50.000 p.a. erhöht. Sie ist jedoch auf eine spätere KöSt-Schuld anzurechnen (§ 24 Abs 4 KStG). Die Bestimmung wurde mittlerweile durch den Verfassungsgerichtshof aufgehoben und die ursprüngliche Mindestbesteuerung von S 15.000 p.a. wieder in Kraft gesetzt.

Verfügt eine zu erwerbende Kapitalgesellschaft über körperschaftsteuerliche Verlustvorträge, führt die daraus in Zukunft lukrierbare Steuerersparnis zu einer Erhöhung der Unternehmenserträge und damit auch des Entscheidungswerts des potentiellen Käufers oder Verkäufers. Seitens des Käufers sind die gesetzlichen Voraussetzungen für den Übergang von Verlustvorträgen in Zusammenhang mit Unternehmenserwerben zu beachten (insb. § 8 Abs 4 KStG).

Völlig unabhängig von der Besteuerung der Gesellschaft unterliegt der Anteilseigner nur mit bestimmten Zuflüssen aus der Gesellschaft der Steuerpflicht. Während Gewinnausschüttungen bei natürlichen Personen als Empfänger KESt-Pflicht auslösen, bleiben Kapitalrückzahlungen im Rahmen des § 15 Abs 4 bzw. § 4 Abs 12 EStG steuerfrei.

Beispiel 25:

Der potentielle Käufer K erwägt, 100% der Anteile an der Z-GmbH zu erwerben. Zur Ermittlung der relevanten NCF in den ersten drei Jahren stehen folgende Daten zur Verfügung, die K aufgrund seiner persönlichen Einschätzungen errechnet hat:

	t_1	t_2	t_3
handelsrechtl. Jahresgewinn vor KöSt	20.000	32.000	28.000
steuerpflichtiges Einkommen Z-GmbH	18.000	26.000	29.000

Der handelsrechtliche Jahresgewinn nach KöSt soll jeweils zur Gänze ausgeschüttet werden. Darüber hinaus soll am Ende des zweiten Jahres eine effektive Stammkapitalherabsetzung im Ausmaß von 10.000 GE erfolgen. Die Jahresgewinne und steuerlichen Ergebnisse wurden bereits unter Beachtung der liquiditätsmäßigen Auswirkungen von Dividenden- und Kapitalrückzahlungen in Vorperioden geplant. Wird unterstellt, daß die Kapitalherabsetzung bei K gemäß § 15 Abs 4 EStG steuerneutral ist, können die NCF wie folgt berechnet werden:

	t_1	t_2	t_3
handelsrechtl. Jahresgewinn vor KöSt	20.000	32.000	28.000
– KöSt (34% des stpfl. Einkommens)	– 6.120	– 8.840	– 9.860
hr. Jahresgewinn nach KöSt (= Ausschüttung)	13.880	23.160	18.140
– KESt (25%)	– 3.470	– 5.790	– 4.535
+ Zufluß aus Kapitalherabsetzung		10.000	
= NCF für K	10.410	27.370	13.605

Die unterschiedliche steuerliche Behandlung einzelner NCF-Komponenten kann zu Problemen führen, wenn im Rahmen der Entscheidungswertermittlung vereinfachend von der Vollausschüttungsfiktion ausgegangen wird. Die pauschale Annahme der Vollausschüttung bzw. Vollauszahlung z.B. der künftigen Einzahlungsüberschüsse des Unternehmens gerät dann in Konflikt mit dem Ziel der exakten Erfassung der Steuerwirkungen beim Anteilseigner, da dafür grundsätzlich auch bekannt sein muß, aus welchem Titel die Beträge an den Anteilseigner fließen werden. Eine zuverlässige Abschätzung der Steuerwirkungen beim Anteilseigner setzt daher strenggenommen konkrete Annahmen über die künftige Gewinnverwendungspolitik voraus. Aus der Sicht von Kapitalgesellschaften als Anteilseigner werden sich aber in Anbetracht der Steuerbefreiung für Schachtelerträge kaum Probleme aus der Anwendung der Vollauschüttungsfiktion ergeben. Anders verhält es sich bei natürlichen Personen als Anteilseigner aufgrund der dort bestehenden differenzierten Behandlung von Dividenden und Kapitalrückzahlungen. Kann allerdings davon ausgegangen werden, daß die künftigen Einzahlungsüberschüsse dem Anteilseigner nur in Form von Gewinnausschüttungen zufließen werden, erscheint die Anwendung der Vollausschüttungsfiktion auch hier unproblematisch.

Ist der Anteilseigner eine natürliche Person, unterliegen die Gewinnausschüttungen der Endbesteuerung. Nach § 20 Abs 2 EStG dürfen mit diesen endbesteuerten Einnahmen unmittelbar wirtschaftlich zusammenhängende Ausgaben nicht abgezogen werden. Dies hat nach herrschender Auffassung u.a. zur Folge, daß Zinsen aus einem fremdfinanzierten Anteilserwerb steuerlich nicht abzugsfähig sind. Kann ein potentieller Käufer die steuerliche Abzugsfähigkeit derartiger Schuldzinsen nicht durch geeignete Umgründungsmaßnahmen herstellen, resultiert aus diesem Steuernachteil in der Regel eine beträchtliche Minderung des Entscheidungswerts. Im Rahmen der Prognose der Unternehmenserträge sind dann die Zinsen aus dem geplanten Anschaffungskredit mangels einer daraus lukrierbaren Steuerersparnis in voller Höhe cash-flow-mindernd anzusetzen.

b) Besteuerung des Veräußerungsgewinns

Auf Verkäuferseite erhöht wiederum eine Steuerbelastung des Veräußerungsgewinnes aus dem Verkauf eines Kapitalgesellschaftsanteils den Entscheidungswert. Ist der Verkäufer eine natürliche Person und ist die einjährige Spekulationsfrist abgelaufen, unterliegen derartige Einkünfte der halben durchschnittlichen ESt oder sind bei im Privatvermögen gehaltenen Beteiligungen bis 10% nach Maßgabe des § 31 EStG steuerfrei.

Wird die Beteiligung von einer Kapitalgesellschaft gehalten, unterliegen die Veräußerungsgewinne der KöSt (Ausnahme: Steuerfreiheit bei internationalen Schachtelbeteiligungen gemäß § 10 Abs 2 KStG), während Gewinnausschüttungen in der Regel gemäß

§ 10 KStG als Schachtelerträge steuerfrei bleiben. Es bietet sich daher an, Gewinnrücklagen der Tochtergesellschaft vor dem Anteilsverkauf auszuschütten.

Bei im Betriebsvermögen gehaltenen Beteiligungen ist unter bestimmten Voraussetzungen die Einstellung des Veräußerungsgewinns in eine Übertragungsrücklage gemäß § 12 EStG möglich. Damit kann eine Verschiebung des Besteuerungszeitpunktes um ein Jahr oder auch eine längerfristige Steuerfreistellung des Veräußerungsgewinns durch Übertragung der Rücklage auf die Anschaffungskosten anderer unkörperlicher Wirtschaftsgüter, wie etwa Patente oder Markenrechte bewirkt werden.

c) Steueroptimaler Erwerb von Kapitalgesellschaften

Während der Verkäufer auf die Minimierung der Steuerbelastung des Veräußerungsgewinnes bedacht ist, werden die Interessen des Käufers einer Kapitalgesellschaft aus steuerlicher Sicht vor allem auf die Erfüllung folgender Punkte gerichtet sein (vgl. *Wundsam/Zöchling*, 1992, 1):

- Steuerwirksame Abschreibung des Kaufpreises
- Steuerliche Abzugsfähigkeit von (Kaufpreis-)Finanzierungskosten
- Verwertung steuerlicher Verluste (Verlustvorträge) des Zielunternehmens
- Minimierung der Transfersteuern (Gebühren und Verkehrsteuern)
- Minimierung der Steuerbelastung künftiger Gewinne und capital gains

Die konkreten Steuerwirkungen für den Käufer einer Kapitalgesellschaft hängen entscheidend von der Definition des Kaufgegenstandes ab. Dabei bieten sich grundsätzlich zwei mögliche Varianten an: Entweder werden die Anteile an der Gesellschaft („share deal") oder der Betrieb (bzw. das Vermögen) der Kapitalgesellschaft erworben („asset deal"). Um die Vorteile beider Varianten zu vereinen, hat sich in der Praxis daneben das „Kombinationsmodell" („roll over") herausgebildet.

aa) Share deal

Aus zivilrechtlicher Sicht bietet der Anteilserwerb den Vorteil des in der Regel unveränderten Fortbestandes der Rechtsposition der erworbenen Kapitalgesellschaft, soweit nicht der Anteilserwerb selbst Änderungen bewirken kann (wie etwa im Bereich des § 12 a Abs 3 MRG). Auch eine an den Anteilserwerb anschließende Verschmelzung oder Umwandlung nach dem UmwG vollzieht sich unter Gesamtrechtsnachfolge. Die Veräußerung der Gesellschaftsanteile hat darüber hinaus keinen Einfluß auf die Handels- und Steuerbilanz der Gesellschaft.

Aus steuerlicher Sicht ist der reine „share deal" allerdings mit gravierenden Nachteilen verbunden. Der Käufer kann nur die erworbene Beteiligung als nicht abnutzbares Wirtschaftsgut aktivieren, sodaß die im Kaufpreis abgegoltenen stillen Reserven und ein Firmenwert grundsätzlich nicht steuerwirksam abgeschrieben werden können. Hinzu kommt, daß beim fremdfinanzierten Anteilserwerb die Zinsen aus einer Kaufpreisfremdfinanzierung nicht steuermindernd geltend gemacht werden können. Dies wird bei natürlichen Personen als Erwerbern aus § 20 Abs 2 EStG abgeleitet. Bei Kapitalgesellschaften als Erwerber rechnet der VwGH Zinsen zur Finanzierung der Anschaffung einer unter § 10 KStG fallenden Beteiligung unter das Abzugsverbot des § 12 Abs 2 KStG (kritisch *Doralt/Ruppe*, 1994, 284; *Lang*, 1995, 507 ff). Die Abzugsfähigkeit der Fremdkapitalzinsen für den Beteiligungserwerb kann jedoch zumeist durch eine nachfolgende Verschmelzung oder Umwandlung hergestellt werden. Dadurch wird gleichzeitig auch die Verwertung steuerlicher Verlustvorträge der Zielgesellschaft bei der Muttergesellschaft ermöglicht. Seit dem StruktAnpG 1996 und der damit verbundenen Abschaffung der Firmenwertabschreibung gemäß § 3 Abs 2 Z 2 UmgrStG aF kann durch die nachfolgende Fusion oder Umwandlung allerdings kein zusätzliches steuerliches Abschreibungspotential generiert werden. Die Steuerneutralität von Buchverlusten gemäß § 3 Abs 2 UmgrStG führt demgegenüber zu einer „Vernichtung" steuerlicher Buchwerte und häufig zu Nachteilen bei einer späteren Weiterveräußerung des Betriebes (vgl. *Rabel*, 1997).

bb) Asset deal

Aus steuerlicher Sicht ist für den Käufer ein Erwerb des Vermögens bzw. des Betriebes der Kapitalgesellschaft attraktiver, da hier der gesamte Kaufpreis in steuerliche Abschreibungsmasse umgesetzt werden kann. Für den Käufer treten die Steuerfolgen wie beim Erwerb von (Anteilen oder Betrieben von) Personenunternehmen ein. Die im Kaufpreis abgegoltenen stillen Reserven sind auf ihre Restnutzungsdauer, ein abgegoltener Firmenwert gemäß § 8 Abs 3 EStG bei Gewerbebetrieben auf 15 Jahre abzuschreiben. Auch Fremdkapitalzinsen aus der Kaufpreisfinanzierung können steuerwirksam geltend gemacht werden. Steuerliche Verlustvorträge der Zielgesellschaft können zwar nicht vom Käufer übernommen werden, mindern aber in der Regel die Steuerbelastung des Veräußerungsgewinnes auf Ebene der Zielgesellschaft.

Den steuerlichen Vorteilen stehen allerdings die mit dem asset deal zwingend verbundene Einzelrechtsnachfolge sowie die aufwendigere praktische Umsetzung als Nachteile gegenüber. Mit den steuerlichen Vorteilen auf Käuferseite können aber auch steuerliche Nachteile auf Verkäuferseite verbunden sein: Ist der Verkäufer eine natürliche Person, wäre ein Veräußerungsgewinn beim share deal nur mit der halben durchschnittlichen ESt belastet oder bei einem Beteiligungsausmaß bis 10% sogar steuerfrei. Die Steuerbelastung des Verkäufers ist beim asset deal jedoch wesentlich höher: In einem ersten Schritt muß die veräußernde Kapitalgesellschaft den Gewinn aus der Betriebs- oder Vermögensveräußerung der KöSt unterziehen. Um die Verfügbarkeit des Kaufpreises in der Sphäre der Anteilseigner herzustellen, ist dann noch eine Ausschüttung des Gewinnes (mit KESt-Belastung) oder eine Liquidation (mit Liquidationsbesteuerung gemäß § 31 EStG) erforderlich.

cc) Kombinationsmodell (roll over)

Das Kombinationsmodell soll die Vorteile von Anteils- und Betriebserwerb vereinen. Es vollzieht sich i.a. in mehreren Stufen:

1. *Anteilserwerb (share deal):* Zunächst werden die Anteile an der Zielgesellschaft (= Kapitalgesellschaft) erworben und bei der Muttergesellschaft mit den Anschaffungskosten aktiviert.
2. *Konzerninterner asset deal:* Anschließend erwirbt die Muttergesellschaft den gesamten Betrieb (oder einzelne Vermögensgegenstände) der nunmehrigen Tochtergesellschaft, die daraus einen steuerpflichtigen Gewinn in Höhe der aufgedeckten stillen Reserven und eines allfälligen Firmenwerts erzielt. Die Muttergesellschaft erlangt in selber Höhe ein zusätzliches Abschreibungspotential.
3. *Gewinnausschüttung:* Die Tochtergesellschaft schüttet den aus dem asset deal erzielten Gewinn an die Muttergesellschaft aus. Ist die Muttergesellschaft eine Kapitalgesellschaft, bleibt die Gewinnausschüttung nach § 10 KStG steuerfrei. Ist die Muttergesellschaft eine Personengesellschaft, unterliegt die Gewinnausschüttung der KESt (Endbesteuerung).
4. *Ausschüttungsbedingte Teilwertabschreibung:* Die Ausschüttung des Veräußerungsgewinns gemäß Schritt 3 führt regelmäßig zu einer deutlichen Wertminderung der Anteile der Tochtergesellschaft, die eine Teilwertabschreibung der bei der Muttergesellschaft noch mit den seinerzeitigen Anschaffungskosten aktivierten Beteiligung erforderlich macht. Ist die Muttergesellschaft eine Kapitalgesellschaft, fällt die ausschüttungsbedingte Teilwertabschreibung allerdings unter das Abzugsverbot des § 12 Abs 3 KStG und kann keine steuermindernde Wirkung entfalten. Ist die Muttergesellschaft jedoch eine Personengesellschaft, ist § 12 Abs 3 KStG nicht anwendbar und die ausschüttungsbedingte Teilwertabschreibung nach herrschender Auffassung trotz Endbesteuerung abzugsfähig (vgl. *Bachl*, 1995, 292).

Seit dem im Zuge des StRefG 1993 eingeführten Abzugsverbots des § 12 Abs 3 KStG für ausschüttungsbedingte Teilwertabschreibungen, ist das Kombinationsmodell für eine Kapitalgesellschaft als Käuferin steuerlich unattraktiv und dem reinen asset deal unterlegen. Steuerliche Vorteile können sich noch für erwerbende Personenunternehmungen bieten, insbesondere dann, wenn die Verkäufer der Anteile natürliche Personen sind und aus dem im ersten Schritt erfolgenden share deal Steuervorteile lukrieren, die über einen verminderten Kaufpreis zum Teil auch dem Käufer zugute kommen (s. dazu näher *Bachl*, 1995, 292).

3. Besteuerung der Alternativerträge

Nach dem Grundsatz der Verfügbarkeitsäquivalenz sind auch die Alternativerträge nach Abzug aller zurechenbaren Belastungen, insbesondere ihrer Ertragsteuerbelastung, anzusetzen. Die Unternehmenserträge nach Abzug von Ertragsteuern sind mit Alternativrenditen nach Abzug der Ertragsteuerbelastung zu vergleichen.

Aus theoretischer Sicht ist zur Berücksichtigung der Ertragsteuerbelastung der Alternativerträge gleich vorzugehen wie bei den Unternehmenserträgen. Da ein breites Spektrum denkmöglicher Alternativen zum Unternehmenserwerb/-beibehalt existiert, sind Art und Umfang der einzubeziehenden Ertragsteuern zunächst von der konkreten steuerlichen Einbettung der Alternativerträge im Einzelfall abhängig. Bestünde etwa die relevante Alternativdisposition in einem alternativen gewerblichen Investitionsprojekt, wäre die Alternativrendite nach Steuern als interner Zinsfuß aus den erwarteten Zahlungsströmen des Projekts unter Berücksichtigung der damit verbundenen Steuerzahlungen (je nach Rechtsform ESt oder KöSt und ggf. KESt) abzuleiten.

In der Praxis wird die relevante Alternativrendite jedoch in der Regel aus einem Basiszinsfuß abgeleitet, der der (unversteuerten) Rendite von quasi-sicheren Finanzanlagen am Kapitalmarkt entspricht. Zur Herstellung der Verfügbarkeitsäquivalenz ist dann als Basiszinsfuß nach Steuern die Effektivverzinsung der Zahlungsreihe nach Steuern aus der Finanzanlage heranzuziehen. Kann davon ausgegangen werden, daß die Alternativerträge einem im Zeitablauf konstanten Steuersatz unterliegen, kann die Effektivverzinsung nach Steuern i. a. (näherungsweise) durch Multiplikation des Basiszinsfußes vor Steuern mit dem Faktor „(1 - Steuersatz)“ errechnet werden. Diese Vorgangsweise führt zu einem zutreffenden Ergebnis, wenn der Basiszinsfuß der Nominalverzinsung der Finanzanlagen entspricht. Davon kann bei einer flachen Zinskurve ausgegangen werden. Unterstellt man dies, kann der Basiszinsfuß nach Steuern (b^S) für eine natürliche Person, bei der die Erträge daraus der Endbesteuerung mit dem Steuersatz s^{KESt} unterliegen, wie folgt bestimmt werden:

$$b^S = b \cdot (1 - s^{KESt}) \qquad (2.39)$$

Handelt es sich beim Bewertungssubjekt um eine Kapitalgesellschaft, erhält man den Basiszinsfuß nach Steuern unter den getroffenen Annahmen durch Multiplikation von b mit dem Faktor $(1 - s^{KöSt})$.

Sonderfragen in Zusammenhang mit der Besteuerung können sich im Rahmen der Ableitung des Diskontierungssatzes aus dem Basiszinsfuß ergeben, wenn gleichzeitig die Äquivalenz hinsichtlich Unsicherheit und Kaufkraft hergestellt werden soll. Auf diese Thematik wird in H. eingegangen.

F. Geldentwertung und Wachstum der Erträge

Literatur:

Sieben, G.: Zur Problematik einer auf Bilanzgewinnen basierenden Unternehmensbewertung in Zeiten der Geldentwertung, in: Baetge u.a. (Hrsg): Bilanzfragen, Düsseldorf – 1976, S. 255-271; *Schildbach*, T.: Die Berücksichtigung der Geldentwertung bei der Unternehmensbewertung, in: Goetzke/Sieben (Hrsg): Moderne Unternehmensbewertung und Grundsätze ihrer ordnungsmäßigen Durchführung, Köln 1977, S. 225-235; *Swoboda*, P.: Auswirkungen einer Inflation auf den Unternehmenswert, ZfbF 1977, S. 667-688; *Ballwieser*, W.: Die Wahl des Kalkulationszinsfußes bei der Unternehmensbewertung unter Berücksichtigung von Risiko und Geldentwertung, BFuP 1981, S. 97-114; *Moxter*, A.: Grundsätze ordnungsmäßiger Unternehmensbewertung, 2. Aufl, Wiesbaden 1983; *Siepe*, G.: Die Bemessung des Kalkulationszinsfußes bei der Unternehmensbewertung in Zeiten fortschreitender Geldentwertung, DB 1984, S 1689-1695 und 1738-1741; *Ballwieser*, W./*Leuthier*, R.: Grundprinzipien, Verfahren und Probleme der Unternehmensbewertung (Teil II), DStR 1986, S. 604-610; *Matschke*, M.J.: Geldentwertung und Unternehmensbewertung, WPg 1986, S. 549-555; *Ballwieser*, W.: Unternehmensbewertung bei unsicherer Geldentwertung, ZfbF 1988, S. 798-812; *Schneider*, D.: Investition, Finanzierung und Besteuerung, 7. Aufl, Wiesbaden 1992; *Süchting*, J.: Finanzmanagement, 6. Aufl, Wiesbaden 1992; *Trentini*, S.: Der Kalkulationszinsfuß in der Unternehmensbewertung, RWZ 1992, S. 311-318; *Copeland*, T./*Koller*, T./*Murrin*, J.: Valuation – Measuring and Managing the Value of Companies, 2nd ed., New York – u.a. 1994; *Franke*, G./*Hax*, H.: Finanzwirtschaft des Unternehmens und Kapitalmarkt, 3. Aufl, Berlin u.a. 1994; *Blohm*, H./*Lüder*, K.: Investition, 8. Aufl, München-Wien 1995; *Drukarczyk*, J.: Unternehmensbewertung, München 1996; *Fischer*, E.: Finanzwirtschaft für Anfänger, München-Wien 1996a.

1. Allgemeines

Bisher blieben Auswirkungen von künftigen Geldwertänderungen (Inflation, Deflation) auf die Entscheidungswertermittlung unberücksichtigt. Tatsächlich beeinflussen aber künftige Geldwertänderungen unmittelbar die Kaufkraft sowohl der zu erwartenden Unternehmenserträge als auch der Alternativerträge. Im Rahmen der Entscheidungswertermittlung ist daher zu prüfen, wie sich die Kaufkraft der Erträge durch die künftigen Geldwertänderungen verändern wird. Da die Erträge letztlich zur Konsumausgabenalimentierung dienen sollen, sind sie an der erwarteten Entwicklung der allgemeinen Kaufkraft im Sinne eines Konsumenten-Preisniveauindex (z.B. VPI 1986) zu messen. Im folgenden soll vereinfachend nur der Fall einer erwarteten Inflation behandelt werden. Die Überlegungen gelten jedoch analog für den Fall der Deflation.

Ergibt eine Analyse der erwarteten Geldwertänderungen etwa, daß die Unternehmenserträge künftig an Kaufkraft verlieren werden, weil die inflationsbedingten Preissteigerungen auf der Beschaffungsseite nur teilweise auf die Kunden überwälzt werden können, muß dieser Effekt den Entscheidungswert mindern. Ist umgekehrt zu erwarten, daß die Unternehmenserträge durch überdurchschnittliche Preiserhöhungen auf der Absatzseite stärker wachsen werden als die Inflationsrate, erhöht dies den Entscheidungswert. Daraus ist bereits erkennbar, daß die Frage nach der Entwicklung der Kaufkraft der Erträge untrennbar mit der Frage nach dem erwarteten Wachstum der Erträge verbunden ist. Zu beachten ist aber, daß hier nicht das gesamte, absolute Wachstum der Erträge gemeint ist, sondern nur jenes Wachstum, das auf Preisniveauänderungen zurückzuführen ist (*inflationsbedingtes Wachstum*). Ist geklärt, in welchem Ausmaß die Erträge voraussichtlich inflationsbedingt wachsen (oder schrumpfen) werden, kann ihre kaufkraftmäßige Entwicklung durch einen Vergleich mit dem erwarteten Konsumenten-Preisniveauindex bestimmt werden.

Die Frage nach dem inflationsbedingten Wachstum ist grundsätzlich sowohl für die Unternehmenserträge als auch die Alternativerträge zu beantworten. Besteht allerdings die relevante Alternativdisposition im Erwerb langfristiger, festverzinslicher Kapitalanlagen, ist die Antwort für die Alternativerträge einfach zu geben: Jedenfalls bis zur Tilgung der Kapitalanlage ist von nominell konstanten Alternativerträgen auszugehen. Die Alternativerträge wachsen nicht inflationsbedingt, bei Inflationserwartung sinkt daher ihre Kaufkraft im Zeitablauf stetig. Um diesen Nachteil zu kompensieren, muß die Verzinsung der Finanzanlage bereits eine Inflationsabgeltung beinhalten („nomineller“ Zinsfuß). Dies trifft insbesondere auf die bei flacher Zinskurve als Basiszinsfuß heranzuziehende SMR für Bundesanleihen zu.

Wesentlich schwieriger gestaltet sich demgegenüber die Abschätzung des inflationsbedingten Wachstums der Unternehmenserträge. Zunächst ist zu beachten, daß es sich bei den bewertungsrelevanten Cash-flows bereits um eine Saldogröße aus zahlreichen unterschiedlichen Ein- und Auszahlungskomponenten handelt, die für sich in Zukunft durchaus verschiedenen Preisniveauänderungen ausgesetzt sein können. So könnte etwa für ein zu bewertendes Produktionsunternehmen anzunehmen sein, daß die künftigen Preissteigerungsraten für den Rohstoffeinkauf, die Investitionen sowie die Umsatzerlöse unter der Inflationsrate liegen werden, während etwa die Personalkosten einer darüberliegenden Preissteigerung ausgesetzt sein werden. Strenggenommen sind daher die erwarteten Preissteigerungs- bzw. Wachstumsraten für sämtliche Ein- und Auszahlungskomponenten zu schätzen und in die Prognose der Cash-flows einzubinden. Aus der Gesamtheit der Preisniveauänderungen der einzelnen Komponenten ergibt sich dann für jede Periode das inflationsbedingte Wachstum der Unternehmenserträge.

Aus Vereinfachungsgründen werden jedoch häufig pauschale Annahmen über das inflationsbedingte Wachstum der Unternehmenserträge als Saldogröße getroffen. Den Ausgangspunkt der Überlegungen bildet hier die Vorstellung, daß ein Unternehmen i.a. bestrebt sein wird, zumindest die Preissteigerungen auf der Beschaffungsseite durch eine Erhöhung der Absatzpreise auf die Kunden zu überwälzen und die Kaufkraft der Unternehmenserträge konstant zu halten oder zu steigern. Dem Bewerter obliegt dann die Beurteilung der Fähigkeit des Unternehmens, dieses Ziel zu erreichen. Im Ergebnis kann die Beurteilung dieser Frage grundsätzlich zu drei verschiedenen Erwartungshaltungen für das inflationsbedingte Wachstum der Unternehmenserträge führen:

(1) *Inflationsproportionales Wachstum*: Die erlösseitigen Preissteigerungen kompensieren die inflationsbedingten Kostensteigerungen genau in der Form, daß die Kaufkraft der Unternehmenserträge – gemessen am Konsumenten-Preisniveauindex – im Zeitablauf konstant bleibt.

(2) *Reales Wachstum*: Dem Unternehmen gelingt es, erlösseitige Preissteigerungen am Markt in einem Ausmaß durchzusetzen, das ein über der Inflationsrate liegendes Wachstum der Unternehmenserträge nach sich zieht, sodaß die Kaufkraft der Unternehmenserträge im Zeitablauf steigt.

(3) *Kaufkraftabnahme*: Dem Unternehmen gelingt eine vollständige Inflationsüberwälzung nicht, sodaß die Unternehmenserträge in einem unter der Inflationsrate liegenden Ausmaß wachsen. Die Kaufkraft der Unternehmenserträge nimmt daher im Zeitablauf ab.

Je nachdem, welche Einschätzung im konkreten Fall als zutreffend erachtet wird, führen die künftigen Geldwertänderungen entweder zu kaufkraftkonstanten, real wachsenden oder Kaufkraft einbüßenden Unternehmenserträgen. Die Annahme eines inflationsproportionalen Wachstums der Unternehmenserträge ist dabei gleichbedeutend mit der Vorstellung, daß das Investment in das Unternehmen künftig „inflationsgeschützte" Erträge abwirft. Demgegenüber sind die aus einer festverzinslichen Finanzanlage am Kapitalmarkt abgeleiteten Alternativerträge nominell konstant und verlieren im Zeitablauf an Kaufkraft. Es erhebt sich sohin die Frage, in welcher Form derartige Unterschiede in der kaufkraftmäßigen Entwicklung der Unternehmens- und Alternativerträge in die Entscheidungswertermittlung einzufließen haben.

Soll vor diesem Hintergrund die Vergleichbarkeit von Unternehmens- und Alternativerträgen gewahrt bleiben, ist der Grundsatz der Kaufkraftäquivalenz zu beachten. Demnach können sinnvoll nur Erträge miteinander verglichen werden, die die gleiche Kaufkraftdimension aufweisen. Dies ist entweder dann der Fall, wenn nur *nominelle* Beträge verglichen werden, oder wenn nur solche *reale* Beträge in den Vergleich einbezogen werden, die der Kaufkraft einer bestimmten Periode entsprechen. Demgemäß kann die Einbindung der Auswirkungen von Geldwertänderungen in den Bewertungskalkül entweder durch eine *Nominalrechnung* oder durch eine *Realrechnung* erfolgen. Es handelt sich dabei bloß um unterschiedliche Techniken der Berücksichtigung von Geldwertänderungen, die keine materiellen Auswirkungen entfalten dürfen. Das Bewertungsergebnis bei Anwendung der Nominalrechnung muß daher stets jenem bei Anwendung der Realrechnung entsprechen.

Die beiden Techniken zur Berücksichtigung von Geldwertänderungen werden im folgenden näher erläutert. Dabei wird vereinfachend von sicheren Erwartungen, einer Welt ohne Steuern und einem im Zeitablauf konstanten Basiszinsfuß b (flache Zinskurve) ausgegangen. Auf Fragen in Zusammenhang mit einer gleichzeitigen Berücksichtigung von Geldwertänderungen, Unsicherheit und Besteuerung wird in III.H. eingegangen.

2. Nominalrechnung

2.1. Konzeption

Bei der Nominalrechnung werden die nominell geplanten Unternehmenserträge den nominellen Alternativerträgen gegenübergestellt. Der Entscheidungswert ermittelt sich daher durch Diskontierung der nominellen Unternehmenserträge mit der nominellen Alternativrendite (Basiszinsfuß). Als „nominell“ sind dabei jene Beträge zu verstehen, die sich unter Berücksichtigung der erwarteten Geldwertänderungen als tatsächliche Ein- und Auszahlungsbeträge in den jeweiligen künftigen Perioden ergeben werden. Nominelle Beträge repräsentieren daher immer das Preisniveau der jeweiligen künftigen Periode, und nicht etwa das Preisniveau zum Bewertungsstichtag.

Vom planungstechnischen Standpunkt her empfiehlt es sich, die Auswirkungen der Geldwertänderungen auf die Unternehmenserträge erst in einem zweiten Schritt zu erfassen, der auf die Prognose der einzelnen Ein- und Auszahlungskomponenten *vor* Berücksichtigung von Geldwertänderungen folgt. Durch die Berücksichtigung der erwarteten Preissteigerungsraten können so die Nominalbeträge der einzelnen Komponenten der Unternehmenserträge errechnet werden.

Beispiel 26:

Der potentielle Käufer K erstellt für ein zu erwerbendes Unternehmen eine Erfolgs- und Finanzplanung, um die voraussichtlichen Unternehmenserträge abschätzen zu können. Auf Basis einer mengenmäßigen Planung zum Preisniveau des Bewertungsstichtages, somit *vor* Berücksichtigung von Auswirkungen aus Preisniveauänderungen, erwartet er u.a. die folgenden Umsatzerlöse, Personalkosten und Fremdkapitalzinsen für die Planperioden 1 bis 3:

	t_1	t_2	t_3
Umsatzerlöse	1.000	1.150	1.250
Personalkosten	250	280	300
Zinsen	540	460	410

Für die Umsatzerlöse erwartet K eine am Markt jährlich durchsetzbare Preissteigerung in Höhe von 3,0 %. Die Personalkostensteigerungsrate wird sich seiner Einschätzung nach demgegenüber auf jährlich 4,0 % belaufen. Eine Änderung des Zinsniveaus wird nicht erwartet. Für eine Nominalrechnung sind nun die oben vor Berücksichtigung von Geldwertänderungen geplanten Beträge unter Ansatz der erwarteten Preissteigerungsraten in Nominalbeträge der einzelnen Perioden umzurechnen. Man erhält folgendes Ergebnis:

	t_1	t_2	t_3
Umsatzerlöse nominell	1.030	1.220	1.366
Personalkosten nominell	260	303	337
Zinsen nominell	540	460	410

Die nominellen Umsatzerlöse der Planperiode 2 errechnen sich dabei beispielsweise wie folgt:

$$1.150 \cdot 1{,}03^2 = 1.220$$

Analog bestimmen sich z.B. die Personalkosten der dritten Periode unter Einbeziehung der höheren Preissteigerungsrate von 4,0 % aus dem Ausdruck:

$$300 \cdot 1{,}04^3 = 337$$

Die Fremdkapitalzinsen unterliegen demgegenüber keinem inflationsbedingten Wachstum. Die ursprünglich angesetzten Beträge entsprechen daher den künftigen Nominalbeträgen.

Werden bei einer Nominalrechnung alle einzelnen Komponenten der Unternehmenserträge nach dem dargestellten Schema geplant, ist u.a. zu beachten, daß bestimmte Positionen keinem inflationsbedingten Wachstum unterliegen. Dies trifft zunächst auf die Abschreibungen zu, die zur Ermittlung des handelsrechtlichen Ausschüttungspotentials sowie im Rahmen der Steuerplanung benötigt werden. Sie sind stets von den historischen Anschaffungs- bzw. Herstellungskosten (und nicht von allenfalls gestiegenen Wiederbeschaffungspreisen) zu berechnen, da sie lediglich Ausgaben früherer Perioden verteilen. Eine Indexierung der Abschreibungsbeträge ist daher unzulässig. Auch bei den Fremdkapitalzinsen handelt es sich grundsätzlich um Nominalgrößen, die bei konstantem Zinsniveau unverändert bleiben. Im Rahmen der Planung sind damit lediglich erwartete Änderungen des Zinsniveaus zu berücksichtigen. Zinsniveauänderungen werden jedoch in der Regel mit Änderungen der Inflationsrate einhergehen, sodaß insoweit auf eine Konsistenz der getroffenen Annahmen zu achten ist.

Die Planung der Veränderungen der Bestände z.B. im Netto-Umlaufvermögen hat ebenfalls auf Basis nomineller Größen zu erfolgen. Die nominelle Veränderung z.B. des Waren- oder Rohstoffbestandes sowie auch der Lieferverbindlichkeiten hängt dabei unmittelbar von den getroffenen Annahmen über die Preissteigerungen im Einkaufsbereich ab. In ähnlicher Weise wirken sich die Annahmen über die durchsetzbaren Absatzpreissteigerungen auf die nominelle Veränderung des Forderungsbestandes aus. Die konsequente Berücksichtigung der wechselseitigen Abhängigkeiten erfordert in der Regel eine entsprechende Software-Unterstützung der Planungsrechnung.

Für die Zeit bis zum Planungshorizont werden oft unterschiedliche nominelle Steigerungsraten z.B. für die Umsatzeinzahlungen und einzelne Auszahlungsarten (z.B. Personalkosten, Rohstoffkosten, Mieten, Versicherungen, aber auch z.B. künftige Mittelabflüsse für Ersatz- oder Erweiterungsinvestitionen) zur Anwendung kommen. Demgegenüber erscheint eine detaillierte Abschätzung der nominellen Entwicklung der einzelnen Komponenten der Unternehmenserträge für die Zeit nach dem Planungshorizont nicht praktikabel. Hier sind daher pauschale Annahmen über das weitere Wachstum der Unternehmenserträge (als Saldogröße) zu treffen (siehe dazu unter 2.4.).

2.2. Nominalzins

Die Diskontierung der nominellen Unternehmenserträge hat mit der nominellen Alternativrendite zu erfolgen. Die Berücksichtigung eines „Geldentwertungsabschlages“ ist unzulässig.

Die nominelle Alternativrendite ist grundsätzlich als Effektivverzinsung der nominellen Zahlungsströme aus der relevanten Alternativdisposition zu bestimmen. Aus den bereits dargelegten Gründen ist bei flacher Zinskurve die zum Bewertungsstichtag gültige SMR für Bundesanleihen als (nomineller) Basiszinsfuß heranzuziehen.

2.3. Inflationserwartungen

a) Konsistenz der Erwartungen

Aus dem bisher Gesagten könnte abgeleitet werden, daß im Rahmen der Nominalrechnung eine gesonderte Prognose der Inflationsrate als Maßstab für die Entwicklung des allgemeinen Preisniveaus nicht erforderlich ist, zumal der Entscheidungswert allein aus den prognostizierten nominellen Unternehmens- und Alternativerträgen errechnet werden kann. Eine konkrete Erwartungshaltung über die Entwicklung der allgemeinen Inflationsrate bildet jedoch eine notwendige Grundlage, um überhaupt die nominelle Entwicklung einzelner Komponenten der Unternehmenserträge abschätzen zu können. Denn die Prognose von Preissteigerungsraten für einzelne Komponenten der Unternehmenserträge kann nicht losgelöst von den Erwartungen über die Entwicklung des allgemeinen Preisniveaus erfolgen. In den für die Komponenten der Unternehmenserträge angenommenen Wachstumsraten kommt daher latent auch eine bestimmte, allgemeine Inflationserwartung zum Ausdruck.

Diese Feststellung gilt auch für die Alternativerträge. Wird als Basiszinsfuß die SMR für Bundesanleihen zum Bewertungsstichtag herangezogen, kommt in dieser Nominalrendite ebenfalls eine bestimmte, allgemeine Inflationserwartung zum Ausdruck. Sie kann als durchschnittliche Inflationserwartung aller Marktteilnehmer für die (Rest-) Laufzeit der betreffenden Bundesanleihen interpretiert werden.

Liegen nun aber sowohl den prognostizierten Unternehmenserträgen als auch den Alternativerträgen bestimmte allgemeine Inflationserwartungen zugrunde, ist zur Wahrung der Konsistenz der Bewertung auf den Gleichklang der hiezu getroffenen Annahmen zu achten: Konsistenz ist nur gegeben, wenn der Prognose beider nominellen Ertragströme dieselbe Entwicklung der allgemeinen Inflationsrate zugrunde gelegt wird (vgl. dazu auch *Copeland/Koller/Murrin*, 1994, 210). Um diesen Gleichklang zu erreichen, muß die allgemeine Inflationserwartung bereits vor der Prognose der Nominalerträge festgelegt werden.

b) Prognose der Inflationsrate und des Realzinses

Zur Prognose der künftigen Inflationsrate sind unterschiedliche Vorgangsweisen denkbar: *Copeland/Koller/Murrin* (1994, 211 ff) verweisen darauf, daß sich veröffentlichte Prognosen künftiger Inflationsraten i.a. nur auf sehr kurze Zeiträume (etwa 1 bis 2 Jahre) beziehen und schlagen vor, die längerfristige Entwicklung der Inflationsrate aus der Renditestruktur quasi-sicherer Anleihen abzuleiten. Eine derartige Vorgangsweise setzt allerdings Annahmen über die Höhe des künftigen Realzinses voraus, somit über die Verzinsung ohne Abgeltung einer Geldentwertung bzw. die Verzinsung bei konstanter Kaufkraft. Der künftige Realzins wird in der Praxis zumeist auf Grundlage der für vergangene Perioden errechneten Realzinssätze geschätzt. Dabei werden die Realzinssätze in der Regel als Differenz zwischen dem Jahresdurchschnitt der Nominalverzinsung quasi-sicherer Finanzanlagen (z.B. der SMR für Bundesanleihen) und der Jahres-Inflationsrate ermittelt. Diese Ermittlungsmethode ist problematisch, weil sich die in der Nominalverzinsung der Finanzanlagen enthaltene Inflationsabgeltung in der Regel auf einen mehr als einjährigen Zeitraum bezieht. Nicht zuletzt deshalb zeigt sich, daß die derart errechneten Realzinssätze im Zeitablauf mitunter erheblich schwanken (vgl. z.B. die Berechnungen bei *Trentini*, 1992, 315). Abb. 19 zeigt die Entwicklung der Realverzinsung für Österreich im Zeitraum 1987 bis 1996.

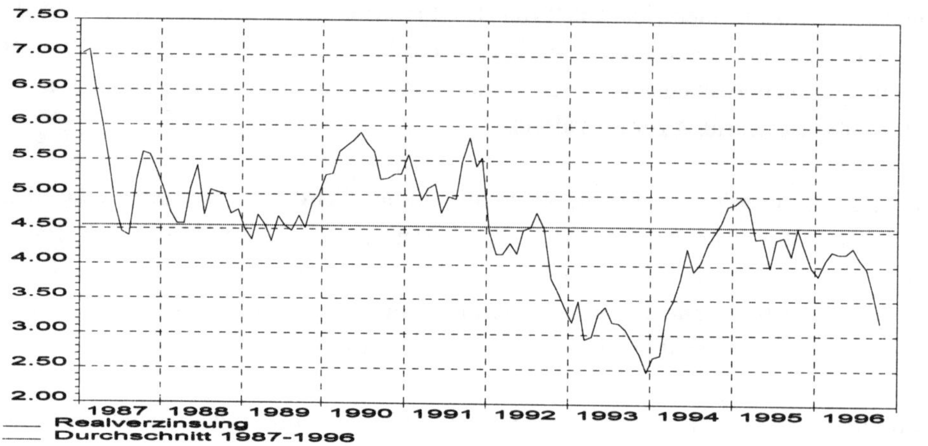

Abb. 19: Entwicklung der Realverzinsung in Österreich im Zeitraum 1987 bis 1996

Bedingt durch die hohen Werte in der ersten Hälfte des Betrachtungszeitraumes ergibt sich für den Zeitraum 1987 bis 1996 eine durchschnittliche Realverzinsung von etwas mehr als 4,5 %. Unserer Einschätzung nach ist für die Zukunft von eher darunter liegenden Werten auszugehen. Für die USA empfehlen *Copeland/Koller/Murrin* (1994, 213) in Anbetracht der ihrer Auffassung nach gesunkenen Wahrscheinlichkeit des überraschenden Auftretens höherer Inflationsraten und in Anlehnung an eine realistische Bandbreite für das Wachstum des Bruttosozialprodukts, für die USA von einer Realverzinsung von 2 – 3 % auszugehen.

Unter den getroffenen Annahmen kann aus dem zum Bewertungsstichtag feststehenden nominellen Basiszinsfuß (b) und dem künftigen Realzinssatz (b_{real}) die im Basiszinsfuß enthaltene jährliche Inflationsabgeltung (g) wie folgt abgeschätzt werden:

(2.40) $$g = \frac{1+b}{1+b_{real}} - 1$$

Näherungsweise erhält man die künftige Inflationsrate auch als Differenz zwischen Nominalzins und Realzins:

(2.41) $$g = b - b_{real}$$

Aus der Renditestruktur kann theoretisch für jede künftige Periode eine periodenspezifische Inflationsrate errechnet werden. In der praktischen Umsetzung wird jedoch oft die Orientierung an einer einheitlichen, im Zeitablauf als konstant erwarteten Inflationsrate als ausreichend erachtet werden. Denn entscheidend für das Bewertungsergebnis ist i.a. nicht die absolute Höhe der erwarteten Inflationsrate, sondern vielmehr die Annahme darüber, in welchem Ausmaß es dem Unternehmen künftig gelingen wird, die Inflationswirkungen zu überwälzen.

Unterschiedliche Annahmen über die Fähigkeit des Unternehmens zur Inflationsüberwälzung zeitigen in der Regel erhebliche Auswirkungen auf das Bewertungsergebnis. Die hohe Sensitivität des Bewertungsergebnisses soll anhand eines einfachen Beispiels veranschaulicht werden.

Beispiel 27:

Vereinfachend sei unterstellt, daß ein potentieller Käufer K für ein zu erwerbendes Unternehmen über einen Planungshorizont von 15 Jahren auf Basis des Preisniveaus zum Bewertungsstichtag konstante Einzahlungen in Höhe von 80.000 GE p.a. und konstante Auszahlungen in Höhe von 60.000 GE erwartet. Der Basiszinsfuß beläuft sich auf 7,0 %. Im Fall a) geht K davon aus, daß sowohl die Einzahlungen als auch die Auszahlungen jährlich mit einer konstanten Preissteigerungsrate von 2,5 % wachsen. Im Fall b) rechnet K mit einem jährlichen Wachstum der Einzahlungen von nur 2,0 %, während die Auszahlungen jährlich mit 4,0 % wachsen. Die nominellen Cash-flows der einzelnen Perioden errechnen sich für die beiden Fälle wie folgt:

Fall a)	t_1	t_2	t_3	t_4	t_5	....	t_{15}
nom. Einzahlungen (a)	82.000	84.050	86.151	88.305	90.513	....	115.864
nom. Auszahlungen (a)	–61.500	–63.038	–64.613	–66.229	–67.884	....	–86.898
nom. Cash-flows (a)	20.500	21.012	21.538	22.076	22.628	....	28.966

Fall b)	t_1	t_2	t_3	t_4	t_5	....	t_{15}
nom. Einzahlungen (b)	81.600	83.232	84.897	86.595	88.326	....	107.669
nom. Auszahlungen (b)	–62.400	–64.896	–67.492	–70.192	–72.999	....	–108.057
nom. Cash-flows (b)	19.200	18.336	17.405	16.403	15.327	....	–388

Der Barwert der Cash-flows bis zum Planungshorizont beträgt im Fall a) 216.421 GE, im Fall b) hingegen lediglich 113.612 GE. Das Abgehen von der Annahme des gleichförmigen inflationsbedingten Wachstums von Ein- und Auszahlungen hatte damit eine Minderung des Barwerts um fast 50 % (!) zur Folge. Obwohl die Wachstumsraten der Ein- und Auszahlungen im Fall b) scheinbar nur geringfügig abgeändert wurden, führen die veränderten Annahmen bereits zu nominell sinkenden Cash-flows. Zu t_{15} ergibt sich sogar ein negativer Cash-flow, da die nominellen Auszahlungen die nominellen Einzahlungen der Periode bereits übersteigen.

Das Beispiel zeigt, daß auch nur geringfügige Änderungen der Wachstumsraten in der Regel beträchtliche Auswirkungen auf das Bewertungsergebnis nach sich ziehen. Einer gewissenhaften und in sich konsistenten Lösung dieser Problematik kommt daher in der Praxis höchste Bedeutung zu.

2.4. Konstantes Wachstum der Unternehmenserträge

Im folgenden werden die Auswirkungen von vereinfachenden Annahmen über das Wachstum der Unternehmenserträge auf das Bewertungskalkül gezeigt. Unterstellt wird dabei, daß die nominellen Unternehmenserträge (als Saldogröße) ab einem bestimmten Zeitpunkt, z.B. ab dem Planungshorizont, absolut mit einer bestimmten Wachstumsrate w wachsen. Unterstellt werden weiters sichere Erwartungen, eine Welt ohne Steuern, ein konstanter nomineller Diskontierungssatz in Höhe des Basiszinsfußes b sowie unendliche Unternehmensdauer.

Während die Annahme eines konstanten absoluten Wachstums der Unternehmenserträge bereits ab dem Bewertungsstichtag zumeist eine grobe Vereinfachung darstellt und i.a. nicht realitätsgerecht ist, erscheint sie für den Zeitraum nach dem Planungshorizont zweckmäßig, da die Schätzung der danach zu erwartenden Erträge ohnehin nur auf pauschalen Annahmen beruhen kann. Im folgenden wird daher unterstellt, daß die Unternehmenserträge bis zum Planungshorizont T bereits bestimmt sind und nunmehr der Continuing Value auf Basis der geschilderten Vereinfachungen zu ermitteln ist. Bezeichnet E_{T+1} den nominellen Unternehmensertrag der ersten Periode nach dem Planungshorizont, bestimmt sich der Continuing Value (CV_T) als auf den Zeitpunkt T bezogener Barwert der Unternehmenserträge nach dem Planungshorizont unter den getroffenen Annahmen nach folgender Formel:

(2.42) $$CV_T = \frac{E_{T+1,}}{b-w}$$

Ausschlaggebend für die Höhe der Wachstumsrate w ist abermals die Erwartungshaltung darüber, inwieweit es dem Unternehmen nach dem Planungshorizont gelingen wird, die Geldentwertung zu überwälzen. Die Wachstumsrate kann daher – je nach Einzelfall – kleiner, größer oder gleich der für die Zeit nach dem Planungshorizont erwarteten Inflationsrate sein. Theoretisch kann die Wachstumsrate sogar negativ sein.

Wird nun eine im Zeitablauf konstante Geldentwertungsrate g unterstellt und inflationsproportionales Wachstum der Unternehmenserträge angenommen, gilt also w = g, dann kann der Continuing Value zum Planungshorizont wie folgt errechnet werden:

(2.43) $$CV_T = \frac{E_{T+1}}{b-g}$$

Der Barwert des Continuing Value zum Bewertungsstichtag (CV_0) ergibt sich in der Folge durch Abzinsung von CV_T mit dem konstanten Basiszinsfuß um T Perioden:

(2.44) $$CV_0 = \frac{CV_T}{(1+b)^T}$$

Beispiel 28:

Der potentielle Käufer K erwartet aus einem Unternehmen die folgenden nominellen Unternehmenserträge über einen Planungshorizont von acht Jahren:

	t_1	t_2	t_3	t_4	t_5	t_6	t_7	t_8
nominelle Unternehmenserträge	40	120	180	250	300	260	240	210

Der konstante Basiszinsfuß beläuft sich auf 7,5 %, die ebenfalls als auf Dauer konstant erwartete Inflationsrate auf 3,0 %. Der Barwert der Unternehmenserträge bis zum Planungshorizont errechnet sich daraus mit 1.113 GE.

Für die Zeit nach dem Planungshorizont geht K von folgenden Überlegungen aus: Für die neunte Periode erwartet er einen nominellen Unternehmensertrag in Höhe von 150 GE, der in der Folge

a) jährlich mit einer konstanten Wachstumsrate in Höhe der Inflationsrate wächst;
b) jährlich mit einer konstanten Wachstumsrate in Höhe von nur 2,0 % wächst;
c) nominell konstant bleibt.

Der Continuing Value zum Planungshorizont ist nun wie folgt zu ermitteln:

a) $$CV_8 = \frac{150}{0{,}075 - 0{,}03} = 3.333$$

b) $$CV_8 = \frac{150}{0{,}075 - 0{,}02} = 2.727$$

c) $$CV_8 = \frac{150}{0{,}075} = 2.000$$

Aufgrund der unterschiedlichen Wachstumsraten ist der Continuing Value im Fall b) um rd. 18 %, im Fall c) um 40 % (!) niedriger als im Fall a). Wird der Continuing Value auf den Bewertungsstichtag abgezinst, ergeben sich unter Berücksichtigung des Barwerts der Unternehmenserträge bis zum Planungshorizont folgende Entscheidungswerte für K:

a) $$P_{max} = 1.113 + 3.333 \cdot 1{,}075^{-8} = 2.982$$

b) $$P_{max} = 1.113 + 2.727 \cdot 1{,}075^{-8} = 2.642$$

c) $$P_{max} = 1.113 + 2.000 \cdot 1{,}075^{-8} = 2.234$$

Der Entscheidungswert für K beträgt im Fall c) nur mehr 2.234 GE und ist damit gegenüber der Annahme eines inflationsproportionalen Wachstums der Unternehmenserträge nach dem Planungshorizont (Fall a) um rd. 25 % gesunken.

Auch nur geringfügig veränderte Annahmen über die Fähigkeit des Unternehmens zur Inflationsüberwälzung haben daher in der Regel erhebliche Auswirkungen auf das Bewertungsergebnis. Wie gezeigt wurde, sind die Auswirkungen besonders drastisch, wenn unterstellt wird, daß die Unternehmenserträge in Zukunft nominell gleichbleiben, d.h. eine Inflationsüberwälzung überhaupt nicht erfolgt. In diesem Fall ist die Wachstumsrate w gleich Null.

3. Realrechnung

Bei der Realrechnung werden reale Unternehmenserträge durch Anwendung eines realen Zinsfußes diskontiert. „Real" bedeutet, daß die einbezogenen Beträge stets der Kaufkraft einer bestimmten Periode entsprechen. In der Regel erfolgt dabei eine Bezugnahme auf das Kaufkraftniveau zum Bewertungsstichtag. Reale Beträge sind dann „kaufkraftkonstant" in bezug auf die Kaufkraft zum Bewertungsstichtag.

Im folgenden wird zunächst die aus theoretischer Sicht richtige Vorgangsweise zur Umsetzung des Realrechnungskonzepts behandelt. Anschließend wird auf in der Praxis gebräuchliche, vereinfachte Spielarten der Realrechnung, die u.a. durch Verwendung pauschaler „Geldentwertungsabschläge" gekennzeichnet sind, eingegangen.

3.1. Theoretisch richtige Vorgangsweise

a) Bestimmung der realen Unternehmenserträge

Zur Prognose der realen Unternehmenserträge sind grundsätzlich alle Komponenten der Unternehmenserträge in den künftigen Perioden mit realen Beträgen anzusetzen, die die Kaufkraft zum Bewertungsstichtag widerspiegeln. Strenggenommen ist zur Erfüllung dieser Zielsetzung ein – verglichen mit der Nominalrechnung – *zusätzlicher* Schritt erforderlich: Nach der Ermittlung der Nominalbeträge hat eine Umrechnung in Realbeträge auf die Kaufkraft zum Bewertungsstichtag zu erfolgen. Dies wird gleichsam durch eine „Diskontierung" der Nominalbeträge mit der erwarteten Inflationsrate erreicht. Im folgenden wird vereinfachend von einer im Zeitablauf als konstant erwarteten Inflationsrate ausgegangen.

Beispiel 29:
In Fortführung des Beispiels 26 sollen nunmehr die Nominalbeträge für die erwarteten Umsatzerlöse, Personalkosten und Fremdkapitalzinsen der ersten drei Planperioden unter Berücksichtigung einer erwarteten Inflationsrate von 2,5 % p.a. in reale Beträge zum Kaufkraftniveau des Bewertungsstichtags umgerechnet werden. Zu diesem Zweck sind zunächst die nominellen Beträge der ersten Planperiode genau um die Inflationswirkung eines Jahres zu vermindern, damit sie die Kaufkraft zum Bewertungs-

stichtag (= Beginn der ersten Periode) widerspiegeln. Die realen Umsatzerlöse der ersten Planperiode betragen daher:

$$\frac{1.030}{1,025} = 1.005$$

Analog sind auch z.B. die nominellen Fremdkapitalzinsen der zweiten Planperiode um die Inflationswirkung von zwei Perioden zu vermindern, und betragen daher real 438 GE:

$$\frac{460}{1,025^2} = 438$$

Insgesamt errechnen sich die folgenden realen Umsatzerlöse, Personalkosten und Fremdkapitalzinsen für die drei Planperioden:

	t_1	t_2	t_3
reale Umsatzerlöse	1.005	1.161	1.268
reale Personalkosten	253	288	313
reale Zinsen	527	438	381

Die Umrechnung der Nominalwerte in reale Größen muß strenggenommen wieder sämtliche Komponenten der Unternehmenserträge erfassen. Bei Bewertungen in der Praxis wird häufig übersehen, daß Abschreibungen, Fremdkapitalzinsen, Ertragsteuern oder Bestandsveränderungen im Working Capital ebenfalls in reale Größen umzurechnen sind. Gleiches gilt für Mittelabflüsse aus Investitionen oder Veränderungen im Fremdkapitalbestand. So dürfen bei einer Realrechnung z.B. die künftigen Annuitäten für die zum Bewertungsstichtag aushaftenden Kredite ebenfalls nicht mit Nominalbeträgen angesetzt werden, sondern müssen in kaufkraftbereinigte Realbeträge umgerechnet werden. Nur eine einheitliche Vorgangsweise gewährleistet ein zutreffendes Bewertungsergebnis. Aus diesem Grund müssen bei Anwendung der Realrechnung ferner auch alle Nebenrechnungen, die zur Ermittlung einzelner Komponenten der Unternehmenserträge benötigt werden, in reale Werte umgerechnet werden.

b) Realzins

Die Diskontierung der realen Unternehmenserträge hat zur Wahrung der Kaufkraftäquivalenz mit einem realen Zinsfuß zu erfolgen. Wie bereits dargelegt, wird dieser Realzins i.a. auf Grundlage von Vergangenheitsdaten geschätzt. Wird vereinfachend unterstellt, daß sowohl der nominelle Basiszins (b) als auch die Inflationsrate (g) im Zeitablauf konstant sind und die Unternehmenserträge über einen unendlich langen Betrachtungshorizont anfallen, gilt für den Realzins b_{real} aufgrund des oben beschriebenen Zusammenhanges („Fisher-Effekt“, vgl. dazu *Schneider*, 1992, 389 ff):

(2.45) $$b_{real} = \frac{b - g}{1 + g}$$

In der Praxis wird oft näherungsweise von folgendem Zusammenhang ausgegangen:

(2.46) $$b_{real} \approx b - g$$

Wie dargelegt, muß im Rahmen der praktischen Umsetzung der Realzins bereits vor der Bestimmung der zu erwartenden Inflationsrate abgeschätzt werden.

Beispiel 30:
In Beispiel 28 wurde von einem konstanten Nominalzins von 7,5 % p.a. und einer konstanten Inflationsrate von 3,0 % p.a. ausgegangen. Unter diesen Annahmen beträgt der Realzins bei exakter Ermittlung 4,3689 %.

$$b_{real} = \frac{0{,}075 - 0{,}03}{1{,}03} = 0{,}043689$$

Bei näherungsweiser Berücksichtigung eines Geldentwertungsabschlages in Höhe der Inflationsrate beläuft sich der Realzins demgegenüber auf 4,5 %.

Bereits eingangs dieses Abschnitts wurde dargelegt, daß Nominalrechnung und Realrechnung stets zum selben Ergebnis führen müssen. Dies soll im folgenden anhand der Barwertermittlung für die Unternehmenserträge bis zum Planungshorizont lt. Beispiel 28 veranschaulicht werden: Der Barwert dieser Unternehmenserträge belief sich gemäß Nominalrechnung auf 1.113 GE. Im Rahmen einer Realrechnung müssen zunächst die nominellen Unternehmenserträge in Realbeträge umgerechnet werden. Daraus erhält man folgendes Ergebnis:

	t_1	t_2	t_3	t_4	t_5	t_6	t_7	t_8
reale Unternehmenserträge	38,8	113,1	164,7	222,1	258,8	217,7	195,1	165,8

Durch Diskontierung der realen Unternehmenserträge mit dem exakten Realzins von 4,3689 % erhält man wiederum einen Barwert in Höhe von 1.113 GE. Die Anwendung des näherungsweise ermittelten Realzinses in Höhe von 4,5 % führt demgegenüber zu einem Barwert von 1.106 GE.

c) Zwischenergebnis

Geht man wie beschrieben vor, bildet die Bestimmung der nominellen Unternehmenserträge eine notwendige Voraussetzung für die Anwendung der Realrechnung. Da das Bewertungsergebnis jedoch von der angewandten Methode – Real- oder Nominalrechnung – unabhängig sein muß, könnten dann aber gleich die nominellen Unternehmenserträge mit dem Nominalzins diskontiert werden. Die Anwendung der Realrechnung verursacht aus diesem Blickwinkel zusätzlichen Rechenaufwand und führt zwangsläufig zum selben Ergebnis.

In der Praxis wird daher die Realrechnung zumeist auf Basis weiterer vereinfachender Annahmen angewendet, die eine vollständige Umsetzung der geschilderten Arbeitsschritte vermeidbar machen sollen. Auf diese vereinfachten Ausprägungsformen der Realrechnung wird im folgenden näher eingegangen.

3.2. Vereinfachte Realrechnung mit pauschalem Geldentwertungsabschlag

In der Praxis wird die Realrechnung häufig in „verkürzter" bzw. vereinfachter Form angewendet. Dabei werden die oben beschriebenen Arbeitsschritte zur Bestimmung der realen Unternehmenserträge – zunächst Ermittlung der Nominalbeträge durch Anwendung der Preissteigerungsraten, dann Umrechnung der Nominalbeträge in Realbeträge mit Hilfe der erwarteten Inflationsrate – umgangen. Statt dessen werden vereinfachend Unternehmenserträge diskontiert, bei deren Prognose die Auswirkungen von künftigen Geldwertänderungen nicht berücksichtigt wurden. Als Diskontierungssatz wird der um einen „Geldentwertungsabschlag" verminderte Nominalzins herangezogen.

Wird dieser Geldentwertungsabschlag in Höhe der erwarteten Inflationsrate vorgenommen, kommt somit der Realzins nach der oben beschriebenen näherungsweisen Ermittlungsmethode zur Anwendung. Dies würde aber voraussetzen, daß es sich auch bei den zu diskontierenden Unternehmenserträgen um reale Größen handelt, da sonst Kaufkraftäquivalenz nicht gegeben wäre. Bei einer solchen Vorgangsweise muß daher unterstellt werden, daß die ohne Berücksichtigung von Geldwertänderungen prognostizierten Unternehmenserträge den realen Unternehmenserträgen entsprechen. Im geschilderten Fall führt dies zur Annahme eines *inflationsproportionalen Wachstums* der Unternehmenserträge. Nur unter dieser Voraussetzung führen die beiden Arbeitsschritte zur Ermittlung der Realbeträge wieder genau zur Ausgangsgröße zurück.

Mit der Annahme inflationsproportionalen Wachstums wird jedoch zugleich unterstellt, daß das Unternehmen zu einer vollständigen Inflationsüberwälzung fähig sein wird. Ob bzw. inwieweit die Vornahme eines „Geldentwertungsabschlages" im Rahmen der vereinfachten Realrechnung gerechtfertigt ist, hängt damit letztlich wiederum von der Fähigkeit des Unternehmens zur Inflationsüberwälzung ab. Problematisch erscheint nun, daß diese implizite Annahme bei der vereinfachten Realrechnung nicht offen zum Ausdruck kommt. In der Praxis wird häufig verkannt, daß mit der Vornahme eines Geldentwertungsabschlages Erwartungshaltungen über das künftige inflationsbedingte Wachstum der Unternehmenserträge verbunden sind. Diese Erwartungshaltungen haben jedoch i.a. erheblichen Einfluß auf das Bewertungsergebnis und sind daher im Rahmen der Bewertung offenzulegen und zu begründen. Pauschal und undifferenziert vorgenommene Geldentwertungsabschläge nähren die Fehlmeinung, ein Geldentwertungsabschlag sei generell in Höhe der erwarteten Inflationsrate zur Herstellung der Vergleichbarkeit von Unternehmens- und Alternativerträgen erforderlich.

Der Zusammenhang zwischen dem „Geldentwertungsabschlag" vom Diskontierungssatz und der Fähigkeit des Unternehmens zur künftigen Inflationsüberwälzung wird auch im Fachgutachten KFS/BW1 angesprochen. Offenbar ausgehend von der vereinfachten Realrechnung wird dort zu dieser Frage festgestellt: „Insoweit ein Unternehmen in der Lage ist, die Geldentwertung durch Anpassung seiner nominellen Erfolge an den geänderten Geldwert auszugleichen, ist bei der Ermittlung des Zinssatzes, der für die Diskontierung der Zukunftserfolge verwendet wird, ein Abschlag vom Kapitalmarktzinsfuß vorzunehmen." Die Verwendung des Wortes „insoweit" eröffnet hier die Möglichkeit pauschaler „Zwischenlösungen", sodaß etwa bei Annahme einer künftig nur zu 50 % möglichen Inflationsüberwälzung auch nur ein Geldentwertungsabschlag in Höhe von 50 % der erwarteten Inflationsrate zur Anwendung kommen soll (s. dazu Beispiel 31): Anstelle einer Ermittlung von nominellen Unternehmenserträgen mit Hilfe einer Wachstumsrate von nur 50 % der erwarteten (konstanten) Inflationsrate und einer anschließenden Umrechnung in Realbeträge, die dann mit einem Realzins mit vollem Geldentwertungsabschlag zu diskontieren sind, sollen gleich die Ausgangserträge *vor* Geldwertänderungen mit einem Zinssatz diskontiert werden, der dem um einen Geldentwertungsabschlag von 50 % der Inflationsrate verminderten Basiszinsfuß entspricht.

Beispiel 31:
Ein potentieller Käufer K erwartet aus einem zu erwerbenden Unternehmen bis zum Planungshorizont (t_7) folgende Unternehmenserträge vor Berücksichtigung von Auswirkungen aus Geldwertänderungen:

	t_1	t_2	t_3	t_4	t_5	t_6	t_7
geplante Unternehmenserträge	200	220	190	240	300	360	280

K geht weiters von einer konstanten Inflationsrate in Höhe von 3,0 % und einem konstanten Basiszinsfuß von 7,5 % aus. Der Realzins beträgt daher bei exakter Berechnung 4,3689 % und bei Vornahme eines näherungsweisen Geldentwertungsabschlages in Höhe der Inflationsrate 4,5 %. Diskontiert nun K die geplanten Unternehmenserträge mit dem (exakt oder approximativ) ermittelten Realzins, unterstellt er implizit (exakt oder annähernd) inflationsproportionales Wachstum der Unternehmenserträge. Der Barwert der Unternehmenserträge bis zum Planungshorizont beläuft sich bei Anwendung des exakten Realzinses auf 1.491 GE, bei Anwendung des approximativen Realzinses auf 1.484 GE.

Ist nun tatsächlich aber nur von einem inflationsbedingten Wachstum der Unternehmenserträge in Höhe von 1,5 % p.a. auszugehen, errechnen sich die folgende nominellen und realen Unternehmenserträge bis zum Planungshorizont:

	t_1	t_2	t_3	t_4	t_5	t_6	t_7
nominelle Unternehmenserträge	203,0	226,6	198,7	254,7	323,2	393,6	310,8
reale Unternehmenserträge	197,1	213,6	181,8	226,3	278,8	329,7	252,7

Die tatsächlich zu erwartenden realen Unternehmenserträge sind aufgrund der nur unvollständigen Inflationsüberwälzung geringer als die vor Berücksichtigung von Preisniveauänderungen geplanten Beträge. Ihre Diskontierung mit dem exakten (approximativen) Realzins von ergibt einen Barwert in Höhe von 1.403 GE (1.396 GE).

Zu einem ähnlichen Ergebnis gelangt man, wenn aufgrund der nur zu 50 % möglichen Inflationsüberwälzung der approximative Geldentwertungsabschlag nur im Ausmaß von 50 % der Inflationsrate vorgenommen wird und der sich so ergebende Diskontierungssatz von 6,0 % (= 7,5 % – 1,5 %) zur Abzinsung der Unternehmenserträge vor Berücksichtigung von Auswirkungen aus Geldwertänderungen herangezogen wird. Der so ermittelte Barwert beträgt 1.398 GE und liegt zwischen den beiden oben ermittelten Werten.

In der praktischen Anwendung der vereinfachten Realrechnung kommt es darüber hinaus häufig zu Fehlern in bezug auf jene Komponenten der Unternehmenserträge, die künftig nominell unverändert bleiben, wie etwa die Tilgung von Krediten, Zinszahlungen bei konstantem Zinsniveau oder steuerliche Abschreibungsbeträge im Rahmen der Ertragsteuerplanung. Denn auch für diese Komponenten wird häufig (implizit) inflationsbedingtes Wachstum unterstellt. Die daraus resultierende Verzerrung des Bewertungsergebnisses kann je nach Bedeutung der Komponenten im Einzelfall erheblich sein. Vermeidbar ist sie nur, wenn im Rahmen der Prognose der Unternehmenserträge zwischen inflationsbedingt wachsenden und nominell konstant bleibenden Komponenten unterschieden wird und die nominell konstant bleibenden Komponenten für jede Periode auf das unterstellte Kaufkraftniveau der übrigen Komponenten der Unternehmenserträge umgerechnet werden.

Insgesamt erscheint es wenig zweckmäßig, die vereinfachte Realrechnung mit den damit verbundenen Pauschalannahmen bei komplexeren Bewertungsfällen bereits für den Detailprognosezeitraum anzuwenden. Die Anwendung der vereinfachten Vorgangsweise bereits ab dem Bewertungsstichtag degradiert die Geldentwertung zu einem inferioren Problem im Rahmen der Bewertung und läßt auch mögliche Gefahren, die sich für die Unternehmung aus einer Verschiebung der Preisrelationen der Güter ergeben können, unbeachtet (vgl. *Matschke*, 1986, 550). Für die Zeit nach dem Planungshorizont können hingegen ohnehin nur mehr Pauschalannahmen über die weitere Entwicklung der Unternehmenserträge getroffen werden, sodaß hier zweckmäßigerweise auch pauschale Annahmen über das inflationsbedingte Wachstum der Unternehmenserträge (als Saldogröße) zur Anwendung kommen müssen.

3.3. Konstantes Wachstum der Unternehmenserträge

Im folgenden werden die Auswirkungen von vereinfachenden Annahmen über das Wachstum der Unternehmenserträge auf den Bewertungskalkül der Realrechnung gezeigt. Wie unter 2.4. wird unterstellt, daß die Unternehmenserträge (als Saldogröße) ab dem Planungshorizont absolut mit einer bestimmten (nominellen) Wachstumsrate w wachsen. Im übrigen wird von sicheren Erwartungen, einer Welt ohne Steuern, einem konstanten nominellen Basiszinsfuß (b) und einer ebenfalls konstanten Geldentwertungsrate g ausgegangen. Für den Zusammenhang zwischen Real- und Nominalzins ist von der exakten Berechnungsweise auszugehen.

Bezeichnet $E_{T+1,\ real}$ den realen Unternehmensertrag der ersten Periode nach dem Planungshorizont, bestimmt sich der Continuing Value CV_T als auf den Zeitpunkt T bezogener Barwert der Unternehmenserträge nach dem Planungshorizont unter den getroffenen Annahmen bei Anwendung der Realrechnung nach folgender Formel (vgl. *Ballwieser*, 1988, 802):

(2.47) $$CV_T = \frac{E_{T+1,real}}{1 + b_{real} - \frac{1+w}{1+g}}$$

Dabei besteht zwischen $E_{T+1,\ real}$ und dem nominellen Unternehmensertrag der ersten Periode nach dem Planungshorizont (E_{T+1}) folgender Zusammenhang:

(2.48) $$E_{T+1,real} = \frac{E_{T+1}}{(1+g)^{T+1}}$$

Der Barwert des Continuing Value zum Bewertungsstichtag (CV_0) ergibt sich in der Folge durch Abzinsung des CV_T mit dem konstanten realen Diskontierungssatz b_{real} um T Perioden:

(2.49) $$CV_0 = \frac{CV_T}{(1+b_{real})^T}$$

Wird nunmehr inflationsproportionales Wachstum der Unternehmenserträge unterstellt, gilt also $w = g$, vereinfacht sich der Ausdruck zur Berechnung des Continuing Value zum Planungshorizont auf:

(2.50) $$CV_T = \frac{E_{T+1,real}}{b_{real}}$$

Für die Höhe der Wachstumsrate ist abermals die Erwartungshaltung darüber entscheidend, inwieweit es dem Unternehmen nach dem Planungshorizont gelingen wird, die Geldentwertung zu überwälzen.

Beispiel 32:

Im folgenden wird von den Daten des Beispiels 28 ausgegangen und die Entscheidungswertermittlung unter Anwendung der Realrechnung dargestellt. Wiederum sind drei unterschiedliche Fälle a) – c) in bezug auf das Wachstum der Unternehmenserträge nach dem Planungshorizont zu unterscheiden. Wie in Beispiel 30 errechnet, beträgt der reale Diskontierungssatz unter den getroffenen Annahmen 4,3689 %. Der Realertrag in der ersten Periode nach dem Planungshorizont beträgt 115 GE und errechnet sich wie folgt:

$$E_{T+1,real} = \frac{150}{1{,}03^9} = 115$$

Unter Anwendung der für die Realrechnung vorgestellten Formeln bestimmt sich der Continuing Value zum Planungshorizont wie folgt:

a) $CV_8 = \frac{115}{0{,}043689} = 2.631$

b) $CV_8 = \frac{115}{1 + 0{,}043689 - \frac{1{,}02}{1{,}03}} = 2.153$

c) $CV_8 = \frac{115}{1 + 0{,}043689 - \frac{1{,}00}{1{,}03}} = 1.579$

Wie bereits in Beispiel 30 dargestellt, beläuft sich der Barwert der Unternehmenserträge bis zum Planungshorizont auch bei Anwendung der Realrechnung auf 1.113 GE. Wird nun zusätzlich der Continuing Value zum Planungshorizont mit dem realen Zinsfuß auf den Bewertungsstichtag diskontiert, ergeben sich dieselben Entscheidungswerte wie bei der Nominalrechnung (vgl. Beispiel 28):

a) $P_{max} = 1.113 + 2.631 \cdot 1{,}043689^{-8} = 2.982$

b) $P_{max} = 1.113 + 2.153 \cdot 1{,}043689^{-8} = 2.642$

c) $P_{max} = 1.113 + 1.579 \cdot 1{,}043689^{-8} = 2.234$

4. Nominalrechnung oder Realrechnung?

In der Literatur wird zum Teil der Realrechnung der Vorzug gegenüber der Nominalrechnung eingeräumt. Die dafür vorgebrachten Argumente überzeugen jedoch nicht. In komplexen Bewertungssituationen ist u.E. der Nominalrechnung der Vorzug zu geben, da hier die Ermittlung der nominellen Unternehmenserträge eine notwendige Voraussetzung für die Bestimmung der realen Unternehmenserträge darstellt. Dies ist insbesondere dann der Fall, wenn für einen bestimmten Zeitraum (z.B. Detailprognosezeitraum) unterschiedliche Preissteigerungsraten für einzelne Komponenten der Unternehmenserträge erwartet werden und keine pauschalen Annahmen über das Wachstum der Unternehmenserträge (als Saldogröße) getroffen werden können. Die Nominalrechnung bietet hier die höhere Transparenz und vermeidet Fehlerquellen in Zusammenhang mit nominell konstant bleibenden Komponenten der Unternehmenserträge.

Bei Anwendung der Realrechnung besteht weiters die Gefahr, daß im Rahmen eines pauschalen Geldentwertungsabschlages verschiedenste Faktoren vermischt werden und die dahinter stehenden Annahmen nicht mehr klar zum Ausdruck kommen. *Ballwieser* hat darüber hinaus aufgezeigt, daß der Ansatz von Geldentwertungsabschlägen in Verbindung mit der Unsicherheit bei der Schätzung der Erträge und der Geldentwertungsrate zu erheblichen Problemen und Fehlerquellen führen kann (vgl. *Ballwieser*, 1988, 798 ff; s. auch unten H.).

G. Berücksichtigung der Unsicherheit

Literatur:

Schneeweiß, H.: Entscheidungskriterien bei Risiko, Berlin u.a. 1967; *Laux*, H.: Unternehmensbewertung bei Unsicherheit, ZfB 1971b, S. 525-540; *Bretzke*, W.R.: Zur Berücksichtigung des Risikos bei der Unternehmensbewertung, ZfbF 1976a, S. 153-165; *Maul*, K.H.: Unternehmensbewertung bei Unsicherheit, WPg 1976, S. 573-579; *Krag*, J.: Die Berücksichtigung der Ungewißheit in der Unternehmensbewertung mit Hilfe eines modifizierten Ertragswertkalküls, ZfB 1978, S. 439-451; *Kromschröder*, B.: Unternehmensbewertung und Risiko: Der Einfluß des Risikos auf den subjektiven Wert von Unternehmensbeteiligungen im Rahmen einer optimalen Investitions- und Finanzierungspolitik des Investors, Berlin-Heidelberg-New York 1979; *Ballwieser*, W.: Die Wahl des Kalkulationszinsfußes bei der Unternehmensbewertung unter Berücksichtigung von Risiko und Geldentwertung, BFuP 1981, S. 97-114, *Moxter*, A.: Grundsätze ordnungsmäßiger Unternehmensbewertung, 2. Aufl, Wiesbaden 1983; *Ballwieser*, W./*Leuthier*, R.: Grundprinzipien, Verfahren und Probleme der Unternehmensbewertung, DStR 1986, S. 545-551 und 604-610; *Ballwieser*, W.: Unternehmensbewertung bei unsicherer Geldentwertung, ZfbF 1988, S.798-812; *Leuthier*, R.: Das Interdependenzproblem bei der Unternehmensbewertung, Frankfurt a.M. 1988; *Janschek*, O.: Unternehmensbewertung und Risiko, in: Seicht, G. (Hrsg): Jahrbuch für Controlling und Rechnungswesen '89, Wien 1989, S. 97-126; *Ballwieser*, W.: Unternehmensbewertung und Komplexitätsreduktion, 3. Aufl, Wiesbaden 1990; *Brealey*, R.A./*Myers*, S.C.: Principles of Corporate Finance, 4th ed., New York u.a. 1991, *Siegel*, T.: Das Risikoprofil als Alternative zur Berücksichtigung der Unsicherheit in der Unternehmensbewertung, in: Rückle (Hrsg): Aktuelle Fragen der Finanzwirtschaft und Unternehmensbesteuerung, FS Erich Loitlsberger, Wien 1991, S. 619-638; *Bauer*, C.: Das Risiko von Aktienanlagen, Köln 1992; *Siegel*, T.: Methoden der Unsicherheitsberücksichtigung in der Unternehmensbewertung, WiSt 1992, S. 21-26; *Steiner*, M./*Bauer*, C.: Die fundamentale Analyse und Prognose des Marktrisikos deutscher Aktien, Zfbf 1992, 347-368; *Suckut*, S.: Unternehmensbewertung für internationale Akquisition, Wiesbaden 1992; *Trentini*, S.: Der Kalkulationszinsfuß in der Unternehmensbewertung, RWZ 1992, S. 311-318; *Ballwieser*, W.: Methoden der Unternehmensbewertung, in: Gebhardt/Gerke/Steiner (Hrsg): Handbuch des Finanzmanagement, München 1993, S.151-176; *Schildbach*, T.: Entscheidung, in: Bitz u.a. (Hrsg): Vahlens Kompendium der Betriebswirtschaftslehre, Bd. 2, 3. Aufl, München 1993a, S. 59-100; *Auer*, K.: Unternehmensbewertung – Die Bestimmung des Kapitalisierungszinssatzes und des allgemeinen Unternehmensrisikos, RWZ 1994, S. 234-242; *Bamberg*, G./*Coenenberg*, A.: Betriebswirtschaftliche Entscheidungslehre, 8. Aufl, München 1994; *Copeland*, T./*Koller*, T./*Murrin*, J.: Valuation – Measuring and Managing the Value of Companies, 2nd ed., New York u.a. 1994; Franke, G./Hax, H.: Finanzwirtschaft des Unternehmens und Kapitalmarkt, 3. Aufl, Berlin u.a. 1994; *Löhr*, D.: Die Grenzen des Ertragswertverfahrens: Kritik und Perspektiven, Frankfurt a.M. u.a. 1994; *Siegel*, T.: Unternehmensbewertung, Unsicherheit und Komplexitätsreduktion, BFuP 1994, S. 457-476; *Aussenegg*, W.: Die Ermittlung der Faktorstruktur, Wiesbaden 1995; *Ballwieser*, W.: Aktuelle Aspekte der Unternehmensbewertung, WPg 1995a, S. 119-129; *Ballwieser*, W.: Unternehmensbewertung, in: Gerke/Steiner (Hrsg): Handwörterbuch des Bank- und Finanzwesens, 2. Aufl, Stuttgart 1995b, Sp. 1867-1882; *Born*, K.: Unternehmensanalyse und Unternehmensbewertung, Stuttgart 1995; *Helbling*, C.: Unternehmensbewertung und Steuern, 8. Aufl, Düsseldorf 1995; *Perridon*, L./*Steiner*, M.: Finanzwirtschaft der Unternehmung, 8. Aufl, München 1995; *Drukarczyk*, J.: Unternehmensbewertung, München 1996; *Fischer*, E.: Finanzwirtschaft für Fortgeschrittene, München-Wien 1996b; *Pratt*, S./*Reilly*, R./*Schweihs*, R.: Valuing a

Business, 3rd ed., Chicago u.a. 1996; *Swoboda*, P.: Investition und Finanzierung, 5. Aufl, Göttingen 1996.

1. Allgemeines

Ausgangsgrößen der Entscheidungswertermittlung nach dem Ertragswertverfahren sind einerseits die künftigen Unternehmenserträge, gemessen als Unternehmenserträge beim Eigner, sowie andererseits die Rendite der alternativen Kapitalanlage. Die künftigen Unternehmenserträge stehen allerdings nicht mit Sicherheit fest, sondern können je nach Eintritt künftiger Entwicklungen unterschiedliche Werte annehmen. Sie sind mit *Unsicherheit* behaftet. Selbst wenn dem Bewerter ein ausgebautes Planungsinstrumentarium zur Verfügung steht, sind verläßliche und exakte Prognosen der künftigen Unternehmenserträge bestenfalls für zwei bis drei Jahre möglich. Mit fortschreitendem Prognosezeitraum nimmt die Unsicherheit weiter zu.

Auch die zu prognostizierende Rendite der alternativen Kapitalanlage ist in der Regel unsicher. Das Ausmaß der Unsicherheit hängt hier grundsätzlich davon ob, welche konkrete Alternative dem potentiellen Käufer bzw. Verkäufer zur Verfügung steht. Besteht z.B. die relevante alternative Kapitalanlage im Erwerb festverzinslicher Anleihen von Schuldnern bester Bonität, kann zunächst für eine bestimmte Laufzeit eine „quasi-sichere" feste Verzinsung angenommen werden, weil die Insolvenz des Schuldners ausgeschlossen werden kann. Ab der Tilgung der Anleihe muß jedoch die weitere Veranlagung zu einer im Bewertungszeitpunkt noch unsicheren Verzinsung fortgeführt werden, sodaß insoweit jedenfalls ein Zinsänderungsrisiko besteht. Insgesamt wird jedoch die Vergleichsinvestition in Anleihen von Schuldnern bester Bonität durch eine wesentlich geringere Unsicherheitsdimension gekennzeichnet sein als ein Unternehmenserwerb. Aus pragmatischen Gründen wird daher trotz ungewisser Wiederveranlagungsmöglichkeiten häufig von einer auf Dauer gültigen, „quasi-risikolosen" Alternativrendite ausgegangen (vgl. dazu oben C.), die den unsicheren Unternehmenserträgen gegenüberzustellen ist. Vor diesem Hintergrund ist die Feststellung im Fachgutachten KFS/BW1 zu sehen, wonach die künftigen Unternehmenserträge „im Gegensatz zu den Anleiheerträgen mit Unsicherheiten behaftet" sind, „die ihre Ursache in allgemeinen und speziellen Unternehmerrisiken haben".

Vor einer näheren Befassung mit dem Unsicherheitsproblem bei der Unternehmensbewertung erscheint es sinnvoll, den für die weiteren Überlegungen maßgebenden Problembereich zu konkretisieren und grundlegende Begriffe zu definieren.

Befaßt man sich mit Fragen der Unsicherheit, sind zwei Problembereiche zu unterscheiden: die *Informationsbeschaffung* zur Beurteilung der Unsicherheit einerseits und die *Methoden* der Unsicherheitsberücksichtigung andererseits. Im folgenden interessieren primär Fragen in Zusammenhang mit den Methoden der Unsicherheitsberücksichtigung. Informationen zur Beurteilung der mit dem Unternehmenserwerb/-beibehalt verbundenen Unsicherheit können demgegenüber z.B. aus einer Vergangenheitsanalyse, einer Analyse der Marktentwicklung, der Wettbewerbssituation, des Produktsortiments, der Produktionsbedingungen u.a.m. gewonnen werden. Auf dieser Grundlage muß versucht werden, Annahmen über die Entwicklung der künftigen Unternehmenserträge abzuleiten (zur Prognoseproblematik bzw. den Planungstechniken unter Unsicherheit s. oben D.).

Die Unsicherheit der künftigen Entwicklung entscheidungsrelevanter Größen ist zentraler Bestandteil der betriebswirtschaftlichen Entscheidungstheorie. Dort wird zwischen dem Vorliegen einer „Unsicherheits-", „Risiko-" oder „Spielsituation" unterschieden (vgl. *Schildbach*, 1993a, 82). Bei *Unsicherheit* kennt der Entscheidende zwar die in Zukunft möglichen Umweltzustände, nicht jedoch die Wahrscheinlichkeiten, mit der sie eintreten werden. Im Gegensatz dazu sind dem Entscheidenden bei einer *Risikosituation* die Wahrscheinlichkeiten für das Eintreten möglicher Umweltzustände bekannt. Diese Wahrscheinlichkeiten können objektiv oder auch subjektiv sein. Objektive Wahrscheinlichkeiten werden aus empirischen Häufigkeitsverteilungen gewonnen, subjektive Wahrscheinlichkeiten werden auf Grundlage subjektiver Erfahrung und Einschätzung des Entscheidenden gebildet. In einer *Spielsituation* steht der Entscheidende einem rationalen Gegenspieler gegenüber. Von diesem hängt es ab, welcher Umweltzustand eintritt.

Unter „*Risiko*" wird manchmal die Gefahr von Fehlentscheidungen, negativen Entwicklungen u.ä. verstanden. Diese Definition hat sich jedoch bei der Unsicherheitsberücksichtigung als unzweckmäßig erwiesen und wird daher im folgenden nicht verwendet. Risiko wird im folgenden im Sinne von Unsicherheit über künftige Zahlungen aufgefaßt (vgl. *Swoboda*, 1996, 132). Die künftigen Zahlungen können dabei sowohl höher als auch niedriger als die erwarteten Zahlungen ausfallen. Risiko in Verbindung mit Unternehmensbewertung bedeutet daher, daß die künftigen Vorteilsströme aus dem Unternehmen höher oder niedriger als erwartet ausfallen können.

Die gebräuchlichen Methoden zur Unsicherheitsberücksichtigung im Rahmen der Unternehmensbewertung gehen vom Vorliegen einer *Risikosituation* aus. Sie unterstellen daher, daß der Bewerter in der Lage ist, die Unsicherheit der künftigen Unternehmenserträge durch eine *(subjektive) Wahrscheinlichkeitsverteilung* zu konkretisieren: Demnach hat der Bewerter grundsätzlich für jede mögliche Ausprägung der Höhe des Unternehmensertrages einer Periode auch die zugehörige Wahrscheinlichkeit festzulegen. In einem sehr einfachen Fall erwartet z.B. ein potentieller Käufer in der ersten Periode nur zwei mögliche Ausprägungen des Unternehmensertrages, und zwar einen Unternehmensertrag in Höhe von 100 GE mit einer Wahrscheinlichkeit von 60 % und einen Unternehmensertrag in Höhe von 200 GE mit einer Wahrscheinlichkeit von 40 %. Auf Basis der angegebenen Wahrscheinlichkeitsverteilung kann dann der durchschnittlich erwartete Unternehmensertrag als *Erwartungswert* ermittelt werden. Er errechnet sich aus der Summe der mit den zugeordneten Wahrscheinlichkeiten gewichteten Ausprägungen und beträgt im beschriebenen Fall in der ersten Periode 140 GE (= 100 GE · 0,6 + 200 GE · 0,4).

An die Stelle der expliziten Angabe einer Wahrscheinlichkeitsverteilung für konkrete Ausprägungen der Unternehmenserträge tritt in der Praxis häufig die Festlegung einer *Bandbreite* erwarteter Unternehmenserträge, innerhalb derer die Merkmalsausprägungen mit gleichen Wahrscheinlichkeiten eintreten. So könnte etwa für den geschilderten Fall auch angegeben werden, daß in der ersten Periode der erwartete minimale Unternehmensertrag 100 GE und der maximale 200 GE beträgt und alle innerhalb dieser Bandbreite liegenden Unternehmenserträge mit gleicher Wahrscheinlichkeit eintreten. Unter den getroffenen Annahmen errechnet sich der Erwartungswert des Unternehmensertrages der ersten Periode dann als arithmetisches Mittel aus dem angegebenen Minimal- und Maximalwert und beträgt im Beispiel 150 GE.

Beim Ertragswertverfahren erfolgt die Berücksichtigung der Unsicherheit bei der Unternehmensbewertung i.a. durch die Sicherheitsäquivalenzmethode oder die Risikozuschlagsmethode unter Verwendung subjektiver Risikozuschläge, wobei die Risikozuschlagsmethode von der Bewertungspraxis des deutschen Sprachraums bevorzugt wird (zu der bei den DCF-Verfahren erfolgenden Bestimmung von Risikozuschlägen auf Grundlage kapitalmarkttheoretischer Modelle s. 3.Kap.II.B.). Grob vereinfacht können die beiden Verfahren(sgruppen) wie folgt voneinander abgegrenzt werden: Während die Unsicherheit bei der Risikozuschlagsmethode durch einen Zuschlag zum Basiszins berücksichtigt wird, ist im Rahmen der Sicherheitsäquivalenzmethode ein entsprechender Abschlag von den Unternehmenserträgen vorzunehmen. In den folgenden Abschnitten werden die einzelnen Methoden näher erläutert. Weiters wird untersucht, inwieweit sie für eine Entscheidungswertermittlung eingesetzt werden können.

Außerhalb des Ertragswertmodells wird der Unsicherheit der künftigen Unternehmenserträge auch dadurch Rechnung getragen, daß im Rahmen der Entscheidungswertermittlung als (zusätzliches) Beurteilungskriterium die Amortisationsdauer des Projektes „Unternehmenserwerb" herangezogen wird. Darauf wird in Abschnitt 5. näher eingegangen.

Voranzustellen ist den folgenden Überlegungen, daß durch die zu beschreibenden Methoden die Unsicherheit der künftigen Unternehmenserträge an sich nicht beseitigt werden kann. Dem Bewerter wird lediglich ein Instrumentarium zur Verfügung gestellt, mit dem er seine Informationen und Einschätzungen über die unsicheren künftigen Unternehmenserträge verarbeiten kann. Wie dargelegt gehen die Methoden vom Vorliegen einer Risikosituation aus. Können daher in einer Bewertungssituation Wahrscheinlichkeitsverteilungen bzw. Bandbreiten für die künftigen Unternehmenserträge nicht angegeben werden, sind die Methoden strenggenommen nicht anwendbar.

Im Rahmen der nachfolgenden Erörterung der Methoden zur Berücksichtigung der Unsicherheit wird von der Anwendung einer Nominalrechnung ausgegangen und vereinfachend eine flache Zinskurve sowie eine Welt ohne Steuern unterstellt. Auf Fragen in Zusammenhang mit einer gleichzeitigen Berücksichtigung von Unsicherheit und Besteuerung wird unter H. eingegangen.

2. Risikokomponenten

2.1. „Allgemeines“ und „spezielles“ Unternehmerrisiko

Im Fachgutachten KFS/BW1 und in der Stellungnahme HFA 2/1983 wird vorgeschlagen, das „allgemeine Unternehmerrisiko“ durch einen Zuschlag zum Kalkulationszinsfuß, das „spezielle Unternehmerrisiko“ hingegen durch Abschläge von den Zukunftserfolgen zu berücksichtigen. Es wird somit eine an unterschiedlichen Risikokomponenten orientierte Kombination von Sicherheitsäquivalenzmethode und Risikozuschlagsmethode empfohlen. Nach dem Fachgutachten KFS/BW1 ergibt sich das „allgemeine“ Unternehmerrisiko (Unternehmerwagnis) „generell aus der Investition in ein Unternehmen; zu diesem Risiko gehören die Gefahr von Konjunkturschwankungen, nicht vorhersehbare Umwelteinflüsse und Probleme, die sich aus der Branche des Unternehmens ergeben“. Im Gegensatz resultiert das „spezielle“ Unternehmerrisiko „aus der besonderen Situation des zu bewertenden Unternehmens“.

Gemäß der Stellungnahme HFA 2/1983 sollen die Unsicherheitsfaktoren in der Prognose „zunächst nach ihrem Charakter in eher wägbare, meist unternehmensspezifische, und in unwägbare, meist generelle Faktoren aufgeteilt werden“. Als Beispiele für unternehmensspezifische Unsicherheitsfaktoren werden etwa angegeben: Konkurrenzsituation, Managementqualifikation, besondere Einkaufs- oder Absatzverträge, Finanzierungsverhältnisse u.a.m. Unwägbarkeiten genereller Art stellen demgegenüber z.B. unabsehbare konjunkturelle Entwicklungen, welt- oder landespolitische Ereignisse oder Naturereignisse dar.

Die geschilderten Empfehlungen der Bewertungspraxis sind in mehrfacher Hinsicht problematisch. Zunächst erscheint eine scharfe Abgrenzung der genannten Risikokomponenten in der Praxis kaum möglich. Die vorgesehene unterschiedliche Behandlung des allgemeinen und speziellen Unternehmerrisikos setzt aber voraus, daß der Bewerter zwischen diesen Komponenten nicht nur differenzieren kann, sondern auch gesondert quantifizieren kann. Im Rahmen der praktischen Anwendung läuft der Bewerter bei dieser Vorgangsweise daher leicht Gefahr, Unsicherheitsfaktoren doppelt zu berücksichtigen. Die in den Stellungnahmen der Bewertungspraxis empfohlene Vorgangsweise wird zu Recht von einem Großteil der Literatur abgelehnt. Das gesamte Risiko sollte einheitlich entweder in Rahmen von Risikozuschlägen oder Sicherheitsäquivalenten berücksichtigt werden.

Die Unterscheidung in ein allgemeines und ein spezielles Unternehmerrisiko ist mit der im Rahmen kapitalmarkttheoretischer Modelle vorgenommenen Aufspaltung in ein systematisches Risiko (Marktrisiko) und ein durch Portefeuillebildung vermeidbares unsystematisches Risiko vergleichbar. Bei teilweiser Fremdfinanzierung setzt sich das systematische Risiko aus dem Investitionsrisiko (Geschäftsrisiko) und dem Kapitalstrukturrisiko zusammen. Auf Grundlage der Kapitalmarkttheorie wird dem systematischen Risiko durch einen Risikozuschlag Rechnung getragen. Das unsystematische Risiko bleibt dabei unberücksichtigt, weil vollständig diversifizierte Investoren unterstellt werden. Ist daher im Rahmen der Entscheidungswertermittlung von einem vollständig diversifizierten Bewertungssubjekt auszugehen, braucht nur das systematische Risiko (unter Anwendung der Risikozuschlags- oder Sicherheitsäquivalenzmethode) berücksichtigt werden. Ist das Bewertungssubjekt nicht vollständig diversifiziert, ist beiden Risikokomponenten einheitlich durch Anwendung entweder der Risikozuschlagsmethode oder der Sicherheitsäquivalenzmethode Rechnung zu tragen.

Inwieweit im Rahmen der Entscheidungswertermittlung auch das unsystematische Risiko zu berücksichtigen ist, hängt grundsätzlich vom jeweiligen Diversifikationsgrad des konkreten Bewertungssubjekts ab. Es ist daher nicht generell das volle, ungeschmälerte Risiko des Bewertungsprojekts anzusetzen, sondern auf Risikoreduktionen aus der Einpassung des Bewertungsprojekts in bereits vorhandene Projektbündel Bedacht zu nehmen (zur Kritik an der Vernachlässigung dieses Aspektes durch die Ertragswertmethode s. *Leuthier*, 1988, 185 ff; *Drukarczyk*, 1996, 263 ff). Dies bedeutet jedoch nicht, daß stets nur das systematische Risiko entscheidungsrelevant ist.

2.2. Kapitalstruktur

Im Gegensatz zu den DCF-Verfahren werden beim Ertragswertverfahren das Kapitalstrukturrisiko (zum Begriff vgl. *Swoboda*, 1996, 153 ff) bzw. allfällige Änderungen des Verschuldungsgrades im Zeitablauf nicht ausdrücklich berücksichtigt. Änderungen in der Kapitalstruktur führen aber zu einer Veränderung des Risikos für die Unternehmenseigner, die bei teilweiser Fremdfinanzierung nicht nur das Investitionsrisiko (Geschäftsrisiko), sondern auch das Kapitalstrukturrisiko tragen. Das Kapitalstrukturrisiko (und gegebenenfalls seine Änderungen im Zeitablauf) sind daher grundsätzlich auch beim Ertragswertverfahren im Rahmen der Festlegung von Sicherheitsäquivalenten oder Risikozuschlägen zu berücksichtigen. Besondere Methoden werden hiefür allerdings im Bereich des Ertragswertmodells nicht vorgeschlagen.

2.3. Mobilität

Nach dem Fachgutachten KFS/BW1 soll bei der Bewertung von nicht börsennotierten Unternehmungen neben der Berücksichtigung des allgemeinen und speziellen Unternehmerrisikos auch der im Vergleich mit der Alternativinvestition geringeren „Mobilität" durch einen Zuschlag zum Kapitalisierungszinssatz Rechnung getragen werden. Die geringere Mobilität wird darauf zurückgeführt, daß nicht notierte Unternehmensanteile schwerer verkäuflich seien als (die als Alternativinvestition herangezogenen) Anleihen. Daraus ergibt sich, daß mit dem Mobilitätszuschlag jenes Risiko erfaßt werden soll, das aus der geringeren Fungibilität nicht notierter Unternehmensanteile resultiert. Die geringere Mobilität ist somit Teil der gesamten Unsicherheit, mit der die Erwartungen über die Höhe der künftigen Unternehmenserträge behaftet sind.

Versucht man nun, dieses Mobilitätsrisiko näher zu konkretisieren, kann folgendes überlegt werden: Beabsichtigt ein Bewertungssubjekt seine finanziellen Mittel langfristig anzulegen, dann ist für ihn die Mobilität bzw. Fungibilität der Veranlagungsform grundsätzlich nicht von Bedeutung. Es wäre allerdings denkbar, daß in Zukunft Umstände eintreten, die zu einem sofortigen Verkauf des erworbenen Unternehmens zwingen, etwa weil die dadurch frei werdenden Mittel dringend zur Bedeckung anderer Verpflichtungen benötigt werden. Gleichermaßen wäre denkbar, daß sich die Zielvorstellungen des Bewertungssubjekts in Zukunft ändern und er die erworbenen Unternehmensanteile wieder abstoßen möchte. Im Rahmen der dann erfolgenden Veräußerung der Unternehmensanteile besteht nun das Risiko (die Chance), als Kaufpreis weniger (mehr) zu erlösen als den Barwert der noch erwarteten Unternehmenserträge im Veräußerungszeitpunkt. Das Mobilitätsrisiko bezeichnet somit die Unsicherheit über die Höhe der bei einer später erforderlichen Veräußerung der Unternehmensanteile eintretenden Verminderung (oder Erhöhung) des Wohlstandsniveaus gegenüber einer Weiterführung des Unternehmens.

Allgemein wird davon ausgegangen, daß insbesondere eine spätere Veräußerung von Unternehmensanteilen unter Zeitdruck in Anbetracht der geringeren Fungibilität zu einem „Verlust“ führt. Für die Beurteilung des Mobilitätsrisikos ist daher entscheidend, inwieweit ein später notwendiger Verkauf der Unternehmensanteile überhaupt für wahrscheinlich gehalten wird und in welcher Höhe dann ein Nachteil durch einen unter dem Barwert der künftigen Erträge liegenden Verkaufserlös in Kauf genommen werden müßte.

Das Mobilitätsrisiko umfaßt damit begrifflich nur Unsicherheitskomponenten, die aus einem in Zukunft eintretenden, unvorhergesehenen Erfordernis der Veräußerung der Unternehmensanteile resultieren. Davon nicht betroffen ist daher beispielsweise die Unsicherheit über die Höhe des Veräußerungs- oder Liquidationserlöses bei von vornherein geplanter endlicher Unternehmens- bzw. Behaltedauer. Das Mobilitätsrisiko ist gedanklich scharf von dem Risiko zu trennen, daß die ursprünglichen Ertragserwartungen nicht eintreten, obwohl *kein* Erfordernis der Veräußerung der Unternehmensanteile besteht. Dies gilt auch dann, wenn die Nichterfüllung der Ertragserwartungen den Anlaß für eine Veräußerung der Unternehmensanteile gibt. Werden die Unternehmensanteile in einem solchen Fall zu einem Preis veräußert, der z.B. erheblich unter dem Barwert der seinerzeit erhofften Erträge nach diesem Zeitpunkt liegt, hat dies mit dem Mobilitätsrisiko nichts zu tun. Denn der „Verlust“ wird hier nicht erst durch eine erforderliche Veräußerung der Unternehmensanteile verursacht, sondern bereits durch den Nichteintritt der seinerzeitigen Erwartungen.

In Anbetracht der geschilderten, verhältnismäßig engen begrifflichen Grenzen des Mobilitätsrisikos muß es verwundern, daß für seine Berücksichtigung in der Praxis zum Teil beträchtliche Zuschläge zum Basiszinsfuß bzw. beträchtliche Abschläge von einem „Basisunternehmenswert“ für gerechtfertigt gehalten werden. Hier muß wohl vermutet werden, daß die in der Praxis verwendeten pauschalen Zu- oder Abschläge über den eigentlichen Begriffsinhalt des Mobilitätsrisikos hinaus auch andere Risikokomponenten berücksichtigen und die Bewertung damit Gefahr läuft, diese Unsicherheitsfaktoren mehrfach zu erfassen.

Für die Entscheidungswertermittlung empfiehlt sich, das Mobilitätsrisiko im oben beschriebenen Sinn für den konkreten Einzelfall abzuwägen und – als Teil des gesamten Risikos – einheitlich entweder im Rahmen von Risikozuschlägen oder Sicherheitsäquivalenten zu berücksichtigen.

2.4. Persönliche Haftung

Nach KFS/BW1 ist für „die persönliche Haftung, die sich aus der Rechtsform des Unternehmens, aus der Stellung des Unternehmers oder Gesellschafters als Vollhafter und aus vertraglichen Vereinbarungen ergibt, ... in der Regel weder ein Abschlag von den Zukunftserfolgen noch ein Zuschlag zum Zinssatz gerechtfertigt. Allenfalls können die Einmalkosten, die mit einer Rechtsformänderung zusammenhängen, bei der Ermittlung der Zukunftserfolge angesetzt werden". Risikokomponenten aus einer persönlichen Haftung des Bewertungssubjekts bleiben nach dieser Auffassung bei der Unternehmensbewertung grundsätzlich unberücksichtigt. Für die Entscheidungswertermittlung ist dem allerdings nicht zu folgen. Denn die Frage, ob z.B. ein potentieller Käufer im Fall des Unternehmenserwerbs auch persönliche Haftungen eingehen muß oder nicht, wird sehr wohl Einfluß auf seine Grenze der Konzessionsbereitschaft haben. Dabei wird im Einzelfall zu prüfen sein, ob eine Vollhafterstellung durch entsprechende Umgründungsmaßnahmen beseitigt werden kann und inwieweit daneben persönliche Haftungsverhältnisse, z.B. gegenüber Großgläubigern, eingegangen werden müssen. Das persönliche Haftungsrisiko umfaßt hier die Unsicherheit darüber, inwieweit die Haftungsverhältnisse in Zukunft zu Vermögenseinbußen außerhalb der Unternehmenssphäre führen werden. Für die Entscheidungswertermittlung empfiehlt sich wiederum, das Haftungsrisiko als Teil des gesamten Risikos zu berücksichtigen.

3. Sicherheitsäquivalenzmethoden

3.1. Traditionelle Sicherheitsäquivalenzmethode

a) Begriff des Sicherheitsäquivalents

Bei der (traditionellen) Sicherheitsäquivalenzmethode wird jede Wahrscheinlichkeitsverteilung der Unternehmenserträge beim Eigner durch ihr Sicherheitsäquivalent ersetzt. Unter dem *Sicherheitsäquivalent* („Gewißheitsäquivalent") versteht man jenen sicheren Unternehmensertrag, der den gleichen Nutzen stiftet wie die betreffende Wahrscheinlichkeitsverteilung der Unternehmenserträge. Das Sicherheitsäquivalent der Unternehmenserträge einer bestimmten Periode entspricht daher jenem Unternehmensertrag, für den gilt, daß das Risiko niedrigerer Unternehmenserträge durch die Chance höherer Unternehmenserträge gerade aufgewogen wird.

Beispiel 33:
Ein potentieller Käufer K erwartet aus einem Unternehmenserwerb in Periode 1 einen Unternehmensertrag in Höhe von 100 GE mit einer Wahrscheinlichkeit von 60 % und einen Unternehmensertrag von 200 GE mit einer Wahrscheinlichkeit von 40 %. Wie bereits oben gezeigt beläuft sich daher der Erwartungswert in der ersten Periode auf 140 GE. Das Sicherheitsäquivalent ist nun als jener sicherer Betrag zu bestimmen, der aus der Sicht des potentiellen Käufers den gleichen Nutzen stiftet wie die Wahrscheinlichkeitsverteilung der unsicheren Unternehmenserträge. Legt der potentielle Käufer sein Sicherheitsäquivalent für die betreffende Periode z.B. in Höhe von 120 GE fest, bedeutet dies, daß für ihn in Periode 1 der Erhalt eines sicheren Unternehmensertrages in Höhe von 120 GE gleich viel wert ist wie die Möglichkeit, mit einer Wahrscheinlichkeit von 60 % einen Unternehmensertrag von 100 GE und mit einer Wahrscheinlichkeit von 40 % einen Unternehmensertrag von 200 GE zu erhalten.

Geht der potentielle Käufer von einer Bandbreite gleichwahrscheinlicher Unternehmenserträge aus, ist das Sicherheitsäquivalent analog zu bestimmen. Es gibt dann jenen sicheren Unternehmensertrag an, der für den potentiellen Käufer denselben Nutzen stiftet wie die festgelegte Bandbreite der unsicheren Unternehmenserträge.

Das Sicherheitsäquivalent ist Ausdruck der individuellen Risikoeinstellung (Risikonutzenfunktion) eines bestimmten Bewertungssubjekts. Auch bei Zugrundelegung einer identischen Wahrscheinlichkeitsverteilung wird daher ein anderes Bewertungssubjekt in der Regel ein höheres oder niedrigeres Sicherheitsäquivalent festlegen, das auf einer abweichenden persönlichen Risikoeinstellung basiert. Im allgemeinen ist jedoch davon auszugehen, daß das Bewertungssubjekt *risikoscheu* ist, d.h. daß sein Sicherheitsäquivalent kleiner ist als der Erwartungswert der Unternehmenserträge dieser Periode. Bezeichnet $SÄ(E_t)$ das Sicherheitsäquivalent der Wahrscheinlichkeitsverteilung der Unternehmenserträge in der Periode t und $\mu(E_t)$ den Erwartungswert der Unternehmenserträge in der Periode t, gilt für die Risikoneigung des Bewerters folgender Zusammenhang:

$$SÄ(E_t) < \mu(E_t) \Rightarrow \text{Bewerter ist risikoscheu (risikoavers)}$$
$$SÄ(E_t) = \mu(E_t) \Rightarrow \text{Bewerter ist risikoneutral (risikoindifferent)}$$
$$SÄ(E_t) > \mu(E_t) \Rightarrow \text{Bewerter ist risikofreudig}$$

Die Bestimmung der Sicherheitsäquivalente verursacht jedoch in der praktischen Anwendung häufig Probleme, da hierfür strenggenommen die Kenntnis der Risikonutzenfunktion des Bewertungssubjekts erforderlich ist. Risikonutzenfunktionen liegen in der Praxis allerdings nicht vor. Zum Teil wird daher vorgeschlagen, das Bewertungssubjekt möge das Sicherheitsäquivalent nach freier Einschätzung bestimmen (vgl. dazu etwa *Bretzke*, 1976a, 164; *Siegel*, 1994, 466).

b) Verfahren

Nach der traditionellen Sicherheitsäquivalenzmethode wird der Entscheidungswert durch Diskontierung der festgelegten Sicherheitsäquivalente für die Unternehmenserträge mit der risikolosen Alternativrendite bestimmt, die in Anbetracht der hier getroffenen Annahmen (Nominalrechnung, flache Zinskurve, Welt ohne Steuern) dem (im Zeitablauf konstanten) Basiszinsfuß b entspricht. Im einfachsten Fall des Rentenmodells gilt daher für die Bestimmung des Entscheidungswerts eines potentiellen Käufers:

$$(2.51) \qquad P_{max} = \frac{SÄ(E)}{b}$$

Da die Sicherheitsäquivalente nach den Einschätzungen des Bewertungssubjekts sichere Ertragsströme darstellen, die den gleichen Nutzen stiften wie die Wahrscheinlichkeitsverteilung der unsicheren Unternehmenserträge, sind sie mit dem risikolosen Basiszinsfuß zu diskontieren.

Beispiel 34:

Vereinfachend sei angenommen, ein potentieller Käufer K erwarte aus einem Unternehmenserwerb in allen künftigen Perioden einen uniformen Unternehmensertrag in Höhe von 100 GE mit einer Wahrscheinlichkeit von 60 % und einen Unternehmensertrag von 200 GE mit einer Wahrscheinlichkeit von 40 % (Rentenmodell). Der Erwartungswert der Unternehmenserträge beläuft sich daher in allen Perioden auf 140 GE. Das Sicherheitsäquivalent wird mit 120 GE angegeben und gilt ebenfalls für alle künftigen Perioden. Der risikolose Basiszinsfuß beträgt 8,0 %. Unter diesen Annahmen ermittelt sich der Entscheidungswert des Käufers mit 1.500 GE:

$$P_{max} = \frac{120}{0{,}08} = 1.500$$

Erwirbt K das Unternehmen, muß er mit schwankenden Erträgen rechnen, wobei er über die angenommene unendliche Lebensdauer des Unternehmens „im Durchschnitt" einen Unternehmensertrag von 140 GE p.a. erhält, falls die von ihm festgelegte Wahrscheinlichkeitsverteilung der Unternehmenserträge zutreffend ist. Legt er dagegen den Betrag von 1.500 GE alternativ zu 8 % an, erhält er einen kleineren, dafür aber sicheren jährlichen Ertrag von 120 GE.

Ausdruck (2.51) geht von im Zeitablauf nominell konstanten Sicherheitsäquivalenten aus. Wird angenommen, daß die nominellen Sicherheitsäquivalente im Zeitablauf mit einer konstanten Wachstumsrate $w^{SÄ}$ wachsen und bezeichnet $SÄ(E_1)$ das nominelle Sicherheitsäquivalent der ersten Periode, gilt:

(2.52) $$P_{\max} = \frac{SÄ(E_1)}{b - w^{SÄ}}$$

Bei im Zeitablauf schwankenden Unternehmenserträgen ist für jede künftige Periode ein spezifisches Sicherheitsäquivalent festzulegen. Werden unendliche Lebensdauer und ab dem Planungshorizont T konstante Sicherheitsäquivalente in Höhe von $SÄ(E_{T+1})$ angenommen, gilt für den Entscheidungswert eines potentiellen Käufers:

(2.53) $$P_{\max} = \sum_{t=1}^{T} SÄ(E_t) \cdot (1+b)^{-t} + \frac{SÄ(E_{T+1})}{b} \cdot (1+b)^{-T}$$

Beispiel 35:

Gegeben sei die folgende Bandbreite gleichwahrscheinlicher Unternehmenserträge, die der potentielle Käufer K für die jeweilige Periode aus einem zu erwerbenden Unternehmen erwartet. Der risikolose Basiszinsfuß beträgt 8 %. In den betreffenden Spalten sind die aus der Diskontierung der Erwartungswerte und Sicherheitsäquivalente der Unternehmenserträge mit dem Basiszinsfuß resultierenden Barwerte angegeben.

t	Unternehmenserträge (Bandbreite)	$SÄ(E_t)$	Barwert der $SÄ(E_t)$	$\mu(E_t)$	Barwert der $\mu(E_t)$
1	1.000 – 2.000	1.300	1.204	1.500	1.389
2	1.000 – 2.500	1.400	1.200	1.750	1.500
3	1.000 – 3.000	1.500	1.191	2.000	1.588
4	1.000 – 3.000	1.500	1.103	2.000	1.470
ab 5	800 – 2.400	1.200	11.025	1.600	14.701
			15.723		20.648

Mit Hilfe der traditionellen Sicherheitsäquivalenzmethode errechnet sich ein Entscheidungswert in Höhe von 15.723 GE. Bei einem Kaufpreis in dieser Höhe wäre K daher indifferent zwischen Unternehmenserwerb und Veranlagung dieses Betrages zu 8 %. Die Vergleichsinvestition brächte ihm dann einen sicheren jährlichen Zufluß in Höhe von 1.258 GE (=15.723 GE· 0,08).

Wäre K nicht risikoscheu, sondern risiko*indifferent*, würden seine Sicherheitsäquivalente in jeder Periode den Erwartungswerten entsprechen. Sein Entscheidungswert würde sich dann auf 20.648 GE belaufen. Er würde daher einen höheren Kaufpreis akzeptieren als ein risikoscheuer Investor.

c) Beurteilung

Die traditionelle Sicherheitsäquivalenzmethode ermöglicht dem Bewerter ein aus theoretischer Sicht begründbares Vorgehen. Die praktischen Probleme, die mit ihrer Anwendung verbunden sind, dürfen allerdings nicht übersehen werden. Zunächst wird vorausgesetzt, daß für die Höhe der Unternehmenserträge in den einzelnen künftigen Perioden (subjektive) Wahrscheinlichkeitsverteilungen bzw. zumindest Bandbreiten angegeben werden können. Die Ableitung der Sicherheitsäquivalente aus diesen Daten erfordert dann strenggenommen die Kenntnis der individuellen Risikoneigung bzw. Risikonutzenfunktion des Bewertungssubjekts.

Solche Risikonutzenfunktionen liegen aber in der Praxis nicht vor. Dem Bewertungssubjekt bleibt daher letztlich nichts als die periodenspezifischen Sicherheitsäquivalente nach freier Einschätzung zu bestimmen. Soll sich dann etwa ein potentieller Käufer bei komplexen Wahrscheinlichkeitsverteilungen für mehrere periodenspezifische Sicherheitsäquivalente entscheiden, läuft er leicht Gefahr, daß es zu Widersprüchen kommt. Er wird dabei auch die Auswirkungen der jeweiligen Festlegung nicht überschauen können (vgl. *Siegel*, 1994, 474). Verwehrt bleibt ihm sohin, eine Entscheidung über ein klar strukturiertes Problem treffen zu können, bei der auch der Zusammenhang zwischen den festgelegten Sicherheitsäquivalenten früherer und späterer Perioden und die daraus resultierenden Einflüsse auf das Bewertungsergebnis ersichtlich wären. In der Praxis werden daher die betroffenen Personen mit der Anwendung der traditionellen Sicherheitsäquivalenzmethode häufig überfordert sein.

Theoriegerecht, aber für die Praxis ebenfalls wenig zufriedenstellend, ist weiters der Umstand, daß je nach individueller Risikoneigung des Bewertungssubjekts selbst bei identischer Wahrscheinlichkeitsverteilung der Unternehmenserträge unterschiedliche Sicherheitsäquivalente angegeben werden können.

Bereits oben wurde dargelegt, daß in den Stellungnahmen der Bewertungspraxis die Berücksichtigung nur des „speziellen" Unternehmerrisikos durch einen Abschlag von den Zukunftserträgen empfohlen wird. Eine derartige Vorgangsweise entspricht nicht der traditionellen Sicherheitsäquivalenzmethode, da hier zur Bestimmung der sicherheitsäquivalenten Unternehmenserträge stets das gesamte Risiko zu erfassen ist.

3.2. Risikoprofilmethode

Literatur:

Hertz, D.B.: Risk Analysis in Capital Investment, HBR 1964, S. 95-106; *Coenenberg*, A.G., Unternehmensbewertung mit Hilfe der Monte-Carlo-Simulation, ZfB 1970, S. 793-804; *Coenenberg*, A.G., Das Informationsproblem in der entscheidungsorientierten Unternehmensbewertung, ZIR 1971, S. 57-76; *Moxter*, A.: Multi-Ertragswert-Methode – Ein Beitrag zur Wiederannäherung von Theorie und Praxis der

Unternehmensbewertung, DU 1976, S. 189-201; *Siegel*, T.: Das Risikoprofil als Alternative zur Berücksichtigung der Unsicherheit in der Unternehmensbewertung, in: Rückle, D. (Hrsg): Aktuelle Fragen der Finanzwirtschaft und der Unternehmensbesteuerung, FS Loitlsberger, Wien 1991, S. 619-638; *Siegel*, T.: Unternehmensbewertung, Unsicherheit und Komplexitätsreduktion, BFuP 1994, S. 457-476.

a) Verfahren

Die Sicherheitsäquivalenzmethode wurde bislang in ihrer einfachsten Form dargestellt. Eine Weiterentwicklung des Verfahrens kann in der Risikoprofilmethode gesehen werden, die die traditionelle Sicherheitsäquivalenzmethode mit dem Konzept der flexiblen Planung verbindet (vgl. z.B. *Siegel*, 1991, 619 ff).

Im Gegensatz zur traditionellen Sicherheitsäquivalenzmethode ist hier eine periodenspezifische Definition von Sicherheitsäquivalenten nicht erforderlich. Statt dessen wird für den geplanten Unternehmenserwerb/-beibehalt ein Risikoprofil aufgebaut, aus dem ein Sicherheitsäquivalent unmittelbar zielbezogen abgeleitet wird. Der Aufbau eines Risikoprofils soll anhand des bei *Siegel* (1994, 462 ff) gebrachten und hier leicht modifizierten Beispiels veranschaulicht werden.

Beispiel 36:
Ein potentieller Käufer habe auf Grundlage einer umfassenden Unternehmensanalyse die im Zustandsbaum gemäß Abb. 20 dargestellten Annahmen über die Höhe der künftigen Unternehmenserträge und der erzielbaren Alternativrenditen erarbeitet. Unterstellt wird eine 30jährige Behaltedauer der Unternehmung. Vereinfachend wird als Verkaufserlös in 30 Jahren ein sicherer Betrag von 800 GE angenommen. Die künftigen Unternehmenserträge werden in Anlehnung an das Phasenmodell nach HFA 2/1983 für drei Periodenblöcke, innerhalb derer sie annahmegemäß in konstanter Höhe anfallen, prognostiziert. Der erste Periodenblock umfaßt die Jahre 1 bis 3, der zweite die Jahre 4 bis 8 und der dritte die Perioden 9 bis 30. Jeder Unternehmensertrag wird in einer auf zwei Werte reduzierten Wahrscheinlichkeitsverteilung angegeben. Die Höhe der Unternehmenserträge im zweiten bzw. dritten Periodenblock hängt dabei wie dargestellt von der Höhe der Unternehmenserträge im ersten bzw. im ersten und zweiten Periodenblock ab. Für den gesamten Betrachtungszeitraum wird ein Basiszinsfuß von 8 % mit Sicherheit unterstellt.

Abb. 20 zeigt für jeden Zweig des Zustandsbaums den Barwert der Unternehmenserträge sowie die darauf entfallende kombinierte Wahrscheinlichkeit p. Daraus kann das Risikoprofil für die Alternative Unternehmenskauf leicht erstellt werden (s. Abb. 21): Das Diagramm zeigt die möglichen Barwerte der Unternehmenserträge, die mit ihrer jeweiligen Wahrscheinlichkeit eingetragen werden, in fallender Reihenfolge.

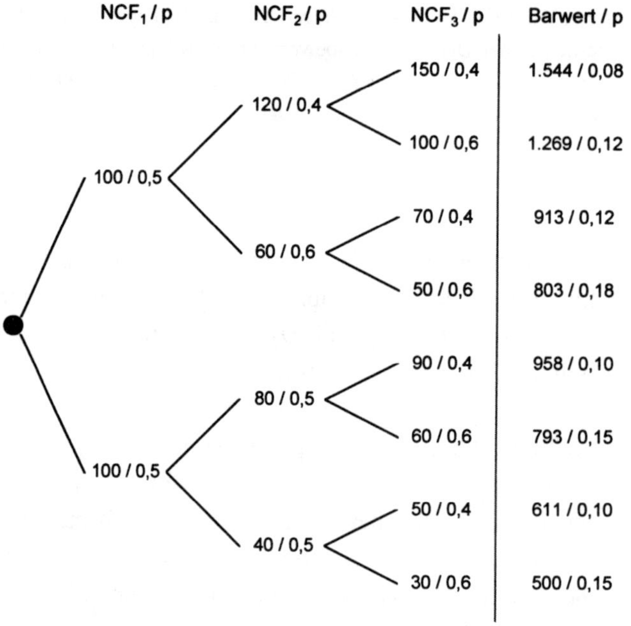

Abb. 20: Zustandsbaum unter Angabe der Barwerte

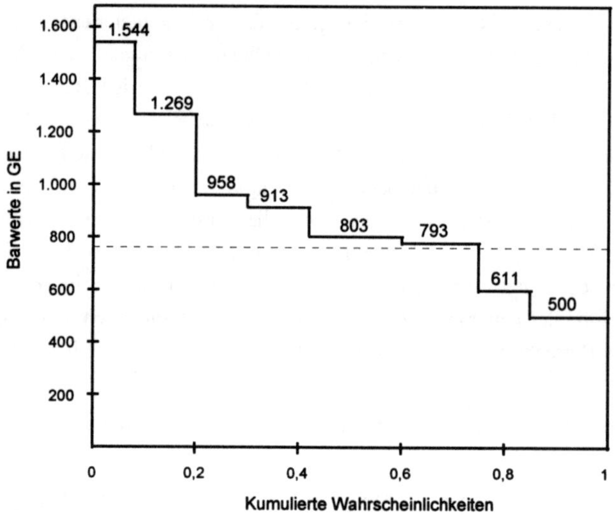

Abb. 21: Risikoprofil

Ist das Risikoprofil aufgebaut, kann zur Ermittlung des Entscheidungswerts wie folgt vorgegangen werden: In das Risikoprofil wird eine Gerade gelegt und so lange verschoben, bis aus der Sicht des Bewertungssubjekts die Chancen eines höheren Barwerts der Unternehmenserträge äquivalent mit den Risiken eines niedrigeren Barwerts erscheinen. Die sich ergebende Gerade markiert dann den sicherheitsäquivalenten Entscheidungswert für den potentiellen Käufer. Er wurde für das obige Beispiel mit ca. 760 GE festgelegt (s. Abb. 21). Ein Käufer mit einer anderen Risikoneigung würde die Gerade höher oder tiefer legen.

b) Beurteilung

Während bei der traditionellen Sicherheitsäquivalenzmethode eine periodenspezifische Festlegung von sicherheitsäquivalenten Unternehmenserträgen erforderlich ist, arbeitet die Risikoprofilmethode mit kombinierten Wahrscheinlichkeiten und veranlaßt das Bewertungssubjekt erst im letztmöglichen Moment zur Ermittlung eines Sicherheitsäquivalents. Sie vermeidet damit eine unnötig frühzeitige Verdichtung von Wahrscheinlichkeitsverteilungen. Ein weiterer Vorteil der Risikoprofilmethode liegt in ihrer hohen Transparenz, die aus der Veranschaulichung der Risikostruktur der zu treffenden Entscheidung im Risikoprofil resultiert. Darüber hinaus können im Gegensatz zur traditionellen Sicherheitsäquivalenzmethode vor allem auch Abhängigkeiten bei den Unternehmensertragsverläufen oder auch unsichere Alternativrenditen berücksichtigt werden (vgl. dazu *Siegel*, 1994, 468 ff). Ist das Risikoprofil aufgebaut, stellt sich dem Bewerter bzw. dem Bewertungssubjekt ein einziges, klar strukturiertes Problem, sodaß auch die Gefahr einer Überforderung bzw. von widersprüchlichen Einschätzungen hintangehalten werden kann. Zu Recht räumt daher *Siegel* (1994, 474) der Risikoprofilmethode sowohl aus theoretischen als auch aus praktischen Gründen den Vorteil gegenüber der traditionellen Sicherheitsäquivalenzmethode ein.

Die Nachteile der Risikoprofilmethode ergeben sich vorwiegend aus dem Erfordernis der umfassenden Festlegung der Wahrscheinlichkeitsverteilungen für die erwarteten Unternehmenserträge. Dies ist jedoch als generelle Voraussetzung aller hier behandelten Methoden zur Unsicherheitsberücksichtigung zu sehen, wenn das Vorgehen begründbar bleiben soll. Allerdings ist kaum vorstellbar, daß in der Praxis komplexe Wahrscheinlichkeitsverteilungen bzw. Zustandsbäume mit mehreren Verästelungen in jeder Periode zum Einsatz kommen können. Hier bietet sich aber an, Werte für wenige repräsentative Fälle, z.B. für einen optimistischen, einen realistischen und einen pessimistischen Fall abzuschätzen und auf dieser Grundlage ein überschaubares Risikoprofil zu erstellen.

4. Risikozuschlagsmethode auf Basis subjektiver Zuschläge

4.1. Begriff des subjektiven Risikozuschlages

Unter einem „Risikozuschlag" versteht man allgemein einen Zuschlag zum Diskontierungssatz. Der um den Risikozuschlag erhöhte Zinsfuß heißt „risikoangepaßter" oder „risikoäquivalenter" Zinsfuß. Er wird bei der Risikozuschlagsmethode zur Diskontierung der Erwartungswerte der künftigen Unternehmenserträge herangezogen. Durch einen Zuschlag zur quasi-sicheren Alternativrendite (Basiszins) soll Risikoäquivalenz mit dem Erwartungswert der Unternehmenserträge hergestellt werden. Da nur auf Risiko*zu*schläge abgestellt wird, wird implizit von risikoscheuen Bewertungssubjekten ausgegangen.

Der Risikozuschlag ist subjektiv (individuell), wenn der Zuschlag im Ermessen des Bewertungssubjekts liegt. Das Bewertungssubjekt bringt darin seine Risiko(ab)neigung zum Ausdruck. In höherem Maß risikoaverse Bewertungssubjekte würden bei gleicher Wahrscheinlichkeitsverteilung der künftigen Unternehmenserträge daher höhere Risikozuschläge verwenden als weniger risikoaverse. Höhere Risikozuschläge führen demnach auch zu niedrigeren Entscheidungswerten.

Beispiel 37:

Wie in Beispiel 33 sei unterstellt, ein potentieller Käufer K erwarte aus einem Unternehmenserwerb in Periode 1 einen Unternehmensertrag in Höhe von 100 GE mit einer Wahrscheinlichkeit von 60 % und einen Unternehmensertrag von 200 GE mit einer Wahrscheinlichkeit von 40 %. Der Erwartungswert in der ersten Periode beträgt daher 140 GE. Der risikolose Zinsfuß (Basiszins) beträgt 8 %. Bei Anwendung der Risikozuschlagsmethode hat nun K unter Berücksichtigung der angenommenen Wahrscheinlichkeitsverteilung einen risikoäquivalenten Zinsfuß festzulegen, der im folgenden zur Diskontierung des Erwartungswerts herangezogen werden kann. Ist K *risikoscheu*, wird er den risikolosen Zinsfuß um einen Zuschlag erhöhen. Aus theoretischer Sicht würde demgegenüber ein *risikoindifferenter* Käufer den risikolosen Zinsfuß unverändert lassen, ein *risikofreudiger* Käufer würde sogar einen Abschlag vom risikolosem Zinsfuß vornehmen.

Die Höhe des aus subjektiver Sicht angemessenen Risikozuschlages wird sich neben der subjektiven Risikoneigung an der jeweiligen Wahrscheinlichkeitsverteilung der künftigen Unternehmenserträge orientieren. Zur Beurteilung der Risikostruktur der Unternehmenserträge ist es aber in der Regel unzureichend, nur den Erwartungswert zu betrachten. Maßgeblich ist vielmehr auch die Bandbreite, innerhalb derer die künftigen Unternehmenserträge nach den bestehenden Erwartungen streuen können. Im Erwartungswert kommt aber die Streuung der mit unterschiedlichen Wahrscheinlichkeiten prognostizierten Unternehmenserträge einer künftigen Periode nicht zum Ausdruck. So beträgt etwa der Erwartungswert sowohl bei einer angenommenen Bandbreite gleichwahrscheinlicher

Unternehmenserträge einer Periode von 1.800 GE bis 2.200 GE als auch bei einer von -500 GE bis +4.500 GE reichenden Bandbreite jeweils 2.000 GE. Die größere Streuung der wahrscheinlichen Unternehmenserträge wird jedoch im zweiten Fall einen höheren Risikozuschlag als im ersten Fall erfordern.

In der Praxis kann der subjektive Risikozuschlag nicht „errechnet" werden, sondern muß vom Bewertungssubjekt bzw. vom Bewerter auf Grundlage von Ermessen, Erfahrung oder nach allgemeiner Übung festgelegt werden. Subjektive Risikozuschläge sind daher grundsätzlich nicht nachprüfbar. Sie können allerdings unter bestimmten Voraussetzungen auf Plausibilität überprüft werden. Die Verwendung subjektiver Risikozuschläge ist in der Bewertungspraxis dennoch weit verbreitet.

4.2. Verfahren

Zur Anwendung der Risikozuschlagsmethode sind zunächst die Erwartungswerte ($\mu(E_t)$) für alle künftigen Perioden zu ermitteln und mit dem um den Risikozuschlag z erhöhten risikolosen Basiszinsfuß zu diskontieren. Im einfachsten Fall des Rentenmodells erhält man den Entscheidungswert eines potentiellen Käufers dann unter den hier getroffenen Annahmen (Nominalrechnung, flache Zinskurve, Welt ohne Steuern) bei Verwendung eines im Zeitablauf konstanten Risikozuschlages z aus folgendem Ausdruck:

(2.54) $$P_{\max} = \frac{\mu(E)}{b+z}$$

Beispiel 38:
Wird von den Annahmen in Beispiel 37 ausgegangen und legt der potentielle Käufer K einen Risikozuschlag in Höhe von z.B. 2 % fest, ermittelt sich der Entscheidungswert in Höhe von 1.400 GE:

$$P_{\max} = \frac{140}{0{,}08 + 0{,}02} = 1.400$$

Legt K den Betrag von 1.400 GE zu 8 % an, erhält er jährlich einen sicheren Ertrag von 120 GE. Gleichwertig ist für ihn die Handlungsmöglichkeit, unsichere Unternehmenserträge mit einem konstanten jährlichen Erwartungswert von 140 GE zu erzielen.

Ausdruck (2.54) geht von im Zeitablauf nominell konstanten Erwartungswerten für die Unternehmenserträge aus. Wird angenommen, daß die nominellen Erwartungswerte im Zeitablauf mit einer konstanten Wachstumsrate w^{μ} wachsen und bezeichnet $\mu(E_1)$ den nominellen Erwartungswert der ersten Periode, gilt:

(2.55) $$P_{\max} = \frac{\mu(E_1)}{b + z - w^{\mu}}$$

Bei schwankenden Unternehmenserträgen ist der Erwartungswert für jede Periode festzulegen. Die Festlegung periodenspezifischer Risikozuschläge ist denkbar (s. dazu *Ballwieser*, 1993, 158), in der Praxis allerdings nicht gebräuchlich. Geht man von einem im Zeitablauf konstanten Risikozuschlag z aus und bezeichnet T den Planungshorizont, ab dem konstante Erwartungswerte angenommen werden, errechnet sich der Entscheidungswert eines potentiellen Käufers wie folgt:

(2.56) $$P_{\max} = \sum_{t=1}^{T} \mu(E_t) \cdot (1 + b + z)^{-t} + \frac{\mu(E_{T+1})}{b + z} \cdot (1 + b + z)^{-T}$$

Beispiel 39:

Auf Basis der in Beispiel 35 getroffenen Angaben soll der Entscheidungswert des potentiellen Käufers K unter Zugrundelegung eines periodenunabhängigen Risikozuschlages von 3,0 % ermittelt werden. Der risikoangepaßte Diskontierungssatz beträgt demnach 11,0 %. Die daraus resultierenden Barwerte der Erwartungswerte der Unternehmenserträge sind in der folgenden Tabelle dargestellt:

t	*Unternehmenserträge (Bandbreite)*	*μ(E_t)*	*Barwert der μ(E_t)*
1	1.000 – 2.000	1.500	1.351
2	1.000 – 2.500	1.750	1.420
3	1.000 – 3.000	2.000	1.462
4	1.000 – 3.000	2.000	1.317
ab 5	800 – 2.400	1.600	9.582
			15.132

Unter Zugrundelegung eines periodenunabhängigen Risikozuschlages von 3,0 % errechnet sich der Entscheidungswert des Käufers in Beispiel 39 mit 15.132 GE. Bei Anwendung der Sicherheitsäquivalenzmethode wurde hingegen ein davon abweichender Entscheidungswert in Höhe von 15.723 GE errechnet. Unterstellt man aber denselben potentiellen Investor, müssen beide Methoden der Unsicherheitsberücksichtigung zum selben Ergebnis führen. Kann nun davon ausgegangen werden, daß die Sicherheitsheitsäquivalente die tatsächliche Risikoneigung des Investors korrekt widerspiegeln, bedeuten abweichende Ergebnisse, daß unzutreffende Risikozuschläge verwendet wurden. Auf dieser Grundlage kann daher die Plausibilität subjektiver Risikozuschläge überprüft werden.

4.3. Plausibilität des subjektiven Risikozuschlags

Die Plausibilität subjektiver Risikozuschläge kann überprüft werden, wenn für die betreffenden Wahrscheinlichkeitsverteilungen auch die (zumindest rational begründbaren) sicherheitsäquivalenten Unternehmenserträge bestimmt werden. Da Risikozuschlags- und Sicherheitsäquivalenzmethode bei gleichen Ausgangsbedingungen zum selben Ergebnis führen müssen, muß im einfachen Fall des Rentenmodells gelten:

(2.57) $$\frac{\mu(E)}{b+z} = \frac{S\ddot{A}(E)}{b}$$

Durch Umformung erhält man für den (zutreffenden) Risikozuschlag z

(2.58) $$z = \frac{\mu(E) - S\ddot{A}(E)}{S\ddot{A}(E)} \cdot b$$

bzw. für den sicherheitsäquivalenten Ertrag:

(2.59) $$S\ddot{A}(E) = \frac{b \cdot \mu(E)}{b+z}$$

Aus dem geschilderten Zusammenhang folgt, daß bei Kenntnis des minimal möglichen Unternehmensertrages (E_{min}), der z.B. die Untergrenze der erwarteten Bandbreite gleichwahrscheinlicher Unternehmenserträge darstellt, die logische Obergrenze für den Risikozuschlag bestimmt werden kann. Steht E_{min} fest, kann der *maximale* Risikozuschlag z_{max} errechnet werden, da das Sicherheitsäquivalent nicht kleiner als E_{min} sein kann. Aus der Beziehung

(2.60) $$\frac{\mu(E)}{b+z_{max}} = \frac{E_{min}}{b}$$

läßt sich dann z_{max} wie folgt herleiten:

(2.61) $$z_{max} = \frac{\mu(E) - E_{min}}{E_{min}} \cdot b$$

Der so ermittelte Wert für z_{max} gibt die Höhe jenes Risikozuschlages an, der (unter den Voraussetzungen des Rentenmodells) zum selben Entscheidungswert führt wie eine Diskontierung des festgelegten Minimalertrages E_{min} mit dem Basiszinsfuß. Ein über diesem Wert liegender Risikozuschlag wäre daher rational nicht mehr begründbar.

Beispiel 40:

Unterstellt wird ein potentieller Käufer, der von einer konstanten risikolosen Alternativrendite in Höhe von 8 % und einer für alle Perioden gültigen Bandbreite gleichwahrscheinlicher Unternehmenserträge von 1.400 GE bis 3.000 GE ausgeht. Der (konstante) Erwartungswert der Unternehmenserträge beträgt daher 2.200 GE. Es wird ein Risikozuschlag von 4 % (Fall A) bzw. 5 % (Fall B) festgelegt. Die Plausibilität des Risikozuschlages ist zu prüfen. Zu diesem Zweck werden unter Verwendung von Ausdruck (2.59) die dem jeweiligen Risikozuschlag entsprechenden Sicherheitsäquivalente errechnet:

Fall A: $$SÄ(E) = \frac{0{,}08 \cdot 2.200}{0{,}08 + 0{,}04} = 1.467$$

Fall B: $$SÄ(E) = \frac{0{,}08 \cdot 2.200}{0{,}08 + 0{,}05} = 1.354$$

Die Anwendung eines Risikozuschlages von 4 % kommt der Zugrundelegung eines sicherheitsäquivalenten Ertrages in Höhe von 1.467 GE p.a. gleich. Da das errechnete Sicherheitsäquivalent innerhalb der definierten Bandbreite liegt, ist der Risikozuschlag insoweit plausibel. Im Fall B errechnet sich demgegenüber ein bereits unter dem Minimalertrag von 1.400 GE liegendes Sicherheitsäquivalent. Ein Risikozuschlag von 5 % ist daher nicht mehr rational begründbar.

Der maximale Wert für den rational begründbaren Risikozuschlag errechnet sich unter den getroffenen Annahmen wie folgt:

$$z_{max} = \frac{2.200 - 1.400}{1.400} \cdot 0{,}08 = 4{,}57\%$$

Auch bei in Zukunft schwankenden Unternehmenserträgen kann eine Überprüfung der Plausibilität der Risikozuschläge mit Hilfe der Sicherheitsäquivalente erfolgen. Es ist dann für jede Periode jenes (implizite) Sicherheitsäquivalent zu berechnen, das bei Diskontierung mit dem risikolosen Zinsfuß zum gleichen Barwert führt wie die Abzinsung des Erwartungswertes der Unternehmenserträge mit dem um den Risikozuschlag erhöhten Zinsfuß.

Beispiel 41:

In Fortführung von Beispiel 39, in dem ein periodenunabhängiger Risikozuschlag von 3,0 % festgelegt wurde, sollen im folgenden periodenweise die diesem Risikozuschlag entsprechenden sicherheitsäquivalenten Erträge ermittelt werden. Die Ergebnisse sind in der folgenden Tabelle dargestellt:

t	*Unternehmenserträge (Bandbreite)*	$\mu(E_t)$	*Barwert der* $\mu(E_t)$	*implizite SÄ(E)*
1	1.000 – 2.000	1.500	1.351	1.459
2	1.000 – 2.500	1.750	1.420	1.656
3	1.000 – 3.000	2.000	1.462	1.842
4	1.000 – 3.000	2.000	1.317	1.792
ab 5	800 – 2.400	1.600	9.582	1.043

Die impliziten Sicherheitsäquivalente wurden so ermittelt, daß ihre Diskontierung mit dem Basiszinsfuß zum selben Ergebnis führt wie die Diskontierung des Erwartungswertes der jeweiligen Periode mit dem risikoangepaßten Zinsfuß. Demnach war z.B. das implizite Sicherheitsäquivalent für die Periode 3 wie folgt zu berechnen:

$$SÄ(E_3) = 1.462 \cdot 1{,}08^3 = 1.842$$

Das uniforme Sicherheitäquivalent ab t_5 errechnet sich folgendermaßen:

$$SÄ(E_5) = 9.582 \cdot 0{,}08 \cdot 1{,}08^4 = 1.043$$

Die in Beispiel 41 errechneten impliziten Sicherheitsäquivalente geben Aufschluß darüber, welchem sicherheitsäquivalenten Unternehmensertrag die Anwendung des Risikozuschlages von 3 % in jeder einzelnen Periode entspricht. Dabei zeigt sich, daß der verwendete Risikozuschlag insoweit plausibel ist, als die impliziten Sicherheitsäquivalente stets über den Minimalerträgen der jeweiligen Perioden liegen.

Die Berechnungen in Beispiel 41 zeigen aber auch, daß ein für alle Perioden gleich hoher Risikozuschlag impliziert, daß die in fernerer Zukunft liegenden Unternehmenserträge als risikoreicher eingeschätzt werden. Aus diesem Grund errechnet sich für t_4 ein niedrigeres implizites Sicherheitsäquivalent als für t_3, obwohl für beide Perioden eine identische Wahrscheinlichkeitsverteilung der Unternehmenserträge angenommen wurde. Die Anwendung eines konstanten Risikozuschlages führt daher zu im Zeitablauf fallenden Sicherheitsäquivalenten. Die Ursache dafür liegt darin, daß bei der Diskontierung mit einem um den Risikozuschlag erhöhten Zinsfuß zum Risikoaspekt auch der Zeiteffekt hinzutritt (vgl. *Ballwieser*, 1995b, 1874). Unterstellt man demgegenüber, daß das Risiko in allen Perioden unverändert bleibt, müßten daher im Zeitablauf sinkende Risikozuschläge verwendet werden.

4.4. Zur Quantifizierung des subjektiven Risikozuschlags

Die Frage nach der „zutreffenden" Höhe des subjektiven Risikozuschlages kann – so unbefriedigend dies für die Bewertungspraxis auch klingen mag – nur wie folgt beantwortet werden: Die Höhe des subjektiven Risikozuschlages liegt im Ermessen des Bewertungssubjekts und ist nach dessen subjektiver Einschätzung festzulegen. Konkrete, in der praktischen Anwendung umsetzbare Richtlinien, anhand derer die Quantifizierung subjektiver Risikozuschläge durchgeführt werden könnte, existieren nicht. Eine logische Obergrenze für den subjektiven Risikozuschlag ist mit Hilfe des minimal möglichen Unternehmensertrages ermittelbar. Gleichermaßen kann die Plausibilität subjektiver Risikozuschläge durch Bestimmung der „impliziten" Sicherheitsäquivalente überprüft werden.

Vor diesem unbefriedigenden Hintergrund hat *Ballwieser* (1995b, 1873) vorgeschlagen, die Quantifizierung des Risikozuschlages ohne Rückgriff auf Sicherheitsäquivalente durch die Wahl eines Riskomaßes zu vollziehen. Als einfaches Risikomaß könnte z.B. der Abstand zwischen dem Erwartungswert $\mu(E)$ und dem Minimalertrag E_{min} herangezogen werden. Auf Basis des Rentenmodells kann daraus folgende Formel zur pragmatischen Bestimmung des Risikozuschlages z_{prag} konstruiert werden (zur Vorgangsweise im Nichtrentenmodell s. *Ballwieser*, 1995b, 1873 ff):

(2.62) $$z_{prag} = \frac{\mu(E) - E_{min}}{\mu(E)} \cdot b$$

Geht man davon aus, wächst der Risikozuschlag linear mit der Differenz von $\mu(E)$ und E_{min}. Die Linearität ist risikotheoretisch nicht zu begründen, und die Orientierung an der Differenz zwischen Erwartungswert und Minimalertrag unterstellt eine symmetrische Ertragsverteilung. Exemplarische Berechnungen zeigen, daß die Anwendung dieses Modells i.a. zu sehr hohen Risikozuschlägen führt (vgl. *Ballwieser*, 1995b, 1874 f). Ob derart ermittelte Risikozuschläge der Risikoneigung des Bewertungssubjekts tatsächlich entsprechen, erscheint daher fraglich (kritisch *Drukarczyk*, 1996, 241 f).

Die Bewertungspraxis hält aber trotz der geschilderten Probleme an der Verwendung subjektiver Risikozuschläge fest. Es kann nicht verwundern, daß sich dabei unterschiedlichste Vorschläge zur Quantifizierung subjektiver Risikozuschläge herausgebildet haben. Dabei werden zum Teil erhebliche Bandbreiten für Zuschläge zur Berücksichtigung einzelner Risikokomponenten vorgeschlagen, ohne daß dargelegt wird, wie diese „Erfahrungssätze" auf einen konkreten Einzelfall umgelegt werden können. So will etwa *Helbling* (1995, 421) in einem „Normalfall" für schweizerische Verhältnisse von einem „Zuschlag für größeres Risiko" von 2 % bis 4 % und einem (zusätzlichen) „Zuschlag für erschwerte Verkäuflichkeit" von 1 % bis 3 % ausgehen, dies allerdings neben einer Reihe weiterer Zu- und Abschläge. Der „Zuschlag für größeres Risiko" ist nach *Helbling* von einer Fülle von Einzelfaktoren abhängig, insbesondere von Branche, Konkurrenzsituation, Gewinnschwankungen, Umwelteinflüssen, Umsatzrendite, Qualität des Managements/Regelung der Nachfolge, Personalstruktur/Unternehmensorganisation/Betriebsgröße, Standort, Abhängigkeit/vertragliche Bindungen, Rechtsform des Unternehmens/Steuerverhältnisse, Zusammensetzung der Aktiven/Finanzierungsmöglichkeiten und davon, ob die Fremdfinanzierung im Wege der Brutto- oder Nettomethode berücksichtigt wird (vgl. *Helbling*, 1995, 403 ff). Allein in Anbetracht der Fülle der genannten Faktoren darf bezweifelt werden, ob dadurch eine konkretere Abschätzung des subjektiven Risikozuschlages ermöglicht wird. Vielmehr drängt sich die – hier nicht weiter zu vertiefende – Frage auf, was keinen Einfluß auf die Höhe des „Zuschlages für größeres Risiko" haben könnte. Abgesehen davon, daß Angaben über eine Gewichtung der einzelnen Faktoren fehlen, bleibt auch offen, wann von einem „Normalfall" auszugehen ist, für den die dargelegte Bandbreite Gültigkeit besitzen soll. Ferner ist der Hinweis auf die Anwendung der Brutto- oder Nettomethode zur Berücksichtigung der Fremdfinanzierung wohl nur formal zu verstehen, da sich aus dem angewandten Berechnungsverfahren keine materiellen Auswirkungen auf die mit den Unternehmenserträgen verbundene Unsicherheit ergeben können.

Mit dem nach *Helbling* (1995, 402) zusätzlich erforderlichen „Zuschlag für erschwerte Verkäuflichkeit" soll dem Mobilitätsrisiko (Fungibilitätsrisiko) Rechnung getragen werden. Wie oben unter 2.3. dargelegt, umfaßt das Mobilitätsrisiko die Unsicherheit über die Höhe der bei einer später erforderlichen Veräußerung der Unternehmensanteile eintretenden Verminderung (oder Erhöhung) des Wohlstandsniveaus gegenüber einer Weiterführung des Unternehmens. In Anbetracht der engen begrifflichen Grenzen des Mobilitätsrisikos und der hohen Sensitivität des Bewertungsergebnisses in bezug auf Veränderungen des Diskontierungssatzes erscheint die von *Helbling* genannte Bandbreite sehr hoch. Gleichermaßen muß bezweifelt werden, ob die in den USA vertretenen Abschläge von einem „Basisunternehmenswert" von mitunter 35 % bis 40 % (vgl. z.B. *Barthel*, 1996b, 1352) als „discount for lack of marketability" bei der Bewertung nicht notierter Unternehmensanteile auch Relevanz für eine Entscheidungswertermittlung besitzen können, die aus dem Blickwinkel eines potentiellen Erwerbers eines ganzen Unternehmens erfolgt. So räumt etwa *Born* (1995, 180) ein, daß zwischen der Höhe des „Immobilitätsabschlages" und dem erworbenen Beteiligungsausmaß eine „gewisse Wechselbeziehung" bestehe (s. dazu auch *Pratt/Reilly/Schweihs*, 1996, 301). Zu bedenken ist hier weiters, daß schon der „Basisunternehmenswert“ nicht nach den Grundsätzen einer Entscheidungswertermittlung bestimmt wird, sondern in der Regel durch Anwendung von Vergleichsverfahren aus Börsenkurswerten oder (anderen) realisierten Marktpreisen abgeleitet wird (s. dazu unten IV.A.). Insgesamt erscheinen daher die beschriebenen Vorschläge zur pauschalen Quantifizierung des Mobilitätsrisikos im Rahmen der Entscheidungswertermittlung nicht brauchbar. Um die Gefahr einer Vermischung bzw. Mehrfachberücksichtigung von Risikokomponenten zu vermeiden, sollte aus pragmatischer Sicht zur Beurteilung des Mobilitätsrisikos ein eigenes Szenario entworfen, auf seine Relevanz und Bedeutung für die Entscheidungswertermittlung untersucht und in die gesamte Risikobeurteilung eingebunden werden.

Anhaltspunkte für die Höhe des subjektiven Risikozuschlages können sich hinsichtlich des systematischen Risikos allenfalls aus Kapitalmarktdaten ergeben. Die Bestimmung von Risikozuschlägen auf Grundlage kapitalmarkttheoretischer Modelle wird im Rahmen der Marktwertermittlung erörtert.

4.5. Beurteilung

Die Risikozuschlagsmethode auf Basis subjektiver Zuschläge wird in der betriebswirtschaftlichen Literatur seit langem überwiegend abgelehnt. Der Hauptkritikpunkt liegt darin, daß Risikozuschläge, die vom Bewerter nach seiner subjektiven Einschätzung festgelegt werden, ihrer konkreten Höhe nach rational nicht begründbar und daher auch nicht nachprüfbar sind. Eine rationale Begründung ist nur möglich, wenn das Sicherheitsäquivalent bzw. die Risikonutzenfunktion des Bewertungssubjekts bekannt ist. In diesem Fall sind aber die Risikozuschläge nicht mehr nötig.

In der Bewertungspraxis ist die Verwendung subjektiver Risikozuschläge dennoch weit verbreitet. Einer Überprüfung der Plausibilität der verwendeten Risikozuschläge kommt daher hohe Bedeutung zu. Die beschriebene Ermittlung des maximal begründbaren Risikozuschlags mit Hilfe des festgelegten Minimalertrages kann allerdings auch nur vor besonders krassen Bewertungsfehlern schützen. Sie verhilft jedoch nicht zu einer rational begründbaren Quantifizierung des Riskozuschlages selbst.

Die für das Ertragswertmodell typische Verwendung subjektiver Risikozuschläge vermag daher insgesamt keine befriedigenden Lösungen zu bieten. Im Rahmen der DCF-Verfahren wird von diesem Konzept abgegangen. Dort kommen Risikozuschläge zur Anwendung, die auf Basis kapitalmarkttheoretischer Modelle aus Kapitalmarktdaten abgeleitet werden.

5. Amortisationsdauer

Außerhalb des eigentlichen Ertragswertmodells wird in der Praxis als zusätzliches Kriterium für die Entscheidungswertermittlung eines potentiellen Käufers häufig die Amortisationsdauer des Projektes „Unternehmenserwerb" ermittelt. Unter der statischen Amortisationsdauer („Rückflußzeit", „Pay-Off-Period") wird jener Zeitraum verstanden, in dem die kumulierten Rückflüsse aus dem Projekt die Anschaffungsauszahlung decken. Im Gegensatz zur dynamischen Amortisationsdauer werden dabei keine (kalkulatorischen) Zinsen berücksichtigt (vgl. z.B. *Swoboda*, 1996, 31 ff).

Abgesehen von der oft fehlenden Berücksichtigung von Zinsen bildet die Amortisationsdauer auch deshalb ein unvollständiges Beurteilungskriterium, da erwartete Zahlungen nach der Amortisationsdauer unberücksichtigt bleiben. Ein isoliertes Abstellen auf dieses Kriterium ist daher unzureichend und kann zu Fehlentscheidungen führen. Als zusätzliches, neben dem Kapitalwertkonzept eingesetztes Beurteilungskriterium kann der Amortisationsdauer aber vor allem dann Bedeutung zukommen, wenn die Unsicherheit der Unternehmenserträge im Zeitablauf zunimmt. Die Amortisationsdauer kann dann auch als Indiz für die Wahrscheinlichkeit angesehen werden, mit der die Rückflüsse aus dem Projekt zumindest die Anschaffungsauszahlung decken (vgl. *Swoboda*, 1996, 52 f).

6. Ergebnis

Die Berücksichtigung der Unsicherheit der künftigen Ertragströme in der Entscheidungswertermittlung zählt zu den schwierigsten und kaum zufriedenstellend beantwortbaren Fragen. Der in der Praxis bei Einsatz des Ertragswertverfahrens weit verbreiteten Heranziehung subjektiver Risikozuschläge haftet der Mangel an, daß die Höhe der Zuschläge ohne Kenntnis der Sicherheitsäquivalente rational nicht begründbar ist und Plausibilitätsprüfungen nur innerhalb eines i.a. sehr breiten Spielraums möglich sind. Das Abstellen auf Sicherheitsäquivalente ermöglicht zwar ein aus theoretischer Sicht begründbares Vorgehen, eine Hilfestellung für das praktische Vorgehen ist jedoch damit nicht verbunden. Einen Ausweg könnte die Risikoprofilmethode bieten, wenn eine Beschränkung auf einzelne, überschaubare Szenarien erfolgt, wodurch die Entscheidungssituation transparent gemacht werden kann.

Die bei den DCF-Verfahren gebräuchliche Ableitung von Risikozuschlägen aus Kapitalmarktdaten könnte im Rahmen der Entscheidungswertermittlung ebenfalls eingesetzt werden. Zu beachten ist u.a., daß der auf Grundlage der Kapitalmarkttheorie bestimmte Risikozuschlag nur dem systematischen Risiko Rechnung trägt. Ist das Bewertungssubjekt nicht vollständig diversifiziert, müßte im Rahmen der Entscheidungswertermittlung aber auch das unsystematische Risiko berücksichtigt werden (zum Verhältnis Marktwert – Entscheidungswert s. bereits oben 1.Kap.III.B.3.).

H. Herstellung der Äquivalenz

Literatur:

Ballwieser, W.: Unternehmensbewertung bei unsicherer Geldentwertung, ZfbF 1988, S. 798-812; *Leuthier*, R.: Das Interdepedenzproblem bei der Unternehmensbewertung, Frankfurt a.M. u.a. 1988; *Bellinger*, B./*Vahl*, G.: Unternehmensbewertung in Theorie und Praxis, 2. Aufl, Wiesbaden 1992; *Schneider*, D.: Investition, Finanzierung und Besteuerung, 7. Aufl, Wiesbaden 1992; *Tichy*, G.: Unternehmensbewertung in Theorie und Praxis, Wien 1994; *Born*, K.: Unternehmensanalyse und Unternehmensbewertung, Stuttgart 1995; *Helbling*, C.: Unternehmensbewertung und Steuern, 8. Aufl, Düsseldorf 1995; *Mittermair*, K.: Zuschläge und Abschläge bei der Bewertung von Anteilen mit und ohne Börsenkurs, RWZ 1995, S. 148-152; *Barthel*, C.W.: Unternehmenswert: Die vergleichsorientierten Bewertungsverfahren, DB 1996a, S. 149-163; *Barthel*, C.W.: Unternehmenswert: Die zuschlagsorientierten Bewertungsverfahren, DB 1996b, S. 1349-1358; *Drukarczyk*, J.: Unternehmensbewertung, München 1996.

1. Allgemeines

Alternativertrag und Unternehmensertrag können nur verglichen werden, wenn die Äquivalenzprinzipien erfüllt sind (s. dazu oben II.A.2.4.). Im Rahmen der folgenden Ausführungen wird unterstellt, daß Arbeitseinsatzäquivalenz zwischen den verglichenen Ertragsströmen bereits besteht, weil die Unternehmenserträge gegebenenfalls um fiktive Vergütungen für den mit der Variante Unternehmenserwerb bzw. -beibehalt verbundenen höheren Arbeitseinsatz vermindert wurden. Weiters wird angenommen, daß dem Kriterium der Laufzeitäquivalenz im Rahmen der Bestimmung des Basiszinsfußes Rechnung getragen wurde. Unterstellt wird weiters eine flache Zinskurve, sodaß von einem im Zeitablauf konstanten Basiszinsfuß (b) in Höhe der SMR für Bundesanleihen zum Bewertungsstichtag ausgegangen werden kann. Beim Basiszinsfuß handelt es sich somit um eine quasirisikofreie, nominelle und unversteuerte Größe.

Vor diesem Hintergrund können sich die folgenden Überlegungen auf die Herstellung der Verfügbarkeitsäquivalenz, der Kaufkraftäquivalenz und der Unsicherheitsäquivalenz beschränken. Ausgehend von unterschiedlichen Annahmen über die Beschaffenheit der prognostizierten Unternehmenserträge werden im folgenden die jeweils erforderlichen Adaptierungen des Basiszinsfußes zur Äquivalenzherstellung diskutiert. Die bereits ausgesprochene Empfehlung zur Anwendung der Nominalrechnung wird bekräftigt. Auf Fragen in Zusammenhang mit der Realrechnung wird daher nur kurz eingegangen.

Das Erfordernis der Berücksichtigung auch persönlicher Steuerwirkungen wurde bereits erörtert. Für eine Entscheidungswertermittlung sind daher die Unternehmenserträge unter Berücksichtigung sämtlicher Ertragsteuerwirkungen heranzuziehen. Dem wird durch ein Abstellen auf die NCF beim Eigner, die als Größe nach allen relevanten Ertragsteuerwirkungen definiert sind, Rechnung getragen. Der Vollständigkeit halber wird daneben auch auf Äquivalenzfragen bei der Heranziehung der Einzahlungsüberschüsse des Unternehmens (als Größe vor Berücksichtigung persönlicher Steuerwirkungen) eingegangen. Im Rahmen der folgenden Ausführungen wird unterstellt, daß es sich beim Bewertungssubjekt um eine im Inland unbeschränkt steuerpflichtige natürliche Person handelt.

2. Besteuerung und Unsicherheit bei der Nominalrechnung

2.1. Detailprognosezeitraum

Bei einer Nominalrechnung sind zunächst die nominellen Unternehmenserträge für den Detailprognosezeitraum zu schätzen. Wird dabei auf die NCF beim Eigner abgestellt, sind die zur Äquivalenzherstellung erforderlichen Adaptierungen des (nominellen) Basiszinsfußes b davon abhängig, ob zur Berücksichtigung der Unsicherheit die Sicherheitsäquivalenzmethode oder die Risikozuschlagsmethode angewendet wird. Es ergeben sich grundsätzlich die in Tab. 7 dargestellten Zusammenhänge, wenn es sich beim Bewertungssubjekt um eine natürliche Person handelt.

Methode zur Berücksichtigung der Unsicherheit	*nominelle Unternehmenserträge*	*äquivalenter Diskontierungssatz*
Sicherheitsäquivalenzmethode	SÄ(NCF)	$b \cdot (1 - s^{KESt})$
Risikozuschlagsmethode	μ(NCF)	$b \cdot (1 - s^{KESt}) + z^S$

Tab. 7: Äquivalenzherstellung bei nominellen NCF als Ausgangsgröße

Werden nominelle, sicherheitsäquivalente NCF diskontiert, ist der nominelle Basiszinsfuß zur Herstellung der Verfügbarkeitsäquivalenz um die Belastung der Alternativverträge mit der persönlichen Einkommensteuer zu kürzen. Da es sich hier in der Regel um endbesteuerte Einkünfte handelt, wurde vereinfachend eine Kürzung um die KESt vorgesehen. Im Einzelfall ist zu prüfen, ob nicht die tatsächliche Einkommensteuerbelastung gemäß § 97 Abs 4 EStG niedriger ist, etwa weil das Bewertungssubjekt über ein entsprechend niedriges steuerpflichtiges Einkommen oder über verwertbare steuerliche Verlustvorträge verfügt. Weiters kann auch die Anwendung des Faktors $(1 - s^{KESt})$ unscharf sein, wenn die Nominalrendite nicht der jährlichen Steuerbemessungsgrundlage entspricht.

Wird die Risikozuschlagsmethode angewendet und werden somit die Erwartungswerte der NCF diskontiert, muß der Basiszinsfuß um einen subjektiven Risikozuschlag „nach Steuern" (z^S) erhöht werden. Bei der Festlegung dieses Risikozuschlages ist zu beachten, daß die Besteuerung auch Einfluß auf die Risikobeurteilung entfaltet. Der in der Bewertungspraxis gebräuchlichen linearen Kürzung eines Risikozuschlages „vor Steuern" um den Faktor (1 - Steuersatz) stehen zudem theoretische Bedenken entgegen (s. dazu näher *Leuthier*, 1988, 168 ff). Im übrigen ist hier auf die bereits geschilderten praktischen Probleme bei der Festlegung des subjektiven Risikozuschlages hinzuweisen.

Wird bei einer Nominalrechnung auf die Einzahlungsüberschüsse des Unternehmens (EZÜ) abgestellt und unterbleibt eine Berücksichtigung persönlicher Steuern gänzlich, kann das Bewertungsergebnis strenggenommen nur als Näherung interpretiert werden. Handelt es sich beim Bewertungssubjekt wieder um eine natürliche Person, gelten grundsätzlich die in Tab. 8 dargestellten Zusammenhänge.

Methode zur Berücksichtigung der Unsicherheit	*nominelle Unternehmenserträge*	*äquivalenter Diskontierungssatz*
Sicherheitsäquivalenzmethode	SÄ(EZÜ)	b
Risikozuschlagsmethode	μ(EZÜ)	$b + z$

Tab. 8: Äquivalenzherstellung bei nominellen Einzahlungsüberschüssen als Ausgangsgröße

Mangels Berücksichtigung persönlicher Steuerwirkungen sind die sicherheitsäquivalenten EZÜ mit dem Basiszinsfuß und die Erwartungswerte der EZÜ mit dem um den subjektiven Risikozuschlag („vor Steuern") erhöhten Basiszinsfuß zu diskontieren. Der Verzicht auf die Einbeziehung der ESt als persönliche Ertragsteuer wird bei zu bewertenden Personenunternehmen in der Regel zu erheblichen Verzerrungen des Bewertungsergebnisses führen, da dort die Unternehmenserträge i.a. einer wesentlich höheren ESt-Belastung als die Alternativrendite ausgesetzt sein werden. Bei der Bewertung von (Anteilen an) Kapitalgesellschaften kann es durch die Außerachtlassung der ESt u.a. deshalb zu Verzerrungen kommen, weil zwar Gewinnausschüttungen der Endbesteuerung mit KESt unterliegen, nicht hingegen bestimmte Kapitalrückzahlungen.

2.2. Continuing Value

Für die Zeit nach dem Planungshorizont müssen i. a. vereinfachende Annahmen über die Entwicklung der dann anfallenden Unternehmenserträge getroffen werden. In der Regel wird dabei unterstellt, daß die Unternehmenserträge nach dem Planungshorizont mit einer bestimmten Wachstumsrate (w) wachsen. In Abschnitt F. wurden für diesen Fall die Formeln zur Bestimmung des Continuing Value unter der Annahme sicherer Erwartungen und für eine Welt ohne Steuern dargestellt. Diese einschränkenden Annahmen werden nun aufgegeben. Wird auf die NCF beim Eigner abgestellt und die Sicherheitsäquivalenzmethode angewandt, kann der Continuing Value (CV_T) nach folgendem Ausdruck bestimmt werden:

$$(2.63) \qquad CV_T = \frac{SÄ(NCF_{T+1})}{b \cdot (1 - s^{KESt}) - w^{SÄ}}$$

Dabei bezeichnet $w^{SÄ}$ die unterstellte Wachstumsrate der nominellen sicherheitsäquivalenten NCF nach dem Planungshorizont (zu den dabei unterstellten Risikonutzenfunktionen s. *Ballwieser*, 1988, 806).

Bei Anwendung der Risikozuschlagsmethode und Heranziehung eines im Zeitablauf konstanten Risikozuschlages gilt, wenn w^{μ} die unterstellte Wachstumsrate der nominellen Erwartungswerte der NCF nach dem Planungshorizont bezeichnet:

$$(2.64) \qquad CV_T = \frac{\mu(NCF_{T+1})}{b \cdot (1 - s^{KESt}) + z^S - w^{\mu}}$$

In Ausdruck (2.64) bestimmt sich der Diskontierungssatz folgendermaßen: Der nominelle Basiszinsfuß nach Steuern wird um einen Risikozuschlag nach Steuern erhöht und um die Wachstumsrate der nominellen Erwartungswerte vermindert. Diese Vorgangsweise ist in der Praxis üblich, jedoch nicht unproblematisch (s. dazu *Ballwieser*, 1988, 806; zu den Implikationen eines im Zeitablauf konstanten Risikozuschlages s. oben G.4.3.).

3. Besteuerung und Unsicherheit bei der Realrechnung

Bei Anwendung der Realrechnung müssen zunächst die realen Unternehmenserträge prognostiziert und der nominelle Basiszinsfuß in einen realen Zinsfuß umgerechnet werden. In Abschnitt F. wurde dargestellt, daß diese Rückrechnung auf den realen Zinsfuß bei einer im Zeitablauf konstanten Inflationsrate g in einer Welt ohne Steuern wie folgt vorgenommen werden kann:

(2.65) $$b_{real} = \frac{b-g}{1+g}$$ (exakte Methode)

(2.66) $$b_{real} \approx b-g$$ (Näherung)

Diese Formeln können dann angewendet werden, wenn im Rahmen einer vereinfachten Vorgangsweise auf eine Berücksichtigung persönlicher Steuerwirkungen verzichtet wird. Unter dieser Annahme wäre daher z.B. die Diskontierung von realen, sicherheitsäquivalenten Einzahlungsüberschüssen mit dem realen Basiszinsfuß b_{real} konsistent. Sollen jedoch – den Grundsätzen einer Entscheidungswertermittlung entsprechend – auch persönliche Steuerwirkungen (hier: in Form der KESt) berücksichtigt werden, muß der korrespondierende Realzins nach Steuern (b^S_{real}) unter Berücksichtigung des „modifizierten Fisher-Effekts" wie folgt errechnet werden (vgl. *Schneider*, 1992, 393 f):

(2.67) $$b^S_{real} = \frac{b - \frac{g}{1-s^{KESt}}}{1+g} \cdot (1-s^{KESt})$$

Der so ermittelte Realzins nach Steuern (b^S_{real}) stellt den äquivalenten Kalkulationszinsfuß zur Diskontierung realer, sicherheitsäquivalenter NCF dar. Im Vergleich zur Nominalrechnung führt aber die gleichzeitige Berücksichtigung von Unsicherheit, Besteuerung und Geldentwertung im Rahmen der Realrechnung zu komplexen Problemen (vgl. *Ballwieser*, 1988, 803 ff; *Drukarczyk*, 1996, 283 ff). Sie wird daher hier nicht weiter verfolgt.

4. Zu sonstigen Korrekturen des Diskontierungssatzes

Unter Beachtung der mit den einzelnen Verfahren verbundenen Einschränkungen kann mit den oben beschriebenen Maßnahmen die Äquivalenz zwischen Unternehmens- und

Alternativerträgen vollständig hergestellt werden. Weitere Adaptierungen des Diskontierungssatzes oder der Unternehmenserträge sind nicht erforderlich. In der Bewertungspraxis finden sich jedoch zum Teil weitere „Korrekturen" insbesondere in Form von zusätzlichen Zuschlägen und Abschlägen zum bzw. vom Diskontierungssatz. Da diese Korrekturen keine Äquivalenzprobleme betreffen, ist ihre Vornahme nicht gerechtfertigt und daher abzulehnen. Im folgenden wird exemplarisch auf zwei hier einzureihende Vorschläge eingegangen.

So plädiert etwa *Helbling* (1995, 407, 421) für die Berücksichtigung eines Zuschlages von 0,5 % bis 1 % zum Basiszinsfuß *„für die nur partielle Ausschüttung der Gewinne"* und führt dieses Erfordernis insbesondere auf bilanzrechtliche Vorschriften zurück, die zu Gewinneinbehaltungen zwingen und die vollständige Ausschüttung der „ökonomisch erzielten Gewinne" verhindern. Übersehen wird dabei allerdings, daß Einbehaltungen von Teilen der in einer Periode erwirtschafteten Einzahlungsüberschüsse keineswegs zwingend zu einem Nachteil führen müssen, da die einbehaltenen Mittel im Unternehmen in der Folge zu zusätzlichen Cash-flows führen. Kann angenommen werden, daß die Verzinsung (nach Steuern) der einbehaltenen Mittel dem Diskontierungssatz (nach Steuern) entspricht, hat die tatsächliche Verwendung der Einzahlungsüberschüsse keinen Einfluß auf das Bewertungsergebnis. Der von *Helbling* geforderte Zuschlag geht daher implizit von einer auf Unternehmensebene geringeren Verzinsung aus. Die Kompensation des Nachteils einer angenommenen geringeren Verzinsung einbehaltener Mittel durch einen pauschalen Zuschlag zum Diskontierungssatz erscheint allerdings nicht zielführend. Zweckmäßiger erscheint vielmehr die exakte Erfassung dieses Effektes durch ein Abgehen von der Vollausschüttungsfiktion und ein Abstellen auf Netto-Ausschüttungen bzw. NCF beim Eigner.

Ebenfalls abzulehnen sind in der Praxis mitunter verwendete pauschale Abschläge vom Basiszinsfuß für eine sog. „Steuerentlastung". Damit soll i.a. dem Umstand Rechnung getragen werden, daß bei Alternativerträgen im Bereich der Einkünfte aus Kapitalvermögen nur geringere Einflußmöglichkeiten auf die Steuerbemessungsgrundlage bestehen als bei den Unternehmenserträgen, die steuerlich in der Regel zu den betrieblichen Einkunftsarten zählen. Derartige Pauschalabschläge sind jedoch willkürlich. Ihr Ansatz deutet letztlich nur darauf hin, daß der Bewerter sich nicht im Detail mit den konkreten Steuerwirkungen im betrieblichen Bereich auseinandergesetzt hat. Denn hätte er die konkreten Steuerwirkungen bereits berücksichtigt, wäre eine pauschale „Steuerentlastung" ohnedies hinfällig.

Die Verwendung der beschriebenen Zu- und Abschläge zum bzw. vom Diskontierungssatz ist daher abzulehnen. Sie dienen häufig dazu, Mängel bei der Prognose der Unternehmenserträge auf pauschalem Weg auszugleichen, ohne daß eine Erfassung der konkreten Auswirkungen erfolgt. Der Hinweis, daß in der Praxis solche Zuschläge „üblich" sind, stellt keine ausreichende Begründung für ihre Verwendung dar. Die Problematik wird zusätzlich verschärft, wenn Mängel bei der Prognose der Unternehmenserträge durch simultane Berücksichtigung mehrerer Zu- und Abschläge kompensiert werden sollen, da hier auch die wechselseitigen Einflüsse berücksichtigt werden müßten (vgl. *Tichy*, 1994, 261). Zu bedenken ist auch, daß bereits kleine Veränderungen des Diskontierungssatzes in der Regel erhebliche Auswirkungen auf das Bewertungsergebnis haben können. Mit Hilfe pauschaler Zu- und Abschläge beim Diskontierungssatz könnte daher das Bewertungsergebnis i.a. beliebig verändert werden. Für den potentiellen Käufer oder Verkäufer ist dann aber nicht mehr transparent, wodurch der Entscheidungswert bestimmt wird.

I. Entscheidungswert für Unternehmensanteile

Literatur:

Bellinger, B./*Vahl*, G.: Unternehmensbewertung in Theorie und Praxis, 2. Aufl, Wiesbaden 1992; *Born*, K.: Unternehmensanalyse und Unternehmensbewertung, Stuttgart 1995; *Helbling*, C.: Unternehmensbewertung und Steuern, 8. Aufl, Düsseldorf 1995; *Mittermair*, K.: Zuschläge und Abschläge bei der Bewertung von Anteilen mit und ohne Börsenkurs, RWZ 1995, S. 148-152; *Barthel*, C.W.: Unternehmenswert: Die vergleichsorientierten Bewertungsverfahren, DB 1996a, S. 149-163; *Barthel*, C.W.: Unternehmenswert: Die zuschlagsorientierten Bewertungsverfahren, DB 1996b, S. 1349-1358; *Pratt*, S./*Reilly*, R./ *Schweihs*, R.: Valuing a Business, 3rd ed., Chicago u.a. 1996.

1. Allgemeines

Bislang wurde davon ausgegangen, daß der Entscheidungswert für das ganze Unternehmen zu ermitteln ist. In vielen Fällen ist aber nur ein Anteil am Unternehmen Gegenstand der Bewertung. Für die Ermittlung des Entscheidungswerts für Unternehmensanteile kann nun aber aus theoretischer Sicht nichts anderes gelten als für die Entscheidungswertermittlung bei Erwerb oder Veräußerung ganzer Unternehmungen. Entscheidungsrelevant sind daher die durch Erwerb bzw. Beibehalt des betreffenden Unternehmensanteils zu erwartenden NCF beim (potentiellen) Eigner einerseits und die subjektive, äquivalente Alternativrendite des Bewertungssubjekts andererseits.

Eine derartige Vorgangsweise wird in der Literatur als „direkte" Methode zur Bestimmung des Anteilswerts bezeichnet. Alternativ wird die sog. „indirekte" Methode vorgeschlagen, bei der in einem ersten Schritt der Wert des ganzen Unternehmens bestimmt wird und in einem zweiten Schritt daraus der Anteilswert abgeleitet wird. Im folgenden wird dargelegt, daß die direkte Methode die zweckmäßige Vorgangsweise zur Ermittlung zutreffender Entscheidungswerte für Unternehmensanteile darstellt.

2. Direkte Methode

Bei der direkten Methode sind die vom potentiellen Käufer bzw. Verkäufer aus dem Unternehmensanteil erwarteten NCF mit der Alternativrendite des Bewertungssubjekts zu diskontieren. Besonderheiten gegenüber der Bewertung ganzer Unternehmungen können sich dabei vor allem im Rahmen der Prognose der künftigen NCF ergeben, da hier auf die spezifische Stellung des (potentiellen) Gesellschafters Rücksicht zu nehmen ist. Von maßgeblicher Bedeutung ist hier die rechtliche Ausstattung der zu bewertenden Unternehmensanteile, zumal die Höhe der zu erwartenden NCF in der Regel davon abhängen wird, welcher Einfluß dem Bewertungssubjekt auf die künftige Unternehmenspolitik und damit u.a. auch auf das Ausschüttungsverhalten zukommen wird.

Bei der Beurteilung der rechtlichen Ausstattung eines Unternehmensanteils sind vor dem Hintergrund der Entscheidungswertermittlung nicht nur die damit verbrieften Stimmrechte von Bedeutung, sondern z.B. auch die Geschäftsführungs-, Entnahme- und Informationsrechte. Bewertungsrelevant können auch eventuelle Beschränkungen bei einer Wiederveräußerung des Anteils, z.B. durch Vorkaufs- oder Aufgriffsrechte der übrigen Gesellschafter, in Form der daraus resultierenden spezifischen Risiken sein.

Naheliegend ist daher, daß Mehrheitsanteilen aufgrund der damit verbundenen Einflußmöglichkeiten auf die Unternehmenspolitik in der Regel ein im Vergleich höherer Entscheidungswert beizumessen sein wird als Minderheitsanteilen. Beabsichtigt aber z.B. ein Gesellschafter, durch den Erwerb eines (zusätzlichen) Anteils eine Sperrminorität oder die Mehrheit in der Gesellschaft zu erreichen, kann dem zu erwerbenden Minderheitsanteil ein unverhältnismäßig hoher Entscheidungswert zukommen, weil sein Erwerb für das Bewertungssubjekt u.U. die Möglichkeit zur sprunghaften Steigerung der künftigen Vorteilsströme bedeutet.

3. Indirekte Methode

Nach der indirekten Methode muß zunächst ein Gesamtwert des Unternehmens ermittelt werden. Der vorläufige Wert des Unternehmensanteils ergibt sich dann durch Multiplikation der Beteiligungsquote mit dem Gesamtwert. Aus dem vorläufigen Anteilswert wird durch Berücksichtigung von Zu- und Abschlägen der Wert des Unternehmensanteils berechnet. Zur Ermittlung des Entscheidungswertes für einen Unternehmensanteil erscheint diese Vorgangsweise jedoch aus den folgenden Gründen unzweckmäßig bzw. ungeeignet.

Zunächst ist fraglich, nach welchen Kriterien der die Ausgangsgröße darstellende „Gesamtwert" des Unternehmens ermittelt werden soll. Ein potentieller Käufer des Unternehmensanteiles könnte hier zunächst versuchen, den Entscheidungswert für das gesamte Unternehmen zu ermitteln und daraus entsprechend der geplanten Beteiligungsquote den „anteiligen" Entscheidungswert für die zu erwerbende Beteiligung. Es ist aber offensichtlich, daß dieser „anteilige" Entscheidungswert i.a. nicht zu einer zutreffenden Entscheidungsgrundlage für den Unternehmensanteil führt. In einem weiteren Schritt müßte daher bestimmt werden, in welchem Ausmaß die zu erwartenden NCF aus der Beteiligung von jenen bei Erwerb des gesamten Unternehmens abweichen werden. Ob man diese Differenz dann mühsam in Zu- und Abschläge auf den ermittelten „anteiligen" Entscheidungswert umrechnet oder zur Bewertung des Anteils gleich die (bei der direkten Methode maßgeblichen) NCF aus der spezifischen Beteiligung heranzieht, muß letztlich zum selben Ergebnis führen.

Die in Literatur und Bewertungspraxis vertretenen Zu- und Abschläge für Anteilsbewertungen gehen jedoch offensichtlich nicht davon aus, daß in einem ersten Bewertungsschritt ein Entscheidungswert für den Erwerb des ganzen Unternehmens ermittelt wird. Vielmehr bilden hier überwiegend Börsenkurswerte oder (andere) realisierte Marktpreise den Ausgangspunkt der Überlegungen. Welche Zu- oder Abschläge zur Anwendung kommen, hängt davon ab, ob die Ausgangsgröße aus Börsenkurswerten oder aus realisierten Marktpreisen für ganze Unternehmen bzw. Mehrheitsbeteiligungen abgeleitet wurde.

Wurde die Ausgangsgröße auf Grundlage von Börsenkurswerten bestimmt, werden in der Bewertungspraxis bei der Bewertung von Mehrheitsanteilen Zuschläge (u.a. Paketzuschläge, Kontrollprämien) berücksichtigt. Als Richtwert für diese Zuschläge werden rd. 30% genannt (vgl. *Barthel*, DB 1996b, 1352). Im Einzelfall können diese Zuschläge aber auch erheblich höher sein (50% und mehr). Empirische Erhebungen in den USA haben gezeigt, daß die beim Erwerb von Mehrheitsbeteiligungen an börsennotierten Unternehmen angebotenen Kaufpreise im Durchschnitt ca. 40 % über dem Börsenkurs lagen (vgl. *Pratt/Reilly/Schweihs*, 1996, 317). Als Begründung für diesen „Zuschlag" zum Markt- bzw. Börsenpreis wird u.a. die Möglichkeit des Erwerbers genannt, Synergieeffekte zu realisieren.

Wurde die Ausgangsgröße aus realisierten Marktpreisen für ganze Unternehmen oder Mehrheitsbeteiligungen abgeleitet, werden in der Bewertungspraxis für Minderheitsbeteiligungen i.a. Abschläge („minority interest discount") vorgenommen, die nach *Barthel* (1996b, 1352) in einer Größenordnung zwischen 10% und 50% liegen (differenzierend *Pratt/Reilly/Schweihs*, 1996, 312 ff). *Born* (1995, 180) weist darauf hin, daß „gewisse Wechselbeziehungen" zwischen den Abschlägen für die geringere Mobilität nicht börsennotierter Anteile und den Zu- und Abschlägen für Mehrheits- bzw. Minderheitsbeteiligungen „nicht zu leugnen" sind (s. dazu auch *Pratt/Reilly/Schweihs*, 1996, 301).

Da sich die genannten Zu- bzw. Abschläge auf anteilige Börsenkurswerte oder andere realisierte Marktpreise ganzer Unternehmen beziehen, ist ihr Ansatz auch auf die Abschätzung des entsprechenden Marktpreises für den Unternehmensanteil gerichtet. Ein zutreffender individueller Entscheidungswert für einen potentiellen Käufer oder Verkäufer eines Unternehmensanteils kann dadurch nicht bzw. allenfalls nur zufällig ermittelt werden.

Abgesehen davon erscheint die Vornahme von pauschalen Zu- oder Abschlägen, noch dazu in mitunter beträchtlichem Ausmaß, äußerst problematisch. Bedenkt man, daß im Grunde jeder Zuschlag (Abschlag) von einer Ausgangsgröße nur durch entsprechend höhere (niedrigere) NCF als jene, die bereits in der Ausgangsgröße berücksichtigt wurden, gerechtfertigt werden kann, führt die Vornahme pauschaler Zu- oder Abschläge zu einem nicht weiter nachvollziehbaren Vorgehen, das den Blick auf die dahinter stehenden Annahmen verstellt und daher abzulehnen ist. Hinzu kommt, daß in Österreich kaum detaillierte Informationen über stattgefundene Unternehmens- und Beteiligungskäufe zur Verfügung stehen, aus denen die Höhe der dort berücksichtigten Zu- oder Abschläge hervorginge.

J. Zur Kritik am Ertragswertverfahren

Literatur:

Moxter, A.: Grundsätze ordnungsmäßiger Unternehmensbewertung, 2. Aufl, Wiesbaden 1983; *Suckut*, S.: Unternehmensbewertung für internationale Akquisitionen, Wiesbaden 1992; *Barthel*, C.W.: Unternehmenswert: Die nutzenorientierten Bewertungsverfahren, DStR 1995a, S. 343-351; *Jonas*, M.: Unternehmensbewertung: Zur Anwendung der Discounted-Cash-flow-Methode in Deutschland, BFuP 1995, S. 83-98; *Barthel*, C.W.: Unternehmenswert: Die vergleichsorientierten Bewertungsverfahren, DB 1996a, S.149-163; *Bender*, J./*Lorson*, P.: Verfahren der Unternehmensbewertung (III): Kritische Würdigung des Ertragswertverfahrens nach HFA-Stellungnahme 2/1983, BuW 1996b, S. 650-654; *Drukarczyk*, J.: Unternehmensbewertung, München 1996; *Fischer-Winkelmann*, W.F./*Beck*, P.: Zur Bedeutung der Ertragswertmethode für Unternehmenskäufe in der Praxis, in: Seicht (Hrsg): Jahrbuch für Controlling und Rechnungswesen '96, Wien 1996, S. 89-122.

In jüngster Zeit kommt es zu vermehrter Kritik am Ertragswertverfahren. Sie geht u.a. auf empirische Untersuchungen über die Praxisrelevanz von Bewertungsverfahren, die Verbreitung der DCF-Verfahren auch im deutschen Sprachraum sowie die praktischen Probleme bei der Umsetzung des Ertragswertverfahrens zurück.

Wie bereits dargelegt, richtet sich ein Teil der Kritik allein gegen die Messung der Unternehmenserträge durch bilanzielle Ergebnisgrößen, somit nur gegen das Ertragswertverfahren auf Grundlage von Periodenerfolgen. Wenngleich die Stellungnahmen der Bewertungspraxis (HFA 2/1983, KFS/BW1) eine derartige Vorgangsweise noch als zulässige Vereinfachung ansehen, muß bedacht werden, daß das Abstellen auf Periodenerfolge in der betriebswirtschaftlichen Literatur bereits seit langem kritisiert und abgelehnt wird (vgl. z.B. *Moxter*, 1983, 79). Die Kritik ist daher insoweit berechtigt. Sie richtet sich allerdings nicht gegen ein an künftigen Cash-flows orientiertes Ertragswertverfahren.

Unter Verweis auf die Stellungnahmen der Bewertungspraxis wird seitens der Kritiker auch behauptet, daß das Ertragswertverfahren vergangenheitsorientiert sei. Die notwendige Analyse der Vergangenheitsdaten, die selbstverständlich auch bei den DCF-Verfahren vorgenommen werden muß, bedeutet aber keinesfalls, daß die künftigen Cash-flows aus einer bloßen Fortschreibung der in der Vergangenheit erwirtschafteten Cash-flows abzuleiten sind. Die Kritik kann hier daher nur Fehlanwendungen des Ertragswertverfahrens betreffen.

Ein weiterer Kritikpunkt bezieht sich auf den Umstand, daß tatsächlich bezahlte Kaufpreise von den mit einem Ertragswertverfahren ermittelten Werten abweichen. Abgesehen davon, daß die im Rahmen von Verhandlungen vorgelegten Bewertungsgutachten häufig Argumentationswerte (und nicht Entscheidungswerte) enthalten, kann in einem Abweichen von Entscheidungswert und Kaufpreis grundsätzlich kein Mangel des Ertragswertkonzepts erblickt werden. Daraus kann jedenfalls nicht geschlossen werden, daß das Ertragswertverfahren versagt hätte. Es ist nicht die Zwecksetzung des Ertragswertverfahrens, tatsächlich realisierte Preise zu prognostizieren. Möchte man wissen, welche Preise für ein vergleichbares Unternehmen in der Vergangenheit gezahlt worden sind, sind Vergleichsverfahren einzusetzen. Ein potentieller Käufer wird stets bestrebt sein, einen möglichst weit unter seinem Entscheidungswert liegenden Kaufpreis durchzusetzen. Die Kritik geht auch ins Leere, soweit behauptet wird, daß die nach dem Ertragswertverfahren errechneten Unternehmenswerte bei strategisch motivierten Akquisitionen zu niedrig seien, und daß die höheren, tatsächlich bezahlten Kaufpreise mit dem Ertragswertkonzept nicht erklärt werden könnten. Bereits oben (s. 1.Kap.IV.E.) wurde dargelegt, daß auch im Rahmen strategisch motivierter Akquisitionen letztlich auf die traditionellen Bewertungskalküle in Form der Diskontierung künftiger Zahlungsströme zurückzugreifen ist. Richtig ist, daß bei strategisch motivierten Akquisitionen an die Prognose der bewertungsrelevanten Cash-flows besondere Anforderungen zu stellen sind, die insbesondere die Auswirkungen von Restrukturierungsmaßnahmen, die Erschließung von Synergiepotentialen sowie eine Erhöhung des künftigen Handlungsspielraumes betreffen.

Soweit sich die Kritik am Ertragswertverfahren gegen die mit der Prognose der künftigen Unternehmenserträge unweigerlich verbundene Unsicherheit richtet, wird übersehen, daß die Unsicherheit aus dem im Rahmen der Entscheidungswertermittlung unabdingbaren Grundsatz der Zukunftsbezogenheit resultiert und kein Spezifikum des Ertragswertverfahrens darstellt. Aus der mit der Prognose verbundenen Unsicherheit kann nur das Erfordernis einer sorgfältigen Planung der bewertungsrelevanten Cash-flows abgeleitet werden.

Weitere Kritikpunkte betreffen die Bestimmung des Kalkulationszinsfußes. Kritisiert wird zunächst die Ableitung des Basiszinsfußes aus einer quasi-sicheren Veranlagung am Kapitalmarkt. Diese Kritik übersieht aber, daß dies nur als Vorschlag für eine vereinfachende Pauschalannahme über die relevanten Alternativdispositionen des potentiellen Käufers oder Verkäufers zu werten ist. Sollte daher im Einzelfall eine andere Vorgangsweise zur Bestimmung der relevanten, individuellen Alternativrendite für zweckmäßiger erachtet werden, ist damit grundsätzlich kein Abgehen vom Ertragswertkonzept verbunden.

Die Kritik am Ertragswertverfahren ist berechtigt, soweit sie sich auf die Verwendung subjektiver Risikozuschläge bezieht, deren Höhe sich einer logischen und nachvollziehbaren Begründung entzieht. Dieser Mangel wird in der betriebswirtschaftlichen Literatur seit langem beanstandet. Alternativ kann die Berücksichtigung der Unsicherheit im Rahmen des Ertragswertverfahrens durch Diskontierung sicherheitsäquivalenter Unternehmenserträge erfolgen. Das Abstellen auf Sicherheitsäquivalente ermöglicht zwar ein aus theoretischer Sicht begründbares Vorgehen, bietet jedoch keine zufriedenstellende Lösung für die praktische Anwendung. Einen Ausweg könnte die Risikoprofilmethode bieten, wenn eine Beschränkung auf einzelne, überschaubare Szenarien erfolgt. Damit könnte die Risikosituation dem potentiellen Käufer oder Verkäufer transparent gemacht werden. Berechtigt ist auch die Kritik, daß bei Anwendung des Ertragswertverfahrens das Kapitalstrukturrisiko üblicherweise nicht explizit berücksichtigt wird.

Bei den bisherigen Ausführungen zum Ertragswertverfahren wurde der Entscheidungswert unter der Annahme eines einzelnen potentiellen Käufers bzw. Verkäufers ermittelt. Bei mehreren Investoren ergeben sich für diese unterschiedliche Entscheidungswerte, wenn z.B. die subjektiven Risikoneigungen bzw. Risikonutzenfunktionen unterschiedlich sind (*Drukarczyk*, 1966, 3). Gleiches gilt, wenn unterschiedliche Renditen der Alternativveranlagungen vorliegen, die steuerliche Situation der Investoren nicht übereinstimmt, usw. Ist daher z.B. das Management einer Gesellschaft für die dahinter stehenden Investoren bzw. Gesellschafter tätig und liegen bei den Gesellschaftern unterschiedliche Risikoneigungen vor, kann ein für alle Gesellschafter gültiger Entscheidungswert nicht ermittelt werden. Einen Ausweg aus dieser Problematik könnte die Heranziehung von Diskontierungssätzen bieten, die aus kapitalmarkttheoretischen Modellen abgeleitet werden.

Auf die Eignung anderer Bewertungsverfahren zur Entscheidungswertermittlung wird in Abschnitt IV. und in Kapitel 3 eingegangen.

K. Beispiel

1. Ausgangssituation

Der potentielle Käufer K (natürliche Person) beabsichtigt, die gesamten Anteile an der Delta GmbH zum 31.12.1996 (Bewertungsstichtag) zu erwerben. Die Delta GmbH wird zu diesem Zeitpunkt voraussichtlich durch die folgende vereinfachte Bilanz gekennzeichnet sein (Betragsangaben in TS):

Bilanz Delta GmbH zum 31.12.1996

Anlagevermögen	52.000	Stammkapital	8.000
Vorräte	15.000	Gewinnrücklagen	7.000
Forderungen aus LuL	19.000	Bilanzgewinn	1.000
Liquide Mittel	3.000	Unversteuerte Rücklagen	4.000
Sonstiges Umlaufvermögen	9.300	langfristige Rückstellungen	9.000
Aktive Rechnungsabgrenzung	1.700	kurzfristige Rückstellungen	3.000
		Bankverbindlichkeiten	47.000
		Lieferverbindlichkeiten	15.000
		Sonstige Verbindlichkeiten	5.700
		Passive Rechnungsabgrenzung	300
	100.000		100.000

Als Grundlage der Entscheidungswertermittlung hat K die im folgenden dargestellten (nominellen) Erfolgs- und Finanzplanungsdaten für einen Detailprognosezeitraum von 8 Jahren erarbeitet. Die Erfolgsplanung wurde auf Basis der erwarteten handelsrechtlichen Erträge und Aufwendungen erstellt. Abweichungen zu den steuerlichen Betriebseinnahmen und -ausgaben bestehen insoweit nicht.

	1997	1998	1999	2000	2001	2002	2003	2004
Gesamtleistung	120.000	135.000	148.000	155.000	160.000	165.000	168.000	170.000
- Materialaufwand	-34.800	-39.150	-42.920	-41.850	-43.200	-44.550	-45.360	-47.600
- Personalaufwand	-38.400	-43.200	-47.360	-49.600	-48.000	-49.500	-50.400	-51.000
- Abschreibungen	-9.455	-12.121	-13.496	-14.996	-17.496	-15.269	-13.125	-12.925
- sonst. Betriebsaufw.	-31.000	-32.500	-33.500	-38.000	-41.000	-41.500	-44.000	-45.000
Betriebserfolg	6.345	8.029	10.724	10.554	10.304	14.181	15.115	13.475

In der Erfolgsplanung sind realisierbare Synergieeffekte auf Ebene der Delta GmbH bereits berücksichtigt, nicht jedoch Synergien in anderen, zum Unternehmensverband des K gehörenden Unternehmungen (externe Synergien). Im Falle des Erwerbs der Delta

GmbH rechnet K mit Synergieeffekten bei seinen anderen Unternehmen (Kapitalgesellschaften) aus Rationalisierungsmöglichkeiten im Einkaufs- und Vertriebsbereich. Die daraus resultierenden nominellen Kostensenkungen werden für die ersten zwei Jahre auf rd. 1.500 TS und für die dritte Periode auf rd. 2.000 TS p.a. geschätzt. Ab der dritten Periode soll vereinfachend ein konstantes nominelles Wachstum der externen Synergien mit einer jährlichen Wachstumsrate von 1 % unterstellt werden. In der Erfolgsplanung noch unberücksichtigt sind weiters allfällige zusätzliche Abschreibungspotentiale aus dem Unternehmenserwerb.

Die Delta GmbH verfügt nur über betriebsnotwendiges Vermögen. Auf Basis des erstellten Investitionsplanes wurden die nominellen Mittelabflüsse für Investitionen ins immaterielle Anlagevermögen, Sach- und Finanzanlagevermögen im Detailprognosezeitraum wie folgt geschätzt:

	1997	*1998*	*1999*	*2000*	*2001*	*2002*	*2003*	*2004*
Investitionen ins AV	16.000	11.000	9.000	15.000	15.000	15.500	14.800	13.000

Die nachfolgend dargestellte Planung der Entwicklung der Bestände im Bereich des Netto-Umlaufvermögens zum jeweiligen Periodenende basiert auf den erwarteten Umschlagshäufigkeiten bzw. Zahlungszielen.

	1997	*1998*	*1999*	*2000*	*2001*	*2002*	*2003*	*2004*
Vorräte	17.400	19.575	21.460	20.925	21.600	22.275	22.680	23.800
Forderungen LuL	20.571	23.143	25.371	26.571	27.429	28.286	28.800	29.143
sonstiges UV	9.400	9.400	9.600	9.500	9.700	9.300	9.700	10.000
ARA	1.700	1.800	600	800	1.000	1.400	1.100	1.500
kfr. Rückstellungen	3.200	3.300	4.000	4.300	4.400	4.700	4.600	5.000
Lieferverbindlichkeiten	10.440	11.745	12.876	12.555	12.960	13.365	13.608	14.280
Sonstige Verbindl.	5.800	5.700	5.300	5.600	5.800	6.000	6.300	6.400
PRA	500	450	400	500	550	600	600	650

Die Entwicklung der langfristigen Rückstellungen, die die Abfertigungs- und Pensionsverpflichtungen der Delta GmbH betreffen, wurde wie folgt geplant:

	1997	*1998*	*1999*	*2000*	*2001*	*2002*	*2003*	*2004*
langfr. Rückstellungen	9.200	9.600	10.300	10.900	11.400	11.900	12.400	12.900

Die Bankverbindlichkeiten stehen im Durchschnitt zu einem nominellen Zinsfuß von 5,2 % zur Verfügung. Aufgrund der erarbeiteten Plandaten wurde in Abstimmung mit den übrigen Teilplänen folgende Entwicklung des Bestandes an Bankverbindlichkeiten zum jeweiligen Periodenende geplant:

	1997	1998	1999	2000	2001	2002	2003	2004
Bankverbindlichkeiten	62.000	64.000	63.000	66.000	66.500	64.500	65.500	65.500

Die Delta GmbH verfügt über körperschaftsteuerliche Verlustvorträge aus den Jahren 1993 und 1994 in Höhe von insgesamt 2.000 TS.

Hinsichtlich der künftigen Dividendenpolitik geht K von der Zielsetzung aus, daß der in einer Periode erwirtschaftete Liquiditätsüberschuß (Einzahlungsüberschuß), der über den konstant zu haltenden Bestand an liquiden Mitteln von rd. 3.000 TS hinausgeht, zu Beginn der Folgeperiode ausgeschüttet werden soll, soweit das dafür erforderliche handelsrechtliche Ausschüttungspotential ausreicht.

Nach der Einschätzung von K kann ab dem Jahr 2004 eine kontinuierliche Entwicklung des Unternehmens angenommen werden. Für die Zeit nach dem Planungshorizont soll vereinfachend ein konstantes nominelles Wachstum der Einzahlungsüberschüsse, ausgehend vom Niveau des Jahres 2004, mit einer Wachstumsrate von 1 % p.a. unterstellt werden.

Für den Erwerb der Anteile an der Delta GmbH wurde K das folgende Angebot unterbreitet: Die Anteile an der Delta GmbH können demnach um einen Gesamtkaufpreis von 50.000 TS erworben werden. K würde den Kaufpreis zur Gänze aus Eigenmitteln finanzieren und die Delta GmbH nach dem Anteilserwerb als eigenständige Gesellschaft weiterführen.

Das Angebot soll im folgenden aus der subjektiven Sicht des K und unter Anwendung des Ertragswertverfahrens auf Grundlage von NCF beim Eigner auf seine Vorteilhaftigkeit geprüft werden.

2. Ermittlung der künftigen NCF beim Eigner

Zur Ermittlung der erwarteten NCF bei K sind zunächst die künftigen Dividendenzahlungen der Delta GmbH auf Grundlage der beschriebenen Plandaten abzuschätzen. Die bisherigen Überlegungen sind dabei um eine Planung der körperschaftsteuerlichen Auswirkungen und um eine Finanzplanung zu erweitern. Da die Zinseffekte der Folgeperioden von der Höhe der in den Vorperioden ausgeschütteten bzw. einbehaltenen Mittel abhängen, müssen die Plandaten für eine Periode feststehen, bevor die Daten der Folgeperiode vollständig ermittelt werden können. Da die Höhe der Dividendenzahlungen einer Periode mit dem handelsrechtlichen Ausschüttungspotential begrenzt ist, ist für jede Periode auch der maximal ausschüttbare Betrag zu errechnen.

Im folgenden wird zunächst die Planung der künftigen handelsrechtlichen Jahresgewinne unter Einschluß des Finanzergebnisses, der KöSt-Wirkungen sowie der Veränderung der unversteuerten Rücklagen dargestellt. Die Steuerplanung basiert auf einem „share deal" und geht – unter Berücksichtigung des Verrechnungsverbots für 1997 gemäß § 117 Abs 7 EStG – von einer Nutzung der steuerlichen Verlustvorträge der Delta-GmbH in Höhe von insgesamt 2.000 TS im Jahr 1998 aus. Zusätzliche steuerwirksame Abschreibungspotentiale aus im Kaufpreis abgegoltenen stillen Reserven oder einem Firmenwert ergeben sich nicht. Im Rahmen der Steuerplanung wurden auch Dotierungen von Investitionsfreibeträgen gemäß § 10 EStG von den Anschaffungskosten abnutzbarer Wirtschaftsgüter des Anlagevermögens berücksichtigt. Die steuerneutrale Umbuchung der Investitionsfreibeträge in Gewinnrücklagen nach Ablauf der Behaltefrist wird als Auflösung unversteuerter Rücklagen und Zuführung zu Gewinnrücklagen dargestellt. Die Zinserträge wurden vorerst auf Basis des nach der intendierten Ausschüttungspolitik als konstant angenommenen Bestandes an liquiden Mitteln geschätzt. Die Zinsaufwendungen basieren auf der oben vorgegebenen Entwicklung der Bankverbindlichkeiten. Die weiteren Planungsüberlegungen werden zeigen, inwieweit die intendierte Ausschüttungspolitik umgesetzt werden kann.

	1997	*1998*	*1999*	*2000*	*2001*	*2002*	*2003*	*2004*
Betriebserfolg	6.345	8.029	10.724	10.554	10.304	14.181	15.115	13.475
+ Zinserträge	120	120	120	120	120	120	120	120
- Zinsen für Bankverb.	-2.444	-3.224	-3.328	-3.276	-3.432	-3.458	-3.354	-3.406
EGT	4.021	4.925	7.516	7.398	6.992	10.843	11.881	10.189
- Körperschaftsteuer	-1.122	-826	-2.418	-2.286	-2.148	-3.449	-3.813	-3.265
Jahresüberschuß	2.899	4.099	5.098	5.112	4.844	7.394	8.068	6.924
- Dotierung IFB	-720	-495	-405	-675	-675	-698	-666	-585
+ Auflösung IFB	1.000	1.000	1.000	1.000	720	495	405	675
- Dot.GRL aus Aufl. IFB	-1.000	-1.000	-1.000	-1.000	-720	-495	-405	-675
vorl. Jahresgewinn	2.179	3.604	4.693	4.437	4.169	6.696	7.402	6.339
	1997	*1998*	*1999*	*2000*	*2001*	*2002*	*2003*	*2004*
EGT	4.021	4.925	7.516	7.398	6.992	10.843	11.881	10.189
- Dot. unverst. RL	-720	-495	-405	-675	-675	-698	-666	-585
KöSt-pflichtiges Ergebnis	3.301	4.430	7.111	6.723	6.317	10.146	11.215	9.604
- verwertb.Verlustvortr.	0	-2.000	0	0	0	0	0	0
KöSt-Bemessungsgrundl.	3.301	2.430	7.111	6.723	6.317	10.146	11.215	9.604
Körperschaftsteuer	1.122	826	2.418	2.286	2.148	3.449	3.813	3.265

Die erwartete liquiditätsmäßige Entwicklung wird im Rahmen der nachfolgend dargestellten Finanzplanung erfaßt, die vom errechneten Jahresüberschuß ausgeht und die Veränderung der liquiden Mittel vor Berücksichtigung von Dividendenzahlungen, d.h.

die Einzahlungsüberschüsse des Unternehmens, zeigt. Die Finanzplandaten veranschaulichen, daß die hohen Investitionen und der Abbau von Lieferverbindlichkeiten im ersten Planjahr primär durch eine deutliche Ausweitung der Bankverbindlichkeiten finanziert werden sollen.

	1997	*1998*	*1999*	*2000*	*2001*	*2002*	*2003*	*2004*
Jahresüberschuß	2.899	4.099	5.098	5.112	4.844	7.394	8.068	6.924
+/- Abschreibg./Zuschr.	9.455	12.121	13.496	14.996	17.496	15.269	13.125	12.925
+/- Dot./Aufl. lfr. Rückst.	200	400	700	600	500	500	500	500
CF aus Ergebnis	12.554	16.620	19.294	20.708	22.840	23.163	21.693	20.349
+/- Verändg. Vorräte	-2.400	-2.175	-1.885	535	-675	-675	-405	-1.120
+/- Verändg. Fordg. LuL	-1.571	-2.571	-2.229	-1.200	-857	-857	-514	-343
+/- Verändg. sonstiges UV	-100	0	-200	100	-200	400	-400	-300
+/- Verändg. ARAP	0	-100	1.200	-200	-200	-400	300	-400
+/- Verändg. kfr. Rückst.	200	100	700	300	100	300	-100	400
+/- Verändg. Lieferverb.	-4.560	1.305	1.131	-321	405	405	243	672
+/- Verändg. sonst. Verb.	100	-100	-400	300	200	200	300	100
+/- Verändg. PRAP	200	-50	-50	100	50	50	0	50
CF aus Betriebstätigkeit	4.422	13.028	17.562	20.322	21.663	22.585	21.117	19.408
- CF aus Investitionstät.	-16.000	-11.000	-9.000	-15.000	-15.000	-15.500	-14.800	-13.000
+/- Verändg. Bankverb.	15.000	2.000	-1.000	3.000	500	-2.000	1.000	0
Einzahlungsüberschüsse	3.422	4.028	7.562	8.322	7.163	5.085	7.317	6.408

Die Berechnung zeigt, daß die Höhe der Einzahlungsüberschüsse entscheidend von der *Kapitalstruktur* der Gesellschaft bzw. der unterstellten Veränderung der Bankverbindlichkeiten beeinflußt wird (s. dazu auch *Drukarczyk*, 1996, 113 ff).

Nun kann geprüft werden, ob die beabsichtigte Ausschüttung der errechneten Einzahlungsüberschüsse des Unternehmens durch ein entsprechendes handelsrechtliches Ausschüttungspotential in den einzelnen Perioden gedeckt ist.

	1997	*1998*	*1999*	*2000*	*2001*	*2002*	*2003*	*2004*
vorl. Jahresgewinn	2.179	3.604	4.693	4.437	4.169	6.696	7.402	6.339
+ Gewinnvortrag	1.000	3.422	4.028	7.562	8.322	7.163	5.085	7.317
+ Gewinnrücklagen Vj.	7.000	7.757	8.332	6.463	3.578	1.304	3.410	3.900
+ Erh. GRL d. Umb. lfD	1.000	1.000	1.000	1.000	720	495	405	675
- Ausschüttung für Vj.	0	-3.422	-4.028	-7.562	-8.322	-7.163	-5.085	-7.317
Ausschüttungspot. zu t	11.179	12.361	14.025	11.900	8.467	8.495	11.217	10.914
Gepl. Dividende zu t+	3.422	4.028	7.562	8.322	7.163	5.085	7.317	6.408

Die Plandaten zeigen, daß in jeder Periode ein ausreichendes handelsrechtliches Ausschüttungspotential zur Verfügung steht. Ausgehend von der oben errechneten Jahresgewinngröße kann ein zur Bedeckung der beabsichtigten Ausschüttungen ausreichender Bilanzgewinn durch die nachfolgend dargestellten Veränderungen der Gewinnrücklagen hergestellt werden.

	1997	1998	1999	2000	2001	2002	2003	2004
vorl. Jahresgewinn	2.179	3.604	4.693	4.437	4.169	6.696	7.402	6.339
+ Auflösung GRL	243	425	2.869	3.885	2.994	0	0	69
- Dotierung GRL	0	0	0	0	0	-1.611	-85	0
+ Gewinnvortrag	1.000	3.422	4.028	7.562	8.322	7.163	5.085	7.317
- Ausschüttung für Vj.	0	-3.422	-4.028	-7.562	-8.322	-7.163	-5.085	-7.317
Bilanzgewinn zu t	3.422	4.028	7.562	8.322	7.163	5.085	7.317	6.408

Für die einzelnen Perioden ergeben sich dann folgende Planbilanzen:

	1997	1998	1999	2000	2001	2002	2003	2004
Anlagevermögen	58.545	57.424	52.928	52.932	50.436	50.667	52.342	52.417
Vorräte	17.400	19.575	21.460	20.925	21.600	22.275	22.680	23.800
Forderungen LuL	20.571	23.143	25.371	26.571	27.429	28.286	28.800	29.143
sonstiges UV	9.400	9.400	9.600	9.500	9.700	9.300	9.700	10.000
ARA	1.700	1.800	600	800	1.000	1.400	1.100	1.500
Liquide Mittel (fest)	3.000	3.000	3.000	3.000	3.000	3.000	3.000	3.000
Liquide Mittel f. Divid.	3.422	4.028	7.562	8.322	7.163	5.085	7.317	6.408
Summe Aktiva	114.039	118.371	120.521	122.050	120.327	120.013	124.938	126.267
Stammkapital	8.000	8.000	8.000	8.000	8.000	8.000	8.000	8.000
Gewinnrücklagen	7.757	8.332	6.463	3.578	1.304	3.410	3.900	4.506
Bilanzgewinn	3.422	4.028	7.562	8.322	7.163	5.085	7.317	6.408
Unversteuerte RL	3.720	3.215	2.620	2.295	2.250	2.453	2.714	2.624
Rückstellungen lfr.	9.200	9.600	10.300	10.900	11.400	11.900	12.400	12.900
Rückstellungen kfr.	3.200	3.300	4.000	4.300	4.400	4.700	4.600	5.000
Bankverbindlichkeiten	62.000	64.000	63.000	66.000	66.500	64.500	65.500	65.500
Lieferverbindlichkeiten	10.440	11.745	12.876	12.555	12.960	13.365	13.608	14.280
Sonstige Verbindl.	5.800	5.700	5.300	5.600	5.800	6.000	6.300	6.400
PRA	500	450	400	500	550	600	600	650
Summe Passiva	114.039	118.371	120.521	122.050	120.327	120.013	124.938	126.267

Zur Ermittlung der künftigen NCF für den Detailprognosezeitraum sind neben den errechneten Ausschüttungen noch die persönlichen Steuerwirkungen bei K sowie die externen, d.h. außerhalb der zu bewertenden Gesellschaft lukrierbaren Synergien zu berücksichtigen. Der Besteuerung der Dividendenzahlungen an K wird durch die Berücksichtigung der KESt in Höhe von 25 % (Endbesteuerung) Rechnung getragen. In zeitlicher Hinsicht wird unterstellt, daß die Dividendenzahlungen aus der Delta GmbH jeweils unmittelbar nach Ablauf der Periode anfallen, in der der korrespondierende Einzahlungsüberschuß erwirtschaftet wurde, sodaß sie vereinfachend noch dieser Periode zugeordnet werden können.

Bei den von K in anderen Unternehmen erwarteten externen Synergien handelt es sich um Einsparungen, die wiederum zu einer Steuermehrbelastung auf Ebene der betroffenen Kapitalgesellschaften bzw. zu einer erhöhten, KESt-pflichtigen Dividendenzahlung an K aus diesen Gesellschaften führen. Die externen Synergien sind daher um die mit ihnen verbundene Mehrbelastung an KöSt und KESt (kombinierter Steuersatz in Höhe von 50,5 %) zu vermindern.

Für den Detailprognosezeitraum errechnen sich dann folgende erwartete NCF bei K:

	1997	1998	1999	2000	2001	2002	2003	2004
Dividenden Delta	3.422	4.028	7.562	8.322	7.163	5.085	7.317	6.408
- KESt auf Div. Delta	-856	-1.007	-1.890	-2.081	-1.791	-1.271	-1.829	-1.602
Externe Synergien	1.500	1.500	2.000	2.020	2.040	2.061	2.081	2.102
- Steuermehrbel. Syn.	-758	-758	-1.010	-1.020	-1.030	-1.041	-1.051	-1.062
NCF bei K	3.309	3.764	6.661	7.242	6.382	4.834	6.518	5.846

Zur Bestimmung des Continuing Value ist der erwartete nominelle NCF der ersten Periode nach dem Planungshorizont zu ermitteln. Unter Berücksichtigung des ab 2004 unterstellten nominellen Wachstums sowohl der Ausschüttungen aus der Delta GmbH als auch der externen Synergien (nach Steuern) mit einer konstanten jährlichen Wachstumsrate von 1 % errechnet sich der nominelle NCF für 2005 (NCF_9) wie folgt:

$$NCF_9 = NCF_8 \cdot (1 + w^{\mu}) = 5.846 \cdot 1{,}01 = 5.905$$

3. Ermittlung des Diskontierungssatzes

Zur Bestimmung des Diskontierungssatzes wird im Sinne der Ausführungen unter C. von einem quasi-risikolosen Basiszinsfuß zum Bewertungsstichtag ausgegangen, der im vorliegenden Fall in Höhe der Sekundärmarktrendite für Bundesanleihen zum 31.12.1996, d.i. 4,81 %, festgelegt wird. Vereinfachend wird von einem im Zeitablauf konstanten Basiszinsfuß ausgegangen.

Da es sich bei den Unternehmenserträgen ebenfalls um nominelle Größen handelt, ist Kaufkraftäquivalenz bei Diskontierung mit einem Nominalzins gegeben. Unterstellt wird weiters, daß Arbeitseinsatzäquivalenz durch entsprechenden Ansatz von Personalaufwendungen im Rahmen der Planung der Unternehmenserträge bereits hergestellt wurde. Da es sich bei den Unternehmenserträgen aus der Sicht des K um versteuerte Größen handelt, da die KöSt- und KESt-Wirkungen bereits berücksichtigt wurden, und die Alternativerträge bei K der KESt unterliegen würden, ist zur Herstellung der Verfügbarkeitsäquivalenz auf einen Diskontierungssatz nach KESt abzustellen. Da die ermittelten Unternehmenserträge annahmegemäß Erwartungswerte der NCF bei K repräsentieren, wird die Unsicherheitsäquivalenz durch Berücksichtigung eines subjektiven

Risikozuschlages (nach Steuern) hergestellt. K geht dabei vereinfachend von einem im Zeitablauf konstanten Risikozuschlag nach Steuern in Höhe von 4,5 % aus.

Der relevante, im Zeitablauf konstante Diskontierungssatz (r) kann unter den getroffenen Annahmen wie folgt ermittelt werden:

$$r = b \cdot (1 - s^{KESt}) + z^S = 0{,}0481 \cdot (1 - 0{,}25) + 0{,}045 = 8{,}1075\%$$

Der errechnete Diskontierungssatz wird zur Abzinsung der im Detailprognosezeitraum erwarteten NCF und des (gesondert zu ermittelnden) Continuing Value verwendet.

4. Ermittlung des Entscheidungswerts

Der Barwert der im Detailprognosezeitraum erwarteten NCF errechnet sich unter Heranziehung des Diskontierungssatzes von 8,1075 % mit 31.116 TS.

Die Ermittlung des Continuing Value erfolgt unter Anwendung von Ausdruck (2.64) unter Berücksichtigung der unterstellten Wachstumsrate der Erwartungswerte der NCF bei K nach dem Planungshorizont:

$$CV_T = \frac{\mu(NCF_{T+1})}{b \cdot (1 - s^{KESt}) + z^S - w^{\mu}} = \frac{5.905}{0{,}081075 - 0{,}01} = 83.078$$

Diskontiert auf den Bewertungsstichtag erhält man daraus den Barwert des Continuing Value mit 44.529 TS.

Der Entscheidungswert als Preisobergrenze für K kann daher wie folgt errechnet werden:

Barwert der NCF bis zum Planungshorizont	31.116 TS
Barwert des Continuing Value	44.529 TS
Entscheidungswert	75.645 TS

Unter den getroffenen Annahmen ist der Erwerb der Anteile an der Delta GmbH auf Grundlage des vorliegenden Kaufanbots für K vorteilhaft. Unter Berücksichtigung der beim Erwerb anfallenden Börsenumsatzsteuer in Höhe von 2,5 % bzw. 1.250 TS liegen die Anschaffungskosten der Anteile mit insgesamt 51.250 TS unter dem errechneten Entscheidungswert.

Auch ohne Einbeziehung externer Synergien wäre der Unternehmenserwerb für K noch vorteilhaft. Bei sonst unveränderten Annahmen beträgt der Entscheidungswert bei Außerachtlassung der externen Synergien und Abstellen auf die erwarteten Netto-Ausschüttungen aus der Delta GmbH (nach KESt) 62.404 TS.

Die errechneten Ergebnisse sind unter Verweis auf die Ausführungen unter G.4. vor allem hinsichtlich des pauschal festgelegten, subjektiven Risikozuschlags angreifbar bzw. diskussionswürdig. Hinzuweisen ist hier auch darauf, daß die Höhe der letztlich für die Ausschüttung maßgeblichen Einzahlungsüberschüsse zwar wesentlich durch die individuell festgelegte Kapitalstrukturpolitik beeinflußt wird, im Ertragswertmodell aber typischerweise explizite Annahmen über einen Zusammenhang von Kapitalstrukturentwicklung und Risikozuschlag fehlen.

IV. Entscheidungswertermittlung durch andere Bewertungsverfahren

Im folgenden werden die Vergleichsverfahren, das Substanzwertverfahren auf Basis von Reproduktionswerten sowie die Mischverfahren näher dargestellt und auf ihre Eignung zur Ermittlung von Entscheidungswerten untersucht. Die primär auf die Ermittlung von Marktwerten ausgerichteten DCF-Verfahren werden gesondert in Kapitel 3 behandelt.

A. Vergleichsverfahren

Literatur:

Gerling, C.: Unternehmensbewertung in den USA, Bergisch Gladbach-Köln 1985; *Fattinger*, S.: Investitionsentscheidungen im Wirtschaftstreuhandbetrieb und Kanzleibewertung, in: Bertl/Mandl/Mandl (Hrsg): Handbuch für Wirtschaftstreuhänder, Wien 1989, S. 214-255; *Jaensch*, G.: Unternehmensbewertung bei Akquisitionen in den USA, ZfbF 1989, S. 329-339; *Barthel*, C.W.: Der Markt bestimmt die Bewertungsmethode, DB 1990, S. 1145-1152; *Ballwieser*, W.: Unternehmensbewertung mit Hilfe von Multiplikatoren, in: Rückle (Hrsg): Aktuelle Fragen der Finanzwirtschaft und der Unternehmenssteuerung, FS Erich Loitlsberger, Wien 1991, S. 47-66; *Sanfleber-Decher*, M.: Unternehmensbewertung in den USA, WPg 1992, S. 597-603; *West*, T./*Jones*, J.D.: Handbook of Business Valuation, New York u.a. 1992; *Hafner*, R.: Unternehmensbewertungen als Instrument zur Durchsetzung von Verhandlungspositionen, BFuP 1993, S. 79-89; *Buchner*, R./*Englert*, J.: Die Bewertung von Unternehmen auf der Basis des Unternehmensvergleichs, BB 1994, S. 1573-1580; *Schwarz-Vartok*, C./*Spandl*, F.: Die Unternehmensbewertung auf Basis von Free Cash-flow – auch ein Konzept für die Aktienanalyse?, RWZ 1994, S.108-115; *Buchner*, R.: Marktorientierte Unternehmensbewertung, in: Seicht (Hrsg): Jahrbuch für Controlling und Rechnungswesen '95, Wien 1995, S. 401-427; *Mittermair*, K.: Zuschläge und Abschläge bei der Bewertung von Anteilen mit und ohne Börsenkurs, RWZ 1995, S. 148-153; *Barthel*, C.W.: Unternehmenswert: Die vergleichsorientierten Bewertungsverfahren, DB 1996a, S 149-163; *Barthel*, C.W.: Unternehmenswert: Die zuschlagsorientierten Bewertungsverfahren, DB 1996b, S. 1349-1358; *Barthel*, C.W.: Unternehmenswert: Grundlagen und Varianten des Umsatzverfahrens, DStR 1996c, S. 1458-1464; *Barthel*, C.W.: Unternehmenswert: Theoretische Fundierung des Umsatzverfahrens, DStR 1996d, S. 1701-1707; *Pratt*, S./*Reilly*, R./*Schweihs*, R.: Valuing a Business, 3rd ed., Chicago u.a. 1996; *Wegmann*, J.: Die Bestimmung des Emissionspreises als Unternehmensbewertungsproblem, BFuP 1996, S. 149-163.

1. Allgemeines

Wie bereits dargestellt leiten Vergleichsverfahren den Unternehmenswert aus Börsenkurswerten oder (anderen) Marktpreisen vergleichbarer Unternehmen ab. Sie werden daher als „marktorientierte" Bewertungsverfahren bezeichnet.

Das Ergebnis einer Bewertung nach einem Vergleichsverfahren ist als *potentieller Marktpreis* zu verstehen, der bei einer Veräußerung des bewerteten Unternehmen auf einem bestimmten Markt erzielt werden kann. In der Regel handelt es sich dabei um Märkte, auf denen (auch) ganze Unternehmen gehandelt werden. Vergleichsverfahren sind daher konzeptionell nicht auf die Ermittlung eines „Marktwertes" im Sinne eines Wertes aus der Sicht vollständig diversifizierter Anleger am Kapitalmarkt ausgerichtet. Der durch den Einsatz von Vergleichsverfahren ermittelte potentielle Marktpreis unterscheidet sich daher grundlegend vom hier verwendeten Marktwertbegriff. Dies trifft auch auf den Initial Public Offerings-Ansatz (IPO-Ansatz) zu, wenn damit Grundlagen für die Festlegung des Emissionspreises bei Börseneinführungen erarbeitet werden sollen. Hier bilden zwar Anleger am Kapitalmarkt den Bezugspunkt, die Bewertung dient aber nur der Abschätzung des potentiellen Marktpreises, der im Zuge eines Going Public auf dem starken Schwankungen unterliegenden, preisempfindlichen „IPO-Markt" (vgl. *Sanfleber-Decher*, 1992, 601) erzielt werden kann.

Auf die einzelnen Vergleichsverfahren wird im folgenden näher eingegangen.

2. Comparative Company Approach

Die Konzeption des CCA wurde bereits in 1.Kap.IV.B.3.2. beschrieben. Im folgenden werden die zum CCA zählenden Verfahrenstypen näher dargestellt, und zwar die Similar Public Company Method (SPCM), die Recent Acquisitions Method (RAM) und der Initial Public Offerings Ansatz (IPO).

2.1. Similar Public Company Method

Mit Hilfe der SPCM soll der Wert von nicht an der Börse notierten Unternehmungen durch Ableitung aus dem Marktpreis börsennotierter Vergleichsunternehmen bestimmt werden. Als Marktpreis eines börsennotierten Unternehmens wird dabei der Börsenkurswert (= Summe der ausgegebenen Aktien bewertet zum Börsenkurs) herangezogen.

Die Bewertung nach der SPCM vollzieht sich in mehreren Schritten:

1. Analyse des zu bewertenden Unternehmens
2. Auswahl von börsennotierten Vergleichsunternehmen
3. Unternehmenswertermittlung anhand von Vergleichsgrößen
4. Eventuelle Korrekturen durch Zuschläge bzw. Abschläge

Im Rahmen der SPCM wird dem eigentlichen Bewertungsprozeß eine Analysephase, der sog. „process of due dilligence", vorgeschaltet, der eine detaillierte Untersuchung und Beurteilung der rechtlichen Rahmenbedingungen sowie der wirtschaftlichen Entwicklung des Unternehmens und seines Umfeldes (z.B. Branche, Absatzmärkte) beinhaltet. Dieser Prozeß soll sich auch auf eine möglichst umfassende Finanzanalyse erstrecken. Zu diesem Zweck wird eine Reihe von Kennzahlen für das Unternehmen ermittelt, wobei zum Teil auf Jahresabschlußkennziffern zur Rentabiltät, Liquidität und Kapitalstruktur und zum Teil auf andere Merkmale wie etwa Beschäftigtenzahl oder Marktanteil abgestellt wird.

Daran schließt sich die Auswahl der börsennotierten Vergleichsunternehmen. Sie bildet den zentralen Ansatzpunkt des Verfahren, verursacht jedoch auch die größten praktischen Probleme. Zunächst muß geklärt werden, anhand welcher Kriterien die „Vergleichbarkeit" von Unternehmungen überhaupt zu bestimmen ist. Im Rahmen dieser Überlegungen gilt es nach Auffassung der Vertreter dieses Ansatzes, eine Vielzahl von Indikatoren zu berücksichtigen, wie Branche, Produkte, Unternehmensgröße, Rechtsform, Vermögens- und Kapitalstruktur, Rentabilität, Umsatz- und Kundenstruktur, Lieferantenkreis, Diversifikationsgrad u.v.a.m. In der Regel wird eine Vergleichbarkeit von Unternehmungen nur in mehr oder weniger stark eingeschränkter Form gegeben sein, sodaß der Bewerter geeignete „Adaptierungen" vorzunehmen hat.

In den USA bietet das von der Regierung herausgegebene Standard Industrial Classification Manual eine wertvolle Hilfestellung bei der Auswahl von Vergleichsunternehmen. Anhand der dort angegebenen Standard Industrial Classification Codes (*SIC Codes*) lassen sich Unternehmen des gleichen oder eines ähnlichen Geschäftszweiges identifizieren. Zur Beschaffung näherer Informationen über diese Unternehmen stehen in den USA zahlreiche Datenbanken und andere Informationsquellen (z.B. Standard & Poor´s Report) zur Verfügung. Zur weiteren Eingrenzung sind dann die oben definierten Finanzkennzahlen und deren Entwicklung in der jüngeren Vergangenheit für die gefundenen Unternehmen zu ermitteln. Als Vergleichsunternehmen sind schließlich diejenigen Unternehmen heranzuziehen, deren Daten mit jenen des zu bewertenden Unternehmens weitestgehend übereinstimmen.

Konnten nach dieser Vorgangsweise geeignete börsennotierte Vergleichsunternehmen gefunden werden, sind deren Marktpreise zu erheben und mit bestimmten Performance-Daten, wie z.B. Periodengewinngrößen, Dividendenzahlungen oder Cash-flows, in Relation zu setzen. Für jedes Vergleichsunternehmen werden daraus Verhältniszahlen ermittelt. Aus diesen „Multiplikatoren“ hat dann der Bewerter die nach seiner Einschätzung repräsentativen Werte auszuwählen, z.B. in Form des durchschnittlichen Multiplikators je Bezugsgröße, und zur Unternehmenswertfindung auf die für das zu bewertende Unternehmen errechneten Bezugsgrößen anzuwenden. Wird vereinfachend nur auf ein Vergleichsunternehmen abgestellt, folgt die Schätzung des potentiellen Marktpreises des zu bewertenden Unternehmens daher grundsätzlich folgendem Schema:

(2.68) $$MP_B = V_B \cdot \frac{MP_V}{V_V}$$

MP_B	=	Potentieller Marktpreis des zu bewertenden Unternehmens
V_B	=	Vergleichsgröße des zu bewertenden Unternehmens
MP_V	=	Börsenkurswert des Vergleichsunternehmens
V_V	=	Vergleichsgröße des Vergleichsunternehmens

Der Quotient aus MP_V und V_V repräsentiert den Multiplikator, der für die jeweilige Vergleichsgröße aus dem Marktwert eines Vergleichsunternehmens errechnet wurde. Von großer praktischer Bedeutung sind hier Multiplikatoren, denen als Vergleichsgröße eine Gewinn- oder Cash-flow-Größe zugrunde gelegt wird. Die Multiplikatoren entsprechen dann dem Kurs-Gewinn-Verhältnis (KGV bzw. Price-Earnings-Ratio bzw. P/E-Ratio) oder dem Kurs-Cash-flow-Verhältnis (KCV) des Vergleichsunternehmens. Wird etwa das bewertungsrelevante KGV auf Basis des EGT (Ergebnis der gewöhnlichen Geschäftstätigkeit) bestimmt, und bezeichnet KGV_V das KGV des Vergleichsunternehmens sowie EGT_B das (gegebenenfalls bereinigte) EGT des zu bewertenden Unternehmens, bestimmt sich dessen potentieller Marktpreis MP_B wie folgt:

(2.69) $$MP_B = EGT_B \cdot KGV_V$$

mit $$KGV_V = \frac{MP_V}{EGT_V}$$

Beispiel 42:

Das EGT des Vergleichsunternehmens beläuft sich auf 160.000 GE, der Börsenkurswert auf 2,240.000 GE. Das EGT des zu bewertenden Unternehmens betrug im selben Zeitraum 108.000 GE. Stellt man allein auf das Vergleichskriterium EGT ab, kann der potentielle Marktpreis des zu bewertenden Unternehmens wie folgt geschätzt werden:

$$KGV_V = \frac{2{,}240.000}{160.000} = 14$$

$$MP_B = 108.000 \cdot 14 = 1{,}512.000$$

Diese Vorgangsweise ist mit einem stark vereinfachten Ertragswertverfahren vergleichbar, bei dem konstante Periodenerfolge bzw. Cash-flows über einen unendlichen Zeitraum unterstellt werden (Rentenmodell) und bei dem der Kalkulationszinsfuß dem Kehrwert des KGV bzw. KCV gleichgesetzt wird. In der BRD wird zur Bestimmung des KGV zunehmend das „DVFA/SG-Ergebnis" herangezogen. In Österreich bieten das „ÖVFA-Ergebnis" bzw. der „ÖVFA-Cash-flow" analoge Ansatzpunkte (vgl. dazu *Schwarz-Vartok/Spandl*, 1994, 110 ff).

Nach dem dargestellten Schema werden Multiplikatoren für alle erhobenen Vergleichsunternehmen und für alle ausgewählten Bezugsgrößen berechnet. Daß daraus in der Regel ein sehr breites Spektrum argumentierbarer potentieller Marktpreise für das zu bewertende Unternehmen resultiert, bedarf wohl keiner weiteren Erläuterung. Zur konkreten Abschätzung des potentiellen Marktpreises muß sich der Bewerter daher zunächst für einen seines Erachtens repräsentativen Multiplikator pro Vergleichsgröße, z.B. in Form eines Durchschnittswerts aus allen errechneten Multiplikatoren für dieselbe Vergleichsgröße, entscheiden. Tab. 9 zeigt ein Multiplikatorentableau als mögliches Ergebnis dieser Vorgangsweise. Dabei wurden aus den Daten der Vergleichsunternehmen A bis E Marktpreismultiplikatoren für die Vergleichsgrößen „EBT" (earnings before taxes), „Cash-flow" und „Eigenkapital" bestimmt. Der „Marktpreis" bezeichnet den Börsenwert der Anteile an den Vergleichsunternehmen, allenfalls getrennt nach Stamm- und Vorzugsaktien. Dagegen ist der Terminus „bereinigter Marktpreis", für den Multiplikatoren auf Basis der Vergleichsgrößen „Umsatz" und „EBIT" (earnings before interest and taxes) angegeben sind, dem Marktpreis des fiktiv unverschuldeten Unternehmens vergleichbar und umfaßt hier auch die Ansprüche von Fremdkapitalgebern (zum Begriff s. *Hafner*, 1993, 88).

Auch wenn nun die durchschnittlichen Multiplikatoren pro Vergleichsgröße herangezogen werden, steht der Bewerter abermals vor einem Auswahlproblem, da die Anwendung der Durchschnittswerte je nach Vergleichsgröße zu unterschiedlichen Marktpreisschätzungen führen wird. Die Auswahl der „geeigneten" Vergleichsgröße liegt wiederum im Ermessen des Bewerters und eröffnet abermals breite Argumentationsspielräume

Unter-nehmen	Multiplikatoren zur Schätzung des Marktpreises			Multiplikatoren zur Schätzung des bereinigten Marktpreises	
	EBT	*Cash-flow*	*Eigenkapital*	*Umsatz*	*EBIT*
A	6,9	9,1	2,5	0,7	7,7
B	6,5	11,3	2,8	0,8	5,9
C	4,9	7,8	2,7	0,5	4,8
D	5,1	4,7	1,2	0,4	5,6
E	7,5	11,4	3,1	0,7	7,6
Durchschnitt	6,2	8,9	2,5	0,6	6,3

Tab. 9: Multiplikatoren-Tableau (in Anlehnung an *Hafner*, 1993, 89)

Die nach der beschriebenen Vorgangsweise ermittelten Unternehmenswerte (Basis- bzw. Ausgangswerte) werden sodann noch bestimmten Adaptierungen unterzogen, um den geschätzten Marktpreis des zu bewertenden Unternehmens zu erhalten. Da als Vergleichspreise die Börsenkurswerte herangezogen wurden, beziehen sie sich auf Minderheitsanteile an börsennotierten Unternehmen. Da das zu bewertende Unternehmen nicht an der Börse notiert, werden unter Verweis auf die geringere Fungibilität der Anteile zum Teil erhebliche pauschale Abschläge („discount for lack of marketability") vom errechneten Ausgangswert vorgenommen. Die Höhe des Abschlages liegt grundsätzlich im Ermessen des Bewerters, beträgt aber häufig 35% bis 40% (vgl. *Sanfleber-Decher*, 1992, 603; *Barthel* 1996b, 1352; s. dazu auch oben III.G.4.4.). Stehen das gesamte Unternehmen bzw. Mehrheitsanteile zur Veräußerung, sind pauschale Zuschläge in Form einer sog. „Kontrollprämie" („control premium") üblich, die im Durchschnitt ca. 40 % betragen (vgl. *Pratt/Reilly/Schweihs*, 1996, 317) und u.a. auf die Möglichkeit der Realisierung von Synergieeffekten zurückgehen (s. oben III.I.3.).

2.2. Recent Acquisitions Method

Im Rahmen der Recent Acquisitions Method (RAM) wird der potentielle Marktpreis des zu bewertenden Unternehmens aus Kaufpreisen abgeleitet, die in der jüngeren Vergangenheit bei Verkäufen vergleichbarer Unternehmungen erzielt wurden. Statt auf die Marktpreise börsennotierter Unternehmen wird auf tatsächlich *realisierte Transaktionspreise* vergleichbarer Unternehmungen abgestellt, wobei i.a. nur Gesamtübernahmen betrachtet werden. Die tatsächlich realisierten Kaufpreise werden damit als maßgebliche Indikatoren für den potentiellen Marktpreis des zu bewertenden Unternehmens angesehen.

Voraussetzungen für eine brauchbare Anwendung dieses Verfahrens sind das Vorliegen einer entsprechend großen Anzahl zeitnaher Transaktionen vergleichbarer Unternehmungen sowie die Kenntnis der dabei tatsächlich realisierten Kaufpreise. In den USA stehen dem Bewerter hiefür Datenbanken und andere Informationsquellen zur Verfügung, wie etwa das Magazin „*The W.T. Grimm & Co. Mergerstat Review*", das nach Industriezweigen gegliederte Informationen über ca. 2.000 bis 3.000 jährliche Transaktionen beinhaltet (vgl. dazu *Sanfleber-Decher*, 1992, 600).

Im übrigen ist zur Wertfindung wie bei der SPCM vorzugehen. Da die erhobenen Kaufpreise allerdings i.a. Preise für das Gesamtunternehmen bzw. für Mehrheitsbeteiligungen darstellen, entfällt die Berücksichtigung eines „Kontrollzuschlages".

2.3. Initial Public Offerings

Beim Initial Public Offerings-Ansatz (IPO-Ansatz) wird der potentielle Marktpreis des zu bewertenden Unternehmens aus Emissionspreisen für Anteile an Vergleichsunternehmen, die neu an der Börse eingeführt wurden, abgeleitet. Auf der Suche nach geeigneten Vergleichsunternehmen stehen in den USA Informationsquellen wie z.B. „*The IPO Reporter*" oder die „*IDD Information Services*" zur Verfügung, die umfangreiche Informationen über Börsenneueinführungen bieten (vgl. *Sanfleber-Decher*, 1992, 600). Nach der Auswahl der Vergleichsunternehmen ist wiederum wie für die SPCM beschrieben vorzugehen. Gegebenenfalls werden vom errechneten Basiswert wieder pauschale Zu- oder Abschläge vorgenommen.

Nach *Sanfleber-Decher* (1992, 601) kommt der IPO-Ansatz im Regelfall nur zur Schätzung des im Rahmen von Börseneinführungen erzielbaren Emissionspreises zur Anwendung und ist in Zusammenhang mit Unternehmenskäufen weniger verbreitet. Neben der auch in den USA oft nur geringen Zahl von aktuellen Börseneinführungen vergleichbarer Unternehmen sind dafür vor allem die Spezifika des „IPO-Marktes" ausschlaggebend, der zyklischen Schwankungen unterliegt, als spekulativ gilt und dessen Werte preisempfindlicher sind als bereits langjährig notierte Anteile.

2.4. Beurteilung

Die dem CCA zuzuordnenden Verfahren sind im deutschen Sprachraum – speziell in Österreich – aufgrund der fehlenden Datenbasis über geeignete Vergleichsunternehmen kaum anwendbar. So setzt etwa die Anwendung der SPCM einen effizienten Kapitalmarkt und eine große Anzahl börsennotierter Unternehmungen voraus. Beide Voraussetzungen sind in Österreich nicht gegeben. Die Anzahl der im Streubesitz befindlichen Aktien ist klein, die Börsenumsätze sind gering. Aufgrund der nur geringen Anzahl börsennotierter Unternehmungen (dzt. rd. 120 Unternehmen) können meist keine geeigneten Vergleichsunternehmen gefunden werden. Im Gegensatz zu den USA stehen dem Bewerter darüber hinaus kaum detaillierte Informationen z.B. über die bei aktuellen Übernahmen realisierten Kaufpreise zur Verfügung.

In konzeptioneller Hinsicht ist der CCA nicht auf die Ermittlung von Entscheidungswerten, sondern auf die Abschätzung erzielbarer Marktpreise gerichtet. Zur Bestimmung von Entscheidungswerten ist der CCA nicht geeignet. Die beträchtlichen Spielräume, die sich bei Anwendung des CCA i.a. auftun, legen seine Verwendung als Instrument zur Durchsetzung von Verhandlungspositionen nahe (vgl. *Hafner*, 1993, 88 f).

3. Multiplikatormethode

3.1. Verfahren

Insbesondere zur Bewertung kleinerer Unternehmen werden in den USA sog. „market multiples" verwendet. Dabei wird der potentielle Marktpreis des zu bewertenden Unternehmens durch Anwendung von Multiplikatoren, die Erfahrungssätze („rules-of-thumb") darstellen, geschätzt. Unter der Bezeichnung „Multiplikatormethode" ist dieses Verfahren auch im deutschen Sprachraum anzutreffen. Die verwendeten Multiplikatoren sind in der Regel branchenabhängig und stellen mehr oder weniger grobe Erfahrungswerte dar, die aus den in der Vergangenheit realisierten Preisen bei Unternehmensverkäufen im betreffenden Geschäftszweig abgeleitet werden. Wie bereits dargelegt, kann der Bewerter hier auf die Auswahl konkreter Vergleichsunternehmen verzichten. Die Anwendung der Multiplikatormethode erfordert lediglich die Zuordnung des Unternehmens zu einem bestimmten Geschäftszweig und die Kenntnis der dort üblichen Branchen-Multiplikatoren.

Je nach Branche können sich die Multiplikatoren auf unterschiedliche Vergleichsgrößen (Bezugsgrößen) beziehen. Verwendet werden insbesondere Gewinn-, Cash-flow- und Umsatzmultiplikatoren. In einigen Branchen sind aber auch Multiplikatoren gebräuchlich, die sich auf Mengengrößen beziehen, z.B. die Verkaufsfläche bei bestimmten Einzelhandelsunternehmen, die bebaute Fläche bei landwirtschaftlichen Betrieben oder die Anzahl der Anschlüsse zur Bewertung von cable television companies in den USA (vgl. *Copeland/Koller/Murrin*, 1994, 69). Wird auf eine Gewinn- oder Cash-flow-Größe nach Zinsen abgestellt, erhält man durch Anwendung des Multiplikators den potentiellen Marktpreis des verschuldeten Unternehmens; die Heranziehung von Gewinnen bzw. Cash-flows vor Zinsen führt zum potentiellen Marktpreis des fiktiv unverschuldeten Unternehmens. Bei einem Abstellen auf Mengengrößen oder Umsätze führt die Anwendung des Multiplikators je nach Branche häufig nur zum potentiellen Marktpreis für den Goodwill. In diesem Fall erhält man den potentiellen Marktpreis des Unternehmens durch Addition des Substanzwertes. Nicht betriebsnotwendiges Vermögen ist stets gesondert zu berücksichtigen.

Wird z.B. als Vergleichsgröße der Gewinn vor Steuern (EBT) gewählt, errechnet sich der potentielle Marktpreis des zu bewertenden Unternehmens (MP_B) unter Verwendung des branchenspezifischen Gewinnmultiplikators m_{EBT} wie folgt:

(2.70) $$MP_B = EBT_B \cdot m_{EBT}$$

Von besonderer Bedeutung ist die Kenntnis der exakten Definition der Vergleichsgröße, auf die sich der jeweilige Multiplikator bezieht. Gerade bei Gewinn- und Cash-flow-Multiplikatoren, die im angloamerikanischen Raum eine dominierende Stellung einnehmen, sind eine Reihe unterschiedlicher Abstufungen zu beachten. Die Vergleichsgrößen werden i.a. um außerordentliche bzw. nicht wiederkehrende Elemente bereinigt. Sollen Einflüsse aus der unternehmensspezifischen Kapitalstruktur und/oder Besteuerungsunterschiede eliminiert werden, wird auf Gewinn- bzw. Cash-flow-Größen vor Zinsen und Steuern abgestellt. Als Bezugsgrößen dienen hier u.a. EBIT (earnings before interest and taxes), EBITDA (earnings before interest, taxes, depreciation and amortization) oder der Free Cash-flow (FCF). Cash-flow-Multiplikatoren haben ferner den Vorteil, frei von Einflüssen aus bilanziellen Bewertungsmaßnahmen zu sein. Generell ist aber das Abstellen nur auf den Wert einer Bezugsgröße für eine Periode problematisch. So wird etwa bei einem Unternehmen, das in der betreffenden Periode weit über die Abschreibungen hinausgehende Investitionen getätigt hat und dessen künftiger Investitionsbedarf entsprechend niedriger sein wird, der (möglicherweise negative) FCF nicht als repräsentativ für die künftigen Perioden eingestuft werden können. Um diesen Nachteil stark schwankender Bezugsgrößen im Zeitablauf zu mindern, wird häufig auf einen Durchschnittswert aus den letzten Jahren vor dem Bewertungsstichtag abgestellt.

WZ 93	Branche	Mindestsatz	Mittelsatz	Höchstsatz
52.31	Apotheken	4,00	5,75	7,50
45.	Bauindustrie	3,75	5,50	7,50
52.47	Buchhandlungen	3,50	5,00	7,00
24.1	Chemische Industrie	9,00	11,50	14,00
52.48.4	Computerhandel	3,25	3,25	6,00
30.02	Computerhersteller	3,50	4,00	5,50
31+32	Elektrotechnik	4,00	6,25	9,00
26.2	Feinkeramikindustrie	4,50	5,75	7,00
55.40.1	Gaststätten	3,75	5,25	7,50
15.9	Getränkeindustrie	4,50	6,50	8,00
26.1	Glasindustrie	3,50	5,00	6,50
51.2 ff.	Großhandel	6,50	8,75	11,00
45.3+45.4	Handwerksbetriebe	4,00	5,75	7,25
51.1	Handelsvertretungen	3,50	6,00	7,50
50.1	Kfz-Handel	5,25	6,00	7,00
55.40.4	Kioske	5,25	6,50	7,25
29.	Maschinenbau	4,50	6,00	7,50
27.	Metallverarbeitung	2,50	4,75	7,00
52.44	Möbelhandlungen	4,00	5,50	7,25
36.1	Möbelindustrie	3,25	4,25	6,00
52.2	Nahrungsmittel	3,75	5,00	6,25
52.48.4	Optiker	4,75	6,00	7,25
21.2	Papierverarbeitung	6,25	7,50	9,25
24.4	Pharmaindustrie	10,00	12,50	14,75
36.2	Schmuckindustrie	4,50	5,25	6,75
72.2	Software-Entwicklung	3,50	4,50	7,00
36.5	Spielwarenindustrie	4,00	5,50	6,75
22.1	Buchverlage	5,25	6,75	9,25
22.12	Zeitungen	5,50	6,25	7,00

Tab. 10: Gewinnmultiplikatoren in der BRD (entnommen aus *Barthel* 1996a, 159)

Eine Übersicht über in den USA gebräuchliche market multiples findet sich bei *West/Jones* (1992, 117-127). Für die BRD wurden Gewinnmultiplikatoren von *Barthel* (1996a, 159) erhoben (s. Tab. 10). Als Vergleichsgröße wurde dabei der mittlere, um bestimmte Sondereinflüsse bereinigte Jahresgewinn vor Steuern herangezogen. Zu bereinigende Sondereinflüsse beziehen sich nach *Barthel* (1996a, 159) auf außerordentliche Aufwendungen und Erträge, nicht marktmäßige bzw. unberücksichtigt gebliebene Gehälter, Tantiemen, Zinsen und Mieten, nicht betriebswirtschaftlich gerechtfertigte

Abschreibungen, die Bildung stiller Reserven und steuerlich nicht anerkannter Rückstellungen sowie auf Zinsen bei einer nicht branchentypischen Finanzierungsquote.

Die Anwendung der erhobenen Gewinnmultiplikatoren führt allerdings in der Regel zu einer beträchtlichen Bandbreite vertretbarer potentieller Marktpreise. Wie beim CCA liegt es hier im Ermessen des Bewerters, daraus den im Einzelfall adäquat erscheinenden Wert unter Rückgriff auf zusätzliche Informationen (z.B. Marktentwicklung, Zustand des Betriebes) und auf Grund seiner Erfahrung auszuwählen.

Beispiel 43:

Der mittlere, bereinigte Jahresgewinn vor Steuern eines Möbelhandelsbetriebes in der BRD beträgt 100.000 GE. Die Anwendung der in Tab. 10 angegebenen Gewinnmultiplikatoren führt zu einer Bandbreite für den potentiellen Marktpreis mit einem Mindestwert von 400.000 GE und einem Höchstwert von 725.000 GE.

$$MP_{B,\min} = 100.000 \cdot 4{,}0 = 400.000$$
$$MP_{B,mittel} = 100.000 \cdot 5{,}50 = 550.000$$
$$MP_{B,\max} = 100.000 \cdot 7{,}25 = 725.000$$

Umsatzmultiplikatoren kommen häufig bei der Bewertung von freiberuflichen Praxen zur Anwendung, werden aber auch in anderen Wirtschaftszweigen eingesetzt. Die Verwendung von Umsatzmultiplikatoren wird häufig als *„Umsatzverfahren"* bezeichnet (s. dazu ausführlich *Barthel*, 1996c; *ders.*, 1996d). *Barthel* (1996a, 163) hat für die BRD Umsatzmultiplikator-Bandbreiten zur Ermittlung des *Goodwill* für eine Reihe von Wirtschaftszweigen veröffentlicht (s. Tab. 11).

Barthel (1996a, 162) weist darauf hin, daß die im konkreten Einzelfall anzuwendenden Multiplikatoren u.a. durch regionale Unterschiede, Kundenstruktur, Mitarbeiterqualifikation und Lohnniveau beeinflußt werden und auch von der spezifischen Angebots- und Nachfragesituation für Unternehmen der betreffenden Branche abhängen. Die Übertragbarkeit der Erfahrungssätze auf österreichische Verhältnisse scheint zudem nicht ohne weiteres gegeben zu sein, da teilweise erhebliche Unterschiede z.B. in den Wettbewerbsverhältnissen oder Kostenstrukturen bestehen. Als Beispiel hiefür sei stellvertretend der von *Barthel* angegebene Umsatzmultiplikator für den Goodwill von Apotheken in Höhe von 32 % (mittlerer Wert) genannt, der in Österreich derzeit mit etwa 100 % angenommen werden kann.

Klassifikation	**Wirtschaftszweige**	Erfahrungssätze in % von Umsatz		
		Mindestsatz	Mittelsatz	Höchstsatz
01.4	Gärtnereien	12	20	30
02	Forstwirtschaften	0	0	0
15.1	Schlachtereien	5	11	19
15.3	Obst/Gemüseverarbeitung	6	20	34
15.81.1	Bäckereien	14	20	28
15.9	Getränkeherstellung	14	23	36
15.93	Winzereien	10	15	25
15.96	Brauereien	28	40	53
17	Textilgewerbe	5	15	25
18.22	Herstellung von Oberbekleidung	2	11	20
19.2	Lederverarbeitung	7	12	20
19.3	Herstellung von Schuhen	8	14	24
20.1	Sägewerke	12	22	36
21.2	Papierverarbeitung	22	31	45
22.11.1	Buchverlage	16	34	48
22.12	Zeitungsverlage	16	21	27
24.1	Chemische Industrie	40	54	72
24.4	Pharmaindustrie	42	58	76
26.2	Herstellung von Keramik	11	21	31
26.26.1	Herstellung von Betonfertigteilen	0	4	10
27	Metallerzeugung u. -bearbeitung	5	20	35
28.1	Stahl/Leichtmetallbau	14	27	42
29	Maschinenbau	15	25	35
30.01	Herstellung von Büromaschinen	6	12	22
30.02	Herstellung von DV-Geräten	4	11	18
34.20	Herstellung von Kfz-Zubehör	8	26	40
35.1	Schiffbau	2	10	18
36.1	Möbelherstellung	6	20	32
36.2	Schmuckherstellung	18	28	43
36.3	Herstellung von Musikinstrum.	24	28	32
36.4	Sportgerätehersteller	14	25	35
36.5	Herstellung von Spielwaren	18	29	40
37.1	Recycling von Schrott	32	45	56
40.1	Elektrizitätsversorgung	61	68	75
45	Baugewerbe	10	25	40
45.21	Hoch- und Tiefbau	12	20	32
45.31	Elektroinstallation	19	32	48
45.33	Sanitär und Heizung	16	24	35
45.41	Stukkateurgewerbe	31	38	45
45.44.1	Maler	28	34	40

Klassifikation	Wirtschaftszweige	Erfahrungssätze in % von Umsatz		
		Mindestsatz	Mittelsatz	Höchstsatz
45.44.2	Glaser	29	36	44
45.5	Vermietung von Baumaschinen	39	55	71
50.1	Kfz-Handel	12	18	26
50.2	Kfz-Werkstätten	15	22	30
51.1	Handelsvertretungen	20	35	50
51.31	Großhandel mit Obst, Gemüse	17	26	35
51.34	Großhandel mit Getränken	38	45	52
51.35	Großhandel mit Tabakwaren	20	23	25
51.46	Pharmazeutischer Großhandel	42	58	71
52.11	Einzelhandel Lebensm./Getr./Tabakw.	8	16	25
52.15.2	Getränkehandel/Bierverlag	26	36	50
52.26	Einzelhandel mit Tabakwaren	3	8	12
52.31	Apotheken	25	32	51
52.42	Einzelhandel mit Bekleidung	3	11	33
52.43	Einzelhandel mit Schuhen	5	13	25
52.44	Einzelhandel mit Möbeln	12	24	36
52.47	Einzelhandel mit Büchern	14	28	42
52.47.3	Einzelhandel mit Zeitschriften	9	21	29
52.48.4x	Einzelhandel mit Computer	6	15	25
52.48.4x	Augenoptiker	11	21	32
52.50	Einzelhandel mit Antiquitäten	4	9	18
55.11.1	Hotels	10	21	32
55.30.1	Restaurants	12	25	35
55.30.1	Cafés	16	23	30
55.30.4	Eisdielen	14	20	26
55.30.5	Imbißhallen	5	15	26
55.40.1	Gaststätten	8	17	30
55.40.3	Diskotheken/Tanzlokale	22	36	55
60.21.3	Omnibus-Überland-Verkehr	12	22	28
62.3	Speditionen	5	15	25
63.30.1	Reisebüros	13	23	34
64.12.3	Private Paketdienste	20	26	33
65.12.1	Kreditbanken	36	52	68
66.01	Lebensversicherungen	80	95	110
66.03.1	Krankenversicherungen	35	45	55
67.20.1	Versicherungsagenturen	20	35	53
67.20.2	Versicherungsmakler	11	28	45
70.12	Immobilienmakler	11	25	35
72.20	Softwarehäuser	20	35	50
72.50.0	Reparatur von Büromaschinen	15	23	31

Klassifikation	**Wirtschaftszweige**	Erfahrungssätze in % von Umsatz		
		Mindestsatz	Mittelsatz	Höchstsatz
73.10.4	F&E Gentechnik	78	95	112
74.11.2x	Rechtsanwalts-Stadtpraxen	52	62	70
74.11.2x	Rechtsanwalts-Landpraxen	28	40	52
74.11.4	Patentanwaltskanzleien	37	54	60
74.12.1	Wirtschaftsprüferpraxen	110	125	140
74.12.3	Steuerberater-Praxen West/Stadt	100	116	125
74.12.3x	Steuerberater-Praxen West/Land	90	100	110
74.12.3x	Steuerberater-Praxen Ost/Stadt	70	80	95
74.12.3x	Steuerberater-Praxen Ost/Land	60	70	80
74.12.3x	Steuerberater-Praxen Zonenrand/Stadt	90	100	110
74.12.3x	Steuerberater-Praxen Zonenrand/Land	80	85	90
74.20.1	Architekturbüros	26	43	60
74.20.4	Ingenieurbüros	12	28	44
74.5	Zeitarbeitsunternehmen	45	60	75
74.60.1	Detekteien	30	39	51
74.70.1	Gebäudereinigungen	47	61	76
74.84.6	Inkassobüros	42	56	66
80.41.1	Fahrschulen (Kfz)	18	25	34
85.12.1	Allgemeinmedizin	30	44	60
85.12.1x	Augenarzt	25	37	48
85.12.1x	Chirurg	28	40	50
85.12.1x	Frauenarzt	26	42	56
85.12.1x	HNO-Arzt	27	36	46
85.12.1x	Dermatologie	18	27	42
85.12.1x	Innere Medizin	25	36	48
85.12.1x	Kinderarzt	25	38	47
85.12.1x	Labormedizin	24	36	50
85.12.1x	Lungenheilkunde	21	30	43
85.12.1x	Neurochirurgie	23	33	44
85.12.1x	Neurologie	26	32	38
85.12.1x	Nuklearmedizin	25	38	52
85.12.1x	Orthopädie	15	29	42
85.12.1x	Praktischer Arzt	24	40	56
85.12.1x	Radiologie	20	24	28
85.12.1x	Urologie	22	34	46
85.13.0	Zahnarztpraxen	20	34	50
85.14.3	Heilpraktiker	21	35	54
85.20.1	Tierarztpraxen	18	35	52
92.13.01	Filmtheater	15	25	35
92.34.1	Tanzschulen	23	34	44

Klassifikation	**Wirtschaftszweige**	Erfahrungssätze in % von Umsatz		
		Mindestsatz	Mittelsatz	Höchstsatz
93.01.1	Wäschereien	15	21	28
93.01.3	Chemische Reinigungen	10	16	26
93.02.1	Damen- und Herrenfriseure	10	15	40
93.02.4	Kosmetiksalons	13	23	37
93.03.1	Bestattungsinstitute	26	36	48
93.05.1	Ehevermittlungsinstitut	22	30	38

Tab. 11: Umsatzmultiplikatoren zur Ermittlung des Goodwill in der BRD nach *Barthel* (1996a, 163)

Auch die Heranziehung der angegebenen Umsatzmultiplikatoren für die BRD führt zu breiten Bewertungsspielräumen. Die konkrete Schätzung des potentiellen Marktpreises liegt wieder im Ermessen des Bewerters (zu Kriterien für Zu- und Abschläge vom mittleren Erfahrungssatz s. *Barthel*, 1996c, 1462 f).

Beispiel 44:

Der (ggf. bereinigte) Umsatz eines Obst- und Gemüsegroßhandelsbetriebes in der BRD beträgt 10,000.000 GE. Die Anwendung der in Tab. 11 angegebenen Umsatzmultiplikatoren führt zu einer Bandbreite für den potentiellen Marktpreis des Goodwill (MP(GW)) mit einem Mindestwert von 1,700.000 GE und einem Höchstwert von 3,500.000 GE.

$$MP(GW)_{B,\min} = 10{,}000.000 \cdot 0{,}17 = 1{,}7000.000$$
$$MP(GW)_{B,mittel} = 10{,}000.000 \cdot 0{,}26 = 2{,}600.000$$
$$MP(GW)_{B,\max} = 10{,}000.000 \cdot 0{,}35 = 3{,}500.000$$

Um den potentiellen Marktpreis des Unternehmens zu bestimmen, muß zum Marktpreis des Goodwill der (gesondert zu ermittelnde) Substanzwert des Obst- und Gemüsegroßhandelsbetriebes addiert werden.

Für Österreich liegen kaum Publikationen gebräuchlicher Multiplikatoren vor. *Fattinger* (1989, 246 ff) hat die Anwendung von Umsatzmultiplikatoren zur Bewertung des Goodwill bzw. Mandantenstockes von Wirtschaftstreuhandkanzleien untersucht und die Ergebnisse jenen bei Einsatz anderer Bewertungsverfahren (Übergewinnverfahren, Ertragswertverfahren) gegenübergestellt.

Ein Vergleich des Multiplikatorverfahrens auf Grundlage von Gewinn- oder Cash-flow-Multiplikatoren mit dem einfachen Rentenmodell des Ertragswertverfahrens zeigt, daß der Multiplikator formal dem Kehrwert des Diskontierungssatzes im Ertragswertverfahren entspricht (vgl. *Ballwieser*, 1991, 54 f). Bezeichnet E den konstanten Unternehmensertrag (Gewinn oder Cash-flow), b den Basiszinsfuß und z den Risikozuschlag, dann erhält man im einfachen Rentenmodell bei Anwendung des Ertragswertverfahrens für den Entscheidungswert eines potentiellen Käufers:

(2.71) $$P_{\max} = \frac{E}{b+z}$$

Bezeichnet m den entsprechenden Multiplikator für die als Unternehmensertrag herangezogene Gewinn- oder Cash-flow-Größe, kann der potentielle Marktpreis des zu bewertenden Unternehmens wie folgt bestimmt werden:

(2.72) $$MP_B = E \cdot m$$

Daraus könnte nun folgender Zusammenhang abgeleitet werden:

(2.73) $$MP_B = \frac{E}{b+z} \quad \text{mit} \quad \frac{1}{b+z} = m$$

Ein Multiplikator von beispielsweise 5 würde dann einem „Diskontierungssatz" von 20 % entsprechen.

Eine Interpretation des Multiplikators als Kehrwert des Diskontierungssatzes ist zwar formal möglich, u.E. jedoch nicht sinnvoll, da Ertragswert- und Multiplikatormethode auf völlig unterschiedlichen Bewertungskonzeptionen aufsetzen. Durch den Multiplikator soll der potentielle Marktpreis des Unternehmens abgeschätzt werden. Demgegenüber ist das Ertragswertverfahren auf die Bestimmung individueller Entscheidungswerte ausgerichtet. In den Diskontierungssatz fließen subjektive Einschätzungen des potentiellen Käufers bzw. Verkäufers über Alternativrendite und Risiko ein. Der herstellbare formale Zusammenhang kann daher die materielle Verschiedenheit von Multiplikator- und Ertragswertmethode nicht beseitigen.

3.2. Beurteilung

Die Multiplikatormethode basiert auf zahlreichen Vereinfachen und soll zu einer groben Abschätzung des potentiellen Marktpreises des zu bewertenden Unternehmens führen. Unterstellt wird dabei u.a., daß es sich beim Bewertungsobjekt um ein „branchentypisches" Unternehmen mit homogener Kosten- und Erlösstruktur handelt, das zu branchenüblichen Konditionen veräußert werden kann. Probleme ergeben sich etwa bei stark schwankenden Vergleichsgrößen oder anderen Besonderheiten des Bewertungsobjektes. Für Multiplikatoren werden in der Regel Bandbreiten angegeben. Die Auswahl des adäquaten Multiplikators liegt im Ermessen des Bewerters, der zur Schätzung des potentiellen Marktpreises zusätzliche Analysen und seine Erfahrung einbringen kann. Allgemein anerkannte Kriterien haben sich hiefür nicht herausgebildet. Bedenkt man dies, erscheint zumindest fraglich, inwieweit dann noch von einem potentiellen Marktpreis gesprochen werden kann. In diesem Sinn kommt auch *Ballwieser* (1991, 62) zum Ergebnis, daß die Multiplikatormethode – ungeachtet ihrer praktischen Bedeutung – theoretisch kaum zu begründen ist, und stellt in der Folge fest: „Wer die besonderen Eigenschaften eines Unternehmens innerhalb einer bestimmten Branche durch Variationen des Multiplikators berücksichtigen will, kann dies beliebig, aber auf kaum nachprüfbare Weise."

Die Multiplikatormethode ist auf die Abschätzung potentieller Marktpreise gerichtet. Zur Bestimmung von Entscheidungswerten ist sie nicht geeignet. Die auf einem bestimmten Markt geforderten oder realisierbaren Preise werden nicht die subjektiven Erwartungen, Risikoeinschätzungen und Möglichkeiten eines potentiellen Käufers oder Verkäufers im Sinne von Grenzpreisen widerspiegeln. Wäre dies der Fall, könnten die Begriffe Wert und Preis gleichgesetzt werden und würden die Vermögenspositionen der Akteure am Markt durch die Transaktion von Unternehmen(santeilen) stets unverändert bleiben.

Die mit Hilfe von Multiplikatoren geschätzten potentiellen Marktpreise können im Rahmen von Bewertungen als Orientierungsgrößen dienen oder zur Plausibilitätskontrolle eingesetzt werden. Im Rahmen der Anwendung der Ertragswert- und DCF-Verfahren dienen sie häufig zur Abschätzung des „Terminal Value", somit zur Prognose künftiger Marktpreise (*Ballwieser*, 1991, 61). Einsatzmöglichkeiten für die Multiplikatormethode ergeben sich daneben vor allem als Instrument zur Durchsetzung von Verhandlungspositionen. Nach *Jaensch* (1989, 335) spielen die in den USA beobachtbaren Feststellungen über die Preisbildung „insofern eine wichtige Rolle, als sie bestimmte Wertgrenzen oder Wertbänder indizieren, unterhalb derer man nur wenig Aussicht auf Verhandlungserfolg haben kann".

B. Substanzwertverfahren auf Basis von Reproduktionswerten

Literatur:

Sieben, G.: Der Substanzwert der Unternehmung, Wiesbaden 1963; *Moxter*, A.: Grundsätze ordnungsmäßiger Unternehmensbewertung, 2. Aufl, Wiesbaden 1983, S. 41-55; *Bellinger*, B./*Vahl*, G.: Unternehmensbewertung in Theorie und Praxis, 2. Aufl, Wiesbaden 1992; *Sieben*, G.: Wesen, Ermittlung und Funktion des Substanzwertes als „vorgeleistete Ausgaben", in: Busse v. Colbe/Coenenberg (Hrsg): Unternehmensakquisition und Unternehmensbewertung, Stuttgart 1992, S. 67-88; *Tichy*, G.E.: Unternehmensbewertung: Grundlagen, Methoden, Praxis, 2. Aufl, Wien 1992; *Helbling*, C.: Unternehmensbewertung und Steuern, 8. Aufl, Düsseldorf 1995; *Barthel*, C.W.: Unternehmenswert: Die einzelwirtschaftsgüterorientierten Bewertungsverfahren, DStR 1995b, S. 1684-1691; *Bender*, J./*Lorson*, P.: Klassische Verfahren der Unternehmensbewertung (I) – Überblick und Einführung in das Substanzwertverfahren, BuW 1995, S. 109-113; *Serfling*, K./*Pape*, U.: Theoretische Grundlagen und traditionelle Verfahren der Unternehmensbewertung, WISU 1995, S. 808-819.

Das Substanzwertverfahren auf Basis von Reproduktionswerten stellt das in der Praxis bedeutsamste Einzelbewertungsverfahren dar. Konzeption und Funktionsweise dieses Verfahrens wurden in Grundzügen bereits vorgestellt. Vor dem Hintergrund der Entscheidungswertermittlung wird darauf im folgenden näher eingegangen. Auf eine Behandlung des Substanzwertverfahrens auf Basis von Liquidationswerten wird verzichtet, da dabei nicht von einer Weiterführung des zu bewertenden Unternehmens ausgegangen wird. Die Konzeption des Substanzwerts als „vorgeleistete Ausgaben" wurde bereits unter II.C.2. diskutiert.

1. Vollreproduktionswert

Dem Substanzwertverfahren auf Basis von Reproduktionswerten liegt die Vorstellung einer Unternehmensreproduktion zugrunde. Der Unternehmenswert bestimmt sich in Höhe jenes Betrages, der erforderlich wäre, um das Unternehmen „nachzubauen". Er wird auf dieser Grundlage aus der Summe der Reproduktionswerte der einzelnen betriebsnotwendigen Vermögensgegenstände und Schulden ermittelt. Nicht betriebsnotwendige Vermögensgegenstände fließen in die Substanzwertermittlung mit ihren Liquidationswerten ein, da insoweit eine Verwertung durch Einzelveräußerung unterstellt wird.

Die „Reproduktionswerte" („Zeitwerte") der betriebsnotwendigen Vermögensgegenstände sind als Wiederbeschaffungs(alt)werte zu bestimmen. Dabei ist dem Zustand und Alter der Vermögensgegenstände Rechnung zu tragen. Z.B. im Bereich des abnutzbaren

Anlagevermögens sind zu diesem Zweck ausgehend von den erhobenen Wiederbeschaffungsneuwerten entsprechende Abschreibungen für die technische bzw. wirtschaftliche Wertminderung vorzunehmen (zum Wertansatz für Einzelpositionen s. z.B. *Helbling*, 1995, 193 ff; *Bellinger/Vahl*, 1992, 131 ff). Die Fiktion des Unternehmensnachbaus erfordert die Erfassung sämtlicher Vermögensgegenstände und Schulden, unabhängig davon, ob sie in der Handelsbilanz bzw. im Inventar des zu bewertenden Unternehmens ausgewiesen sind oder nicht. Die Bestimmung von Reproduktionswerten hat sich daher z.B. auch auf die mangels Anschaffungskosten nicht aktivierten immateriellen Vermögensgegenstände wie Mietrechte, selbstgeschaffene Patentrechte, Marken, Software und Konzessionen zu erstrecken. Für einen vollständigen Unternehmensnachbau müssen jedoch darüber hinaus strenggenommen auch Reproduktionswerte für alle sonstigen immateriellen Vermögenswerte wie Kundenstock, Marktanteile, Lieferantenbeziehungen, Organisation, Qualität der Mitarbeiter, vorhandene Potentiale im Forschungs- und Entwicklungsbereich berücksichtigt werden.

Von der Summe der Wertansätze für die Vermögensgegenstände sind die unter der Annahme der Unternehmensfortführung zu bedeckenden Schulden zum Bewertungsstichtag abzuziehen. Nach *Helbling* (1995, 223) sind Verbindlichkeiten und Rückstellungen dabei mit ihrem Barwert anzusetzen. Umstritten ist beispielsweise, inwieweit auch Rückstellungen für latente Ertragsteuern für steuerhängige stille Reserven zu berücksichtigen sind (s. dazu *Helbling*, 1995, 255).

Die Erfassung sämtlicher zum Nachbau des Unternehmens erforderlicher Vermögenswerte und Schulden ergibt den Vollreproduktionswert (Vollrekonstruktionswert) des Unternehmens. Seine Ermittlung kann schematisch wie folgt dargestellt werden:

	Reproduktionswerte der in der Handelsbilanz bzw. im Inventar erfaßten betriebsnotwendigen Vermögensgegenstände
+	Reproduktionswerte aller nicht erfaßten betriebsnotwendigen Vermögensgegenstände
+	Liquidationswerte der nicht betriebsnotwendigen Vermögensgegenstände
–	Schulden bei Fortführung des Unternehmens
	Vollreproduktionswert des Unternehmens

Der Vollreproduktionswert des Unternehmens soll jenen Betrag angeben, der notwendig ist, um das Unternehmen nachzubauen. Die Frage, ob sich der Nachbau für einen potentiellen Käufer lohnt bzw. ob der Vollreproduktionswert den Entscheidungswert für einen potentiellen Käufer angibt, ist aber damit noch nicht beantwortet. Als Rechtfertigung für den Vollreproduktionswert als Entscheidungswert wird die sog. *„Normalwerthypothese“*

herangezogen. Ihr liegt die Vorstellung zugrunde, der Reproduktionswert repräsentiere jenen Preis des Unternehmens, der „nachhaltig“, „im Gleichgewicht“ gelte. *Moxter* (1983, 45 ff) erläutert die Normalwerthypothese wie folgt: Man gehe davon aus, daß aus dem zu bewertenden Unternehmen unendlich lange ein uniformer Ertragsstrom in Höhe von E erwartet werden könne. Der Vollreproduktionswert des Unternehmens sei mit VRW bezeichnet. Die durch den Unternehmensnachbau erzielbare Rendite (r_{VRW}) kann dann wie folgt berechnet werden:

(2.74) $$r_{VRW} = \frac{E}{VRW}$$

Gemäß der Normalwerthypothese existiert nun ein „Normalzins“ (i), der die in der Volkswirtschaft durchschnittlich erzielbare Kapitalrendite angibt. Der Unternehmensnachbau ist dann attraktiv, wenn r_{VRW} größer als i ist. Ein Gleichgewichtszustand tritt erst ein, wenn die Bedingung

(2.75) $$r_{VRW} = i$$

erfüllt ist. In diesem Gleichgewicht gilt dann aber:

(2.76) $$\frac{E}{VRW} = r_{VRW} = i$$

bzw.

(2.77) $$\frac{E}{i} = VRW.$$

Im Gleichgewicht entspricht daher der Vollreproduktionswert des Unternehmens dem Ertragswert. Wären daher die geschilderten Voraussetzungen erfüllt, könnte der Entscheidungswert als Ertragswert auch durch Ermittlung des Vollreproduktionswertes bestimmt werden.

Neben den äußerst einschränkenden und wenig realitätsgerechten Bedingungen für die Gültigkeit der „Normalwerthypothese“ besteht die Problematik dieses Ansatzes vor allem darin, daß ein Vollreproduktionswert des Unternehmens im beschriebenen Sinn in der Regel gar nicht ermittelt werden kann. Die hiefür erforderliche Bestimmung der Reproduktionswerte der immateriellen Vermögensgegenstände führt zu erheblichen praktischen Schwierigkeiten. So stellt beispielsweise die Reproduktionswertermittlung für den vorhandenen Kundenstock (Marktanteile), für die Lieferantenbeziehungen, die vorhandene Organisation, die Qualität der Mitarbeiter oder das vorhandene Forschungspotential zumeist eine praktisch unlösbare Aufgabe dar.

Der Vollreproduktionswert des Unternehmens erweist sich demnach als theoretisches Konstrukt. Die Bewertungspraxis trägt dem Rechnung und schränkt die Substanzwertermittlung auf die Bestimmung eines Teilreproduktionswertes (Teilrekonstruktionswertes) ein.

2. Teilreproduktionswert

Nach dem Fachgutachten KFS/BW1 geht immaterielles Vermögen, das „keinen selbständigen Verkehrswert hat", nicht in die Substanzwertermittlung ein. Im Gegensatz zum Vollreproduktionswert bleiben daher immaterielle Vermögenswerte, die nicht oder nur schwer quantifizierbar sind, bei der Bestimmung des Teilreproduktionswertes unberücksichtigt. Zu fragen ist daher, welche Bedeutung dem so definierten Teilreproduktionswert des Unternehmens zukommt.

Ein Maß für den Ertragswert eines Unternehmen kann sich aus dem Teilreproduktionswert nicht ergeben. Der geschilderte (theoretische) Zusammenhang zwischen Ertragswert und Substanzwert durch die Normalwerthypothese kann nur für den Vollreproduktionswert gelten. Der Teilreproduktionswert kann weiters auch keine Entscheidungsgrundlage dafür abgeben, ob ein bestimmtes Unternehmen gekauft oder ein ähnliches Unternehmen errichtet werden soll. Bei der Errichtung eines ähnlichen Unternehmens sind nicht nur die Auszahlungen für die Anschaffung von Vermögensgegenständen wie Grundstücke, Maschinen, Rohstoffe zu berücksichtigen, sondern auch solche für den Aufbau der Organisation, der Kunden- und Lieferantenbeziehungen usw. Beim Kauf eines bestehenden Unternehmens können diese Auszahlungen zumindest teilweise erspart werden. Wie in II.C.2. dargelegt, kann der Substanzwert als „vorgeleistete Ausgaben" unter bestimmten Voraussetzungen dem Entscheidungswert eines potentiellen Käufers entsprechen. Der Teilreproduktionswert kann aber höher oder auch niedriger als diese ersparten Auszahlungen sein (vgl. *Sieben*, 1992, 86 f). Beabsichtigt etwa der potentielle Käufer, das Unternehmen nach dem Kauf wesentlich umzustrukturieren, werden die durch den Unternehmenskauf ersparten Auszahlungen geringer als der Teilreproduktionswert sein. Kann das Unternehmen im wesentlichen ohne zusätzliche Ausgaben weitergeführt werden, dann werden ersparten Auszahlungen hoch sein und die Teilreproduktionskosten mitunter übersteigen.

Aus den angeführten Gründen ist der Teilreproduktionswert für die Entscheidungssituation eines potentiellen Käufers nicht relevant. Für einen potentiellen Verkäufer kann der Teilreproduktionswert aber ebenfalls kein Entscheidungswert sein, da ein Unternehmensnachbau für ihn kein relevantes Szenario darstellt.

3. Beurteilung

Zusammenfassend kann festgehalten werden, daß das Substanzwertverfahren auf Basis von Reproduktionswerten für die Entscheidungswertermittlung ungeeignet ist. Diese Feststellung gilt unabhängig davon, ob der Substanzwert als Voll- oder Teilreproduktionswert ermittelt wird.

Wie bereits dargelegt, bedeutet dies nicht, daß die im zu bewertenden Unternehmen vorhandene Substanz für die Entscheidungswertermittlung irrelevant wäre. Umfang, Struktur und Beschaffenheit der vorhandenen Unternehmenssubstanz determinieren z.B. den künftigen Investitionsbedarf und bestimmen das Potential für die zu erwartenden Unternehmenserträge. Eine umfassende Analyse der vorhandenen Vermögenswerte und Schulden bildet damit eine unabdingbare Voraussetzung für die zur Entscheidungswertermittlung führende Prognose der Unternehmenserträge sowie für eine Beurteilung des Risikos.

Praktische Bedeutung kann dem Substanzwert als Teilreproduktionswert in Zusammenhang mit der Abbildung von Unternehmenserwerben in der Handels- und Steuerbilanz zukommen. Aufgrund des dort geltenden Einzelbewertungsprinzips ist die Gegenleistung für den Unternehmenserwerb auf die einzelnen erworbenen Vermögensgegenstände und Schulden aufzuteilen. Inwieweit die für den Bilanzansatz vorgeschriebenen Wertmaßstäbe („Tageswert“, „Teilwert“) von den Reproduktionswerten abweichen, ist dabei im Einzelfall zu prüfen. Die Differenz zwischen den so ermittelten Einzelansätzen und der gesamten Gegenleistung wird in der Regel als „Firmenwert“ („Geschäftswert“) bilanziert.

C. Mischverfahren

Literatur:

Mellerowicz, K.: Der Wert der Unternehmung als Ganzes, Essen 1952; *Moxter*, A.: Grundsätze ordnungsmäßiger Unternehmensbewertung, 2. Aufl, Wiesbaden 1983; *Tichy*, G.: Unternehmensbewertung: Grundlagen, Methoden, Praxis, 2. Aufl, Wien 1992; *Tichy*, G.: Unternehmensbewertung in Theorie und Praxis, Wien 1994; *Helbling*, C.: Unternehmensbewertung und Steuern, 8. Aufl, Düsseldorf 1995.

Bei Mischverfahren wird der Unternehmenswert durch eine Kombination aus Ertragswert- und Substanzwertverfahren ermittelt. Im einfachsten Fall des Mittelwertverfahrens errechnet sich der Unternehmenswert als arithmetisches Mittel aus Ertragswert und Teilreproduktionswert. Die einzelnen Ausprägungsformen der Mischverfahren (Mittelwertverfahren, Übergewinnverfahren) wurden bereits dargestellt. Auf die diesen Verfahren anhaftenden schwerwiegenden theoretischen Mängel wurde hingewiesen.

Die gemeinsame gedankliche Basis der Mischverfahren liegt in der Annahme, daß der Substanzwert den „Normalwert" bilde (vgl. *Moxter*, 1983, 60). Sie ist Ausdruck eines Mißtrauens in die Ertragsschätzung und versucht, diese durch den fiktiven „Normalertrag" zu korrigieren. Die Unzweckmäßigkeit der Mischverfahren kann dann aus der Unzulässigkeit der Normalwerthypothese abgeleitet werden. Eine Heranziehung dieser Verfahren zur Entscheidungswertermittlung ist daher abzulehnen.

Empirische Untersuchungen belegen jedoch, daß Mischverfahren in der Praxis weiterhin zum Teil erhebliche Bedeutung zukommt, und daß diese Verfahren insbesondere von Steuerberatern eingesetzt werden (vgl. 1.Kap.IV.F.). Auch das „Wiener Verfahren 1996" zur Ermittlung des gemeinen Wertes von inländischen, nicht notierten Anteilen an Kapitalgesellschaften bedient sich der Mittelwertmethode.

Im Fachgutachten KFS/BW1, das den Unternehmenswert grundsätzlich als Ertragswert ableiten will, wird das Übergewinnverfahren als eine „Sonderform der Mehrphasenmethode" beschrieben und damit in die Nähe der Ertragswertkonzeption gerückt. Diese Bezeichnung ist jedoch insoweit irreführend, als sie den Blick auf die überkommene konzeptionelle Orientierung des Verfahrens am Substanzwert als „Normalwert" verdeckt. Die Dominanz der Normalwerthypothese soll anhand eines einfachen Beispiels veranschaulicht werden.

Beispiel 44:

Für ein zu bewertendes Unternehmen wurde der Teilreproduktionswert mit 50.000 GE ermittelt und der Kalkulationszinsfuß mit 8% festgelegt. Der „Normalertrag" beträgt daher 4.000 GE p.a. Aufgrund der günstigen Entwicklung lassen Planungsrechnungen für die kommenden Perioden einen jährlichen Unternehmensertrag von 7.000 GE erwarten. Wird nun die „Nachhaltigkeitsdauer" der Übergewinne mit 4 Jahren festgelegt, errechnet sich der Unternehmenswert nach dem Übergewinnverfahren wie folgt (vgl. oben Ausdruck (1.10)):

$$UW = 50.000 + \sum_{t=1}^{4} (7.000 - 0{,}08 \cdot 50.000) \cdot 1{,}08^{-t} = 59.936$$

Dabei wird der folgende Verlauf der künftigen Unternehmenserträge unterstellt:

	7.000	7.000	7.000	7.000	4.000	4.000	4.000	4.000	...
0	1	2	3	4	5	6	7	8	...

Die Dominanz der Substanzwertkomponente ist evident, der drastische Einbruch der Unternehmenserträge nach Ablauf der Nachhaltigkeitsdauer unplausibel.

Aus den dargelegten Gründen kann das Übergewinnverfahren nicht als spezielle Ausprägungsform des Ertragswertverfahrens angesehen werden (vgl. dazu *Moxter*, 1983, 56 ff). Die Feststellung bei *Tichy* (1994, 59), die Substanz bzw. der „Sachwert" des betriebsnotwendigen Vermögens habe in der Übergewinnmethode kein größeres Gewicht als in der „reinen" Ertragswertmethode, ist unzutreffend.

3. Kapitel
Ermittlung von Marktwerten

Literatur:

Rappaport, A.: Creating Shareholder Value, New York u.a. 1986; *Gomez*, P./*Weber*, B.: Akquisitionsstrategie – Wertsteigerung durch Übernahme von Unternehmen, Stuttgart 1989; *Volpert*, V.: Kapitalwert und Ertragsteuern. Die Bedeutung der Finanzierungsprämisse für die Investitionsrechnung, Wiesbaden 1989; *Brealy*, R.A./*Myers*, S.C.: Principles of Corporate Finance, 4th ed., New York u.a. 1991; *Bühner*, R./*Weinberger*, H.J.: Cash-Flow und Shareholder Value, BFuP 1991, S. 187-208; *Meyersiek*, D.: Unternehmenswert und Branchendynamik, BFuP 1991, S. 233-240; *Stewart*, G.B.: The Quest for Value, New York 1991; *Weber*, B.: Beurteilung von Akquisitionen auf der Grundlage des Shareholder Value, BFuP 1991, S. 221-232; *Mittermair*, K.: Unternehmensbewertung aus internationaler Sicht, RWZ 1992, S. 249-252; *Šuckut*, S.: Unternehmensbewertung für internationale Akquisition, Wiesbaden 1992; *Ballwieser*, W.: Methoden der Unternehmensbewertung, in: Gebhardt/Gerke/Steiner (Hrsg): Handbuch des Finanzmanagements, München 1993, S. 151-176; *Börsig*, C.: Unternehmenswert und Unternehmensbewertung, ZfbF 1993, S. 79-91; *Bühner*, R.: Shareholder Value – Eine Analyse von 50 großen Aktiengesellschaften in der Bundesrepublik Deutschland, DB 1993, S. 749-769; *Richter*, F./*Stiglbrunner*, K.: Anwendung des Unternehmenswert-Konzeptes in Deutschland, in: Copeland/Koller/Murrin: Unternehmenswert – Methoden und Strategien für eine wertorientierte Unternehmensführung, Frankfurt-New York 1993, S. 409-424; *Schmidt*, R.: Das Shareholder Value-Konzept, in: Fritsch/Liener/Schmidt (Hrsg): Die deutsche Aktie, Stuttgart 1993, S. 277-296; *Ballwieser*, W.: Adolf Moxter und der Shareholder Value-Ansatz, in: Ballwieser u.a. (Hrsg): Bilanzrecht und Kapitalmarkt, Düsseldorf 1994, S. 1378-1405; *Buchner*, R.: Zum Shareholder-Value-Ansatz, WiSt 1994, S. 513-516; *Copeland*, T./*Koller*, T./*Murrin*, J.: Valuation – Measuring and Managing the Value of Companies, 2nd ed., New York 1994; *Damodaran*, A.: Damodaran on Valuation, New York u.a. 1994; *Dirrigl*, H.: Konzepte, Anwendungsbereiche und Grenzen einer strategischen Unternehmensbewertung, BFuP 1994, S. 409-432; *Erhardt*, M.C.: The Search for Value: Measuring the Company's Cost of Capital, Boston 1994; *Herter*, R.N.: Unternehmenswertorientiertes Management, München 1994; *Kümmel*, A.T.: Bewertung von Kreditinstituten nach dem Shareholder-Value-Ansatz, Ludwigsburg-Berlin 1994; *Lehmann*, S.: Neue Wege in der Bewertung börsennotierter Aktiengesellschaften, Wiesbaden 1994; *Lewis*, T.G.: Steigerung des Unternehmenswertes, Landsberg am Lech 1994; *Wagenhofer*, A.: Share Holder Value-Konzept, in: Busse von Colbe (Hrsg): Lexikon des Rechnungswesens, 3. Aufl, München-Wien 1994, S. 560-562; *Ballwieser*, W.: Aktuelle Aspekte der Unternehmensbewertung, WPg 1995a, S. 119-129; *Ballwieser*, W.: Unternehmensbewertung, in: Gerke/Steiner (Hrsg): Handwörterbuch des Bank- und Finanzwesens, 2. Aufl, Stuttgart 1995b, Sp. 1867-1882; *Born*, K.: Unternehmensanalyse und Unternehmensbewertung, Stuttgart 1995; *Drukarczyk*, J.: DCF-Methoden und Ertragswertmethoden – einige klärende Anmerkungen, WPg 1995, S. 329-334; *Drukarczyk*, J./*Richter*, F.: Unternehmensgesamtwert, anteilsorientierte Finanzentscheidungen und APV-Ansatz, DBW 1995, S. 560-580; *Hachmeister*, D.: Der Discounted Cash Flow als Maß der Unternehmenswertsteigerung, Frankfurt a.M. u.a. 1995; *Jonas*, M.: Unternehmensbewertung: Zur Anwendung der Discounted-Cash-flow-Methode in Deutschland, BFuP 1995, S. 83-98; *Klien*, W.: Wertsteigerungsanalyse und Messung von Managementleistungen, Wiesbaden 1995; *Nadvornik*, W.: Finanzwirtschaftliche Unternehmensbewertung, RWZ 1995, S. 374-379; *Sach*, A.: Kapitalkosten der

Unternehmung und ihre Einflußfaktoren, Aachen 1995; *Schmidt*, J.G.: Die Discounted Cash-flow-Methode – Nur eine kleine Abwandlung der Ertragswertmethode?, ZfbF 1995, S. 1088-1118; *Sieben*, G.: Unternehmensbewertung: Discounted Cash Flow-Verfahren und Ertragswertverfahren – Zwei völlig unterschiedliche Ansätze?, in: Lanfermann (Hrsg): Internationale Wirtschaftsprüfung, Düsseldorf 1995, S. 713-737; *Unzeitig*, E./*Köthner*, D.: Shareholder Value Analyse, Stuttgart 1995; *Arbeitskreis „Finanzierung"* der Schmalenbach-Gesellschaft: Wertorientierte Unternehmenssteuerung mit differenzierten Kapitalkosten, ZfbF 1996, S. 543-578; *Drukarczyk*, J.: Unternehmensbewertung, München 1996; *Fischer*, E.: Finanzwirtschaft für Fortgeschrittene, München-Wien 1996b; *Hachmeister*, D.: Die Abbildung der Finanzierung im Rahmen verschiedener Discounted Cash-flow-Verfahren, ZfbF 1996, S. 251-277; *Holzer*, H.P./*Aigner*, H.: Shareholder Value in Theorie und Praxis, RWZ 1996, S. 271-275; *Kirsch*, H.J./*Krause*, C.: Kritische Überlegungen zur Discounted Cash Flow-Methode, ZfB 1996, S. 793-813; *Richter*, F.: Die Finanzierungsprämissen des Entity-Ansatzes vor dem Hintergrund des APV-Ansatzes zur Bestimmung von Unternehmenswerten, ZfbF 1996, S. 1076-1097; *Bender*, J./*Lorson*, P.: Verfahren der Unternehmensbewertung (IV): Discounted-Cash-flow Verfahren und Anmerkung zu Shareholder-Value-Konzepten, BuW 1997, S. 1-9.

I. Anwendungsbereich

Wie bereits dargelegt, ist unter dem „Marktwert" einer Unternehmung der Unternehmenswert aus der Sicht des Kapitalmarktes, d.h. der dort operierenden Eigen- und Fremdkapitalgeber zu verstehen. Der Marktwert der Unternehmung (des Gesamtkapitals) entspricht dem Barwert aller künftigen Zahlungen, die die Kapitalgeber des Unternehmens erwarten, und setzt sich aus dem Marktwert des Eigenkapitals und dem Marktwert des Fremdkapitals zusammen.

Die Ermittlung von Marktwerten hat in jüngerer Zeit insbesondere in Verbindung mit den Schlagwörtern „Shareholder Value" und „Value-Based-Management" Bekanntheit erlangt. Der Begriff Shareholder Value bezeichnet dabei den Marktwert des Unternehmens für die Eigenkapitalgeber (Marktwert des Eigenkapitals) als Ergebnis der Wertermittlung. Von Bedeutung ist, daß die Bewertungskonzeption des Shareholder Value nicht in Verbindung mit transaktionsbezogenen Bewertungsanlässen entwickelt wurde, sondern basierend auf dem grundlegenden Werk von *Rappaport* „Creating Shareholder Value" (1986) – die Grundlage einer neuen Strategiebeurteilung für das Management schaffen will. Mit einer auf dem Shareholder Value-Ansatz basierenden Wertsteigerungsanalyse soll das Management jene Strategien und Maßnahmen als vorteilhaft erkennen, die auch zu einer Steigerung des Eigentümerwerts führen. Eine an diesen Grundsätzen ausgerichtete Unternehmensführung wird u.a. als „Value-Based-Management" bezeichnet (vgl. z.B. *Rappaport*, 1986; *Stewart*, 1991; *Herter*, 1994, 13; *Dirrigl*, 1994, 409 ff; *Arbeitskreis „Finanzierung"*, 1996, 543). Bewertungen zum Zweck der

Marktwertermittlung dienen daher vor diesem Hintergrund primär zur Beurteilung von verschiedenen, dem Management offenstehenden Handlungsmöglichkeiten. Die Entscheidungsgrundlage für die Unternehmensleitung ergibt sich dabei aus der mit einer Handlungsmöglichkeit voraussichtlich verbundenen Änderung des Shareholder Value. Als vorteilhaft wird jene Strategie erachtet, die den Shareholder Value und damit langfristig auch den Börsenkurswert der Unternehmensanteile maximiert.

Praktische Bedeutung besitzt die Marktwertermittlung weiters in Zusammenhang mit der Festlegung des Emissionskurses bei einer Neuemission von Aktien, z.B. im Rahmen einer erstmaligen Börsenplazierung („Initial Public Offering“). Daneben werden Marktwerte ermittelt, um allfällige Unter- oder Überbewertungen von börsennotierten Unternehmungen aufzudecken. Hier geht man davon aus, daß der Börsenkurswert als aktueller Marktpreis des Eigenkapitals nicht nur von den Ertragserwartungen, sondern auch von zahlreichen anderen Faktoren wie Spekulationen oder unterschiedlichen Informationen beeinflußt wird, sich aber langfristig am Marktwert des Eigenkapitals orientieren wird.

In Zusammenhang mit Entscheidungen über Kauf oder Verkauf von Unternehmungen ist von Bedeutung, unter welchen Voraussetzungen Marktwerten auch der Charakter von Entscheidungswerten zukommt. Darauf wurde bereits unter 1.Kap.III.B.3. eingegangen. Demnach kann z.B. die durch den Unternehmenserwerb bedingte Marktwerterhöhung bei einer akquirierenden Kapitalgesellschaft, deren Anteile von vollständig diversifizierten Investoren gehalten werden, als Entscheidungswert des akquirierenden Unternehmens interpretiert werden. In die Berechnung der Marktwerterhöhung haben u.a. auch die erwarteten Synergieeffekte, der Erfolg von Restrukturierungsmaßnahmen sowie die Auswirkungen einer eventuell geänderten Risikostruktur einzufließen.

Zur Ermittlung von Marktwerten wurden im anlgoamerikanischen Raum die Discounted Cash-flow-Verfahren (DCF-Verfahren) entwickelt. Sie werden im folgenden näher beschrieben.

II. Marktwertermittlung durch DCF-Verfahren

A. Grundlagen

Im Rahmen von DCF-Verfahren wird der Unternehmenswert durch Diskontierung von Cash-flows ermittelt. Der Diskontierungssatz ergibt sich dabei aus den Renditeforderungen der Kapitalgeber. Die DCF-Verfahren wurden in den USA zur Bewertung von Kapitalgesellschaften entwickelt und sind durch eine konzeptionelle Orientierung am Kapitalmarkt gekennzeichnet.

Im Laufe der Zeit haben sich unterschiedliche DCF-Verfahren herausgebildet. Unterschiede bestehen vor allem in Art und Umfang der Einbeziehung der Fremdfinanzierung, der aus der Fremdfinanzierung resultierenden Steuerwirkungen sowie von Änderungen der Kapitalstruktur im Zeitablauf in den Bewertungskalkül. Dabei können die in Abb. 22 dargestellten Verfahrenstypen unterschieden werden.

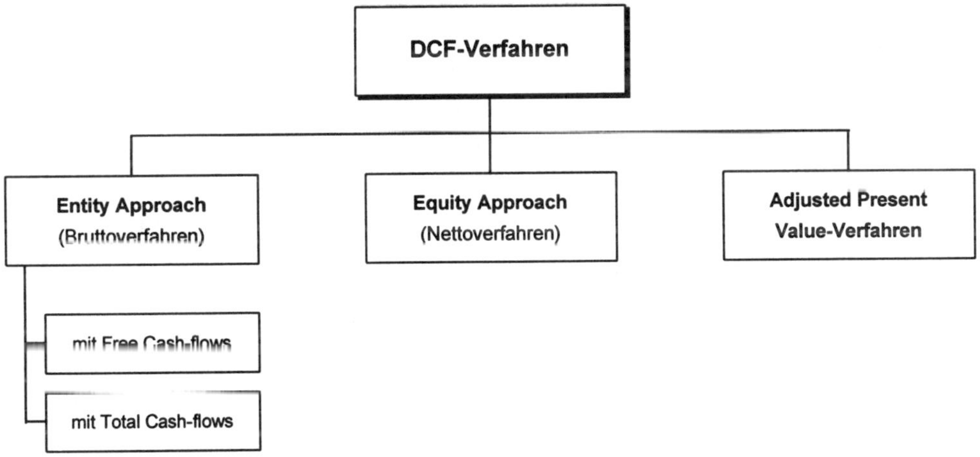

Abb. 22: Überblick über die DCF-Verfahren

Der Kapitalmarktbezug ergibt sich bei den DCF-Verfahren aus der Ableitung der Renditeforderung der Eigenkapitalgeber aus kapitalmarkttheoretischen Modellen, i.a. aus dem Capital Asset Pricing Model (CAPM). Die Bestimmung der in dieser Renditeforderung enthaltenen adäquaten Risikoprämie anhand von Kapitalmarktdaten bildet zugleich den wesentlichsten Unterschied zum Ertragswertverfahren, das durch eine Heranziehung der subjektiven Alternativrendite des (potentiellen) Eigners gekennzeichnet ist. Die aus kapitalmarkttheoretischen Modellen abgeleitete Risikoprämie entschädigt nur für die Übernahme des systematischen Risikos. Das unsystematische Risiko wird vom Kapitalmarkt nicht vergütet, weil es durch die den Investoren am Kapitalmarkt offenstehende Möglichkeit der Diversifikation vermieden werden kann (s. dazu näher B.2.). Da stets eine Renditeforderung der Eigenkapitalgeber zur Anwendung kommt, die eine adäquate Risikoprämie enthält, liegt allen DCF-Verfahren das Konzept der Verwendung eines Risikozuschlages im Diskontierungssatz zugrunde. Zu diskontieren sind daher stets Erwartungswerte von Cash-flows.

Die DCF-Verfahren bauen i.a. einheitlich auf der Ermittlung potentiell verfügbarer Cash-flows aus dem Unternehmen auf und gehen damit von einer Vollausschüttungsfiktion aus. Erfolgt die Bewertung aus dem Blickwinkel eines akquirierenden Unternehmens, werden grundsätzlich auch realisierbare Synergien beim akquirierenden Unternehmen(sverband) einbezogen.

Auf eine Berücksichtigung persönlicher Steuern wird bei Anwendung der DCF-Verfahren im angloamerikanischen Sprachraum verzichtet (vgl. z.B. *Copeland/Koller/Murrin*, 1994). Zum Ansatz kommen nur Unternehmenssteuern (in Österreich: Körperschaftsteuer). Die Außerachtlassung von Einkommensteuerwirkungen hat zur Folge, daß weder eine Ausschüttungsbesteuerung hinsichtlich der auf Unternehmensebene potentiell verfügbaren Cash-flows noch eine Ertragsteuerbelastung der in den Diskontierungssatz eingehenden Renditeforderung der Eigenkapitalgeber berücksichtigt wird. Die Nichtberücksichtigung von Einkommensteuerwirkungen kann zu einer Verzerrung des Bewertungsergebnisses führen (s. dazu oben 2.Kap.III.E.). Der damit verbundene Fehler wird jedoch in Österreich häufig vernachlässigbar sein, da sowohl Dividenden als auch Zinserträge der KESt mit derzeit 25 % unterliegen. Anders stellt sich die Situation in Deutschland dar, wo das Anrechnungssystem in der Regel eine Einbindung der Dividendenpolitik und auch der persönlichen Steuern erfordert (s. dazu z.B. *Drukarczyk*, 1996, 142 ff; *Hachmeister*, 1996, 251 ff).

Hinsichtlich der Berücksichtigung von künftigen Geldwertänderungen gehen die DCF-Verfahren grundsätzlich vom Konzept der Nominalrechnung aus (vgl. z.B. *Copeland/*

Koller/Murrin, 1994, 210). Es werden daher nominell prognostizierte Cash-flows mit nominellen Kapitalkosten diskontiert.

Konzeption und Funktionsweise der einzelnen Verfahren wurden in Grundzügen bereits in Kapitel 1 dargestellt. Die folgenden Abschnitte setzen auf dieser Grundlage auf und bringen eine tiefergehende Auseinandersetzung mit den einzelnen DCF-Verfahren. Zu Beginn wird auf die für die DCF-Verfahren typische Ableitung der Renditeforderung der Eigenkapitalgeber aus kapitalmarkttheoretischen Modellen eingegangen.

B. Bestimmung der Eigenkapitalkosten

Literatur:

Sharpe, W.F.: Capital Asset Prices: A Theory of Market Equilibrium under Conditions of Risk; Journal of Finance 1964, S. 425-442; *Lintner*, J.: The Valuation of Risk Assets and the Selection of Risky Investments in Stock Portfolios and Capital Budgets, Review of Economics 1965, S. 13-37; *Mossin*, J.: Equilibrium in a Capital Asset Market, Econometrica 1966, S. 768-783; *Ross*, S.A.: The Arbitrage Theory of Capital Asset Pricing, Journal of Economic Theory 1976, S. 341-360; *Rudolph*, B.: Kapitalkosten bei unsicheren Erwartungen, Berlin u.a. 1979; *Göppl*, H.: Unternehmensbewertung und Capital-Asset-Pricing-Theorie, WPg 1980, S. 237-245; *Coenenberg*, A.G./*Sautter*, M.T.: Strategische und finanzielle Bewertung von Unternehmensakquisitionen, DBW 1988, S. 691-710; *Copeland*, T./*Weston*, J.: Financial Theory and Corporate Policy, Reading 1988; *Möller*, H.P.: Die Bewertung risikobehafteter Anlagen an deutschen Wertpapierbörsen, ZfbF 1988, S. 779-797; *Serfling*, K./*Marx*, M.: Capital Asset Pricing-Modell, Kapitalkosten und Investitionsentscheidungen, WISU 1990, S. 364-369 u. S. 425-429; *Bimberg*, L.H.: Langfristige Renditenberechnung zur Ermittlung von Risikoprämien, Frankfurt a.M., 1991; *Brealey*, R.A./*Myers*, S.C.: Principles of Corporate Finance, 4th ed., New York u.a. 1991; *Geyer*, A./*Hauer*, S.: ARCH-Modelle zur Messung des Marktrisikos, ZfbF 1991, S. 65-74; *Matkovits*, G./*Vogel*, M.: Risikomessung und Risikodiversifikation bei österreichischen Aktien, ÖBA 1991, S. 703-711; *Meyersiek*, D.: Unternehmenswert und Branchendynamik, BFuP 1991, S. 233-240; *Serfling*, K./*Langguth*, H.: Investitionsprogramm unter Risiko: Auswertung und Interpretation der ß-Faktoren, WISU 1991, S. 726-738; *Stewart*, G.B.: The Quest for Value, New York 1991; *Heidinger*, G.: Besteuerung der Ersparnisse im Konflikt zwischen Anonymität und Steuerpflicht, in: Seicht (Hrsg): Jahrbuch für Controlling und Rechnungswesen ´92, Wien 1992, S. 243-268; *Steiner*, M./*Bauer*, C.: Die fundamentale Analyse und Prognose des Marktrisikos deutscher Aktien, Zfbf 1992, S. 347-368; *Suckut*, S.: Unternehmensbewertung für internationale Akquisition, Wiesbaden 1992; *Ballwieser*, W.: Methoden der Unternehmensbewertung, in: Gebhardt/Gerke/Steiner (Hrsg): Handbuch des Finanzmanagements, München 1993, S. 151-176; *Drukarczyk*, J.: Theorie und Politik der Finanzierung, 2. Aufl, München 1993; *Freygang*, W.: Kapitalkostenallokation in diversifizierten Unternehmen, Wiesbaden 1993; *Ibbotson*, R./*Brinson*, G.: Global Investing, New York u.a. 1993; *Steiner*, M./*Beiker*, H./*Bauer*, C.: Theoretische Erklärungen unterschiedlicher Aktienrisken und empirische Überprüfungen, ZfbF Sonderheft 31/1993, S. 99-129; *Weber*, M./*Schiereck*, D.: Marktbezogene Bestimmung der Kapitalkosten, in: Gebhardt/Gerke/Steiner (Hrsg): Handbuch des Finanzmanagements, München 1993, S. 131-150; *Auer*, K.: Unternehmensbewertung – Die Bestimmung des Kapitalisierungszinssatzes und des allgemeinen Unternehmensrisikos, RWZ 1994, S. 234-242; *Baetge*, J./*Krause*, C.: Die Berücksichtigung des Risikos bei der Unternehmensbewertung, BFuP 1994, S. 433-456; *Ballwieser*, W.: Adolf Moxter und der Shareholder Value-Ansatz, in: Ballwieser u.a. (Hrsg): Bilanzrecht und Kapitalmarkt, Düsseldorf 1994, S. 1378-1405; *Copeland*, T./*Koller*, T./*Murrin*, J.: Valuation – Measuring and Managing the Value of Companies, 2nd ed., New York u.a. 1994; *Damodaran*, A.: Damodaran on Valuation, New York u.a. 1994; *Erhardt*, M.C.: The Search for Value: Measuring the Company's Cost of Capital, Boston 1994; *Franke*, G./ *Hax*, H.: Finanzwirtschaft des Unternehmens und Kapitalmarkt, 3. Aufl, Berlin u.a. 1994; *Herter*, R.N.: Unternehmenswertorientiertes Management, München 1994; *Morawietz*, M.: Rentabilität und Risiko deutscher Aktien- und Rentenanlagen seit 1870, Wiesbaden u.a. 1994; *Schulze*, S.: Berechnung von Kapitalkosten, Wiesbaden 1994; *Serfling*; K./*Pape*, U.: Der Einsatz spartenspezifischer Beta-Faktoren zur Bestimmung spartenbezogener Kapitalkosten, WISU 1994, S. 519-526; *Swoboda*, P.: Betriebliche Finanzierung, 3. Aufl, Heidelberg 1994; *Uhlir*, H./*Steiner*, P.: Wertpapieranalyse, 3. Aufl, Heidelberg 1994; *Aussenegg*, W.: Die Ermittlung der Faktorstruktur, Wiesbaden 1995; *Ballwieser*, W.: Aktuelle Aspekte der Unternehmensbewertung, WPg 1995a, S. 119-129; *Ballwieser*, W.: Unternehmensbewertung, in: Gerke/Steiner (Hrsg): Handwörterbuch des Bank- und Finanzwesens, 2. Aufl, Stuttgart 1995b, Sp. 1867-1882; *Hachmeister*, D.: Der Discounted Cash Flow als Maß der Unternehmenswertsteigerung, Frankfurt a.M. u.a. 1995; *Koch*, H.: Zur Frage der Vereinheitlichung subjektiver Risikoschätzungen der Anteilseigner im Investitionskalkül, in: Albach/Delfmann (Hrsg): Dynamik und Risikofreude in der Unternehmensführung, Wiesbaden 1995, S. 15-32; *Sach*, A.: Kapitalkosten der Unternehmung und ihre Einflußfaktoren, Aachen 1995; *Arbeitskreis „Finanzierung"* der Schmalenbach-Gesellschaft: Wertorientierte Unternehmenssteuerung mit differenzierten Kapitalkosten, ZfbF 1996, S. 543-578; *Fischer*, E.: Finanzwirtschaft für Fortgeschrittene, München-Wien 1996b; *Fischer*, E./*Maringer*, D.: Risiken am österreichischen Kapitalmarkt I: Historische Schätzer, Manuskript Universität Wien 1996a; *Fischer*, E./*Maringer*, D.: Risiken am österreichischen Kapitalmarkt II: Analysen, Manuskript Universität Wien 1996b; *Kruschwitz*, L./*Milde*, H.: Geschäftsrisiko, Finanzierungsrisiko und Kapitalkosten, ZfbF 1996, S. 1115-1132; *Schmidt*, R.H./*Terberger*, E.: Grundzüge der Investitions- und Finanzierungstheorie, 3. Aufl, Wiesbaden 1996; *Spremann*, K.: Wirtschaft, Investition und Finanzierung, 5. Aufl, München-Wien 1996; *Swoboda*, P.: Investition und Finanzierung, 5. Aufl, Göttingen 1996; *Koth*, A.: Der Kalkulationszinsfuß zur Berechnung von Ertragswerten, RWZ 1997, S. 21-26.

1. Heranziehung kapitalmarkttheoretischer Modelle

Mit Hilfe kapitalmarkttheoretischer Modelle wird versucht, die Vorgänge auf Kapitalmärkten zu erklären. Im Rahmen der DCF-Verfahren sollen die daraus resultierenden Erkenntnisse für die Ermittlung der Renditeforderung der Eigenkapitalgeber eines zu bewertenden Unternehmens nutzbar gemacht werden. Da die Vorteilserwartungen aus Unternehmensanteilen generell mit Unsicherheit behaftet sind, sind Verfahren gesucht, die basierend auf kapitalmarkttheoretischen Modellen die Bestimmung von Eigenkapitalkosten erlauben, die bereits eine angemessene Risikoprämie beinhalten.

Auf den Kapitalmärkten werden verschiedene Arten von Wertpapieren gehandelt, die auch unterschiedliche Unsicherheitsdimensionen implizieren. So sind etwa festverzinsliche Anleihen zwar durch eine fixe Verzinsung und Tilgung gekennzeichnet, jedoch müssen auch hier z.B. das Zinsänderungsrisiko und die Gefahr der Insolvenz des Schuldners berücksichtigt werden. Der künftige Ertrag von Aktien ergibt sich i.a. aus den unsicheren Dividendenzahlungen und den gleichfalls unsicheren Kursgewinnen bzw. -verlusten. Die Börsenkurse der Wertpapiere sollten die Erwartungen der Investoren nicht nur hinsichtlich der Höhe, sondern auch hinsichtlich des Risikos der zukünftigen Erträge widerspiegeln, sodaß für risikoreiche Wertpapiere eine vergleichsweise höhere Rendite gefordert wird als für risikoärmere. Verglichen mit einem risikolosen Wertpapier enthält die Renditeforderung für ein riskantes Wertpapier daher eine Risikoprämie. Empirische Untersuchungen auf Kapitalmärkten haben demgemäß gezeigt, daß die durchschnittliche jährliche Aktienrendite wesentlich höher ist als die Durchschnittsverzinsung festverzinslicher Wertpapiere, d.h. für höheres Risiko wurde eine höhere Rendite verlangt (vgl. *Uhlir/Steiner*, 1994, 157 ff).

Auf Grundlage kapitalmarkttheoretischer Modelle kann nun versucht werden, Renditeforderungen der Eigenkapitalgeber aus Kapitalmarktdaten abzuleiten. Gelingt dies, dann kann daraus eine Risikoprämie (Risikozuschlag) berechnet werden, die im Gegensatz zu den oben unter 2.Kap.III.G.4. angestellten Überlegungen nicht mehr allein im subjektiven Ermessen des Bewerters liegt. Kapitalmarktdaten liegen allerdings nur für börsennotierte Unternehmungen vor. Im Rahmen der Bewertung nicht notierter Unternehmungen können diese Daten daher nur Anhaltspunkte liefern. Zu den bekanntesten Modellen, die Aussagen über die Rendite bzw. das Risiko von riskanten Wertpapieren ermöglichen, zählen das *Capital Asset Pricing Model* (*CAPM*) und die *Arbitrage Pricing Theory* (*APT*)

2. Renditeforderung auf Grundlage des CAPM

2.1. Modell

Das CAPM stellt folgenden Zusammenhang zwischen erwarteten Renditen unsicherer Wertpapiere und ihrem Risiko her (vgl. z.B. *Uhlir/Steiner*, 1994, 185 ff; *Fischer*, 1996b, 72 ff):

(3.1) $$\mu(r_j) = i_r + \beta_j \cdot [\mu(r_m) - i_r]$$

$\mu(r_j)$	=	Erwartete Rendite des riskanten Wertpapiers j
i_r	=	Rendite risikoloser Kapitalanlagen (risikoloser Zinsfuß)
$ß_j$	=	Maß für das systematische Risiko des Wertpapiers j
$\mu(r_m)$	=	Erwartete Rendite des Marktportefeuilles

Die erwartete (geforderte) Rendite eines riskanten Wertpapiers j, z.B. einer Aktie, setzt sich demnach zusammen aus dem risikolosen Zinsfuß i_r und einer Prämie für die Übernahme des Risikos dieses Wertpapiers (Risikoprämie). Dieser Zusammenhang ist in Abb. 23 graphisch dargestellt.

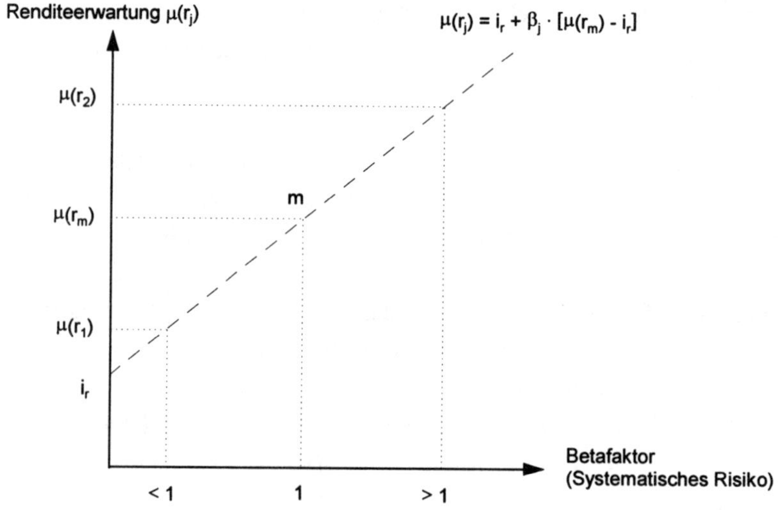

Abb. 23: Die Wertpapierlinie (Security Market Line) (in Anlehnung an *Arbeitskreis „Finanzierung"*, 1996, 548)

Das CAPM geht von einer Zerlegung des gesamten Risikos eines unsicheren Wertpapiers in eine systematische und eine unsystematische Komponente aus. Das unsystematische Risiko beruht nicht auf Einflüssen des Kapitalmarktes. Es ist wertpapierspezifisch und geht auf Unsicherheiten durch Managementfehler, Wettbewerbsnachteile u.ä. zurück. Die Anleger können das unsystematische Risiko durch Diversifikation (Portefeuillebildung) vermeiden. Aus diesem Grund wird unterstellt, daß der Markt das unsystematische Risiko nicht vergütet. Die Renditeforderung der Eigenkapitalgeber wird daher nur vom systematischen Risiko, dem sog. Marktrisiko, beeinflußt. Unter dem Marktrisiko wird der nicht durch Portefeuillebildung vermeidbare Teil des Risikos eines Wertpapiers verstanden.

Das Marktrisiko wird beeinflußt durch die Höhe des risikolosen Zinsfußes, Konjunkturprognosen, Erwartungen über Verhalten der Tarifpartner (Sozialpartner), steuerpolitische Maßnahmen u.a.m. Die Risikoprämie für die Übernahme des Marktrisikos kann als Differenz zwischen der erwarteten Marktrendite $\mu(r_m)$ (erwartete Rendite des Marktportefeuilles) und dem risikolosen Zinsfuß i_r ermittelt werden.

Die spezifische Risikoprämie, die die Anleger für ein bestimmtes Wertpapier j erwarten, ergibt sich nun durch Multiplikation des wertpapierspezifischen Risikofaktors $ß_j$, dem sog. Beta-Faktor, mit der Marktrisikoprämie. Da die Marktrisikoprämie als gegeben angenommen wird, hängt die spezifische Renditeerwartung des Anlegers allein vom Beta-Faktor des betreffenden Wertpapiers ab. Abb. 23 zeigt die Wertpapierlinie (Security Market Line), die den Verlauf der Renditeerwartung in Abhängigkeit von der Höhe des Beta-Faktors veranschaulicht. Zwischen der Renditeerwartung und der Marktrendite besteht damit ein linearer Zusammenhang, der durch den Beta-Faktor determiniert wird: Steigt (sinkt) die Marktrendite um eine Einheit, steigt (sinkt) die Renditeerwartung für das Wertpapier j um $ß_j$ Einheiten.

Das CAPM beruht allerdings auf einer Reihe von restriktiven Prämissen (vgl. dazu z.B. *Drukarzcyk*, 1993, 234 ff; *Swoboda*, 1994, 85 ff; *Uhlir/Steiner*, 1994, 131 f und 194 f; *Fischer*, 1996b, 72):

- Der Planungshorizont beträgt eine Periode.
- Alle Anleger sind risikoscheu.
- Alle Anleger haben homogene Erwartungen, d.h. sie legen ihren Entscheidungen die gleiche Wahrscheinlichkeitsverteilung der Wertpapiererträge zugrunde.
- Alle riskanten Wertpapiere werden auf dem Kapitalmarkt gehandelt und sind beliebig teilbar.
- Zum risikolosen Zinsfuß können Mittel unbeschränkt aufgenommen oder angelegt werden.
- Es bestehen keine Beschränkungen, Transaktionskosten oder Steuern.
- Alle Informationen stehen den Anlegern kostenlos zur Verfügung.
- Die Preise der riskanten Wertpapiere werden durch Kauf- bzw. Verkaufaktivitäten eines Investors nicht beeinflußt.

Weiterentwicklungen des CAPM heben diese restriktiven Prämissen teilweise auf, z.B. hinsichtlich der Einperiodigkeit oder der Veranlagung zum risikolosen Zinsfuß. Im folgenden wird jedoch weiterhin vom Grundmodell des CAPM ausgegangen.

Die Anwendung des CAPM zur Bestimmung der für die Shareholder Value-Ermittlung relevanten Renditeforderung der Eigenkapitalgeber basiert nun auf den folgenden Überlegungen: Die Renditeforderung der Eigenkapitalgeber für Anteile am Unternehmen j ($r(EK)_j$) errechnet sich aus der Summe der Rendite risikoloser Kapitalanlagen i_r und einem Risikozuschlag z_j, der sich aus der Multiplikation der Marktrisikoprämie mit dem unternehmensspezifischen Beta-Faktor $ß_j$ ergibt. Es gilt demnach:

(3.2) $$r(EK)_j = i_r + z_j = i_r + \beta_j \cdot [\mu(r_m) - i_r]$$

Zur Berechnung der Renditeforderung der Eigenkapitalgeber bzw. zur Bestimmung des Risikozuschlages für ein bestimmtes Unternehmen werden daher die Marktrendite, der risikolose Zinsfuß und der relevante Beta-Faktor benötigt. Beträgt beispielsweise der risikolose Zinsfuß 7,0 %, der relevante Beta-Faktor 1,2 und die erwartete Marktrendite 11,0 %, dann errechnet sich ein Risikozuschlag von 4,8 % sowie eine Renditeforderung der Eigenkapitalgeber von 11,8 %.

Im folgenden wird unter besonderer Berücksichtigung der Verhältnisse auf dem österreichischen Kapitalmarkt untersucht, welche Datenbasis für die Bestimmung der Eigenkapitalkosten auf Grundlage des CAPM zur Verfügung steht.

2.2. Ermittlung der Marktrendite und des risikolosen Zinsfußes

Das Marktportefeuille repräsentiert strenggenommen die gesamten am Markt angebotenen sicheren und unsicheren Wertpapiere. In der Praxis wird das Marktportefeuille jedoch üblicherweise mit den in einen bestimmten Aktienindex (z.B. ATX, DAX) einbezogenen (unsicheren) Wertpapieren gleichgesetzt, sodaß derart nur ein Teil der existierenden riskanten Wertpapiere erfaßt wird. Die Rendite eines so definierten Marktportefeuilles resultiert grundsätzlich aus Ausschüttungen und Kursveränderungen. Sie kann als arithmetischer oder als geometrischer Mittelwert errechnet werden. Beim arithmetischen Mittel wird der Durchschnitt aus den Jahresrenditen gebildet und damit unterstellt, daß jährlich eine Veranlagung und Veräußerung erfolgt. Beim geometrischen Mittel wird dagegen angenommen, daß über den gesamten Beobachtungszeitraum eine Kauf- und Haltestrategie verfolgt wird und eine Wiederveranlagung der erhaltenen Ausschüttungen erfolgt. Die Aussagekraft der arithmetischen Mittelwertbildung aus einer Vielzahl von Einjahresanlagen erscheint allerdings gering und für Zwecke der Unternehmensbewertung wenig geeignet. In der Literatur wird dementsprechend dem geometrischen Mittel der Vorzug eingeräumt (vgl. z.B. *Ballwieser*, 1995a, 125).

Für den risikolosen Zinsfuß können in der Realität nur Näherungen bestimmt werden. In der Literatur werden vor dem Hintergrund der Unternehmensbewertung unterschiedliche Vorschläge für die Bestimmung (einer Näherung) des risikolosen Zinsfußes unterbreitet. In den USA wird ein Abstellen auf die Verzinsung von 10-jährigen Treasury Bonds für zweckmäßig erachtet (vgl. u.a. *Copeland/Koller/Murrin*, 1994, 259). Für Deutschland wird teilweise die Heranziehung der Umlaufrendite öffentlicher Anleihen (vgl. z.B. *Baetge/Krause*, 1994, 451 f), teilweise ein Abstellen auf die Rendite langfristiger staatlicher Schuldverschreibungen (so *Arbeitskreis „Finanzierung"*, 1996, 549) vorgeschlagen. In Österreich könnte analog z.B. auf die Sekundärmarktrendite für Bundesanleihen abgestellt werden. Zum Teil werden hier aber auch kurzfristige Zinssätze wie der 3-Monats-VIBOR (so *Fischer/Maringer*, 1996a) herangezogen.

Die Marktrisikoprämie kann in der Folge als Differenz zwischen der Marktrendite und dem gewählten risikolosen Zinsfuß errechnet werden. Da die Marktrenditen und risikolosen Zinsfüße im Zeitablauf nicht konstant sind, lassen sich für die Vergangenheit je nach Berechnungszeitraum unterschiedliche Marktrisikoprämien feststellen. Daneben hängt die Höhe der errechneten Marktrisikoprämie maßgeblich von der jeweiligen Definition des einbezogenen risikolosen Zinsfußes ab.

Tab. 12 zeigt empirisch erhobene Marktrenditen, risikolose Zinssätze und Marktrisikoprämien für die USA, BRD und Österreich für unterschiedliche Beobachtungszeiträume.

Tab. 12 zeigt, daß die empirisch erhobenen Marktrenditen, risikolosen Zinsfüße und Marktrisikoprämien in Abhängigkeit von gewähltem Berechnungszeitraum stark schwanken. Bei längeren Berechnungszeiträumen kann davon ausgegangen werden, daß konjunkturelle Schwankungen besser ausgeglichen werden. Kürzere Berechnungszeiträume liefern demgegenüber aktuellere Daten. Der Beobachtungszeitraum sollte jedenfalls die darin liegenden Konjunkturzyklen vollständig erfassen. So erhält man z.B. bei Einbeziehung des durch massive Kurseinbrüche gekennzeichneten Zeitraums Anfang der 90er Jahre sowohl in der BRD als auch in Österreich negative Marktrisikoprämien.

Copeland/Koller/Murrin (1994, 260) empfehlen auf Grundlage der *Ibbotson*-Daten, für die USA von einer Marktrisikoprämie zwischen 5 % und 6 % p.a. auszugehen (so auch *Stewart*, 1991, 436; *Damodaran*, 1994, 23). Für Deutschland beziffert der *Arbeitskreis „Finanzierung"* (1996, 549) auf Grundlage der Erhebungen von *Bimberg*, *Morawietz* sowie der *Ibbotson-Studie* die Marktrisikoprämie mit ca. 5,3 % p.a. Festgehalten wird dabei, daß diese Risikoprämie nur für das „allgemeine unternehmerische Risiko" (im Sinne des systematischen Risikos) entschädigt.

Land	Auswertungs-zeitraum	Berechnungs-verfahren	Markt-rendite	risikoloser Zinsfuß	Marktri-sikoprämie	Quelle
USA	1926-93	geometrisch	k.A.	k.A.	5,0 %	*Ibbotson Ass.* (1994)[1]
USA	1962-93	geometrisch	k.A.	k.A.	3,6 %	*Ibbotson Ass.* (1994)[1]
BRD	1950-92	geometrisch	11,9 %	7,5 %	4,4 %	*Morawietz* (1994)[2]
BRD	1954-88	geometrisch	11,9 %	6,6 %	5,3 %	*Bimberg* (1991)[3]
BRD	1967-91	geometrisch	10,4 %	7,8 %	2,6 %	*Baetge/Krause* (1994)[4]
BRD	1977-91	geometrisch	11,7 %	7,5 %	4,2 %	*Baetge/Krause* (1994)[4]
BRD	1982-91	geometrisch	15,1 %	7,4 %	7,7 %	*Baetge/Krause* (1994)[4]
BRD	1987-91	geometrisch	2,4 %	7,2 %	–4,8 %	*Baetge/Krause* (1994)[4]
Österreich	1967-91	geometrisch	8,5 %	8,2 %	0,3 %	*Pippan*[5]
Österreich	1970-90	geometrisch	10,3 %	8,3 %	2,0 %	*Pippan*[5]
Österreich	1977-91	geometrisch	10,3 %	8,3 %	2,0 %	*Pippan*[5]
Österreich	1982-91	geometrisch	16,4 %	7,9 %	8,5 %	*Pippan*[5]
Österreich	1987-91	geometrisch	11,9 %	7,6 %	4,3 %	*Pippan*[5]
Österreich	1990-95	geometrisch	–2,7 %	7,6 %	–10,3 %	*Pippan*[5]

k.A. = keine Angabe

Tab. 12: Empirisch erhobene Marktrisikoprämien

Die für den österreichischen Kapitalmarkt erhobenen Daten liegen bei längeren Betrachtungszeiträumen deutlich unter den für die BRD erhobenen Werten. So beläuft sich die für den Zeitraum 1967-1991 berechnete Marktrisikoprämie auf lediglich 0,3 % (BRD: 2,6 %). Daraus kann u.E. allerdings nicht geschlossen werden, daß für Österreich generell von einer deutlich niedrigeren Marktrisikoprämie als für die BRD oder anderen westlichen Industriestaaten auszugehen ist. Eine mögliche Erklärung für die geringe Höhe der erhobenen Risikoprämie könnte zunächst darin liegen, daß in die empirischen Erhebungen ausschließlich Renditegrößen *vor Steuern* einbezogen werden, während die tatsächliche Renditeforderung der Anleger sehr wohl durch Besteuerungseffekte beeinflußt wird und sich daher an den *nach Steuern* erzielbaren Renditen orientieren

1 Vgl. *Copeland/Koller/Murrin*, 1994, 261, unter Verweis auf *Ibbotson Associates* 1994 Yearbook. Verglichen werden Renditen aus Standard & Poor's 500 Aktien mit Renditen aus langfristigen Staatsanleihen.

2 Vgl. *Morawietz*, 1994, 176: Durchschnittsrendite deutscher Aktien gegen Durchschnittsverzinsung deutscher Renten.

3 Vgl. *Bimberg*, 1991, 131: Aktien gegen Bundesanleihen.

4 Vgl. *Baetge/Krause*, 1994, 452: Bereinigte FAZ-Rendite gegen Umlaufrendite öffentlicher Anleihen.

5 Bereinigter WBI gegen Sekundärmarktrendite für Bundesanleihen. Die bislang unveröffentlichten Daten basieren auf Berechnungen von Dr. Hildegard *Pippan* (Universität Graz).

wird. Die Annahme, daß die Besteuerung keinen Einfluß auf die Renditeforderung der Kapitalgeber gehabt hat, kann demnach nur aufrechterhalten werden, wenn für den Beobachtungszeitraum davon ausgegangen werden kann, daß die Aktienrendite der gleichen effektiven Steuerbelastung wie die Anleihenrendite bzw. die risikolose Verzinsung unterworfen war. Die folgenden Überlegungen führen allerdings zum Ergebnis, daß dies im Beobachtungszeitraum 1967-1991 in Österreich nicht der Fall war.

Geht man davon aus, daß sich die in die Marktrenditeberechnung einbezogenen Aktien zum weitaus überwiegenden Teil im Streubesitz natürlicher Personen befunden haben, kann zunächst angenommen werden, daß die Kursgewinne steuerfrei realisiert werden konnten, während die Ausschüttungen voll ESt-pflichtig waren. Als Anhaltspunkt für eine Aufteilung der Marktrendite kann die Untersuchung von *Morawietz* (1994, 188) herangezogen werden, wonach sich die Marktrendite in der BRD im Zeitraum 1950-1992 von insgesamt 11,9 % im wesentlichen aus 8 % Kurssteigerungen und 3,6 % Dividendenrendite zusammensetzte. Es erscheint daher plausibel, auch für Österreich von einem Anteil der Dividendenrendite in Höhe von etwa 30 % der Marktrendite auszugehen. Bei der Schätzung der effektiven Steuerbelastung der Dividendenrendite muß zudem beachtet werden, daß nur ein äußerst geringer Anteil dieser Einkünfte, und zwar weniger als 10 % (vgl. *Heidinger*, 1992, 251), deklariert wurde. Die durchschnittliche Steuerbelastung der Dividendenrendite wird daher nur geringfügig über dem bis 1985 geltenden Quellensteuersatz von 20 %, der im Zeitraum 1986-1990 auf 25 % erhöht wurde, anzunehmen sein. Daraus folgt aber, daß die Marktrendite insgesamt nur einer sehr geringen Steuerbelastung unterlag.

Eine andere Beurteilung ergibt sich bei der Abschätzung der effektiven Steuerbelastung der Anleihenrendite. Hier ist zunächst festzuhalten, daß die entsprechenden Zinseinkünfte im Beobachtungszeitraum voll steuerpflichtig waren, wenn die Anleihen im steuerlichen Privatvermögen natürlicher Personen gehalten wurden. Auch wenn erst zum Ende des Beobachtungszeitraums eine Quellenbesteuerung (10 % KESt ab 1989) eingeführt wurde und zuvor nur zwischen 1984 und 1986 die (nicht auf die ESt anrechenbare) Zinsertragsteuer in Höhe von 7,5 % erhoben wurde, muß davon ausgegangen werden, daß die durchschnittliche Steuerbelastung höher war als bei den risikobehafteten Wertpapieren. Dafür spricht, daß ein Gutteil der Anleihen im steuerlichen Betriebsvermögen gehalten wurde, z.B. zur Deckung der steuerwirksam gebildeten Abfertigungs- und Pensionsrückstellungen oder der ehemaligen Investitionsrücklagen bei Gewinnermittlung nach § 4 Abs 3 EStG. Weiters kann hier der Anteil institutioneller Anleger wesentlich höher eingeschätzt werden. Gegen die Annahme einer zu hohen effektiven Steuerbelastung spricht aber u.a., daß vor allem in der ersten Hälfte des Beobachtungszeitraumes erhebliche steuerliche Begünstigungen für im Betriebsvermögen gehaltene

Anleihen, u.a. in Form einer Steuerfreistellung der Zinserträge, bestanden haben. Insgesamt erscheint aber der Schluß zulässig, daß im Betrachtungszeitraum 1967-1991 die effektive Steuerbelastung der Marktrendite deutlich unter jener der Anleihenrendite lag. Die auf Grundlage der unversteuerten Renditen errechnete Marktrisikoprämie erscheint daher zu gering.

Weiters müssen vor allem die für länger zurückliegende Zeiträume errechenbaren Marktrisikoprämien vor dem Hintergrund der nur eingeschränkten Effizienz des österreichischen Kapitalmarktes gesehen werden (*Koth*, 1997, 22).

Die aus den österreichischen Kapitalmarktdaten errechenbaren Marktrisikoprämien vermögen daher kaum geeignete Anhaltspunkte zu bieten. Vor dem Hintergrund der für die BRD und die USA erhobenen Daten empfehlen wir, für Österreich von einer Marktrisikoprämie von etwa 4,5 % bis 5,5 % auszugehen. Diese Bandbreite steht in Einklang mit der von *Damodaran* (1994, 23) vorgeschlagenen Abstufung von Marktrisikoprämien für unterschiedliche Kapitalmärkte (vgl. Tab. 13).

Financial Market Characteristics	*Premium over Govt. Bond Rate*
Emerging markets with political risk (South American, East European markets)	8,5 % over govt. bond rate
Emerging markets (Mexico, Asian markets other than Japan)	7,5 % over govt. bond rate
Developed markets with wide listings (United States, Japan, Britain)	5,5 % over govt. bond rate
Developed markets with limited listings (Western Europe, minus Germany and Switzerland)	4,5 % – 5,5 % over govt. bond rate
Developed markets with limited listings and stable economies (Germany, Switzerland)	3,5 % – 4 % over govt. bond rate

Tab. 13: Marktrisikoprämien für unterschiedliche Kapitalmärkte (entnommen aus *Damodaran,* 1994, 23)

2.3. Beta-Faktoren

a) Bedeutung

Der Beta-Faktor ist ein Maß für das systematische Risiko eines bestimmten Wertpapiers, z.B. einer Aktie. Er gibt das Ausmaß der Veränderungen der Einzelrendite des betreffenden Wertpapiers bei Veränderungen der Marktrendite an. Mathematisch errechnet sich der Beta-Faktor als Quotient der Kovarianz der Rendite des Wertpapiers j mit der Rendite des Marktportefeuilles $Cov(r_j, r_m)$ und der Varianz der Rendite des Marktportefeuilles σ_m^2 (vgl. z.B. *Fischer*, 1996b, 75).

(3.3) $$\beta_j = \frac{Cov(r_j, r_m)}{\sigma_m^2}$$

Ein Beta-Faktor von 1 bedeutet, daß sich die Einzelrendite des betreffenden Wertpapiers proportional zur Marktrendite verhält: Steigt (sinkt) die Marktrendite z.B. um 2 %, steigt (sinkt) auch die Einzelrendite um 2 %. Ein Wertpapier mit einem Beta-Faktor größer als 1 reagiert überproportional auf die Entwicklung der Marktrendite, d.h. die Einzelrendite des Wertpapiers schwankt stärker als die Marktrendite. Je höher der Beta-Faktor, desto höher ist daher das Risiko des Anlegers und die zu fordernde Risikoprämie. Liegt der Beta-Faktor demgegenüber zwischen Null und 1, weist das Wertpapier ein geringeres Risiko als das Marktrisiko auf. Das Marktportefeuille selbst hat einen Beta-Faktor von 1, da sich die Gesamtmarktschwankung aus der Summe aller Einzelschwankungen ergibt. Die risikolose Veranlagung enthält kein systematisches Risiko, ihr Beta-Faktor ist daher gleich Null.

b) Ermittlung aus Vergangenheitswerten

Auf Grundlage der historischen Renditen der Wertpapiere und des Marktportefeuilles können Beta-Faktoren mit Hilfe der linearen Regression ermittelt werden. Abb. 24 zeigt beispielhaft die Marktmodell-Regression für die Wienerberger AG für das Jahr 1995, die auf logarithmierten Wochenrenditen basiert. Das Beta entspricht der Steigung der Regressionsgeraden.

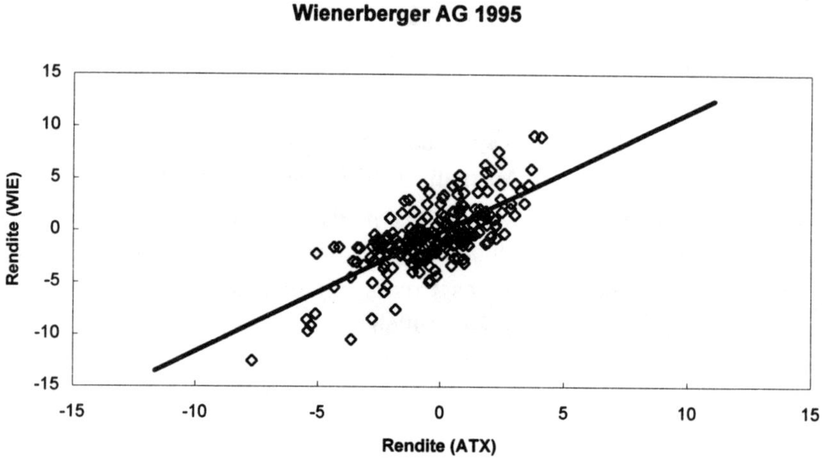

Abb. 24: Marktmodell-Regression für die Wienerberger AG 1995[1]

Für die an der Wiener Börse notierten Aktien werden Beta-Faktoren regelmäßig berechnet und z.B. im „ÖTOB Ticker"[2] veröffentlicht. Das der Berechnung zugrunde gelegte Zeitintervall hat in der Regel erheblichen Einfluß auf die Höhe des Beta-Faktors. Für ein Abstellen auf längere Zeitintervalle spricht die dann aussagekräftigere Regression, dagegen die mit zunehmender Länge des Zeitraumes sinkende Aktualität der Daten. Üblicherweise wird auf sog. „Jahres-Betas" (250-Tages-Betas) abgestellt.

Empirische Analysen zeigen weiters, daß die Beta-Faktoren und damit die Renditeforderungen der Anteilseigner im Zeitablauf mitunter stark schwanken (vgl. dazu *Baetge/Krause*, 1994, 444 ff). Die Schwankungen sind umso größer, je kürzer das der Beta-Berechnung zugrunde gelegte Zeitintervall ist. Abb. 25 zeigt die Entwicklung der Jahres-Betas für die AUA AG und die OMV AG im Zeitraum 1989 bis 1995.

[1] Erstellt von Dr. Hildegard *Pippan* (Universität Graz)

[2] Herausgeber: ÖTOB Aktiengesellschaft, 1014 Wien, Strauchgasse 1-3.

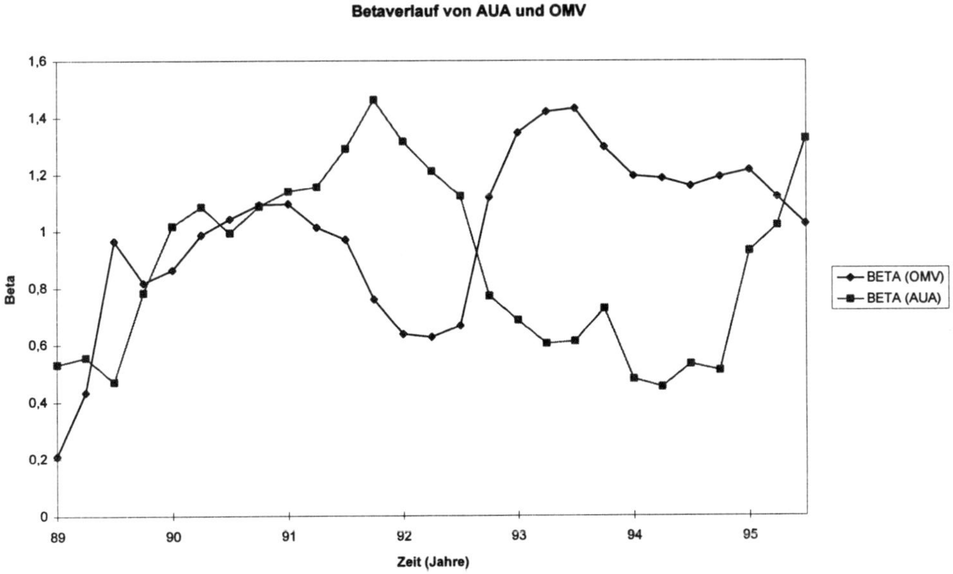

Abb. 25: Jahres-Betas für die AUA AG und die OMV AG von 1/1989 bis 6/1995[1]

Schwankungen des Beta-Faktors im Zeitablauf können auch auf geschäftsbereichsbezogene Änderungen oder auf Änderungen der Kapitalstruktur zurückzuführen sein. Dies gründet sich darauf, daß das durch die Beta-Faktoren gemessene systematische Risiko in

- ein Geschäftsrisiko (Investitionsrisiko, Business Risk), das durch das *Operating Beta* ausgedrückt wird, und
- ein Kapitalstrukturrisiko (finanzwirtschaftliches Risiko, Financial Risk), das durch das *Financial Beta* ausgedrückt wird,

zerlegt werden kann (vgl. z.B. *Steiner/Bauer*, 1992, 348; *Fischer*, 1996b, 105 f). Während das Geschäftsrisiko wesentlich durch die Branche bzw. den Industriezweig, in der das betreffende Unternehmen tätig ist, beeinflußt wird, hängt das Kapitalstrukturrisiko vom Verschuldungsgrad ab. Darauf wird in den beiden folgenden Abschnitten näher eingegangen.

c) Beta-Faktoren und Verschuldungsgrad

Der Grundgedanke der folgenden Überlegungen liegt darin, daß eine Erhöhung des Verschuldungsgrades zu einer Zunahme des finanzwirtschaftlichen Risikos für die Eigenkapitalgeber und damit zu einer erhöhten Renditeforderung führt. Die steuerliche Ab-

[1] Erstellt von Dr. Hildegard *Pippan* (Universität Graz).

zugsfähigkeit der Fremdkapitalzinsen vermindert dabei die Veränderung des Beta-Faktors bei Änderungen der Kapitalstruktur.

Der Einfluß des Verschuldungsgrades auf den Beta-Faktor kann unter bestimmten Voraussetzungen durch folgende Gleichung beschrieben werden (vgl. *Kruschwitz/Milde*, 1996, 1121 ff):

$$\beta_v = \beta_u \cdot \left[1 + (1-s) \cdot \frac{FK}{EK}\right] - \beta_f \cdot (1-s) \cdot \frac{FK}{EK} \tag{3.4}$$

mit:

β_v	=	Beta-Faktor des verschuldeten Unternehmens in Abhängigkeit vom Verschuldungsgrad FK/EK
β_u	=	Beta-Faktor des unverschuldeten Unternehmens
β_f	=	Beta-Faktor des Fremdkapitals
FK	=	Marktwert des Fremdkapitals
EK	=	Marktwert des Eigenkapitals
s	=	Unternehmenssteuersatz

Unter Verwendung des CAPM gilt für die Renditeforderung der Fremdkapitalgeber r(FK):

$$r(FK) = i_r + \beta_f \cdot [\mu(r_m) - i_r] \tag{3.5}$$

Ist das Fremdkapital risikolos, entspricht die Renditeforderung der Fremdkapitalgeber dem risikolosen Zinsfuß. Ist das Fremdkapital nicht risikolos und gilt daher $r(FK) > i_r$, kann β_f aus Ausdruck (3.5) errechnet werden (vgl. *Copeland/Weston*, 1988, 463; *Brealey/Myers*, 1991, 191 ff). Für Unternehmen mit guter Bonität wird der Wert für β_f nahe bei Null liegen, sodaß der aus einer angenommenen Übereinstimmung von Fremdkapitalkosten und risikoloser Verzinsung resultierende Fehler vernachlässigbar sein wird.

Wird unterstellt, daß die Fremdkapitalkosten dem risikolosen Zinsfuß entsprechen, vereinfacht sich Ausdruck (3.4) wie folgt (vgl. z.B. *Serfling/Marx*, 1990, 427; *Drukarczyk*, 1993, 278; *Kruschwitz/Milde*, 1996, 1123):

$$\beta_v = \beta_u \cdot \left[1 + (1-s) \cdot \frac{FK}{EK}\right] \tag{3.6}$$

bzw.

$$(3.7) \qquad \beta_u = \frac{\beta_v}{1 + (1 - s) \cdot \dfrac{FK}{EK}}$$

Der Verschuldungsgrad bestimmt sich hier jeweils aus dem Verhältnis der *Marktwerte* von Fremd- und Eigenkapital und nicht etwa auf Basis von Buchwerten. Die Rückrechnung setzt daher voraus, daß die Marktwerte von Eigen- und Fremdkapital bereits bekannt sind. In der Praxis wird man hier bei externen Analysen gezwungen sein, zu Näherungen zu greifen. So wird z.B. der Martkwert des Eigenkapitals durch Heranziehung des aktuellen Börsenkurswertes geschätzt und als Näherung für den Marktwert des Fremdkapitals dessen Buchwert herangezogen (vgl. *Fischer*, 1996 b, 130 f).

Beispiel 45:

Der Beta-Faktor des zu bewertenden (verschuldeten) Unternehmens wurde mit 1,2 berechnet. Der Verschuldungsgrad auf Marktwertbasis beträgt 2, die Marktrisikoprämie 4 %, der KöSt-Satz 34 %. Die Fremdkapitalkosten entsprechen dem risikolosen Zinssatz. Auf dieser Grundlage kann nun der Beta-Faktor für das unverschuldete Unternehmen wie folgt bestimmt werden:

$$\beta_u = \frac{1{,}2}{1 + (1 - 0{,}34) \cdot 2} = 0{,}51724$$

Im Anschluß daran können Beta-Faktoren und Risikozuschläge für beliebige Verschuldungsgrade bzw. Zielkapitalstrukturen ermittelt werden:

Verschuldungsgrad (FK/EK)	Fremdkapitalanteil (in % des GK)	Beta-Faktor	Risikozuschlag
0	0,0 %	0,51724	2,069 %
1	50,0 %	0,85862	3,434 %
2	66,7 %	1,20000	4,800 %
3	75,0 %	1,54138	6,166 %
4	80,0 %	1,88276	7,531 %

Die Ergebnisse zeigen, daß der Verschuldungsgrad unter den getroffenen Annahmen einen erheblichen Einfluß auf den Beta-Faktor und damit auf den Risikozuschlag hat.

Der beschriebene Zusammenhang zwischen Verschuldungsgrad und Eigenkapitalrendite ist nicht unbestritten. So beruht die traditionelle These zur optimalen Kapitalstruktur auf der Verhaltensannahme, daß das zusätzliche Risiko einer Verschuldung solange zu keiner steigenden Renditeforderung der Eigenkapitalgeber führt, als sich die Verschuldung in Grenzen hält (*Schmidt/Terberger*, 1996, 244). Bei einer für Deutschland durchgeführten empirischen Untersuchung konnte kein Zusammenhang zwischen Verschuldung und Beta-Faktoren festgestellt werden (*Steiner/ Beiker/Bauer*, 1993, 113). In der Folge wird dennoch der beschriebene Zusammenhang unterstellt. Wenngleich diese Reaktionshypothese der Investoren nicht zwingend ist, erscheint sie zumindest im Grundsatz plausibel und kann zudem schlüssig aus den Annahmen der Arbitragefreiheit abgeleitet werden (vgl. *Hachmeister*, 1995, 128).

Für Österreich haben *Fischer/Maringer* (1996a) branchenspezifische Fremdkapitalquoten auf Marktwertbasis ermittelt (s. dazu unten Tab. 17), aus denen Rückschlüsse auf branchentypische Verschuldungsgrade zu Marktwerten gezogen werden können.

d) Branchen-Betas

Verfügt ein Unternehmen über mehrere unterschiedliche Geschäftsbereiche, weil es z.B. als Mischkonzern in verschiedenen Branchen tätig ist, erscheint es unplausibel, von einer konstanten, über alle Unternehmensbereiche gleich hohen Mindestrenditeerwartung auszugehen. Strenggenommen sind daher für jeden Geschäftsbereich spezifische Operating Betas zu ermitteln (vgl. dazu *Serfling/Pape*, 1994, 519 ff). Als Anhaltspunkte hiefür können Industrie- oder Branchen-Betas herangezogen werden. Einflüsse aus unterschiedlichen Verschuldungsgraden werden dabei i.a. durch Rückrechnung auf das Beta unverschuldeter Unternehmen („unleveraged" beta) eliminiert. Vor allem für die USA wurden entsprechende empirische Erhebungen durchgeführt. Tab. 14 zeigt Industries-Betas für verschiedene US-Branchen.

	Industries	*Business Risk Index (β_u)*	*Financial Risk Index*	*Risk Index (β_v)*
1	Services, R & D	1,69	0,11	1,80
2	Distribution, apparel	1,54	0,11	1,65
3	Semiconductors	1,52	0,19	1,71
4	Office equipment	1,34	0,12	1,46
5	Home building and rec. vehicles	1,31	0,12	1,43
6	Services, pollution	1,23	0,27	1,50
7	Services, software	1,22	0,07	1,29
8	Instruments	1,17	0,12	1,29
9	Electronics, elec. mach.	1,15	0,11	1,26
10	Drugs	1,14	0,10	1,24
11	Toys, school, and sporting goods	1,10	0,18	1,28
12	Medical supply	1,10	0,11	1,21

	Industries	*Business Risk Index (β_u)*	*Financial Risk Index*	*Risk Index (β_v)*
13	Consumer durable	1,08	0,17	1,25
14	Distribution, other	1,08	0,15	1,23
15	Textile and apparel	1,05	0,14	1,19
16	Machinery and tools	1,05	0,12	1,17
17	Producers of trans. equip.	1,03	0,13	1,16
18	Services, other	1,02	0,12	1,14
19	Restaurants	1,01	0,13	1,14
20	Forest products and paper	1,01	0,20	1,21
21	Iron and steel	0,99	0,51	1,50
22	Distribution, hardware	0,99	0,12	1,11
23	Chemicals	0,98	0,11	1,09
24	Department stores	0,98	0,16	1,14
25	Printing and publishing	0,98	0,11	1,09
26	Transportation	0,96	0,16	1,12
27	Misc. manufacturing	0,96	0,14	1,10
28	Hospitals	0,95	0,29	1,24
29	Aerospace and defense	0,94	0,11	1,05
30	Personal care	0,92	0,05	0,97
31	Mining and metals	0,92	0,17	1,09
32	Media	0,89	0,17	1,06
33	Construction materials	0,88	0,14	1,02
34	Air transport	0,87	0,21	1,08
35	Hotels and casinos	0,87	0,26	1,13
36	Food and drug distribution	0,86	0,17	1,03
37	Fabricated metals	0,81	0,10	0,91
38	Energy	0,81	0,13	0,94
39	Construction	0,73	0,05	0,78
40	Food, beverage, tobacco	0,72	0,09	0,81
41	Telephones	0,67	0,14	0,81
42	Precious metals	0,59	0,02	0,61

Tab. 14: Industries-Betas für die USA (entnommen aus *Stewart*, 1991, 451 f)

Stewart hat in die Stichprobe 1.000 Unternehmungen einbezogen. Der „Business Risk Index" entspricht dem durchschnittlichen Beta bei vollständiger Eigenfinanzierung (unleveraged beta), der „Risk Index" als Summe aus Geschäfts- und Kapitalstrukturrisiko dem durchschnittlichen aktuellen Beta-Wert (leveraged beta) der betreffenden Branche.

Für die BRD wurden kürzlich die in Tab. 15 dargestellten Werte veröffentlicht, die als Durchschnitt aus den (leveraged) Betas der einer Branche zugehörigen Unternehmen berechnet wurden.

Branche	$ß_v$
Auto	1,47
Bau	0,57
Chemie	1,09
Beteiligung	0,33
Elektro	1,31
Brauerei	0,25
Hypobanken	0,17
Kreditbanken	0,97
Verkehr	1,44
Maschinenbau	1,09
Papier	0,22
Versorger	0,80
Eisen und Stahl	1,16
Textil	0,46
Versicherungen	0,96
Konsum	0,60

Tab. 15: Branchen-Betas für die BRD (Quelle: *Deutsche Börse AG*, 31.1.1996, abgedruckt in *Arbeitskreis „Finanzierung"*, 1996, 553)

Für Österreich wurden Branchen-Betas jüngst von *Fischer/Maringer* (1996a) im Rahmen einer von der Finanzierungsgarantie Gesellschaft m.b.H. unterstützten Forschungsarbeit ermittelt. Die Untersuchung basiert auf einer Datenerhebung für 144 österreichische Unternehmungen, die während des gesamten oder zumindest eines Großteils des Zeitraumes 1989 bis 1994 an der Wiener Börse notiert haben. Die errechneten Werte für das unleveraged beta ($ß_u$) bzw. das aktuelle leveraged beta ($ß_v$) der betreffenden Branche sind in Tab. 16 dargestellt.

Fischer/Maringer (1996a, 24) haben für die genannten Branchen auch den Anteil des Fremdkapitals am Gesamtkapital (Fremdkapitalquote) zu Marktwerten und seine Entwicklung im Zeitablauf erhoben (Tab. 17). Daraus können Rückschlüsse auf den branchentypischen Verschuldungsgrad auf Marktwertbasis gezogen werden.

Branche	β_u	β_v
Baustoffe	0,799	0,886
Brauereien	0,735	0,828
Bergbau und Magnesit	0,654	1,550
Energiewirtschaft	0,646	1,256
Maschinenbau und Metallverarbeitung	0,605	0,953
Papier	0,583	0,839
Sonstige	0,479	0,826
Textil	0,437	0,555
Bauindustrie	0,350	0,597
Chemie	0,347	0,814
Lebensmittel	0,328	0,405
Versicherungen	0,224	1,020
Handel und Dienstleistungen	0,197	0,291
Immobilien	0,090	0,098
Konglomerate	0,084	0,086
Banken	0,063	0,840

Tab. 16: Vergleich von durchschnittlichen Branchen-Betas für 1994-1995 für Österreich, gereiht nach unleveraged betas (entnommen aus *Fischer/Maringer*, 1996a, 22)

Branche	*1990*	*1991*	*1992*	*1993*	*1994*	*1995*
Banken	–	–	–	0,902	0,916	0,937
Bauindustrie	0,389	0,211	0,378	0,437	0,382	0,456
Baustoffe	0,076	0,024	0,082	0,093	0,082	0,123
Bergbau und Magnesit	0,221	0,362	0,532	0,531	0,559	0,605
Brauereien	0,307	0,287	0,533	0,344	0,128	0,097
Chemie	0,285	0,310	0,492	0,673	0,549	0,615
Energiewirtschaft	0,571	0,537	0,540	0,615	0,500	0,506
Handel– und Dienstleistungen	0,434	0,418	0,295	0,399	0,401	0,308
Immobilien	0,045	0,011	0,122	0,025	0,069	0,111
Konglomerate	–	0,054	0,024	0,026	0,025	0,028
Lebensmittel	0,136	0,133	0,185	0,284	0,179	0,247
Maschinenbau und Metallverarbeitung	0,320	0,150	0,526	0,470	0,392	0,351
Papier	0,316	0,399	0,623	0,691	0,620	0,117
Sonstige	–	0,495	0,488	0,481	0,433	0,416
Textil	0,148	0,107	0,124	0,170	0,182	0,266
Versicherungen	–	–	–	0,797	0,750	0,808

Tab. 17: Anteil des Fremdkapitals am Gesamtkapital (Fremdkapitalquote) zu Marktwerten (entnommen aus *Fischer/Maringer*, 1996a, 24)

Branchen-Betas können daneben auch Anhaltspunkte für die Abschätzung des systematischen Risikos bei der Beurteilung von einzelnen Geschäftsbereichen einer Unternehmung oder bei der Bewertung von nicht börsennotierten Unternehmungen bieten.

e) Schätzung künftiger Beta-Faktoren

Die Ermittlung von Beta-Faktoren aus Vergangenheitsdaten kann dem Bewerter Hinweise auf das systematische Risiko in der Vergangenheit geben. Da die Unternehmensbewertung zukunftsbezogen ist, muß anschließend untersucht werden, ob bzw. inwieweit die in der Vergangenheit maßgeblichen Risikofaktoren auch künftig gelten werden. Auch wenn die aus Vergangenheitswerten ermittelten Beta-Faktoren sich im Zeitablauf nicht bzw. nur geringfügig verändert haben, stellt sich für den Bewerter daher die Frage, ob das historische Beta dem künftigen Beta entsprechen wird.

Auf Grundlage der Aufspaltung in ein Operating Beta und ein Financial Beta können zunächst unter den oben getroffenen Annahmen die Auswirkungen einer geplanten Änderung der Kapitalstruktur mit Hilfe der dargelegten Gleichungen errechnet werden. Die Schätzung des künftigen Operating Beta gestaltet sich demgegenüber weitaus problematischer. Durch die Einbeziehung fundamentaler Unternehmensdaten kann zwar die Prognose von Beta-Faktoren verbessert werden. Soll jedoch das Unternehmen in Zukunft umstrukturiert werden und z.B. das Leistungsprogramm verändert, die Kundenpolitik umgestellt oder eine neue Organisationsstruktur eingeführt werden, läßt sich der künftige Beta-Faktor nicht bzw. nur unter sehr einschränkenden Annahmen quantifizieren (vgl. *Steiner/Bauer*, 1992, 353 f; *Freygang*, 1993, 326 ff; *Steiner/Beiker/Bauer*, 1993, 117 ff; *Herter*, 1994, 102 ff; *Hachmeister*, 1995, 206 ff; *Fischer*, 1996b, 107 f). Bei der praktischen Anwendung wird man daher häufig vom zuletzt festgestellten Beta-Faktor ausgehen und erwartete, wesentliche Veränderungen im Operating Beta nur auf Basis vereinfachender Annahmen berücksichtigen können.

2.4. Berechnung der Renditeforderung

Zur Bestimmung der Renditeforderung der Eigenkapitalgeber auf Grundlage des CAPM sind sohin Annahmen über den risikolosen Zinsfuß, die künftige Marktrisikoprämie und das künftige Beta des zu bewertenden Unternehmens erforderlich. Der risikolose Zinsfuß kann in Österreich wie dargestellt in Höhe der aktuellen Sekundärmarktrendite für Bundesanleihen angenommen werden, die Marktrisikoprämie etwa mit 4,5 % bis 5,5 %. Zur Schätzung des künftigen Beta-Faktors ist wie oben dargestellt vorzugehen. Auf dieser Grundlage soll die Bestimmung der Renditeforderung der Eigenkapitalgeber zusammenfassend anhand eines einfachen Beispiels veranschaulicht werden.

Beispiel 46:
Zu bewerten sei ein österreichisches Unternehmen der Branche Maschinenbau. Die Zielkapitalstruktur wird durch einen Verschuldungsgrad von 1 bzw. eine Fremdkapitalquote von 50 % zu Marktwerten festgelegt. Als risikoloser Zinsfuß wird die SMR für Bundesanleihen zum Bewertungsstichtag mit 5,24 % herangezogen. Die Marktrisikoprämie wird auf Basis der oben dargestellten Überlegungen mit 5,0 % angenommen. Der Unternehmenssteuersatz (KöSt) beträgt 34 %. Die Fremdkapitalkosten entsprechen dem risikolosen Zinssatz. Es ist die risikoadäquate Renditeforderung der Eigenkapitalgeber zu bestimmen.

Unter Heranziehung der Untersuchungsergebnisse von *Fischer/Maringer* könnte nun von einem Branchen-Beta für ein vollständig eigenfinanziertes Unternehmen von 0,605 ausgegangen werden (s. Tab. 16). Folgt man dem, errechnet sich die Renditeforderung der Eigenkapitalgeber für das unverschuldete Unternehmen ($r(EK)_u$) wie folgt:

$$r(EK)_u = i_r + \beta_u \cdot [\mu(r_m) - i_r] = 0{,}0524 + 0{,}605 \cdot 0{,}05 = 8{,}265\,\%$$

Zur Bestimmung der Renditeforderung für das verschuldete Unternehmen ($r(EK)_v$) wird zunächst das leveraged beta unter Berücksichtigung der festgelegten Zielkapitalstruktur errechnet:

$$\beta_v = \beta_u \cdot \left[1 + (1 - s) \cdot \frac{FK}{EK}\right] = 0{,}605 \cdot [1 + (1 - 0{,}34) \cdot 1] = 1{,}0043$$

Die Renditeforderung für das verschuldete Unternehmen ($r(EK)_v$) errechnet sich dann wie folgt:

$$r(EK)_v = i_r + \beta_v \cdot [\mu(r_m) - i_r] = 0{,}0524 + 1{,}0043 \cdot 0{,}05 = 10{,}2615\,\%$$

Unter den getroffenen Annahmen besteht ein linearer Zusammenhang zwischen Verschuldungsgrad und Beta-Faktor. Auf dieser Grundlage kann die Renditeforderung der Eigenkapitalgeber für unterschiedliche Verschuldungsgrade bestimmt werden. Wird unterstellt, daß das Fremdkapital zum risikolosen Zinsfuß zur Verfügung steht, besteht zwischen $r(EK)_u$ und $r(EK)_v$ der folgende Zusammenhang (vgl. *Drukarczyk*, 1995, 330):

$$(3.8) \qquad r(EK)_u = \frac{r(EK)_v + i_r \cdot (1 - s) \cdot \frac{FK}{EK}}{1 + (1 - s) \cdot \frac{FK}{EK}}$$

bzw.

(3.9) $$r(EK)_v = r(EK)_u + (r(EK)_u - i_r)\cdot(1-s)\cdot\frac{FK}{EK}$$

Beispiel 47:

Aus der in Beispiel 46 errechneten Renditeforderung der Eigenkapitalgeber für das verschuldete Unternehmen von 10,2615 % bei einem Verschuldungsgrad von 1 kann unter Verwendung von (3.8) auf die Renditeforderung für das unverschuldete Unternehmen mit dem bereits bekannten Wert von 8,265 % zurückgerechnet werden:

$$r(EK)_u = \frac{0{,}102615 + 0{,}0524\cdot(1-0{,}34)\cdot 1}{1+(1-0{,}34)\cdot 1} = 8{,}265\%$$

Daraus können nun die Renditeforderungen der Eigenkapitalgeber für unterschiedliche Verschuldungsgrade errechnet werden, z.B.:

Verschuldungsgrad	$r(EK)_v$
0,5	9,26325 %
1,5	11,25975 %
2,0	12,25800 %

Die beschriebene Abhängigkeit der Eigenkapitalkosten vom Verschuldungsgrad erfordert bei Änderungen der Kapitalstruktur im Zeitablauf eine periodenbezogene Anpassung der Eigenkapitalkosten. Dies führt grundsätzlich zum Erfordernis der Anwendung periodenspezifischer Diskontierungssätze (zur Lösung dieser Problematik durch Anwendung des APV-Verfahrens s. unter F.).

Die so ermittelten Eigenkapitalkosten geben die Renditeforderung vor Berücksichtigung von Steuern der Eigenkapitalgeber (z.B. KESt) wieder. Sie wird zur Diskontierung von Cash-flows herangezogen, die ebenfalls vor Berücksichtigung der Steuerwirkungen beim Kapitalgeber bestimmt wurden. Die Außerachtlassung der Steuerwirkungen beim Eigenkapitalgeber stellt eine Vereinfachung des Bewertungsmodells dar, die im Einzelfall auf ihre Plausibilität zu prüfen ist.

2.5. Beurteilung

Wird das CAPM als Grundlage der Bestimmung der Eigenkapitalkosten herangezogen, wird implizit von restriktiven Annahmen über das Verhalten der Investoren und das

Funktionieren des Kapitalmarkts ausgegangen. Bei Betrachtung des österreichischen Kapitalmarktes ergeben sich aber erhebliche Zweifel, ob diese Bedingungen, beispielsweise das Fehlen einer Kursbeeinflussung durch einzelne Investoren, erfüllt sind (s. dazu auch *Koth*, 1997, 22). Die aus den historischen Renditen ermittelten Beta-Faktoren bzw. Marktrenditen sind daher in Österreich nur beschränkt aussagefähig.

Die Ableitung der Eigenkapitalkosten auf Basis des CAPM geht von einem börsennotierten Unternehmen als Bewertungsobjekt aus. Im Rahmen der Bewertung nicht notierter Unternehmungen müßte daher grundsätzlich ein vergleichbares börsennotiertes Unternehmen gefunden werden. Dies erscheint aber in Österreich in Anbetracht der geringen Anzahl notierter Unternehmungen kaum möglich. Bei der Bewertung nicht notierter Unternehmungen können daher allenfalls erhobene Branchen-Betas (s. z.B. *Fischer/Maringer*, 1996a, 22) als Anhaltspunkte zur Bestimmung des Risikozuschlages herangezogen werden.

Im Rahmen einer kritischen Würdigung des beschriebenen Modells ist weiters festzuhalten, daß die Bestimmung der erforderlichen Größen (risikoloser Zinsfuß, Marktrendite und Beta-Faktor) nicht eindeutig erfolgt, sondern durchaus Ermessensspielräume offenbleiben, die sich etwa in der Wahl des als relevant erachteten Beobachtungszeitraumes für die Ableitung der Marktrisikoprämie oder des Beta-Faktors bieten (zu Vorbehalten bezüglich der Eignung des Beta-Konzeptes zur Risikobeurteilung bzw. zum Einsatz von ARCH-Modellen s. z.B. *Geyer/Hauer*, 1991). Weiters liefern die erhobenen Kapitalmarktdaten stets nur Informationen über vergangene Entwicklungen und müssen erst in zukunftsbezogene Größen transformiert werden. Geplante Änderungen des Unternehmenskonzepts und Restrukturierungsmaßnahmen, wie sie im Rahmen von Unternehmensübernahmen in der Praxis häufig anzutreffen sind, können dabei das systematische Risiko und damit den relevanten Beta-Faktor des zu bewertenden Unternehmens erheblich beeinflussen. Das Ausmaß der Veränderung ist jedoch in der Regel unbestimmt bzw. kann nur unter sehr einschränkenden Bedingungen quantifiziert werden.

Durch das CAPM wird nur eine Risikoprämie für das systematische Risiko ermittelt. Die Berücksichtigung eines unsystematischen Risikos unterbleibt, weil es durch Diversifikation (Portefeuillebildung) vermieden werden kann. Diese Vorgangsweise entspricht der Konzeption der DCF-Methoden, durch die der Marktwert des Unternehmens aus der Sicht diversifizierter Anleger berechnet wird.

Trotz aller Vorbehalte gegen die Anwendung des CAPM speziell in Österreich können die aus den Kapitalmarktdaten insbesondere für die westlichen Industriestaten gewonnenen Erkenntnisse zumindest als Anhaltspunkte für die Schätzung der systematischen Komponente des Risikos dienen.

3. Renditeforderung auf Grundlage der APT

Das CAPM wurde vor allem dahingehend kritisiert, daß individuelle Renditen riskanter Wertpapiere ausschließlich durch einen Faktor in Form des Marktrisikos mit der Sensitivität ß erklärt werden. Demgegenüber unterstellt die *Arbitrage Pricing Theory* (APT), daß die individuellen Renditen riskanter Wertpapiere in einem linearen Zusammenhang mit einer unbekannten Anzahl von Faktoren stehen (vgl. z.B. *Uhlir/ Steiner*, 1994, 195 ff). Empirische Untersuchungen haben gezeigt, daß folgende Faktoren einen signifikanten Einfluß auf die Renditen von an der Wiener Börse gehandelten Aktien haben (vgl. *Aussenegg*, 1995, 208):

- Deutscher Aktienmarkt
- Kurzfristiger Nettokapitalverkehr inländischer Aktien und Investmentzertifikate
- Österreichische Zinsstruktur
- Wechselkursindex
- Index der Leading Indicators der OECD-Länder
- Schweizer Aktienmarkt
- Britischer Aktienmarkt
- US-Aktienmarkt

Die Analyse des österreichischen Aktienmarktes auf Grundlage der APT befindet sich erst im Anfangsstadium. Die APT kann daher in Österreich für praktische Anwendungen im Bereich der Unternehmensbewertung noch nicht herangezogen werden.

C. Bruttoverfahren (Entity Approach) auf Basis von Free Cash-flows

1. Allgemeines

Der Entity-Approach auf Basis von Free Cash-flows (FCF) ist die in der Praxis am weitesten verbreitete Spielart der DCF-Verfahren. Dieses Verfahren wird bereits als „Lehrbuchformel" („text book formula") oder – in Anlehnung an den dabei zur Anwendung kommenden Mischzinsfuß – auch als „WACC-Ansatz" bezeichnet. Zur Bewertung auf Basis von FCF werden in der Literatur verschiedene Vorschläge unterbreitet. Die weiteren Betrachtungen folgen im wesentlichen dem bei *Copeland/Koller/Murrin* (1994) vertretenen Ansatz.

Zur Ermittlung des Shareholder Value nach dem Entity-Approach auf Basis von FCF ist in der Grundkonzeption nach folgendem Schema vorzugehen:

	Barwert der operativen FCF bis zum Planungshorizont
+	Barwert des Continuing Value
	Barwert der operativen FCF
+	Barwert der nicht-operativen FCF
	Barwert der Free Cash-flows
+	Marktwert des nicht-betriebsnotwendigen Vermögens
	Marktwert des Gesamtkapitals
–	Marktwert des Fremdkapitals
	Marktwert des Eigenkapitals (Shareholder Value)

Der Entity Approach auf Basis von FCF zielt darauf ab, der Diskontierung finanzierungsneutrale Cash-flows zugrunde zu legen und die Kapitalstruktur allein über den Diskontierungssatz zu erfassen. Um diesem Anspruch genügen zu können, sind die FCF so zu ermitteln, daß Außenfinanzierungsmaßnahmen durch Eigen- und Fremdkapitalgeber auf sie keinen Einfluß haben. Bei der Ermittlung der FCF bleiben daher Zahlungsströme von bzw. an die Eigen- und Fremdkapitalgeber sowie die damit verbundenen Ertragsteuerwirkungen auf Unternehmensebene unberücksichtigt. Der FCF soll damit jenem Cash-flow entsprechen, der unter der Annahme vollständiger Eigenfinanzierung erwirtschaftet werden würde.

Die angestrebte Finanzierungsneutralität macht faktisch eine Trennung des zu bewertenden Unternehmens in einen Leistungsbereich und einen Finanzierungsbereich erforderlich. Der FCF umfaßt dabei nur die Zahlungsströme aus dem Leistungsbereich. Die Cash-flows aus dem (Außen-)Finanzierungsbereich haben keinen Einfluß auf die Höhe des FCF. Die Kosten der Außenfinanzierung durch Eigen- und Fremdkapitalgeber (z.B. Fremdkapitalzinsen, Gewinnausschüttungen) dürfen den FCF ebenso wenig beeinflussen wie zu erwartende Veränderungen einzelner Positionen der Außenfinanzierung durch Eigen- und Fremdkapitalgeber (z.B. Kreditaufnahmen, Kreditrückzahlungen, Zuschüsse von Eigenkapitalgebern) oder Steuerwirkungen von Fremdkapitalzinsen. Der FCF repräsentiert damit den von Maßnahmen der Außenfinanzierung durch Eigen- und Fremdkapitalgeber unabhängigen Cash-flow aus dem Leistungsbereich des Unternehmens.

Die Aufspaltung in einen Leistungs- und Finanzierungsbereich ist der Ausgangspunkt in Abb. 26, die die Vorgangsweise zur Ermittlung des Shareholder Value auf Basis von FCF veranschaulichen soll. Der Barwert der aus dem Leistungsbereich erwirtschafteten FCF führt zum Marktwert des Gesamtkapitals. Dieser „Gesamtwert" des Unternehmens ist definiert als die Summe der Marktwerte jener Positionen, die alle Financiers (Eigen- und Fremdkapitalgeber) am Unternehmen halten. Der Marktwert des Gesamtkapitals muß somit der Summe der Barwerte der Cash-flows des Finanzierungsbereiches entsprechen, d.h. der Summe der Marktwerte des Eigen- und Fremdkapitals. Der Shareholder Value kann daher als Differenz zwischen dem Marktwert des Gesamtkapitals und dem Marktwert des Fremdkapitals errechnet werden.

Die geschilderte Vorgangsweise entspricht der Kapitalwertermittlung nach der Bruttomethode. Die Diskontierung der FCF erfolgt daher mit einem Mischzinsfuß, der sich aus den für Eigen- und Fremdkapitalgeber relevanten Zinssätzen errechnet. Der Mischzinsfuß wird als „WACC" (weighted average cost of capital) bzw. als „gewogener Kapitalkostensatz" oder „gewichtete Kapitalkosten" bezeichnet. Üblicherweise wird seiner Ermittlung ein im Zeitablauf konstantes Verhältnis zwischen Eigen- und Fremdkapital auf Marktwertbasis, d.h. ein konstanter Verschuldungsgrad, zugrunde gelegt. Die Renditeforderung der Eigenkapitalgeber wird auf Grundlage kapitalmarkttheoretischer Modelle (CAPM) bestimmt und soll eine angemessene Risikoprämie für die Eigenkapitalgeber beinhalten. Die Fremdkapitalkosten sind auf Basis der erwarteten Zusammensetzung des Fremdkapitals und unter Berücksichtigung der mit ihnen verbundenen Unternehmenssteuerersparnis zu ermitteln. In die WACC-Ermittlung werden üblicherweise nur Nominalzinssätze einbezogen, da die Prognose der FCF ebenfalls nominell erfolgt.

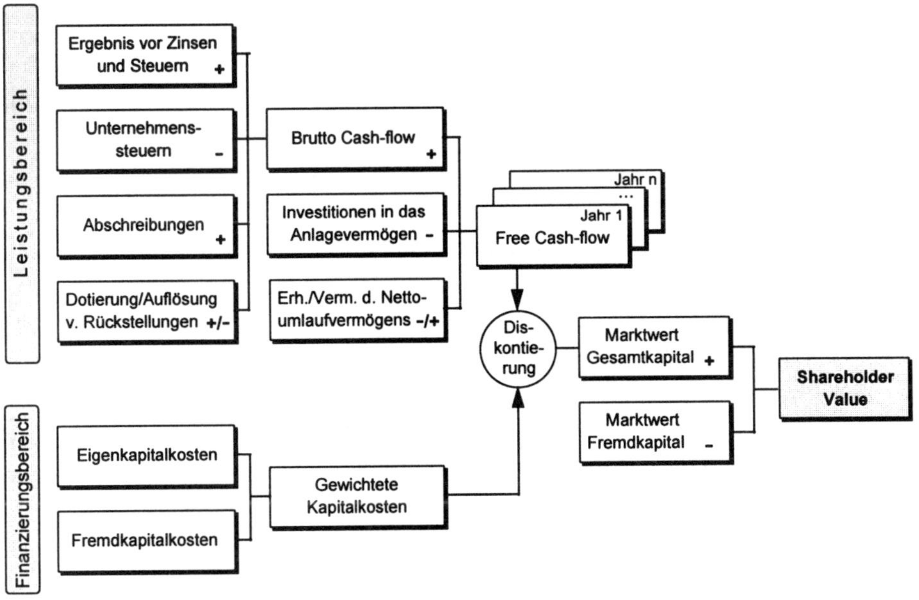

Abb. 26: Ermittlung des Shareholder Value im Entity Approach mit Free Cash-flows (in Anlehnung an *Meyersiek*, 1991, 235)

Von der bislang beschriebenen theoretischen Grundkonzeption wird im Rahmen der praktischen Umsetzung des WACC-Ansatzes in der Regel insoweit abgewichen, als nicht sämtliche Fremdkapitalpositionen, sondern nur das „zu verzinsende" („zinstragende", „verzinsliche") Fremdkapital (FK*) dem Finanzierungsbereich zugeordnet werden. Einzelne Fremdkapitalpositionen (z.B. Lieferantenverbindlichkeiten) werden aufgrund ihrer Zuordnung zum Netto-Umlaufvermögen vereinfachend dem Leistungsbereich zugerechnet. Diese vereinfachte Trennung zwischen Leistungs- und Finanzierungsbereich auf Ebene der FCF-Ermittlung muß mit der Bestimmung der gewogenen Kapitalkosten konsistent sein. In die WACC-Ermittlung sind daher nur die dem Finanzierungsbereich zugeordneten Eigen- und Fremdkapitalpositionen einzubeziehen. Im Rahmen der praktischen Umsetzung fließen daher in der Regel nur die Kapitalkosten des „verzinslichen" Fremdkapitals in die WACC-Ermittlung ein. Veränderungen und allfällige Kapitalkosten des „unverzinslichen" Fremdkapitals werden vereinfachend im Rahmen der FCF-Ermittlung erfaßt. Der aus dem Barwert der FCF errechnete Marktwert des Gesamtkapitals reflektiert dann strenggenommen nicht mehr die Summe der Ansprüche sämtlicher Kapitalgeber, sondern nur mehr die der Eigenkapitalgeber und jener Fremdkapitalgeber, die verzinsliches Fremdkapital zur Verfügung stellen. Er wird im folgenden als Marktwert des Gesamtkapitals im WACC-Ansatz (GK*) bezeichnet. Die Zuordnung zum Finanzierungsbereich determiniert damit zugleich jene (verzinslichen) Fremdkapitalpositionen, deren Marktwert zum Bewertungsstichtag vom Marktwert des Gesamtkapitals (GK*) abzuziehen ist, um den Shareholder Value zu ermitteln. Das oben dargestellte Schema zur Ermittlung des Shareholder Value kann daher für die praktische Umsetzung wie folgt präzisiert werden:

	Marktwert des Gesamtkapitals (im WACC-Ansatz)
–	Marktwert des verzinslichen Fremdkapitals
	Marktwert des Eigenkapitals (Shareholder Value)

Zur Ermittlung des gewogenen Kapitalkostensatzes wird die bereits bei den Grundlagen (1.Kap.IV.B.2.2.) dargestellte Formel verwendet. Werden nur zwei Finanzierungsquellen – Eigenkapital und verzinsliches Fremdkapital – unterschieden, kann der gewogene Kapitalkostensatz (c^{WACC}) wie folgt bestimmt werden:

(3.10) $$c^{WACC} = r(FK) \cdot (1-s) \cdot \frac{FK^*}{GK^*} + r(EK)_v \cdot \frac{EK}{GK^*}$$

c^{WACC}	=	Gewogener Kapitalkostensatz (WACC-Ansatz)
FK*	=	Marktwert des verzinslichen Fremdkapitals
EK	=	Marktwert des Eigenkapitals
GK*	=	Marktwert des Gesamtkapitals (WACC-Ansatz)
s	=	Ertragsteuersatz auf Unternehmensebene
r(FK)	=	Kosten des Fremdkapitals bzw. Renditeforderung der Fremdkapitalgeber
$r(EK)_v$	=	Renditeforderung der Eigenkapitalgeber für das verschuldete Unternehmen

Die Kapitalkostensätze nach Unternehmenssteuerersparnis sind im Rahmen der WACC-Ermittlung mit dem Marktwertanteil der jeweiligen Finanzierungskategorie zu gewichten. Werden nur zwei unterschiedliche Finanzierungsquellen einbezogen, ist der Fremdkapitalkostensatz (nach Unternehmenssteuerersparnis) mit dem Anteil des Marktwertes des zinstragenden Fremdkapitals am Marktwert des Gesamtkapitals zu gewichten, der Eigenkapitalkostensatz mit dem Anteil des Marktwertes des Eigenkapitals (Shareholder Value) am Marktwert des Gesamtkapitals. Für die Gewichtung irrelevant ist daher z.B. das Verhältnis der Buchwerte von Eigen- und Fremdkapital. Nur ein Abstellen auf Marktwerte gewährleistet eine Berücksichtigung der tatsächlichen ökonomischen Werte der Ansprüche der Kapitalgeber (*Copeland/Koller/Murrin*, 1994, 240). Die in der Praxis gebräuchliche Diskontierung der FCF mit einem einheitlichen WACC unterstellt ein in Zukunft gleichbleibendes Verhältnis von Eigenkapital und zinstragendem Fremdkapital auf Marktwertbasis. Wäre zu erwarten, daß sich das Marktverhältnis zwischen Eigenkapital und verzinslichem Fremdkapital in Zukunft verändert, etwa durch geplante Kredittilgungen, würden sich die Gewichtungsfaktoren und damit auch der gewogene Kapitalkostensatz verändern. Um dem vorzubeugen, wird in der Regel eine in Zukunft konstante Zielkapitalstruktur (auf Marktwertbasis) definiert und der Bewertung zugrunde gelegt.

Bislang unberücksichtigt blieb die Behandlung von nicht betriebsnotwendigen Vermögenswerten, wie z.B. nicht betriebsnotwendige Wertpapiere oder vermietete Liegenschaften. Den daraus erwarteten Cash-flows, die entweder die laufenden Rückflüsse oder die erwarteten Verwertungserlöse aus den Vermögenswerten umfassen, kommt insofern eine Sonderstellung zu, als sie nicht dem Leistungsbereich zugeordnet werden und daher nicht in die FCF-Ermittlung eingehen. Die Vertreter der DCF-Verfahren sprechen hier von einer „formalen" Zuordnung dieser Cash-flows zum Finanzierungsbereich. Aus systematischer Sicht ist diese Zuordnung allerdings unzutreffend und bei genauerer Betrachtung auch entbehrlich. Sichergestellt werden soll damit nur, daß der Wert der nicht betriebsnotwendigen Vermögensgegenstände den Marktwert des Gesamtkapitals und damit auch den Shareholder Value erhöht. Grundsätzlich kann dies entweder durch eine Addition des Marktwertes des nicht betriebsnotwendigen Vermögens zum Barwert der FCF oder durch eine Einbeziehung der Cash-flows aus dem nicht betriebsnotwendigen Vermögen in die FCF-Ermittlung erreicht werden.

Daneben wird aus prognosetechnischen Gründen empfohlen, bei der Ermittlung der FCF aus dem Leistungsbereich eine Trennung in einen „operativen" FCF und einen „nicht-operativen" FCF vorzunehmen. Während der operative FCF den aus der eigentlichen Betriebstätigkeit des Unternehmens erwirtschafteten FCF repräsentieren soll, ist der nicht-operative FCF definiert als jener FCF, der eben nicht aus dem laufenden Geschäftsbetrieb stammt. Im operativen Bereich erfolgt die Prognose der FCF häufig auf Basis von Wertsteigerungsfaktoren („value drivers"; s. dazu unten C.4.) Eine vergleichbare Vorgangsweise ist für den nicht-operativen FCF unzweckmäßig. Hier sind in der Regel spezifische Prognoseüberlegungen erforderlich, die von der Art der erwarteten Cash-flows abhängen. Zum nicht operativen FCF werden beispielsweise Cash-flows aus außerordentlichen Vorgängen oder aus Investitionen in eigenständige Tochtergesellschaften gezählt. Auch der erwartete nicht-operative FCF, der im übrigen nach denselben Grundsätzen wie der operative FCF zu bestimmen ist, erhöht den Unternehmenswert. Die Abgrenzung zum operativen FCF verursacht in der Praxis häufig Schwierigkeiten. Allgemein wird empfohlen, einen häufig wiederkehrenden Cash-flow als operativ einzustufen. Sind die nicht-operativen FCF prognostiziert, ist ihr Barwert zu ermitteln. Hinweise darauf, daß hier ein spezifischer Diskontierungssatz anzuwenden sein soll, der von der Diskontierung der operativen FCF abweicht, finden sich in der Literatur nicht. Insgesamt dient die Aufspaltung des FCF in einen operativen und nicht-operativen Teil daher ausschließlich dazu, eine verläßliche Prognose der FCF zu gewährleisten. Für die Bewertung selbst ist die Trennung der beiden Komponenten entbehrlich.

2. Free Cash-flows

Das bei *Copeland/Koller/Murrin* (1994, 136) verwendete Schema zur Prognose der FCF wurde bereits unter 1.Kap.IV.B.2.2. dargestellt. Für seine Anwendung in Österreich wurde es u.a. um die Erhöhung bzw. Verminderung langfristiger Rückstellungen (zur damit verbundenen Problematik s. unten 7.4.) ergänzt:

	Operatives Ergebnis vor Zinsen und Steuern (EBIT)
–	Adaptierte Steuerzahlungen
	Operatives Ergebnis vor Zinsen, nach adaptierten Steuern (NOPLAT)
+/–	Abschreibungen/Zuschreibungen
+/–	Aufwendungen/Erträge aus Anlagenabgängen
+/–	Erhöhung/Verminderung der langfristigen Rückstellungen
	Operativer Brutto Cash-flow
+/–	Veränderungen des Netto-Umlaufvermögens (ohne liquide Mittel und kurzfristige Bankverbindlichkeiten)
–/+	Mittelabflüsse/-zuflüsse aus Investitionen/Desinvestitionen
	Operativer Free Cash-flow
+/–	Nicht-operativer Free Cash-flow
	Free Cash-flow

Das dargestellte Schema ist als komprimiertes, allein an Prognosezwecken orientiertes Berechnungsschema zu verstehen. Im folgenden wird primär darauf Bezug genommen. Für eine Vergangenheitsanalyse wird in der Regel ein detaillierter ausgestaltetes Schema erforderlich sein.

Orientiert man sich am Gliederungsschema für die Gewinn- und Verlustrechnung nach § 231 HGB, kann das operative Ergebnis vor Zinsen und Steuern (EBIT) in etwa mit dem *Betriebserfolg* gleichgesetzt werden. Der Betriebserfolg ist allerdings um jene Ergebniskomponenten zu bereinigen, die dem nicht-operativen Bereich zuzuordnen sind. Während hiefür keine allgemeinen Richtlinien gegeben werden können, werden die einzelnen Komponenten des Finanzergebnisses – mit Ausnahme des hier ohnehin irrelevanten Zinsaufwandes – häufig dem nicht-operativen Bereich zuzuordnen sein. Dies gilt auch für das außerordentliche Ergebnis. Wie bereits oben dargelegt, geht die vorgeschlagene Trennung zwischen einem operativen und einem nicht-operativen Bereich auf prognosetechnische Überlegungen zurück und muß daher grundsätzlich ohne Einfluß auf das Bewertungsergebnis bleiben. Wenn daher z.B. Cash-flows aus Beteiligungserträgen, bestimmten Zinserträgen oder anderen Komponenten des Finanzergebnisses dem nicht-operativen Bereich zugeordnet werden, erhöht ihr Barwert dennoch den Unternehmenswert.

Vom EBIT sind adaptierte Steuerzahlungen abzuziehen, wobei nur Unternehmenssteuern (in Österreich: Körperschaftsteuer) einzubeziehen sind. Die Steuerzahlungen sind dabei so zu adaptieren, daß sie mit dem errechneten EBIT korrespondieren. Es ist daher zu unterstellen, daß die tatsächlich anfallenden Fremdkapitalzinsen *nicht* von der Steuerbemessungsgrundlage abzugsfähig sind. Die Steuerzahlungen werden insoweit bewußt unzutreffend ermittelt. Der Steuerersparnis aus den Fremdkapitalzinsen wird erst im Rahmen der Bestimmung des Diskontierungssatzes Rechnung getragen (s. dazu unter 3.). Diese Vorgangsweise soll die finanzierungsneutrale Ermittlung des FCF sicherstellen: Die vom Verschuldungsgrad abhängige Höhe der Steuerersparnis aus den Fremdkapitalzinsen hat damit keinen Einfluß auf die Höhe des FCF.

Da hier auf „cash taxes“ abzustellen ist, ist nur der (adaptierte) zahlungswirksame Steueraufwand anzusetzen. Der (adaptierte) KöSt-Aufwand laut Erfolgsrechnung ist daher zunächst um Einflüsse aus einer Abgrenzung von latenten Steuern zu korrigieren. Um den zahlungswirksamen KöSt Aufwand einer Periode zu erhalten, ist weiters eine Korrektur um die periodenspezifische Dotierung bzw. Auflösung der KöSt-Rückstellungen vorzunehmen. Die Veränderung dieser Steuerrückstellungen wird jedoch in der Regel erst im Rahmen der Veränderungen des Netto-Umlaufvermögens erfaßt.

Die sich nach Abzug des adaptierten KöSt-Aufwandes ergebende Größe wird als „NOPLAT“ (net operating profit less adjusted taxes) bezeichnet. Im Sinne der traditionellen Cash-flow-Rechnung wird anschließend eine Korrektur nicht zahlungswirksamer Aufwands- und Ertragspositionen vorgenommen. Hier sind neben den Abschreibungen auch Zuschreibungen, die das operative Ergebnis erhöht haben, zu erfassen. Buchgewinne und Buchverluste aus dem Abgang von Anlagevermögen, die das operative Ergebnis beeinflußt haben, sind ebenfalls zu neutralisieren, da im Rahmen des Cash-flows aus der Investitionstätigkeit die Mittelzuflüsse aus Desinvestitionen angesetzt werden.

Im dargestellten Schema wird weiters die Veränderung der langfristigen Rückstellungen als nicht zahlungswirksamer Aufwand bzw. Ertrag neutralisiert. In Österreich sind hier insbesondere die Abfertigungs- und Pensionsrückstellungen zu berücksichtigen. Diese Vorgangsweise setzt allerdings eine Zuordnung dieser Rückstellungspositionen zum Leistungsbereich sowie weitere vereinfachende Annahmen voraus. Auf die damit zusammenhängenden Fragen wird unter 7.4. näher eingegangen.

Der operative Brutto-Cash-flow entspricht dem gesamten Cash-flow, den das Unternehmen vor Berücksichtigung von Investitionen in das Anlage- und Umlaufvermögen aus der Betriebstätigkeit erwirtschaftet, wenn es vollständig eigenfinanziert wäre. Der Brutto-Cash-flow ist daher zugleich jener Betrag, der vor Berücksichtigung von Außenfinanzierungsmaßnahmen durch Eigen- oder Fremdkapitalgeber (z.B. Kreditaufnahmen) für Investitionen zur Verfügung steht. Der operative FCF wird dann durch Abzug der Cash-flows für Investitionen in das Netto-Umlaufvermögen und in das Anlagevermögen vom operativen Brutto Cash-flow ermittelt.

Die in die FCF-Ermittlung aufzunehmenden Veränderungen von Positionen des Netto-Umlaufvermögens betreffen i.a. nur die Vorräte, Forderungen aus Lieferungen und Leistungen, geleistete Anzahlungen, sonstige Forderungen, kurzfristige Rückstellungen, Verbindlichkeiten aus Lieferungen und Leistungen, erhaltene Anzahlungen, sonstige Verbindlichkeiten sowie Rechnungsabgrenzungen. Ausgeklammert bleiben

⇒ die Veränderung von zinstragenden Schulden (z.B. kurzfristige Bankkredite oder der kurzfristig fällige Anteil langfristiger Kredite), da sie dem Finanzierungsbereich zugerechnet werden und in die Bewertung über den Marktwert des Fremdkapitals eingehen;

⇒ die Veränderung des Bestandes nicht-operativer Vermögensgegenstände und Schulden des kurzfristigen Bereichs, soweit sie im nicht-operativen FCF erfaßt werden;

⇒ die Veränderung des Bestandes an liquiden Mitteln (cash and cash equivalents), da deren Bestand im operativen Bereich in der Regel als konstant angenommen wird (s. dazu unten).

In der Folge werden die Mittelabflüsse aus den geplanten Investitionen in das Anlagevermögen bzw. die Mittelzuflüsse aus Desinvestitionen berücksichtigt. Nur die bei *Copeland/Koller/Murrin* vertretene Berücksichtigung der gesamten Investitionen in das Anlagevermögen, somit von Ersatz- und Erweiterungsinvestitionen, gewährleistet eine korrekte Berücksichtigung der zukünftigen Investitionspolitik.

Als Ergebnis der dargestellten Berechnungsschritte erhält man den operativen FCF einer Periode. Wird dazu der (gesondert ermittelte) nicht-operative FCF addiert, errechnet sich der gesamte FCF einer Periode. Unterbleibt eine Aufspaltung in eine operative und eine nicht-operative Komponente, kann der FCF verhältnismäßig einfach aus einer Kapitalflußrechnung nach SFAS No. 95 abgeleitet werden. Zu diesem Zweck ist die Summe der Cash-flows aus der Betriebstätigkeit und aus der Investitionstätigkeit um die (beim Cash-flow aus der Betriebstätigkeit bereits abgezogenen) Fremdkapitalzinsen zu erhöhen und um die darauf entfallende Unternehmenssteuerersparnis zu vermindern:

	Cash-flow aus der Betriebstätigkeit (SFAS No. 95)
+/–	Cash-flow aus der Investitionstätigkeit (SFAS No. 95)
+	Fremdkapitalzinsen
–	Unternehmenssteuerersparnis aus Fremdkapitalzinsen
=	Free Cash-flow

Die Summe aus operativem und nicht-operativem FCF wurde bislang vereinfachend als jener Betrag interpretiert, der insgesamt für Zahlungen an die Eigen- und Fremdkapitalgeber (hinsichtlich des verzinslichen Fremdkapitals) zur Verfügung steht. Eine Überprüfung dieser Aussage zeigt jedoch, daß daneben ein weiterer Zahlungsstrom zur Verteilung an diese Kapitalgeber des Unternehmens gelangen kann. Dieser zusätzliche Zahlungsstrom umfaßt die Steuerersparnis aus den Fremdkapitalzinsen, die bei der Berechnung des operativen und nicht-operativen FCF unberücksichtigt geblieben ist. Zur Verteilung an die genannten Kapitalgeber steht daher in einer künftigen Periode folgender Betrag zur Verfügung:

	Free Cash-Flow
+	Unternehmenssteuerersparnis aus Fremdkapitalzinsen
	An Kapitalgeber verteilbarer Cash-flow

Dieser zusätzliche, über den FCF hinausgehende Vorteil wird erst im Rahmen der Bestimmung des Mischzinsfußes (WACC) berücksichtigt, indem die in den Mischzinsfuß eingehenden Fremdkapitalkosten um die durch sie bewirkte Steuerersparnis auf Unternehmensebene vermindert werden.

Im Rahmen des WACC-Ansatzes wird i.a. im Sinne einer Vollausschüttungsfiktion unterstellt, daß der gesamte verteilbare Cash-flow den genannten Kapitalgebern des Unternehmens am jeweiligen Periodenende auch tatsächlich zufließt. Bezeichnet man den Saldo aller Zahlungsströme zwischen Unternehmen und Kapitalgebern als „Financing Cash-flow“, muß daher unter der Voraussetzung eines konstanten Bestandes an liquiden Mitteln gelten, daß der Financing Cash-flow genau dem an die genannten Kapitalgeber verteilbaren Cash-flow (und somit der Summe aus FCF und Steuerersparnis aus den Fremdkapitalzinsen) entspricht. Der im Leistungsbereich erwirtschaftete, an die Kapitalgeber verteilbare Cash-flow ist dann äquivalent dem Financing Cash-flow, der als Saldo der folgenden Zahlungsströme des Finanzierungsbereichs errechnet werden kann:

	Fremdkapitalzinsen
–	Aufnahme von Fremdkapital durch das Unternehmen
+	Tilgung von Fremdkapital durch das Unternehmen
+	Gewinnausschüttungen
+	Eigenkapitalrückzahlungen aus dem Unternehmen
–	Eigenkapitaleinzahlungen in das Unternehmen
	Financing Cash-flow

Vor dem Hintergrund der Vollausschüttungsfiktion führt die Nichteinbeziehung von Veränderungen des Bestandes an liquiden Mitteln in die FCF-Ermittlung zur impliziten Annahme eines auf Dauer konstant bleibenden Bestandes an liquiden Mitteln. Diese Annahme muß aber nicht immer realitätsgerecht sein. Bestehen z.B. zum Bewertungsstichtag abbaubare, d.h. dem Unternehmen entziehbare Überbestände an liquiden Mitteln, muß diese erwartete Kapitalfreisetzung den FCF der betreffenden Periode ebenfalls erhöhen. Umgekehrt vermindert eine erwartete Erhöhung des notwendigen Bestandes an liquiden Mitteln den FCF der betreffenden Periode. In diesen Fällen ist es erforderlich, die erwarteten Veränderungen des Bestandes an liquiden Mitteln in die FCF-Ermittlung aufzunehmen (s. dazu auch unter 2.Kap.III.B.1.3.).

Auch die Fiktion des tatsächlichen Zuflusses des verteilbaren Cash-flows bei den Kapitalgebern ist nicht immer realitätsgerecht. Analog zum Abstellen auf Einzahlungsüberschüsse des Unternehmens beim Ertragswertverfahren treten Probleme vor allem dann auf, wenn negative FCF prognostiziert werden, oder wenn z.B. aufgrund handelsrechtlicher Vorschriften nur ein Teil der Cash-flows ausgeschüttet werden kann. Auf die Implikationen der Vollausschüttungsfiktion in Zusammenhang mit der Annahme eines im Zeitablauf konstanten Verschuldungsgrades wird unter 6. eingegangen.

3. Gewogene Kapitalkosten

3.1. Allgemeines

Der gewogene Kapitalkostensatz soll im hier vorgestellten Modell den gewichteten Durchschnittskosten von Eigen- und Fremdkapital nach Berücksichtigung einer Unternehmenssteuerersparnis entsprechen. Die Kapitalkostensätze sind als nominelle Größen zu bestimmen.

Die eingangs dieses Abschnitts dargestellte Formel zur WACC-Ermittlung berücksichtigt nur zwei unterschiedliche Finanzierungsquellen: verzinsliches Fremdkapital und Eigenkapital. Das Gewichtungsschema kann aber im Einzelfall beliebig erweitert werden, indem innerhalb des Fremdkapitals oder auch innerhalb des Eigenkapitals mehrere Kategorien unterschieden und mit eigenen Gewichtungsfaktoren versehen werden. Denkbar wäre hier beispielsweise eine gesonderte Behandlung des Fremdkapitals aus geförderten Krediten oder eine Unterscheidung zwischen Vorzugs- und Stammaktien. Für jede gesondert behandelte Finanzierungskategorie ist dann ein eigener Gewichtungsfaktor auf Basis des Marktwertanteils sowie ein spezifischer Kapitalkostensatz festzulegen. Bereits dargelegt wurde auch, daß die Abgrenzung des Finanzierungsbereichs und damit der einzelnen Finanzierungsquellen mit den in die FCF-Ermittlung einzubeziehenden Komponenten abzustimmen ist. Was im FCF erfaßt wird, bleibt im Rahmen der WACC-Ermittlung unberücksichtigt (und umgekehrt). Wird z.B. zwischen den Finanzierungsquellen verzinsliches Fremdkapital, Vorzugsaktien und Stammaktien mit jeweils spezifischen Kapitalkosten unterschieden, können die gewogenen Kapitalkosten wie folgt ermittelt werden:

$$c^{WACC} = r(FK) \cdot (1-s) \cdot \frac{FK^*}{GK^*} + r(VZ)_v \cdot \frac{VZ}{GK^*} + r(ST)_v \cdot \frac{ST}{GK^*} \qquad (3.11)$$

c^{WACC}	=	Gewogener Kapitalkostensatz (WACC)
FK*	=	Marktwert des verzinslichen Fremdkapitals
VZ	=	Marktwert der Vorzugsaktien
ST	=	Marktwert der Stammaktien
GK*	=	Marktwert des Gesamtkapitals (WACC-Ansatz)
s	=	Ertragsteuersatz auf Unternehmensebene
r(FK)	=	Kosten des Fremdkapitals bzw. Renditeforderung der Fremdkapitalgeber
$r(VZ)_v$	=	Renditeforderung der Vorzugsaktionäre
$r(ST)_v$	=	Renditeforderung der Stammaktionäre

Werden in dieser Form mehrere Finanzierungsquellen unterschieden, führt die Anwendung eines im Zeitablauf konstanten gewogenen Kapitalkostensatzes zur (impliziten) Annahme, daß das Marktwertverhältnis zwischen allen einbezogenen Finanzierungsquellen auf Dauer konstant ist. Es wird somit von einer konstanten Kapitalstruktur auf Marktwertbasis hinsichtlich aller einbezogenen Finanzierungsquellen ausgegangen. Für die WACC-Ermittlung ergeben sich damit aber bei im Zeitablauf schwankenden Relationen auf Marktwertbasis komplexe Probleme: Es ändern sich dann nicht nur die Gewichtungsfaktoren für die einbezogenen Finanzierungsquellen, sondern auch die Renditeforderung der Eigenkapitalgeber, sofern der unter B.2.4. beschriebene Zusammenhang mit dem Verschuldungsgrad unterstellt wird.

Die WACC-Ermittlung setzt somit die Kenntnis des künftigen (konstanten) Marktwertverhältnisses zwischen den einbezogen Finanzierungsquellen voraus. Während der Marktwert des verzinslichen Fremdkapitals i.a. verhältnismäßig einfach bestimmt werden kann (s. dazu unten 3.2.), ergibt sich im Hinblick auf den Marktwert des Eigenkapitals ein *Zirkularitätsproblem*, da dieser erst nach Kenntnis des WACC ermittelt werden kann. Zur Lösung dieser Problematik bestehen grundsätzlich zwei Möglichkeiten:

(1) Festlegung einer marktgewichteten Zielkapitalstruktur
(2) Lösung durch mathematische Iterationen

Die für die Bewertungspraxis wohl zweckmäßigste Vorgangsweise liegt in der Festlegung einer in Zukunft konstanten *Zielkapitalstruktur* auf Marktwertbasis, die das künftige Verhältnis von Eigenkapital und verzinslichem Fremdkapital bzw. aller in die WACC-Ermittlung einbezogenen Finanzierungsquellen vorgibt. Dadurch wird die Zirkularität zwischen WACC-Ermittlung und Bestimmung des Marktwertes des Eigenkapitals aufgehoben. Aus der Sicht eines potentiellen Erwerbers wird dabei unterstellt, daß unmittelbar nach dem Erwerb eine Anpassung an die vorgegebene Zielkapitalstruktur erfolgt und diese Kapitalstruktur im Zeitablauf konstant bleibt. Die Zielkapitalstruktur kann grundsätzlich unabhängig von der gegenwärtigen Kapitalstruktur des zu bewertenden Unternehmens festgelegt werden. Als Anhaltspunkte werden jedoch eine möglichst genaue Schätzung der aktuellen marktwertbezogenen Kapitalstruktur des Unternehmens sowie eine Analyse der Kapitalstruktur vergleichbarer Unternehmen empfohlen (vgl. *Copeland/Koller/Murrin*, 1994, 242 ff). Die Schätzung der aktuellen Kapitalstruktur auf Marktwertbasis kann wiederum mit Hilfe der im folgenden beschriebenen Iterationen durchgeführt werden.

Die wechselseitige Abhängigkeit von WACC und Marktwert des Eigenkapitals kann auch durch eine *iterative Vorgangsweise* gelöst werden: In einem ersten Schritt ist ein vorläufiger Marktwert des Eigenkapitals schätzungsweise anzunehmen, wobei z.B. eine Orientierung an den Buchwerten von Eigenkapital und verzinslichem Fremdkapital erfolgt. Auf Grundlage dieser geschätzten bzw. vorläufigen Kapitalstruktur können dann die gewogenen Kapitalkosten und ein neuer vorläufiger Marktwert des Eigenkapitals ermittelt werden. Mit diesem neuen Marktwert wird dann wieder die Kapitalstruktur bzw. der gewogene Kapitalkostensatz sowie anschließend wieder der Marktwert des Eigenkapitals neu berechnet. Dieses Verfahren wird so lange fortgesetzt, bis der Marktwert des Eigenkapitals bzw. die Kapitalstruktur mit gewünschter Genauigkeit bestimmt sind. Wird die wechselseitige Abhängigkeit zwischen Marktwert des Eigenkapitals und WACC mit Hilfe mathematischer Iterationen gelöst, wird die aktuelle Kapitalstruktur im WACC auf Marktwertbasis ermittelt und unterstellt, daß sie in Zukunft gleichbleibt.

Die geschilderten Zusammenhänge sollen im folgenden durch ein einfaches, auf dem Rentenmodell basierendes Beispiel veranschaulicht werden.

Beispiel 48:
Das zu bewertende Unternehmen weist zum Bewertungsstichtag folgende vereinfachte Handelsbilanz aus:

Bilanz zum Bewertungsstichtag

Anlagevermögen	11.000	Eigenkapital	5.000
Umlaufvermögen	7.000	unverzinsliches Fremdkapital	3.000
		verzinsliches Fremdkapital	10.000
Summe	18.000	Summe	18.000

Das verzinsliche Fremdkapital wird zu 7 % verzinst. Die von den Eigenkapitalgebern geforderte Rendite beträgt 11,5 %. Vereinfachend wird unterstellt, daß sie vom Verschuldungsgrad des Unternehmens unabhängig ist. Für die Zukunft wird ein jährlich gleichbleibendes operatives Ergebnis vor Zinsen und Steuern in Höhe von 3.000 GE erwartet. Dieses operative Ergebnis vor Zinsen und Steuern entspricht vereinfachend dem steuerpflichtigen Gewinn vor Zinsen und Steuern. Es wird das österreichische Steuersystem unterstellt. Die Unternehmensgewinne unterliegen demnach unabhängig von der Gewinnverwendung der KöSt von 34 %. Ausschüttungen an die Anteilseigner sind einheitlich mit 25 % KESt endbesteuert. Die Steuerzahlungen erfolgen jeweils am Periodenende. Vereinfachend wird weiters angenommen, daß die jährlichen Abschreibungen in Höhe von 2.000 GE genau den jährlichen Investitionen entsprechen, keine Desinvestitionen getätigt werden und sich das Netto-Umlaufvermögen (sowie das darin enthaltene unverzinsliche Fremdkapital) sowohl im Bestand als auch in der Zusammensetzung im Zeitablauf nicht verändern. Der Marktwert des verzinslichen Fremdkapitals entspricht dem Buchwert (Nominale). Kreditaufnahmen und Kredittilgungen sind für die Zukunft ebenfalls nicht geplant. Es werden keine nicht-operativen Cash-flows erwartet. Unter den getroffenen Annahmen errechnet sich folgender, im Zeitablauf gleichbleibender Free Cash-flow:

	Operatives Ergebnis vor Zinsen und Steuern	3.000 GE
–	adaptierte KöSt-Zahlungen (34 % von 3.000)	– 1.020 GE
	Operatives Ergebnis vor Zinsen, nach Steuern (NOPLAT)	1.980 GE
+	Abschreibungen	2.000 GE
	Operativer Brutto Cash-flow	3.980 GE
+/–	Veränderungen im Nettoumlaufvermögen	0 GE
–	Mittelabflüsse aus Investitionen	– 2.000 GE
	Free Cash-flow	1.980 GE

Wird wie im Beispiel unterstellt, daß die Abschreibungen jährlich den Investitionen entsprechen und das Netto-Umlaufvermögen im Zeitablauf konstant bleibt, entspricht der operative FCF dem operativen Ergebnis vor Zinsen und nach adaptierter KöSt (NOPLAT).

Soll nun die WACC-Ermittlung nach der iterativen Vorgangsweise erfolgen, könnte der Marktwert des Eigenkapitals zunächst hilfsweise in Höhe des *Buchwerts* (5.000 GE) angenommen werden. Da der Marktwert des verzinslichen Fremdkapitals annahmegemäß ebenfalls dem Buchwert (10.000 GE) entspricht, ergibt sich daraus ein (vorläufiger) Marktwert des Gesamtkapitals von 15.000 GE bzw. ein Marktwertanteil des Eigenkapitals von einem Drittel. Auf dieser Grundlage bestimmt sich der (vorläufige) gewogene Kapitalkostensatz wie folgt:

$$WACC = 7{,}0\% \cdot (1 - 0{,}34) \cdot \tfrac{2}{3} + 11{,}5\% \cdot \tfrac{1}{3} = 6{,}913\%$$

Bei Zugrundelegung der oben ermittelten gleichbleibenden FCF in Höhe von 1.980 GE p.a. erhält man nun folgenden (vorläufigen) Marktwert des Gesamtkapitals im WACC-Ansatz:

$$GK^* = \frac{1.980}{0{,}06913} = 28.640$$

Wird von diesem Betrag der Marktwert des verzinslichen Fremdkapitals abgezogen, errechnen sich ein veränderter Marktwert des Eigenkapitals in Höhe von 18.640 GE sowie neue Gewichtungsfaktoren:

Marktwert des Gesamtkapitals (WACC-Ansatz)	28.640 GE	100,00 %
– Marktwert des verzinslichen Fremdkapitals	– 10.000 GE	- 34,92 %
Marktwert des Eigenkapitals	18.640 GE	65,08 %

Unter Berücksichtigung dieser neuen Marktwertanteile kann nun ein neuer WACC in Höhe von 9,098 % errechnet werden, was in weiterer Folge zu einem neuerlich adaptierten Eigenkapitalanteil von 54,05 % führt. Durch wiederholte Iteration gelangt man schließlich zu einem Marktwertanteil des Eigenkapitals von 56,896 %. Der gewogene Kapitalkostensatz beläuft sich auf 8,5344 %. Die absoluten Marktwerte bestimmen sich dann wie folgt:

$$GK^* = \frac{1.980}{0{,}085344} = 23.200$$

Marktwert des Gesamtkapitals (WACC-Ansatz)	23.200 GE	100,000 %
– Marktwert des verzinslichen Fremdkapitals	– 10.000 GE	– 43,104 %
Marktwert des Eigenkapitals	13.200 GE	56,896 %

Unter den getroffenen Annahmen (uniforme FCF, konstanter Fremdkapitalbestand) bleibt diese Kapitalstruktur auch in Zukunft konstant. Der an die betreffenden Kapitalgeber verteilbare Cash-flow, der sich aus der Summe von FCF und (darin noch nicht berücksichtigter) Steuerersparnis aus den Fremdkapitalzinsen ergibt, entfällt daher in jeder künftigen Periode in einem konstanten Verhältnis auf die Eigen- und Fremdkapitalgeber und stimmt mit der Summe der Renditeforderungen der Kapitalgeber auf Basis der ermittelten Marktwerte überein:

	Free Cash-flow	1.980 GE
+	Steuerersparnis aus Fremdkapitalzinsen (10.000 · 0,07 · 0,34)	238 GE
	An Kapitalgeber verteilbarer Cash-flow	2.218 GE
–	Renditeforderung der Fremdkapitalgeber (10.000 · 0,07)	– 700 GE
	Renditeforderung der Eigenkapitalgeber (13.200 · 0,115)	1.518 GE

Die Berechnungen haben u.a. gezeigt, daß die Bestimmung der Gewichtungsfaktoren auf Grundlage von *Buchwerten* zu erheblichen Fehlern führen kann. Auf Grundlage der buchmäßigen Kapitalstruktur wurde unter den getroffenen Annahmen ein Shareholder Value von 18.640 GE ermittelt, während er auf Basis des Marktwertverhältnisses lediglich 13.200 GE beträgt! Kann unterstellt werden, daß der Buchwert des Eigenkapitals unter dem Marktwert liegt (wovon häufig auszugehen sein wird), dann führt die Heranziehung des buchmäßigen Verschuldungsgrades zu einer *Überschätzung* des Shareholder Value.

Wird nun abweichend von den bisherigen Überlegungen z.B. eine konstante *Zielkapitalstruktur* für das Marktwertverhältnis von Eigenkapital und verzinslichem Fremdkapital derart festgelegt, daß der Marktwertanteil des Eigenkapitals konstant 50 % betragen soll, und wird vereinfachend unterstellt, daß die Renditeforderung der Eigenkapitalgeber vom Verschuldungsgrad unabhängig ist, errechnen sich folgende Marktwerte:

$$WACC = 7{,}0\% \cdot (1 - 0{,}34) \cdot \tfrac{1}{2} + 11{,}5\% \cdot \tfrac{1}{2} = 8{,}06\%$$

$$GK^* = \frac{1.980}{0{,}0806} = 24.566$$

Marktwert des Gesamtkapitals (WACC-Ansatz)	24.566 GE	100,00 %
– Marktwert des verzinslichen Fremdkapitals	– 12.283 GE	– 50,00 %
Marktwert des Eigenkapitals	12.283 GE	50,00 %

Die festgelegte Zielkapitalstruktur unterstellt eine Anhebung des Marktwertes des Fremdkapitals auf 12.283 GE gegenüber 10.000 GE in der Ausgangssituation. Zur Erreichung der Zielkapitalstruktur muß daher unter den getroffenen Annahmen im Zeitpunkt t_{0+} zusätzliches (verzinsliches) Fremdkapital in Höhe von 2.283 GE aufgenommen werden, d.h. es hat ein Ersatz von Eigenkapital durch Fremdkapital (Eigenkapitalrückzahlung) zu erfolgen.

Das Beispiel zeigt weiters, daß die Erhöhung des Fremdkapitalanteils zu einer Erhöhung des Marktwertes des Gesamtkapitals auf 24.566 GE geführt hat. Die Ursache dafür liegt in der damit einhergehenden Verminderung des WACC. Die Fremdkapitalkosten (nach Unternehmenssteuern) liegen mit 4,62 % (= 7,0 % · (1 – 0,34)) ganz erheblich unter den Eigenkapitalkosten von 11,5 %. Eine höhere Fremdfinanzierung ist daher unter den getroffenen Annahmen vorteilhaft und erhöht den Marktwert des Gesamtkapitals. Unbeachtet blieb dabei jedoch, daß eine Erhöhung des Fremdkapitalanteils auch zu einer Erhöhung der Renditeforderung der Eigenkapitalgeber führen kann, was zumindest eine Abschwächung des geschilderten Effekts mit sich bringt.

Neben den Eigenkapitalkosten, deren Bestimmung mit Hilfe kapitalmarkttheoretischer Modelle bereits behandelt wurde, sind zur WACC-Ermittlung auch die Fremdkapitalkosten zu bestimmen. Darauf wird im folgenden Abschnitt näher eingegangen.

3.2. Fremdkapitalkosten und Marktwert des Fremdkapitals

Literatur:

Copeland, T./*Koller*, T./*Murrin*, J.: Valuation – Measuring und Managing the Value of Companies, 2nd ed., New York u.a. 1994; *Hachmeister*, D.: Der Discounted Cash Flow als Maß der Unternehmenswertsteigerung, Frankfurt a.M. u.a. 1995; *Arbeitskreis „Finanzierung"* der Schmalenbach-Gesellschaft: Wertorientierte Unternehmenssteuerung mit differenzierten Kapitalkosten, ZfbF 1996, S. 543-578; *Schwetzler*, B.: Die Kapitalkosten von kurzfristigen Rückstellungen, BFuP 1996a, 442-466.

Aufgrund des hohen Anteils der Fremdfinanzierung in vielen Branchen kommt der Berechnung der Fremdkapitalkosten besondere Bedeutung zu. Der gesamte Fremdkapitalbestand eines Unternehmens setzt sich in der Regel aus unterschiedlichen Positionen mit ebenfalls unterschiedlichen Kosten zusammen. Auf Basis der erwarteten Zusammensetzung des Fremdkapitals kann nun entweder ein gewichteter durchschnittlicher Fremdkapitalkostensatz berechnet werden, oder es können in die WACC-Ermittlung unterschiedliche Fremdkapitalkategorien mit eigenständigen Kostensätzen und gegebenenfalls auch unterschiedlichen Steuerwirkungen einbezogen werden. In beiden Fällen wird letztlich von einer in Zukunft konstanten Zusammensetzung des Fremdkapitals ausgegangen, wenn im Zeitablauf konstante Fremdkapitalkostensätze angenommen werden.

Erforderlich ist zunächst eine exakte Definition bzw. Abgrenzung der dem Finanzierungsbereich zuzuordnenden Fremdkapitalpositionen. Wie bereits dargelegt, erfolgt eine solche Zuordnung in der Regel nur für das sog. „verzinsliche“ bzw. „zinstragende“ Fremdkapital, worunter insbesondere Darlehen, Anleihen, kurz- und langfristige Bankkredite sowie Leasingfinanzierung verstanden werden. Andere Positionen mit Fremdkapitalcharakter, wie etwa Lieferverbindlichkeiten, Kundenanzahlungen oder Rückstellungen, werden demgegenüber auf Basis von zum Teil vereinfachenden Annahmen dem Leistungsbereich zugeordnet. Sie sind dann für die Bestimmung des Marktwertes und der Kosten des Fremdkapitals im Rahmen der WACC-Ermittlung ohne Belang (zur problematischen Abgrenzung von dem Leistungs- oder Finanzierungsbereich zuzuordnendem Fremdkapital s. unten 7.). Sind die dem Finanzierungsbereich zuzuordnenden Fremdkapitalpositionen definiert, sind die daraus resultierenden Fremdkapitalkosten zu bestimmen und anschließend – mit ihrem Marktwert gewichtet – in die WACC-Ermittlung einzubeziehen.

Im Rahmen der Bestimmung des Marktwertes einer Fremdkapitalposition ist zu prüfen, inwieweit die vereinbarten Konditionen der Kapitalüberlassung als „marktüblich“ anzusehen sind. Zu den Fremdkapitalkosten zählen nicht nur Zinsen, sondern auch alle mit der Fremdkapitalbeschaffung verbundenen einmaligen und laufenden Nebenkosten. Die Fremdkapitalkosten können als Effektivverzinsung (interne Verzinsung) der jeweiligen Fremdkapitalposition ermittelt werden. Liegt eine marktgerechten Verzinsung vor, entspricht der Marktwert der Fremdkapitalposition genau dem nominell aushaftenden Rückzahlungsbetrag und damit im Regelfall dem Buchwert. Die marktübliche Verzinsung repräsentiert dabei den aktuellen Marktzinssatz für Fremdkapitaltitel mit vergleichbarem Risiko. Im Rahmen der Prüfung der Marktüblichkeit der Fremdkapitalkonditionen kann auf die marktüblichen Konditionen von Unternehmen mit vergleichbarem Standing bzw. Rating zurückgegriffen werden. Mangels ausreichender Datenbasis in der BRD hält der *Arbeitskreis „Finanzierung“* (1996, 559 f) eine Orientierung am Rating von Unternehmen in den angelsächsischen Ländern (z.B. durch Standard & Poor's, Moody's) für zulässig, da es hier lediglich um die Bestimmung der (marktüblichen) Marge geht, um die die Kapitalkosten des zu bewertenden Unternehmens über jenen für Unternehmen der besten Bonitätsstufe liegen.

Bei nicht marktüblichen Konditionen kann wie folgt vorgegangen werden: Werden die Finanzierungstitel am Markt gehandelt, kann ihr Marktwert unmittelbar aus dem gegenwärtigen Kurs abgeleitet werden. Ist dies nicht der Fall, muß eine Marktwertbestimmung durch Diskontierung der zukünftig zu erwartenden Zahlungen (Zinsen und Kapitalrückzahlungen) mit der marktüblichen Verzinsung erfolgen. Stehen die künftigen Zahlungen aus einem Finanzierungstitel nicht fest, etwa weil das Finanzierungsinstrument mit bestimmten Optionsrechten verknüpft ist, können Bewertungen auf Basis von Optionspreismodellen erfolgen. Verfahren zur Schätzung der kapitalmarktorientierten Opportunitätskosten von Finanzierungsinstrumenten ohne ausdrücklichen Eigenkapitalcharakter werden bei *Copeland/Koller/Murrin* (1994, 251 ff) dargestellt. Behandelt wird die Schätzung der marktüblichen Verzinsung von nicht wandelbarem, fest und variabel verzinslichen Fremdkapital mit niedrigem Anlagerisiko sowie von Fremdkapital mit hohem Anlagerisiko (z.B. Junk Bonds, subventioniertes Fremdkapital, Fremdwährungsanleihen, Leasing und Vorzugsaktien).

Da die Höhe der marktüblichen Verzinsung auch von der Art der Fremdkapitalposition abhängt, ist letztlich auch die Marktüblichkeit der Zusammensetzung des Fremdkapitals zum Bewertungsstichtag zu untersuchen. Dies kann sich z.B. auf den Anteil von geförderten Krediten oder das Verhältnis zwischen lang- und kurzfristigem Fremdkapital beziehen. Gegebenenfalls sind künftig erwartete Anpassungen der Zusammensetzung des Fremdkapitals zu berücksichtigen.

In die WACC-Ermittlung fließen stets die marktüblichen Fremdkapitalkosten ein, um die Konsistenz mit der Marktwertgewichtung zu wahren. Dies gilt insbesondere auch dann, wenn die vereinbarten Fremdkapitalkosten von den marktüblichen abweichen.

Beispiel 49:

Ein zu bewertendes Unternehmen sei am Bewertungsstichtag durch die folgende bilanzielle Kapitalstruktur gekennzeichnet (zum Beispiel s.a. *Copeland/Koller/Murrin*, 1994, 270 ff):

		Buchwert
A.	Eigenkapital	40.000
B.	Unversteuerte Rücklagen	6.000
C.	Rückstellungen:	
	Abfertigungs- und Pensionsrückstellungen	15.000
	Kurzfristige Rückstellungen	5.000
D.	Verbindlichkeiten:	
	Geförderte Kredite	3.000
	Langfristige Bankverbindlichkeiten	15.000
	Kurzfristige Bankverbindlichkeiten	1.000
	Lieferverbindlichkeiten	9.000
	Kundenanzahlungen	4.000
	Sonstige Verbindlichkeiten	1.500
E.	Passive Rechnungsabgrenzung	500
Summe Passiva		100.000

Die langfristigen Bankverbindlichkeiten stehen zu einem als marktüblich zu bezeichnenden Zinssatz von 8,0 % zur Verfügung. Die effektiven Kosten der kurzfristigen Bankverbindlichkeiten belaufen sich auf 9,5 % p.a. und sind ebenfalls marktüblich. Der Nominalzinssatz für die geförderten Kredite beläuft sich demgegenüber auf lediglich 5,0 % p.a. Die geförderten Kredite laufen in den nächsten

Jahren aus und müssen in der Folge durch langfristige Bankverbindlichkeiten ersetzt werden. Der (nicht passivierte) Barwert der Verpflichtungen aus den zum Bewertungsstichtag bestehenden Leasingverträgen beläuft sich bei Anwendung der als marktüblich zu bezeichnenden Verzinsung von 8,0 % p.a. auf 6.000 GE. Der Unternehmenssteuersatz (KöSt-Satz) beläuft sich auf 34 %.

Im Rahmen der WACC-Ermittlung soll zunächst ein aus dem aktuellen Aktienkurs abgeleiteter Marktwert des Eigenkapitals in Höhe von 85.000 GE angenommen werden. Die mit Hilfe des CAPM ermittelten Eigenkapitalkosten betragen 12,5 %. Weiters soll unterstellt werden, daß die gegenwärtige Kapitalstruktur im Zeitablauf unverändert bleibt.

Zur Schätzung der gewogenen Kapitalkosten ist zunächst der Marktwert jener Finanzierungstitel zu bestimmen, die in die WACC-Ermittlung einfließen. Im Beispiel sollen die gesamten Rückstellungen, die Lieferverbindlichkeiten, die Kundenanzahlungen, die sonstigen Verbindlichkeiten sowie die Passive Rechnungsabgrenzung dem Leistungsbereich zugeordnet werden. Ihre Veränderung im Zeitablauf bzw. die mit diesen Positionen allenfalls verbundenen Kapitalkosten werden daher im Rahmen der Prognose des FCF erfaßt. Dem Finanzierungsbereich werden an Fremdkapitalpositionen daher die lang- und kurzfristigen Bankverbindlichkeiten sowie die Leasingverpflichtungen zugeordnet. Da die geförderten Kredite annahmegemäß in nächster Zukunft auslaufen, werden in die WACC-Ermittlung vereinfachend bereits die als Ersatz aufzunehmenden langfristigen Bankverbindlichkeiten einbezogen. Eine gesonderte Berücksichtigung der unversteuerten Rücklagen ist nicht erforderlich. Ihr Eigenkapitalanteil schlägt sich faktisch im Marktwert des Eigenkapitals nieder, ihr Fremdkapitalanteil wird über die künftigen Steuerzahlungen im FCF erfaßt.

	Buchwert (adaptiert)	geschätzter Marktwert	Anteil am Gesamtmarktwert
Eigenkapital	40.000	85.000	77,28 %
Langfristige Bankverbindlichkeiten	18.000	18.000	16,36 %
Kurzfristige Bankverbindlichkeiten	1.000	1.000	0,91 %
Leasingverpflichtungen	0	6.000	5,45 %
Summe	*59.000*	*110.000*	*100,00 %*

Da die Verzinsung der angeführten Fremdkapitalpositionen marktüblich ist, entspricht ihr Marktwert dem Buchwert (nach Berücksichtigung der Umfinanzierung der geförderten Kredite) bzw. beim Leasing dem angegebenen Barwert der künftigen Leasingzahlungen. Die errechneten Anteile am Gesamtmarktwert repräsentieren die für die WACC-Ermittlung relevanten Gewichtungsfaktoren. Der gesamte Marktwert des verzinslichen Fremdkapitals beträgt unter den getroffenen Annahmen 25.000 GE, der Fremdkapitalanteil auf Marktwertbasis 22,72 %.

	Gewichtungsfaktor	Kosten vor Steuern	Kosten nach Steuern	Beitrag zum WACC
Eigenkapital	77,28 %	12,50 %	12,50 %	9,66 %
Langfr. Bankverbindlichkeiten	16,36 %	8,00 %	5,28 %	0,86 %
Kurzfr. Bankverbindlichkeiten	0,91 %	9,50 %	6,27 %	0,06 %
Leasingverpflichtungen	5,45 %	8,00 %	5,28 %	0,29 %
Summe	*100,00 %*			*10,87 %*

Die Fremdkapitalkosten vor Steuern entsprechen der marktüblichen Verzinsung der jeweiligen Fremdkapitalposition. Die Kosten nach Steuern können durch Kürzung um die KöSt-Ersparnis in Höhe von 34 % errechnet werden. Die so ermittelten Kapitalkostensätze nach Steuern sind mit dem jeweiligen Marktwertanteil des Finanzierungstitels zu gewichten. Aus den marktwertgewichteten Kapitalkosten nach Steuern errechnet sich im Beispiel ein gewogener Kapitalkostensatz (WACC) in Höhe von 10,87 %.

In weiterer Folge könnte nun der bislang aus dem Aktienkurs abgeleitete Marktwert des Eigenkapitals durch Diskontierung der prognostizierten FCF und anschließende mathematische Iterationen neu berechnet und die gegenwärtige Kapitalstruktur genauer bestimmt werden. Der Marktwert des Fremdkapitals bleibt dabei jeweils unverändert. Zu beachten ist, daß auf Basis der getroffenen Annahmen wesentliche Fremdkapitalpositionen, insbesondere die langfristigen Sozialkapitalrückstellungen, nicht in die WACC-Ermittlung einbezogen wurden damit auch nicht in der errechneten Kapitalstruktur zum Ausdruck kommen. Wird diesen Fremdkapitalpositionen aber wesentlicher Einfluß auf das Kapitalstrukturrisiko beigemessen, müßten sie bei der Bestimmung der Renditeforderung der Eigenkapitalgeber berücksichtigt werden.

Die Verminderung der Fremdkapitalkosten um die daraus resultierende KöSt-Ersparnis setzt in Verbindung mit einem im Zeitablauf konstanten WACC (vereinfachend) voraus, daß immer ausreichende steuerpflichtige Gewinne vorhanden sind, die gewährleisten, daß die gesamten Fremdkapitalkosten in jeder Periode tatsächlich zu einer KöSt-Ersparnis führen. Problematisch ist diese Annahme daher vor allem dann, wenn in einzelnen Perioden steuerliche Verluste erwartet werden oder wenn im Übernahmszeitpunkt verwertbare steuerliche Verlustvorträge vorhanden sind, die erst mit späteren Gewinnen des zu bewertenden Unternehmens (und nicht etwa mit anderweitigen Konzerngewinnen) verrechnet werden können.

Besondere methodische Probleme sind mit der Abgrenzung jener Fremdkapitalpositionen verbunden, die dem Leistungsbereich zugeordnet werden sollen. Da die damit zusammenhängenden Fragen nicht nur die Bestimmung von Fremdkapitalkosten berühren, sondern auch Rückwirkungen auf den gesamten Bewertungskalkül entfalten, werden sie gesondert in Abschnitt C.7. erörtert.

3.3. Empirische Ermittlung von Kapitalkosten

Literatur:

Richter, F./*Simon-Keuenhof*, K.: Bestimmung durchschnittlicher Kapitalkostensätze deutscher Industrieunternehmen – Eine empirische Untersuchung, BFuP 1996, S. 698-708.

Unter Bezugnahme auf die zunehmende Bedeutung der DCF-Verfahren haben *Richter/Simon-Keuenhof* (1996, 698 ff) in einer empirischen Untersuchung durchschnittliche gewogenen Kapitalkostensätze (WACC) für deutsche Industrieunternehmen für die Jahre 1987 bis 1994 erhoben. Bei der Untersuchung wurde von folgenden Annahmen ausgegangen: Die Bestimmung der Renditeforderung der Eigenkapitalgeber erfolgte unter Rückgriff auf das CAPM, wobei eine Marktrisikoprämie von 5,3 % unterstellt wurde (vgl. dazu auch *Arbeitskreis „Finanzierung"*, 1996, 549). Das unternehmensindividuelle systematische Risiko wurde mit Hilfe der von Barra-International berechneten Beta-Faktoren bestimmt. Als risikoloser Zinsfuß wurde die Umlaufrendite festverzinslicher Bundespapiere herangezogen. Die Fremdkapitalkosten (vor Steuern) wurden durch den risikolosen Zinsfuß approximiert. Als Unternehmenssteuerersparnis aus den Fremdkapitalkosten wurden auf Grundlage des Steuersystems in der BRD Auswirkungen im Bereich der Gewerbeertragsteuer, der Gewerbekapitalsteuer und der Vermögensteuer berücksichtigt. Aufgrund des Anrechnungsverfahrens blieb eine Körperschaftsteuer-Ersparnis aus den Fremdkapitalzinsen außer Ansatz. Berücksichtigt wurden hier lediglich die Auswirkungen der Nichtabzugsfähigkeit der Vermögensteuer bei der Körperschaftsteuer.

Die marktwertgewichtete Kapitalstruktur wurde anhand folgender Annahmen bestimmt: Als Basis für den Marktwert des Eigenkapitals wurden die Börsenwerte des Stamm- und Vorzugskapitals herangezogen. Der Marktwert des Fremdkapitals wurde durch die Bilanzwerte der „Finanzschulden" geschätzt. Zu den „Finanzschulden" wurden Anleihen, Darlehen, Bank- und Wechselverbindlichkeiten sowie Verbindlichkeiten gegen verbundene Unternehmen und Unternehmen, mit denen ein Beteiligungsverhältnis besteht, gezählt. Der so ermittelte Marktwert des Fremdkapitals enthält daher nicht alle Fremdkapitalpositionen, da z.B. Lieferverbindlichkeiten, Pensionsrückstellungen und Leasingverpflichtungen nicht einbezogen wurden (zur Problematik s. unten 7.). Die erhobenen gewogenen Kapitalkosten können daher nur näherungsweise den tatsächlichen Kapitalkosten der Unternehmen entsprechen. Ist ein Unternehmen z.B. durch hohe Pensionsrückstellungen gekennzeichnet, kann der wie beschrieben erhobene WACC erheblich von den tatsächlichen Kapitalkosten abweichen, da es plausibel erscheint, daß die Pensionsverpflichtungen einem langfristigen Kredit vergleichbare Fremdkapitalkosten verursachen (s. dazu unten 7.4.).

Abb. 27 zeigt zusammenfassend das Ergebnis der Untersuchung. Demnach wurden für den angegebenen Zeitraum durchschnittliche gewogene Kapitalkosten von 10,2 % errechnet.

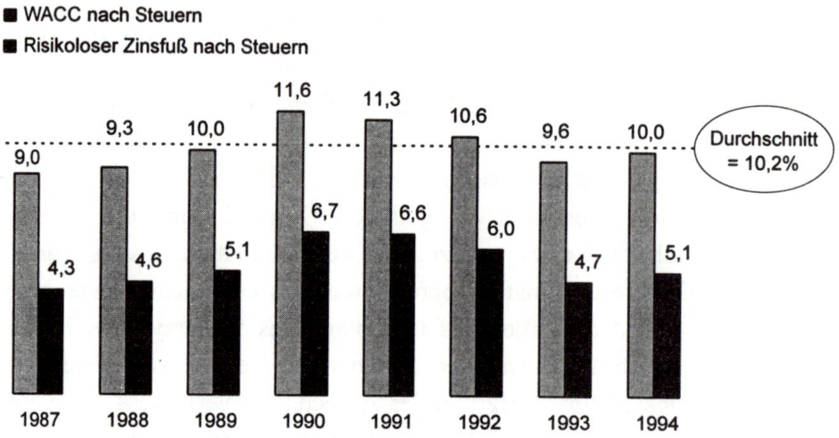

Abb. 27: Durchschnittliche Kapitalkosten deutscher Industrieunternehmen im Zeitraum 1987 bis 1994 (entnommen aus *Richter/Simon-Keuenhof*, 1996, 703)

Die Schwankungen im Zeitablauf sind nach *Richter/Simon-Keuenhof* (1996, 703) vor allem auf die unterschiedlichen Renditen der langfristigen Bundesanleihen sowie auf die Schwankungen des Verschuldungsgrades im Beobachtungszeitraum zurückzuführen. So lag der als Quotient aus dem Buchwert des zinstragenden Fremdkapitals und dem Börsenwert des Eigenkapitals definierte Verschuldungsgrad im Durchschnitt bei 53 %, schwankte aber im betrachteten Zeitraum zwischen 36 % (in 1989) und 76 % (in 1992).

Abb. 28 zeigt, daß die gewogenen Kapitalkostensätze nicht nur im Zeitablauf stark schwanken, sondern daß auch zwischen verschiedenen Branchen erhebliche Unterschiede bestehen.

Richter/Simon-Keuenhof (1996, 704 ff) vergleichen ihre Untersuchungsergebnisse in der Folge mit den Ergebnissen anderer empirischer Erhebungen zu Kapitalkosten. So werden z.B. bei *Lewis* (1994, 83) für die USA für den Zeitraum 1987 bis 1992 reale Gesamtkapitalkosten von 6,5 % bis 7,5 % angeben, was nach Umrechnung auf nominelle Größen mit den von *Richter/Simon-Keuenhof* erhobenen Daten korrespondiert.

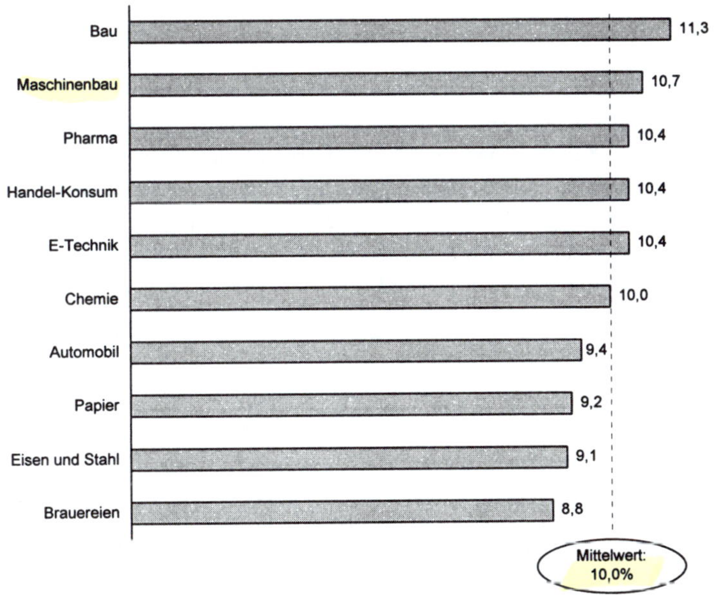

Abb. 28: Durchschnittliche Kapitalkosten deutscher Industrieunternehmen im Jahr 1994 nach Branchen (entnommen aus *Richter/Simon-Keuenhof*, 1996, 705)

Eine Heranziehung der für Deutschland erhobenen Kapitalkostensätze als Orientierungsgröße im Rahmen der Bewertung österreichischer Unternehmen erscheint nicht ohne weiteres zulässig. Hier müßte zunächst auf die gravierenden Unterschiede im Steuersystem Rücksicht genommen werden. Die Gewerbesteuer und die Vermögensteuer wurden in Österreich mit Wirkung ab 1.1.1994 abgeschafft. Der Körperschaftsteuer kommt im Gegensatz zur BRD sehr wohl der Charakter einer Unternehmenssteuer zu, die im Rahmen der Bestimmung der Fremdkapitalkosten nach Steuern zu berücksichtigen ist. So gehen *Richter/Simon-Keuenhof* für das Jahr 1994 von Fremdkapitalkosten vor Steuern von 6,8 % aus und errechnen daraus Fremdkapitalkosten nach Steuern in Höhe von 5,1 %. Bei sonst unveränderten Annahmen würden aber in Österreich die Fremdkapitalkosten nach Steuern nur 4,5 % (= 6,8% · (1 – 0,34)) betragen.

4. Prognose der Free Cash-flows

Literatur:

Rappaport, A.: Creating Shareholder Value, New York u.a. 1986; *Copeland*, T./*Weston*, J.: Financial Theory and Corporate Policy, Reading 1988; *Stewart*, G.B.: The Quest for Value, New York 1991; *Copeland*, T./*Koller*, T./*Murrin*, J.: Valuation – Measuring and Managing the Value of Companies, 2nd ed., New York u.a. 1994; *Lewis*, T.G.: Steigerung des Unternehmenswertes, Landsberg am Lech 1994; *Mandl*, G./*Rabel*, K.: Unternehmensplanung und Unternehmensbewertung – Komplexitätsreduktion durch Einsatz von „value drivers"?, in: Bertl/Mandl (Hrsg): Rechnungswesen und Controlling, FS Anton Egger, Wien 1997 (in Druck).

4.1. Allgemeines

An die Prognose der FCF sind grundsätzlich dieselben Anforderungen zu stellen wie an die Prognose der bewertungsrelevanten Cash-flows beim Ertragswertverfahren. Auf Ebene des zu bewertenden Unternehmens beruht die Planung von FCF i.a. – wie auch jene der Einzahlungsüberschüsse des Unternehmens – auf einer Vollausschüttungsfiktion und erfordert eine umfassende Erfolgs- und Finanzplanung. Anders als bei der Planung von Einzahlungsüberschüssen kann nunmehr allerdings eine periodenspezifische Planung der Entwicklung des Bestandes an (verzinslichem) Fremdkapital sowie der daraus resultierenden Fremdkapitalkosten entfallen, da diese Komponenten keinen Einfluß auf die Höhe der FCF haben. Die Auswirkungen der Fremdfinanzierung werden auf Basis vereinfachender Annahmen – wie insbesondere einer konstanten Kapitalstruktur auf Marktwertbasis und konstanter Fremdkapitalkosten nach Unternehmenssteuerersparnis – nur im Diskontierungssatz (WACC) berücksichtigt. Diese vereinfachte Vorgangsweise wird von den Befürwortern als wesentlicher Vorteil dieses Verfahrens angesehen.

Wie dargelegt wird für die Planung der FCF eine Trennung in einen operativen und einen nicht-operativen Unternehmensbereich vorgeschlagen. Für den nicht-operativen Bereich wird auf spezifische Prognoseüberlegungen verwiesen, die von der Art der dort entfalteten Aktivitäten abhängen. Zur Abschätzung der in Zukunft aus dem operativen Bereich bzw. der eigentlichen Betriebstätigkeit des Unternehmens zu erwartenden FCF wird als Spezifikum der Einsatz von *Value Driver-Modellen* empfohlen. Darauf wird im folgenden näher eingegangen.

4.2. Prognose auf Grundlage von „Value Drivers"

a) Begriff

In Zusammenhang mit dem „Value-Based-Management" wurde untersucht, durch welche Komponenten der Shareholder Value und damit insbesondere die künftig für die Kapitalgeber verfügbaren FCF beeinflußt werden können. Diese Komponenten werden als Value Drivers („Wertgeneratoren", „Werttreiber") bezeichnet. In der Literatur wurden unterschiedliche Value Driver-Modelle vorgestellt. Im folgenden werden die Modelle von *Rappaport*, *Stewart* und *Copeland/Koller/Murrin* behandelt.

b) Value Driver-Modell nach Rappaport

Rappaport (1986, 50 ff) definiert die folgenden Value Drivers:

- Wachstumsrate des Umsatzes (w_U)
- Umsatzrentabilität (r_U)
- Ertragsteuersatz auf Unternehmensebene (s)
- Nettoinvestitionsrate ins Working Capital (n_{WC})
- Nettoinvestitionsrate ins Anlagevermögen (n_{AV})
- Gewogene Kapitalkosten (c^{WACC})
- Länge der Detailprognoseperiode bzw. Planungshorizont (T)

Zur Ermittlung des operativen FCF einer Periode t geht *Rappaport* von folgendem Zusammenhang aus:

$$FCF_t = NOPAT_t - NI_t^{WC} - NI_t^{AV} \qquad (3.12)$$

Dabei bezeichnet $NOPAT_t$ (net operating profit after taxes) den operativen Gewinn vor Zinsen und nach (adaptierten) Steuern einer Periode.[1] Um den FCF der Periode zu erhalten, wird dieser Gewinn um die Nettoinvestitionen (NI) in das Anlagevermögen und in das Working Capital vermindert. Die Nettoinvestitionen in das Working Capital geben den Kapitalbindungseffekt an, der aus der Erhöhung des Working Capitals in einer Periode resultiert. Die Nettoinvestitionen in das Anlagevermögen sind definiert als jene Investitionsauszahlungen einer Periode, die über die (bereits im NOPAT berücksichtigten) Abschreibungen hinausgehen. Dabei wird implizit unterstellt, daß keine Desinvestitio-

[1] Der „NOPAT" entspricht daher inhaltlich dem oben verwendeten, bei *Copeland/Koller/Murrin* definierten Begriff des „NOPLAT" (net operating profit less adjusted taxes).

nen anfallen werden. Da Finanzanlagen in der Regel nicht zum operativen Bereich gerechnet werden, sind hier nur die Nettoinvestitionen in das immaterielle Anlagevermögen und das Sachanlagevermögen zu berücksichtigen.

Die Umsatzrentabilität (r_U) gibt das Verhältnis zwischen dem operativen Gewinn vor Steuern und Zinsen (EBIT) und dem Umsatz (U) an:

$$(3.13) \qquad r_U = \frac{EBIT}{U}$$

Im EBIT sind neben den Herstellungskosten für die verkauften Produkte auch die Verwaltungs- und Vertriebsaufwendungen abgezogen. Auch die Abschreibungen auf das Anlagevermögen haben das EBIT gemindert. Wird das EBIT einer Periode um die darauf entfallende Gewinnsteuer vermindert, erhält man den NOPAT der Periode.

Die Nettoinvestitionen in das Working Capital und in das Anlagevermögen werden im Modell jeweils als Produkt aus der Umsatzerhöhung der Periode und der Nettoinvestitionsrate ins Working Capital bzw. ins Anlagevermögen berechnet. Die im Rahmen der Planung festzulegenden Nettoinvestitionsraten sind demgemäß jeweils als Quotient aus Nettoinvestitionen und Umsatzerhöhung (ΔU) definiert:

$$(3.14) \qquad n_{WC} = \frac{NI^{WC}}{\Delta U} \quad \text{bzw.} \quad n_{AV} = \frac{NI^{AV}}{\Delta U}$$

Sie geben die zusätzliche Kapitalbindung im Working Capital und Anlagevermögen an, die bei einer Erhöhung des Umsatzes um eine Geldeinheit erforderlich ist.

Bezeichnet U_{t-1} den Umsatz der Vorperiode, kann der operative FCF_t der künftigen Periode t nach *Rappaport* unter Verwendung der oben definierten Value Drivers wie folgt berechnet werden:

$$(3.15) \qquad FCF_t = U_{t-1} \cdot (1 + w_U) \cdot r_U \cdot (1 - s) - U_{t-1} \cdot w_U \cdot n_{WC} - U_{t-1} \cdot w_U \cdot n_{AV}$$

Ab dem Planungshorizont T geht *Rappaport* davon aus, daß zusätzliche Investitionen im Durchschnitt nur mehr eine Rendite erbringen, die den gewogenen Kapitalkosten entspricht. Der Kapitalwert der durch diese Investitionen verursachten Cash-flows ist damit aber gleich Null, sodaß sie bei der Ermittlung des Unternehmenswertes unberücksichtigt bleiben können. Auf dieser Grundlage geht *Rappaport* für die Zeit nach dem Planungshorizont von einem (nominell) konstanten FCF aus, den er als „Perpetuity Cash-flow“

(PCF) bezeichnet. Der PCF entspricht dabei dem NOPAT der letzten Detailprognoseperiode. Der Barwert der konstanten PCF nach dem Planungshorizont wird von *Rappaport* als „Residual Value" (RV) bezeichnet:

$$(3.16) \qquad RV = \frac{PCF}{c^{WACC}}$$

Beispiel 50:

Für die Planung der FCF stehen folgende Informationen zur Verfügung: Der Umsatz des letzten abgelaufenen Geschäftsjahres beläuft sich auf 10.000 GE, die jährliche Umsatzwachstumsrate wird mit 10 % erwartet, die Umsatzrentabilität mit 5 %. Der Ertragsteuersatz auf Unternehmensebene beträgt 34 %, die Nettoinvestitionsrate in das Working Capital 10 %, die Nettoinvestitionsrate in das Anlagevermögen 15 %. Der Detailprognosezeitraum erstreckt sich bis in die Periode t_5. Bis t_5 wird angenommen, daß die Umsatzwachstumsrate, die Umsatzrentabilität, der Ertragsteuersatz auf Unternehmensebene sowie die Nettoinvestitionsraten konstant bleiben. Nach dem Planungshorizont wird von einem nominell konstanten „Perpetuity Cash-flow" in Höhe des NOPAT der Periode t_5 ausgegangen.

Unter den getroffenen Annahmen errechnen sich folgende FCF:

	t_1	t_2	t_3	t_4	t_5	ab t_6
Umsatz	11.000,0	12.100,0	13.310,0	14.641,0	16.105,1	16.105,1
EBIT	550,0	605,0	665,5	732,1	805,3	805,3
NOPAT	363,0	399,3	439,2	483,2	531,5	531,5
– NI (WC)	–100,0	–110,0	–121,0	–133,1	–146,4	–0,0
– NI (AV)	–150,0	–165,0	–181,5	–199,7	–219,6	–0,0
FCF	113,0	124,3	136,7	150,4	165,5	531,5

Bis zum Planungshorizont ($T=t_5$) wachsen die FCF jährlich in Höhe der konstanten Umsatzwachstumsrate von 10 %. Ab t_6 fällt annahmegemäß ein PCF in Höhe des NOPAT der Periode t_5 an. Unter der Annahme eines gewogenen Kapitalkostensatzes (WACC) von 10 % errechnet sich der Unternehmenswert als Marktwert des Gesamtkapitals wie folgt:

Residual Value (als Barwert zu t_5):	5.314,7 GE
Barwert des Residual Value zu t_0	3.300,0 GE
Barwert der FCF bis zum Planungshorizont	513,6 GE
Unternehmenswert (GK*)	3.813,6 GE

Bei im Zeitablauf konstanten Werten für die Value Drivers können die künftigen FCF nach dem Modell von *Rappaport* sehr einfach ermittelt werden: Unter dieser Annahme wachsen die FCF innerhalb des Detailprognosezeitraumes in jeder Periode mit der Wachstumsrate des Umsatzes. Um die FCF der späteren Perioden zu bestimmen, braucht daher grundsätzlich nur der FCF der ersten Planungsperiode errechnet werden. Der zu erwartende PCF kann ebenfalls sehr einfach aus dem hochgerechneten Umsatz zum Ende des Detailprognosezeitraums ermittelt werden.

c) Value Driver-Modell nach Stewart

Stewart (1991, 299 f) nennt insgesamt sechs Faktoren, die im Rahmen seines Value Driver-Modells den Unternehmenswert determinieren, wobei nur die ersten vier Faktoren von Management beeinflußt werden können:

- Operatives Ergebnis vor Zinsen, nach Steuern (NOPAT)
- Steuerersparnis durch Verschuldung (tD)
- Nettoinvestitionen ins Anlagevermögen und Working Capital (NI)
- Rendite (nach Steuern) der Nettoinvestitionen (r_{NI})
- Renditeforderung der Eigenkapitalgeber für das unverschuldete Unternehmen ($r(EK)_u$)
- Zeitraum, in dem profitable Investitionen verfügbar sein werden (T^{PI})

Die künftigen Nettoinvestitionen (NI) umfassen nach *Stewart* sowohl die Zunahme des Working Capital als auch die über die Abschreibungen hinausgehenden Investitionen ins Anlagevermögen. Die Reinvestitionen in Höhe der Abschreibungsbeträge werden als Erhaltungsinvestitionen interpretiert, die notwendig sind, um den NOPAT „sustainable" zu halten (*Stewart*, 1991, 308). Werden daher nur die Abschreibungsbeträge reinvestiert, bleibt der NOPAT konstant. Analog zum Modell von *Rappaport* erhält man den FCF einer Periode, indem der NOPAT um die Nettoinvestitionen vermindert wird:

(3.17) $$FCF_t = NOPAT_t - NI_t$$

Während bei *Rappaport* die gewogenen Kapitalkosten als Value Driver definiert werden, in die neben den Eigenkapitalkosten (für das verschuldete Unternehmen) auch die um die Ertragsteuerersparnis verminderten Fremdkapitalkosten eingehen, geht *Stewart* von folgenden Überlegungen aus (*Stewart*, 1991, 444 ff): Die Renditeforderung der Eigenkapitalgeber für ein nur mit Eigenkapital finanziertes (unverschuldetes) Unternehmen beinhaltet nur das Geschäftsrisiko („business risk" bzw. „operating risk"). Mit zunehmender Verschuldung steigt die Renditeforderung der Eigenkapitalgeber, da zum Geschäftsrisiko das Kapitalstrukturrisiko („financial risk") hinzukommt. Die steuerliche Abzugsfähigkeit der Fremdkapitalzinsen führt dabei unter bestimmten Voraussetzungen zu einem höheren Unternehmenswert, sodaß der Unternehmenswert (als Marktwert des Gesamtkapitals) durch Verschuldung erhöht werden kann. Werden nur die Abschreibungsbeträge reinvestiert, errechnet sich der Marktwert des Gesamtkapitals (GK*) nach *Stewart* aus folgendem Ausdruck :

$$(3.18)\qquad GK^* = \frac{NOPAT}{r(EK)_u} + tD$$

Während der erste Term den Unternehmenswert bei vollständiger Eigenfinanzierung wiedergibt, bezeichnet der Ausdruck tD den Barwert der durch die Verschuldung bewirkten Steuerersparnis aus den Fremdkapitalzinsen („tax shield" bzw. „tax benefit of debt"). Diese Vorgangsweise führt unter den von *Stewart* getroffenen Annahmen zum selben Ergebnis wie die Diskontierung des NOPAT mit dem gewogenen Kapitalkostensatz c^{WACC}:

$$(3.19)\qquad GK^* = \frac{NOPAT}{r(EK)_u} + tD = \frac{NOPAT}{c^{WACC}}$$

Werden in einer Periode Nettoinvestitionen getätigt, resultiert daraus in den Folgeperioden ein zusätzlicher NOPAT, der im Modell von Stewart in konstanter Höhe über einen unendlichen Zeitraum anfällt. Die Höhe dieses jährlichen, zusätzlichen NOPAT wird durch die (innerhalb des Zeitraums T^{PI} ebenfalls konstante) Rendite der Nettoinvestitionen bestimmt. Stewart definiert die Rendite auf die Unternehmensinvestitionen (r_{IC}) generell als Verhältnis zwischen NOPAT und dem in das Unternehmen investierten Eigen- und Fremdkapital (IC*) (s. dazu auch unten G.2.):

$$(3.20)\qquad r_{IC} = \frac{NOPAT}{IC^*}$$

Der Zeitraum T^{PI} gibt jene Zeitspanne an, innerhalb der das Management über profitable Investitionen verfügt. In diesem Zeitraum liegt die Rendite der Nettoinvestitionen r_{NI} über den gewogenen Kapitalkosten. Es gilt daher $r_{NI} > c^{WACC}$. Für die Zeit danach wird angenommen, daß die Rendite der Nettoinvestitionen genau den Kapitalkosten entspricht ($r_{NI} = c^{WACC}$).

Unter Einbeziehung von Nettoinvestitionen entwickelt *Stewart* folgendes Value-Driver Modell, mit dem der Unternehmenswert (GK*) unmittelbar berechnet werden kann:

$$(3.21)\quad GK^* = \frac{NOPAT}{r(EK)_u} + tD + \frac{NI_1 \cdot (r_{NI} - c^{WACC}) \cdot T^{PI}}{c^{WACC} \cdot (1 + c^{WACC})} = \frac{NOPAT}{c^{WACC}} + \frac{NI_1 \cdot (r_{NI} - c^{WACC}) \cdot T^{PI}}{c^{WACC} \cdot (1 + c^{WACC})}$$

Der jeweils letzte Term im Value-Driver-Modell gibt die Erhöhung des Unternehmenswerts durch die zusätzlichen Investitionen an. Dabei wird die – wohl nur als willkürlich zu bezeichnende – Annahme getroffen, daß die Nettoinvestitionen im Zeitraum T^{PI} konstant wachsen und diese Wachstumsrate genau dem gewogenen Kapitalkostensatz c^{WACC} entspricht (*Stewart*, 1991, 318). Da die nach T^{PI} anfallenden Nettoinvestitionen genau eine Rendite in Höhe der Kapitalkosten erbringen, ist ihr Barwert gleich Null, sodaß diese Investitionen wiederum ohne Einfluß auf den Unternehmenswert bleiben.

Beispiel 51:

Für die erste Planperiode wird ein NOPAT von 1.000 GE erwartet. Die Nettoinvestitionen betragen im ersten Jahr 800 und wachsen in den folgenden 4 Jahren jährlich um 10 %. Das Management wird 5 Jahre über profitable Investitionen verfügen, die eine Rendite in Höhe von 15 % p.a. abwerfen. Die gewogenen Kapitalkosten betragen 10 %. Unter Verwendung von (3.21) erhält man folgenden Unternehmenswert:

$$GK^* = \frac{1.000}{0,10} + \frac{800 \cdot (0,15 - 0,10) \cdot 5}{0,10 \cdot (1 + 0,10)} = 10.000 + 1.818 = 11.818$$

Dieses Ergebnis kann überprüft werden, indem die Free Cash-flows berechnet und diskontiert werden:

	t_1	t_2	t_3	t_4	t_5	ab t_6
Basis-NOPAT	1.000	1.000	1.000	1.000	1.000	1.000
zus. NOPAT durch NI	0	120	252	397	557	733
NOPAT gesamt	1.000	1.120	1.252	1.397	1.557	1.733
- Nettoinvestitionen	-800	-880	-968	-1.065	-1.171	
Free Cash-flow	200	240	284	332	386	1.733

Die NOPAT-Erhöhung z.B. zu t_3 errechnet sich dabei als Produkt der in den Vorperioden getätigten Nettoinvestitionen und deren Rendite r_{NI}:

$$0,15 \cdot (800 + 880) = 252$$

Durch Diskontierung der FCF mit den gewogenen Kapitalkosten erhält man wiederum den Marktwert des Gesamtkapitals in Höhe von 11.818 GE.

Anstatt die Free Cash-flows zu diskontieren, kann auch wie folgt vorgegangen werden: Ein konstanter NOPAT von 1.000 GE ergibt bei einem WACC von 10 % einen Unternehmenswert von 10.000 GE. Die Nettoinvestition des ersten Jahr in Höhe von 800 GE liefert ab t_2 einen zusätzlichen NOPAT von 120 GE p.a. Der Barwert dieser zusätzlichen NOPAT beträgt daher 1.200 GE. Die Nettoinvestition zu t_1 führt damit zu einem Wertzuwachs von 1.200 GE – 800 GE = 400 GE bezogen auf t_1 bzw. von 363,6 GE bezogen auf t_0. Die Nettoinvestition von 880 GE zu t_2 liefert analog ab t_3 einen zusätzlichen NOPAT von 132 GE, aus dem ein Wertzuwachs von 1.320 GE – 880 GE = 440 GE bezogen auf t_2 bzw. von wiederum

363,6 GE bezogen auf t_0 resultiert. Alle fünf Nettoinvestitionen erhöhen daher den Unternehmenswert zu t_0 um insgesamt 1.818 GE, sodaß sich der gesamte Unternehmenswert auf 11.818 GE beläuft.

Wie dargelegt basiert die von *Stewart* angegebene Value Driver-Formel auf zahlreichen vereinfachenden Annahmen. Zentrale Bedeutung kommt dabei auch der (willkürlichen) Annahme zu, daß die Nettoinvestitionen im Zeitraum T^{PI} ein jährliches Wachstum aufweisen, das genau dem gewogenen Kapitalkostensatz c^{WACC} entspricht. Aus dem Modell geht auch unmittelbar hervor, daß der Unternehmenswert sinkt, wenn die Rendite der künftigen Nettoinvestitionen kleiner als der gewogene Kapitalkostensatz ist.

In Erweiterung dieses Modells betrachtet *Stewart* später den Fall, daß dem Management profitable Investitionen mit einer über den gewogenen Kapitalkosten liegenden Rendite über einen unendlichen Zeitraum zur Verfügung stehen (*Stewart*, 1991, 297).[1] *Stewart* räumt jedoch selbst ein, daß dieses erweiterte Value Driver-Modell aufgrund der ihm zugrundeliegenden optimistischen Annahmen nur in Ausnahmefällen zum Einsatz kommen sollte.

d) Value Driver-Modell nach Copeland/Koller/Murrin

Das Modell von *Copeland/Koller/Murrin* (1994, 137 ff) basiert auf zwei Value Drivers, die den FCF und damit den Unternehmenswert „antreiben“:

- Rendite des investierten Kapitals (ROIC)
- Nettoinvestitionsrate (d_{NI})

Analog zum Modell von *Stewart* wird der ROIC als Quotient aus NOPLAT[2] und investiertem Kapital (IC*) definiert und entspricht daher r_{IC}:

(3.22) $$ROIC = r_{IC} = \frac{NOPLAT}{IC*}$$

Wie im Modell von *Stewart* bleibt der NOPLAT konstant, wenn nur die Abschreibungen reinvestiert werden. Ein Wachstum der FCF kann nur durch Nettoinvestitionen bewirkt werden. Die Höhe der Nettoinvestitionen wird im Modell durch die als Prozentsatz des NOPLAT definierte Nettoinvestitionsrate (d_{NI}) bestimmt, sodaß gilt:

---

1 Die dort von *Stewart* angegebene Formel ist fehlerhaft (s. dazu *Mandl/Rabel*, 1997).

2 Wie bereits dargelegt, können die Begriffe „NOPLAT“ und „NOPAT“ synonym verwendet werden.

(3.23) $$NI_t = d_{NI} \cdot NOPLAT_t$$

Als Produkt aus ROIC und Nettoinvestitionsrate errechnet sich die Wachstumsrate (w), die das Wachstum von Umsatz, NOPLAT und FCF im Zeitablauf angibt:

(3.24) $$w = ROIC \cdot d_{NI}$$

Für die Prognose der FCF bis zum Planungshorizont (T) gilt dann:

(3.25) $$FCF_{t+1} = FCF_t \cdot (1 + w)$$

Für die Zeit nach dem Planungshorizont sind Annahmen über das weitere Wachstum der FCF zu treffen. Wird unterstellt, daß die FCF ab T mit einer konstanten Wachstumsrate w^T wachsen, die kleiner als der gewogene Kapitalkostensatz c^{WACC} ist, erhält man den „Continuing Value" (CV) als auf T bezogenen Barwert der FCF nach dem Planungshorizont aus folgendem Ausdruck (*Copeland/Koller/Murrin,* 1994, 277):

(3.26) $$CV = \frac{FCF_{T+1}}{c^{WACC} - w^T}$$

Anstelle dieser Formel kann nach *Copeland/Koller/Murrin* (1994, 277 f) auch die folgende „value-driver formula" verwendet werden:

(3.27) $$CV = \frac{NOPLAT_{T+1} \cdot \left(1 - \frac{w^T}{ROIC}\right)}{c^{WACC} - w^T}$$

Der Zähler entspricht dabei genau dem FCF in der ersten Periode nach dem Planungshorizont, sodaß Ausdruck (3.27) zum gleichen Ergebnis wie (3.26) führt. Das Value Driver-Modell für den Continuing Value kann variiert werden, indem für verschiedene Zeitspannen nach dem Planungshorizont unterschiedliche Wachstumsraten der FCF bzw. des NOPLAT angenommen werden. Wird unterstellt, daß die künftigen Nettoinvestitionen nur mehr eine Rendite in Höhe der gewogenen Kapitalkosten erbringen, gilt also ROIC = c^{WACC}, kann der Continuing Value nach folgendem Ausdruck ermittelt werden (*Copeland/Koller/Murrin,* 1994, 282):

(3.28) $$CV = \frac{NOPLAT_{T+1}}{c^{WACC}}$$

Beispiel 52:
Wird bei sonst unveränderten Annahmen in Beispiel 51 unterstellt, daß der Planungshorizont 5 Jahre beträgt und bis dahin jährlich jeweils 50 % des NOPLAT für Nettoinvestitionen verwendet werden, errechnet sich die Wachstumsrate der FCF für diesen Zeitraum wie folgt:

$$w = 0{,}15 \cdot 0{,}5 = 0{,}075$$

Unter diesen Annahmen errechnen sich folgende FCF bis zum Planungshorizont:

	t_1	t_2	t_3	t_4	t_5
Basis-NOPLAT	1.000,0	1.000,0	1.000,0	1.000,0	1.000,0
zus. NOPLAT durch NI	0,0	75,0	155,6	242,3	335,5
NOPLAT gesamt	1.000,0	1.075,0	1.155,6	1.242,3	1.335,5
- Nettoinvestitionen	-500,0	-537,5	-577,8	-621,2	-667,8
Free Cash-flow	500,0	537,5	577,8	621,1	667,7

Wird unterstellt, daß ab dem Planungshorizont nur mehr ein ROIC in Höhe des gewogenen Kapitalkostensatzes von 10 % erwirtschaftet wird, beträgt die Wachstumsrate w^T nur mehr 5 %:

$$w^T = 0{,}10 \cdot 0{,}5 = 0{,}05$$

Der NOPLAT für das erste Jahr nach dem Planungshorizont beträgt daher:

$$NOPLAT_6 = 1.335{,}5 \cdot (1 + 0{,}05) = 1.402{,}2$$

Unter Verwendung von (3.28) errechnet sich folgender Continuing Value:

$$CV = \frac{1.402{,}2}{0{,}10} = 14.022$$

Durch Diskontierung der FCF bis zum Planungshorizont sowie des Continuing Value auf t_0 erhält man den Marktwert des Gesamtkapitals (GK*) in Höhe von 10.879 GE.

e) Beurteilung

Die Modelle von *Copeland/Koller/Murrin* und *Stewart* unterscheiden sich primär durch die Annahmen über das Unternehmenswachstum und führen unter bestimmten Annahmen zum selben Ergebnis (s. dazu näher *Mandl/Rabel*, 1997). Während die künftigen Nettoinvestitionen bei *Copeland/Koller/Murrin* als konstanter Prozentsatz des NOPLAT errechnet werden, wachsen sie bei *Stewart* mit einer konstanten Wachstumsrate, die dem gewogenen Kapitalkostensatz entspricht. Im Modell von *Rappaport* entspricht das Wachstum von FCF und NOPAT der Wachstumsrate des Umsatzes. Zu beachten ist allerdings, daß die mit dem investitionsbedingten Umsatzwachstum verbundene Erhöhung des NOPAT bei *Rappaport* bereits in der Periode eintritt, in der die entsprechenden Nettoinvestitionen durchgeführt werden, während bei *Copeland/Koller/Murrin* und auch bei *Stewart* die Erhöhung des NOPAT erst in der darauffolgenden Periode wirksam wird.

Insgesamt bauen die untersuchten Value Driver-Modelle im wesentlichen auf den folgenden, stark vereinfachenden Annahmen auf:

- Werden keine Nettoinvestitionen durchgeführt, sodaß nur Ersatzinvestitionen im Ausmaß der Abschreibungsbeträge getätigt werden, bleibt der NOPAT künftig konstant. Der Unternehmenswert kann dann nach dem „Rentenmodell“ als Barwert einer unendlichen Rente ermittelt werden.
- Der künftige NOPAT kann (nur) durch Nettoinvestitionen gesteigert werden. Das Ausmaß der NOPAT-Erhöhungen hängt von der Rendite der Nettoinvestitionen und vom Umfang der Nettoinvestitionen ab.
- Eine Erhöhung des Unternehmenswertes durch Nettoinvestitionen kann nur erreicht werden, wenn die Rendite der künftigen Nettoinvestitionen die gewogenen Kapitalkosten (c^{WACC}) übersteigt.
- Die Annahme eines nominell konstant bleibenden NOPAT im Fall ohne Nettoinvestitionen ist in Verbindung mit der Heranziehung eines nominellen Diskontierungssatzes nur unproblematisch, wenn die Existenz von Geldwertänderungen ausgeschlossen wird. Bei Geldentwertung wird unterstellt, daß die Kaufkraft der NOPAT im Zeitablauf stetig abnimmt bzw. das Unternehmen nicht in der Lage ist, die Inflation zu überwälzen (s. dazu oben 2.Kap.III.F.).

Der große Vorteil der Value Driver-Modelle liegt in deren Einfachheit und Anschaulichkeit. Mit wenigen, jedoch sehr pauschalen Annahmen kann der Unternehmenswert unmittelbar berechnet werden bzw. kann gezeigt werden, welche FCF künftig erwartet werden können. Anschaulich demonstriert werden kann auch, wie sich eine Veränderung der für die Value Drivers angesetzten Werte auf den Unternehmenswert auswirkt.

Die Anforderungen, die an eine Planungsrechnung in Zusammenhang mit Unternehmensbewertungen zu stellen sind, können jedoch durch die dargestellten Value Driver-Modelle nicht erfüllt werden, zumal die ihnen zugrundeliegenden pauschalen Annahmen in der Regel nicht realitätsgerecht sind. Für eine Prognose der künftigen FCF ist daher eine umfassende Unternehmensplanung unerläßlich.

Einsatzmöglichkeiten für Value Driver-Modelle sind im Rahmen grober Abschätzungen von Wert-Bandbreiten oder in Form von Plausibilitätskontrollen durchaus vorstellbar. Es ist *Stewart* beizupflichten, wenn er den Anwendungsbereich seines Modells wie folgt beschreibt (*Stewart*, 1991, 254): „*As a conceptual simplification of discounted cash flow, the value-driver model is useful for explaining the fundamentals of valuation to senior managers and key operating people more than as a practical procedure for valuation.*“

5. Shareholder Value

Aus der Diskontierung der prognostizierten FCF mit den gewogenen Kapitalkosten erhält man bei Addition des Marktwerts des nicht betriebsnotwendigen Vermögens den Marktwert des Gesamtkapitals im WACC-Ansatz. Dieser Betrag entspricht dem Marktwert der Unternehmung aus der Sicht der Eigenkapitalgeber und der Fremdkapitalgeber (hinsichtlich des verzinslichen Fremdkapitals) auf Basis der der Ermittlung zugrunde gelegten Kapitalstruktur. Wird davon der Marktwert des verzinslichen Fremdkapitals abgezogen, erhält man den Marktwert des Eigenkapitals (Shareholder Value).

	Barwert der FCF
+	Marktwert des nicht-betriebsnotwendigen Vermögens
	Marktwert des Gesamtkapitals (WACC-Ansatz)
–	Marktwert des verzinslichen Fremdkapitals
	Marktwert des Eigenkapitals (Shareholder Value)

Sobald der Barwert der FCF berechnet wird, muß auch der Marktwert des verzinslichen Fremdkapitals bereits bekannt sein, da er die Grundlage für die Gewichtungsfaktoren bei der WACC-Ermittlung bildet. Wurde die WACC-Ermittlung auf Basis einer vorgegebenen Zielkapitalstruktur vorgenommen, kann der Marktwert des verzinslichen Fremdkapitals einfach als Prozentsatz des Marktwertes des Gesamtkapitals errechnet werden. Der vom Marktwert des Gesamtkapitals abzuziehende Marktwert des verzinslichen Fremdkapitals umfaßt wiederum nur jene Fremdkapitalpositionen, die bereits im Rahmen der FCF-Ermittlung dem Finanzierungsbereich zugeordnet wurden und die daher auch in die WACC-Ermittlung Eingang gefunden haben.

Der Shareholder Value repräsentiert den Marktwert der Ansprüche der Eigenkapitalgeber auf Basis der festgelegten Kapitalstruktur. Formal betrachtet sind davon jene Ansprüche von Kapitalgebern umfaßt, die weder in die Ermittlung des FCF noch in den Marktwert des verzinslichen Fremdkapitals einbezogen wurden. Welche Ansprüche bzw. welche Finanzierungstitel als „Eigenkapital" in den Shareholder Value Eingang finden sollen, muß daher bereits zu Beginn der Bewertung definiert werden.

Die Abgrenzung zwischen Eigen- und Fremdkapital läßt sich hier nicht immer ohne Schwierigkeiten vollziehen. Unternehmungen verfügen häufig über hybride Finanzierungsinstrumente, deren Rendite ganz oder teilweise an den Unternehmenswert oder die Ertragsentwicklung gekoppelt ist (z.B. Wandelschuldverschreibungen, stille Beteiligungen). Ob nun hybride Finanzierungsinstrumente oder etwa auch Minderheitsbeteiligungen am Nennkapital des Unternehmens dem Eigen- oder Fremdkapital zuzuordnen sind, hängt vom jeweiligen Zweck der Bewertung ab. Entscheidend ist daher, jenen Kapitalgeberkreis zu definieren, für den der „Shareholder Value" ermittelt werden soll. Alle übrigen Finanzierungspositionen sind dann entweder bei der FCF-Ermittlung oder beim Marktwert des (verzinslichen) Fremdkapitals zu berücksichtigen.

6. Modellkonforme Finanzierung

Literatur:

Born, K.: Überleitung von der Discounted-Cash-flow-Methode (DCF-Methode) zur Ertragswertmethode bei der Unternehmensbewertung, DB 1996, S. 1885-1889; *Fischer*, E.: Finanzwirtschaft für Fortgeschrittene, München-Wien 1996b; *Hachmeister*, D.: Die Abbildung der Finanzierung im Rahmen verschiedener Discounted Cash-flow-Verfahren, ZfbF 1996, S. 251-277; *Mandl*, G.: Discounted Cash-flow-Verfahren: Ein Verfahrensvergleich, in: Kofler u.a. (Hrsg): Betriebswirtschaftliches Prüfungswesen in Österreich, FS für Karl Vodrazka, Wien 1996, S. 405-424; *Richter*, F.: Die Finanzierungsprämissen des Entity-Ansatzes vor dem Hintergrund des APV-Ansatzes zur Bestimmung von Unternehmenswerten, ZfbF 1996, S. 1076-1097.

Erfolgt die Diskontierung der erwarteten FCF mit einem konstanten gewogenen Kapitalkostensatz (c^{WACC}), wird eine in Zukunft gleichbleibende Kapitalstruktur auf Marktwertbasis unterstellt. Durch die Vorgabe einer Zielkapitalstruktur wird der Anteil des Eigenkapitals bzw. des verzinslichen Fremdkapitals am Marktwert des Unternehmens für die künftigen Perioden festgelegt. Damit wird die Finanzierungspolitik des Unternehmens determiniert und als in Zukunft gleichbleibend erachtet. Wird zwischen mehreren unterschiedlichen Finanzierungsquellen differenziert, wird das einmal definierte Marktwertverhältnis zwischen allen einbezogenen Quellen grundsätzlich ebenfalls als auf Dauer konstant erachtet.

Will man Schwankungen der Kapitalstruktur im Zeitablauf durch periodenspezifisch gewogene Kapitalkostensätze berücksichtigen, ergeben sich für die WACC-Ermittlung komplexe Probleme: Es ändern sich nicht nur die Gewichtungsfaktoren zwischen den einzelnen einbezogenen Finanzierungsquellen, sondern auch die Höhe der Eigenkapitalkosten, wenn unterstellt wird, daß die Renditeforderung der Eigenkapitalgeber mit zunehmender Verschuldung steigt. Hinzu tritt die bereits oben dargestellte Problematik der wechselseitigen Abhängigkeit von WACC und Marktwert des Eigenkapitals. Anders als beim APV-Verfahren (s. dazu unten F.) ist eine unmittelbare Berücksichtigung dieser Problematik im Rahmen des WACC-Ansatzes nicht möglich. Eine praktikable und zweckmäßige Anwendbarkeit des WACC-Ansatzes ist daher nur dann gegeben, wenn eine in Zukunft konstante Kapitalstruktur unterstellt werden kann.

Die Annahme einer konstanten Kapitalstruktur auf Marktwertbasis ist nur im (theoretischen) Fall künftig konstanter FCF (Rentenmodell) unproblematisch. Dort impliziert diese Annahme, daß zu t_{0+} eine Anpassung des Fremdkapitalvolumens vorgenommen wird und in weiterer Folge der Marktwert des Fremdkapitals konstant bleibt, da auch der Marktwertanteil des Eigenkapitals durch die konstante Höhe der FCF konstant bleibt. Im praktisch relevanten Fall schwankender FCF im Zeitablauf ändert sich jedoch der Marktwertanteil des Eigenkapitals und damit die Kapitalstruktur von Periode zu Periode. Die Annahme einer im Zeitablauf konstanten Kapitalstruktur ist hier als stark vereinfachende Prämisse zu betrachten und muß auf ihre Plausibilität überprüft werden. Wie das nachfolgende Beispiel zeigt, wird dadurch implizit eine periodenspezifische Anpassung des Fremdkapitalvolumens unterstellt, die hier als „modellkonforme Finanzierung" bezeichnet wird.

Beispiel 53:

Für ein zu bewertendes Unternehmen wurden die folgenden FCF prognostiziert:

	t_1	t_2	t_3	ab t_4
EBIT	1.500	2.000	2.500	3.000
– adaptierte Steuern (34 %)	– 510	– 680	– 850	–1.020
NOPLAT	990	1.320	1.650	1.980
– Nettoinvestitionen ins Netto-Umlaufvermögen	–1.500	– 300	0	0
– Nettoinvestitionen ins Anlagevermögen	–3.500	–1.700	0	0
Free Cash-flow	–4.010	– 680	1.650	1.980

Die Renditeforderung der Eigenkapitalgeber für das verschuldete Unternehmen wurde auf Grundlage einer festgelegten Zielkapitalstruktur, die durch einen Martwertanteil des verzinslichen Fremdkapitals von 60 % gekennzeichnet ist, mit 12 % festgelegt. Die Fremdkapitalkosten betragen 7 %. Der Marktwert des verzinslichen Fremdkapitals zum Bewertungsstichtag beläuft sich auf 10.000 GE. Es ist nur betriebsnotwendiges Vermögen vorhanden. Auf Grundlage der definierten Zielkapitalstruktur errechnen sich die gewogenen Kapitalkosten wie folgt:

$$c^{WACC} = 0{,}07 \cdot (1 - 0{,}34) \cdot 0{,}6 + 0{,}12 \cdot 0{,}4 = 7{,}572\%$$

Der Marktwert des Gesamtkapitals (GK*) errechnet sich dann als Barwert der FCF in Höhe von 18.017 GE. Bei einem Fremdkapitalanteil von 60 % muß daher der verzinsliche Fremdkapitalbestand zu t_{0+} auf insgesamt 10.810 GE (= 60 % von 18.017 GE) angepaßt werden, damit modellkonforme Finanzierung vorliegt. Analog ist für die Folgeperioden vorzugehen: Um z.B. den erforderlichen verzinslichen Fremdkapitalbestand zu t_{1+} zu ermitteln, ist zunächst der Marktwert des Gesamtkapitals auf diesen Zeitpunkt durch Diskontierung der ab t_2 anfallenden FCF zu errechnen. Anschließend kann der verzinsliche Fremdkapitalbestand zu t_{1+} in Höhe von 60 % des Marktwertes des Gesamtkapitals zu t_{1+} ermittelt werden. Aus dieser Vorgangsweise errechnet sich die nachfolgend dargestellte Entwicklung des verzinslichen Fremdkapitalbestandes bei modellkonformer Finanzierung:

	t_{0+}	t_{1+}	t_{2+}	ab t_{3+}
Marktwert des Gesamtkapitals	18.017	23.391	25.842	26.149
Marktwert des verzinslichen Fremdkapitals (60 %)	10.810	14.035	15.505	15.689
erforderliche Anpassung des FK-Bestandes	+810	+3.225	+1.470	+184

Da ab t_4 uniforme FCF angenommen wurden, errechnet sich ab t_{3+} ein konstanter Bestand an verzinslichem Fremdkapital mit einem Marktwert von 15.689 GE (zu den Implikationen für die Zahlungsströme mit den Eigenkapitalgebern s. unten E.4., Beispiel 57). Der Shareholder Value errechnet sich unter den getroffenen Annahmen wie folgt:

Marktwert des Gesamtkapitals	18.017 GE	100,00 %
– Marktwert des verzinslichen Fremdkapitals	–10.810 GE	– 60,00 %
Marktwert des Eigenkapitals	7.207 GE	40,00 %

Der Entity-Approach auf Basis von FCF führt nur dann zu einem zutreffenden Ergebnis, wenn die der modellkonformen Finanzierung entsprechenden Anpassungen des verzinslichen Fremdkapitalbestandes auch tatsächlich vorgenommen werden. Im Rahmen der praktischen Anwendung dieses Verfahrens ist daher zu prüfen, inwieweit das unterstellte Finanzierungsverhalten den realen Gegebenheiten entsprechen wird.

Zu beachten sind auch die Implikationen, wenn für die Zeit nach dem Planungshorizont ein stetiges Wachstum der FCF angenommen wird. Würde man hier trotz wachsender FCF von einem konstanten absoluten Marktwert des verzinslichen Fremdkapitals ausgehen, würde sich die Kapitalstruktur von Periode zu Periode zugunsten des Eigenkapitalanteils verändern. Das Bruttoverfahren ist hier daher nur dann konsistent, wenn unterstellt wird, daß auch der Marktwert des verzinslichen Fremdkapitals mit derselben

Wachstumsrate stetig steigt und dadurch die Kapitalstruktur auf Marktwertbasis konstant bleibt.

7. Abgrenzung von Leistungs- und Finanzierungsbereich

Literatur:

Drukarczyk, J.: Was kosten betriebliche Altersversorgungszusagen, DBW 1990, S. 333-353; *Haegert*, L./*Schwab*, H.: Subventionierung direkter Pensionszusagen im Vergleich zu einer neutralen Besteuerung, DBW 1990, S. 85-102; *Börsig*, C.: Unternehmenswert und Unternehmensbewertung, ZfbF 1993, S. 79-91; *Drukarzcyk*, J.: Finanzierung über Pensionsrückstellungen, in: Gebhardt/Gerke/Steiner (Hrsg): Handbuch des Finanzmanagements, München 1993, S. 230-260; *Richter*, F./*Stiglbrunner*, K.: Anwendung des Unternehmenswert-Konzeptes in Deutschland, in: Copeland/Koller/Murrin: Unternehmenswert, Frankfurt-New York 1993, S. 409-424; *Schmidt*, R.: Das Shareholder Value-Konzept, in: Fritsch/Liener/Schmidt (Hrsg): Die deutsche Aktie, Stuttgart 1993, S. 277-296; *Copeland*, T./*Koller*, T./*Murrin*, J.: Valuation – Measuring und Managing the Value of Companies, 2nd ed., New York u.a. 1994; *Hachmeister*, D.: Der Discounted Cash Flow als Maß der Unternehmenswertsteigerung, Frankfurt a.M. u.a. 1995; *Arbeitskreis „Finanzierung"* der Schmalenbach-Gesellschaft: Wertorientierte Unternehmenssteuerung mit differenzierten Kapitalkosten, ZfbF 1996, S. 543-578; *Schwetzler*, B.: Die Kapitalkosten von kurzfristigen Rückstellungen, BFuP 1996a, S. 442-466.

7.1. Problematik

Die Forderung nach Finanzierungsneutralität des FCF ist strenggenommen nur dann erfüllt, wenn der FCF nicht um Finanzierungskosten vermindert wird und Veränderungen des Bestandes an Eigen- und Fremdkapital ohne Einfluß auf seine Höhe bleiben. Eine vollständige Erfüllung dieser Forderung würde aber letztlich eine Zuordnung *sämtlicher* Fremdkapitalpositionen zum Finanzierungsbereich erfordern. Die nur teilweise Erfüllung dieser Forderung im Rahmen der Umsetzung des Entity Approach führt zu mitunter erheblichen methodischen Problemen, die im folgenden näher erörtert werden sollen.

Von den Vertretern des WACC-Ansatzes wird wie bereits dargelegt vorgeschlagen, dem Finanzierungsbereich grundsätzlich nur das „zinstragende" Fremdkapital zuzuordnen. Nicht verzinsliche Fremdkapitalpositionen sollen demgegenüber zum Leistungsbereich gerechnet werden und beeinflussen so mit ihren Veränderungen und Kosten die Höhe der künftigen FCF. Zum „nicht zinstragenden" Fremdkapital werden dabei üblicherweise v.a. Lieferantenverbindlichkeiten, Kundenanzahlungen sowie Rückstellungen und passive Rechnungsabgrenzungsposten gerechnet. Bei genauerer Betrachtung zeigt sich jedoch, daß auch solche Positionen Fremdkapitalkosten verursachen können. Weitere Abgrenzungsfragen treten vor allem in Zusammenhang mit (nicht passivierten) Leasingverpflichtungen auf.

Ob eine Fremdkapitalposition dem Leistungs- oder Finanzierungsbereich zugeordnet wird, hat nicht nur Auswirkungen auf die Höhe des FCF, sondern beeinflußt auch die Bestimmung des gewogenen Kapitalkostensatzes und die Ermittlung des Shareholder Value (vgl. Tab. 18). Im Ergebnis kann die Zuordnung mit der Entscheidung darüber verglichen werden, ob zur Erfassung der betreffende Fremdkapitalposition im Bewertungskalkül die Bruttomethode (= Zuordnung zum Finanzierungsbereich) oder die Nettomethode (= Zuordnung zum Leistungsbereich) angewendet werden soll.

	Zuordnung einer Fremdkapitalposition zum	
	Leistungsbereich	*Finanzierungsbereich*
Rechentechnik (Erfassung im Bewertungskalkül)	Nettomethode	Bruttomethode
Erfassung der Cash-flows aus der FK-Position	im FCF	im WACC
Abzug des Marktwerts der FK-Position von GK*	nein	ja

Tab. 18: Auswirkungen der Zuordnung von Fremdkapitalpositionen zum Leistungs- oder Finanzierungsbereich

Eine Zuordnung zum Finanzierungsbereich bewirkt, daß die Veränderungen der Fremdkapitalposition sowie die mit ihr verbundenen Kapitalkosten und Ertragsteuerwirkungen ohne Einfluß auf den zu diskontierenden FCF bleiben müssen. Haben daher derartige Kapitalkosten das operative Ergebnis gemindert, sind sie im Rahmen der FCF-Ermittlung (nach Abzug der damit verbundenen Ertragsteuerersparnis) wieder zu addieren. Die Auswirkungen der Fremdkapitalposition sind dann im gewogenen Kapitalkostensatz zu erfassen. Bei Einbeziehung dieser Fremdkapitalposition in den WACC verschieben sich die Gewichtungsfaktoren. Folgerichtig ist die betreffende Fremdkapitalposition mit ihrem Marktwert bei der Ermittlung des Shareholder Value vom Barwert der FCF abzuziehen.

Im Gegensatz dazu bewirkt die Zuordnung zum Leistungsbereich eine direkte Erfassung der Kapitalkosten, Steuerwirkungen, Erhöhungen und Verminderungen der Fremdkapitalposition im FCF. Dem Leistungsbereich zugeordnete Fremdkapitalpositionen müssen daher folgerichtig ohne Einfluß auf die WACC-Ermittlung bleiben. Sie sind damit nicht Bestandteil des in die Zielkapitalstruktur einzubeziehenden Fremdkapitals.

Die geschilderte Problematik wird im folgenden anhand der Zuordnung einzelner Fremdkapitalpositionen diskutiert.

7.2. Leasingfinanzierung

Erfolgt beim Leasing eine Zurechnung der geleasten Vermögensgegenstände zum Leasinggeber, vermindern die Leasingraten das operative Ergebnis des Leasingnehmers. Ist das Leasing aber als Finanzierungsgeschäft zu werten, dürfen diese Zahlungen im Rahmen der FCF-Ermittlung nicht dem Leistungsbereich zugeordnet werden. *Copeland/Koller/Murrin* (1994, 245) verlangen daher eine Umgliederung der Cash-flows aus den Leasingverpflichtungen in den Finanzierungsbereich, wenn der Leasingfinanzierung nicht bloß untergeordnete Bedeutung zukommt. Geht man davon aus, daß sich die Leasingraten nur aus einem Tilgungs- und Zinsanteil zusammensetzen, ist im Rahmen der Umgliederung zunächst das operative Ergebnis wieder um die gesamten darin abgezogenen Leasingraten zu erhöhen. Bei der Ermittlung der Unternehmenssteuerbelastung muß die aus dem Zinsanteil resultierende Steuerersparnis unberücksichtigt bleiben. In die WACC-Ermittlung gehen die Kapitalkosten der Leasingfinanzierung unter Berücksichtigung der Steuerersparnis ein. Der Marktwert der zum Bewertungsstichtag aushaftenden Leasingverpflichtungen ist dann gemeinsam mit dem übrigen verzinslichen Fremdkapital vom Barwert der FCF in Abzug zu bringen. Allenfalls in den Leasingraten enthaltene Kostenbestandteile (z.B. für Wartung oder Versicherungen) sind rechnerisch zu isolieren und als Minderung des FCF zu behandeln (vgl. *Hachmeister*, 1995, 244 ff).

Die Aufspaltung der Leasingraten in eine Zins- und Tilgungskomponente setzt Annahmen über die Höhe der Kapitalkosten der Leasingfinanzierung voraus. Zur näherungsweisen Bestimmung schlagen *Copeland/Koller/Murrin* (1994, 175) ein Abstellen auf die marginalen Fremdkapitalkosten des Unternehmens vor. Bei Kenntnis der Anschaffungskosten des geleasten Vermögensgegenstandes können die Kapitalkosten als interner Zinsfuß der Zahlungsreihe der Leasingraten (abzgl. der Kostenbestandteile) und der Anschaffungsauszahlung bestimmt werden (vgl. *Hachmeister*, 1995, 246 f).

Insgesamt soll durch die Neutralisierung der Leasingraten im FCF der Finanzierungseinfluß des Leasing offengelegt werden. Dadurch können die Auswirkungen auf die Kapitalstruktur, das Leverагerisiko und somit auf die Höhe der Renditeforderung der Eigenkapitalgeber in transparenter Form einbezogen werden.

7.3. Kurzfristiges „unverzinsliches“ Fremdkapital

Im Rahmen des WACC-Ansatzes werden vor allem Lieferantenverbindlichkeiten, Kundenanzahlungen und kurzfristige Rückstellungen zum kurzfristigen „unverzinslichen“ Fremdkapital gezählt und dem Leistungsbereich zugeordnet.

Die Zuordnung von *Lieferantenverbindlichkeiten* zum Leistungsbereich ist deshalb problematisch, weil damit oft Finanzierungskosten verbunden sind, die (verdeckt) in Form höherer Preise auf der Beschaffungsseite zutage treten. Im Rahmen der FCF-Ermittlung wird jedoch in der Regel auf eine Umgliederung der Lieferantenverbindlichkeiten in den Finanzierungsbereich verzichtet, sodaß die darauf entfallenden Kapitalkosten z.B. in Form eines höheren Materialaufwandes das operative Ergebnis und auch den FCF vermindern. Für diese Vorgangsweise spricht u.E. auch, daß eine pauschale Qualifikation der Lieferantenskonti als Kapitalkosten i.a. nicht realitätsgerecht ist, da diesen Beträgen in der Praxis häufig überwiegend Rabattcharakter zukommt und die Finanzierungskostenkomponente in den Hintergrund tritt.

Auch bei *Kundenanzahlungen*, die insbesondere im Anlagenbau von großer Bedeutung sind, ist die Annahme problematisch, sie seien frei von Kapitalkosten. Auch wenn seitens des Kunden keine expliziten Zinsen verlangt werden, kann i.a. nicht davon ausgegangen werden, daß er die Mittel kostenlos zur Verfügung stellt, sondern z.B. entsprechende Preisnachlässe verlangt (vgl. *Arbeitskreis „Finanzierung“*, 1996, 561). Da aber eine Bestimmung der Kapitalkosten für Kundenanzahlungen mit erheblichen Schwierigkeiten verbunden sein wird, wird aus pragmatischen Gründen die Zuordnung zum Leistungsbereich in der Regel beibehalten werden. Insbesondere bei Branchen mit typischerweise hohen Kundenanzahlungen ist jedoch ihr Einfluß auf das Leveragerisiko und damit auf die Höhe der Renditeforderung der Eigenkapitalgeber zu beachten.

Auch *kurzfristige Rückstellungen* werden üblicherweise dem Leistungsbereich zugeordnet. Hier kann aber ebenfalls die Auffassung vertreten werden, daß durch diese Rückstellungen Kapitalkosten, wenngleich nur in verhältnismäßig geringer Höhe, verursacht werden (vgl. dazu *Schwetzler*, 1996a, 442 ff).

7.4. Pensions- und Abfertigungsrückstellungen

Besondere Abgrenzungsfragen treten in Österreich vor allem in Zusammenhang mit den langfristigen Sozialkapitalrückstellungen auf. In der US-amerikanischen Literatur werden vergleichbare Fragen mangels praktischer Bedeutung nicht diskutiert. Stellungnahmen in der BRD beziehen sich auf die auch dort bedeutsame Problematik der Pensionsrückstellungen. Darauf wird im folgenden näher eingegangen. Die hiezu getroffenen Aussagen und Empfehlungen besitzen sinngemäß Gültigkeit für das österreichische Spezifikum der Abfertigungsrückstellungen.

Zunächst wird davon ausgegangen, daß durch eine Pensionszusage eine Kreditbeziehung zwischen Unternehmen und Arbeitnehmer begründet wird (vgl. z.B. *Hachmeister*, 1995, 248): Die Arbeitnehmer verzichten aufgrund der Pensionszusage auf einen Teil des Lohnes während aufrechter Beschäftigung. Der Lohnverzicht wird als Kreditgewährung an das Unternehmen interpretiert. Dieser Kredit muß vom Unternehmen nach Eintritt des Pensionsfalls einschließlich Zinsen an die Arbeitnehmer zurückbezahlt werden. Die Pensionszusage verursacht daher einerseits Personalkosten und andererseits Kapitalkosten, die vom Unternehmen in Form der künftigen Pensionszahlungen zu bedecken sind. Im Rahmen einer konsequenten Anwendung des Entity Approach dürften daher die FCF nur um die Personalkostenkomponente der Pensionszusage gemindert werden, nicht jedoch um die Kapitalkosten der Pensionsverpflichtungen und um die Pensionszahlungen, die unter den getroffenen Annahmen der Rückzahlung des von den Arbeitnehmern gewährten Kredites (einschließlich Kapitalkosten) darstellen (vgl. *Hachmeister*, 1995, 248 ff). Werden die FCF um die Personalkostenkomponente der Pensionszusage gemindert, wird faktisch unterstellt, daß Personalkosten wie im Fall ohne Pensionszusage anfallen und ausbezahlt werden, gleichzeitig aber seitens der Arbeitnehmer eine Kreditgewährung an das Unternehmen in Höhe der Personalkostenkomponente der Pensionszusage stattfindet.

Soll der Entity Approach konsequent angewendet werden, müßte zur Ermittlung des FCF daher wie folgt vorgegangen werden: Ausgehend von einem operativen Ergebnis, in dem die periodenspezifische Veränderung der Pensionsrückstellung bereits berücksichtigt ist, sind die Kapitalkosten der Pensionszusagen wieder hinzuzuzählen und muß die auf diese Kapitalkosten entfallende Unternehmenssteuerersparnis wieder abgezogen werden. Werden andere Überleitungen vom operativen Ergebnis in den FCF pauschal in einer Position zusammengefaßt, ergibt sich folgender Zusammenhang (vgl. auch *Hachmeister*, 1995, 254):

	Operatives Ergebnis nach Steuern der Periode t
+	Kapitalkosten der Pensionszusage in t
–	Unternehmenssteuerersparnis in t aus Kapitalkosten der Pensionszusage
+/–	übrige Überleitungen
	FCF in t

Diese Vorgangsweise soll anhand des folgenden bei *Hachmeister* (1995, 252 ff) gebrachten einfachen Beispiels veranschaulicht werden.

Beispiel 54:

In Anlehnung an das bei *Drukarczyk* (1990, 336 ff) gebrachte Beispiel geht *Hachmeister* (1995, 252) von folgenden Annahmen für einen Sieben-Perioden-Kalkül aus: Der Cash-flow vor Berücksichtigung von Auswirkungen aus Pensionszusagen entspricht dem operativen Ergebnis vor Pensionszusagen und beläuft sich auf 220 GE p.a. In den Perioden 5-7 besteht ein Anspruch auf jährliche, nachschüssig zu leistende Pensionszahlungen in Höhe von 100 GE. Der rechnerische Kapitalisierungszinsfuß beträgt 6 % (vor Steuern) und stimmt mit den Kapitalkosten der Pensionszusagen überein. Werden die durch die Dotierung von Pensionsrückstellungen im Unternehmen gebundenen Mittel gedanklich einem unternehmensinternen Fonds zugewiesen, kann die Entwicklung des Fondsbestandes wie folgt dargestellt werden:

	t_1	t_2	t_3	t_4	t_5	t_6	t_7
Fondsbestand Periodenbeginn	0,00	61,10	125,87	194,53	267,30	183,34	94,34
Einzahlung in den Fonds	61,10	61,10	61,10	61,10	0,00	0,00	0,00
Verzinsung im Fonds	0,00	3,67	7,55	11,67	16,04	11,00	5,66
Auszahlung aus dem Fonds	0,00	0,00	0,00	0,00	-100,00	-100,00	-100,00
Fondsbestand Periodenende	61,10	125,87	194,53	267,30	183,34	94,34	0,00
Fondsveränderung	61,10	64,77	68,66	72,77	-83,96	-89,00	-94,34

Die Einzahlungen in den Fonds in den Perioden t_1-t_4 entsprechen genau der für die Dauer der Anwartschaftsphase errechneten Annuität aus dem Barwert der erwarteten Pensionszahlungen (Auszahlungen aus dem Fonds) in den Perioden t_5-t_7. Unter Berücksichtigung der Verzinsung der Fondsmittel in Höhe von 6 % können daraus genau die künftigen Pensionszahlungen bedeckt werden (zur Berechnung s. *Hachmeister*, 1995, 248 ff). Der Fondsbestand gibt damit genau den jeweiligen Bestand an Pensionsrückstellungen zum Periodenende wieder. Die Einzahlungen in den Fonds entsprechen dem Personalkostenanteil der Rückstellungsdotierung. Die Verzinsung im Fonds gibt die Kapitalkosten der Pensionszusage an.

Auf Grundlage der getroffenen Annahmen errechnen sich die folgenden Gewinne nach KöSt (österreichisches Besteuerungssystem):

	t_1	t_2	t_3	t_4	t_5	t_6	t_7
Gewinn vor Pensionen	220,00	220,00	220,00	220,00	220,00	220,00	220,00
– Dotierung Pensionsrückstellung	–61,10	–64,77	–68,66	–72,77	0,00	0,00	0,00
– Pensionszahlungen	0,00	0,00	0,00	0,00	–100,00	–100,00	–100,00
+ Auflösung PensionsRSt	0,00	0,00	0,00	0,00	83,96	89,00	94,34
Gewinn nach Pensionen, vor KöSt	158,90	155,23	151,34	147,23	203,96	209,00	214,34
– KöSt	–54,03	–52,78	–51,46	–50,06	-69,35	–71,06	–72,88
Gewinn nach Pensionen und KöSt	104,87	102,45	99,89	97,17	134,61	137,94	141,46

Wird vereinfachend unterstellt, daß der Saldo aller anderen Überleitungen Null ergibt, können die FCF ermittelt werden, indem die Kapitalkosten der Pensionszusagen nach Abzug der durch sie bedingten KöSt-Ersparnis zum Gewinn nach Steuern addiert werden:

	t_1	t_2	t_3	t_4	t_5	t_6	t_7
Gewinn nach Pens.+KöSt	104,87	102,45	99,89	97,17	134,61	137,94	141,46
+ Kapitalkosten Pensionen	0,00	3,67	7,55	11,67	16,04	11,00	5,66
– KöSt-Ersparnis daraus	0,00	–1,25	–2,57	–3,97	–5,45	–3,74	–1,92
FCF (Brutto)	104,87	104,87	104,87	104,87	145,20	145,20	145,20

Dasselbe Ergebnis erhält man, wenn vom unversteuerten Gewinn vor Berücksichtigung von Auswirkungen aus den Pensionszusagen nur die Personalkostenkomponente abgezogen wird und die (adaptierte) KöSt auf dieser Grundlage berechnet wird:

	t_1	t_2	t_3	t_4	t_5	t_6	t_7
Gewinn/CF vor Pens. und KöSt	220,00	220,00	220,00	220,00	220,00	220,00	220,00
– Personalkosten Pensionen	–61,10	–61,10	–61,10	–61,10	0,00	0,00	0,00
Adaptiertes Ergebnis vor KöSt	158,90	158,90	158,90	158,90	220,00	220,00	220,00
– adaptierte KöSt	–54,03	–54,03	–54,03	–54,03	–74,80	–74,80	–74,80
FCF (Brutto)	104,87	104,87	104,87	104,87	145,20	145,20	145,20

In konsequenter Fortführung des Entity Approach sind in weiterer Folge die Kapitalkosten der Pensionsverpflichtungen gewichtet mit ihrem Marktwert und unter Berücksichtigung der mit ihnen verbundenen Unternehmenssteuerersparnis in die WACC-Ermittlung einzubeziehen. Die Umsetzung des Entity Approach erfordert daher eine Bestimmung des Marktwertes und der Kapitalkosten (nach Steuern) der Pensionsverpflichtungen.

Die Schätzung der Kapitalkosten von Pensionszusagen gestaltet sich in der Praxis jedoch äußerst schwierig. Der Steuergesetzgeber hat in § 14 EStG (§ 6a dEStG) einen Rechnungszinsfuß von 6 % verankert. *Richter/Stiglbrunner* (1993, 411 ff) gehen demgegenüber davon aus, daß die „wahren" Kapitalkosten von Pensionsrückstellungen über dem rechnerischen Kapitalisierungszinsfuß für die Rückstellungsberechnung liegen. Sie stützen sich dabei auf die Untersuchungen von *Haegert/Schwab* (1990) und *Drukarczyk* (1990), die für realistische Szenarien „Kapitalkosten" (vor Steuern) zwischen 8 % und 9 % für den mit der Pensionszusage verbundenen (aus der Rückstellungsdotierung in der Anwartschaftsphase resultierenden) „Steuerkredit" errechnet haben. Diese „impliziten Kapitalkosten" geben jedoch nur den belastungsäquivalenten Fremdkapitalkostensatz an, bei dessen Geltung ein langfristiger Kredit unter Berücksichtigung aller steuerlichen Wirkungen die gleichen Zahlungswirkungen hätte wie die Pensionszusagengewährung mit Rückstellungsbildung (*Schwetzler*, 1996a, 444). Wäre aber tatsächlich von solchen Kapitalkosten auszugehen, würden die Pensionszusagen das Unternehmen faktisch nichts kosten, da die Vorteile aus der Steuerersparnis durch die Rückstellungsbildung den Nachteil der späteren Pensionszahlungen genau kompensieren. Die zitierten Modellrechnungen unterstellen dementsprechend, daß Pensionszusagen neben dem „Steuerkredit" keine weiteren Vor- bzw. Nachteile für das Unternehmen bringen, insbesondere auch keine Einsparungen bei den laufenden Löhnen bzw. Gehältern während der Aktivzeit der Arbeitnehmer. Neben einem Lohnverzicht bleiben auch allfällige weitere Vorteile für das Unternehmen, etwa aus verminderten Fehlzeiten oder Fluktuationsraten, erleichterten Akquisitionsmöglichkeiten für qualifiziertes Personal sowie auch Nachteile aus erhöhten Verwaltungskosten unberücksichtigt. Ohne Einfluß bleibt ferner, daß bei der Finanzierung durch Pensionszusagen kein Zinsänderungsrisiko besteht, keine Transaktionskosten bei Neuverschuldung anfallen und keine Mitsprache- und Einwirkungsrechte der Gläubiger bestehen (vgl. dazu *Haegert/Schwab*, 1990, 93 ff; *Drukarczyk*, 1990, 346 ff). Da in den Berechnungsmodellen daher nicht alle Aspekte von Pensionszusagen berücksichtigt werden konnten und zudem im Einzelfall auf die unternehmensspezifische Altersstruktur und Fluktuation der Belegschaft Rücksicht genommen werden muß, mißt der *Arbeitskreis Finanzierung* (1996, 561 f) den errechneten Kapitalkostensätzen des „Steuerkredits" nur den Charakter einer Orientierungsgröße bei. Tatsächlich erscheint es wenig überzeugend, die Kapitalkosten von Pensionsverpflichtungen in einem realitätsgerechten Umfeld in Höhe eines unter zahlreichen einschränkenden Annahmen errechneten belastungsäquivalenten Fremdkapitalkostensatzes festzulegen. Der bei *Richter/Stiglbrunner* vertretenen Auffassung von generell deutlich über 6 % liegenden „wahren" Kapitalkosten ist daher nicht zu folgen. Aus theoretischer Sicht erscheint vielmehr vertretbar, die Kapitalkosten von Pensionsverpflichtungen aus den Kosten für langfristiges Fremdkapital abzuleiten.

Der Marktwert der Pensionsverpflichtungen zum Bewertungsstichtag ergibt sich dann als Barwert der künftigen Pensionszahlungen aus den zum Stichtag bestehenden Pensionsverpflichtungen. Der Marktwert der Pensionsverpflichtungen wird in Österreich häufig vom steuerlich anerkannten Rückstellungsbetrag abweichen, da das nach § 14 EStG vorgeschriebene Gegenwartswertverfahren in der Regel zu einer Unterbewertung führt. Eine Näherung für den Marktwert kann sich aus dem in der Handelsbilanz gemäß § 211 Abs 2 HGB ausgewiesenen Rückstellungsbetrag ergeben, wenn seine Berechnung nach Maßgabe der im Fachgutachten KFS/RL3 dargelegten Grundsätze für die Ermittlung der „betriebswirtschaftlich begründeten" Pensionsrückstellung erfolgt ist. Demnach ist u.a. für wertgesicherte Pensionsverpflichtungen ein Rechnungszinssatz anzuwenden, der nicht höher als der Realzinssatz ist und nach KFS/RL3 bei höchstens 3,5 % bis 4 % liegt. Nach dem Fachgutachten KFS/RL3 können aber Pensionsrückstellungen in der Handelsbilanz unter bestimmten Voraussetzungen auch erheblich unter diesem „betriebswirtschaftlich begründeten“ Wert angesetzt werden. Eine Näherung für den Marktwert wird dann nicht mehr vorliegen. Im Rahmen der Marktwertbestimmung für die bestehenden Pensionsverpflichtungen kann gegebenenfalls auch eine Orientierung an jenen Beträgen erfolgen, die bei Übertragung der Verpflichtungen auf eine Pensionskasse zu entrichten wären.

Die konsequente Einbindung der Pensionszusagen in den Bruttoansatz führt jedoch zu weiteren Problemen: Die Bestimmung der periodenspezifischen Kapitalkosten, die im Rahmen der FCF-Ermittlung neutralisiert werden müssen, setzt grundsätzlich die Kenntnis des Marktwertes der Verpflichtungen zum Periodenbeginn voraus. Da Marktwert und steuerlicher Rückstellungsbetrag i.a. auseinanderklaffen, ergeben sich Probleme bei der Abschätzung der Steuerwirkungen, und zwar sowohl auf Ebene der FCF-Ermittlung als auch im Rahmen der WACC-Bestimmung. In Anbetracht der zahlreichen Umsetzungsprobleme wird in der Literatur daher vorgeschlagen, hinsichtlich der Pensionsverpflichtungen vom Entity Approach abzugehen und – beschränkt auf den Bereich der Pensionsverpflichtungen – auch im Rahmen der FCF-Ermittlung die Nettomethode anzuwenden.

Diesem Vorschlag folgt auch das oben unter 2. dargestellte Berechnungsschema für den FCF. Im Sinne des Nettoverfahrens wird die Veränderung der Pensionsrückstellung bei der Überleitung vom EBIT in den FCF berücksichtigt: Eine Erhöhung der Pensionsrückstellung in der betreffenden Periode wird zum operativen Ergebnis addiert, eine Verminderung subtrahiert. Dies bewirkt, daß der FCF letztlich genau um die gesamten zu leistenden Pensionszahlungen, die neben einer Personalkostenkomponente auch eine Kapitalkostenkomponente enthalten, gemindert wird. Parallel dazu bleiben die (steuerlichen) Rückstellungsveränderungen maßgeblich für die Abschätzung der Unternehmenssteuern auf das EBIT. Diese Vorgangsweise entspricht einer Zuordnung der Pensionsrückstellungen zum Leistungsbereich (so z.B. *Börsig*, 1993, 86; *Schmidt*, 1993, 283; *Richter/Stiglbrunner*, 1993, 411 ff, allerdings unter Berücksichtigung zusätzlicher Kapitalkosten).

Die Nettomethode zur Berücksichtigung der Pensionsverpflichtungen soll im folgenden in Fortsetzung von Beispiel 54 veranschaulicht werden.

Beispiel 55:
Für die in Beispiel 54 beschriebenen Ausgangsdaten soll nunmehr der FCF durch Berücksichtigung der Pensionsverpflichtungen nach der Nettomethode, d.h. durch Neutralisierung der Rückstellungsveränderungen, ermittelt werden.

	t_1	t_2	t_3	t_4	t_5	t_6	t_7
Gewinn/Cash-flow vor Pensionen	220,00	220,00	220,00	220,00	220,00	220,00	220,00
– Dotierung Pensionsrückstellung	–61,10	–64,77	–68,66	–72,77	0,00	0,00	0,00
– Pensionszahlungen	0,00	0,00	0,00	0,00	–100,00	–100,00	–100,00
+ Auflösung Pens.RSt	0,00	0,00	0,00	0,00	83,96	89,00	94,34
Gewinn nach Pensionen, vor KöSt	158,90	155,23	151,34	147,23	203,96	209,00	214,34
– KöSt	–54,03	–52,78	–51,46	–50,06	-69,35	–71,06	–72,88
Gewinn nach Pensionen und KöSt	104,87	102,45	99,89	97,17	134,61	137,94	141,46
+/– Veränderung der PensRSt	61,10	64,77	68,66	72,77	–83,96	–89,00	–94,34
FCF nach Pensionen	165,97	167,22	168,54	169,94	50,65	48,94	47,12

Da die Fremdkapitalart Pensionsrückstellungen bei Anwendung der Nettomethode bereits aus dem operativen Ergebnis bedient wird, sind diese Rückstellungen in weiterer Folge bei der Bestimmung des gewogenen Kapitalkostensatzes bzw. der Festlegung der Zielkapitalstruktur nicht mehr zu berücksichtigen. Sie erhöhen daher auch nicht den Marktwert des verzinslichen Fremdkapitals (FK*), das zur Ermittlung des Shareholder Value vom Marktwert des Gesamtkapitals (GK*) abzuziehen ist. *Hachmeister* (1995, 255) kritisiert daher zu recht, daß bei der Nettomethode die Auswirkungen einer Finanzierung über Pensionsrückstellungen auf das Finanzierungsrisiko nicht mehr sichtbar sind. Diese Problematik kann aber nur durch konsequente Umsetzung der Bruttomethode vermieden werden.

Aus theoretischer Sicht ist im Rahmen des WACC-Konzepts die Berücksichtigung von Pensionszusagen nach der Bruttomethode insgesamt aussagekräftiger, da hier die Auswirkungen der Finanzierung über Pensionsrückstellungen auf das Finanzierungsrisiko sichtbar bleiben. Die konsequente Umsetzung der Bruttomethode führt jedoch zu mitunter erheblichen praktischen Problemen, sodaß anwendungsbezogen der Nettomethode der Vorzug zu geben sein wird. Unabhängig davon, welche Methode angewandt wird, bildet eine umfassende Prognose der zu erwartenden Pensionszahlungen sowie (daraus abgeleitet) der zu erwartenden Rückstellungsentwicklung eine maßgebliche Voraussetzung für die Marktwertermittlung (so auch *Richter/Stiglbrunner*, 1993, 412).

Die dargestellten Überlegungen gelten analog für das österreichische Spezifikum der Abfertigungsverpflichtungen. Auch hier wäre aus theoretischer Sicht der Bruttomethode der Vorzug einzuräumen. Die dann erforderliche Bestimmung des Marktwertes der Abfertigungsverpflichtungen sowie ihrer Kapitalkosten (nach Unternehmenssteuerersparnis) führt jedoch wiederum zu praktischen Schwierigkeiten, die auch hier eine Anwendung der Nettomethode nahelegen.

Zusammenfassend ist festzuhalten, daß die aus theoretischer Sicht erforderliche Zuordnung einzelner Fremdkapitalpositionen zum Finanzierungsbereich aus pragmatischen Gründen häufig unterbleiben wird. Die Berücksichtigung der Kapitalkosten und Bestandsänderungen dieser Fremdkapitalpositionen im Leistungsbereich durchbricht den Grundsatz der Finanzierungsneutralität der FCF. Sie führt aber auch dazu, daß die Auswirkungen dieser Fremdkapitalpositionen auf das Finanzierungsrisiko bzw. auf die Renditeforderung der Eigenkapitalgeber nicht mehr sichtbar sind.

8. Beispiel

8.1. Ausgangssituation

Die Marktwertermittlung mit Hilfe des Entity Approach auf Basis von Free Cash-flows soll im folgenden für das Zahlenmaterial veranschaulicht werden, das dem oben unter 2.Kap.III.K. gebrachten Beispiel zur Entscheidungswertermittlung mit Hilfe des Ertragswertverfahrens zugrunde lag. In Abänderung der dort definierten Ausgangssituation wird die Marktwertermittlung in der Folge aus dem Blickwinkel eines akquirierenden Unternehmens, der Alpha AG, vollzogen. Der Zweck der Bewertung liegt nunmehr in der Abschätzung der Auswirkungen auf den Marktwert der Alpha AG, die sich aus einem Erwerb der Anteile an der Delta GmbH in Form eines „share deal" ergeben würden (s. dazu auch oben 1.Kap.III.B.3.).

Unterstellt wird, daß die Alpha AG von den oben dargelegten Erfolgs- und Finanzplanungsdaten ausgeht und auch die beschriebenen (externen) Synergien in anderen, zum Konzernverband gehörenden Tochtergesellschaften erwartet. Da die Plandaten bereits vorliegen, erübrigt sich eine Aufspaltung in einen operativen und einen nicht-operativen Bereich.

Der Bestimmung der Renditeforderung der Eigenkapitalgeber soll eine Marktrisikoprämie von 4,5 % bezogen auf die SMR für Bundesanleihen als risikolose Verzinsung sowie das bereits erhobene Branchen-Beta für das unverschuldete Unternehmen in Höhe von 0,725 zugrundegelegt werden. Hinsichtlich der künftigen Kapitalstruktur soll von einem konstanten, als branchentypisch erachteten Anteil des Marktwertes des verzinslichen Fremdkapitals (FK*) am Gesamtkapital (GK*) von 40 % ausgegangen werden. Zum verzinslichen Fremdkapital sollen dabei nur die Bankverbindlichkeiten gezählt werden. Die Pensions- und Abfertigungsrückstellungen sowie die Lieferverbindlichkeiten sollen vereinfachend dem Leistungsbereich zugeordnet werden. Dem Finanzierungsbereich zuzuordnende Leasingverträge bestehen nicht.

8.2. Ermittlung der Free Cash-flows

Zur Ermittlung der FCF ist zunächst das operative Ergebnis vor Zinsen und Steuern (EBIT) zu errechnen. Im vorliegenden Fall können bereits hier die externen Synergien berücksichtigt werden.

	1997	1998	1999	2000	2001	2002	2003	2004
Betriebserfolg	6.345	8.029	10.724	10.554	10.304	14.181	15.115	13.475
+ Zinserträge	120	120	120	120	120	120	120	120
+ Synergieeffekte	1.500	1.500	2.000	2.020	2.040	2.061	2.081	2.102
EBIT	7.965	9.649	12.844	12.694	12.464	16.362	17.316	15.697

Auf dieser Grundlage kann im nächsten Schritt die adaptierte KöSt berechnet werden, wobei neben der Dotierung von unversteuerten Rücklagen (IFB) auch die 1998 verwertbaren Verlustvorträge berücksichtigt werden.

	1997	1998	1999	2000	2001	2002	2003	2004
EBIT	7.965	9.649	12.844	12.694	12.464	16.362	17.316	15.697
- Dot. unverst. RL	-720	-495	-405	-675	-675	-698	-666	-585
ad. KöSt-Bmgl vor VV	7.245	9.154	12.439	12.019	11.789	15.664	16.650	15.112
- verr. Verlustvorträge	0	-2.000	0	0	0	0	0	0
ad. KöSt-Bmgl nach VV	7.245	7.154	12.439	12.019	11.789	15.664	16.650	15.112
adaptierte KöSt	2.463	2.432	4.229	4.086	4.008	5.326	5.661	5.138

Die Berücksichtigung der Verlustvorträge ist im vorliegenden Fall unproblematisch, da sie der Annahme, daß die Fremdkapitalzinsen in der betreffenden Periode in vollem Umfang zu einer KöSt-Ersparnis führen, nicht entgegenstehen (zur unterstellten Entwicklung des verzinslichen Fremdkapitals s. unten 8.5.).

Ausgehend vom EBIT können nunmehr die FCF nach dem unter C.2. dargestellten Schema wie folgt ermittelt werden:

	1997	1998	1999	2000	2001	2002	2003	2004
EBIT	7.965	9.649	12.844	12.694	12.464	16.362	17.316	15.697
- adaptierte KöSt	-2.463	-2.432	-4.229	-4.086	-4.008	-5.326	-5.661	-5.138
NOPLAT	5.502	7.217	8.615	8.607	8.456	11.036	11.655	10.559
+ Abschreibungen	9.455	12.121	13.496	14.996	17.496	15.269	13.125	12.925
+/- Verändg. lfr. Rückst.	200	400	700	600	500	500	500	500
Gross Cash Flow	15.157	19.738	22.811	24.204	26.452	26.805	25.280	23.984
+/- Verändg. Vorräte	-2.400	-2.175	-1.885	535	-675	-675	-405	-1.120
+/- Verändg. Ford. LuL	-1.571	-2.571	-2.229	-1.200	-857	-857	-514	-343
+/- Verändg. sonst. UV	-100	0	-200	100	-200	400	-400	-300
+/- Verändg. ARAP	0	-100	1.200	-200	-200	-400	300	-400
+/- Verändg.kfr. Rückst.	200	100	700	300	100	300	-100	400
+/- Verändg. Lieferverb.	-4.560	1.305	1.131	-321	405	405	243	672
+/- Verändg. sonst. Verb.	100	-100	-400	300	200	200	300	100
+/- Verändg. PRAP	200	-50	-50	100	50	50	0	50
- CF aus Investitionstät.	-16.000	-11.000	-9.000	-15.000	-15.000	-15.500	-14.800	-13.000
Free Cash-flow	-8.975	5.146	12.078	8.818	10.275	10.728	9.904	10.043

Wie oben dargelegt wurden die Pensions- und Abfertigungsrückstellungen sowie die Lieferverbindlichkeiten vereinfachend dem Leistungsbereich zugeordnet. Der erwartete hohe Investitionsbedarf nach der Übernahme und der geplante beträchtliche Abbau von Lieferverbindlichkeiten führen zu einem negativen FCF in der ersten Planperiode. Für die Folgeperioden errechnen sich ausschließlich positive FCF.

8.3. Ermittlung der gewogenen Kapitalkosten

Zur Schätzung der Eigenkapitalkosten wird von einem risikolosen Zinsfuß in Form der SMR für Bundesanleihen zum Bewertungsstichtag, die sich auf 4,81 % beläuft, und der angegebenen Marktrisikoprämie in Höhe von 4,5 % ausgegangen. Der Unternehmens-steuersatz (KöSt) beträgt 34 %. Unter Heranziehung des erhobenen Branchen-Betas für das vollständig eigenfinanzierte Unternehmen von 0,725 errechnet sich die Renditeforderung der Eigenkapitalgeber für das unverschuldete Unternehmen ($r(EK)_u$) wie folgt:

$$r(EK)_u = i_r + \beta_u \cdot [E(r_m) - i_r] = 0{,}0481 + 0{,}725 \cdot 0{,}045 = 8{,}0725\%$$

Der Zinssatz für das verzinsliche Fremdkapital liegt mit 5,2 % über dem risikolosen Zinsfuß, d.h. die Kreditgeber verlangen eine Risikoprämie. Aus der Renditeforderung der Fremdkapitalgeber kann der Beta-Faktor des Fremdkapitals (β_f) wie folgt berechnet werden:

$$r(FK) = i_r + \beta_f \cdot [E(r_m) - i_r]$$
$$0{,}052 = 0{,}0481 + \beta_f \cdot 0{,}045$$
$$\beta_f = 0{,}08667$$

Unter Berücksichtigung der festgelegten Zielkapitalstruktur, die einem Verhältnis von Fremdkapital zu Eigenkapital von 2 : 3 entspricht, kann das folgende leveraged beta errechnet werden:

$$\beta_v = \beta_u \cdot \left[1 + (1-s) \cdot \frac{FK}{EK}\right] - \beta_f \cdot (1-s) \cdot \frac{FK}{EK}$$

$$\beta_v = 0{,}725 \cdot \left[1 + (1-0{,}34) \cdot \tfrac{2}{3}\right] - 0{,}08667 \cdot (1-0{,}34) \cdot \tfrac{2}{3} = 1{,}00587$$

Die Renditeforderung der Eigenkapitalgeber für das verschuldete Unternehmen ($r(EK)_v$) errechnet sich dann wie folgt:

$$r(EK)_v = i_r + \beta_v \cdot \left[E(r_m) - i_r\right] = 0{,}0481 + 1{,}00587 \cdot 0{,}045 = 9{,}3364\%$$

Nach den getroffenen Annahmen sind nur die Bankverbindlichkeiten dem verzinslichen Fremdkapital zuzuordnen, dessen Kosten in Höhe von 5,2 % (vor Steuern) in die WACC-Ermittlung einfließen. Insbesondere die Lieferverbindlichkeiten und die langfristigen Sozialkapitalrückstellungen wurden vereinfachend dem Leistungsbereich zugeordnet. Die der WACC-Ermittlung zugrunde zu legende Kapitalstruktur umfaßt daher hinsichtlich des vorgegebenen Fremdkapitalanteils von 40 % nur Bankverbindlichkeiten und somit nur einen Teil des gesamten Fremdkapitals. Da diese Kapitalstruktur der Ermittlung der Renditeforderung der Eigenkapitalgeber für das verschuldete Unternehmen zugrundegelegt wurde, blieben Einflüsse der Lieferverbindlichkeiten und der langfristigen Sozialkapitalrückstellungen auf das Kapitalstrukturrisiko vereinfachend unberücksichtigt. Mißt man aber z.B. den Pensionsrückstellungen hohen Einfluß auf das Kapitalstrukturrisiko zu, ist abweichend von dieser Vorgangsweise die konsequente Anwendung des Bruttoverfahrens auch hinsichtlich der Pensionsrückstellungen, d.h. deren Umgliederung in den Finanzbereich, zu empfehlen (s. dazu oben 7.4.).

Geht man von den ermittelten Eigenkapitalkosten aus, errechnet sich der folgende gewogene Kapitalkostensatz:

$$c^{WACC} = 0{,}052 \cdot (1-0{,}34) \cdot 0{,}4 + 0{,}093364 \cdot 0{,}6 = 6{,}97464\%$$

8.4. Ermittlung der Marktwertveränderung

Aus der Diskontierung der errechneten FCF bis zum Planungshorizont mit dem gewogenen Kapitalkostensatz erhält man nun einen Barwert in Höhe von 39.234 TS. Wird unterstellt, daß die FCF ab dem Planungshorizont mit einer konstanten Wachstumsrate von 1 % wachsen, errechnet sich ein nomineller FCF für die Periode 9 von 10.144 TS.

$$FCF_9 = FCF_8 \cdot (1 + w) = 10.043 \cdot 1{,}01 = 10.144$$

Der Continuing Value als Barwert zum Planungshorizont beträgt dann 169.776 TS.

$$CV_8 = \frac{10.144}{0{,}0697464 - 0{,}01} = 169.776$$

Diskontiert auf den Bewertungsstichtag erhält man daraus den Barwert des Continuing Value mit 98.999 TS.

Der Erwerb der Anteile an der Delta GmbH würde daher unter den getroffenen Annahmen zu folgender Erhöhung des Marktwertes des Gesamtkapitals bzw. des Marktwertes des Eigenkapitals der Alpha AG führen:

Barwert der FCF im Detailprognosezeitraum	39.234 TS
Barwert des Continuing Value	98.999 TS
Erhöhung des Marktwert des Gesamtkapitals	138.233 TS
– ant. Marktwert des verzinslichen Fremdkapitals (40 %)	– 55.293 TS
Erhöhung des Shareholder Value	82.940 TS

Durch den Erwerb der Delta GmbH erhöht sich der Shareholder Value für die Anteilseigner der Alpha AG unter den getroffenen Annahmen um 82.940 TS. Die Anteilseigner der Alpha AG müßten daher bereit sein, für den Erwerb der Delta GmbH bei der vorgegebenen Kapitalstruktur maximal 82.940 TS an Eigenkapital zur Verfügung zu stellen.

In die Ermittlung der Erhöhung des Shareholder Value wurden gemäß vorgegebener Zielkapitalstruktur Bankverbindlichkeiten zu t_0 in Höhe von 55.293 TS einbezogen. Die zu t_0 zu übernehmenden Bankverbindlichkeiten der Delta GmbH belaufen sich dagegen nur auf 47.000 TS. Zur Erreichung der vorgegebenen Zielkapitalstruktur ist daher zu t_{0+} ein Aufbau der Bankverbindlichkeiten im Ausmaß von 8.293 TS erforderlich. Der maximale Kaufpreis beträgt daher 91.233 TS (= 82.940 TS + 8.293 TS). Wird das Unternehmen zum maximalen Kaufpreis von 91.233 TS erworben, beträgt der erforderliche Eigenkapitaleinsatz 82.940 TS und der Fremdkapitaleinsatz 8.293 TS.

8.5. Unterstellte Fremdkapitalentwicklung

Die den obigen Berechnungen zugrundeliegende Annahme eines konstanten Marktwertanteils des verzinslichen Fremdkapitals (unter Einbeziehung ausschließlich der Bankverbindlichkeiten) von 40 % führt zu der im folgenden beschriebenen Entwicklung des Bestandes an Bankverbindlichkeiten.

Zeitpunkte t	*0+*	*1+*	*2+*	*3+*	*4+*	*5+*	*6+*	*7+*	*8+*
MW des GK*	138.233	156.849	162.642	161.908	164.383	165.573	166.394	168.095	169.776
ant. MW des FK*	55.293	62.740	65.057	64.763	65.753	66.229	66.557	67.238	67.910
FK-Anpassung	8.293	7.446	2.317	-294	990	476	328	681	672
FK-Zinsen		2.875	3.262	3.383	3.368	3.419	3.444	3.461	3.496

Um den 40%igen Marktwertanteil zu erreichen, ist ausgehend vom Fremdkapitalbestand von 47.000 TS zu t_{0+} eine Fremdkapitalaufnahme in Höhe von 8.293 TS erforderlich. Die unterstellte Kapitalstruktur führt auch anschließend zu einer Ausweitung des Bestandes an Bankverbindlichkeiten.

Da die Entwicklung des Fremdkapitalbestandes vom Unternehmenswert abhängt, folgt aus der Annahme, daß die FCF ab dem Planungshorizont mit einer konstanten Wachstumsrate von 1 % wachsen, daß auch das Fremdkapitalvolumen ab dem Planungshorizont im selben Ausmaß wächst.

D. Bruttoverfahren (Entity-Approach) auf Basis von Total Cash-flows

Eine zweite, in der Praxis nur selten verwendete Form des Bruttoverfahrens ist der Entity-Approach auf Basis von Total Cash-flows (TCF). Er unterscheidet sich von der FCF-Methode nur in Bezug auf die Berücksichtigung der Steuerersparnis aus den Fremdkapitalzinsen. Während bei der FCF-Methode die Steuerersparnis aus den Fremdkapitalzinsen im Diskontierungszinsfuß berücksichtigt wird, wird das „Tax Shield" im Rahmen der TCF-Methode bereits in die Cash-flow-Ermittlung einbezogen (vgl. z.B. *Drukarczyk*, 1995, 330; *Hachmeister*, 1995, 109).

Der TCF ist damit genau um die Steuerersparnis aus den Fremdkapitalzinsen höher als der FCF, sodaß folgender Zusammenhang gilt:

	Free Cash-flow
+	Unternehmenssteuerersparnis aus Fremdkapitalzinsen
	Total Cash-flow.

Da das Tax Shield den TCF bereits erhöht hat, darf die Steuerersparnis aus den Fremdkapitalzinsen bei der Ermittlung des gewogenen Kapitalkostensatzes nicht noch einmal berücksichtigt werden. Die TCF sind daher mit einem gewogenen Kapitalkostensatz c^{TCF} zu diskontieren, in den die Fremdkapitalkosten vor Unternehmenssteuerersparnis Eingang finden. Bei Unterscheidung von nur zwei Finanzierungsquellen – Eigenkapital und verzinsliches Fremdkapital – bestimmt sich dieser gewogene Kapitalkostensatz daher wie folgt:

$$c^{TCF} = r(FK) \cdot \frac{FK^*}{GK^*} + r(EK) \cdot \frac{EK}{GK^*} \qquad (3.29)$$

Das Bruttoverfahren auf Basis von TCF führt grundsätzlich zum selben Ergebnis wie jenes auf Basis von FCF. Auch beim TCF-Ansatz wird eine im Zeitablauf konstante Kapitalstruktur auf Marktwertbasis unterstellt. In der praktischen Umsetzung weist der TCF-Ansatz jedoch erhebliche Nachteile auf, da die TCF von den Annahmen über die Kapitalstruktur unmittelbar beeinflußt werden. Im praktisch relevanten Fall von im Zeitablauf schwankenden Cash-flows müssen daher die modellkonformen Anpassungen des Fremdkapitalbestandes in Form der daraus resultierenden periodenspezifischen Fremdkapitalzinsen und Steuerwirkungen explizit in die TCF-Ermittlung aufgenommen werden.

Beispiel 56:

Für die in Beispiel 53 dargestellten Ausgangsdaten wurde mittels WACC-Ansatz ein Marktwert des Gesamtkapitals (GK*) in Höhe von 18.044 GE errechnet. Das Ergebnis soll nun unter Anwendung des Bruttoverfahrens auf Grundlage von TCF überprüft werden. Um den KöSt-Aufwand der einzelnen Perioden zu ermitteln, muß das EBIT um die periodenspezifischen Fremdkapitalzinsen vermindert werden, deren Höhe wiederum von den modellkonformen Anpassungen des verzinslichen Fremdkapitalbestandes abhängt.

	t_1	t_2	t_3	ab t_4
Bestand verzinsliches FK zu Periodenbeginn	10.810	14.035	15.505	15.689
Fremdkapitalzinsen der Periode	757	982	1.085	1.098
EBIT	1.500	2.000	2.500	3.000
– Fremdkapitalzinsen	–757	–982	–1.085	–1.098
KöSt-pflichtiger Gewinn	743	1.018	1.415	1.902
KöSt (bei Abzug der Fremdkapitalzinsen)	253	346	481	647

Unter den getroffenen Annahmen errechnen sich folgende TCF:

	t_1	t_2	t_3	ab t_4
EBIT	1.500	2.000	2.500	3.000
– KöSt (bei Abzug der Fremdkapitalzinsen)	–253	–346	–481	–647
Ergebnis vor Zinsen	1.247	1.654	2.019	2.353
– Nettoinvestitionen ins Netto-Umlaufvermögen	–1.500	–300	0	0
– Nettoinvestitionen ins Anlagevermögen	–3.500	–1.700	0	0
Total Cash-flow	–3.753	–346	2.019	2.353

Der gewogene Kapitalkostensatz für den TCF-Ansatz errechnet sich wie folgt:

$$c^{TCF} = 7{,}0\% \cdot 0{,}6 + 12{,}0\% \cdot 0{,}4 = 9{,}0\%$$

Der Marktwert des Gesamtkapitals errechnet sich daraus wiederum mit 18.017 GE.

Der TCF-Ansatz kann für die praktische Anwendung nicht empfohlen werden. Er basiert auf der gleichen Finanzierungsprämisse wie der WACC-Ansatz, hat aber den Nachteil, daß die periodenspezifischen Fremdkapitalanpassungen im Rahmen der Cash-flow-Prognose berücksichtigt werden müssen (vgl. *Hachmeister*, 1995, 110).

E. Nettoverfahren (Equity-Approach)

1. Allgemeines

Während im Rahmen der Bruttoverfahren Cash-flows aus der Außenfinanzierung durch Eigen- und Fremdkapitalgeber grundsätzlich unberücksichtigt bleiben, werden beim Nettoverfahren (Equity-Approach) die aus der Fremdfinanzierung erwartenden Zahlungsströme in die Cash-flow-Ermittlung einbezogen. Die verbleibenden Cash-flows stehen damit ausschließlich den Eigenkapitalgebern zu und werden als *Flows to Equity* (FTE) bezeichnet. Die FTE sind daher grundsätzlich mit den Einzahlungsüberschüssen des Unternehmens nach der Ertragswertmethode vergleichbar. Zu den FTE zählen Gewinnausschüttungen, Eigenkapitalrückzahlungen sowie (mit negativem Vorzeichen) Eigenkapitaleinzahlungen in das Unternehmen. Persönliche Steuern der Eigenkapitalgeber werden i.a. nicht berücksichtigt. Erfolgt die Bewertung aus dem Blickwinkel eines akquirierenden Unternehmens, werden auch (externe) Synergien einbezogen.

Da die FTE ausschließlich den Eigenkapitalgebern zur Verfügung stehen, werden sie mit der auf Grundlage kapitalmarkttheoretischer Modelle ermittelten Renditeforderung der Eigenkapitalgeber für das verschuldete Unternehmen ($r(EK)_v$) diskontiert. Auf die Berücksichtigung persönlicher Steuern der Eigenkapitalgeber wird auch hier i.a. verzichtet.

Durch die Einbeziehung der Cash-flows aus der Fremdfinanzierung ist die für die Bruttoverfahren typische Trennung eines Leistungs- und Finanzierungsbereiches obsolet. Auch eine Finanzierungsprämisse in Form eines in Zukunft konstanten Verschuldungsgrades ist grundsätzlich nicht erforderlich. Der Shareholder Value wird direkt aus dem Barwert der FTE, gegebenenfalls unter Addition des Marktwertes des nichtbetriebsnotwendigen Vermögens, errechnet.

	Barwert der operativen FTE bis zum Planungshorizont
+	Barwert des Continuing Value
	Barwert der operativen FTE
+	Barwert der nicht operativen FTE
	Barwert der FTE
+	Marktwert des nicht betriebsnotwendigen Vermögens
	Marktwert des Eigenkapitals (Shareholder Value)

Aus prognosetechnischen Gründen wird wiederum eine Aufspaltung der FTE in eine operative und eine nicht-operative Komponente vorgenommen.

2. Flow to Equity

Analog zum unter C.2. vorgestellten Schema kann der FTE einer Periode für eine Kapitalgesellschaft wie folgt ermittelt werden:

	Operatives Ergebnis vor Zinsen und Steuern (EBIT)
–	Fremdkapitalzinsen
	Operatives Ergebnis vor Steuern
–	Körperschaftsteuer
	Operatives Ergebnis nach Steuern
+/–	Abschreibungen/Zuschreibungen
+/–	Aufwendungen/Erträge aus Anlagenabgängen
+/–	Erhöhung/Verminderung der langfristigen Rückstellungen
+/–	Veränderungen des Netto-Umlaufvermögens (ohne liquide Mittel und kurzfristige Bankverbindlichkeiten)
–/+	Mittelabflüsse/-zuflüsse aus Investitionen/Desinvestitionen
+/–	Aufnahmen/Tilgungen von verzinslichem Fremdkapital
	Flow to Equity

Vom operativen Ergebnis vor Zinsen und Steuern sind die Fremdkapitalzinsen sowie die KöSt abzuziehen. Bei der Berechnung der KöSt werden auch die Ersparniseffekte aus den Fremdkapitalzinsen (Tax Shield) berücksichtigt. Wie beim Bruttoverfahren wird auch hier auf „cash taxes" abgestellt, sodaß der KöSt-Aufwand lt. Erfolgsrechnung um Einflüsse aus einer Abgrenzung von latenten Steuern zu korrigieren ist. Die weiteren Berechnungsschritte bis hin zum Ansatz der Cash-flows aus dem Investitionsbereich entsprechen dem Bruttoverfahren.

Im Gegensatz zum Bruttoverfahren werden in der Folge aber auch die Veränderungen des (verzinslichen) Fremdkapitals berücksichtigt. Kreditaufnahmen erhöhen den FTE, Kredittilgungen vermindern ihn. Die Prognose der FTE setzt daher eine exakte Planung der künftigen Änderungen des Bestandes an verzinslichem Fremdkapital und der Fremdkapitalzinsen voraus.

3. Änderungen der Kapitalstruktur

Während beim Bruttoverfahren eine in Zukunft konstante Kapitalstruktur unterstellt wird, werden beim Nettoverfahren Änderungen der Kapitalstruktur bei der Ermittlung der FTE in Form der dort einfließenden Veränderungen des Fremdkapitalbestandes berücksichtigt. Die Entwicklung des Fremdkapitalbestandes kann dabei frei geplant werden, sodaß in der Regel Schwankungen des Marktwertanteils des Fremdkapitals am Gesamtwert der Unternehmung auftreten werden. Bei Schwankungen im Zeitablauf ist aber der Zusammenhang zwischen Verschuldungsgrad und Eigenkapitalkosten zu beachten (s. dazu oben B.2.4.). Konsequenterweise müßte dann eine periodenspezifische Anpassung der Eigenkapitalkosten an die jeweils geänderten Verschuldungsgrade erfolgen. Dies führt aber letztlich zum Erfordernis einer periodenspezifischen Festlegung des Diskontierungssatzes beim Equity Approach.

In der praktischen Umsetzung des Equity Approach wird allerdings üblicherweise von einer im Zeitablauf konstanten Renditeforderung der Eigenkapitalgeber ausgegangen. Auswirkungen auf die Eigenkapitalkosten durch eine Änderung des Verschuldungsgrades bleiben dann aber unberücksichtigt. Die Problematik kann u.E. zumindest teilweise dadurch entschärft werden, daß eine Anpassung der geforderten Eigenkapitalrendite beschränkt auf wesentliche Änderungen des Verschuldungsgrades vorgenommen wird. Daneben bietet sich in solchen Fällen die Anwendung des Adjusted Present Value-Verfahrens an (s. dazu unten F.).

4. Übereinstimmung mit dem Bruttoverfahren

Brutto- und Nettoverfahren führen zum selben Ergebnis, wenn von den selben Finanzierungsprämissen ausgegangen wird. Konkret bedeutet dies, daß eine identische Entwicklung des Fremdkapitalbestandes im Zeitablauf unterstellt werden muß. Die für das Bruttoverfahren typische Annahme einer konstanten Kapitalstruktur auf Marktwertbasis muß daher auch in das Nettoverfahren übernommen werden, wenn Übereinstimmung erzielt werden soll.

Beispiel 57:

In Fortsetzung von Beispiel 53 und 56 werden nunmehr die FTE errechnet:

	t_1	t_2	t_3	ab t_4
EBIT	1.500	2.000	2.500	3.000
– Zinsen	–757	–982	–1.085	–1.098
Operatives Ergebnis vor Steuern	743	1.018	1.415	1.902
– Körperschaftsteuer (34 %)	–253	–346	–481	–647
Operatives Ergebnis nach Steuern	490	672	934	1.255
– Nettoinvestitionen ins Netto–Umlaufvermögen	–1.500	–300	0	0
– Nettoinvestitionen ins Anlagevermögen	–3.500	–1.700	0	0
+/– Veränderungen verzinsl. Fremdkapitalbestand	+3.225	+1.470	+184	0
Flow to Equity	–1.285	142	1.118	1.255

Werden die errechneten FTE mit der Renditeforderung der Eigenkapitalgeber in Höhe von 12 % diskontiert, erhält man den bereits beim Bruttoverfahren errechneten Marktwert des Eigenkapitals (Shareholder Value) in Höhe von 7.207 GE. Die Übereinstimmung mit dem Ergebnis bei den Bruttoverfahren geht verloren, wenn eine abweichende Fremdkapitalentwicklung angenommen wird.

Die im Bruttoverfahren unterstellte konstante Kapitalstruktur impliziert daher u.a., daß seitens der Eigenkapitalgeber zu t_1 ein Betrag von 1.285 GE in das Unternehmen einbezahlt wird.

5. Beispiel

Für das unter C.8. gebrachte Beispiel soll nunmehr die Marktwerterhöhung auf Basis des Equity Approach ermittelt werden. Zur Wahrung der Vergleichbarkeit der Ergebnisse wird im folgenden jene Entwicklung des verzinslichen Fremdkapitals (Bankverbindlichkeiten) unterstellt, die einem konstanten Marktwertanteil von 40 % entspricht. Die dabei erforderlichen periodenspezifischen Anpassungen des Bankverbindlichkeitenbestandes und die in den einzelnen Perioden anfallenden Fremdkapitalzinsen wurden bereits oben unter C.8.5. errechnet. Geht man von diesen Annahmen aus, können zunächst das Ergebnis vor Steuern sowie die Körperschaftsteuer unter Einbeziehung der anfallenden Fremdkapitalzinsen wie folgt berechnet werden:

	1997	1998	1999	2000	2001	2002	2003	2004
EBIT	7.965	9.649	12.844	12.694	12.464	16.362	17.316	15.697
- FK-Zinsen	-2.875	-3.262	-3.383	-3.368	-3.419	-3.444	-3.461	-3.496
Ergebnis vor Steuern	5.090	6.386	9.461	9.326	9.045	12.918	13.855	12.201
Ergebnis vor Steuern	5.090	6.386	9.461	9.326	9.045	12.918	13.855	12.201
- Dot. unverst. RL	-720	-495	-405	-675	-675	-698	-666	-585
KöSt-Bmgl vor VV	4.370	5.891	9.056	8.651	8.370	12.220	13.189	11.616
- verr. Verlustvortr.	0	-2.000	0	0	0	0	0	0
KöSt-Bmgl nach VV	4.370	3.891	9.056	8.651	8.370	12.220	13.189	11.616
Körperschaftsteuer	1.486	1.323	3.079	2.941	2.846	4.155	4.484	3.949

Auf dieser Grundlage bestimmen sich die FTE unter Berücksichtigung der vorgegebenen Fremdkapitalanpassungen wie folgt:

	1997	1998	1999	2000	2001	2002	2003	2004
Ergebnis vor Steuern	5.090	6.386	9.461	9.326	9.045	12.918	13.855	12.201
- Körperschaftsteuer	-1.486	-1.323	-3.079	-2.941	-2.846	-4.155	-4.484	-3.949
Ergebnis nach KöSt	3.604	5.063	6.382	6.385	6.199	8.763	9.371	8.251
+ Abschreibungen	9.455	12.121	13.496	14.996	17.496	15.269	13.125	12.925
+/- Verändg. lfr. Rückst.	200	400	700	600	500	500	500	500
+/- Verändg. Vorräte	-2.400	-2.175	-1.885	535	-675	-675	-405	-1.120
+/- Verändg. Ford. LuL	-1.571	-2.571	-2.229	-1.200	-857	-857	-514	-343
+/- Verändg. sonst. UV	-100	0	-200	100	-200	400	-400	-300
+/- Verändg. ARAP	0	-100	1.200	-200	-200	-400	300	-400
+/- Verändg.kfr. Rückst.	200	100	700	300	100	300	-100	400
+/- Verändg. Lieferverb.	-4.560	1.305	1.131	-321	405	405	243	672
+/- Verändg. sonst. Verb.	100	-100	-400	300	200	200	300	100
+/- Verändg. PRAP	200	-50	-50	100	50	50	0	50
- CF aus Investitionstät.	-16.000	-11.000	-9.000	-15.000	-15.000	-15.500	-14.800	-13.000
+/- Verändg. Bankverb.	7.446	2.317	-294	990	476	328	681	672
Flow to Equity	-3.426	5.310	9.552	7.585	8.494	8.783	8.300	8.408

Aus der Diskontierung der errechneten FTE bis zum Planungshorizont mit der Renditeforderung der Eigenkapitalgeber für das verschuldete Unternehmen in Höhe von 9,3364 % erhält man einen Barwert in Höhe von 33.062 TS. Wird wiederum unterstellt, daß die FTE ab dem Planungshorizont mit einer konstanten Wachstumsrate von 1 % wachsen, errechnet sich der folgende nominelle FTE für die Periode 9:

$$FTE_9 = FTE_8 \cdot (1 + w) = 8.408 \cdot 1{,}01 = 8.492$$

Der Continuing Value als Barwert zum Planungshorizont beträgt dann 101.866 TS.

$$CV_8 = \frac{8.492}{0{,}093364 - 0{,}01} = 101.866$$

Diskontiert auf den Bewertungsstichtag erhält man daraus den Barwert des Continuing Value mit 49.878 TS.

Der Erwerb der Anteile an der Delta GmbH würde daher unter den getroffenen Annahmen zu folgender Erhöhung des Marktwertes des Eigenkapitals der Alpha AG führen:

Barwert der FTE im Detailprognosezeitraum	33.062 TS
Barwert des Continuing Value	49.878 TS
Erhöhung des Shareholder Value	82.940 TS

Da von identischen Annahmen hinsichtlich der künftigen Entwicklung des Bestandes an verzinslichem Fremdkapital ausgegangen wurde, führt der Equity Approach zum selben Ergebnis wie der Entity Approach.

F. Adjusted Present Value-Verfahren

1. Methodik

Eine Sonderstellung nimmt das Adjusted Present Value-Verfahren (APV-Verfahren) ein. Es beruht auf dem Prinzip, daß der Kapitalwert eines Investitionsprojekts auch durch gedankliche Zerlegung des Projekts in mehrere Teilprojekte berechnet werden kann, für die isoliert Kapitalwerte bestimmt werden können. Die Summe der Kapitalwerte der Teilprojekte ergibt dann den Kapitalwert des Gesamtprojektes (vgl. *Brealey/Myers*, 1991, 444 ff). Im Fall der Unternehmensbewertung durch das APV-Verfahren werden die aus der Fremdfinanzierung resultierenden Auswirkungen als derartiges „Teilprojekt" behandelt. Dafür wird ein gesonderter Kapitalwert errechnet, der die Marktwerterhöhung aus der Fremdfinanzierung angibt (vgl. u.a. *Drukarczyk/Richter*, 1995, 561 ff, *Drukarczyk*, 1996, 156 ff; *Fischer*, 1996b, 205 ff). Der Marktwert des Eigenkapitals ermittelt sich beim APV-Verfahren daher nach folgendem Schema:

	Barwert der FCF (bei Diskontierung mit $r(EK)_u$)
+	Marktwert des nicht betriebsnotwendigen Vermögens
	Markwert des unverschuldeten Unternehmens
+	Marktwerterhöhung durch Fremdfinanzierung (Barwert desTax Shield)
	Marktwert des Gesamtkapitals des verschuldeten Unternehmens (APV-Ansatz)
–	Marktwert des verzinslichen Fremdkapitals
	Marktwert des Eigenkapitals (Shareholder Value)

Zunächst wird der Marktwert eines fiktiv vollständig eigenfinanzierten Unternehmens ermittelt. Dies geschieht durch Diskontierung der erwarteten FCF, d.h. jener Cashflows, die vom Unternehmen unter der Annahme vollständiger Eigenfinanzierung erwirtschaftet werden würden. Im Gegensatz zum Entity Approach werden die FCF aber nicht mit einem Mischzinssatz aus Eigen- und Fremdkapitalkosten diskontiert, sondern mit der Renditeforderung der Eigenkapitalgeber für ein unverschuldetes Unternehmen ($r(EK)_u$). Addiert man zu diesem Barwert den Marktwert des nicht betriebsnotwendigen Vermögens, erhält man den Marktwert des unverschuldeten Unternehmens. Die Auswirkungen der Fremdfinanzierung des Unternehmens werden dann in einem zweiten Bewertungsschritt berücksichtigt. Aufgrund der steuerlichen Abzugsfähigkeit der Fremdkapitalzinsen wird der Marktwert des Unternehmens durch die Fremdfinanzierung erhöht. Die Marktwerterhöhung entspricht dem Barwert der Steuerersparnisse durch die Abzugsfähigkeit der Fremdkapitalzinsen. Der Barwert der Steuersparnisse wird berechnet, indem das Tax Shield aus der Fremdfinanzierung mit den risikoadäquaten, periodenspezifischen Kapitalkosten diskontiert wird (vgl. *Volpert*, 1989, 172; *Hachmeister*, 1995, 99; *Fischer*, 1996b, 205 ff). Die Summe aus dem Markwert des unverschuldeten Unternehmens und der Marktwerterhöhung durch die Fremdfinanzierung ergibt den Marktwert des Gesamtkapitals des verschuldeten Unternehmens im APV-Ansatz. Wird davon der Marktwert des verzinslichen Fremdkapitals abgezogen, erhält man wiederum den Marktwert des Eigenkapitals (Shareholder Value).

Im Rahmen der praktischen Anwendung des APV-Verfahrens wird oft vereinfachend von konstanten Kapitalkosten ausgegangen und unterstellt, daß die Fremdkapitalkosten dem risikolosen Zinsfuß entsprechen. Das Tax Shield wird dann mit dem risikolosen Zinsfuß i_r diskontiert (vgl. *Drukarczyk*, 1996, 160; *Richter*, 1996, 1081 ff; *Fischer*, 1996b, 205). Existiert nur betriebsnotwendiges Vermögen, kann der Marktwert des Gesamtkapitals nach dem APV-Verfahren (GK*) dann nach folgendem Ausdruck bestimmt werden:

(3.30) $$GK^* = \sum_{t=1}^{\infty} \frac{FCF_t}{(1+r(EK)_u)^t} + \sum_{t=1}^{\infty} \frac{s \cdot i_r \cdot FK^*_{t-1}}{(1+i_r)^t}$$

Werden nun uniforme FCF über einen unendlichen Betrachtungshorizont bei konstantem Fremdkapitalvolumen unterstellt, und entsprechen die Fremdkapitalkosten dem risikolosen Zinsfuß, errechnet sich der Marktwert des Gesamtkapitals nach dem APV-Verfahren wie folgt:

(3.31) $$GK^* = \frac{FCF}{r(EK)_u} + s \cdot FK^*$$

Im Rentenmodell ergibt sich der Barwert des Tax Shield somit als Produkt aus Unternehmenssteuersatz und Marktwert des verzinslichen Fremdkapitals.

Die Anwendung des APV-Verfahrens setzt die Kenntnis der Renditeforderung der Eigenkapitalgeber für das unverschuldete Unternehmen voraus. Aus der Renditeforderung der Eigenkapitalgeber für das verschuldete Unternehmen, die üblicherweise auf Grundlage des CAPM ermittelt wird, kann unter Verwendung des bereits beschriebenen Zusammenhangs zwischen Verschuldungsgrad und Renditeforderung der Eigenkapitalgeber, die Renditeforderung für das unverschuldete Unternehmen ermittelt bzw. geschätzt werden (s. dazu oben B.2.)

Bei identen Annahmen über die Entwicklung des Fremdkapitalbestandes führen Bruttoverfahren, Nettoverfahren und APV-Ansatz zum selben Ergebnis (vgl. *Fischer*, 1996b, 209 ff, *Hachmeister*, 1996, 257 ff). Im folgenden Beispiel wird beim APV-Verfahren die Vereinfachung gemäß Ausdruck (3.31) unterstellt und daher im Vergleich zum Brutto- und Nettoverfahren ein geringfügig abweichendes Ergebnis ermittelt.

Beispiel 58:

In Fortsetzung der Beispiele 53, 56 und 57 soll nunmehr der Shareholder Value nach dem APV-Verfahren ermittelt werden. Aus Gründen der Vergleichbarkeit mit den anderen Verfahren wird jene Entwicklung des verzinslichen Fremdkapitalbestandes unterstellt, die einem konstanten Marktwertanteil dieses Fremdkapitals von 60 % entspricht. Auf dieser Grundlage wurde die Renditeforderung der Eigenkapitalgeber für das verschuldete Unternehmen mit 12 % angegeben. Wird nun angenommen, daß die Fremdkapitalkosten dem risikolosen Zinsfuß entsprechen, kann daraus die Renditeforderung der Eigenkapitalgeber für das unverschuldete Unternehmen wie folgt errechnet werden (s. dazu oben Ausdruck (3.8)):

$$r(EK)_u = \frac{0{,}12 + 0{,}07 \cdot (1 - 0{,}34) \cdot 1{,}5}{1 + 1{,}5 \cdot (1 - 0{,}34)} = 9{,}5126\%$$

Aus der Diskontierung der FCF (s. dazu Beispiel 53) mit den Eigenkapitalkosten für das unverschuldete Unternehmen erhält man den Marktwert des unverschuldeten Unternehmens mit 12.876 GE. Zur Ermittlung der Marktwerterhöhung aus der Fremdfinanzierung muß zunächst die Steuerersparnis aus den Fremdkapitalzinsen errechnet werden:

	t_1	t_2	t_3	ab t_4
Fremdkapitalzinsen	757	982	1.085	1.098
KöSt-Ersparnis aus Fremdkapitalzinsen	257	334	369	373

Werden nun die Tax Shields der einzelnen Perioden mit dem (den Fremdkapitalkosten vor Steuern entsprechenden) risikolosen Zinsfuß in Höhe von 7 % diskontiert, errechnet sich die Marktwerterhöhung aus der Fremdfinanzierung mit 5.167 GE. Der Marktwert des Gesamtkapitals des verschuldeten Unternehmens beträgt daher 18.064 GE. Der Marktwert des Eigenkapitals ergibt sich in der Folge mit 7.254 GE und entspricht näherungsweise dem Ergebnis beim Brutto- und Nettoverfahren:

Marktwert des unverschuldeten Unternehmens	12.876 GE
+ Marktwerterhöhung durch Fremdfinanzierung	+ 5.188 GE
Marktwert des verschuldeten Unternehmens	18.064 GE
– Marktwert des verzinslichen Fremdkapitals	– 10.810 GE
Marktwert des Eigenkapitals (Shareholder Value)	7.254 GE

Der Vorteil der Anwendung des APV-Verfahrens liegt unter den getroffenen Annahmen darin, daß sich Änderungen der Kapitalstruktur des zu bewertenden Unternehmens nicht auf die Höhe von $r(EK)_u$ auswirken, sondern lediglich die Höhe des Tax Shield verändern. Der Marktwert des Unternehmens kann daher für verschiedene Verschuldungsgrade *unmittelbar* berechnet werden. Demgegenüber erfordern Änderungen des Verschuldungsgrades beim Bruttoverfahren eine Anpassung des WACC und beim Nettoverfahren eine Anpassung der geforderten Rendite der Eigenkapitalgeber, wenn von der hier unterstellten Abhängigkeit von der Kapitalstruktur ausgegangen wird.

Beispiel 59:

In Abänderung von Beispiel 58 soll nun ein im Zeitablauf konstanter Fremdkapitalbestand in Höhe von 10.000 GE unterstellt werden. In Anbetracht der im Zeitablauf schwankenden FCF wird damit die Annahme eines konstanten Verschuldungsgrades auf Marktwertbasis aufgegeben. Der bereits in Beispiel 58 ermittelte Marktwert des unverschuldeten Unternehmens in Höhe von 12.876 GE bleibt davon unberührt. Im Rahmen des APV-Verfahrens muß nun lediglich die Steuerersparnis aus den Fremdkapitalzinsen neu berechnet werden. Aufgrund des konstanten (absoluten) Fremdkapitalbestandes belaufen sich die Fremdkapitalzinsen pro Periode auf 700 GE, die daraus resultierende Steuerersparnis auf 238 GE pro Periode. Der Barwert des Tax Shield beträgt daher 3.400 GE. Der Marktwert des Eigenkapitals kann nun wie folgt errechnet werden:

Marktwert des unverschuldeten Unternehmens	12.876 GE
+ Marktwerterhöhung durch Fremdfinanzierung	+ 3.400 GE
Marktwert des verschuldeten Unternehmens	16.276 GE
- Marktwert des Fremdkapitals	- 10.000 GE
Marktwert des Eigenkapitals (Shareholder Value)	6.276 GE

Gegenüber der in Beispiel 58 unterstellten Fremdkapitalentwicklung führt die Annahme eines künftig konstanten Fremdkapitalbestandes von 10.000 GE auf Grundlage des APV-Verfahrens zu einer Verminderung des Shareholder Value um 978 GE.

2. Beispiel

Für das unter C.8. gebrachte Beispiel soll nunmehr die Marktwerterhöhung mit Hilfe des APV-Verfahren ermittelt werden. Zur Wahrung der Vergleichbarkeit der Ergebnisse wird zunächst wiederum jene Entwicklung des verzinslichen Fremdkapitals (Bankverbindlichkeiten) unterstellt, die einem konstanten Marktwertanteil von 40 % entspricht.

In einem ersten Schritt sind nun die unter C.8. errechneten FCF mit der ebenfalls bereits ermittelten Renditeforderung der Eigenkapitalgeber für das unverschuldete Unternehmen ($r(EK)_u$) in Höhe von 8,0725 % zu diskontieren. Daraus erhält man den Marktwert des unverschuldeten Unternehmens in Höhe von 114.057 TS:

Barwert der FCF im Detailprognosezeitraum	36.985 TS
Barwert des Continuing Value	77.071 TS
Marktwert des unverschuldeten Unternehmens	114.057 TS

Die Marktwerterhöhung aus der Fremdfinanzierung ergibt sich aus der nachfolgend dargestellten KöSt-Ersparnis aus den Fremdkapitalzinsen (zur unterstellten Fremdkapitalentwicklung s. oben C.8.5.):

	1997	1998	1999	2000	2001	2002	2003	2004
FK-Zinsen	2.875	3.262	3.383	3.368	3.419	3.444	3.461	3.496
KöSt-Ersp. aus Zinsen	978	1.109	1.150	1.145	1.163	1.171	1.177	1.189

Da die Fremdkapitalzinsen eine Risikoprämie beinhalten, wird die KöSt-Ersparnis aus den Fremdkapitalzinsen mit der Renditeforderung der Fremdkapitalgeber in Höhe von 5,2 % diskontiert. Daraus errechnet sich der Barwert des Tax Shield für den Detailprognosezeitraum in Höhe von 7.238 TS. Da die FCF nach dem Planungshorizont mit einer konstanten Wachstumsrate von 1 % wachsen, wächst auch der Fremdkapitalbestand im selben Ausmaß, da annahmegemäß der konstante Marktwertanteil des Fremdkapitals von 40 % erhalten bleiben soll. Das Tax Shield aus den Fremdkapitalzinsen beläuft sich demnach in der Periode 9 auf 1.201 TS (= 1.189 TS · 1,01) und wächst in der Folge konstant mit 1 % p.a. Der auf den Bewertungsstichtag bezogene Barwert des Tax Shield für die Zeit nach dem Planungshorizont kann daher wie folgt berechnet werden:

$$\frac{1.201}{0{,}052 - 0{,}01} \cdot 1{,}052^{-8} = 19.057$$

Die gesamte Marktwerterhöhung aus der Fremdfinanzierung stellt sich daher wie folgt dar:

Barwert Tax Shield im Detailprognosezeitraum	7.238 TS
Barwert Tax Shield nach dem Planungshorizont	19.057 TS
Marktwerterhöhung durch Fremdfinanzierung	26.295 TS

Der Erwerb der Anteile an der Delta GmbH würde daher unter den getroffenen Annahmen nach dem APV-Verfahren zu folgender Erhöhung des Marktwertes des Eigenkapitals der Alpha AG führen:

Marktwert des unverschuldeten Unternehmens	114.057 TS
+ Marktwerterhöhung durch Fremdfinanzierung	26.295 TS
Marktwert des Gesamtkapitals des verschuldeten Unt.	140.352 TS
- Marktwert des verzinslichen Fremdkapitals	- 55.293 TS
Erhöhung des Shareholder Value	85.058 TS

Die Differenz zum Ergebnis beim Brutto- bzw. Nettoverfahren resultiert aus den im vorangegangenen Abschnitt beschriebenen Vereinfachungen im Rahmen der Anwendung des APV-Verfahrens (zur exakten Vorgangsweise s. z.B. *Fischer*, 1996b, 209 ff).

Im Rahmen des APV-Verfahrens könnte die Marktwerterhöhung im weiteren für unterschiedliche Fremdkapitalverläufe, z.B. für den unter 2.Kap.III.K. unterstellten Verlauf, ohne besonderen Mehraufwand errechnet werden. Da der Marktwert des unverschuldeten Unternehmens davon unberührt bleibt, sind lediglich die Änderungen des Tax Shield zu erfassen.

G. *Exkurs*: Shareholder Value, Economic-Value-Added (EVA) und Market-Value-Added (MVA) als Instrumente der Managementbeurteilung

Literatur:

Rappaport, A.: Creating Shareholder Value, New York 1986; *Stewart*, G.B.: The Quest for Value, New York 1991; *Copeland*, T./*Koller*, T./*Murrin*, J.: Valuation - Measuring and Managing the Value of Companies, 2nd ed., New York u.a. 1994; *Lewis*, T.G.: Steigerung des Unternehmenswertes, Landsberg am Lech 1994; *Herter*, R.N.: Unternehmenswertorientiertes Management, München 1994; *Röttger*, B.: Das Konzept des Added Value als Maßstab für finanzielle Performance, Kiel 1994; *Hostettler*, S.: „Economic Value Added" als neues Führungsinstrument, ST 1995, S. 307-315; *Arbeitskreis „Finanzierung"* der Schmalenbach Gesellschaft: Wertorientierte Unternehmenssteuerung mit differenzierten Kapitalkosten, ZfbF 1996, S. 543-578; *Bühner*, R.: Kapitalmarktorientierte Unternehmenssteuerung, WiSt 1996, S. 334-338.

1. Shareholder Value

Im Rahmen der Shareholder Value-Ansätze von *Rappaport* und *Copeland/Koller/Murrin* wird mit der Anwendung von DCF-Verfahren primär die Zielsetzung verfolgt, einen Maßstab zur Bewertung unternehmerischer Aktionen zu finden. Die Zielsetzung des Managements besteht in der Maximierung des Marktwertes der von den Eigentümern des Unternehmens gehaltenen Ansprüche, d.h. in der Maximierung des Shareholder Value.

Die Orientierung am „Value-Based-Management" soll die Erreichung dieser Zielsetzung gewährleisten. Soll der Shareholder Value maximiert werden, hat die Unternehmensleitung jene Projekte zu realisieren, die den größtmöglichen Beitrag zur Marktwerterhöhung liefern. Dabei führen alle Projekte, deren Rendite die gewogenen Kapitalkosten übersteigt, zu einer Erhöhung des Shareholder Value.

Wenngleich der Börsenwert eines Unternehmens aufgrund der zahlreichen darauf einwirkenden Einflüsse für eine Leistungsbeurteilung des Managements problematisch ist, wird davon ausgegangen, daß eine konsequente Orientierung am „Value-Based-Management" langfristig zu einer Annäherung des Börsenwertes an den Shareholder Value führt. Inwieweit es dem Management gelingt, den Shareholder Value-Ansatz erfolgreich umzusetzen, kann dann an der Entwicklung des Börsenwertes der Unternehmung gemessen werden.

2. Economic-Value-Added (EVA) und Market-Value-Added (MVA)

Ein weiteres Kriterium zur Managementbeurteilung wurde von *Stewart* (1991) in Form des „Economic-Value-Added" (EVA) vorgeschlagen. Der EVA einer Periode errechnet sich nach *Stewart* als Produkt aus dem gesamten ins Unternehmen investierten Kapital (Eigenkapital und verzinsliches Fremdkapital) und der in der betreffenden Periode erwirtschafteten „Überrendite", d.i. die über die gewogenen Kapitalkosten hinaus erwirtschaftete Rendite auf das investierte Kapital. Es gilt daher:

(3.32) $$EVA = (r_{IC} - c^{WACC}) \cdot IC^*$$

Die Rendite auf das investierte Kapital (r_{IC}) ist definiert als Quotient aus operativem Ergebnis vor Zinsen, nach Steuern (NOPAT) und investiertem Kapital (IC*):

(3.33) $$r_{IC} = \frac{NOPAT}{IC^*}$$

Durch Umformung von Ausdruck (3.32) erhält man:

(3.34) $$EVA = NOPAT - c^{WACC} \cdot IC^*$$

Ein positiver EVA und damit eine Steigerung des Marktwertes des Unternehmens kann daher nur erzielt werden, wenn die Rendite des investierten Kapitals die gewogenen Kapitalkosten übersteigt. Dies ist dann der Fall, wenn der NOPAT die Kosten für das überlassene Eigen- und Fremdkapital übersteigt.

Das investierte Kapital wird von *Stewart* als „economic book value" bezeichnet, da es durch Adaptierung des buchmäßigen Kapitals ermittelt wird. Zu diesem Zweck werden ausgehend vom bilanziellen Eigenkapital und (verzinslichen) Fremdkapital eine Reihe von Korrekturen vorgenommen, die u.a. die Berücksichtigung latenter Steuern, die Rückgängigmachung von Firmenwertabschreibungen, die Aufdeckung stiller Reserven aus einer LIFO-Bewertung, die Aktivierung von Forschungs- und Entwicklungsaufwendungen sowie die Passivierung von Leasingverpflichtungen umfassen. Parallel dazu müssen entsprechende Anpassungen des NOPAT erfolgen (s. dazu näher *Stewart*, 1991, 112 ff).

Beispiel 60:

Der operative Gewinn vor Zinsen und Steuern (EBIT) beträgt in einer Periode 3.000 GE, der Unternehmenssteuersatz 34 %. Beläuft sich das eingesetzte Kapital auf 22.000 GE und der gewogene Kapitalkostensatz auf 9,5 %, können NOPAT und EVA für die betreffende Periode wie folgt ermittelt werden:

$$NOPAT = 3.000 \cdot (1 - 0{,}34) = 1.980$$
$$EVA = 1.980 - 0{,}095 \cdot 22.000 = -110$$

Obwohl das Unternehmen in der abgelaufenen Periode einen positiven NOPAT erzielt hat, wurden nach dem EVA-Konzept Werte vernichtet, d.h. das Aktionärsvermögen (Shareholder Value) wurde gemindert.

Werden die für die künftigen Perioden erwarteten EVA mit dem gewogenen Kapitalkostensatz diskontiert, erhält man den „Market-Value-Added" (MVA) (*Stewart*, 1991, 153). Der MVA entspricht der Differenz zwischen dem Marktwert des Unternehmens (Marktwert des Gesamtkapitals) und dem investierten Kapital. Es gilt daher:

(3.35) $$MVA = \sum_{t=1}^{\infty} EVA_t \cdot (1 + c^{WACC})^{-t} = GK^* - IC^*$$

Der MVA soll ein Maß für den Wert sein, den ein Unternehmen über das eingesetzte Kapital hinaus erwirtschaftet hat. Unter der Annahme eines künftig konstanten EVA pro Periode ergibt sich bei einem unendlichen Betrachtungszeitraum folgender Zusammenhang:

(3.36) $$MVA = \frac{EVA}{c^{WACC}} = \frac{NOPAT}{c^{WACC}} - IC^*$$

Wird vereinfachend angenommen, daß der NOPAT den künftigen FCF entspricht, dann ergibt der Quotient aus NOPAT und c^{WACC} den Marktwert des Unternehmens.

Beispiel 61:

Der künftig konstante NOPAT wird auf 3.600 GE geschätzt. Die gewogenen Kapitalkosten betragen 12 %, das investierte Kapital 25.000 GE. Der MVA ermittelt sich wie folgt:

$$MVA = \frac{3.600}{0{,}12} - 25.000 = 5.000$$

Da der Marktwert der Unternehmens größer ist als das eingesetzte Kapital, hat das Management im Sinne des MVA-Konzeptes Werte geschaffen.

Stewart hat 1.000 US-amerikanische Unternehmen nach dem MVA-Konzept bewertet und ein Ranking der Unternehmen nach dem „Market-Value-Added" erstellt (s. *Stewart*,

1991, 748 ff). Es weicht erheblich von Rankings ab, die auf herkömmlichen Kriterien wie Umsatz oder Gewinn aufbauen.

Das EVA- bzw. MVA-Konzept ist, wenn die Ausrichtung auf die Shareholder als gerechtfertigt angesehen wird, theoretisch bestechend. Die praktischen Probleme, die insbesondere mit der Ermittlung des bewertungsrelevanten NOPAT, des investierten Kapitals sowie der Renditeforderung der Eigenkapitalgeber verbunden sind, dürfen jedoch nicht übersehen werden. Dazu kommt das Problem der Infomationsbeschaffung. Für einen internen Analysten sind die relevanten Information mit einem gewissen Aufwand beschaffbar. Externe Analysten stoßen hier aber bei der zurückhaltenden Informationspolitik der Unternehmen in Österreich auf erhebliche Schwierigkeiten.

H. Beurteilung der DCF-Verfahren

1. Gegenüberstellung der DCF-Verfahren

DCF-Verfahren ermitteln den Marktwert des Unternehmens als Marktwert des Gesamtkapitals bzw. den Shareholder Value als Marktwert des Eigenkapitals generell durch Diskontierung künftiger Cash-flows. Unterschiede zwischen den Verfahren bestehen hinsichtlich der zu diskontierenden Cash-flow-Größe, des Diskontierungssatzes und der Berücksichtigung von Kapitalstrukturänderungen. Die in den vorangegangen Abschnitten herausgearbeiteten unterschiedlichen Merkmale der einzelnen Verfahren sind in Tab. 19 zusammengefaßt. Auf eine gesonderte Berücksichtigung des Marktwertes des nicht betriebsnotwendigen Vermögens wurde dabei verzichtet.

Für den praktischen Einsatz der Verfahren zur Marktwertermittlung können daraus folgende Implikationen abgeleitet werden: Kann davon ausgegangen werden, daß das Unternehmen seine Kapitalstruktur künftig annähernd konstant hält, und daß die Fremdkapitalkosten aufgrund ausreichender steuerlicher Gewinne in jeder Periode in vollem Umfang eine Unternehmenssteuerersparnis bewirken können, erscheint die Anwendung des Entity Approach auf Basis von FCF vorteilhaft. Die FCF können dann mit einem im Zeitablauf konstanten gewogenen Kapitalkostensatz diskontiert werden. Auf eine explizite Planung der Cash-flows aus der Fremdfinanzierung kann verzichtet werden.

Der Einsatz des Equity Approach unter Verwendung eines im Zeitablauf konstanten Diskontierungssatzes erscheint ebenfalls nur unproblematisch, wenn der Einfluß der erwarteten Änderungen der Kapitalstruktur auf die Renditeforderung der Eigenkapitalgeber vernachlässigbar ist. Im Gegensatz zum Entity Approach erfordert die Anwendung des Nettoverfahrens eine explizite Planung der Cash-flows aus der Fremdfinanzierung. Zumindest eine grobe Abschätzung dieser Cash-flows wird jedoch auch beim Bruttoverfahren notwendig sein, um die Auswirkungen der als konstant festgelegten Marktwertgewichtung kontrollieren zu können. Steuerliche Besonderheiten wie Verlustvorträge können beim Nettoverfahren einfacher berücksichtigt werden als beim Bruttoverfahren. Insgesamt erscheint der Bewertungskalkül beim Equity Approach transparenter als beim Bruttoverfahren auf Basis von FCF.

Merkmale	Entity-Approach	Equity-Approach	APV-Verfahren
Cash-flow-Definition	Free Cash-flow (FCF) oder Total Cash-flow (TCF)	Flow to Equity (FTE)	Free Cash-flow (FCF)
Diskontierungssatz	Mischzinsfuß (c^{WACC} oder c^{TCF}) aus Renditeforderung der Eigenkapitalgeber für das verschuldete Unternehmen ($r(EK)_v$) und Fremdkapitalkosten r(FK)	Renditeforderung der Eigenkapitalgeber für das verschuldete Unternehmen ($r(EK)_v$)	Renditeforderung der Eigenkapitalgeber für das unverschuldete Unternehmen ($r(EK)_u$)
Ermittlung des Shareholder Value	Marktwert des Gesamtkapitals (im WACC-Ansatz) - Marktwert d. verzinsl. Fremdkapitals Shareholder Value	Barwert der FTE = Shareholder Value	Marktwert des unverschuldeten Unternehmens + Barwert des Tax Shield aus Fremdfinanzierung Marktwert des Gesamtkapitals (APV-Ansatz) - Marktwert des verzinslichen Fremdkapitals Shareholder Value
Kapitalstruktur	Konstante Kapitalstruktur wird unterstellt	Kapitalstrukturunabhängige Renditeforderung der Eigenkapitalgeber wird unterstellt	Berücksichtigung von Kapitalstrukturänderungen im Rahmen des Tax Shield aus der Fremdfinanzierung
Interpretation des Bewertungsergebnisses	Marktwert	Marktwert	Marktwert

Abb.19: Gegenüberstellung von DCF-Verfahren

Ist davon auszugehen, daß sich die Kapitalstruktur des zu bewertenden Unternehmens im Zeitablauf wesentlich verändern wird, bietet das APV-Verfahren Vorteile. Die Kapitalstrukturänderungen können im Rahmen des Tax Shield aus der Fremdfinanzierung erfaßt werden und bleiben ohne Rückwirkung auf den Marktwert des unverschuldeten Unternehmens. Demgegenüber müßte den Kapitalstrukturänderungen beim Equity- und Entity-Approach durch eine laufende Anpassung des Diskontierungssatzes und damit durch Verwendung periodenspezifischer Diskontierungssätze Rechnung getragen werden. Das APV-Verfahren setzt allerdings u.a. voraus, daß die Renditeforderung der Eigenkapitalgeber für das unverschuldete Unternehmen berechnet werden kann.

Sämtliche DCF-Verfahren gehen davon aus, daß die benötigte Renditeforderung der Eigenkapitalgeber zutreffend abgeschätzt werden kann. Die Darlegungen unter B.2. haben aber gezeigt, daß dieses Problem derzeit weder theoretisch noch praktisch befriedigend gelöst ist.

2. Gegenüberstellung von Ertragswertverfahren und DCF-Verfahren

Im folgenden werden wesentliche Merkmale von Ertragswertverfahren und DCF-Verfahren in Form einer Übersicht (Tab. 20) zusammengefaßt. Gegenübergestellt werden das Ertragswertverfahren auf Grundlage von NCF beim Eigner und der Entity Approach auf Basis von FCF („textbook formula") als am häufigsten verwendete Ausprägungsform der DCF-Verfahren.

Die Gegenüberstellung zeigt, daß die konzeptionell unterschiedliche Ausrichtung der Verfahren auf Grundlage der selben Bewertungsmethodik (Kapitalwert) umgesetzt wird. Während bei den Ertragswertverfahren ein subjektiver Alternativenvergleich durch Diskontierung mit der individuellen Alternativrendite vollzogen wird, orientieren sich DCF-Verfahren beim „Vergleich" am Kapitalmarkt bzw. den Renditeforderungen der dort agierenden Investoren. Dementsprechend wird die Unsicherheit der künftigen Cash-flows im Ertragswertmodell durch subjektive Risikozuschläge bzw. subjektive Sicherheitsäquivalente erfaßt. Bei den DCF-Verfahren werden demgegenüber Risikozuschläge verwendet, die auf Grundlage kapitalmarkttheoretischer Modelle abgeleitet wurden und nur das systematische, nicht durch Portefeuillebildung vermeidbare Risiko erfassen. Befindet sich ein potentieller Käufer oder Verkäufer in der Position eines diversifizierten Investors, ist aber auch bei Anwendung des Ertragswertverfahrens eine Orientierung an kapitalmarkttheoretischen Risikozuschlägen möglich. Bei den

DCF-Verfahren werden i.a. nur Unternehmenssteuerwirkungen erfaßt. Eine Einbeziehung der Steuerwirkungen auf Ebene des Investors ist aber auch bei den DCF-Verfahren möglich.

	Ertragswertverfahren auf Basis von Netto-Cash-flows beim Eigner	**Entity Approach auf Basis von Free Cash-flows**
Konzeption	Individueller Alternativenvergleich	Kapitalmarktorientierung
Methodik	Kapitalwertmethode	Kapitalwertmethode
Diskontierte Größe	Netto-Cash-flows beim Eigner	Free Cash-flows
Diskontierungssatz	Individuelle Alternativrendite	Gewogener Kapitalkostensatz aus Renditeforderungen der Kapitalgeber
Risikoberücksichtigung	Individuell (durch Risikozuschlag oder Sicherheitsäquivalent)	Ableitung aus kapitalmarkttheoretischen Modellen (z.B. CAPM)
Berücksichtigung der Besteuerung	Unternehmenssteuern und persönliche Steuern	Nur Unternehmenssteuern (im Grundmodell)

Tab. 20: Gegenüberstellung von Ertragswert- und DCF-Verfahren

4. Kapitel

Grundzüge der Schiedswertermittlung

Literatur:

Sieben, G.: Der Anspruch auf angemessene Abfindung nach § 12 UmwG, AG 1966, S. 6-13, S. 54-58 und S. 83-89; *Siegert*, R.: Grundlagen angemessener Barabfindung der nach dem Umwandlungsgesetz ausscheidenden Minderheitsgesellschafter, Diss. München 1968; *Wagner*, F.W.: Das Ausscheiden eines Gesellschafters aus einer OHG – Ein Beitrag zur Theorie der Unternehmensbewertung, München 1971; *Drukarczyk*, J.: Zum Problem der angemessenen Barabfindung bei zwangsweise ausscheidenden Anteilseignern, AG 1973, S. 357-365; *Bretzke*, W.R.: Zur Frage der Überprüfbarkeit von Prognosen im Geschäftsbericht, WPg 1974, S. 292-296; *Bretzke*, W.R.: Das Prognoseproblem bei der Unternehmensbewertung, Düsseldorf 1975a; *Krag*, J.: Konfliktbezogene Unternehmensbewertung. Die Bestimmung eines Unternehmenswertes zur Lösung von Konfliktfällen durch einen neutralen Gutachter, Meisenheim am Glan 1975; *Bretzke*, W.R.: Zur Problematik des Objektivitätsanspruchs in der Unternehmensbewertungslehre. Ein Nachtrag zu einem Methodenstreit, BFuP 1976b, S. 543-553; *Wiedemann*, H.: Das Abfindungsrecht – Ein gesellschaftsrechtlicher Interessenausgleich, ZGR 1978, S. 477-497; *Loitlsberger*, E.: Substanzwertabfindung und negativer Firmenwertabschlag, GesRZ 1979, S. 146-153; *Matschke*, M.J.: Funktionale Unternehmensbewertung, Bd. II: Der Arbitriumwert der Unternehmung, Wiesbaden 1979; *Jud*, W.: Der Firmenwertausschluß in Auseinandersetzungsregelungen, GesRZ 1980, S. 56-60; *Loitlsberger*, E.: Zum Firmenwertausschluß in Auseinandersetzungsregelungen, GesRZ 1980, S. 190-202; *Moxter*, A.: Die Bedeutung der Grundsätze ordnungsmäßiger Unternehmensbewertung, ZfbF 1980, S. 454-459; *Bartke*, G.: Zur Bedeutung des Liquidationswertes als Wertuntergrenze – Ein Beitrag zur realitätsnäheren Weiterentwicklung der Lehre von der Unternehmensbewertung, BFuP 1981, S. 393-406; *Matschke*, M.J.: Unternehmensbewertung in dominierten Konfliktsituationen am Beispiel der Bestimmung der angemessenen Barabfindung für den ausgeschlossenen oder ausscheidungsberechtigten Minderheits-Kapitalgesellschafter, BFuP 1981, S. 115-129; *Schildbach*, T.: Der Wirtschaftsprüfer als Gutachter in Fragen der Unternehmensbewertung: Möglichkeiten und Grenzen aus der Sicht der Berufspflichten des Wirtschaftsprüfers, WPg 1981, S. 193-201; *Wagner*, F.W./*Nonnenmacher*, R.: Die Abfindung bei der Ausschließung aus einer Personengesellschaft, ZGR 1981, S. 674-683; *Fasselt*, T.: Ausschluß von Zugewinnausgleichs- und Pflichtteilsansprüchen bei Beteiligungen an Familienunternehmen, DB 1982, S. 939-944; *Hartmann*, B.: Der ausscheidende Gesellschafter in der Wirtschaftspraxis. Gesellschaftsrechtliche, steuerrechtliche und betriebswirtschaftliche Darstellung, insbesondere der Ausschließung und Abfindung, 4. Aufl, Köln 1983; *Moxter*, A.: Grundsätze ordnungsmäßiger Unternehmensbewertung, 2. Aufl, Wiesbaden 1983; *Reich-Rohrwig*, J.: Das österreichische GmbH-Recht in systematischer Darstellung, Wien 1983; *Sieben*, G./*Lutz*, H.: Sonderfragen substanzwertorientierter Abfindungsklauseln in Gesellschaftsverträgen, DB 1983, S. 1989-1997; *Busse von Colbe*, W.: Die Rechtsprechung zur Bewertung ertragsschwacher Unternehmen, BFuP 1984, S. 508-517; *Ränsch*, U.: Die Bewertung von Unternehmen als Problem der Rechtswissenschaften – Zur Bestimmung der angemessenen Abfindung für ausscheidende Kapitalgesellschafter, AG 1984, S. 202-212; *Schildbach*, T.: Zur Beurteilung von gesetzlicher Abfindung und vertraglicher Buchwertabfindung unter Berücksichtigung einer potentiellen Ertragsschwäche der Unternehmung, BFuP

1984, S. 532-543; *Sieben*, G./*Lutz*, H.: Die Bewertung eines ertragsschwachen Unternehmens im Rahmen der Bestimmung der angemessenen Barabfindung beim Abschluß eines Gewinnabführungs- und Beherrschungsvertrages, BFuP 1984, S. 566-576; *Künnemann*, M.: Objektivierte Unternehmensbewertung, Frankfurt a.M. u.a. 1985; *Sieben*, G./*Lutz*, H.: Abfindungsklauseln in Gesellschaftsverträgen, BFuP 1985, S. 200-213; *Ballwieser*, W./*Leuthier*, R.: Grundprinzipien, Verfahren und Probleme der Unternehmensbewertung, DStR 1986, S. 545-551 und 604-610; *Engel*, C.: Abfindungsklauseln – Eine systematische Übersicht, NJW 1986, S. 345-350; *Stolze*, G.: Enteignungsentschädigung und Unternehmensbewertung, Bergisch Gladbach 1986; *Hackmann*, A.: Unternehmensbewertung und Rechtsprechung, Wiesbaden 1987; *Koppensteiner*, H.-G.: Kommentierung zu § 305 AktG, in: Zöllner (Hrsg): Kölner Kommentar zum Aktiengesetz, Bd. 6, 2. Aufl, Köln u.a. 1987; *Großfeld*, B.: Zweckmäßige Abfindungsklauseln, AG 1988, S. 217-223; *Dirrigl*, H.: Die Angemessenheit des Umtauschverhältnisses bei einer Verschmelzung, WPg 1989a, S. 454-462; *Dirrigl*, H.: Neue Rechtsprechung zur Verschmelzung und Verschmelzungsprüfung, WPg 1989b, S. 617-618; *Gehringer*, C.: Der Einfluß latenter Chancen und Risken im Pflichtteilsrecht unter besonderer Berücksichtigung gesellschaftsvertraglicher Abfindungsklauseln, Frankfurt a.M. u.a. 1989; *Mandl*, G./*Kleiner*, F.: Die Berufsgrundsätze der Wirtschaftstreuhänder, in: Bertl u.a. (Hrsg): Handbuch für Wirtschaftstreuhänder, Wien 1989, S. 25-54; *Sieben*, G./*Sanfleber* M.: Betriebswirtschaftliche und rechtliche Aspekte von Abfindungsklauseln, WPg 1989, S. 321-329; *Neuhaus*, C.: Unternehmensbewertung und Abfindung, Heidelberg 1990; *Rabel*, K.: Einfluß der Ertragsbesteuerung auf die Bemessung unternehmenswertabhängiger Abfindungen, Diss. Graz 1990; *Werner*, W.: Die Behandlung von Verbundeffekten bei der Abfindung nach den §§ 305 und 320 AktG, in: Baur/Hopt/Mailänder (Hrsg): FS Steindorff, Berlin-New York 1990, S. 303-320; *Seetzen*, U.: Die Unternehmensbewertung im Spruchstellenverfahren, WPg 1991, S. 166-172; *IDW* (Hrsg): WP-Handbuch 1992, Bd. II, Düsseldorf 1992; *Bretzke*, W.R.: Unternehmensbewertung in dynamischen Märkten, BFuP 1993, S. 39-45; *Ossadnik*, W.: Willkürfreie Konfliktlösung durch mengeninduzierte Gesamtwertzurechnung?, BFuP 1993, S. 46-58; *Schildbach*, T.: Kölner versus phasenorientierte Funktionenlehre, BFuP 1993b, S. 25-38; *Sommer*, M./*Kemper*, N.: Einheitswertabhängige Abfindungen, DStR 1993, S. 1409-1413 und S. 1451 - 1456; *Böcking*, H.-J.: Das Verbundprinzip als Grundsatz ordnungsmäßiger Unternehmensbewertung, in: Ballwieser u.a. (Hrsg): Bilanzrecht und Kapitalmarkt, FS Adolf Moxter, Düsseldorf 1994, S. 1407-1434; *Dörfler*, W./*Gahler*, W./*Unterstrasser*, S./*Wirichs*, R.: Probleme bei der Wertermittlung von Abfindungsangeboten, BB 1994, S. 156-161; *Großfeld*, B.: Unternehmens- und Anteilsbewertung im Gesellschaftsrecht, 3. Aufl, Köln 1994; *Piltz*, D.: Die Unternehmensbewertung in der Rechtsprechung, 3. Aufl, Düsseldorf 1994; *Wagner*, F.W.: Unternehmensbewertung und vertragliche Abfindungsbemessung, BFuP 1994, S. 477-498; Wangler, C.: Abfindungsregelungen in Gesellschaftsverträgen – Eine ökonomische Analyse, Hamburg 1994; *Ballwieser*, W.: Aktuelle Aspekte der Unternehmensbewertung, WPg 1995a, S. 119-129; *Koppensteiner*, H.-G.: Kommentierung zu Art. 7 Nr. 15 EVHGB, in: Straube (Hrsg): Kommentar zum Handelsgesetzbuch, Bd. 1, 2. Aufl, Wien 1995; *Moxter*, A.: Unternehmens- und Praxisübertragungen, BB 1995, S. 1518-1520; *Bachl*, R.: Abfindungsberechtigte Minderheitsgesellschafter und steuerliche Verlustvorträge, ecolex 1996, S. 917-920, *Schwetzler*, B.: Zinsänderungen und Unternehmensbewertung: Zum Problem der angemessenen Barabfindung nach § 305 AktG, DB 1996b, S. 1961-1966.

I. Konzeption und Bedeutung

Im Rahmen der Schiedswertermittlung liegt die Aufgabe der Wertermittlung darin, einen Interessenausgleich zwischen divergierenden Parteien herbeizuführen oder zu erleichtern. Gesucht ist der *faire und angemessene Einigungspreis* zwischen den betroffenen Parteien. Er wird als „Schiedswert" oder „Arbitriumwert" bezeichnet. Im Gegensatz zum Entscheidungswert, der jene Extremposition einer Partei kennzeichnet, die im äußersten Fall bei einer Einigung noch akzeptiert werden könnte, ist der Schiedswert auf einen Kompromiß ausgerichtet. Er wird daher auch als „Kompromißwert" bezeichnet.

Schiedswerte werden in der Regel durch (unparteiische) Gutachter ermittelt. Dem Gutachter kommt dabei grundsätzlich die Aufgabe zu, das potentielle Verhandlungsergebnis der Parteien zu simulieren. Nur durch eine solche Vorgangsweise ist die angemessene Berücksichtigung der Interessen beider (aller) betroffenen Parteien gewährleistet und das Postulat des angemessenen und fairen Interessenausgleichs erfüllbar. Da ein „fairer" Schiedswert ermittelt werden soll, ist eine „freundschaftliche", „faire" Verhandlung zu simulieren. Der Schiedswert soll daher nicht das Ergebnis eines simulierten Kampfes zwischen den auf maximale Interessenwahrung bedachten Parteien repräsentieren, sondern ein Verhandlungsergebnis, das von rationalen Überlegungen beider Parteien getragen wird.

Was „fair" und „angemessen" ist, bestimmt sich nach Gerechtigkeitserwägungen und kann nicht generell, sondern nur einzelfallbezogen konkretisiert werden. Aus theoretischer Sicht muß sich die Schiedswertermittlung an den jeweiligen (subjektiven) Entscheidungswerten der betroffenen Parteien orientieren. Ein für alle beteiligten Parteien akzeptabler Schiedswert setzt strenggenommen die Kenntnis der individuellen Wertvorstellungen voraus. Der ermittelte Schiedswert besitzt daher immer nur Gültigkeit in Bezug auf bestimmte Parteien.

Zwischen rational handelnden Parteien wird ein Kaufvertrag über ein Unternehmen nur dann zustande kommen, wenn ein *Einigungsbereich* existiert, d.h. wenn der Entscheidungswert des Käufers über dem Entscheidungswert des Verkäufers liegt. Im Rahmen der Schiedswertermittlung erhebt sich in diesem Fall die Frage, in welcher Form der „gemeinsame Vorteil" auf die Parteien aufzuteilen ist. Existiert demgegenüber kein Einigungsbereich, weil der Entscheidungswert des (potentiellen) Käufers unter dem Entscheidungswert des (potentiellen) Verkäufers liegt, kommt es zwischen gleichberechtigten Partnern in Situationen der Entscheidungsfreiheit zu keinem Vertragsabschluß. Bei bestimmten Bewertungsanlässen kann es aber erforderlich sein, selbst bei fehlendem Einigungsbereich einen Schiedswert festzulegen, z.B. im Rahmen der Bestimmung des Abfindungsanspruchs eines ausgeschiedenen Gesellschafters. In diesem Fall steht der Schiedsgutachter vor der schwierige Aufgabe, einen „gemeinsamen Verlust" auf die betroffenen Parteien aufzuteilen.

In der Bewertungspraxis kommt der Schiedswertermittlung vor allem in Zusammenhang mit Konfliktlösungen vor Gerichten besondere Bedeutung zu. Die Schiedswertermittlung kann hier nicht allein auf betriebswirtschaftlichem Gedankengut aufsetzen, sondern hat auch rechtliche Vorgaben zu berücksichtigen, die aus den für den konkreten Bewertungsanlaß maßgeblichen Normen abzuleiten sind. Die hohe Verantwortung der in diesem Bereich tätigen Gutachter wird in der Praxis häufig durch den Umstand unterstrichen, daß den juristisch gebildeten Richtern die komplexen Zusammenhänge und Argumente im Rahmen von Unternehmensbewertungen nur schwer zugänglich sind.

II. Anlässe der Schiedswertermittlung

A. Systematik

Nach der Kölner Funktionenlehre sind Schiedswertermittlungen stets mit einem transaktionsbezogenen Bewertungsanlaß verbunden. Wie bereits unter 1.Kap.III.A. dargelegt, können die transaktionsbezogenen Bewertungsanlässe danach unterschieden werden, ob ihnen eine dominierte (beherrschte) oder eine nicht dominierte (nicht beherrschte) Konfliktsituation zugrunde liegt.

Schiedswertermittlung

für dominierte Konfliktsituationen | für nicht dominierte Konfliktsituationen

Eine nicht dominierte Konfliktsituation liegt vor, wenn keine der Parteien eine Veränderung der Eigentumsverhältnisse am zu bewertenden Unternehmens allein und auch gegen den Willen der anderen Partei herbeiführen kann. Da beide Parteien insoweit gleichberechtigt sind, wird eine Veränderung der Eigentumsverhältnisse nur bei einem für beide Parteien zufriedenstellenden Einigungsvorschlag seitens des beigezogenen Gutachters zustandekommen. Es steht jeder Verhandlungspartei frei, die Änderung der Eigentumsverhältnisse auf Grundlage des festgelegten Schiedswertes abzulehnen bzw. zu verhindern. Ein derartiger Bewertungsanlaß liegt etwa vor, wenn in einer Kauf-/Verkauf-Situation ein unparteiischer Gutachter zur Erarbeitung eines Einigungsvorschlages beigezogen wird.

Eine dominierte Konfliktsituation liegt demgegenüber vor, wenn die Veränderung der Eigentumsverhältnisse am Unternehmen(santeil) durch eine Partei auch gegen den Willen der anderen Parteien erzwungen werden kann. Die dominierte Partei kann dann die Änderung der Eigentumsverhältnisse nicht verhindern. Die einseitig erzwingbare Änderung der Eigentumsverhältnisse bedarf stets einer gesetzlichen oder vertraglichen Legitimation. Sie findet sich z.B. im Kündigungsrecht des Gesellschafters einer OHG nach § 132 HGB, das mit dem Recht auf angemessene Abfindung für den ausscheidenden Gesellschafter verbunden ist, wenn die übrigen Gesellschafter die Fortsetzung der Gesellschaft beschließen, oder in der Möglichkeit des zwangsweisen Ausschlusses von Minderheitsgesellschaftern bei Umwandlungen nach dem UmwG 1996, das ebenfalls mit dem Recht auf angemessene Abfindung verbunden ist.

Die Ausgangslage für den mit der Schiedswertermittlung beauftragten Gutachter ist in dominierten Konfliktsituationen ungleich schwieriger. Er ist zum einen mit bereits vollzogenen oder einseitig vollziehbaren Transaktionen konfrontiert und muß zum anderen auch dann einen Schiedswert festlegen, wenn unter gleichberechtigten Partnern keine Einigung zustande gekommen wäre. Es fehlt daher am Korrektiv der Entscheidungsfreiheit gleichberechtigter Partner.

Neben der Unterscheidung nach der zugrunde liegenden Konfliktsituation ist für die praktische Bestimmung von Schiedswerten von zentraler Bedeutung, inwieweit rechtliche Erwägungen bei der Wertermittlung zu berücksichtigen sind. Geht der Anlaß für die Schiedswertermittlung nicht auf eine gesetzliche oder vertragliche Regelung zurück, kann die Schiedswertermittlung unabhängig von rechtlichen Vorgaben und damit streng nach betriebswirtschaftlichen Grundsätzen erfolgen. Sie vollzieht sich insoweit in einem „rechtsfreien" Raum, wenngleich die Festlegung des angemessenen Einigungspreises stets auf Gerechtigkeitsvorstellungen basieren wird. Geht demgegenüber der Bewertungsanlaß für die Schiedswertermittlung auf eine gesetzliche oder vertragliche Regelung zurück, resultieren daraus i.a. Vorgaben für die Wertermittlung („rechtsgeprägte" Schiedswertermittlung). Liegt dem Bewertungsanlaß eine dominierte Konfliktsituation zugrunde, handelt es sich stets um eine rechtsgeprägte Schiedswertermittlung. Sie hat sich am Zweck der für den konkreten Bewertungsanlaß maßgeblichen Normen zu orientieren.

B. Gesetzliche Bewertungsanlässe

Der Bewertungsanlaß für eine Unternehmensbewertung kann auf eine gesetzliche oder vertragliche Bestimmung zurückgehen. Gesetzliche Bestimmungen, die unmittelbar oder mittelbar eine Bewertung von Unternehmen oder Unternehmensanteilen bedingen (können), sind überaus zahlreich und vielfältig. *Piltz* (1994, 66 ff) gibt hiezu einen Überblick für die deutsche Rechtslage und führt eine Reihe unterschiedlichster Normen u.a. aus dem Gesellschaftsrecht, Familienrecht, Erbrecht, Schuldrecht, Enteignungsrecht, Arbeitsrecht und Steuerrecht an, die direkt oder indirekt zum Erfordernis einer Unternehmensbewertung führen können. Schon allein die unterschiedliche Zwecksetzung der einzelnen Rechtsmaterien bedingt aber, daß keineswegs alle gesetzlichen Bewertungsanlässe eine Schiedswertermittlung erfordern. Gesetzliche Anlässe für eine Schiedswertermittlung liegen vor, wenn die betreffenden Normen transaktionsbezogen sind, d.h. in Zusammenhang mit einer Änderung der Eigentumsverhältnisse an einem Unternehmen(santeil) stehen, und darüber hinaus auf einen Interessenausgleich zwischen den Konfliktparteien gerichtet sind. Derartige Bewertungsanlässe ergeben sich vor allem aus gesellschaftsrechtlichen und erbrechtlichen Normen.

Im Bereich des *Gesellschaftsrechts* wird das Abfindungsrecht nach herrschender Auffassung als Interessenausgleich interpretiert (vgl. z.B. *Wiedemann*, 1978, 477 ff). Die gesellschaftsrechtlichen Abfindungsanlässe basieren auf einseitig ausübbaren Rechten und sind daher stets durch dominierte Konfliktsituationen gekennzeichnet. Da diese Rechte vielfach auch gesetzliche Auflösungsgründe für die betreffende Gesellschaft darstellen, liegt ein Bewertungsanlaß nur dann vor, wenn die Gesellschaft unter den verbleibenden Gesellschaftern fortgesetzt wird und so eine Verpflichtung zur Leistung einer Abfindung besteht.

Im Bereich des Personengesellschaftsrechts können hier das unabdingbare Kündigungsrecht des Gesellschafters nach § 132 HGB, das Kündigungsrecht des Privatgläubigers eines Gesellschafters nach § 135 HGB oder das Kündigungsrecht des Erben eines Gesellschafters einer OHG nach § 139 HGB genannt werden. Ein Anlaß für eine Schiedswertermittlung kann sich weiters ergeben, wenn ein Gesellschafter nach § 140 oder § 141 HGB auf Antrag der übrigen Gesellschafter aus der Gesellschaft ausgeschlossen wird. Der Abfindungsanspruch des ausscheidenden Gesellschafters richtet sich bei fehlender Regelung im Gesellschaftsvertrag jeweils nach Art. 7 Nr. 15 Abs 3 EVHGB. Nach dieser Bestimmung hat der ausscheidende Gesellschafter als Barabfindung das zu erhalten, was er bei der Auseinandersetzung erhalten würde, falls die Gesellschaft zur Zeit seines Ausscheidens aufgelöst worden wäre. Obwohl nach dem strengen Wortlaut dieser Bestimmung die Ermittlung der Barabfindung auf Basis von Liquidationswerten geboten scheint, bemißt sich die Abfindung nach einheitlicher Auffassung in Judikatur und Literatur nach dem „vollen Wert“ bzw. „wahren Wert“ des Geschäftsanteils. Nach diesem *„Gebot des vollen Wertausgleichs“* bestimmt sich der Abfindungsbetrag grundsätzlich nicht durch den Ansatz von Liquidationswerten, sondern nach dem Wert der „als werbend fortgesetzten“ Gesellschaft, sohin unter der Annahme der Unternehmensfortführung (vgl. z.B. *Hackmann*, 1987, 23 ff; *Großfeld*, 1994, 2; *Koppensteiner*, 1995, 534).

Im Gegensatz zu den Personenhandelsgesellschaften steht den Gesellschaftern einer GmbH ein ordentliches Kündigungsrecht kraft Gesetzes nicht zu, wenngleich die Vereinbarung eines gesellschaftsrechtlichen Kündigungsrechtes zulässig ist. Auch das AktG sieht kein Kündigungsrecht der Aktionäre vor.

Dem österreichischen Kapitalgesellschaftsrecht bislang fremde Rechte auf Ausscheiden aus der Gesellschaft finden sich im SpaltG 1996. In Zusammenhang mit der nunmehr zulässigen Mehrheitsspaltung wird widersprechenden Gesellschaftern bei einer nicht verhältniswahrenden Spaltung nach § 9 Abs 1 SpaltG ein Recht auf Ausscheiden aus der Gesellschaft gegen angemessene Barabfindung eingeräumt. Nach § 9 Abs 2 SpaltG kann eine Überprüfung der angebotenen Barabfindung bei Gericht beantragt werden. Nach § 11 SpaltG steht den widersprechenden Anteilsinhabern ein analoges Recht auf Ausscheiden gegen angemessene Barabfindung zu, wenn die neue Gesellschaft eine andere Rechtsform als die übertragende Gesellschaft hat. Das SpaltG trifft keine Aussage darüber, wie die „angemessene“ Barabfindung zu ermitteln ist.

Anlässe für Unternehmensbewertungen können sich weiters aus den Bestimmungen des UmwG 1996 ergeben. Nach § 2 Abs 2 Z 3 UmwG hat der Hauptgesellschafter bei der verschmelzenden Umwandlung den ausscheidenden Minderheitsgesellschaftern eine angemessene Barabfindung zu gewähren. Die Bestimmung ist analog auf den Fall der errichtenden Umwandlung nach § 5 UmwG anzuwenden. Das UmwG trifft wiederum keine Aussage darüber, wie die „angemessene“ Abfindung zu ermitteln ist. Nach *Reich-Rohrwig* (1983, 768) bestimmt sich der Abfindungsbetrag nach dem „vollen Unternehmenswert“, wobei Abschläge wegen der Minderheitsbeteiligung nicht zu berücksichtigen sind. Diese Auffassung findet Deckung in der Rechtsprechung des deutschen Bundesverfassungsgerichts, wonach das Recht einer Mehrheit, die Minderheit gegen ihren Willen auszuschließen, keinen geringeren Preis als den einer vollen Abfindung kostet (BVerfG 7.8.1962, 1 BvL 16/60, „Feldmühle-Urteil“). Diese Grundkonzeption der „vollen Abfindung“ wurde in der Folge vom BGH übernommen und auf das Personengesellschaftsrecht ausgedehnt. Die hiefür maßgebliche Bestimmung des § 738 Abs 1 Satz 2 BGB entspricht Art. 7 Nr. 15 Abs 3 EVHGB.

Das Gesellschaftsrecht enthält daneben Schutzbestimmungen, die auch unabhängig von Kündigungs- und Ausschlußrechten zu einer Unternehmensbewertung führen können. Zu verweisen ist hier insbesondere auf die nach § 220 b AktG erforderliche Überprüfung der Angemessenheit des Umtauschverhältnisses bei Verschmelzungen.

Das deutsche Kapitalgesellschaftsrecht räumt den Gesellschaftern verschiedene, den österreichischen Regelungen zum Teil fremde Rechte auf Ausscheiden aus der Gesellschaft ein und verknüpft sie mit einem Abfindungsanspruch. So haben beispielsweise Minderheitskapitalgesellschafter bei Abschluß eines Beherrschungs- oder Gewinnabführungsvertrages nach § 305 Abs 1 dAktG das Recht auf Gewährung einer Abfindung. Daneben sieht das deutsche Umwandlungsgesetz Rechte auf Ausscheiden aus dem betroffenen Rechtsträger in Zusammenhang mit den dort normierten Vorgängen der Verschmelzung, Spaltung, Vermögensübertragung und formwechselnden Umwandlung vor.

Im Bereich des *Erbrechts* kann es zu dominierten Bewertungsanlässen für eine Schiedswertermittlung vor allem in Zusammenhang mit der Bemessung von Pflichtteilsansprüchen kommen, wenn zum Nachlaß ein Unternehmen(santeil) gehört. Der Grundgedanke des Pflichteilrechts liegt nach *Gehringer* (1989, 52) in der Herbeiführung eines angemessenen Ausgleichs zwischen den gewillkürten Erben einerseits und den durch Verfügung von Todes wegen von der gesetzlichen Erbfolge ausgeschlossenen nächsten Angehörigen andererseits und deckt sich insoweit mit der Zielsetzung der Schiedswertermittlung. Zur Bewertung der Pflichtteilsansprüche ist der Nachlaß mit allen Aktiven und Passiven gemäß den §§ 784, 786 ABGB zu schätzen, wobei als Bewertungsmaßstab der gemeine Wert gemäß § 305 ABGB heranzuziehen ist.

Aus den Bestimmungen des österreichischen *Familienrechts* ergeben sich demgegenüber keine vergleichbaren Anlässe für eine Schiedswertermittlung. Zur Ehescheidung und der damit verbundenen Vermögensaufteilung bestimmen § 82 Abs 1 Z 3 und 4 EheG, daß Sachen, die „zu einem Unternehmen gehören“ oder „Anteile an einem Unternehmen sind, außer es handelt sich um bloße Wertanlagen“, nicht der Aufteilung unterliegen. Die in der BRD geltenden Vorschriften über den Zugewinnausgleich, die häufig Anlaß für eine Unternehmensbewertung geben, sind dem österreichischen Recht fremd.

III. Grundsätze der Schiedswertermittlung

Im folgenden werden tragende Grundsätze der Schiedswertermittlung beschrieben. Unter Bezugnahme auf den Fall der rechtsgeprägten Schiedswertermittlung wird dabei auf wesentliche Aussagen der Rechtsprechung zur Unternehmensbewertung im deutschen Sprachraum eingegangen. Die rechtlichen Erwägungen beziehen sich primär auf den für die Praxis bedeutsamsten Fall der gesellschaftsrechtlichen Abfindungen.

A. Unparteilichkeit des Gutachters

Soll der im Rahmen der Schiedswertermittlung angestrebte Interessenausgleich fair und angemessen sein, dürfen die betroffenen Parteien nicht einseitig bevorzugt oder benachteiligt werden. Voraussetzung dafür ist die Unparteilichkeit des Gutachters. Unparteilichkeit bedeutet, daß der Gutachter alle für die Beurteilung wesentlichen Tatbestände zu erfassen und allein nach sachlichen Gesichtspunkten auszuwerten hat. Er hat daher u.a. wesentliche Tatbestände nicht zu verschweigen, keine einseitigen Feststellungen zu treffen und gegensätzliche Auffassungen darzustellen und gegeneinander abzuwägen (vgl. *Mandl/Kleiner*, 1989, 41; Richtlinien für die Berufsausübung der Wirtschaftsprüfer und vereidigter Buchprüfer in der BRD, StB-Handbuch 1986). Nach österreichischer Rechtslage ist der Wirtschaftstreuhänder zu Unparteilichkeit im Rahmen der Erstattung von Privatgutachten durch § 21 Abs 1 WTBO verpflichtet.

Der Gutachter hat im Rahmen der Schiedswertermittlung nicht in dem Sinne „unparteiisch" vorzugehen, daß er einen Wert für „jedermann" bestimmt. Der Grundsatz der Unparteilichkeit darf nicht zur Aufgabe der Parteienbezogenheit der Bewertung (s. dazu unter D.) führen. Eine Nichtberücksichtigung bewertungsrelevanter Verhältnisse der Parteien würde im Widerspruch zur Forderung nach Erfassung aller wesentlichen Tatbestände stehen. Die vom Gutachter verlangte Unparteilichkeit wird häufig auch als „Neutralität" oder „Objektivität" des Bewerters bezeichnet. Ein generelles Verbot der Berücksichtigung parteispezifischer Verhältnisse ist daraus allerdings nicht ableitbar. Gerade zur Wahrung der Objektivität im Sinne der Unparteilichkeit des Gutachters erscheint es vielmehr geboten, parteispezifische Verhältnisse angemessen zu berücksichtigen. In sich widersprüchlich ist es daher, wenn in Stellungnahmen der Bewertungspraxis die Funktion des Bewerters als „neutraler Gutachter" mit der Ermittlung eines „objektivierten" Unternehmenswerts verknüpft wird. Die Neutralität des Gutachters ist mit der dort geforderten „Objektivierung" im Sinne einer Abstraktion von parteispezifischen Gegebenheiten nicht vereinbar (zur Kritik s. bereits oben

1.Kap.III.D.2.). Denn würde der Gutachter von den spezifischen Verhältnissen des konkreten Bewertungsanlasses abstrahieren, wäre ein fairer und angemessener Interessenausgleich nicht mehr gewährleistet. Der Gutachter hat sich deshalb immer bewußt zu sein, daß eine „Objektivierung" stets auf Kosten der Objektivität (im Sinne der Unparteilichkeit) erfolgt (vgl. *Moxter*, 1995, 1519).

B. Nachprüfbarkeit

Schon aus Gerechtigkeitserwägungen sind an die Überprüfbarkeit der Bewertung im Rahmen der Schiedswertermittlung erhöhte Anforderungen zu stellen. Nachprüfbarkeit der Bewertung bedeutet Nachprüfbarkeit der einer Bewertung zugrunde gelegten Informationen und der aus diesen Informationen gezogenen Schlüsse. Ziel des Nachprüfbarkeitsgrundsatzes ist es, etwaigen Manipulationsmöglichkeiten aus der Informationspolitik der Parteien und aus einer parteilichen Ausnutzung des Bewerterermessens vorzubeugen (*Schildbach*, 1981, 197; *Hackmann*, 1987, 35). Das Nachprüfbarkeitspostulat verbietet daher die Einbeziehung solcher seitens der betroffenen Parteien erteilten Informationen, die intersubjektiv nicht bzw. nicht ausreichend nachprüfbar sind. Weiters ist im Sinne der Nachprüfbarkeit der Bewertung zu untersuchen, welche Einflußmöglichkeiten den Parteien auf die einzelnen Bewertungsfaktoren zustehen.

Die Forderung nach Überprüfbarkeit der Bewertung darf nicht als generelle Forderung nach einer Objektivierung der Bewertung bzw. nicht als Zwang zur uneingeschränkten Verwendung von Bewertungskonventionen mißverstanden werden. *Hackmann* (1987, 35) ist zu folgen, wenn sie feststellt, daß Konventionen nur dann erforderlich werden, wenn unlösbare Fragen auftreten. Konventionen sind ferner nur dann geeignet, Willkür zu begrenzen, wenn sie begründet werden.

C. Maßgeblichkeit der rechtlichen Vorgaben

Eine rechtlich vorgeschriebene Methode der Bewertung von Unternehmen(santeilen), von der im Rahmen der Schiedswertermittlung ausgegangen werden muß, existiert nicht. Wegen der völlig andersartigen Zielsetzung kann aus den Vorschriften des Bewertungsgesetzes nichts gewonnen werden (vgl. OGH 16.12.1980, SZ 53/172, 786). Nach dem Grundsatz der Maßgeblichkeit der rechtlichen Vorgaben hat sich die Bewertung allerdings an der *Zwecksetzung* jener Normen zu orientieren, die für den konkreten gesetzlichen oder vertraglichen Bewertungsanlaß relevant sind. Im Rahmen der rechtsgeprägten Schiedswertermittlung sind daher in einem ersten Schritt die aus dem Bewertungsanlaß resultierenden Rechtsfragen in Hinblick auf die Zielsetzung und Ausgestaltung der Unternehmensbewertung zu klären. Die Klärung der rechtlichen Vorfragen ist grundsätzlich der juristischen Disziplin zuzuweisen (vgl. *Moxter*, 1983, 21). Soweit diese Analyse konkrete Bewertungsvorgaben liefert, hat sie direkte Folgen für die im Rahmen der Schiedswertermittlung maßgeblichen Grundsätze und anzuwendenden Methoden. Soweit jedoch aus dem rechtlichen Umfeld zum Bewertungsanlaß keine konkreten Vorgaben für die Unternehmensbewertung gewonnen werden können, hat sich die Bewertung an betriebswirtschaftlichen Grundsätzen zu orientieren. Dieser Einschätzung folgend hat auch der OGH unter Verweis auf *Moxter* (1980, 456) festgestellt: „Die richtige Methode zu ermitteln, ist ein Problem der Betriebswirtschaftslehre ..., doch muß das von ihr gewählte System der vom Gericht gestellten Aufgabe adäquat sein" (OGH 16.12.1980, SZ 53/172, 786).

Der Grundsatz der Maßgeblichkeit der rechtlichen Vorgaben kann bedingen, daß für unterschiedliche Bewertungsanlässe verschiedene Bewertungsvorgaben aus rechtlicher Sicht gelten. Die Konkretisierung der in der Folge behandelten Grundsätze der rechtsgeprägten Schiedswertermittlung bleibt daher den für den spezifischen Bewertungsanlaß geltenden Rechtsvorschriften vorbehalten.

D. Parteienbezogenheit

1. Maßgeblichkeit der individuellen Entscheidungswerte

Aus der in der Herbeiführung eines fairen und angemessenen Interessenausgleichs liegenden Zwecksetzung der Schiedswertermittlung folgt das Erfordernis der Berücksichtigung der parteienspezifischen Gegebenheiten (Grundsatz der Parteienbezogenheit). Ein *Interessenausgleich* ist eben nur dann denkbar, wenn die parteienspezifischen Interessen überhaupt bekannt sind. Das „Interesse" einer Partei umfaßt dabei jegliche relevanten Bewertungsfaktoren und findet seinen Niederschlag im individuellen Entscheidungswert der betreffenden Partei. Aus der Sicht der betriebswirtschaftlichen Theorie müssen daher die individuellen Entscheidungswerte der Parteien den Ausgangspunkt für die Ermittlung des Schiedswertes bilden (*Moxter*, 1983, 17; *Ballwieser/Leuthier*, 1986, 547, 549). Der Schiedswert ist dann eine Funktion der individuellen Entscheidungswerte.

Für die Ermittlung der individuellen Entscheidungswerte der Parteien gelten die im 2. Kapitel dargestellten Grundsätze, insbesondere auch das Individualitätsprinzip, das eine umfassende Einbeziehung der individuellen Bewertungsfaktoren der Parteien verlangt. Zu berücksichtigen sind demnach z.B. individuelle Fortführungskonzeptionen, individuelle Ertragserwartungen, spezifische Möglichkeiten der Realisierung von Synergieeffekten, individuelle Risikoeinschätzungen u.a.m. Beschränkungen des individuellen Ansatzes können sich jedoch aus maßgeblichen rechtlichen Vorgaben und aus dem Nachprüfbarkeitsgrundsatz ergeben. Anders als bei der Ermittlung interner Entscheidungsgrundlagen haben die Parteien hier ein vitales Interesse, den Gutachter über ihre eigenen Entscheidungswerte zu täuschen und die Schiedswertermittlung in eine für sie vorteilhafte Richtung zu lenken (vgl. *Schildbach*, 1993b, 36). Die Schiedswertermittlung ist daher in der Regel mit großen Informations- und Prognoseproblemen konfrontiert. Es erscheint aber verfehlt, in Anbetracht dieser Probleme die zentrale Zielsetzung des fairen und angemessenen Interessenausgleichs überhaupt aufzugeben. Denn ein fairer Interessenausgleich kann nicht dadurch herbeigeführt werden, daß von vornherein auf die Ermittlung der subjektiven Entscheidungswerte verzichtet wird und stattdessen ein „objektiver“ oder „objektivierter“ Wert als Schiedswert vorgeschlagen wird, der losgelöst vom Parteienbezug ermittelt wurde. *Moxter* (1983, 19) beschreibt die Problematik treffend: „So sehr sich vereinfachte bzw. objektivierte Schiedswertermittlungen aufdrängen, so sehr müssen Bewerter und Richter bei der Methodenwahl auf einen fairen Interessenausgleich bedacht sein. Jedenfalls in dieser Klarstellung der Interessengegensätze liegt die Bedeutung der Schiedswertkonzeption: Der vereinfacht bzw. objektiviert ermittelte Schiedswert darf nicht die Karikatur des fairen Einigungspreises sein. Das wird, bei gutem Willen, vermieden, wenn man sich des ökonomischen Hintergrundes bewußt ist: Es ist ein zwischen Verkäufergrenzpreis und (höherem) Käufergrenzpreis liegender Preis gesucht, der sich als Ergebnis einer fairen Verhandlung vorstellen läßt.“

Ist eine Nachprüfbarkeit von individuellen Bewertungsfaktoren nicht oder nicht in ausreichendem Ausmaß gegeben, ist zur Wahrung der Parteienbezogenheit Typisierung erforderlich.

2. Typisierungsgrundsatz

In der Praxis scheitert eine streng an den individuellen Verhältnissen der Parteien orientierte Schiedswertermittlung schon oft daran, daß sich die Informationen, die für eine Ermittlung der subjektiven Entscheidungswerte notwendig wären, nicht oder nicht mit vertretbarem Aufwand beschaffen lassen. In einem solchen Fall hat sich der Bewerter nach dem Typisierungsprinzip an Verhältnissen zu orientieren, die für Verhandlungsparteien in vergleichbarer Situation als *üblich* bzw. als *typisch* gelten können (*Moxter*, 1983, 25). Typisierung bedeutet daher allgemein, fehlende bzw. nicht mit vertretbarem Aufwand beschaffbare Informationen durch das Abstellen auf typische Verhältnisse zu ersetzen.

Typisieren muß der Gutachter vor allem aber auch dann, wenn er nicht damit rechnen darf, von den betroffenen Parteien wahrheitsgemäße Angaben zu erhalten. Die Typisierung führt so zu einer (unvermeidbaren) Vereinfachung der Bewertung. Daneben können aber auch Vereinfachungserfordernisse selbst für eine Typisierung sprechen. Für eine Typisierung besteht in der Regel keine eindeutige Lösung. Dem Bewerter eröffnet sie daher einen gewissen Ermessensspielraum. Das, was in einer bestimmten Situation als typisch bzw. üblich gelten darf, läßt sich oft nicht präzise bestimmen (*Moxter*, 1983, 25).

Nach *Moxter* (1983, 25) hat sich der Bewerter vor „Übertypisierungen" zu hüten und darf den Typus nicht von vornherein zu weit interpretieren. So ist es nur selten sinnvoll, sich anstelle der betroffenen Partei einen beliebigen Dritten vorzustellen und damit auf für jedermann gültige Verhältnisse abzustellen. Vielmehr muß versucht werden, die typischen Verhältnisse vergleichbarer Bewertungssubjekte in vergleichbaren Bewertungssituationen zu finden. Geht es etwa um die Ermittlung des Abschichtungsguthabens eines Autohändlers, kann im Rahmen der Typisierung nicht ohne weiteres darauf abgestellt werden, was ein beliebiger Kapitalanleger für den betreffenden Unternehmensanteil bezahlen würde.

Der Zweck von Typisierungen wird weiters dann verfehlt, wenn trotz vorliegender oder mit vertretbarem Aufwand beschaffbarer Informationen und gegebener Nachprüfbarkeit von typisierenden Annahmen ausgegangen wird (*Ballwieser/Leuthier*, 1986, 550). Eine solche Vorgangsweise ist als Objektivierung zu bezeichnen. Korrekt eingesetzte Objektivierung dient der Ausschaltung bzw. Beschränkung des Bewerterermessens, indem in das Bewertungsverfahren nur Größen Eingang finden, die dem Bewerter allenfalls einen geringen Beurteilungsspielraum bieten. Ursachen und Zielrichtungen von Typisierung und Objektivierung sind daher (zumindest teilweise) verschieden.

3. Unmaßgeblichkeit „objektiver" Wertvorstellungen

Durch die unumgängliche Parteienbezogenheit hat der ermittelte Schiedswert jeweils nur Gültigkeit in Bezug auf die betroffenen Parteien. Er ist daher dem Wesen nach kein „objektiver" Unternehmenswert, der auf andere Verhandlungssituationen oder andere Verhandlungsparteien übertragbar wäre. Umgekehrt können als Schiedswerte auch nicht Werte herangezogen werden, die für irgendwelche anderen Personen als die betroffenen Parteien ermittelt wurden. Dies gilt auch für „objektive" oder „objektivierte" Werte und auch dann, wenn behauptet wird, diese Werte seien für „jedermann" oder einen „beliebigen" Dritten gültig.

Die Ermittlung eines „objektiven" Unternehmenswertes wurde in der früheren betriebswirtschaftlichen Literatur angestrebt. Den Ausgangspunkt der Überlegungen bildete die Bewertung eines Unternehmens „wie es steht und liegt" unter völliger Abstraktion von besonderen Gegebenheiten der betroffenen Parteien und unter Zugrundelegung „normaler" Verhältnisse (s. dazu 1.Kap.II.B.). In der betriebswirtschaftlichen Theorie können derartige Vorstellungen als längst überwunden gelten. Die Bewertungspraxis scheint demgegenüber zum Teil noch tief in objektiven Wertvorstellungen verhaftet. Dies äußert sich z.B. in der im WP-Handbuch (1992, 6) vertretenen Definition des „objektivierten" Unternehmenswerts. Darunter soll jener Wert verstanden werden, „der sich bei Fortführung des Unternehmens in seinem Konzept und seinen Vorhaben unter Leitung des vorhandenen Managements mit allen realistischen Planungserwartungen im Rahmen seiner Marktchancen, finanziellen Möglichkeiten und sonstigen Einflußfaktoren ohne Wertvorstellungen eines potentiellen Käufers und ohne wertverändernde Argumentationen des Verkäufers nach den Grundsätzen betriebswirtschaftlicher Unternehmensbewertung bestimmen läßt ..... Soweit dabei erhebliche personenbezogene Werteinflüsse auf die vorhandene Ertragskraft erkennbar werden, sind diese zu eliminieren (subjektunabhängiger Entnahmewert)." Dieser objektivierte Unternehmenswert sei weiters „die absolute Wertuntergrenze für das Unternehmen ..., die jedoch nicht als Entscheidungswert einen Kaufpreisvorschlag darstellt."

Das Konzept des objektivierten Unternehmenswerts ist in der Literatur heftiger Kritik ausgesetzt (vgl. z.B. *Moxter*, 1983, 20 f; *Schildbach*, 1993b, 25 ff; *ders.*, 1995, 623 ff; *Ballwieser*, 1995a, 126 ff). Kritisiert wird zunächst die Unbestimmtheit des Konzepts, etwa in Hinblick auf die zu unterstellende Qualität des Managements oder die für die Bewertung relevante Beteiligungsquote (vgl. *Schildbach*, 1993b, 30 f). Schwer wiegt auch der Vorwurf der fehlenden Unparteilichkeit und Neutralität, den *Schildbach* (1993b, 32) aus dem Umstand ableitet, daß der objektivierte Wert als Preisuntergrenze des Verkäufers verstanden wird (vgl. WP-Handbuch 1992, 7) und daher den (potentiellen) Käufer begünstige. Die Abstraktion von personenbezogenen Werteinflüssen erlaubt darüber hinaus einen breiten Ermessensspielraum für den Bewerter, sodaß auch das Argument einer besseren Überprüfbarkeit des Wertansatzes nicht zu überzeugen vermag (vgl. *Hackmann*, 1987, 69). Dem objektivierten Unternehmenswert ist weiters eine statische Betrachtungsweise immanent (vgl. *Bretzke*, 1993, 39 f). Unabhängig von den konkreten parteibezogenen Möglichkeiten wird das Unternehmen, wie es „steht und liegt", unter der Annahme der Fortführung im Rahmen des vorhandenen Unternehmenskonzepts bewertet. Da auf spezifische Möglichkeiten des Käufers oder Verkäufers nicht Bezug zu nehmen ist, muß auch völlig unklar bleiben, auf welcher Grundlage die im WP-Handbuch erwähnten „realistischen Planungserwartungen" festzulegen sind. Entscheidend hiefür dürften letztlich die Vorstellungen des Gutachters sein, sodaß anstelle eines parteienbezogenen Werts häufig wohl ein „gutachterbezogener" Wert ermittelt wird.

Aus der fehlenden Parteienbezogenheit des objektivierten Werts folgt „bei den Vertretern der Betriebswirtschaftslehre die Ratlosigkeit darüber, für wen der objektivierte Wert interessant sein soll" (*Ballwieser*, 1995a, 127).

4. Beschränkungen des individuellen Ansatzes

Bereits oben wurde darauf hingewiesen, daß sich Beschränkungen des individuellen Ansatzes aus dem Nachprüfbarkeitsprinzip und der Maßgeblichkeit rechtlicher Vorgaben ergeben können. Im folgenden soll das Verhältnis zwischen Parteienbezogenheit und rechtlichen Vorgaben vor dem Hintergrund des juristischen Schrifttums zur Schiedswertermittlung, das sich überwiegend mit gesellschaftsrechtlichen Bewertungsanlässen auseinandersetzt, beleuchtet werden. Vorweggenommen werden kann, daß das juristische Schrifttum einhellig Objektivierungserfordernisse für individuelle Bewertungsfaktoren vertritt. Der damit verbundene Verstoß gegen die Parteienbezogenheit der Bewertung wird jedoch unterschiedlich begründet. Weiters bestehen erhebliche Abstufungen hinsichtlich des geforderten Ausmaßes der Objektivierung.

Ein Teil der Literatur plädiert für einen rein objektiven Bewertungsmaßstab und lehnt eine Berücksichtigung subjektbezogener (individueller) Faktoren grundsätzlich ab. Nach dieser Auffassung ist im Rahmen der rechtsgeprägten Schiedswertermittlung ein objektiver Unternehmenswert zu ermitteln. *Piltz* (1994, 93) versteht darunter jenen Wert, den das Unternehmen für einen gedachten „objektiven normalen Dritten" hat, wenn er das Unternehmen anstelle des Inhabers fortführen würdc. Der objektive Wert des Unternehmens soll damit dem Preis entsprechen, der für das Unternehmen im gewöhnlichen Geschäftsverkehr bezahlt werden würde. Der objektive Wert wird so dem „Verkehrswert" gleichgesetzt, und stellt auf einen „normalen" Käufer ab. Der objektive Wert soll jenen Wert repräsentieren, den das Unternehmen „*für jedermann hat (pretium commune)*" (*Piltz*, 1994, 92 f).

Die beschriebene Auffassung wird vor allem im jüngeren juristischen Schrifttum kritisiert. So stellt etwa *Großfeld* (1994, 10) dazu fest: „Früher ging man von einem objektiven Unternehmenswert aus, weil man an einen „normalen", einen „gemeinen", für jedermann maßgeblichen Unternehmenswert glaubte. Dem widersprechen Juristen jedoch sogleich. Sie lernen schon im ersten Semester, daß der „Wert" keine objektive Eigenschaft des Gegenstandes ist; ... In der Wüste kann ein Glas voll Wasser mehr wert sein als ein Glas voll Brillanten! Der Wert des Unternehmens ist – wie jeder Vermögenswert – abhängig von dem Nutzen, den das Unternehmen dem Eigentümer in seiner Lage stiftet; er ist als Nutzwert stets subjektbezogen." Weiters hat *Neuhaus* (1990, 44 ff) für den Fall gesellschaftsrechtlicher Abfindungen im Bereich der Personenhandelsgesellschaften gezeigt, daß hier nach der Intention des Gesetzgebers nicht auf den hypothetischen Verkauf an einen „objektiven, normalen" Dritten abzustellen ist, sondern auf eine fiktive Auseinandersetzung zwischen den konkreten Gesellschaftern.

Nach *Großfeld* (1994, 14) ist der Schiedswert kein objektiver, sondern ein parteienbezogener Wert, der grundsätzlich zwischen den Entscheidungswerten der Parteien liegen muß, um für sie angemessen zu sein. Beschränkungen des individuellen Ansatzes sind nach *Großfeld* aber aus dem Rechtsverhältnis der Gesellschafter zueinander und zur Gesellschaft abgeleitet. Überragende Bedeutung wird dabei dem *gesellschaftsrechtlichen Gleichbehandlungsgrundsatz* eingeräumt (*Großfeld*, 1994, 17). Nach dem seit dem EU-GesRÄG 1996 auch im österreichischen AktG ausdrücklich verankerten Grundsatz sind Aktionäre „unter gleichen Voraussetzungen gleich zu behandeln" (§ 47 a AktG). Der Gleichbehandlungsgrundsatz verbietet nach herrschender Auffassung eine willkürliche, sachlich nicht gerechtfertigte, unterschiedliche Behandlung der Gesellschafter (*Großfeld*, 1994, 17), die sich bei einer redlichen und vernünftigen Beurteilung nicht rechtfertigen ließe (OGH 16.12.1980, SZ 53/172, 783). Aus dem Gleichbehandlungsgrundsatz leitet *Großfeld* ab, daß Anteile mit der gleichen rechtlichen Ausstattung im Verhältnis der Gesellschafter zueinander den gleichen Wert haben, und zwar grundsätzlich unabhängig von der subjektiven Lage der Gesellschafter. Etwas anderes gilt nach *Großfeld* allerdings, „wenn unterschiedliche individuelle Voraussetzungen nach Gesetz („Angemessenheit", „Treu und Glauben"), Vertrag oder Satzung erfaßt werden sollen" (*Großfeld*, 1994, 17 f). Zu beachten seien demnach nur solche individuellen

Wertfaktoren, „die alle Gesellschafter typischerweise gemeinsam haben, die zudem nach außen erkennbar und überprüfbar sind“ (*Großfeld*, 1994, 18).

E. Gesamtbewertung

1. Ertragswertdominanz

In der Betriebswirtschaftslehre herrscht Einigkeit darüber, daß die Ermittlung von Schiedswerten auf Grundlage einer Gesamtbewertung zu erfolgen hat. Gesamtbewertungsverfahren wie z.B. das Ertragswertverfahren betrachten das Unternehmen als Bewertungseinheit und leiten den Unternehmenswert aus dem künftig zu erwartenden Gesamtertrag ab (s. dazu 1.Kap.IV.B.). Das Gesamtbewertungsprinzip folgt für die Schiedswertermittlung strenggenommen bereits aus dem Grundsatz der Parteienbezogenheit und der damit verbundenen Maßgeblichkeit der (nur auf Basis einer Gesamtbewertung bestimmbaren) individuellen Entscheidungswerte. Das Gesamtbewertungsprinzip umfaßt weiters das Zukunftsbezogenheitsprinzip, da nur der in Zukunft aus dem Unternehmen erwartete Ertrag bewertungsrelevant ist.

Das Gesamtbewertungsprinzip wurde von der Rechtsprechung für gesellschaftsrechtliche Abfindungen bestätigt und findet seinen Niederschlag im Postulat des „vollen Wertausgleichs“ (s. dazu bereits unter II.B.). Das Gebot des vollen Wertausgleichs wird von der deutschen Judikatur als Ausfüllung des unbestimmten Rechtsbegriffes der „angemessenen Abfindung“ angesehen (vgl *Hackmann*, 1987, 23). Der OGH hat das Gesamtbewertungsprinzip im Urteil vom 16.12.1980 (SZ 53/172) in Zusammenhang mit der Beurteilung der Angemessenheit des Übernahmspreises für einen Geschäftsanteil bestätigt und festgestellt, daß die allgemeine Grundlage der Unternehmensbewertung der Ertragswert und nicht der Substanzwert ist. Die deutsche Rechtsprechung leitet aus dem Gesamtbewertungsprinzip bzw. dem Postulat des vollen Wertausgleichs die ausschließliche Relevanz des Ertragswertverfahrens für die gesellschaftsrechtliche Abfindungsermittlung ab: Der rechtlich gebotene „volle“ Wertausgleich ist demnach nur bei Heranziehung von Ertragswerten gewährleistet (vgl. z.B. LG Hannover 6.2.1979, AG 1979, 234 f).

Dem Substanzwert kommt sowohl nach der Rechtsprechung als auch nach der Literatur keine wertbestimmende Funktion mehr zu (vgl. z.B. *Großfeld*, 1994, 91 ff). Als untaugliche Ansätze gelten auch der Buchwert, der Einheitswert des Betriebsvermögens und der nach dem (dem Wiener Verfahren vergleichbaren) Stuttgarter Verfahren ermittelte Wert (*Großfeld*, 1994, 31 ff). Nach der Rechtsprechung bildet auch der Börsenkurswert eines Unternehmens keine taugliche Grundlage für die Schiedswertermittlung bei gesellschaftsrechtlichen Abfindungen, da er von verschiedenen Faktoren beeinflußt wird und den Unternehmenswert nicht zuverlässig wiedergibt (vgl. z.B. BayObLG 19.10.1995, BB 1996, 259). Auf die Bedeutung von DCF-Verfahren für die Schiedswertermittlung ist die Judikatur bislang noch nicht eingegangen.

2. Liquidationswert als Wertuntergrenze

Der Liquidationswert als Wertuntergrenze stellt eine konsequente Schlußfolgerung aus dem Gesamtbewertungsprinzip und keinen Widerspruch zu diesem dar. Er ist unter Einbeziehung sämtlicher Werteinbußen und Liquidationskosten zu ermitteln und besitzt vor allem bei der Bewertung ertragsschwacher Unternehmen Bedeutung.

Daß der Liquidationswert auch bei Anwendung des Ertragswertverfahrens als „Mindestwert" des Unternehmens zu betrachten ist, wird im Grundsatz auch von der Rechtsprechung anerkannt (*Großfeld*, 1994, 100; BayObLG 31.5.1995, 3Z BR 67/89, BB 1995, 1759 ff). Der BGH scheint jedoch den Liquidationswert als Wertuntergrenze nicht uneingeschränkt anzuerkennen. Im Urteil vom 17.1.1973 (DB 1973, 563), das zur Frage der Bemessung des Pflichtteilsanspruches gemäß § 2311 BGB ergangen ist, stellt der BGH auch bei ertragsschwachen Unternehmen grundsätzlich auf den Fortführungswert ab. Der Ansatz eines (höheren) Liquidationswerts kommt nach dem BGH nur dann in Frage, wenn der Unternehmer dem Pflichtteilsberechtigten gegenüber zur Liquidation verpflichtet ist, oder wenn es sich um ein „unrentables liquidationsreifes Unternehmen" handelt, das „aus wirtschaftlich nicht vertretbaren Gründen weitergeführt wird". Im Urteil vom 7.5.1986 (FamRZ 1986, 776) zur Bewertung im Rahmen der Auseinandersetzung einer Gütergemeinschaft, hat der BGH den Liquidationswert unter bestimmten Voraussetzungen ebenfalls nicht als Wertuntergrenze anerkannt (vgl *Piltz*, 1994, 171). Fraglich ist allerdings, inwieweit diese Grundsätze auch für gesellschaftsrechliche Abfindungen anzuwenden sind (ablehnend *Großfeld*, 1994, 101; *Neuhaus*, 1990, 92).

3. Zukunftsbezogenheit

Die Zukunftsbezogenheit der Schiedswertermittlung wird auch von der Rechtsprechung anerkannt. Entscheidend für die Ertragswertberechnung ist demnach der Zukunftserfolg, nicht der Vergangenheitserfolg. Es wird eine Abzinsung der zukünftigen Erträge auf den Bewertungsstichtag verlangt (vgl. z.B. OLG Zweibrücken 9.3.1995, DB 1995, 866).

Die Zukunftsbezogenheit der Bewertung steht nicht in Widerspruch zum Nachprüfbarkeitspostulat. Zukunftsbezogene Daten können genauso wie Vergangenheitsdaten einer Prüfung unterzogen werden. Es kommt dabei auf die Prüfung der der Prognose zugrunde gelegten Annahmen sowie der daraus gezogenen Schlußfolgerungen an. Wenngleich hier regelmäßig ein nicht unbedeutender Ermessensspielraum für den Bewerter besteht, ist dem Nachprüfbarkeitspostulat dann genüge getan, wenn die die Prognose bestimmenden Annahmen und Schlußfolgerungen vollständig und für einen Dritten nachvollziehbar offengelegt werden. Die Frage, ob das Bewerterermessen zutreffend ausgeübt wurde oder nicht, ist dem nachgelagert und von den Adressaten des Schiedsgutachtens zu prüfen.

In Anbetracht des Unsicherheitsproblems erscheint es nicht realitätsgerecht, einen einwertigen Zukunftserfolg zu prognostizieren. Der zwangsläufigen Mehrwertigkeit der Ertragserwartungen ist nach herrschender Auffassung durch die Ermittlung einer Bandbreite möglicher Erträge unter Angabe einer Wahrscheinlichkeitsverteilung Rechnung zu tragen (vgl. *Moxter*, 1983, 117; *Großfeld*, 1994, 55 f). Vereinfachungsbedingt werden dabei die Bandbreiten nicht in ihrer vollen Ausdehnung darzustellen sein und die Wahrscheinlichkeitsabstufungen nur global angegeben werden können (*Moxter*, 1983, 118 f).

F. Stichtagsprinzip

Bei Unternehmensbewertungen im Rahmen gerichtlicher Verfahren ist oft auf einen mehrere Jahre vor der Gutachtenserstattung bzw. gerichtlichen Entscheidung liegenden Bewertungsstichtag abzustellen. Der Gutachter hat dann in der Regel auch Einblick in die tatsächliche Entwicklung, die das Unternehmen nach dem Bewertungsstichtag genommen hat. Zur Frage, welcher Informationsstand der Schiedswertermittlung zugrunde zu legen ist, wurde von der Rechtsprechung die *„Wurzeltheorie"* entwickelt (vgl. *Großfeld*, 1994, 28 f). Demnach sind spätere Entwicklungen nur insoweit zu berücksichtigen, als ihre Wurzeln schon in der Zeit vor dem Stichtag liegen. Dabei genügt aber nicht jede Entwicklung, für die rückblickend eine irgendwie geartete Kausalität zu erkennen ist. In Betracht kommen vielmehr nur solche am Bewertungsstichtag schon angelegte Faktoren, die naheliegend und wirtschaftlich faßbar sind (OLG Zweibrücken

9.3.1995, DB 1995, 867). In konsequenter Anwendung der Wurzeltheorie hat beispielsweise das OLG Celle im Beschluß vom 1.7.1980 (AG 1981, 234) verneint, daß die „Ölkrise" des Jahres 1973 Einfluß auf eine zum 15.8.1972 (Bewertungsstichtag) zu erstellende Ertragsprognose habe, da es sich dabei um spätere Entwicklung gehandelt habe, für die zum Bewertungsstichtag noch kein Anhaltspunkt bestanden habe.

Das Abstellen auf „in der Wurzel angelegte" Entwicklungen wird jedoch oft problematisch, weil sich zu einem bestimmten Stichtag in der Regel unterschiedliche und häufig gegenläufige Entwicklungstrends abzeichnen. Die Entscheidungssituation am Bewertungsstichtag ist daher durch die Unsicherheit darüber gekennzeichnet, welche Trenderwartungen für die Zukunft zutreffend sein werden. Im Rahmen einer Ex-post-Betrachtung können demgegenüber sowohl Art als auch Ausmaß der jeweiligen Trends mit Sicherheit bestimmt werden. Soll nun aber eine faire Verhandlung zum Bewertungsstichtag simuliert werden, darf ein Wissen um diese einwertigen, tatsächlich realisierten Ergebnisse nicht unterstellt werden. Die Schiedswertermittlung basiert somit nur dann auf einer fairen Verhandlungssimulation, wenn für beide Parteien die Unsicherheit der Ertragsprognosen unterstellt werden kann. Im Sinne *Moxters* ist das Wertaufhellungsprinzip daher sinnvoll nur auf jene Ereignisse oder Umstände anzuwenden, die bei Anwendung angemessener Sorgfalt bereits zum Bewertungsstichtag bekannt sein konnten. Das Wertaufhellungsprinzip darf aber keinesfalls als Vehikel zur Vermeidung der Unsicherheit der Ertragsprognose verstanden werden. „Der Bewerter (oder Richter), der die wertbestimmenden Verhältnisse, wie sie sich am Bewertungsstichtag bei angemessener Sorgfalt präsentieren, der späteren tatsächlichen Entwicklung dieser Verhältnisse gleichsetzt, erleichtert sich seine Aufgabe in ungebührlicher Weise; denn diese Gleichsetzung kann dazu führen, daß eine Partei erheblich benachteiligt wird" (*Moxter,* 1983, 169).

G. Parteienbezogene Angemessenheit

Weichen die für die Parteien ermittelten Entscheidungswerte voneinander ab, ist der Schiedswert unter „angemessener" Aufteilung der Entscheidungswertdifferenz festzulegen. Existiert ein Einigungsbereich, weil der Entscheidungswert des (potentiellen) Erwerbers über dem des (potentiellen) Veräußerers liegt, könnte der Forderung nach fairer und angemessener Aufteilung aus theoretischer Sicht durch eine Orientierung an den individuellen Nutzenfunktionen der Parteien entsprochen werden (vgl. *Matschke*, 1979, 57 ff). Da derartige Nutzenfunktionen dem Gutachter in der Praxis nicht vorliegen, wird aus pragmatischer Sicht vorgeschlagen, einen festgestellten Einigungsbereich je zur

Hälfte auf die beiden Parteien aufzuteilen (zu diesem *„Mittelungsprinzip"* vgl. z.B. *Moxter*, 1983, 17 ff).

Existiert zwischen den Parteien kein Einigungsbereich, wäre nach rein betriebswirtschaftlichen Grundsätzen von der Festlegung eines Schiedswertes abzusehen, da eine Transaktion zumindest für eine Partei von Nachteil wäre. In dominierten Konfliktsituationen muß aber auch in diesem Fall ein „angemessener" Schiedswert festgelegt werden. Nach *Matschke* (1979, 55 ff) ist die parteienbezogene Angemessenheit dann aus dem Blickwinkel der unterschiedlichen Schutzwürdigkeit der Interessen zu sehen. Dem ausscheidenden Gesellschafter wird dabei jedenfalls eine Abfindung in Höhe seines Entscheidungswerts zugestanden (vgl. z.B. *Sieben*, 1966, 9; *Drukarczyk*, 1973, 359; *Matschke*, 1979, 318; *Moxter*, 1983, 22).

IV. Ausgewählte Einzelfragen

Im folgenden wird kurz auf Einzelfragen der rechtsgeprägten Schiedswertermittlung unter Berücksichtigung der dazu vorliegenden Rechtsprechung eingegangen. Im Vordergrund stehen dabei gesellschaftsrechtliche Abfindungsanlässe. Ausgehend von dem nach der Rechtsprechung maßgeblichen Ertragswertverfahren werden Fragen in Zusammenhang mit der Berücksichtigung von Ertragsteuern, der Berücksichtigung von Synergieeffekten, der Bestimmung des Kalkulationszinsfußes und der Bewertung von Unternehmensanteilen behandelt.

A. Ertragsteuern

1. Laufende Ertragsbesteuerung

Im Gegensatz zur betriebswirtschaftlichen Lehre wird die Berücksichtigung der Belastung der Unternehmens- und Alternativerträge mit persönlichen Ertragsteuern sowohl von der Rechtsprechung als auch vom juristischen Schrifttum für den Bereich der Schiedswertermittlung abgelehnt. In der BRD führt diese Auffassung zur Nichtberücksichtigung der Einkommensteuer (ESt) und aufgrund des Anrechnungssystems auch zur Nichtberücksichtigung jenes Teils der Körperschaftsteuer (KöSt), der als Einkommensteuer-Vorauszahlung für den Anteilseigner zu werten ist. Zu berücksichtigen sei demnach nur jene KöSt, die bei der Gesellschaft auf nicht ausschüttungsfähige Gewinne und auf nicht abzugsfähige Ausgaben entfällt und somit keinen Anrechnungsanspruch des Anteilseigners begründet (vgl. z.B. *Großfeld*, 1994, 53 f). Demgegenüber wird die nach dem österreichischen Steuersystem erhobene KöSt zur Gänze im Rahmen der Schiedswertermittlung zu berücksichtigen sein, da sie als reine Unternehmenssteuer ausgeprägt ist und weder vom Ausschüttungsverhalten noch von persönlichen Umständen der Anteilseigner abhängig ist.

Nach Auffassung des BGH spielt die Einkommensteuer bei der Ermittlung von Unternehmenswerten „als personenbezogene Steuerlast im allgemeinen keine Rolle; wäre das anders, müßte ein Unternehmen je nach den steuerlichen Vorteilen, die ein Unternehmer genießt, unterschiedlich bewertet werden“ (BGH 24.10.1990, NJW 1991, 1549). Der BGH übersieht jedoch offenbar, daß Einkommensteuerwirkungen sehr wohl maßgeblichen Einfluß auf den Entscheidungswert einer Partei haben können.

Im juristischen Schrifttum wird die Nichtberücksichtigung der ESt als persönliche Ertragsteuer und damit als individueller Bewertungsfaktor bei gesellschaftsrechtlichen Abfindungen vor allem mit dem Gleichbehandlungsgrundsatz begründet. Dieser Grundsatz verbiete es, daß wegen der unterschiedlichen Steuern der Anteil des einen Gesellschafters höher oder niedriger bewertet wird als der des anderen (*Großfeld*, 1994, 51). Nach *Piltz* (1994, 155) wird die Einkommensteuer „bei allen Bewertungsanlässen im Rahmen der Unternehmensbewertung außer Acht gelassen". Übersehen wird dabei zumindest, daß Einkommensteuerwirkungen im Rahmen der Entscheidungswertermittlung unstrittig zu berücksichtigen sind.

Die Nichtberücksichtigung persönlicher Steuerwirkungen verstößt gegen den Grundsatz der Parteienbezogenheit der Schiedswertermittlung und gerät in Konflikt mit dem angestrebten fairen und angemessenen Interessenausgleich. Ob der gesellschaftsrechtliche Gleichbehandlungsgrundsatz eine ausreichende Basis hiefür bietet, ist kritisch zu beurteilen (s. dazu *Rabel*, 1990, 92 ff).

2. Besteuerung des Veräußerungsgewinns

Die Frage, ob eine Ertragsteuer auf den Veräußerungsgewinn, der durch die Abfindung beim Gesellschafter bewirkt wird, im Rahmen der Schiedswertermittlung zu berücksichtigen ist, wird in der Literatur unterschiedlich beurteilt. Während sich das juristische Schrifttum überwiegend für eine Nichtberücksichtigung ausspricht (vgl. z.B. *Neuhaus*, 1990, 90; *Großfeld*, 1994, 129), treten etwa *Wagner/Nonnenmacher* (1981, 681 ff) für die Berücksichtigung der Steuerwirkungen aus einem Veräußerungsgewinn bzw. -verlust ein. Wie oben für die Entscheidungswertermittlung gezeigt, erhöht die Steuerbelastung eines Veräußerungsgewinns den Entscheidungswert des ausscheidenden Gesellschafters, eine Steuerersparnis aus einem Veräußerungsverlust vermindert ihn. Nach *Wagner/Nonnenmacher* kann die Forderung nach einem vollen Wertausgleich nur dadurch erfüllt werden, daß dem ausscheidenden Gesellschafter auch die Veräußerungsgewinnsteuer vergütet wird, da er nur dann aus der Wiederveranlagung des Abfindungsbetrages ökonomisch nicht schlechter gestellt wird als beim Verbleib in der Gesellschaft.

Die Rechtsprechung zu dieser Frage ist zum Teil widersprüchlich. Wie dargelegt geht der BGH grundsätzlich von einer Nichtberücksichtigung persönlicher Steuerwirkungen aus. Eine Berücksichtigung von latenten Steuern auf vorhandene stille Reserven will die Judikatur bei zum Zwecke der Bewertung unterstellten Veräußerungen beim Zugewinnausgleich und bei der Pflichtteilsbemessung nur dann berücksichtigen, wenn abzusehen ist, daß die stillen Reserven zur Auflösung kommen (vgl. *Piltz*, 1994, 156). Anläßlich der Bewertung einer Praxis für Orthopädie scheint der BGH allerdings die Relevanz einer Veräußerungsgewinnsteuer anerkannt zu haben: „Soweit der Wert danach ermittelt wird, was bei einer Veräußerung zu erzielen wäre, darf nicht außer Betracht bleiben, daß wegen der damit verbundenen Auflösung stiller Reserven dem Käufer wirtschaftlich nur der um die fraglichen Steuern verminderte Erlös verbleibt; insoweit handelt es sich um unvermeidbare Veräußerungskosten" (BGH 24.10.1990, NJW 1991, 1551; zur jedoch widersprüchlichen Urteilsbegründung s. *Piltz*, 1994, 256 f).

Das Erfordernis der Berücksichtigung von Ertragsteuerwirkungen aus der Abfindung kann unseres Erachtens bereits aus der Zielsetzung der Herbeiführung eines fairen und angemessenen Interessenausgleichs abgeleitet werden. Darüberhinaus darf nicht übersehen werden, daß die steuerwirksame Aufdeckung der stillen Reserven beim ausscheidenden Gesellschafter zu einem erhöhten steuerlichen Abschreibungspotential beim Erwerber führt (s. dazu *Rabel*, 1990, 183 ff; *Wangler*, 1994, 124 f).

B. Verbundeffekte

Inwieweit Verbundeffekte bei der Schiedswertermittlung zu berücksichtigen sind, ist in Rechtsprechung und Literatur umstritten. Die Rechtsprechung lehnte bislang die Berücksichtigung sowohl positiver als auch negativer Verbundeffekte bei den aktienrechtlichen Konzentrationsvorgängen grundsätzlich ab (vgl. *Piltz*, 1994, 159). So hat das BayObLG im Beschluß vom 19.10.1995 die Berücksichtigung von Synergieeffekten mit der Begründung verworfen, es handle sich dabei in aller Regel um „subjektive Bestandteile der Unternehmensbewertung" (DB 1995, 2591). Anders kann es nach dem zitierten Urteil nur sein, „wenn solche Effekte im beherrschten Unternehmen bereits in der Form vorhanden sind, daß sie sich bei Verbindung mit nahezu jedem anderen Unternehmen der Branche positiv und objektivierbar auswirken werden".

Das juristische Schrifttum lehnt eine Erfassung von Synergieeffekten ebenfalls mehrheitlich ab (ablehnend z.B. *Koppensteiner*, 1987, § 305 Tz 34; *Werner*, 1990, 315 ff; befürwortend hingegen *Großfeld*, 1994, 118 f). Die betriebswirtschaftliche Lehre tritt demgegenüber entschieden für eine Berücksichtigung von Verbundvorteilen auch im Rahmen der Schiedswertermittlung ein (vgl. z.B. *Matschke*, 1979, 203; *Drukarczyk*, 1973, 360 f).

C. Kalkulationszinsfuß

Die folgenden Ausführungen befassen sich mit ausgewählten Aspekten in Zusammenhang mit der Bestimmung des Kalkulationszinsfußes bei Schiedswertermittlungen auf Grundlage des Ertragswertverfahrens. Eingegangen wird auf die Diskussion, ob als Basiszinsfuß der Stichtagszins oder der zukünftige Zinssatz heranzuziehen ist, und nach welcher Maßgabe Risikozuschläge verwendet werden.

1. Basiszinsfuß

Bereits unter 2.Kap.III.C.2. wurde erörtert, daß in der Literatur Einigkeit darüber besteht, daß der Basiszinsfuß der Rendite einer langfristigen, quasi-sicheren Anlage am Kapitalmarkt, die als „landesüblicher Zinsfuß" bezeichnet wird, entsprechen soll. Ferner wurde für die Entscheidungswertermittlung dargelegt, daß der Basiszinsfuß auf Grundlage einer ausschließlich stichtagsbezogenen Betrachtung zu bestimmen ist.

Die Anwendung des Stichtagszinses wird jedoch in der Rechtsprechung überwiegend und in der Literatur zum Teil abgelehnt. Die Ablehnung gründet sich zum einen auf die Zukunftsbezogenheit der Ertragswertermittlung, zum anderen darauf, daß zu einem bestimmten Stichtag „ungewöhnliche Kapitalmarktverhältnisse" vorlägen (OLG Düsseldorf 11.4.1988, DB 1988, 1109) oder der Zinssatz künstlichen Einflüssen unterliege (OLG Celle, 4.4.1979, DB 1979, 1031). *Schwetzler* (1996b) hat diese Diskussion vor dem Hintergrund der angemessenen Barabfindung nach § 305 dAktG ausführlich beleuchtet und ist vehement für eine Heranziehung des Stichtags-Zinssatzes eingetreten. Demnach verkörpert der Stichtagszins bei zeitnaher Abfindung die Anlagealternativen, die dem ausgeschiedenen Minderheitsaktionär im Zeitpunkt des Zuflusses der Abfindung zur Verfügung stehen, um den aufgegebenen Entnahmestrom wiederherzustellen. Bei nicht zeitnaher Abfindung kommt es nach *Schwetzler* (1996b, 1964) auf den Stichtags-Zinssatz zum Zeitpunkt der Beendigung des Spruchstellenverfahrens bzw. des Zuflusses der Abfindungszahlung an. Dies verhindert auch, daß zwischenzeitliche Zinsänderungen zu Vermögensumverteilungen zwischen Mehrheits- und Minderheitsaktionären führen, da die Zinsänderungen beide Parteien in genau gleicher Weise treffen (*Schwetzler*, 1996b, 1966).

2. Risikozuschlag

In Anbetracht der unter 2.Kap.III.G.4. beschriebenen Problematik der Verwendung subjektiver Risikozuschläge im Rahmen der Ertragswertmethode darf es nicht verwundern, daß sich konkrete Richtlinien für die Höhe dieser Zuschläge auch aus der Rechtsprechung nicht ergeben. Wurde früher die Höhe des Risikozuschlages von den Gerichten kaum begründet, sondern häufig – eher mechanisch – mit der Hälfte des Basiszinsfußes angesetzt (*Piltz*, 1994, 177), verlangt die jüngere Rechtsprechung eine Orientierung an den Verhältnissen des zu bewertenden Unternehmens (z.B. OLG Düsseldorf 12.2.1992, DB 1992, 1034), ohne allerdings näher darzutun, nach welchen Kriterien dies zu erfolgen hat.

Im Beschluß vom 19.10.1995 (DB 1995, 2592) führt das BayObLG zu dieser Problematik aus, die Rechtsprechung schwanke zwischen völliger Ablehnung eines Risikozuschlages und Risikozuschlägen, die sich früher zwischen 2 % und 4 % bewegt haben und jetzt eher zwischen 0,5 % und 1,5 % liegen. Das Gericht verweist dabei auf die bei *Piltz* (1994, 361 ff) gebrachte Aufstellung der in den einzelnen Judikaten im Zeitablauf anerkannten Kapitalisierungszinssätze, aus der zum Teil auch die Höhe der verwendeten Risikozuschläge hervorgeht. Im Sinne der nach HFA 2/1983 empfohlenen Vorgangsweise sollen nach dem zitierten Beschluß des BayObLG die „besonderen Chancen und Risiken" bereits bei der Ermittlung des nachhaltigen Unternehmensertrages berücksichtigt sein, sodaß insoweit ein Zuschlag zum Basiszinsfuß ausscheide. Im Risikozuschlag berücksichtigt werden könne daher allenfalls das „generelle Unternehmerrisiko". Dazu wird wörtlich ausgeführt: „Die Bewertung dieses Risikos ist in exakten Zahlen praktisch nicht faßbar. Der Senat hält es für die zuverlässigste Methode, als Anhaltspunkt den Vergleich zwischen Basiszinssatz und der banküblichen Verzinsung von Großkrediten zu nehmen und davon ausgehend die Risiken nach oben oder unten auf den Einzelfall abzustimmen" (DB 1995, 2592). Im Ergebnis gelangte das Gericht auf dieser Grundlage bei der Bewertung einer Brauerei zu einem Risikozuschlag für das „allgemeine Unternehmerrisiko" von 0,6 %. Dabei wurde die als Ausgangsgröße herangezogene Differenz zwischen Basiszinsfuß (7,4 %) und Durchschnittszinssatz der Kredite im Zeitablauf (8,6 %) in Höhe von 1,2 % mit einem 50 %igen Abschlag bedacht, der nach Auffassung des Senats auf die Heranziehung von Ist-Zahlen statt reinen Prognosen, auf die Herstellung eines weitgehend krisensicheren Produkts sowie auf das Fehlen von Standortnachteilen und Risiken aus Währungsschwankungen zurückzuführen ist (DB 1995, 2593).

Auf die Verwendung von Risikozuschlägen, die auf Grundlage kapitalmarkttheoretischer Modelle bestimmt wurden (s. dazu 3.Kap.II.B.), ist die Rechtsprechung bislang – soweit ersichtlich – nicht eingegangen.

D. Unternehmensanteile

Das juristische Schrifttum und auch die Rechtsprechung gehen bei der Schiedswertermittlung für Unternehmensanteile von der indirekten Methode aus, wonach ein zunächst zu bestimmender Gesamtwert des Unternehmens auf die einzelnen Anteile aufgeteilt wird (s. dazu oben 2.Kap.III.I.3.). Als Grundlage der Aufteilung dient in der Regel die kapitalmäßige Beteiligung der Gesellschafter (vgl. *Piltz*, 1994, 235). Bei abweichendem Gewinnverteilungsschlüssel wird der über das buchmäßige Eigenkapital hinausgehende Unternehmenswert nach Maßgabe dieses Schlüssels verteilt (vgl. *Neuhaus*, 1990, 144). Bei gesellschaftsrechtlichen Abfindungen wird aus dem Gebot des vollen Wertausgleichs und dem Gleichbehandlungsgrundsatz abgeleitet, daß sowohl ein Mehrheitszuschlag (Paketzuschlag) als auch ein Minderheitsabschlag vom quotalen Anteilswert unzulässig ist. Nach *Piltz* (1994, 236) hat sich auch die verschiedentlich geforderte Berücksichtigung eines Minderheitszuschlages nicht durchgesetzt.

Eine atypische Ausstattung von Unternehmensanteilen wurde demgegenüber in einzelnen Fällen von der Rechtsprechung als bewertungsrelevant erachtet. So wurde z.B. eine unterschiedlich hohe Barabfindung für Stammaktien und stimmrechtslose Vorzugsaktien vom OLG Düsseldorf anerkannt (8.6.1973, BB 1973, 910). Nach der Judikatur des BGH können sich ferner gesetzliche oder vertragliche Verfügungsbeschränkungen wertmindernd auswirken (s. dazu *Piltz*, 1994, 242).

Anhang

KFS/BW1

Fachgutachten

des **Fachsenats für Betriebswirtschaft und Organisation** des Instituts für Betriebswirtschaft, Steuerrecht und Organisation der **Kammer der Wirtschaftstreuhänder** über die

Unternehmensbewertung

(verabschiedet in der Sitzung des Fachsenats für Betriebswirtschaft und Organisation vom 20.12.1989 als Fachgutachten Nr 74)

Inhaltsübersicht

Vorbemerkung

Der Fachsenat für Betriebswirtschaft und Organisation des Instituts für Betriebswirtschaft, Steuerrecht und Organisation der Kammer der Wirtschaftstreuhänder hat nach eingehenden Beratungen am 20. Dezember 1989 das nachstehende Gutachten beschlossen, das die Fachgutachten Nr 45 und 47 ersetzt und die seither eingetretene Entwicklung sowie die Empfehlung der UEC (FEE) TRC1 vom Dezember 1980 über die Vorgangsweise von Wirtschaftsprüfern bei der Bewertung ganzer Unternehmen berücksichtigt.

Eingangs verweist der Fachsenat darauf, daß es sich bei diesem Gutachten um keine detaillierten Anweisungen zur Unternehmensbewertung, sondern um die Wiedergabe von derzeit sowohl von der Praxis als auch von der Forschung und Lehre anerkannten Grundsätzen zur Unternehmensbewertung handelt. Die Verantwortung für die Auswahl und Anwendung einer bestimmten Methode liegt beim Gutachter.

1. Gegenstand der Unternehmensbewertung

Gegenstand der Unternehmensbewertung können Unternehmen als Ganzes, abteilbare Unternehmensbereiche, aber auch ein Unternehmensverbund sein. Abteilbare Unternehmensbereiche (Teilbetriebe, eingegliederte Betriebe) müssen selbständig geführt werden (können), dh, daß sie in ihren Beziehungen zum Beschaffungs- und Absatzmarkt und bei ihrer Leistungserstellung nicht der Eingliederung in einen anderen Betrieb oder des Zusammenschlusses mit einem anderen Betrieb bedürfen, wenngleich diese Eingliederung oder dieser Zusammenschluß möglich sind.

Auch ruhende Betriebe können Gegenstand der Unternehmensbewertung sein. In diesem Fall sind neben den üblichen laufenden Kosten auch die Kosten der Wiederingangsetzung zu berücksichtigen. Ein Betrieb, dessen Tätigkeit saisonbedingt unterbrochen ist (zB ein Campagnebetrieb), ist nicht als ruhend anzusehen. Die Bewertung von Anteilen an Unternehmen kann zusätzliche Überlegungen erfordern.

In diesem Gutachten werden nicht behandelt:

- Fälle vertraglicher oder auftragsgemäßer Wertfeststellung, die sich nach abweichenden vorgegebenen Regelungen richten,
- vereinfachte Preisfindungen ohne Unternehmensbewertung (zB Anwendung marktüblicher Multiplikatoren oder branchentypischer Kennzahlen),
- die Bewertung von Unternehmen, die nicht nach erwerbswirtschaftlichen Grundsätzen tätig sind.

2. Anlässe für Unternehmensbewertungen

Anlässe für Unternehmensbewertungen nach diesem Fachgutachten können sein:

- Ermittlung von Entscheidungswerten (zB Kauf, Verkauf, Verschmelzung, Entflechtung = Ausgliederung),
- Findung eines angemessenen Preises ohne vorhandene Entscheidungsfreiheit (zB Enteignung, gerichtliche Überprüfung der Frage, ob das Abfindungsangebot bei einer Verschmelzung angemessen ist, gerichtliche Erbteilung, Pflichtteilsabfindungen),
- sonstige Anlässe, die die Beurteilung der wirtschaftlichen Lage eines Unternehmens erfordern (zB Beurteilung der Kreditfähigkeit oder Sanierungsfähigkeit, Beurteilung bilanzieller Beteiligungsansätze).

3. Subjektiver und objektivierter Unternehmenswert

Abhängig vom Standpunkt, von dem aus die Wertermittlung vorgenommen wird, können sich verschiedene Unternehmenswerte ergeben.

3.1. Subjektiver Unternehmenswert

Erfolgt die Bewertung aus der Sicht eines bestimmten Veräußerers oder Erwerbers unter Berücksichtigung von dessen Investitionsalternativen und persönlichen (beispielsweise steuerlichen) Verhältnissen, wird ein subjektiver Unternehmenswert ermittelt.

3.2. Objektivierter Unternehmenswert

Der objektivierte Unternehmenswert drückt den Wert des im Rahmen des vorhandenen Unternehmenskonzeptes fortgeführten Unternehmens, gemessen an einer alternativen Investition am Kapitalmarkt, aus. Er wird mit Hilfe von Annahmen ermittelt, die für das Verhalten einer Mehrzahl potentieller Erwerber von Unternehmen im Sinne einer rationalen Kapitalanlageentscheidung als repräsentativ angesehen werden. Änderungen der Unternehmenstätigkeit, der Rechtsform und des Unternehmensverbundes sind nur dann bei der Bewertung zu berücksichtigen, wenn diese Änderungen sicher zu erwarten sind, insbesondere wenn vom Unternehmen bereits Maßnahmen getroffen wurden, um diese Änderungen herbeizuführen.

4. Funktionen des Gutachters

Bei der Bewertung von Unternehmen kann ein Gutachter in verschiedenen Funktionen tätig werden, und zwar

- als neutraler Gutachter;
- als Berater des Käufers oder Verkäufers bei subjektiven Bewertungsüberlegungen,
- als Schiedsgutachter in der Vermittlungsfunktion.

Der neutrale Gutachter fungiert als unparteiischer Sachverständiger.

Als Berater des Käufers oder Verkäufers verbindet der Gutachter seine Feststellungen mit subjektiven Vorstellungen und Gegebenheiten seines Auftraggebers und ermittelt so dessen subjektiven Entscheidungswert; er hat in einem solchen Fall seine Beraterfunktion und die der Bewertung zugrundegelegten Prämissen eindeutig offenzulegen.

In besonderen Fällen, vor allem in Konfliktsituationen zwischen den Parteien, kann der Gutachter als Schiedsrichter tätig sein, der in angemessenem Umfang subjektive Wertvorstellungen der Parteien gewichtet und diese in das Gutachten einfließen läßt, um daraus einen Einigungswert zu gewinnen.

5. Der Unternehmenswert als zukunftsbezogene Größe

Unter der Voraussetzung ausschließlich finanzieller Ziele leitet sich der Wert eines Unternehmens aus seinen nachhaltig erzielbaren Zukunftserfolgen ab. Er ergibt sich grundsätzlich als Barwert dieser Zukunftserfolge (Ertragswert). Verfügt das Unternehmen über nicht betriebsnotwendige Vermögensgegenstände, müssen diese unter Beachtung der damit zusammenhängenden Schulden einer gesonderten Bewertung unterzogen werden. Der resultierende Wert ist dem Ertragswert hinzuzufügen.

Der Ertragswertermittlung kann ein zahlungsstromorientiertes oder ein periodenerfolgsorientiertes Verfahren zugrundegelegt werden.

Bei Anwendung des zahlungsstromorientierten Verfahrens ergibt sich der Wert des Unternehmens aus dem Barwert der zukünftigen Geldüberschüsse (Differenz aus Einnahmen und Ausgaben).

Ein Unternehmen ist jedoch im Gegensatz zu einem einzelnen Investitionsobjekt eine komplexe Gesamtheit, deren künftige Zahlungsströme nur für einen kurzen Zeitraum genau geplant werden können. Da sich im Hinblick auf die Vielzahl der auf die Zahlungsströme einwirkenden Einflußgrößen häufig kompensatorische Effekte ergeben, sodaß Periodenerfolge und Geldüberschüsse weitgehend übereinstimmen, bilden die aus den künftigen Erträgen und Aufwendungen abgeleiteten Periodenerfolge in der Regel eine geeignete Grundlage der Ertragswertermittlung. Erkennbare Unterschiede zwischen Einnahmen und Erträgen bzw zwischen Ausgaben und Aufwendungen in den einzelnen Perioden können zu einer Kombination des periodenerfolgsorientierten mit dem zahlungsstromorientierten Verfahren führen (zB Ersatz von Abschreibungen durch Investitionsausgaben für Großanlagen).

6. Ermittlung der Zukunftserfolge

6.1. Einflußgrößen

Sowohl die positiven als auch die negativen Einflußfaktoren auf die Zukunftserfolge können wegen ihrer Vielfalt nur beispielhaft aufgezählt werden.

Zu den Einflußgrößen zählen vor allem:

- Unternehmensgegenstand, Rechtsform, Branche, Betriebsgröße, Standort
- Qualität der Führungskräfte
- Ausbildungsstand, Motivation und Altersstruktur der Belegschaft, Betriebsklima, Sozialeinrichtungen
- Betriebsorganisation
- Produktgestaltung und Produktlebenszyklus
- Forschungsaktivitäten, Know-how, Entwicklungsvorsprung bzw -rückstand, bestehende und länger- oder kürzerfristig kündbare Lizenzverträge
- Marktanteile, Wettbewerbslage, Absatzverträge und deren Kündbarkeit, Absatzmärkte (In- und Ausland), drohende Substitutionsprodukte
- Mode und Geschmacksabhängigkeit der Produkte
- Kostenstruktur (Fixkostenanteil), Beschaffungsvorgänge und deren Kündbarkeit
- Währungsrisiko
- Finanzierungsstruktur; verfügbares Kreditvolumen
- Konjunkturlage und erwartete Veränderungen

6.2. Grundsätze der Ermittlung (Schätzung)

Die Prognose zukünftiger Erfolge ist in der Regel mit Unsicherheiten behaftet, die mit der Entfernung vom Bewertungsstichtag zunehmen. Die Unsicherheiten können durch eine möglichst vollständige Informationsbeschaffung, die eine Bewertung und Gewichtung der Chancen und Risiken ermöglicht, vermindert werden. Den Schwierigkeiten der Prognose kann durch die Unterteilung des Planungszeitraumes in Phasen mit unterschiedlicher Genauigkeit und Verläßlichkeit der Schätzung, durch die Aufspaltung der erwarteten Zukunftserfolge nach der Wahrscheinlichkeit ihrer Nachhaltigkeit und durch Festlegung von Bandbreiten für Berechnungsvarianten Rechnung getragen werden.

Bei der Ermittlung der Zukunftserfolge ist das Imparitätsprinzip nicht anzuwenden, dh, es sind nicht nur Risiken, sondern auch Chancen zu berücksichtigen.

Die Zukunftserfolge sind grundsätzlich unter der Annahme der Aufrechterhaltung der Leistungsfähigkeit des Unternehmens zu ermitteln. Werden Änderungen der Unternehmenstätigkeit, der Rechtsform oder des Unternehmensverbundes berücksichtigt, so sind neben deren Auswirkungen auf die künftigen laufenden Erfolge auch die einmaligen Aufwendungen für diese Änderungen zu erfassen. Im Bericht über die Unternehmensbewertung ist zu begründen, warum die Bewertung unter der Annahme dieser Änderungen vorgenommen wurde.

Die Zulässigkeit der Berücksichtigung von Synergieeffekten, die anläßlich des Überganges eines Unternehmens entstehen oder untergehen, hängt von der Aufgabenstellung und der Funktion des Gutachters ab.

Werden den Zukunftserfolgen subjektive Erwartungen zugrundegelegt, die der Gutachter nicht zumindest auf ihre Plausibilität überprüfen kann, ist er jedenfalls verpflichtet, diesen Umstand in seinem Bericht ausführlich darzustellen.

6.3. Die Ergebnisse der Vergangenheit als Orientierungshilfe

Können die künftigen Erfolge aus den Ergebnissen der Unternehmensplanung abgeleitet werden, dienen die Erfolgsdaten der jüngeren Vergangenheit dem Gutachter als Mittel der Kontrolle der Verläßlichkeit und Brauchbarkeit der Plandaten.

Liegen keine geeigneten Plandaten vor, müssen die Zukunftserfolge unmittelbar aus den Ergebnissen der jüngeren Vergangenheit abgeleitet werden. Dabei sind die Vergangenheitserfolge um außerordentliche Komponenten und einmalige Einflüsse, die sich in Zukunft voraussichtlich nicht wiederholen werden, und um die im Zeitpunkt der Unternehmensbewertung bereits eingetretenen oder erkennbaren Veränderungen der in der Vergangenheit wirksam gewesenen Erfolgsfaktoren zu berichtigen. Dies gilt insbesondere dann:

- wenn sich das Leistungsprogramm oder die Kapazität des Unternehmens in jüngster Zeit erheblich geändert haben oder solche Änderungen bereits in Durchführung oder beschlossen sind,

- wenn die Erfolge der Vergangenheit durch Strukturänderungen negativ beeinflußt waren, das Unternehmen in der Zwischenzeit aber an die geänderten strukturellen Gegebenheiten angepaßt wurde,
- wenn in den Vergleichsjahren der Vergangenheit außerordentlich günstige oder ungünstige Konjunkturverhältnisse bestanden haben und künftig mit Änderungen der Konjunkturlage gerechnet werden muß,
- wenn sich die Wettbewerbsverhältnisse auf den Beschaffungs- oder Absatzmärkten gegenüber den Vergleichsjahren wesentlich verändert haben,
- wenn durch Einnahmen- oder Ausgabenüberschüsse in den nächsten Jahren eine Veränderung der Belastung mit Fremdkapitalaufwendungen zu erwarten ist, die nicht durch Veränderungen sonstiger Erfolgskomponenten ausgeglichen wird,
- wenn damit gerechnet werden muß, daß wesentliche Änderungen in den Führungskräften und im Mitarbeiterstab des Unternehmens eintreten,
- wenn in den Vergleichsjahren der Vergangenheit entweder besonders intensiv und mit konkreter Aussicht auf erfolgbringende Innovationen geforscht oder die Forschung vernachlässigt wurde.

Finden bei Einzelunternehmen und Personengesellschaften Leistungen des Unternehmers (eines Gesellschafters) für das Unternehmen (Unternehmerlohn, Mieten, Zinsen für im Falle der Veräußerung des Unternehmens rückzuzahlende Gesellschafterdarlehen) keinen Niederschlag in der Erfolgsrechnung oder werden Leistungen des Unternehmens an den Unternehmer (einen Gesellschafter) nicht in der Erfolgsrechnung erfaßt, sind die Vergangenheitserfolge um diese Erfolgskomponenten zu bereinigen.

7. Ermittlung des Kapitalisierungszinssatzes

7.1. Bedeutung des Kapitalmarktzinssatzes

Einem Investor stehen alternativ zum Erwerb des Unternehmens verschiedene Anlagemöglichkeiten offen. Aus subjektiver Sicht bildet der Ertrag der günstigsten in Betracht kommenden Alternativanlage im Verhältnis zu deren Preis die Basis zur Berechnung des Kapitalisierungszinssatzes.

Befindet sich der Gutachter in einer beratenden Funktion und erhält er vom Auftraggeber entsprechende Angaben über eine derartige Alternativanlage, orientiert sich der Kapitalisierungszinssatz am Ertrag dieser Investition.

In der Regel fehlen Angaben über Investitionsalternativen, weswegen sich als allgemein verwendete Vergleichsveranlagung jene am Kapitalmarkt, und zwar in festverzinsliche Anleihen von Schuldnern erster Bonität, herausgebildet hat. Als Anhaltspunkt für die Feststellung der aus diesen Anleihen erfließenden Erträge (Zinsen) kann die mittlere Sekundärmarktrendite gemäß Tabelle 2.33 der Österreichischen Nationalbank (Einmalemissionen) herangezogen werden. Ist diese Rendite durch Sondereinflüsse (Kreditrestriktionen, vorübergehende Kapitalüberschüsse, Zinsbeeinflussungen durch die Nationalbank) verzerrt, ist ein von diesen Einflüssen bereinigter Zinssatz heranzuziehen. Die Abweichung ist zu begründen.

7.2. Ableitung des Kapitalisierungszinssatzes aus dem Kapitalmarktzinssatz

Da sich Anleihenertrag und Unternehmenserfolg in mehrfacher Hinsicht unterscheiden, kann der Kapitalmarktzinssatz nicht unmittelbar zur Ermittlung des Unternehmenswertes herangezogen werden. Die Vergleichbarkeit ist insbesondere in folgenden Punkten durch Zu- und Abschläge herzustellen. Dabei ist zu beachten, daß bereits geringfügige Veränderungen der Zu- und Abschläge zu sehr unterschiedlichen Unternehmenswerten führen. Art und Höhe der angewendeten Zu- und Abschläge sind zu begründen.

7.2.1. Fähigkeit des Unternehmens zur Anpassung an Geldwertänderungen

Der Zinssatz von Anleihen, die nominell gebunden sind und keinen Schutz gegen Geldentwertung bieten, enthält eine Komponente, durch die die erwartete künftige Geldentwertung abgegolten werden soll. Insoweit ein Unternehmen in der Lage ist, die Geldentwertung durch Anpassung seiner nominellen Erfolge an den geänderten Geldwert auszugleichen, ist bei der Ermittlung des Zinssatzes, der für die Diskontierung der Zukunftserfolge verwendet wird, ein Abschlag vom Kapitalmarktzinssatz vorzunehmen. Dieser Geldwertanpassungsabschlag ist keinesfalls schematisch in Höhe der jeweiligen Geldentwertungsrate bzw der im Kapitalmarktzinssatz enthaltenen Geldentwertungsprämie zu bemessen, da Anpassungen der nominellen künftigen Erfolge an die geänderten Geldwertverhältnisse nicht bei jedem Unternehmen im gleichen Ausmaß erwartet werden können.

Wird bei der Berechnung des Kapitalisierungszinssatzes ein Abschlag vom Kapitalmarktzinssatz berücksichtigt, dürfen bei der Ermittlung der Zukunftserfolge geldwertbedingte Erfolgserhöhungen nicht angesetzt werden.

7.2.2. Sicherheit der zukünftigen Unternehmenserfolge im Vergleich zu den Kapitalmarkterträgen

Die zukünftigen Unternehmenserfolge sind im Gegensatz zu den Anleiheerträgen in der Regel mit Unsicherheiten behaftet, die ihre Ursache in allgemeinen und speziellen Unternehmerrisiken haben.

Das allgemeine Unternehmerrisiko (Unternehmerwagnis) ergibt sich generell aus der Investition in ein Unternehmen; zu diesem Risiko gehören die Gefahr von Konjunkturschwankungen, nicht vorhersehbare Umwelteinflüsse und Probleme, die sich aus der Branche des Unternehmens ergeben. Es ist durch einen Zuschlag zum Kapitalmarktzinssatz zu erfassen.

Im Gegensatz dazu ist das spezielle Unternehmerrisiko, welches sich aus der besonderen Situation des zu bewertenden Unternehmens ergibt, bei der Ermittlung der Zukunftserfolge zu berücksichtigen.

7.2.3. Unterschiedliche Mobilität der Investitionen

Unternehmen und nicht notierte Unternehmensanteile sind schwerer verkäuflich als Anleihen. Die geringere Mobilität erfordert einen Zuschlag zum Kapitalmarktzinssatz. Dieser Zuschlag hängt unter anderem von der Branche, der Unternehmensgröße, der Rechtsform, dem Standort und der Standortgebundenheit sowie der Einbindung in einen Unternehmensverbund ab.

7.2.4. Persönliche Haftung

Für die persönliche Haftung, die sich aus der Rechtsform des Unternehmens, aus der Stellung des Unternehmers oder Gesellschafters als Vollhafter und aus vertraglichen Vereinbarungen ergibt, ist in der Regel weder ein Abschlag von den Zukunftserfolgen noch ein Zuschlag zum Zinssatz gerechtfertigt. Allenfalls können die Einmalkosten, die mit einer Rechtsformänderung zusammenhängen, bei der Ermittlung der Zukunftserfolge angesetzt werden.

8. Steuern bei der Ertragswertermittlung

8.1. Allgemeine Grundsätze

Bei der Unternehmensbewertung ist es erforderlich, die Äquivalenz zwischen der steuerlichen Belastung der Zukunftserfolge des zu bewertenden Unternehmens und der Vergleichsinvestitionen herzustellen.

Unterschiede in der Belastung können in den Steuern, in den steuerlichen Bemessungsgrundlagen und in den Steuersätzen liegen.

Die Steuerbelastung für die entnommenen bzw ausgeschütteten Erfolge eines Unternehmens hängt davon ab, ob der jeweilige Eigentümer des Unternehmens bzw der Geschäftsanteile eine natürliche oder juristische Person ist und ob der Eigentümer seinen Wohnsitz bzw seinen Sitz im Inland oder Ausland hat; bei natürlichen Personen hängt die Steuerbelastung auch von der Höhe der anderen Einkünfte dieser Personen ab.

Eine genaue Berücksichtigung der künftigen Steuerbelastung ist lediglich bei der Ermittlung eines subjektiven Unternehmenswertes möglich; in diesem Fall sind die individuellen steuerlichen Verhältnisse des jeweiligen Veräußerers bzw Erwerbers zu berücksichtigen.

Für die Ermittlung eines objektivierten Unternehmenswertes sind die steuerlichen Verhältnisse, die für eine Mehrzahl potentieller Erwerber als repräsentativ gelten können, maßgebend. Der Ansatz der Steuern erfolgt grundsätzlich nach dem Stand der Gesetzgebung im Bewertungszeitpunkt; eindeutig absehbare Änderungen sind zu berücksichtigen.

8.2. Unterschiedliche Belastung des Unternehmenserfolges und des Ertrages der Vergleichsinvestition mit Ertragsteuern

Sind die steuerlichen Belastungen des Unternehmenserfolges und des Ertrages der Vergleichsinvestition dem Grunde und der Höhe nach - letzteres in Abhängigkeit von den Bemessungsgrundlagen, die für die Zukunft angenommen werden - unterschiedlich, sind der Berechnung die Erfolge bzw Erträge nach Steuern zugrundezulegen. Der Kapitalisierungszinssatz wird in diesem Fall aus dem Ertrag der Vergleichsinvestition nach Steuern abgeleitet.

Die Berechnung auf Basis der Erfolge bzw Erträge vor Steuern ist dann zulässig, wenn die steuerlichen Belastungen der erwarteten Zukunftserfolge und der Erträge der Vergleichsinvestition gleich hoch sind oder die Belastungsdifferenz (zB Gewerbeertragsteuer) berücksichtigt wird.

Bei der Ermittlung des objektivierten Unternehmenswertes kann es empfehlenswert sein, daß der Gutachter ausführt, welche Auswirkungen sich auf den Unternehmenswert ergeben, wenn das Unternehmen auf einen Erwerber übergeht, dessen steuerliche Verhältnisse von den dem Bewertungsgutachten zugrundegelegten Verhältnissen abweichen.

8.3. Unterschiede zwischen den Zukunftserfolgen und den Bemessungsgrundlagen der Ertragsteuern

Diese Unterschiede können folgende Ursachen haben:

- Verminderung bzw zeitliche Verlagerung der Steuerbelastung durch Inanspruchnahme von Investitionsbegünstigungen und sonstigen Steuerbegünstigungen,
- Verminderung der Steuerbelastung (für einen begrenzten Zeitraum) durch steuerliche Verlustvorträge,
- Erhöhung der Steuerbelastung durch Nachversteuerung von unversteuerten Rücklagen und Bewertungsreserven,
- Steuermehr- und -minderbelastungen aus steuerlich belasteten Aufwendungen und steuerfreien Erträgen (Spenden, Teile der Aufsichtsratsvergütungen, Forschungsförderung, Beteiligungserträge, Gewerbeertragsteuer von Dauerschuldzinsen, Vermögensteuer usw),
- Steuermehr- und -minderaufwendungen, die sich dadurch ergeben, daß die aus den Buchwerten der Vermögensgegenstände und Schulden in der Steuerbilanz abgeleiteten künftigen steuerwirksamen Aufwendungen von jenen Aufwendungen abweichen, die bei der Berechnung der Zukunftserfolge angesetzt werden.

Die Steuermehr- oder -minderaufwendungen, die sich auf Grund der Abweichung der Zukunftserfolge vor Steuern von den Bemessungsgrundlagen für deren Besteuerung ergeben, sind entsprechend zu berücksichtigen. Auch wenn der Ertragswert aus den künftigen Zahlungsströmen abgeleitet wird, ist die Steuerbelastung in den einzelnen Rechnungsperioden vom jeweiligen steuerlichen Ergebnis zu berechnen.

9. Substanz und Substanzwert

9.1. Bedeutung der Substanz für die Ermittlung der Zukunftserfolge

Die Substanz eines Unternehmens, zu der dessen Vermögen und Lasten gehören, ist aus folgenden Gründen für die Zukunftserfolge von Bedeutung:

- Das Vermögen des zu bewertenden Unternehmens bildet eine wesentliche Grundlage für dessen künftige Ertragsfähigkeit. Das am Bewertungsstichtag vorhandene Vermögen führt zu künftigen Einnahmen oder zur Minderung künftiger Ausgaben.

  Bei der Ermittlung der zukünftigen Erfolge ist von der bestehenden Vermögenssubstanz auszugehen; aller zur Erhaltung der Substanz erforderlichen Aufwendungen bzw Ausgaben (zB Abschreibungen, Instandhaltungen, Versicherungsprämien) sind zu berücksichtigen. Grundlage für die Abschreibungen bilden die Werte des Anlagevermögens gemäß Abschn 9.2.2. Die Investitionsausgaben für die Erneuerung des vorhandenen Anlagevermögens sind in eine ergänzende Finanzbedarfsrechnung einzubeziehen, sodaß bei Auseinanderfallen von Investitionsausgaben und Abschreibungen die Auswirkungen auf die Finanzierungsaufwendungen bzw -erträge berücksichtigt werden können.

  Ist das Vermögen quantitativ oder qualitativ für die den Zukunftserfolgen zugrundegelegten Leistungen nicht geeignet, sind die Auswirkungen notwendiger Anpassungen bei der Berechnung der Zukunftserfolge zu berücksichtigen.

- Der Substanz kommt auch im Rahmen der Risikobeurteilung und der Beurteilung der Mobilität Bedeutung zu. Insbesondere bilden die Höhe und die Sicherheit der Erfassung und Bewertung der Lasten einen wesentlichen Risikofaktor für die zukünftige Entwicklung des Unternehmens.

9.2. Der (Netto)Substanzwert im Rahmen des Übergewinnverfahrens

9.2.1. Umfang des Substanzwertes

(Netto)Substanzwert ist der aus der Bewertung des Vermögens, der Schulden und sonstigen Lasten resultierende Nettowert (Substanzwert des Eigenkapitals). Bei Anwendung des Übergewinnverfahrens wird aus dem (Netto)Substanzwert der als nachhaltig angesehene Teil der Zukunftserfolge abgeleitet (Abschnitt 10.3.3.).

In die Substanzwertermittlung werden nur solche Vermögensgegenstände aufgenommen, die üblicherweise einzeln, dh losgelöst von einem Unternehmen, Betrieb oder Teilbetrieb, Gegenstand des wirtschaftlichen Verkehrs sind. Immaterielles Vermögen, welches keinen selbständigen Verkehrswert hat, geht somit nicht in den Substanzwert ein, sondern findet in der Regel im Zukunftserfolg seinen Niederschlag. Ausreichend konkretisierbare Erfolge aus schwebenden Geschäften sind zu berücksichtigen.

9.2.2. Bewertungsgrundsätze bei der Ermittlung des Substanzwertes

Bei der Bewertung des betriebsnotwendigen Vermögens ist die Weiterführung des Betriebes (going concern) zu unterstellen. Der Niederstwertgrundsatz und das Imparitätsprinzip sind nicht anzuwenden.

Das Anlagevermögen ist unter Berücksichtigung seiner qualitativen Eignung für den Leistungsprozeß, seines Alters und seiner Restnutzungsdauer unter Bedachtnahme auf die Wiederbeschaffungskosten zu bewerten.

Anlagen, die auf Grund von Überkapazitäten oder auf Grund von Änderungen der Betriebsleistung für die betriebliche Leistungserstellung nicht mehr zu verwenden sind, sind mit dem Veräußerungspreis anzusetzen. Bei Anlagen, deren Leistungsfähigkeit auf Grund der technischen Entwicklung oder auf Grund von Änderungen des Leistungsprogrammes des Unternehmens geringer ist als die Leistungsfähigkeit wiederzubeschaffender Anlagen, sind angemessene Wertabschläge vorzunehmen; die Wertabschläge sollen so bemessen werden, daß die künftigen Mehrausgaben oder Mindereinnahmen, die sich im Vergleich zum Einsatz moderner Anlagen ergeben, ausgeglichen werden.

Das Sachumlaufvermögen ist nach dem Grundsatz der verlustfreien Bewertung anzusetzen. Wertmindernde Faktoren, wie technische oder modische Entwertung, Qualitätsmängel, vergleichsweise geringe Umschlagshäufigkeit, Verwertungs- und Veräußerungsrisiken, sind durch entsprechende Abschläge zu berücksichtigen.

Nicht oder niedrig verzinsliche Forderungen und Verbindlichkeiten sind auf den Bewertungsstichtag abzuzinsen, Wertsicherungen sind zu berücksichtigen. Rückstellungen sind in ausreichendem Maße zu bilden.

Sind in Einzelfragen besondere Spezialkenntnisse erforderlich, empfiehlt sich die Beiziehung eines Sachverständigen für das betreffende Gebiet.

9.2.3. Steuern bei der Ermittlung des Substanzwertes

Sind bei der Berechnung des Substanzwertes die Ansätze von Vermögenswerten höher und jene von Schulden niedriger als die Wertansätze in der Steuerbilanz, ist der Barwert der für diese Unterschiede künftig anfallenden Ertragsteuern als Schuldposten anzusetzen; dasselbe gilt für die Ertragsteuern, die künftig für unversteuerte Rücklagen, welche steuerpflichtig aufzulösen sein werden, anfallen werden. Bei der Ermittlung des Barwertes der künftig anfallenden Steuern sind die Zeitpunkte, in denen die Steuern voraussichtlich fällig werden, sowie allfällige steuerliche Verlustvorträge zu berücksichtigen.

Sind dagegen die Ansätze von Vermögenswerten niedriger und jene von Schulden höher als die entsprechenden Wertansätze in der Steuerbilanz, ist der Barwert der künftigen Steuerersparnisse insoweit anzusetzen, als die Realisierung dieser künftigen Steuerersparnisse mit ausreichender Wahrscheinlichkeit erwartet werden kann.

Die Aussagen der beiden vorangehenden Absätze gelten nur dann, wenn die Unterschiede zwischen dem Substanzwert und den Wertansätzen in der Steuerbilanz durch die Veräußerung des Unternehmens nicht beseitigt werden. Führt die Veräußerung dazu, daß die mit den Wertunterschieden verbundenen Steuern den Veräußerer und nicht den Erwerber treffen, so gehen die steuerlichen Belastungen und allenfalls Entlastungen nur in die subjektiven Wertvorstellungen des Veräußerers ein.

9.3. Behandlung des nicht betriebsnotwendigen Vermögens

Vermögensteile, die für die der Bewertung zugrundegelegte Leistungserstellung nicht notwendig und somit vom Unternehmen abspaltbar sind, zB betrieblich nicht genutzte Grundstücke oder Überbestände an liquiden Mitteln, müssen gesondert erfaßt und bewertet werden. Diese Vermögensteile sind in der Regel mit ihrem Nettoveräußerungserlös anzusetzen. Die steuerlichen Konsequenzen, die sich bei der Veräußerung ergeben, sind zu berücksichtigen.

10. Berechnung des Unternehmenswertes

10.1. Verwendete Symbole

Bei der nachfolgenden Darstellung der unterschiedlichen Methoden werden folgende Symbole verwendet:

U = Unternehmenswert
E = Ertragswert
$e_1, e_2 \ldots e_n$ = Periodenerfolg (Jahreserfolg)
e_z = gleichbleibender Periodenerfolg (Jahreserfolg)
t = Zeitfaktor
$i = \frac{p}{100}$ = Kapitalisierungszinssatz
$v = \frac{1}{1+i}$ = Abzinsungsfaktor
$T_{IV/m}$ = Barwert einer auf m Jahre beschränkten Rente
S = (Netto)Substanzwert (ohne nicht betriebsnotwendiges Vermögen)
W = Wert des nicht betriebsnotwendigen Vermögens
L = Liquidationsüberschuß

10.2. Grundsatz

Grundsätzlich ergibt sich der Unternehmenswert als Barwert der zukünftigen Erfolge (Ertragswert) zuzüglich des Wertes des nicht betriebsnotwendigen Vermögens:

$$U = E + W$$

Die Untergrenze des Ertragswertes bildet der Barwert des aus der Liquidation des betriebsnotwendigen Vermögens erzielbaren Überschusses (Liquidationsüberschuß).

10.3. Der Ertragswert bei unbegrenzter Unternehmensdauer

10.3.1. Der Ertragswert als Ergebnis einer mehrphasigen Diskontierung der zukünftigen Periodenerfolge (Mehrphasenmethode)

Eine genaue Erfolgsplanung ist in der Regel nur für einen beschränkten Zeitraum (etwa 3 bis 5 Jahre) möglich. Liegt eine derartige Erfolgsplanung vor bzw ist sie erstellbar, werden für den Zeitraum m die individuellen Periodenerfolge kapitalisiert; für alle nachfolgenden Perioden werden gleichbleibende Erfolge angesetzt, die als ewige Rente kapitalisiert und auf den Bewertungsstichtag abgezinst werden:

$$E = e_1 \cdot v + e_2 \cdot v^2 + ... e_m \cdot v^m + \frac{e_z}{i} \cdot v^m$$

$$E = \sum_{t=1}^{m} e_t \cdot v^t + \frac{e_z}{i} \cdot v^m$$

10.3.2. Der Ertragswert bei gleichbleibenden Periodenerfolgen

Können für die Zukunft gleichbleibende Periodenerfolge unterstellt werden, ergibt sich der Ertragswert als Barwert einer ewigen Rente:

$$E = \frac{e_z}{i}$$

10.3.3. Der Ertragswert nach der Übergewinnmethode

Die Übergewinnmethode stellt eine Sonderform der Mehrphasenmethode darf bei der die Erfolge, welche die Normalverzinsung übersteigen, nur für einen begrenzten Zeitraum (Übergewinndauer = m) angesetzt werden. Dieser Methode liegt insbesondere die Überlegung zugrunde, daß Erfolge, die über eine normale Verzinsung des eingesetzten Kapitals hinausgehen, vielfach der Ausfluß überdurchschnittlicher Unternehmerleistung, einer guten Konjunkturlage oder einer Monopolstellung sind, und daß diese Einflußfaktoren nur zeitlich begrenzt wirksam sind.

Bei Anwendung der Übergewinnmethode ist es erforderlich, den Substanzwert zu ermitteln, um jenen durch das eingesetzte Kapital fundierten Erfolg abzuleiten, der als nachhaltig angesehen wird.

Die Übergewinndauer hängt von der Beurteilung der in Abschnitt 6.1. angeführten Einflußgrößen auf den Zukunftserfolg ab:

$$E = \sum_{t=1}^{m} (e_t - S \cdot i) v^t + S$$

Können für die Übergewinndauer gleichbleibende Periodenerfolge unterstellt werden, dann gilt:

$$E = (e_z - S \cdot i) T_{IV/m} + S$$

Erreicht der nachhaltige Zukunftserfolg nicht die Verzinsung des Substanzwertes, ist die Übergewinnmethode nicht anwendbar.

10.4. Der Ertragswert bei begrenzter Unternehmensdauer

Ist eine begrenzte Dauer des Unternehmens zu unterstellen (das Unternehmen wird nur über den Zeitraum m, an dessen Ende die Liquidation erfolgt, fortgeführt bzw die weitere Fortführung des Unternehmens ist ungewiß), ergibt sich der Ertragswert als Summe der Barwerte der Zukunftserfolge zuzüglich des Barwertes des Liquidationsüberschusses:

$$E = e_1 \cdot v + e_2 \cdot v^2 + ... e_m \cdot v^m + L_m \cdot v^m = \sum_{t=1}^{m} e_t \cdot v^t + L_m \cdot v^m$$

Liquidationsüberschuß ist die Differenz aus den Brutto-Liquidationserlösen und den Schulden, sonstigen Lasten und Liquidationskosten. Bei der Ermittlung der Brutto-Liquidationserlöse sind für die Vermögenswerte die erzielbaren Verkaufserlöse anzusetzen. Die steuerlichen Auswirkungen des Liquidationsergebnisses sind zu berücksichtigen.

Vielfach wird eine allmähliche Verflüssigung von Teilen des Vermögens zu berücksichtigen sein. Die Teilliquidationserlöse(-überschüsse) sind diesfalls in die Periodenerfolge einzubeziehen. Soweit Anlagen nicht mehr ersetzt werden sollen, erhöhen deren Abschreibungen die Periodenerfolge.

11. Vollständigkeitserklärung, Arbeitspapiere und Berichterstattung

Zur Absicherung des Gutachters soll dieser vom Auftraggeber und von jenen Personen, die ihm gegenüber zur Erteilung von Informationen verpflichtet waren, eine Erklärung über die

Vollständigkeit der ihm für die Bewertung des Unternehmens bekanntgegebenen Daten und erteilten Auskünfte verlangen. Überdies ist eine Erklärung einzuholen, in der die Unternehmensleitung bestätigt, daß die von ihr vorgelegten Plandaten aus heutiger Sicht die erwartete zukünftige Entwicklung zutreffend wiedergeben.

Die Arbeitspapiere dienen einerseits der Dokumentation über den Umfang der geleisteten Arbeiten und andererseits der Ermöglichung des Nachvollzuges der vorgenommenen Bewertungsschritte.

Bei der Berichterstattung (Gutachtenstellung) hat der Gutachter außer der Angabe des Bewertungsanlasses jedenfalls darzustellen, in welcher Funktion er tätig war. Neben der Beschreibung des zu bewertenden Unternehmens ist der Darlegung der Einschätzung der der Bewertung zugrundeliegenden Informationen besonderes Augenmerk zuzuwenden, da damit auch die Sicherheit des Ergebnisses bzw die Annahme von Bandbreiten begründet werden. Das Bewertungsverfahren und die vorgenommenen Bewertungsschritte sind anzugeben. Mit der Darstellung des Ergebnisses samt allfälligen Bemerkungen schließt die Berichterstattung.

Literaturverzeichnis

Aigner, H./*Barisitz*, S./*Fink*, G.: Unternehmensbewertung in Osteuropa: Methoden und Fallstudien, Wiesbaden 1993

Alvano, W.: Unternehmensbewertung auf Grundlage der Unternehmensplanung, 2. Aufl, Köln 1989

Arbeitskreis „Finanzierung" der Schmalenbach-Gesellschaft: Wertorientierte Unternehmenssteuerung mit differenzierten Kapitalkosten, ZfbF 1996, S. 543-578

Arbeitskreis „Unternehmensbewertung" (AKU) des IDW: Erhebung wesentlicher Grundlagen und qualifizierter Daten für eine Unternehmensbewertung, Düsseldorf 1987

Auer, K.: Unternehmensbewertung – Die Bestimmung des Kapitalisierungszinssatzes und des allgemeinen Unternehmensrisikos, RWZ 1994, S. 234-242

Aussenegg, W.: Die Ermittlung der Faktorstruktur, Wiesbaden 1995

Bachl, R.: Unternehmenskauf: Kombinationsmodell noch zeitgemäß?, ecolex 1995, S. 289-293

Bachl, R.: Abfindungsberechtigte Minderheitsgesellschafter und steuerliche Verlustvorträge, ecolex 1996, S. 917-920

Baetge, J. (Hrsg): Akquisition und Unternehmensbewertung, Düsseldorf 1991

Baetge, J./*Krause*, C.: Die Berücksichtigung des Risikos bei der Unternehmensbewertung, BFuP 1994, S. 433-456

Ballwieser, W.: Die Wahl des Kalkulationszinsfußes bei der Unternehmensbewertung unter Berücksichtigung von Risiko und Geldentwertung, BFuP 1981, S. 97-114

Ballwieser, W.: Unternehmensbewertung bei unsicherer Geldentwertung, ZfbF 1988, S. 798-812

Ballwieser, W.: Unternehmensbewertung und Komplexitätsreduktion, 3. Aufl, Wiesbaden 1990

Ballwieser, W.: Unternehmensbewertung mit Hilfe von Multiplikatoren, in: Rückle (Hrsg.): Aktuelle Fragen der Finanzwirtschaft und der Unternehmensbesteuerung, FS Erich Loitlsberger, Wien 1991, S. 47-66

Ballwieser, W.: Methoden der Unternehmensbewertung, in: Gebhardt/Gerke/Steiner (Hrsg): Handbuch des Finanzmanagements, München 1993, S. 151-176

Ballwieser, W.: Adolf Moxter und der Shareholder Value-Ansatz, in: Ballwieser/Böking/Drukarczyk/Schmidt: Bilanzrecht und Kapitalmarkt, Düsseldorf 1994, S. 1378-1405

Ballwieser, W.: Aktuelle Aspekte der Unternehmensbewertung, WPg 1995a, S. 119-129

Ballwieser, W.: Unternehmensbewertung, in: Gerke/Steiner (Hrsg): Handwörterbuch des Bank- und Finanzwesens, 2. Aufl Stuttgart 1995b, Sp. 1867-1882

Ballwieser, W.: Unternehmensbewertung und Steuern, in: Elschen/Siegel/Wagner (Hrsg): Unternehmenstheorie und Besteuerung, FS Dieter Schneider, Wiesbaden 1995c, S. 15-37

Ballwieser, W./*Leuthier*, R.: Grundprinzipien, Verfahren und Probleme der Unternehmensbewertung, DStR 1986, S. 545-551 und S. 604-610

Bamberg, G./*Coenenberg*, A.: Betriebswirtschaftliche Entscheidungslehre, 8. Aufl, München 1994

Barthel, C.W.: Der Markt bestimmt die Bewertungsmethode, DB 1990, S. 1145-1152

Barthel, C.W.: Unternehmenswert: Die nutzenorientierten Bewertungsverfahren, DStR 1995a, S. 343-351

Barthel, C.W.: Unternehmenswert: Die einzelwirtschaftsgüterorientierten Bewertungsverfahren, DStR 1995b, S. 1684-1691

Barthel, C.W.: Unternehmenswert: Die vergleichsorientierten Bewertungsverfahren, DB 1996a, S. 149-163

Barthel, C.W.: Unternehmenswert: Die zuschlagsorientierten Bewertungsverfahren, DB 1996b, S. 1349-1358

Barthel, C.W.: Unternehmenswert: Grundlagen und Varianten des Umsatzverfahrens, DStR 1996c, S. 1458-1464

Barthel, C.W.: Unternehmenswert: Theoretische Fundierung des Umsatzverfahrens, DStR 1996d, S. 1701-1707

Bartke, G.: Zur Bedeutung des Liquidationswertes als Wertuntergrenze – Ein Beitrag zur realitätsnäheren Weiterentwicklung der Lehre von der Unternehmensbewertung, BFuP 1981, S. 393-406

Bauer, C.: Das Risiko von Aktienanlagen, Köln 1992

Bellinger, B./*Vahl*, G.: Unternehmensbewertung in Theorie und Praxis, 2. Aufl, Wiesbaden 1992

Bender, J./*Lorson*, P.: Grundlagen und Rahmenbedingungen der Unternehmensbewertung – Anmerkung zur Funktionsabhängigkeit von Unternehmenswerten, BuW 1994, S. 661-665

Bender, J./*Lorson*, P.: Klassische Verfahren der Unternehmensbewertung (I) – Überblick und Einführung in das Substanzverfahren, BuW 1995, S. 109-113

Bender, J./*Lorson*, P.: Verfahren der Unternehmensbewertung (II): Das Ertragswertverfahren nach der HFA-Stellungnahme 2/1983, BuW 1996a, S. 1-6

Bender, J./*Lorson*, P.: Verfahren der Unternehmensbewertung (III): Kritische Würdigung des Ertragswertverfahrens nach HFA-Stellungnahme 2/1983, BuW 1996b, S. 650-654

Bender, J./*Lorson*, P.: Verfahren der Unternehmensbewertung (IV): Discounted-Cash-flow Verfahren und Anmerkung zu Shareholder-Value-Konzepten, BuW 1997, S. 1-9

Bertl, R.: Der steueroptimale Kauf von Anteilen an Kapitalgesellschaften, SWK 1990, S. A I 136-140

Bertl, R.: Endbesteuerung und Unternehmensbewertung, RWZ 1993, S. 84-89

Bertl, R./*Fattinger*, S.: Unternehmensbewertung. Die Stichtagsbezogenheit der Zeitwertermittlung, JfB 1985, S. 206-221

Bimberg, L.H.: Langfristige Renditenberechnung zur Ermittlung von Risikoprämien, Frankfurt a.M. 1991

Blex, W./*Marchal*, G.: Risiken im Akquisitionsprozeß – Ein Überblick, BFuP 1990, S. 85-103

Blohm, H./*Lüder*, K.: Investition, 8. Aufl, München-Wien 1995

Böcking, H.-J.: Das Verbundprinzip als Grundsatz ordnungsmäßiger Unternehmensbewertung, in: Ballwieser/Böckinger/Drukarczyk/Schmidt (Hrsg.): Bilanzrecht und Kapitalmarkt, FS Adolf Moxter, Düsseldorf 1994, S. 1408-1434

Born, K.: Arbeitsmappe Unternehmensanalyse und Unternehmensbewertung – Fragebogen zur Sammlung von Informationen und Daten, Stuttgart 1991

Born, K.: Unternehmensanalyse und Unternehmensbewertung, Stuttgart 1995

Born, K.: Überleitung von der Discounted-Cash-flow-Methode (DCF-Methode) zur Ertragswertmethode bei der Unternehmensbewertung, DB 1996, S. 1885-1889

Börner, D.: Unternehmensbewertung, in: Albers u.a. (Hrsg): Handwörterbuch der Wirtschaftswissenschaften, Bd. 8, Stuttgart-New York, 1980, S. 111-123

Börsig, C.: Unternehmenswert und Unternehmensbewertung, ZfbF 1993, S. 79-91

Brealey, R.A./*Myers*, S.C.: Principles of Corporate Finance, 4th ed., New York u.a. 1991

Bretzke, W.R.: Zur Frage der Überprüfbarkeit von Prognosen im Geschäftsbericht, WPg 1974, S. 292-296

Bretzke, W.R.: Das Prognoseproblem bei der Unternehmensbewertung, Düsseldorf 1975a

Bretzke, W.R.: Funktionen und Folgen der Verwendung objektivistischer Wertkonventionen bei der Unternehmensbewertung, Wpg 1975b, S. 125-131

Bretzke, W.R.: Zur Berücksichtigung des Risikos bei der Unternehmensbewertung, ZfbF 1976a, S. 153-165

Bretzke, W.R.: Zur Problematik des Objektivitätsanspruchs in der Unternehmensbewertungslehre. Ein Nachtrag zu einem Methodenstreit, BFuP 1976b, S. 543-553

Bretzke, W.R.: Unternehmensbewertung in dynamischen Märkten, BFuP 1993, S. 39-45

Bruckner, K. E.: Optimale steuerliche Strategien bei M&A-Transaktionen, SWK 1991, S. A I 402-420

Buchmann, R./*Chmielewicz*, K. (Hrsg.): Finanzierungsrechnung. Empfehlungen des Arbeitskreises "Finanzierungsrechnung" der Schmalenbach-Gesellschaft, ZfbF-Sonderheft 26, Düsseldorf 1990

Buchner, R.: Zum Shareholder-Value-Ansatz, WiSt 1994, S. 513-516

Buchner, R.: Marktorientierte Unternehmensbewertung, in: Seicht (Hrsg): Jahrbuch für Controlling und Rechnungswesen '95, Wien 1995, S. 401-427

Buchner, R./*Englert*, J.: Die Bewertung von Unternehmen auf der Basis des Unternehmensvergleichs, BB 1994, S. 1573-1580

Bühner, R.: Das Management-Wert-Konzept, Stuttgart 1990

Bühner, R.: Shareholder Value – Eine Analyse von 50 großen Aktiengesellschaften in der Bundesrepublik Deutschland, DBW 1993, S. 749-769

Bühner, R.: Kapitalmarktorientierte Unternehmenssteuerung, WiSt 1996, S. 334-338

Bühner, R./*Weinberger*, H.J.: Cash-Flow und Shareholder Value, BFuP 1991, S. 187-208

Busse von Colbe, W.: Der Zukunftserfolg, Wiesbaden 1957

Busse von Colbe, W.: Die Rechtsprechung zur Bewertung ertragsschwacher Unternehmen, BFuP 1984, S. 508-517

Busse von Colbe, W.: Kapitalflußrechnung, in: Chmielewicz/Schweitzer (Hrsg): HWR, 3. Aufl, Stuttgart 1993, Sp. 1074-1085

Busse von Colbe, W./*Laßmann*,G.: Betriebswirtschaftstheorie, Bd. 3: Investitionstheorie, 2. Aufl, Berlin u.a. 1990

Bussiek, J.: Wie entsteht eine Unternehmensplanung, 2. Aufl, Wiesbaden 1991

Coenenberg, A.G.: Unternehmensbewertung mit Hilfe der Monte-Carlo-Simulation, ZfB 1970, S. 793-804

Coenenberg, A.G.: Das Informationsproblem in der entscheidungsorientierten Unternehmensbewertung, ZIR 1971, S. 57-76

Coenenberg, A.G.: Entscheidungsorientierte Unternehmensbewertung und „Ertragsschwäche", BFuP 1984, S. 497-507

Coenenberg, A.G.: Jahresabschluß und Jahresabschlußanalyse, 14. Aufl, Landsberg am Lech 1993

Coenenberg, A.G./*Sautter*, M.T.: Strategische und finanzielle Bewertung von Unternehmensakquisitionen, DBW 1988, S. 691-710

Copeland, T./*Koller*, T./*Murrin*, J.: Unternehmenswert – Methoden und Strategien für eine wertorientierte Unternehmensführung, Frankfurt-New York 1993

Copeland, T./*Koller*, T./*Murrin*, J.: Valuation – Measuring and Managing the Value of Companies, 2nd ed., New York u.a. 1994

Copeland, T./*Weston*, J.: Financial Theory and Corporate Policy, Reading 1988

Damodaran, A.: Damodaran on Valuation, New York u.a. 1994

Diedrich, R.: Substanzwertorientierte Verfahren zur Bewertung von Unternehmen in der ehemaligen DDR, BFuP 1991, S. 155-167

Dirrigl, H.: Die Bewertung von Beteiligungen an Kapitalgesellschaften, Hamburg 1988

Dirrigl, H.: Die Angemessenheit des Umtauschverhältnisses bei einer Verschmelzung, WPg 1989a, S. 454-462

Dirrigl, H.: Neue Rechtsprechung zur Verschmelzung und Verschmelzungsprüfung, WPg 1989b, S. 617-618

Dirrigl, H.: Konzepte, Anwendungsbereiche und Grenzen einer strategischen Unternehmensbewertung, BFuP 1994, S. 409-432

Dörfler, W./*Gahler*, W./*Unterstrasser*, S./*Wirichs*, R.: Probleme bei der Wertermittlung von Abfindungsangeboten, BB 1994, S. 156-161

Dörner, W.: Der Wirtschaftsprüfer als unparteiischer Gutachter bei der Bewertung von Unternehmen, BFuP 1976, S. 505-516

Dörner, W.: Überlegungen zu Theorie und Praxis der subjektiven Unternehmensbewertung – die Funktionen des Wirtschaftsprüfers als Gutachter, WPg 1981, S. 202-208

Doralt, W./*Ruppe*, H.-G.: Grundriß des österreichischen Steuerrechts, Bd. I, 5. Aufl, Wien 1994

Drukarczyk, J.: Zum Problem der angemessenen Barabfindung bei zwangsweise ausscheidenden Anteilseignern, AG 1973, S. 357-365

Drukarczyk, J.: Was kosten betriebliche Altersversorgungszusagen, DBW 1990, S. 333-353

Drukarczyk, J.: Theorie und Politik der Finanzierung, 2. Aufl, München 1993

Drukarczyk, J.: Finanzierung über Pensionsrückstellungen, in: Gebhardt/Gerke/Steiner (Hrsg): Handbuch des Finanzmanagements, München 1993, S. 230-260

Drukarczyk, J.: DCF-Methoden und Ertragswertmethode – Einige klärende Anmerkungen, WPg 1995, S. 329-334

Drukarczyk, J.: Unternehmensbewertung, München 1996

Drukarczyk, J./*Richter*, F.: Unternehmensgesamtwert, anteilsorientierte Finanzentscheidungen und APV-Ansatz, DBW 1995, S. 560-580

Egger, A.: Die Auswirkungen der Steuerbelastung auf den Wert eines Unternehmens unter besonderer Berücksichtigung der Kapitalgesellschaft, in: Doralt u.a. (Hrsg): Die Besteuerung der Kapitalgesellschaft, FS Egon Bauer, Wien 1986, S. 9-24

Egger, A.: Stellungnahme zum Fachgutachten Unternehmensbewertung, JfB 1990, S. 111-117

Egger, A./*Samer*, H.: Der Jahresabschluß nach dem Handelsgesetzbuch, Bd. 1: Der Einzelabschluß, 5. Aufl, Wien 1996

Egger, A./*Winterheller*, M: Kurzfristige Unternehmensplanung, 9. Aufl, Wien 1996

Erhardt, M.C.: The Search for Value: Measuring the Company's Cost of Capital, Boston 1994

Elsner, B.: Untergrenzen der Unternehmensbewertung, ecolex 1996, S. 920-923

Engel, C.: Abfindungsklauseln – Eine systematische Übersicht, NJW 1986, S. 345-350

Engel, D./*Giese*, R.: Die Bedeutung des Verkehrswertes einer Unternehmung im Rahmen einer zweckbezogenen (entscheidungsorientierten) Unternehmensbewertung, WPg 1983, S. 269-276

Engels, W.: Betriebswirtschaftliche Bewertungslehre im Licht der Entscheidungstheorie, Köln-Opladen 1962

Fasselt, T.: Ausschluß von Zugewinnausgleichs- und Pflichtteilsansprüchen bei Beteiligungen an Familienunternehmen, DB 1982, S. 939-944

Fattinger, S.: Investitionsentscheidungen im Wirtschaftstreuhandbetrieb und Kanzleibewertung, in: Bertl/Mandl/Mandl (Hrsg): Handbuch der Wirtschaftstreuhänder, Wien 1989, S. 214-255

Fischer, E.: Finanzwirtschaft für Anfänger, München-Wien 1996a

Fischer, E.: Finanzwirtschaft für Fortgeschrittene, München-Wien 1996b

Fischer, E./*Maringer*, D.: Risiken am österreichischen Kapitalmarkt I: Historische Schätzer, Manuskript Universität Wien 1996a

Fischer, E./*Maringer*, D.: Risiken am österreichischen Kapitalmarkt II: Analysen, Manuskript der Universität Wien 1996b

Fischer-Winkelmann, W.F./*Beck*, P.: Zur Bedeutung der Ertragswertmethode für Unternehmenskäufe in der Praxis, in: Seicht (Hrsg): Jahrbuch für Controlling und Rechnungswesen ´96, Wien 1996, S. 89-122

Franke, G./*Hax*, H.: Finanzwirtschaft des Unternehmens und Kapitalmarkt, 3. Aufl, Berlin u.a. 1994

Freygang, W.: Kapitalkostenallokation in diversifizierten Unternehmen, Wiesbaden 1993

Friedl, P.J.: Kapitalflußrechnung und Liquiditätsanalyse, Wien 1995

Frühwirt, W.: Operative Unternehmensplanung auf Excel, Wien 1996

Gehringer, C.: Der Einfluß latenter Chancen und Risken im Pflichtteilsrecht unter besonderer Berücksichtigung gesellschaftsvertraglicher Abfindungsklauseln, Frankfurt a.M. u.a. 1989

Georgi, A.: Steuern in der Investitionsplanung, Hamburg 1986

Gerling, C.: Unternehmensbewertung in den USA, Bergisch Gladbach-Köln 1985

Geyer, A./*Hauer*, S.: ARCH-Modelle zur Messung des Marktrisikos, ZfbF 1991, S. 65-74

Gomez, P.: Wertsteigerung durch Akquisition, DU 1989, S. 441-452

Gomez, P./*Weber*, B.: Akquisitionsstrategie – Wertsteigerung durch Übernahme von Unternehmungen, Stuttgart 1989

Göppl, H.: Unternehmensbewertung und Capital-Asset-Pricing-Theorie, WPg 1980, S. 237-245

Gratz, K.: Unternehmensbewertung bei progressiver Einkommensbesteuerung, ZfbF 1981, S. 981-991

Gröhs, B./*Bitzyk*, P.: Das Strukturanpassungsgesetz und die entgeltliche Unternehmensübertragung, ecolex 1996, S. 399-405

Großfeld, B.: Zweckmäßige Abfindungsklauseln, AG 1988, S. 217-223

Großfeld, B.: Unternehmens- und Anteilsbewertung im Gesellschaftsrecht, 3. Aufl, Köln 1994

Haase, K.D.: Einfluß der Besteuerung auf die Bewertung ertragsschwacher Unternehmungen, BFuP 1984, S. 518-531

Hachmeister, D.: Der Discounted Cash Flow als Maß der Unternehmenswertsteigerung, Frankfurt a.M. u.a. 1995

Hachmeister, D.: Die Abbildung der Finanzierung im Rahmen verschiedener Discounted Cash Flow-Verfahren, ZfbF 1996, S. 251-277

Hackmann, A.: Unternehmensbewertung und Rechtsprechung, Wiesbaden 1987

Haegert, L./*Schwab*, H.: Subventionierung direkter Pensionszusagen im Vergleich zu einer neutralen Besteuerung, DBW 1990, S. 85-102

Hafner, R.: Unternehmensbewertungen als Instrument zur Durchsetzung von Verhandlungspositionen, BFuP 1993, S. 79-89

Hahn, D.: Planung und Kontrolle, 5. Aufl, Wiesbaden 1996

Hammer, R.M.: Unternehmensplanung, 6. Aufl, München 1995

Hartmann, B.: Der ausscheidende Gesellschafter in der Wirtschaftspraxis. Gesellschaftsrechtliche, steuerrechtliche und betriebswirtschaftliche Darstellung, insbesondere der Ausschließung und Abfindung, 4. Aufl, Köln 1983

Hax, H.: Investitionstheorie, 5. Aufl, Würzburg-Wien 1985

Heidinger, G.: Besteuerung der Ersparnisse im Konflikt zwischen Anonymität und Steuerpflicht, in: Seicht (Hrsg): Jahrbuch für Controlling und Rechnungswesen ′92, Wien 1992, S. 243-268

Heidinger, G. u.a.: Rechtsformgestaltung II, Wien 1994

Helbling, C.: Unternehmensbewertung und Steuern, 8. Aufl, Düsseldorf 1995

Herter, R.N.: Unternehmenswertorientiertes Management, München 1994

Hertz, D.B.: Risk Analysis in Capital Investment, in: HBR 1964, S. 95-106

Herzig, N.: Steuerorientierte Grundmodelle des Unternehmenskaufs, DB 1990, S. 133-138

Hetzel, H.: Stichtagszins oder zukünftiger Zins zur Ertragswertermittlung im Rahmen der modernen Unternehmensbewertung, BB 1988, S. 725-728

Hinterhuber, H.H.: Strategische Unternehmensplanung, 5. Aufl, Berlin 1992

Holzer, H.P./*Aigner*, H.: Shareholder Value in Theorie und Praxis, RWZ 1996, S. 271-275

Hostettler, S.: „Economic Value Added" als neues Führungsinstrument, ST 1995 S. 307-315

Ibbotson, R./*Brinson*, G.: Global Investing, New York u.a. 1993

IDW (Hrsg): WP-Handbuch 1992, Bd. II, Düsseldorf 1992

Jaensch, G.: Ein einfaches Modell der Unternehmensbewertung ohne Kalkulationszinsfuß, ZfbF 1966a, S. 660-679

Jaensch, G.: Wert und Preis der ganzen Unternehmung, Köln-Opladen 1966b

Jaensch, G.: Unternehmensbewertung bei Akquisition in den USA, ZfbF 1989, S. 329-339

Janschek, O.: Unternehmensbewertung und Risiko, in: Seicht (Hrsg): Jahrbuch für Controlling und Rechnungswesen '89, Wien 1989, S. 97-126

Jonas, M.: Unternehmensbewertung: Zur Anwendung der Discounted-Cash-flow-Methode in Deutschland, BFuP 1995, S. 83-98

Jud, W.: Der Firmenwertausschluß in Auseinandersetzungsregelungen, GesRZ 1980, S. 56-60

Kirsch, H.J./*Krause*, C.: Kritische Überlegungen zur Discounted Cash Flow-Methode, ZfB 1996, S. 793-813

Klein, W./*Paarsch*, A.: Schwierigkeiten bei der Bewertung von Unternehmen in den fünf neuen Ländern, BFuP 1991, S. 11-22

Klien, W.: Wertsteigerungsanalyse und Messung von Managementleistungen, Wiesbaden 1995

Knobbe-Keuk, B.: Bilanz- und Unternehmenssteuerrecht, 9. Aufl, Köln 1993

Knüsel, D.: Unternehmensbewertung in der Schweiz, ST 1992, S. 309-314

Koch, H.: Zur Frage der Vereinheitlichung subjektiver Risikoschätzungen der Anteilseigner im Investitionskalkül, in: Albach/Delfmann (Hrsg): Dynamik und Risikofreude in der Unternehmensführung, Wiesbaden 1995, S. 15-32

Königsmaier, H.: Kapitalflußrechnungsstandards im Vergleich, in: Seicht (Hrsg): Jahrbuch für Controlling und Rechnungswesen '96, Wien 1996, S. 123-154

Koppensteiner, H.-G.: Kommentierung zu § 305 AktG, in: Zöllner (Hrsg): Kölner Kommentar zum Aktiengesetz, Bd. 6, 2. Aufl, Köln u.a. 1987

Koppensteiner, H.-G.: Kommentierung zu Art. 7 Nr. 15 EVHGB, in: Straube (Hrsg): Kommentar zum Handelsgesetzbuch, Bd. 1, 2. Aufl, Wien 1995

Koth, A.: Der Kalkulationszinsfuß zur Berechnung von Ertragswerten, RWZ 1997, S. 21-26

Krag, J.: Konfliktbezogene Unternehmensbewertung. Die Bestimmung eines Unternehmenswertes zur Lösung von Konfliktfällen durch einen neutralen Gutachter, Meisenheim am Glan 1975

Krag, J.: Die Berücksichtigung der Ungewißheit in der Unternehmensbewertung mit Hilfe eines modifizierten Ertragswertkalküls, ZfB 1978, S. 439-451

Kraus-Gruenewald, M.: Gibt es einen objektiven Unternehmenswert?, BB 1995, S. 1684-1690

Kromschröder, B.: Unternehmensbewertung und Risiko: Der Einfluß des Risikos auf den subjektiven Wert von Unternehmensbeteiligungen im Rahmen einer optimalen Investitions- und Finanzierungspolitik des Investors, Berlin-Heidelberg-New York 1979

Kruschwitz, L.: Investitionsrechnung, 6. Aufl, Berlin-New York 1995

Kruschwitz, L./*Milde*, H.: Geschäftsrisiko, Finanzierungsrisiko und Kapitalkosten, ZfbF 1996, S. 1115-1132

Kümmel, A.T.: Bewertung von Kreditinstituten nach dem Shareholder-Value-Ansatz, Ludwigsburg-Berlin 1994

Künnemann, M.: Objektivierte Unternehmensbewertung, Frankfurt a.M. u.a. 1985

Lanfermann, J.: Unternehmensbewertung in den neuen Bundesländern, in: Baetge (Hrsg): Akquisition und Unternehmensbewertung, Düsseldorf 1991, S. 117-128

Lang, M.: Fremdkapitalzinsen zur Finanzierung der Anschaffung von Beteiligungen abzugsfähig?, ecolex 1995, S. 507-509

Laux, C.: Handlungsspielräume im Leistungsbereich des Unternehmens: Eine Anwendung der Optionspreistheorie, ZfbF 1993, S. 933-958

Laux, H.: Flexible Investitionsplanung, Köln-Opladen 1971

Laux, H.: Unternehmensbewertung bei Unsicherheit, ZfB 1971, S. 525-540

Lehmann, S.: Neue Wege in der Bewertung börsennotierter Aktiengesellschaften, Wiesbaden 1994

Leuthier, R.; Zur Berücksichtigung der Besteuerung bei der Unternehmensbewertung, BFuP 1988, S. 505-521

Leuthier, R.: Das Interdependenzproblem bei der Unternehmensbewertung, Frankfurt a.M. u.a. 1988

Lewis, Th.G.: Steigerung des Unternehmenswertes, Landsberg am Lech 1994

Leyh, H.M.: Möglichkeiten der Unternehmensbewertung in Osteuropa unter Berücksichtigung der Erfahrungen in der ehemaligen DDR, Diss. Graz 1996

Lintner, J.: The Valuation of Risk Assets and the Selection of Risky Investments in Stock Portfolios and Capital Budgets, Review of Economics and Statistics 1965, S. 13-37

List, S.: Die Bewertung der GmbH – Eine theoretische Analyse der körperschaftsteuerlichen Probleme, Frankfurt a.M. 1987

Löhr, D.: Die Grenzen des Ertragswertverfahrens: Kritik und Perspektiven, Frankfurt a.M. u.a. 1994

Loitlsberger, E.: Substanzwertabfindung und negativer Firmenwertabschlag, GesRZ 1979, S. 146-153

Loitslberger, E.: Zum Firmenwertausschluß in Auseinandersetzungsregelungen, GesRZ 1980, S. 190-202

Lück, W.: Ausgaben und Einnahmen, in: Chmielewicz/Schweitzer (Hrsg.): HWR, 3. Aufl, Stuttgart 1993, Sp. 102-108

Lutz, H.: Zum Konsens und Dissens in der Unternehmensbewertung, BFuP 1981, S. 146-155

Lutz, H.: Zum Wert körperschaftsteuerlicher Verlustvorträge bei der Ertragswertermittlung, BFuP 1993, S. 67-77

Mag, W.: Planung, in: Bitz u.a. (Hrsg): Vahlens Kompendium der Betriebswirtschaftslehre, Bd. 2, 3. Aufl, München 1993, S. 1-58

Mandl, G.: Der Einfluß der Steuerreform auf den Unternehmenswert von Kapitalgesellschaften, in: Bertl/Mandl/Mandl/Ruppe (Hrsg): Die Kapitalgesellschaft nach der Steuerreform 1988, Wien 1989, S. 99-112

Mandl, G.: Steuerreform und Unternehmensbewertung, in: Bertl/Mandl/Mandl/Ruppe (Hrsg): Steuerreform 1993, Wien 1994, S. 87-102

Mandl, G.: Steuersystem und Unternehmensbewertung, in: Bertl (Hrsg): Praxis und Zukunft der Unternehmensbesteuerung, Wien 1995, S. 295-306

Mandl, G.: Discounted Cash-flow-Verfahren: Ein Verfahrensvergleich, in: Kofler u.a. (Hrsg): Betriebswirtschaftliches Prüfungswesen in Österreich, FS Karl Vodrazka, Wien 1996, S. 405-424

Mandl, G./*Kleiner*, F.: Die Berufsgrundsätze der Wirtschaftstreuhänder, in: Bertl u.a. (Hrsg): Handbuch für Wirtschaftstreuhänder, Wien 1989, S. 25-54

Mandl, G./*Rabel*, K.: Analyse der Finanzlage durch eine Kapitalflußrechnung, RWZ 1991a, S. 23-28

Mandl, G./*Rabel*, K.: Unternehmensbewertung und Pflichtteilsbemessung. Zur Relevanz von Finanzierungs- und Ertragsteuerwirkungen, in: Rückle (Hrsg): Aktuelle Fragen der Finanzwirtschaft und der Unternehmensbesteuerung, Wien 1991b, S. 447-472

Mandl, G./*Rabel*, K.: Unternehmensplanung und Unternehmensbewertung – Komplexitätsreduktion durch Einsatz von „value drivers"?, in: Bertl/Mandl (Hrsg): Rechnungswesen und Controlling, FS Anton Egger, Wien 1997 (in Druck)

Matkovits, G./*Vogel*, M.: Risikomessung und Risikodiversifikation bei österreichischen Aktien, ÖBA 1991, S. 703-711

Matschke, M.J.: Der Entscheidungswert der Unternehmung, Wiesbaden 1975

Matschke, M.J.: Funktionale Unternehmungsbewertung, Bd. II: Der Arbitriumwert der Unternehmung, Wiesbaden 1979

Matschke, M.J.: Unternehmensbewertung in dominierten Konfliktsituationen am Beispiel der Bestimmung der angemessenen Barabfindung für den ausgeschlossenen oder ausscheidungsberechtigten Minderheits-Kapitalgesellschafter, BFuP 1981, S. 115-129

Matschke, M.J.: Geldentwertung und Unternehmensbewertung, WPg 1986, S. 549-555

Matschke, M.J.: Unternehmensbewertung, in: Lück (Hrsg): Lexikon der Betriebswirtschaft, 5. Aufl, Landsberg am Lech 1993, S. 1240-1241

Maul, K.H.: Unternehmensbewertung bei Unsicherheit, WPg 1976, S. 573-579

Mellerowicz, K.: Der Wert der Unternehmung als Ganzes, Essen 1952

Meyersiek, D.: Unternehmenswert und Branchendynamik, BFuP 1991, S. 233-240

Mittermair, K.: Unternehmensbewertung aus internationaler Sicht, RWZ 1992, S. 249-252

Mittermair, K.: Zuschläge und Abschläge bei der Bewertung von Anteilen mit und ohne Börsenkurs, RWZ 1995, S. 148-153

Möller, H.P.: Die Bewertung risikobehafteter Anlagen an deutschen Wertpapierbörsen, ZfbF 1988, S. 779-797

Morawietz, M.: Rentabilität und Risiko deutscher Aktien- und Rentenanlagen seit 1870, Wiesbaden u.a. 1994

Moschner, M.: Österreichs M&A-Markt 1993, ÖBA 1994, S. 310-314

Mossin, J.: Equilibrium in a Capital Asset Market, Econometrica 1966, S. 768-783

Moxter, A.: Multi-Ertragswert-Methode – Ein Beitrag zur Wiederannäherung von Theorie und Praxis der Unternehmensbewertung, DU 1976, S. 189-201

Moxter, A.: Die Bedeutung der Grundsätze ordnungsmäßiger Unternehmensbewertung, ZfbF 1980, S. 454-459

Moxter, A.: Grundsätze ordnungsmäßiger Unternehmensbewertung, 2. Aufl, Wiesbaden 1983

Moxter, A.: Unternehmens- und Praxisübertragungen, BB 1995, S. 1518-1520

Münstermann, H.: Wert und Bewertung der Unternehmung, Wiesbaden 1966

Münstermann, H.: Wert und Bewertung der Unternehmung, 3. Aufl, Wiesbaden 1970

Nadvornik, W.: Finanzwirtschaftliche Unternehmensbewertung, RWZ 1995, S. 374-379

Neuhaus, C.: Unternehmensbewertung und Abfindung, Heidelberg 1990

Ossadnik, W.: Unternehmensbewertung und Besteuerungswirkungen, WiSt 1992, S. 633-636

Ossadnik, W.: Willkürfreie Konfliktlösung durch mengeninduzierte Gesamtwertzurechnung?, BFuP 1993, S. 46-58

Peemöller, V.H.: Stand und Entwicklung der Unternehmensbewertung – Eine kritische Bestandsaufnahme, DStR 1993, S. 409-415

Peemöller, V.H./*Bömelburg*, P.: Unternehmensbewertung ertragsschwacher Unternehmen in den neuen Bundesländern und in Osteuropa, BuW 1994, S. 73-80

Peemöller, V.H./*Bömelburg*, P./Denkmann, A.: Unternehmensbewertung in Deutschland – Eine empirische Erhebung, WPg 1994, S. 741-749

Peemöller, V.H./*Keller*, B./*Rödl*, M.: Verfahren strategischer Unternehmensbewertung, DStR 1996, S. 74-79

Peemöller, V.H./*Meyer-Pries*, L.: Unternehmensbewertung in Deutschland, DStR 1995, S. 1202-1208

Perridon, L./*Steiner*, M.: Finanzwirtschaft der Unternehmung, 8. Aufl, München 1995

Pichler, S.: Ermittlung der Zinsstruktur, Wiesbaden 1995

Piltz, D.: Die Unternehmensbewertung in der Rechtsprechung, 3. Aufl, Düsseldorf 1994

Pratt, S./*Reilly*, R./*Schweihs*, R.: Valuing a Business, 3rd ed., Chicago u.a. 1996

Prietze, O./*Walker*, A.: Der Kapitalisierungszinsfuß im Rahmen der Unternehmensbewertung, DBW 1995, S. 199-211

Pümpin, C.: Strategische Unternehmensbewertung, ST 1990, S. 553-556

Rabel, K.: Einfluß der Ertragsbesteuerung auf die Bemessung unternehmenswertabhängiger Abfindungen, Diss. Graz 1990

Rabel, K.: Rechtsformentscheidung und Umgründungsstrategie, in: Bertl/Mandl/ Mandl/Ruppe (Hrsg): Steuerplanung, Wien 1997 (in Druck)

Ränsch, U.: Die Bewertung von Unternehmen als Problem der Rechtswissenschaften – Zur Bestimmung der angemessenen Abfindung für ausscheidende Kapitalgesellschafter, AG 1984, S. 202-212

Rappaport, A.: Creating Shareholder Value, New York u.a. 1986

Rappaport, A.: Shareholder Value – Wertsteigerung als Maßstab für die Unternehmensführung, Stuttgart 1995

Reich-Rohrwig, J.: Das österreichische GmbH-Recht in systematischer Darstellung, Wien 1983

Ribbert, B.: Entscheidungsorientierte Bewertungsmodelle und Unternehmensbewertung durch einen neutralen Sachverständigen, ZfB 1977, S. 599-603

Richter, F.: Die Finanzierungsprämissen des Entity-Ansatzes vor dem Hintergrund des APV-Ansatzes zur Bestimmung von Unternehmenswerten, ZfbF 1996, S. 1076-1097

Richter, F./*Stiglbrunner*, K.: Anwendung des Unternehmenswert-Konzeptes in Deutschland, in: Copeland/Koller/Murrin: Unternehmenswert: Methoden und Strategien für eine wertorientierte Unternehmensführung, Frankfurt a.M. 1993, S. 409-424

Richter, F./*Simon-Keuenhof*, K.: Bestimmung durchschnittlicher Kapitalkostensätze deutscher Industrieunternehmen – Eine empirische Untersuchung, BFuP 1996, S. 698-708

Rief, R.: Unternehmens(ver)kauf: Neue steuerliche Rahmenbedingungen, ecolex 1995, S. 285-289

Röhrenbacher, H: Unternehmensbewertung mit Gewinnen oder Cash-flows, RWZ 1992, S. 56-60

Röttger, B.: Das Konzept des Added Value als Maßstab für finanzielle Performance, Kiel 1994

Rolfes, B.: Marktzinsorientierte Investitionsrechnung, ZfB 1993, S. 691-712

Ross, S.A.: The Arbitrage Theory of Capital Asset Pricing, Journal of Economic Theory 1976, S. 341-360

Rudolph, B.: Kapitalkosten bei unsicheren Erwartungen, Berlin u.a. 1979

Runke, K.: Unternehmensbewertung: Ermittlung der Preisobergrenzen bei strategisch motivierten Akquisitionen, DB 1991, S. 1889-1893

Sach, A.: Kapitalkosten der Unternehmung und ihre Einflußfaktoren, Aachen 1995

Sanfleber-Decher, M.: Unternehmensbewertung in den USA, WPg 1992, S. 597-603 und S. 1145-1152

Scharlemann, U.: Finanzwirtschaftliche Synergiepotentiale von Mergers und Acquisitions, Bern-Stuttgart-Wien 1996

Schildbach, T.: Die Berücksichtigung der Geldentwertung bei der Unternehmensbewertung, in: Goetzke/Sieben (Hrsg): Moderne Unternehmensbewertung und Grundsätze ihrer ordnungsmäßigen Durchführung, Köln 1977, S. 225-235

Schildbach, T.: Der Wirtschaftsprüfer als Gutachter in Fragen der Unternehmensbewertung: Möglichkeiten und Grenzen aus der Sicht der Berufspflichten des Wirtschaftsprüfers, WPg 1981, S. 193-201

Schildbach, T.: Zur Beurteilung von gesetzlicher Abfindung und vertraglicher Buchwertabfindung unter Berücksichtigung einer potentiellen Ertragsschwäche der Unternehmung, BFuP 1984, S. 532-543

Schildbach, T.: Entscheidung, in: Bitz u.a. (Hrsg): Vahlens Kompendium der Betriebswirtschaftslehre, Bd. 2, 3. Aufl, München 1993a, S. 59-100

Schildbach, T.: Kölner versus phasenorientierte Funktionenlehre der Unternehmensbewertung, BFuP 1993b, S. 25-38

Schildbach, T.: Der Verkäufer und das Unternehmen „wie es steht und liegt", ZfbF 1995, S. 620-632

Schmalenbach, E.: Die Werte und Unternehmungen in der Schätzungstechnik, ZfhF 1917/18, S. 1-20

Schmalenbach, E.: Die Beteiligungsfinanzierung, 9. Aufl, Köln-Opladen 1966

Schmidt, J.G.: Die Discounted Cash-flow-Methode – Nur eine kleine Abwandlung der Ertragswertmethode?, ZfbF 1995, S. 1088-1118

Schmidt, R.: Das Shareholder Value-Konzept, in: Fritsch/Liener/Schmidt (Hrsg): Die deutsche Aktie, Stuttgart 1993, S. 277-296

Schmidt, R.H./*Terberger*, E.: Grundzüge der Investitions- und Finanzierungstheorie, 3. Aufl, Wiesbaden 1996

Schneeweiß, H.: Entscheidungskriterien bei Risiko, Berlin u.a. 1967

Schneider, D.: Investition, Finanzierung und Besteuerung, 7. Aufl, Wiesbaden 1992

Schneider, D.: Betriebswirtschaftslehre, Bd. 2: Rechnungswesen, München Wien 1994

Schneider, J.: Die Ermittlung strategischer Unternehmenswerte, BFuP 1988, S. 522-531

Schulze, S.: Berechnung von Kapitalkosten, Wiesbaden 1994

Schwarz-Vartok, C./*Spandl*, F.: Unternehmensbewertung auf Basis von Free Cash-flow – auch ein Konzept für die Aktienanalyse?, RWZ 1994, S. 108-115

Schwetzler, B.: Die Kapitalkosten von kurzfristigen Rückstellungen, BFuP 1996a, S. 442-466

Schwetzler, B.: Zinsänderungen und Unternehmensbewertung: Zum Problem der angemessenen Barabfindung nach § 305 AktG, DB 1996b, S. 1961-1966

Schwetzler, B.: Zinsänderungsrisiko und Unternehmensbewertung: Das Basiszinsfußproblem bei der Ertragswertermittlung, ZfB 1996c, S. 1081-1101

Seetzen, U.: Die Unternehmensbewertung im Spruchstellenverfahren, WPg 1991, S. 166-172

Seicht, G.: Cash-flow-Illusionen, in: Seicht (Hrsg): Jahrbuch für Controlling und Rechnungswesen ´89, Wien 1989, S. 11-51

Seicht, G.: Investition und Finanzierung, 8. Aufl, Wien 1995

Serfling, K./*Langguth*, H.: Investitionsprogramm unter Risiko: Auswertung und Interpretation der ß-Faktoren, WISU 1991, S. 726-738

Serfling, K./*Marx*, M.: Capital Asset Pricing-Modell, Kapitalkosten und Investitionsentscheidungen, WISU 1990, S. 364-369 und S. 425-429

Serfling, K./*Pape*, U.: Der Einsatz spartenspezifischer Beta-Faktoren zur Bestimmung spartenbezogener Kapitalkosten, WISU 1994, S. 519-526

Serfling, K./*Pape*, U.: Theoretische Grundlagen und traditionelle Verfahren der Unternehmensbewertung, WISU 1995a, S. 808-819

Serfling, K./*Pape*, U.: Das Ertragswertverfahren als entscheidungsorientiertes Verfahren der Unternehmensbewertung, WISU 1995b, S. 940-946

Serfling, K./*Pape*, U.: Strategische Unternehmensbewertung und Discounted Cash Flow-Methode, WISU 1996, S. 57-64

Sharpe, W.F.: Capital Asset Prices: A Theory of Market Equilibrium under Conditions of Risk, Journal of Finance 1964, S. 425-442

Sharpe, W.F.: Portfolio Theory and Capital Markets, New York 1970

Sieben, G.: Der Substanzwert der Unternehmung, Wiesbaden 1963

Sieben, G.: Der Anspruch auf angemessene Abfindung nach § 12 UmwG, AG 1966, S. 6-13, S. 54-58 und S. 83-89

Sieben, G.: Bewertung von Erfolgseinheiten, Köln 1968

Sieben, G.: Der Entscheidungswert in der Funktionenlehre der Unternehmensbewertung, BFuP 1976a, S. 491-504

Sieben, G.: Zur Problematik einer auf Bilanzgewinnen basierenden Unternehmensbewertung in Zeiten der Geldentwertung, in: Baetge u.a. (Hrsg): Bilanzfragen, Düsseldorf 1976b, S.255-271

Sieben, G.: Funktionen der Bewertung ganzer Unternehmen und von Unternehmensanteilen, WISU 1983, S. 539-542

Sieben, G.: Wesen, Ermittlung und Funktion des Substanzwertes als „vorgeleistete Ausgaben", in: Busse von Colbe/Coenenberg (Hrsg): Unternehmensakquisition und Unternehmensbewertung, Stuttgart 1992, S. 67-88

Sieben, G.: Unternehmensbewertung, in: Wittmann u.a. (Hrsg): HWB, 5. Aufl, Stuttgart 1993, Sp. 4315-4331

Sieben, G.: Unternehmensbewertung: Discounted Cash Flow-Verfahren und Ertragswertverfahren – Zwei völlig unterschiedliche Ansätze?, in: Lanfermann (Hrsg): Internationale Wirtschaftsprüfung, Düsseldorf 1995, S. 713-737

Sieben, G./*Diedrich*, R.: Aspekte der Wertfindung bei strategisch motivierten Unternehmensakquisitionen, ZfbF 1990, S. 794-808

Sieben, G./*Lutz*, H.: Sonderfragen substanzwertorientierter Abfindungsklauseln in Gesellschaftsverträgen, DB 1983, S. 1989-1997

Sieben, G./*Lutz*, H.: Die Bewertung eines ertragsschwachen Unternehmens im Rahmen der Bestimmung der angemessenen Barabfindung beim Abschluß eines Gewinnabführungs- und Beherrschungsvertrages, BFuP 1984, S. 566-576

Sieben, G./*Lutz*, H.: Abfindungsklauseln in Gesellschaftsverträgen, BFuP 1985, S. 200-213

Sieben, G./*Sanfleber*, M.: Betriebswirtschaftliche und rechtliche Aspekte von Abfindungsklauseln, WPg 1989, S. 321-329

Sieben, G./*Schildbach*, T.: Zum Stand der Entwicklung der Lehre von der Bewertung ganzer Unternehmen, DStR 1979, S. 455-461

Siegel, T.: Das Risikoprofil als Alternative zur Berücksichtigung der Unsicherheit in der Unternehmensbewertung, in: Rückle (Hrsg): Aktuelle Fragen der Finanzwirtschaft und Unternehmensbesteuerung, FS Erich Loitlsberger, Wien 1991, S. 619-638

Siegel, T.: Methoden der Unsicherheitsberücksichtigung in der Unternehmensbewertung, WiSt 1992, S. 21-26

Siegel, T.: Unternehmensbewertung, Unsicherheit und Komplexitätsreduktion, BFuP 1994, S. 457-476

Siegel, T.: Der steuerliche Einfluß von stillen Reserven und Firmenwert auf die Unternehmensbewertung und auf die Bemessung von Abfindungen, in: Ballwieser/Böcking/Drukarczyk/Schmidt (Hrsg): Bilanzrecht und Kapitalmarkt, FS Adolf Moxter, Düsseldorf 1994, S. 1485-1502

Siegert, R.: Grundlagen angemessener Barabfindung der nach dem Umwandlungsgesetz ausscheidenden Minderheitsgesellschafter, Diss. München 1968

Siepe, G.: Die Bemessung des Kalkulationszinsfußes bei der Unternehmensbewertung in Zeiten fortschreitender Geldentwertung, DB 1984, S. 1689-1695 und S. 1738-1741

Sommer, M./*Kemper*, N.: Einheitswertabhängige Abfindungen, DStR 1993, S. 1409-1413 und S. 1451-1456

Spremann, K.: Wirtschaft, Investition und Finanzierung, 5. Aufl, München-Wien 1996

Steiner, M./*Bauer*, C.: Die fundamentale Analyse und Prognose des Marktrisikos deutscher Aktien, ZfbF 1992, S. 347-368

Steiner, M./*Beiker*, H./*Bauer*, C.: Theoretische Erklärungen unterschiedlicher Aktienrisken und empirische Überprüfungen, ZfbF-Sonderheft 31/1993, S. 99-129

Stewart, G.B.: The Quest for Value, New York 1991

Stolze, G.: Enteignungsentschädigung und Unternehmensbewertung, Bergisch Gladbach 1986

Süchting, J.: Finanzmanagement, 6. Aufl, Wiesbaden 1992

Suckut, S.: Unternehmensbewertung für internationale Akquisitionen, Wiesbaden 1992

Swoboda, P.: Auswirkungen einer Inflation auf den Unternehmenswert, ZfbF 1977, S. 667-688

Swoboda, P.: Betriebliche Finanzierung, 3. Aufl, Heidelberg 1994

Swoboda, P.: Investition und Finanzierung, 5. Aufl, Göttingen 1996

Tichy, G.: Unternehmensbewertung: Grundlagen, Methoden, Praxis, 2. Aufl, Wien 1992

Tichy, G.: Unternehmensbewertung in Theorie und Praxis, Wien 1994

Trentini, S.: Der Kalkulationszinsfuß in der Unternehmensbewertung, RWZ 1992, S. 311-318

Uhlir, H./*Steiner*, P.: Wertpapieranalyse, 3. Aufl, Heidelberg 1994

Ullrich, A.: Die Rechtsformgestaltung gewinnstarker Unternehmen unter der Prämisse der Personenbezogenheit, Wien 1995

Unzeitig, E./*Köttner*, D.: Shareholder Value Analyse, Stuttgart 1995

Valcárcel, S.: Ermittlung und Beurteilung des "strategischen Zuschlags" als Brücke zwischen Unternehmenswert und Marktpreis, DB 1992, S. 589-595

Vogel, J.: Marktwertermittlung bei Beteiligungsgesellschaften, RWZ 1997, S. 74-80

Volpert, V.: Kapitalwert und Ertragssteuern. Die Bedeutung der Finanzierungsprämisse für die Investitionsrechnung, Wiesbaden 1989

Wagenhofer, A.: Die Bestimmung von Argumentationspreisen in der Unternehmensbewertung, ZfbF 1988, S. 340-359

Wagenhofer, A.: Share Holder Value-Konzept, in: Busse von Colbe (Hrsg): Lexikon des Rechnungswesens, 3. Aufl, München-Wien 1994, S. 560-562

Wagner, F.W.: Das Ausscheiden eines Gesellschafters aus einer OHG – Ein Beitrag zur Theorie der Unternehmensbewertung, München 1971

Wagner, F.W.: Der Einfluß der Einkommensteuer auf die Entscheidung über den Verkauf einer Unternehmung, DB 1972, S. 1637-1642

Wagner, F.W.: Das Grundmodell der Ertragsteuerwirkungen auf die Investitionsentscheidung, WiSt 1979, S. 67-72

Wagner, F.W.: Unternehmensbewertung und vertragliche Abfindungsbemessung, BFuP 1994, S. 477-498

Wagner, F.W./*Dirrigl*, H.: Die Steuerplanung der Unternehmung, Stuttgart-New York 1980

Wagner, F.W./*Dirrigl*, H.: Der Einfluß der Körperschaftsteuer auf den Unternehmenswert, BFuP 1981, S. 130-145

Wagner, F.W./*Nonnenmacher*, R.: Die Abfindung bei der Ausschließung aus einer Personengesellschaft, ZGR 1981, S. 674-683

Wagner, F.W./*Rümmele*, P.: Ertragsteuern in der Unternehmensbewertung: Zum Einfluß von Steuerrechtsänderungen, WPg 1995, S. 433-441

Wangler, C.: Abfindungsregelungen in Gesellschaftsverträgen – Eine ökonomische Analyse, Hamburg 1994

Weber, B.: Beurteilung von Akquisitionen auf der Grundlage des Shareholder Value, BFuP 1991, S. 221-232

Weber, M./*Schiereck*, D.: Marktbezogene Bestimmung der Kapitalkosten, in: Gebhardt/Gerke/Steiner (Hrsg): Handbuch des Finanzmanagements, München 1993, S. 131-150

Wegmann, J.: Die Bestimmung des Emissionspreises als Unternehmensbewertungsproblem, BFuP 1996, S. 149-163

Welge, K.M./*Al-Laham*, A.: Planung, Wiesbaden 1992

Werner, W.: Die Behandlung von Verbundeffekten bei der Abfindung nach den §§ 305 und 320 AktG, in: Baur/Hopt/Mailänder (Hrsg): FS Steindorff, Berlin-New York 1990, S. 303-320

West, T./*Jones*, J.D.: Handbook of Business Valuation, New York u.a. 1992

Wiedemann, H.: Das Abfindungsrecht – Ein gesellschaftsrechtlicher Interessenausgleich, ZGR 1978, S. 477-497

Wilkens, M.: Ermittlung und Verwendung marktzinsorientierter und laufzeitkongruenter Kalkulationszinssätze in der Kapitalwertmethode, WiSt 1995, S. 461-466

Wirth, H.: Kritische Bemerkungen zu Cash-flow und Kapitalflußrechnung, in: Bertl/Mandl (Hrsg): Rechnungswesen und Controlling, FS Anton Egger, Wien 1997 (in Druck)

Wöhe, G.: Einführung in die Allgemeine Betriebswirtschaftslehre, 18. Aufl, München 1993

Wundsam, W./*Zöchling*, H.: Steuerliche Aspekte des M+A-Geschäftes, GesRZ 1992, S. 1-12

Stichwortverzeichnis